Kohlhammer

Bernd Ahrbeck
Marc Willmann (Hrsg.)

Pädagogik bei Verhaltensstörungen

Ein Handbuch

Verlag W. Kohlhammer

Alle Rechte vorbehalten
© 2010 W. Kohlhammer GmbH Stuttgart
Gesamtherstellung:
W. Kohlhammer Druckerei GmbH + Co. KG; Stuttgart
Printed in Germany

ISBN 978-3-17-020424-9

Inhaltsverzeichnis

Einführung

Bernd Ahrbeck & Marc Willmann

Das Fachgebiet der „Pädagogik bei Verhaltensstörungen" bleibt auch nach Jahrzehnten wissenschaftlicher Auseinandersetzungen ein nicht leicht zu überschauendes Feld. Dabei erschwert das grundlegende Definitions- und Operationalisierungsproblem des eigenen Leitbegriffs nicht nur eine Verständigung darüber, was mit dem Begriff Verhaltensstörungen beschrieben werden soll, sondern auch, wie einzelne Phänomene erklärt und pädagogische Maßnahmen begründet werden können. Die Vielfalt und mitunter auch Beliebigkeit von Erklärungsansätzen sowie pädagogischen und therapeutischen Interventionen ist ein Ausdruck davon, dass es an einer einigenden Leitidee fehlt, mit der sich die Kernthematik des Faches formulieren lässt.

In einem sehr weiten Selbstverständnis beschäftigt sich die Pädagogik bei Verhaltensstörungen mit allen Problemen, die sich bei der Erziehung von Kindern und Jugendlichen mit emotional-sozialen Schwierigkeiten einstellen. Da Erziehungsschwierigkeiten jedoch genuin mit dem Erziehungsgeschehen verbunden sind, bedarf es einer weitergehenden Eingrenzung. Sie entsteht dann, wenn sich das Fach in erster Linie auf diejenigen Kinder und Jugendlichen konzentriert, die gravierende Störungen im emotionalen Erleben und sozialen Verhalten aufweisen. Diese Störungen haben sich häufig in einem längeren lebensgeschichtlichen Prozess entwickelt und sind entscheidend durch die bisherigen Beziehungserfahrungen geprägt. Sie führen dazu, dass Kinder und Jugendliche mit Verhaltensstörungen mit sich selbst nicht zu Recht kommen, mit der Umwelt große Probleme haben und die Umwelt mit ihnen.

Eine Abgrenzung von den weit verbreiteten leichteren Beeinträchtigungsformen im Bereich des emotionalen Erlebens und sozialen Verhaltens ist auch deshalb notwendig, weil sich die jeweiligen Handlungskonsequenzen unterscheiden. Während für diese Gruppe in der Regel begleitende Unterstützungsmaßnahmen im allgemeinen Schulsystem ausreichen, bedürfen Kinder und Jugendliche mit Verhaltensstörungen einer besonders intensiven und gezielten pädagogischen Unterstützung, häufig auch ergänzender therapeutischer Maßnahmen. Die Schwere und Dramatik innerer und äußerer Problemlagen dieser relativ kleinen Personengruppe kann die Bereitstellung spezieller pädagogischer Settings notwendig werden lassen.

Im Mittelpunkt des vorliegenden Handbuchs steht die Frage, welche Herausforderungen Kinder und Jugendliche mit Verhaltensstörungen an die Pädagogik stellen. Da sich die Erziehung der Technologisierbarkeit des Handelns weitestgehend entzieht, ist die „Pädagogik bei Verhaltensstörungen" gut beraten, wenn sie einfachen Patentrezepten misstraut und standardisierte Behandlungsprogramme nur als ergänzende Maßnahmen benutzt. Erziehung ist ihrem Wesen nach vor allem Beziehungsarbeit. Die Beziehungsebene wird deshalb als Schlüsselkategorie für die Bewältigung der pädagogischen Aufgabe betrachtet. Sie bedarf unter erschwerten Erziehungsbedingungen einer besonderen Intensivierung und Verdichtung, mit dem Ziel, dass sich die innere Realität der Kinder und Jugendlichen wandelt und sich die äußere Realität besser bewältigen lässt. Die Erziehungsaufgabe bleibt als ein ubiquitäres Phänomen auch dann bestehen, wenn therapeutische Behandlungen unumgänglich sind. Therapie kann Pädagogik nicht ersetzen, denn sie stellt einen speziellen, zeitlich limitierten Eingriff dar, der einem im Vergleich zur Erziehung begrenztem Anliegen verpflichtet ist.

Das Fach „Pädagogik bei Verhaltensstörungen" liegt im Schnittbereich verschiedener wissenschaftlicher Disziplinen. Das Handbuch trägt dieser Komplexität des Gegenstandsbereiches Rechnung, indem es ein Forum für einen interdisziplinären Zugang zum Thema bereitstellt: Expertinnen und Experten aus den verschiedenen Bezugsdisziplinen und Handlungsfeldern geben einen Überblick über den jeweiligen Diskussionsstand, der vor dem Hintergrund seiner pädagogischen Relevanz entfaltet wird.

Die zentralen Themen des Faches werden in acht Hauptteile gegliedert: Geschichte; Handlungsfelder und Institutionen; Erklärungsansätze und theoretische Perspektiven; Störungen des Erlebens, Verhaltens und der Entwicklung; Diagnostik; Pädagogische Perspektiven: Verhaltensstörungen als Erziehungs- und Beziehungsproblem; Interventionsansätze und Handlungskonzepte sowie Verhaltensstörungen als gesellschaftliches Problem.

Da pädagogische Reflexionen und erzieherisches Handeln in höhere Ordnungszusammenhänge eingebunden sind, werden über den Mikrokosmos hinaus gesellschaftliche Entwicklungen berücksichtigt, die den allgemeinen Rahmen für die Genese und den Verlauf von Störungen des Erlebens und Verhaltens bilden. Dass sie eine angemessene Beachtung finden, ist ein besonderes Anliegen der Herausgeber.

Berlin, Oktober 2009

Bernd Ahrbeck & Marc Willmann

1 Geschichte

1.1 Von der „sittlichen Verwilderung" zu „Verhaltensstörungen" – Zur Begriffs- und Ideengeschichte der pädagogischen Reflexion über „schwierige Kinder"

Rolf Göppel

Einleitung

Seit wann gibt es eigentlich „Verhaltensstörungen"? Auf diese Frage sind zwei ganz unterschiedliche Antworten möglich. Zum einen könnte man darauf antworten: „Verhaltensstörungen" gab es schon immer, es gibt sie, seit es Erziehung gibt. Die kindliche Entwicklung ist nun einmal ein sensibler und störanfälliger Prozess und Erziehung ist nun einmal ein spannungs- und konfliktreiches Geschehen. Deshalb ist davon auszugehen, dass es zu allen Zeiten auch besonders schwierige, krisenhafte und gefährdete Entwicklungsprozesse und besonders belastete Erziehungsverhältnisse gab. Zum anderen könnte man darauf aber auch antworten: „Verhaltensstörungen" gibt es eigentlich erst seit den 1950er Jahren. In der Zeit davor taucht der Begriff in der Literatur nirgendwo auf und die Eltern, Erzieher und Lehrer früherer Epochen hätten mit diesem Begriff überhaupt nichts anzufangen gewusst.

„Verkommene Söhne" und „missratene Töchter" – Die Schatten- und Leidensseiten der Erziehung und die Vielfalt ihrer Begrifflichkeiten

Dass es freilich Kummer, Konflikte und Katastrophen zwischen Eltern und Kindern schon immer gegeben hat, dass Erziehung durch alle Epochen hindurch nicht selten auch mit heftigen Emotionen verbunden war, mit Gefühlen von Ärger, Wut, Empörung, Enttäuschung, mit Schuld-, Scham- und Versagensgefühlen, mit Sorgen, Zukunftsängsten, mit Gefühlen der Hilf- und Ratlosigkeit – und zwar sowohl auf Seiten der Eltern als auch auf Seiten der Kinder – davon ist auszugehen. Und man kann es in den Texten der Weltliteratur nachlesen. Einen kenntnisreichen Führer stellt in dieser Hinsicht das schöne Buch: „Verkommene Söhne, missratene Töchter – Familiendesaster in der Literatur" von Peter von Matt (1995) dar. Dass Eltern und Erzieher, aber auch Autoren von Erziehungsschriften sich zumindest seit der Aufklärungsepoche, ab der es eine intensive und systematische Reflexion über Erziehungsfragen und über die „Perfektionierbarkeit des Menschengeschlechts" gibt, immer auch Gedanken darüber gemacht haben, wie es zu diesen verhängnisvollen Abweichungen und Fehlentwicklungen kommen konnte, was die möglichen Ursachen für die „Verkommenheiten" und „Missratenheiten" der Kinder sind, wie ihnen vorzubeugen und wie ihnen gegenzusteuern ist – auch dafür gibt es vielfältige historische Belege. Die berühmt-berüchtigte Sammlung „Schwarze Pädagogik" etwa, in der Rutschky (1977) pädagogische Textauszüge der Aufklärungspädagogik zusammengetragen hat, kreist zu großen Teilen um diese Thematik. Das Panoptikum pädagogischer Exempel, Mahnungen und Ratschläge, das dort ausgebreitet wird, stellt dabei freilich in erster Linie eine „Anleitung zur systematischen Drangsalierung der Kinder unter dem Namen der Erziehung" dar (Flitner 1982, 12). Angstmachen und Bedrohen, Demütigen und Beschämen, permanentes Kontrollieren, Reglementieren und Moralisieren, das sind ganz überwiegend die pädagogischen Mittel, die empfohlen werden.

Eltern und Erzieher haben zwar selten explizit ausformulierte, aber immer und unvermeidlich doch implizite, aus ihren eigenen Lebenszusammenhängen und ihren eigenen Wertorientierungen stammende Idealvorstellungen von der „Wohlgeratenheit" und „Wohlerzogenheit" des Nachwuchses im Kopf. Kaum ein Kind kann diesen Idealen je vollständig entsprechen. Solange es sich mit seinen persönlichen Ausprägungen dieser Merkmale im Durchschnittsbereich dessen bewegt, was auch bei anderen Kindern die Regel ist, gelten diese Merkmalsausprägungen eben als die Besonderheiten des Temperaments und des Charakters des jeweiligen Kindes und müssen das erzieherische Verhältnis nicht ernsthaft belasten. Wenn aber die Diskrepanz zwischen den erzieherischen Perfektionsidealen und der konkreten Entwicklungsrealität einzelner Kinder und Jugendlicher besonders eklatant ist, dann entstehen nicht selten jene oben beschriebenen heftigen Emotionen und dann taucht die Frage auf, wie dieses Diskrepanzphänomen angemessen bezeichnet werden kann, wie jene Kinder, die hier in ausgeprägter Weise von den Erwartungsnormen abweichen, zutreffend benannt werden sollen.

Die Liste der in der Geschichte der Pädagogik vorfindbaren Bezeichnungen für diese Problemlage ist lang und vielfältig: da ist unter anderem die Rede von „sittlich verwilderten", „moralisch schwachsinnigen", „psychopathisch minderwertigen", „neurotischen", „erziehungsschwierigen", „schwererziehbaren", „entwicklungsgestörten" und „verhaltensgestörten" Kindern. In jüngeren Fachpublikationen tauchten als Alternativen zur Benennung der Klientel auch noch die Begriffe „gefühls- und verhaltensgestört" (Opp 1998) und „psychosozial deformiert" (Myschker 1994) auf. Kobi (1996) hat gar den Begriff „verhaltensoriginell" vorgeschlagen, im Rahmen der Ausschreibung einer einschlägigen Professur fand sich kürzlich die Formulierung „Pädagogik/Didaktik erwartungswidrigen Verhaltens". In jüngster Zeit ist zudem häufig von „Kindern mit herausforderndem Verhalten" die Rede. Und dann kommen auch noch all die psychiatrischen Kürzel hinzu, die die beklagten Abweichungen von den Erwartungsnormen auf bestimmte Defekte im Gehirnstoffwechsel zurückführen und die inzwischen so weit in die Alltagspsychologie diffundiert sind, dass sie häufig fast synonym zum Begriff der

Verhaltensstörung verwendet werden: MCD (Minimale Cerebrale Dysfunktion), POS (Psychoorganisches Syndrom), ADS (Aufmerksamkeitsdefizitstörung), ADHS (Aufmerksamkeits-/Hyperaktivitätsstörung).

Die historische Relativität von Kindheit und von „kindlichen Verhaltensstörungen"

Eine historische Betrachtung eines sozialen Phänomens macht immer auf die Wandelbarkeit des sozialen Umgangs mit diesem Phänomen aufmerksam, darauf, dass die Art und Weise, wie wir heute die entsprechenden Probleme wahrnehmen, benennen und deuten, nicht die einzig mögliche ist, dass andere Generationen unter Umständen einen ganz anderen Blick auf die Sache hatten, ganz andere Erklärungen für selbstverständlich und evident hielten.

Dies gilt schon für das soziale Phänomen Kindheit insgesamt: Dabei galt „Kindheit" lange Zeit als historisch relativ unveränderliche, „zeitlose" anthropologische Grundgegebenheit. Erst in den 1970er Jahren wurde mit den Büchern von Ariès (1975) und deMause (1977) die historische und damit sozial-relativistische Betrachtung von Kindheit populär. Dabei ist es erstaunlich, wie unterschiedlich diese beiden Pioniere die Sozialgeschichte der Kindheit (re)konstruiert und die großen historischen Entwicklungslinien einmal als Verfalls- und einmal als Fortschrittsgeschichte bewertet haben. Natürlich hängen an diesen unterschiedlichen Kindheitskonstruktionen auch jeweils durchaus unterschiedliche Konsequenzen im Hinblick auf die Einschätzung der Verbreitung und Wahrnehmung kindlicher Verhaltensstörungen in unterschiedlichen historischen Epochen.

Wenn nach Ariès (1975, 209) die mittelalterliche Gesellschaft tatsächlich „kein Verhältnis zur Kindheit" hatte, das heißt keine bewusste „Wahrnehmung der kindlichen Besonderheit, jener Besonderheit, die das Kind vom Erwachsenen, selbst dem jungen Erwachsenen, kategorial unterscheidet", wenn diese Gesellschaft tatsächlich überhaupt „keine Vorstellung von Erziehung" gehabt hat und erst unsere moderne Welt „von den physischen, moralischen und sexuellen Problemen der Kindheit geradezu besessen" ist (Ariès 1975, 560) – wie könnte es dann in jener Gesellschaft eine Aufmerksamkeit für kindliche Entwicklungsstörungen und Verhaltensauffälligkeiten gegeben haben?

Wenn andererseits nach deMause (1977, 12) die Geschichte der Kindheit „ein Alptraum ist, aus dem wir gerade erst erwachen", wenn Kinder in früheren Epochen massenhaft und massiv traumatisiert wurden und wenn erst nach und nach im Laufe der Geschichte sich so etwas wie elterliche Empathie, die Fähigkeit der Erwachsenen, sich in die Bedürfnisse der Kinder einzufühlen, historisch herausgebildet hat, dann sollte man – nach all dem, was man heute über die kindlichen Entwicklungsbedürfnisse und die Folgen solcher Traumatisierung weiß – annehmen, dass angesichts dieser ungünstigen Bedingungen des Aufwachsens im Mittelalter kindliche Verhaltensstörungen extrem weit verbreitet waren.

13

Was wandelt sich? – Zum Verhältnis von Phänomenen, Benennungen und Deutungen

Prinzipiell sind im Verhältnis der drei Momente „Phänomen – Benennung – Deutung" sehr unterschiedliche Relationen denkbar:

1. Die Phänomene selbst, das heißt die Kindheit und die in ihr vorherrschenden Problemlagen und Störungsbilder haben sich grundlegend gewandelt und entsprechend auch die Bezeichnungen und Erklärungsmuster, die die Pädagogen dafür jeweils ersonnen haben. Früher waren also die Kinder tatsächlich „sittlich verwildert" oder „psychopathisch" oder „schwererziehbar" und heute sind sie eben „verhaltensgestört", „psychosozial deformiert" oder „hyperaktiv".

2. Die Phänomene selbst, das heißt die Schwierigkeiten, die die Kinder mit ihrer Umwelt haben und die ihre Umwelt mit ihnen hat, sind im Kern stets die gleichen geblieben, aber die jeweiligen Betrachtungsperspektiven, die Deutungsmuster und die Erklärungsansätze haben sich gewandelt und in der Folge zu jeweils veränderten Begriffsvorschlägen zur Benennung ein und desselben Problems geführt. Hierbei sind nun wiederum zwei unterschiedliche Alternativen denkbar:

   – Mit dem Fortschritt der menschlichen Kultur und der Wissenschaften erfolgte nach und nach eine immer größere Annäherung an die „realen Problemlagen". Das heißt, dass die „Wirklichkeit des Kindes" und seiner Schwierigkeiten, die früher oftmals verkannt und fehlinterpretiert wurden, im Lauf der Geschichte immer realistischer und genauer gesehen und immer zutreffender und differenzierter erklärt werden.

   – Es gibt überhaupt gar keine objektive „Realität des Kindes und der kindlichen Entwicklungsstörungen", sondern nur unterschiedliche epochentypische Kindheitskonstruktionen und entsprechende epochentypische Beschreibungen von kindlichen Fehlern, Störungen und Unzulänglichkeiten, die dann jeweils eine Art „Metakonstrukt" zum vorherrschenden Kindheitskonstrukt darstellen und somit letztlich mehr über die jeweils zeittypischen gesellschaftlichen Perfektionserwartungen aussagen als über die realen Probleme der Kinder.

Das „schwierige" Kind in der Pädagogik des 19. und 20. Jahrhunderts

Ich will mich im Folgenden vor allem auf den letzten Punkt, die Ideengeschichte, konzentrieren. Also auf die unterschiedlichen Bilder des schwierigen Kindes, die in der Pädagogik des 19. und 20. Jahrhunderts leitend waren sowie auf die unterschiedlichen Begrifflichkeiten und Konzepte, die zur Benennung und Deutung dieses Phänomens verwendet wurden, bevor sich dann nach 1950 unter dem Einfluss des Behaviorismus der Begriff „Verhaltensstörung" weitgehend durchsetzte. Dabei lassen sich in der Geschichte dieses Bereichs der Pädagogik drei unterschiedliche Paradigmen relativ deutlich unterscheiden (vgl. ausführlich dazu: Göppel 1989).

Schwierige Kinder als „sittlich verwilderte Kinder"

Bis gegen Ende des 19. Jahrhunderts wurden die Phänomene, die heute meist als „Verhaltensstörungen" bezeichnet und primär unter psychologischen Kategorien gedeutet werden, ganz überwiegend unter moralischen Kategorien gefasst. Die Rede war entsprechend von „boshaften", „verkommenen", „entarteten", „verschlagenen", „verwahrlosten", „zuchtlosen", „sittlich verwilderten" Kindern und Jugendlichen. Weiterhin tauchen in der entsprechenden Literatur Begriffe wie „Rohheit", Frechheit", „Falschheit", „Selbstsucht", „Heftigkeit", „Reizbarkeit", „Anmaßung", „Herzlosigkeit" zur Charakterisierung jener Kinder auf.

Als exemplarischer pädagogischer Text für dieses Paradigma kann Pestalozzis berühmter Stanser Brief gelten. Pestalozzi (1799) berichtet dort über seine Erfahrungen, die er während des Versuchs gemacht hat, mehr als 70 Kindern und Jugendlichen, die in den Revolutions- und Kriegswirren im Schweizer Kanton Unterwalden 1789 obdach- und zum Teil elternlos geworden waren, eine angemessene Versorgung, vor allem aber eine elementare sittliche Bildung zukommen zu lassen. Pestalozzi beschreibt diese Kinder folgendermaßen: „Die meisten dieser Kinder waren, da sie eintraten, in dem Zustand, den die äußerste Zurücksetzung der Menschennatur allgemein zu seiner nothwendigen Folge haben muß. Viele traten mit eingewurzelter Krätze ein, daß sie kaum gehen konnten, viele [...] mit Augen voll Angst und Stirnen voll Runzeln des Misstrauens und der Sorge, einige voll kühner Frechheit, des Bettelns, des Heuchelns und aller Falschheit gewöhnt; andere vom Elend erdrückt, dultsam aber mißtrauisch, lieblos und furchtsam" (Pestalozzi 1799, 5). Dabei stellt Pestalozzis pädagogischer Optimismus, die Überzeugung, dass es möglich sei, dass sich auch „mitten im Schlamm der Rohheit, der Verwilderung und der Zerrüttung die herrlichsten Anlagen und Fähigkeiten" entfalten (Pestalozzi 1799, 6), die Grundlage für sein ganzes pädagogisches Unternehmen dar. Zur Befreiung dieses „sittlichen Keims", dieses „verschütteten Kerns der Menschlichkeit" entwickelt Pestalozzi im Stanser Brief ein dreistufiges Modell der sittlichen Elementarbildung: Zunächst die (1) „allseitige Besorgung", das heißt die Erfüllung der kindlichen Grundbedürfnisse nach Nahrung, Wärme, Zuwendung und damit die „Erzielung einer sittlichen Grundstimmung durch reine Gefühle"; dann (2) „sittliche Übungen durch Selbstüberwindung und Anstrengung", das heißt die gezielte Kontrolle aggressiver und selbstsüchtiger Impulse und die Schaffung einer ruhigen, geordneten Atmosphäre in der Kindergruppe, und schließlich (3) „die Bewirkung einer sittlichen Ansicht durch das Nachdenken und Vergleich der Rechts- und Sittlichkeitsverhältnisse, in denen das Kind schon durch sein Daseyn und seine Umgebungen steht" (Pestalozzi 1799, 19), das heißt eine gezielte, an konkrete Anlässe anknüpfende reflexive Auseinandersetzung mit moralischen Problemen, mit Fragen hinsichtlich dessen, was „recht" und was „unrecht", was „gut" und was „böse" ist.

Dieses Verständnis von „schwierigen Kindern" als „sittlich verwilderten" Kindern war auch maßgeblich für die vielleicht bedeutsamste Gründung einer speziellen, auf diesen Adressatenkreis zugeschnittenen pädagogischen Institution im 19. Jahrhundert, das *Rauhe Haus* in Horn bei Hamburg, das für die *Rettungshausbewegung* in besonderer Weise modellhaft wurde. „Rettung" wurde von Wichern (1998) immer in einem doppelten Sinn verstanden: „Rettung des Seelenheils" dieser Kinder, die ohne solche „Bewahrung" „dem Bösen" und „der Sünde" schutzlos ausgeliefert wären, aber auch „Rettung" als tüchtige Mitglieder für die Gemeinde und die Gesellschaft. Bei Wichern spielt dabei die religiöse Komponente, die göttliche Gnade, die Bekehrung zu Christus und die Wandlung hin zu einem gottesfürchtigen Leben eine stärkere Rolle als bei Pestalozzi, aber in seiner Charakterisierung der Probleme und in der Deutung ihrer Ursachen liegt er doch weitgehend auf der selben Linie.

Schwierige Kinder als „psychopathisch minderwertige Kinder"

Eine neue und grundlegend andere Verständnisweise „schwieriger Kinder" zeichnete sich gegen Ende des 19. Jahrhunderts ab und gewann dann rasch sehr große Verbreitung in pädagogischen Kreisen. Eine wichtige Rolle dabei spielte von Strümpells Werk „Die pädagogische Pathologie oder die Lehre von den Fehlern der Kinder" (1890) als der erste Versuch, systematisch die Vielzahl der Erscheinungen zu sammeln und zu reflektieren, die in der erzieherischen Alltagsrealität die schönen Perfektionsideale der Pädagogen immer wieder durchkreuzen. Von daher kann sein Buch durchaus als Gründungsschrift jener pädagogischen Fachrichtung gelten, die heute als Verhaltensgestörtenpädagogik an den Hochschulen etabliert ist. Von Strümpell selbst verstand sein Werk als eine Art Programmschrift, mit der er eine neue pädagogische Teildisziplin grundlegen wollte.

Dabei bestimmt von Strümpell (1890, 16 f.) jene neue Teildisziplin folgendermaßen: „Die pädagogische Pathologie ist die Lehre von all denjenigen Zuständen, und Vorgängen, welche erfahrungsmäßig während der Entwicklung des geistigen Lebens von solcher Beschaffenheit sind, daß sie der Abschätzung und Werthbestimmung, nach denen der Pädagoge sie im Hinblick auf die von ihm gedachte oder erstrebte Jugendbildung auffaßt und beurtheilt, sich entweder nicht als genügend oder als bedenklich oder schädlich, überhaupt als in irgendwelcher Hinsicht der Besserung bedürftige Fehler darstellen. Solche Fehler nennen wir pädagogische Fehler." Der erste Schritt, den die neue Wissenschaft zu leisten habe, ist nach von Strümpells Auffassung das Sammeln des „Untersuchungsmaterials". Entsprechend erstellt er zunächst ein umfangreiches „alphabetisches Verzeichnis der Kinderfehler". Dieses Verzeichnis reicht von „Ängstlichkeit", „Abneigung", „Ausgelassenheit" und „Albernheit" bis hin zu „zappelig", „zimperlich", „zu frühreif", „Zwangsvorstellungen" und „Zwangshandlungen". Insgesamt werden auf diese Art und Weise über 300 „Kinderfehler" zusammengetragen und mit kurzen Kommentaren versehen. Dieser umfangreiche Katalog stellt ein recht buntes Sammelsurium von Eigenschaften, Tätigkeiten und Zuständen dar, das mehr über die Erziehungsmentalität des ausgehenden 19. Jahrhunderts und über die Reichhaltigkeit und Differenziertheit der deutschen Sprache zur Benennung von unerwünschten Merkmalen bei Kindern aussagt, als über das, was Kinder in ihrer Entwicklung gefährdet, belastet und bedrängt.

Von Strümpell hält dabei zunächst an einer klaren Abgrenzung der „pädagogischen Pathologie" von den medizinischen Problemen und Fragestellungen fest. Erst in der zweiten Auflage hat er diese Eingrenzung des Gegenstandsbereichs der pädagogischen Pathologie auf „rein psychologische Fehler" aufgegeben und zugleich ein neues Paradigma zur Erklärung psychischer Abweichungen adoptiert. 1891 hatte der Direktor der Zwiefaltener Irrenanstalt, J. L. A. Koch, den ersten Band seines umfangreichen Hauptwerks „Die psychopathischen Minderwertigkeiten" veröffentlicht. Darin entwickelte er ein Konzept, in dem praktisch alle Formen psychischer Auffälligkeiten und Störungen im Vorfeld der eigentlichen Geisteskrankheiten auf hirnorganische Störungen bzw. auf „Minderwertigkeiten der nervlichen Konstitution" zurückgeführt werden. In der 1892 erschienenen zweiten Auflage von Strümpells „Pädagogischer Pathologie" wird dieses Kochsche Konzept in aller Breite rezipiert. Und entsprechend wird vielen „Kinderfehlern" nun tatsächlich ein echter Krankheitswert zugeschrieben, da sie, unter der neuen Dominanz der psychiatrischen Perspektive, als Ausfluss von hirnorganischen Defekten gedeutet werden.

Um die Jahrhundertwende und auch in den folgenden Jahrzehnten war die Rede von „Kindern mit psychopathischen Minderwertigkeiten", die uns heute so befremdlich vorkommt, in Pädagogen- und Heilpädagogenkreisen so geläufig wie heutzutage die Rede von „Kindern mit Verhaltensstörungen". Einerseits hat dieses neue Deutungsmuster, das erstmals bei von Strümpell in einem pädagogischen Werk auftauchte, durch seine Tendenz zur „Entmoralisierung" sicherlich viel an pädagogischem Verständnis und an Hilfsbemühungen für jene Kinder mobilisiert – eine sehr rührige und verdienstvolle Organisation in diesem Zusammenhang war etwa der „Deutsche Verein zur Fürsorge für jugendliche Psychopathen e. V." (vgl. von der Leyen 1926). Andererseits führte es aber durch die massive Tendenz zur Pathologisierung kindlichen Fehlverhaltens und durch die spätere Verknüpfung mit Ideen der Erblehre und der Eugenik auch zu sehr problematischen Stigmatisierungen der Betroffenen.

Ein weiterer wichtiger Vertreter und Verbreiter dieses neuen psychopathologischen Deutungsmusters in der Pädagogik und Heilpädagogik war Johannes Trüper, der Leiter des Erziehungsheimes und Jugendsanatoriums Sophienhöhe bei Jena. Er hat im Jahr 1893 eine Monographie mit dem Titel „Psychopathische Minderwertigkeiten im Kindesalter – Ein Mahnwort für Eltern, Lehrer und Erzieher" veröffentlicht. Darin bezieht er sich ebenfalls auf Kochs „neues System nervöser und seelischer Anomalien" und stellt klar, jene Kinder seien zwar „von klein auf schwer erziehbar, sofern sie nach den Erziehungsplänen und -methoden für Normale behandelt werden sollen; aber ob die Beschwernis auch weit gehe, so sind sie doch nicht in der Weise geschwächt, gebunden, hingegeben und gehemmt, daß sie die Freiheit ihrer Willensbestimmung eingebüßt hätten" (Trüper 1893, 4 f.). Im Jahr 1896 gründete Trüper gemeinsam mit Koch, Ufer und Zimmer die Zeitschrift „Die Kinderfehler", die später in „Zeitschrift für Kinderforschung" umbenannt wurde, aber dabei den Untertitel „mit besonderer Berücksichtigung der pädagogischen Pathologie" beibehielt und die bis in die 1930er Jahre hinein die bedeutendste deutschsprachige Zeitschrift auf dem Gebiet der Heilpädagogik und der Kinder- und Jugendpsychologie blieb.

Schwierige Kinder als „seelisch belastete Kinder"

In dieser Zeitschrift fanden dann in der Weimarer Zeit auch die zum Teil recht heftig geführten Auseinandersetzungen mit den Vertretern jener psychologischen Richtungen statt, die wiederum eine neue „revolutionäre" Deutungsperspektive im Zusammenhang mit „erziehungsschwierigen Kindern" ins Spiel brachten, den Vertretern der Individualpsychologie und der Psychoanalyse. Diese blieben zwar insofern in dem psychopathologischen Rahmen, als auch sie letztlich die Auffälligkeiten und Abweichungen der „erziehungsschwierigen" Kinder als Ausdruck krankhafter Prozesse deuteten. So meint etwa August Aichhorn (1925 a, 56), dass schon „der Grad der Schwererziehbarkeit [. . .] ein Maßstab für die Schwere der seelischen Erkrankung" sei. Bei den Vertretern dieser neuen Sichtweise lag nun jedoch ein ganz neues Krankheitsverständnis zugrunde. Es war nun nicht mehr einfach die „psychopathische Konstitution" oder die hirnorganische Abweichung, die als ursächlich postuliert wurde, vielmehr waren es nunmehr ganz bestimmte Entwicklungs- und Beziehungsgeschichten die dazu führten, dass es zur Ausprägung eines „nervösen Charakters", zu einem problematischen „Streben nach Macht", zu einer „Kompensation von Minderwertigkeitsgefühl" und zu einem „Mangel an Gemeinschaftsgefühl" bzw. zu einer „unbewussten Fixierung" oder einer „neurotischen Verwahrlosungstendenz" kam. Auf die eine oder andere Art war also nach dieser neuen Sichtweise durch die problematischen familiären Interaktions- und Beziehungsprozesse eine Art „Webfehler" in die psychische Struktur des Kindes geraten, der jetzt dazu führte, dass es mit untauglichen Mitteln bestimmte Ziele zu erreichen suchte oder dass es mit seinem Verhalten unbewusst in bestimmten Widerholungszwängen gefangen war. Je nach tiefenpsychologischer Schulrichtung gab es dabei unterschiedliche Vorstellungen vom „Aufbau des menschlichen Charakters" bzw. von der Funktionsweise des komplexen „psychischen Apparats" sowie unterschiedliche Beschreibungen von den zentralen kritischen Knotenpunkten der Kindheit und den damit zusammenhängenden Wegen und Irrwegen der kindlichen Entwicklung.

Damit stand eine ganz neue Vielfalt von Möglichkeiten bereit, die Genese bestimmter problematischer Dispositionen, feindseliger Haltungen, aggressiver Strebungen, krimineller Neigungen, zwanghafter Befürchtungen, neurotischer Reaktionen oder depressiver Verstimmungen bei individuellen Kindern oder Jugendlichen auf theoretisch plausible Art zu rekonstruieren. Entsprechend wurden die Fallschilderungen in der Literatur nun sehr viel umfangreicher und detaillierter, und sie standen unter einem ganz neuen Anspruch, im individuellen Fall zu verstehen und zu erklären, wie und warum dieses Kind, das aus dieser speziellen Familiensituation kommt und das in seiner Entwicklungsgeschichte mit diesen belastenden Ereignissen konfrontiert war, ausgerechnet diese besondere Störung entwickelt hat. Die konkreten „Symptome" bekamen nun eine Signal- und Symbolqualität für dahinter verborgene unbewusste intrapsychische Konflikte oder intrapersonale Spannungen zugesprochen. Im Kern sind es dabei immer wieder frustrierte kindliche Grundbedürfnisse, frühe Erfahrungen existentiellen Mangels und hilflosen Ausgeliefertseins, die sich tief in die Psyche eingeprägt haben und die nun durch widerspenstige, aggressive, feindselige Verhaltensweisen überspielt werden sollen. Diese neue Sicht der Dinge ermöglichte zugleich auch eine ganz neue pädagogische Haltung im pädagogischen Umgang mit schwierigen Kindern und Jugendlichen. So heißt es etwa bei Adler, Furtmüller und Wexburg (1983, 65): „Die rauen Charaktere, die zügellosen, unerziehbaren Kinder können uns darüber belehren, wie der dauernd unbefriedigte Zärtlichkeitstrieb die Aggressionsbahnen in Erregung bringt." Aichhorn leitet aus einer ähnlichen Einschätzung seine „praktische Psychologie der Versöhnung" ab. In diesem Sinne schreibt er über die Jugendlichen des von ihm geleiteten Fürsorgeerziehungsheims Oberhollabrunn: „Keinem von uns war je eingefallen, in ihnen Verwahrloste oder gar Verbrecher zu sehen, vor denen die Gesellschaft geschützt werden müsse; für uns waren es Menschen, denen das Leben eine zu starke Belastung gebracht hatte, deren negative Einstellung und deren Hass gegen die Gesellschaft berechtigt war; für die daher ein Milieu geschaffen werden musste, in dem sie sich wohl fühlen konnten" (Aichhorn 1925 b, 130).

Literatur

Adler, A., Furtmüller, C. & Wexberg, E. (1914): Heilen und Bilden. Ein Buch der Erziehungskunst für Ärzte und Pädagogen. Frankfurt a. M.: Fischer, 1983

Aichhorn, A. (1925 a): Erziehungsberatung und Lebenshilfe. Zwölf Vorträge über Psychoanalytische Pädagogik. Reinbek: Rowohlt, 1972

Aichhorn, A. (1925 b): Verwahrloste Jugend. Die Psychoanalyse in der Fürsorgeerziehung. Bern: Huber, 1977

Ariès, Ph. (1975): Geschichte der Kindheit. München: Hanser

deMause, L. (1977): Hört ihr die Kinder weinen. Eine psychogenetische Geschichte der Kindheit. Frankfurt a. M.: Suhrkamp

Flitner, A. (1982): Konrad sprach die Frau Mama... Über Erziehung und Nicht-Erziehung. Berlin: Siedler

Göppel, R. (1989): „Der Friederich, der Friederich..." – Das Bild des „schwierigen Kindes" in der Pädagogik des 19. und 20. Jahrhunderts. Würzburg: Edition Bentheim

Kobi, E.E. (1996): Heilpädagogik in der Wendezeit. Brüche, Kontinuitäten, Perspektiven. In: Opp, G., Freytag, A. & Budnik, I. (Hrsg.): Heilpädagogik in der Wendezeit. Luzern: Edition SZH, 264–285

Koch, J.L.A. (1981/1982/1983): Die Psychopathischen Minderwertigkeiten. 3 Bde. Ravensburg: Maier

Leyen, R. von der (1926): Aus der Arbeit des Deutschen Vereins zur Fürsorge für jugendliche Psychopathen e.V. – Wege und Aufgaben der Psychopathenfürsorge III in den Jahren 1919–1924. In: Zeitschrift für Kinderforschung, 31 (Jg.), 448–463

Matt, P. von (1995): Verkommene Söhne, missratene Töchter – Familiendesaster in der Literatur. München: Hanser

Myschker, N. (1994): Psychosozial deformierte Kinder und Jugendliche fordern heraus. Pädagogisch-therapeutische Hilfe als Hauptaufgabe künftiger professioneller Erziehung? In: Goetze, H. (Hrsg.): Pädagogik bei Verhaltensstörungen: Innovationen. Bad Heilbrunn: Klinkhardt, 14–40

Opp, G. (1998): Gefühls- und Verhaltensstörungen. Begriffliche Problemstellungen und Lösungsversuche. In: Zeitschrift für Heilpädagogik, 49 (Jg.), H. 11, 490–496

Pestalozzi, J.H. (1799): Pestalozzis Brief an einen Freund über seinen Aufenthalt in Stanz. In: Pestalozzi, J.H. (1932): Sämtliche Werke, Bd. 13. Berlin: Gruyter, 1–32

Rutschky, K. (1977): Schwarze Pädagogik. Quellen zur Naturgeschichte der bürgerlichen Erziehung. Frankfurt a.M.: Ullstein

Strümpell, L. von (1890/1892): Die Pädagogische Pathologie oder die Lehre von den Fehlern der Kinder. Leipzig: Georg Böhme Nachfolger

Trüper, J. (1893): Psychopathische Minderwertigkeiten im Kindesalter – Ein Mahnwort für Eltern, Lehrer und Erzieher. Gütersloh: Bertelsmann

Wichern, J.H. (1998): Die öffentliche Begründung des Rauhen Hauses am 12. September 1833. In: Thole, W., Galuske, M. & Gängler, H.: KlassikerInnen der Sozialen Arbeit. Sozialpädagogische Texte aus zwei Jahrhunderten. Ein Lesebuch. Neuwied: Luchterhand, 67–81

1.2 Zur Geschichte der Verhaltensgestörtenpädagogik als universitäre Disziplin

Bettina Lindmeier

Die Geschichte der Verhaltensgestörtenpädagogik ist eng verbunden mit dem jeweiligen Begriff von Verhaltensstörung bzw. den entsprechenden Vorläuferbegriffen (vgl. Göppel, Kap. 1.1, in diesem Band). Die Geschichte der Verhaltensgestörtenpädagogik als universitäre Disziplin beginnt im engeren Sinne erst in den 1970er Jahren. Noch Anfang der 1960er Jahre wird in einer Übersicht zu den sonderpädagogischen Studienstätten und Studienprogrammen von Heese (1962, 10) der Bereich „Verhalten" nicht als eigenständiger Studienschwerpunkt aufgeführt, obwohl es zu dieser Zeit bereits 16 sonderpädagogische Studienstätten und sieben Studienschwerpunkte gab. Neben der Pädagogik bei Verhaltensstörungen fehlte zu dieser Zeit auch noch die Geistigbehindertenpädagogik. Dennoch sind die Vorläufer und Wurzeln der universitären Verhaltensgestörtenpädagogik eng mit der Geschichte der allgemeinen Pädagogik und der Sozialpädagogik ebenso wie mit der Geschichte der Psychiatrie verwoben, denn Ursachenforschung und Qualifikation der Mitarbeiter wurden in Anbindung an die entstehenden, sehr unterschiedlichen Institutionen betrieben.

Bedeutsam für die nach 1945 wieder beginnende Fachdiskussion wurde der auf dem ersten Weltkongress für Psychiatrie 1950 vorgeschlagene Begriff „behavioral disorders" (Verhaltensstörungen) als Oberbegriff zur Bezeichnung aller unangemessenen Verhaltensweisen von leichten Auffälligkeiten bis zu schweren Störungen, der allerdings in der Verhaltensgestörtenpädagogik von Beginn an als problematisch empfunden wurde: „Zwar hat der grundlegende Disput um ihre Hauptbegriffe die Behindertenpädagogik seit jeher bekanntlich ausgiebig beschäftigt [. . .] Die Pädagogik der Verhaltensgestörten nimmt jedoch auch hier die Sonderstellung einer hochfrequenten Synonyma-Bildung ein, die sich erheblicher Kritik ausgesetzt sieht: Unbehagen, theoretische Schwächen, heimliche Wertigkeiten, unklarer Objektbereich, Mangel an brauchbaren Beschreibungen und Erklärungen, unfruchtbare Empirie, vergebliche Ursachenforschung" (Bleidick & Ellger-Rüttgardt 2008, 187).

Die Entwicklung der universitären Sonderpädagogik nach dem zweiten Weltkrieg wurde in der Bundesrepublik Deutschland zunächst maßgeblich durch den Verband Deutscher Hilfsschulen gefördert, der sich im Jahr 1953 in Verband Deutscher Sonderschulen (vds) umbenannte und sich zunehmend zum Ziel setzte, den Ausbau der Sonderschulen insgesamt voranzutreiben: Die Denkschrift zum Ausbau des Sonderschulwesens von 1955 zählte bereits fünf auszubauende Sonderschulformen auf, darunter die Schule für „Gemeinschaftsschwierige" (Bleidick 1998, 100). In den Beratungen zu den Empfehlungen der Kultusministerkonferenz von 1960 forderte der vds ein viersemestriges Studium für Sonderschullehrer und eine Vereinheitlichung der bereits bestehenden Ausbildungsgänge, deren erster bereits 1953 mit dem Ziel der Hilfsschullehrerausbildung in Hamburg eingerichtet worden war (Bleidick 1998, 106). Die Einrichtung von Studiengängen und ihre allmähliche Akademisierung folgten also erst, nachdem sich Institutionen bereits in der Praxis etabliert hatten.

Als Meilenstein der universitären Verhaltensgestörtenpädagogik gilt das Gutachten „Schule und Unterricht bei verhaltensgestörten Kindern" von Bittner, Ertle und Schmid (1974), das im Auftrag des deutschen Bildungsrates verfasst wurde. In diesem Gutachten werden Kinder mit Verhaltensstörungen und die Aufgabe der Schule folgendermaßen beschrieben: „Kinder und Jugendliche mit Verhaltensstörungen sind aufgrund der weiten Verbreitung, der vielgestaltigen Erscheinungs- und Verlaufsformen sowie der fließenden Grenze zum Bereich des Normalen hin kaum als feste Gruppe von ‚Behinderten' zu definieren, die in besonderen Institutionen zusammengefasst und dort mit entsprechenden sonderpädagogischen Maßnahmen behandelt werden kann. Verhaltensstörungen sind zumeist eher als das Ergebnis bestimmter ungünstiger Konstellationen im psychosozialen Feld denn als konstante Persönlichkeitsmerkmale aufzufassen: es geht also darum, pädagogische Hilfen für bestimmte Konstellationen, in die jedes Kind hineingeraten kann, als für einen bestimmten, fest umrissenen kindlichen Adressatenkreis bereitzustellen. Daher sind *Hilfen für Verhaltensgestörte vorrangig Aufgabe der allgemeinen Schulen und Gegenstand der allgemeinen Pädagogik*" (Bittner, Ertle & Schmid 1974, 91).

Im Bildungsgutachten wird ein gestuftes System empfohlen, das Unterstützungsangebote in der allgemeinen Schule als Regelleistung bereitstellt. Zu den vorgeschlagenen Leistungen gehören Beratung durch Schulpsychologen und Beratungslehrer, sozialpädagogisch-therapeutisch orientierte Gruppenangebote und Förderkurse bei Lern- und Leistungsschwierigkeiten. Das vor einigen Jahren wiederentdeckte Thema der Überlappung von Lern- und Verhaltensstörungen (vgl. Wittrock et al. 2002) wurde hier ebenso bereits benannt wie die Notwendigkeit einer Unterstützung von Lehrkräften der allgemeinen Schule. Kleinklassen als separate Sonderklassen an Regelschulen, die zu dieser Zeit noch häufiger waren als eigenständige Sonderschulen, werden explizit abgelehnt und ihre Auflösung empfohlen.

Nur für zwei Gruppen von Kindern werden hier eigene schulische Einrichtungen gefordert, und zwar in Kooperation mit den für diese Kinder bereits entwickelten Angeboten der Sozialpädagogik und der Kinder- und Jugendpsychiatrie: Zum einen sind dies „klinisch-therapeutische Ganztagsschulen" (Bittner, Ertle & Schmid 1974, 91) für Kinder mit extrem schweren psychischen Störungen, die weiterhin in der Familie leben können, zum anderen Schulen an Heimen und Kinder- und Jugendpsychiatrien für Kinder, die aus der Herkunftsfamilie herausgenommen wurden.

Die Aussagen zur Unterrichtsgestaltung nennen die (Wieder-)Gewinnung der Kinder „[...] für das Lernen durch persönliche Bindung an Lehrer und Gruppe sowie durch unterrichtsvorbereitende und -begleitende außerunterrichtliche Aktivitäten [...] [und] durch ein hohes Maß an Differenzierung des unterrichtlichen

Angebots [. . .]". Lerndefizite sollen „[. . .] nicht nur im kognitiven, sondern auch im sozialen und persönlichen Bereich" ausgeglichen werden (Bittner, Ertle & Schmid 1974, 92).

Die Befunde dieses Gutachtens, die bis in die Gegenwart nicht an Aktualität verloren haben, konnten aber nur eine geringe Wirkung entfalten, weil sie einen scharfen Gegensatz bildeten zu den Empfehlungen der Kultusministerkonferenz von 1972, in denen am Begriff der Sonderschulbedürftigkeit und damit – ungeachtet der theoretischen und praktischen Schwierigkeiten und Begründungsnotstände – an der Möglichkeit einer klaren Abgrenzung der Schülerschaft und einem entsprechenden Ausbau der Schulen festgehalten wurde.

In der Folge wurde die fachliche Auseinandersetzung mit der allgemeinen Pädagogik und Schulpädagogik wenig gesucht, stattdessen die „Besonderheit" von Kindern mit Verhaltensstörungen und ihre „Störung" in den Mittelpunkt fachlicher Auseinandersetzung gestellt. Die zweifelsfrei wichtige Rezeption psychologischen Fachwissens war weniger durch die Suche nach Kooperations- und Anschlussmöglichkeiten geprägt, wie sie auf der Grundlage einer Klärung der eigenen Grundbegriffe und pädagogischen Fragestellungen hätten erarbeitet werden können (vgl. Willmann, Kap. 6.2, in diesem Band), sondern fand großenteils in Form einer unkritischen, mitunter eklektischen Übernahme psychologischer Theoriebausteine und therapeutischer Konzepte statt. Die fehlende Auseinandersetzung mit pädagogischen Grundfragen, beispielsweise Freiheit und Zwang in der Erziehung, oder mit dem Anspruch auf Autonomie und Würde auffälliger, devianter, die Würde anderer Menschen missachtender Kinder führte dabei immer wieder zur Übernahme fragwürdiger therapeutischer Praktiken. Beispiele hierfür bieten bestimmte Formen der Verhaltensmodifikation, die leicht manipulativen Charakter annehmen können, oder auch die Kontroverse um die konfrontative Pädagogik.

In der universitären Pädagogik bei Verhaltensstörungen ist die pädagogische Tradition eine Minderheitentradition geblieben. Dies wird beispielsweise deutlich bei der Betrachtung von Bewerberprofilen auf Professuren im Fach, bei denen Psychologen gegenüber den Lehrern und Diplompädagogen bevorzugt werden. Es zeigt sich ebenso bei der Betrachtung der Vorlesungsverzeichnisse, in denen entwicklungspsychologische Grundlagen und therapeutische Verfahren aller Art dominieren (Schad 2008). Schlee (1993, 48) fasst diese Entwicklung als Folge einer unglücklichen Begriffsverwendung auf: „Da der Verhaltensgestörtenbegriff keine klaren Bezugsstrukturen bereitzustellen vermag, können mit seiner Hilfe weder theoretische noch empirische Erkenntnisse gewonnen werden." Diese Einschätzung wird teilweise in expliziter Bezugnahme auch von anderen Fachvertretern geteilt (Reiser 1999). Ahrbeck (2005, 9) weist darauf hin, dass eine Unterscheidung zwischen der größeren Zahl an „[. . .] situationsgebundene[n] und transitorische[n] Beeinträchtigungen [. . .]" und einer „[. . .] relativ kleine[n] Gruppe massiv beeinträchtigter Kinder und Jugendlicher [. . .]" mit einer „in der Regel lange anhaltenden, [. . .] verfestigten Symptomatik, erheblichen Störungen in der Persönlichkeitsentwicklung und starken Wiederholungszwängen [. . .]" sehr sinnvoll sei; er wendet sich in diesem Zusammenhang gegen eine Tendenz der Relativie-rung und Beliebigkeit und plädiert für eine Konzentration des Faches auf diese schwer beeinträchtigte Gruppe von Kindern.

Eine Auseinandersetzung mit pädagogischen Fragen innerhalb der universitären Verhaltensgestörtenpädagogik ist maßgeblich durch diejenigen Fachvertreter erfolgt, die der Integrationsbewegung nahe stehen. Diesen Arbeiten ist gemeinsam, dass sie interdisziplinär ausgerichtet sind und (tiefen-)psychologische und sozio-logische Fragestellungen mit schul- und sozialpädagogischen Fragen verbinden. Wichtig sind insbesondere:

- Arbeiten zum Thema Integration verhaltensauffälliger Kinder; zu nennen sind hier unter anderem das von Reiser und Mitarbeitern entwickelte Mehrebenen-modell von Integration und die Arbeiten zur formativen Evaluation bestehender integrativer Konzepte (Preuss-Lausitz 2005; Reiser et al. 1987);
- Arbeiten, die auf der Grundlage der Rezeption bindungstheoretischer und psy-choanalytischer Erkenntnisse pädagogische Konzepte entwickeln, in denen pädagogische Beziehungsgestaltung, eine Neudefinition pädagogischer Verant-wortung und die produktive Nutzung von Konflikten im Mittelpunkt stehen (z. B. Ahrbeck 2004);
- Arbeiten, die Verhaltensstörungen im Kontext gesellschaftlicher Widersprüche zwischen Modernisierungsanforderungen und überkommenen Rollenbildern vor allem für Jungen verorten und gendersensible Schul- und Unterrichtskon-zepte für beide Geschlechter entwickeln (Preuss-Lausitz 2008);
- Arbeiten, die sich aus verschiedenen Perspektiven mit der Thematik der päda-gogischen Professionalität beschäftigen. Erziehungsschwierigkeiten, Schulaus-schluss und Schulverweigerung werden in diesem Kontext nicht allein aus indi-vidualisierender Perspektive, sondern unter Berücksichtigung struktureller bzw. systemischer Perspektiven bearbeitet. Die Entwicklung angemessener Struktu-ren kollegialer Beratung und der Gestaltung von Unterstützungsprozessen, in deren Mittelpunkt nicht die Störungsbeseitigung, sondern die fallbezogene Arbeit im Interesse des Kindes oder Jugendlichen steht (Reiser, Willmann & Urban 2007), ist hier ebenso ein wichtiges Thema wie die Entwicklung der professionellen Identität in der Kooperation von Lehrkräften und Mitarbeitern der Jugendhilfe in veränderten Strukturen der Zusammenarbeit (vgl. Reiser, Dlugosch & Willmann 2008).

Dlugosch (2003) befasst sich explizit mit der professionellen Entwicklung im Kontext universitärer Strukturen und bestimmt professionelles Handeln unter Bezug auf Oevermann als widersprüchliche Figur „von Fallverstehen und theo-retischem Erklärungsbestand". Die Aufgabe der Ausbalancierung dieses Wider-spruchs geschieht vor dem Hintergrund biografischer Relevanzstrukturen, durch die das Deutungs- und Handlungsrepertoire des Pädagogen integriert wird. Sie sind der biografischen Reflexion zugänglich und müssen – dies betrifft sowohl die eigenen als auch fremde Biografiekonstruktionen – in universitären Bildungspro-zessen rekonstruiert werden. Obwohl ein solches Bildungskonzept äußerst anspruchsvoll ist und das zunehmende Bedürfnis nach allgemein anwendbaren, wenig zeitaufwendigen Rezepten und Regeln nicht bedient, ist es notwendig, ihm zu folgen. Erst die zeitlich aufwendige und intellektuell anspruchsvolle Integration von Besonderheiten des Einzelfalls und theoretischen Wissens in einem komplexen Deutungsprozess ermöglicht es, dass sich die Pädagogik bei Verhaltensstörungen als universitäre Disziplin weiter entwickelt. Dann kann sie auch in der pädagogischen Praxis Alternativen zur Ausgrenzung von Kindern aus ihren Lebenszusammenhängen anbieten.

Literatur

Ahrbeck, B. (2004): Kinder brauchen Erziehung. Die vergessene pädagogische Verantwortung. Stuttgart: Kohlhammer

Ahrbeck, B. (2005): Entwicklungslinien und Zukunftsperspektiven im Fach Verhaltensgestörtenpädagogik. In: Sonderpädagogische Förderung, 50 (Jg.), H. 1, 4–12

Bittner, G., Ertle, C. & Schmid, P. (1974): Schule und Unterricht bei verhaltensgestörten Kindern. In: Deutscher Bildungsrat (Hrsg.): Gutachten und Studien der Bildungskommission 35, Sonderpädagogik Bd. 4. Stuttgart: Klett, 13–102

Bleidick, U. (1998): Der Verband und die Bildungspolitik 1948 bis 1998. In: Möckel, A. (Hrsg.): Erfolg – Niedergang – Neuanfang. 100 Jahre Verband deutscher Sonderschulen. München: Reinhardt, 96–163

Bleidick, U. & Ellger-Rüttgardt, S. (2008): Behindertenpädagogik – eine Bilanz. Stuttgart: Kohlhammer

Dlugosch, A. (2003): Professionelle Entwicklung und Profession. Impulse für universitäre Bildungsprozesse im Kontext schulischer Erziehungshilfe. Bad Heilbrunn: Klinkhardt

Heese, G. (1962): Das sonderpädagogische Studium. Eine Übersicht über die Studienstätten und Studienprogramme für die sonderpädagogischen Studienstätten im deutschen Sprachgebiet. Berlin: Marhold

Preuss-Lausitz, U. (2008): Aggressive Jungen, depressive Mädchen: der Beitrag der schulischen Erziehungshilfe bei der Suche nach zukunftsfähigen Geschlechterrollen in einer demokratischen Gesellschaft. In: Reiser, H., Dlugosch, A. & Willmann, M. (Hrsg.): Professionelle Kooperation bei Gefühls- und Verhaltensstörungen. Pädagogische Hilfen an den Grenzen der Erziehung. Hamburg: Kovač, 89–104

Preuss-Lausitz, U. (Hrsg.) (2005): Verhaltensauffällige Kinder integrieren: Zur Förderung der emotionalen und sozialen Entwicklung. Weinheim: Beltz

Reiser, H. (1999): Förderschwerpunkt Verhalten. In: Zeitschrift für Heilpädagogik, 50 (Jg.), H. 4, 144–148

Reiser, H., Klein, G., Kreie, G. & Kron, M. (1987): Integrative Prozesse in Kindergartengruppen. Über die gemeinsame Erziehung von behinderten und nichtbehinderten Kindern. Weinheim: Juventa

Reiser, H., Willmann, M. & Urban, M. (2007): Sonderpädagogische Unterstützungssysteme bei Verhaltensproblemen in der Schule. Innovationen im Förderschwerpunkt Emotionale und Soziale Entwicklung. Bad Heilbrunn: Klinkhardt

Reiser, H., Dlugosch, A. & Willmann, M. (2008): Professionelle Kooperation bei Gefühls- und Verhaltesstörungen. Pädagogische Hilfen an den Grenzen der Erziehung Hamburg: Kovač

Schad, G. (2008): Vom Verschwinden der Pädagogik im Wissenschaftsbetrieb der Verhaltensgestörtenpädagogik. In: Reiser, H., Dlugosch, A. & Willmann, M. (Hrsg.): Professionelle

Kooperation bei Gefühls- und Verhaltensstörungen. Pädagogische Hilfen an den Grenzen der Erziehung. Hamburg: Kovač, 29–41

Schlee, J. (1993): Zur Problematik der Terminologie in der Pädagogik bei Verhaltensstörungen. In: Goetze, H. & Neukäter, H. (Hrsg.): Pädagogik bei Verhaltensstörungen. Berlin: Marhold, 36–49

Wittrock, M., Schröder, U., Rolus-Borgward, S. & Tänzer, U. (Hrsg.) (2002): Lernbeeinträchtigung und Verhaltensstörung: Konvergenzen in Theorie und Praxis. Stuttgart: Kohlhammer

2 Handlungsfelder und Institutionen

2.1 Kinder- und Jugendhilfe/Sozialpädagogik

Birgit Herz

Historische Anmerkungen

Die Sozialpädagogik – mit ihren Institutionen – übernahm im historischen Rückblick bereits sehr früh Verantwortung für Kinder, Jugendliche und Eltern in Not: Waisenhäuser, Rettungshäuser, Erziehungsheime, Heimschulen kümmerten sich um verwaiste, verlassene, ausgesetzte, misshandelte oder verwahrloste Kinder und Jugendliche (vgl. Myschker 2005, 18 f.). Pädagogik bei Verhaltensstörungen und Sozialpädagogik haben es auch heute oft mit demselben Personenkreis zu tun.

Die Ursprünge der Sozialpädagogik gehen zunächst auf private Wohltätigkeit und christlich motivierte Fürsorge im 19. Jahrhundert zurück. 1848 kam es zur Gründung des Centralausschusses der Inneren Mission als Zusammenschluss der protestantischen Wohlfahrtspflege, 1894 zur Gründung des Caritasverbandes für das Katholische Deutschland und 1869 formierte sich das Deutsche Rote Kreuz. 1881 konstituierte sich der Deutsche Verein für Armenpflege und Wohltätigkeit.

Zur Geschichte des Begriffes Sozialpädagogik existieren unterschiedliche Versionen. So spricht Niemeyer (1998) von 1894 als dem Jahr der Geburt der Sozialpädagogik und bezieht sich dabei auf die Veröffentlichung „Religion innerhalb der Grenzen der Humanität. Ein Kapitel zur Grundlage der Sozialpädagogik" des Reformpädagogen Paul Natorp. Müller (2005, 37) wiederum tritt dafür ein, Karl Wilhelm Eduard Mager in den Mittelpunkt der Begriffsgeschichte zu rücken, der 1844 erstmals von Sozialpädagogik sprach. Ungeachtet dieser kontroversen Fachdebatte sind soziale Krisenphänomene am Ende des 19. Jahrhunderts der konstitutive Begründungszusammenhang für diese erziehungswissenschaftliche Teildisziplin.

Nach dem Ersten Weltkrieg konnte sich mit der Verabschiedung des Jugendwohlfahrtsgesetzes 1922 und des Jugendgerichtsgesetzes 1923 die Jugendpflege als ein neues Arbeitsfeld der Sozialpädagogik etablieren. Die Jugendpflege verstand sich als aktiv und kontrollierend eingreifende Erziehungshilfe, um das massive Problem der Jugendverwahrlosung einzudämmen.

Im Zweiten Weltkrieg wird Sozialpädagogik als öffentliche staatliche Fürsorge eingebunden in die faschistischen Willkürmaßnahmen: Als „nationalsozialistische Volkswohlfahrt" kontrollierte und verwaltete sie die „sozial Vollwertigen" und die „völkisch Wertlosen" (vgl. Dünkel & Fesel 2001).

Nach 1945 bis in die 1970er Jahre wurde die bundesdeutsche Sozialpädagogik durch die schrittweise Übernahme anglo-amerikanischer Methodenmodelle geprägt. Sozialpädagogik etablierte sich als erziehungswissenschaftliche Teildisziplin an den Universitäten und Fachhochschulen. Die Expansion und Professionalisierung der sozialen Dienste ließen neue Berufsgruppen entstehen – exemplarisch seien Bewährungshelfer, Jugendpfleger oder sozialpädagogische Familienhelfer genannt (vgl. Hinte 2007, 88 f.). Die Gemeinwesenarbeit der 1970er Jahre schärfte den Blick für sozialräumliche und lebensweltliche Dimensionen sozialer Benachteiligungen und begründete zwei bis heute anerkannte Prinzipien der Sozialpädagogik: das Prinzip der Sozialraumorientierung (z. B. Kessel et al. 2005) und das Prinzip der Lebensweltorientierung (z. B. Thiersch 1992).

Sozialpädagogik wandelte sich in den letzten Jahren „von einer speziellen Nothilfepädagogik für Benachteiligte in besonderen Lebenslagen und -phasen zu einer Grundhilfepädagogik mit der Aufgabe der Normalitätsbewältigung potentiell jederorts und für jedermann" (Müller 2005, 275). Im Kontext dieser Entwicklung differieren die Handlungsfelder und Institutionen der Kinder- und Jugendhilfe erheblich und sind interdependent mit dem jeweiligen gesellschaftlichen Zeitgeist (vgl. Rauschenbach 1999; Jordan 2000). Ein weiterer wichtiger Aspekt betrifft die Geschlechterdifferenz: Nach wie vor handelt es sich um ein überwiegend von Frauen dominiertes Praxisfeld.

Die Kinder- und Jugendhilfe seit 1991

Im Bereich der sozialpädagogischen Erziehungshilfe markiert das Jahr 1991 einen Wendepunkt in der staatlichen Unterstützung von Kindern, Jugendlichen und Eltern. Das Prinzip der polizei- und ordnungsrechtlichen Wohlfahrtspflege wich dem Prinzip eines Leistungsgesetzes (vgl. Plewig 2006, 358). Adressaten psychosozialer Beratungs- und Unterstützungsleistungen sind in erster Linie Kinder und Jugendliche, die als Minderjährige unter der elterlichen Sorge stehen, um deren Entwicklung zu fördern und sie vor Gefahren zu schützen. Träger der Erziehungshilfen sind u. a. Kirchen und Religionsgemeinschaften, Wohlfahrts- und Jugendverbände, aber auch Vereine oder anerkannte Lebensgemeinschaften.

Dabei übernimmt das kommunale Jugendamt als behördliches Organ eine sozialstaatliche Gewährleistungsverpflichtung und garantiert das Recht des jungen Menschen auf Erziehung durch ein flächendeckendes Angebot an präventiven Erziehungsleistungen, kontrolliert aber auch zugleich die funktionale Ausübung der elterlichen Erziehungskompetenz.

Das Kinder- und Jugendhilfegesetz (KJHG) ist ein „dienstleistungsorientiertes Leistungsgesetz" (Rauschenbach 2007, 14). Kinder, Jugendliche, Personensorgeberechtigte haben einen Rechtsanspruch auf Hilfen zur Erziehung, „wenn eine dem Wohl des Kindes oder des Jugendlichen entsprechende Erziehung nicht gewährleistet oder die Hilfen für seine Entwicklung geeignet und notwendig ist" (Plewig 2006, 359). Zu den zentralen Hilfearten zählen:

- § 16 Allgemeine Leistung zur Förderung der Familie
- § 17 Beratung in Fragen der Partnerschaft sowie zur Ausübung der elterlichen Sorge nach Trennung und Scheidung
- § 22–24 Förderung von Kindern in Tageseinrichtungen und Tagespflege.

Spezifische Hilfeformen sind ferner:

- § 28 Erziehungsberatung
- § 29 Soziale Gruppenarbeit
- § 30 Erziehungsbeistandschaft, Betreuungshelfer
- § 31 Sozialpädagogische Familienhilfe
- § 32 Erziehung in Tagesgruppe
- § 33 Vollzeitpflege
- § 34 Heimerziehung, betreute Wohnformen
- § 35 Intensive sozialpädagogische Einzelbetreuung

(vgl. SGB VIII).

Im Bereich der Hilfen zur Erziehung dominieren drei Dimensionen sozialpädagogischen Handelns: Der traditionelle Ansatz der fallspezifischen und fallübergreifenden Arbeit – während die fallunspezifische Arbeit eher eine aktuelle Neuerung ist. Die fallunspezifische Arbeit basiert auf sozialräumlich orientierter Netzwerk- und Kooperationsarbeit, die dazu beitragen soll, die lebensweltlichen Strukturen der in einem Sozialraum lebenden Menschen mit dem Ziel der selbstbestimmten und selbstbefähigten Lebensführung zu verbessern. Bei der fallspezifischen Sozialpädagogik sollen die für die Entwicklung geeigneten Hilfen zur Unterstützung und Stabilisierung individueller Lebenslagen in einem konkreten Fall gewährt werden. Der fallübergreifende Ansatz mobilisiert und koordiniert die bestehenden sozialräumlichen Ressourcen für einen konkreten Fall (vgl. Bestmann & Brandl 2006, 54 f.).

Im Mittelpunkt steht allenthalben der „Fall": Kinder, Jugendliche, Eltern und betreuende Institutionen. Dabei handelt es sich immer um einen komplexen und komplizierten Verstehens- und Aushandlungsprozess, „in dem die subjektiven Einschätzungen aller Beteiligten darüber, was ‚der Fall' ist, was benötigt, was gewünscht und befürchtet wird, was vorhanden, machbar und durchsetzbar ist, von zentraler Bedeutung sind" (Ader 2006, 15). Ein wissenschaftlich bisher nur unbefriedigend erforschtes und empirisch gesichertes Feld ist aber gerade das sozialpädagogische Fallverstehen (Kasuistik), das kontrovers diskutiert wird.

Die Hilfen zur Erziehung im KJHG sind der zweitgrößte und zugleich der zweitkostenintensivste Aufgabenbereich in der Kinder- und Jugendhilfe. Insbesondere bei den ambulanten Hilfen zur Erziehung kam es in den 1990er Jahren zu einer Kostenexplosion. Dabei war der Ausbau der ambulanten Hilfen zur Erziehung mit der Hoffnung verbunden, „Fremdunterbringung der Dauer und Zahl nach zu reduzieren" (Rauschenbach 2007, 31). Dieser Ausbau ging allerdings nicht mit dem erwünschten Rückgang der stationären Hilfen (und entsprechender Kostendämpfung) einher.

Gesellschaftliche Veränderungen – genannt seien als Stichworte Sozialstaatsabbau und Verbetriebswirtschaftlichung der Sozialpädagogik (Münder 2007) sowie die mit dem Begriff Risikogesellschaft konnotierten Belastungen und Krisen für Familien und Alleinerziehende – bilden die Kontrastfolie für den zunehmenden Bedarf an ambulanten, teilstationären und stationären Hilfen zur Erziehung.

Rauschenbach (2007, 12 f.) fasst diese Entwicklung im Folgenden zusammen: „Heute sind die früher unhinterfragten Standardisierungen der Erziehung in der Familie aufgeweicht, die hierfür bereitstehenden Geländer für die Lebensführung sind aufgebraucht, die intentionale Erziehungsmacht zerbröselt [...] Sozialstrukturelle Bedingungen sind also mitverantwortlich für das brüchig werden des alltäglichen Erziehungshandelns in Familien, die massiv von sozioökonomischen Benachteiligungen betroffen sind." In den Hilfen zur Erziehung sammeln sich Kinder und Jugendliche mit sehr unterschiedlichen biographischen Hintergründen, „die mit den härteren Enden des Lebens frühe Berührung hatten. [...] Die Kinder reagieren symptomatisch: unruhig, aggressiv, hyperaktiv, grenzenlos, verzweifelt, verbissen, selbstdestruktiv [...]" (Thimm 2003, 110).

Hier wird die Schnittstelle zwischen Kinder- und Jugendhilfe und Pädagogik bei Verhaltensstörungen offensichtlich: Beide Systeme sind konfrontiert mit Kindern und Jugendlichen in schwierigen Lebenslagen, die zu den „Schwierigen" geworden sind. Zwar differieren die institutionalisierten Aufgaben und Kompetenzfelder im Rahmen der staatlich finanzierten schulischen und außerschulischen Unterstützungssysteme; sie beziehen sich jedoch beide auf die gleiche Klientel.

Probleme und Konfliktfelder der Kinder- und Jugendhilfe

Das KJHG schreibt in § 36 rechts- und fachspezifische Kriterien für das Hilfeplanungsverfahren fest: „Mit *Hilfeplanung* wird daher ein Beratungs-, Aushandlungs- und Planungsprozess bezeichnet, in dem Eltern oder an ihrer Stelle für ein Kind verantwortliche Personen (Personensorgeberechtigte) in umfassender Weise beraten werden und mit ihnen und dem Kind/Jugendlichen eine Verständigung darüber gesucht wird, ob und ggf. welche Hilfeleistungen geeignet und notwendig sind, die Entwicklung [...] zu fördern. Die wesentlichen Voraussetzungen und das Ergebnis dieses Aushandlungsprozesses werden abschließend in einem *Hilfeplan* schriftlich dokumentiert" (Pries & Schrapper 2004, 101). Die konkrete Praxis dieser Hilfeplanung wird allerdings von einigen Fachvertreter/innen der Kinder- und Jugendhilfe deutlich kritisiert. Vier Aspekte dieser Kritik seien hier exemplarisch genannt:

Mangelnde Transparenz zwischen Hilfeplanung und -realisierung

Die Feststellung der Hilfen zur Erziehung findet zunächst durch die Fachkraft des Jugendamtes statt, die dann einen geeigneten Träger für die zu gewährleistenden Hilfen zur Erziehung sucht. „Auf jeden Fall wandert in diesem Prozess gleichsam das Kind/der Jugendliche aus der Obhut des Systems ‚Jugendamt' in die Obhut des Systems ‚Träger der Hilfen zur Erziehung'" (Hinte 2007, 205). Dieser Träger entdeckt unter Umständen neue Aspekte und formuliert dann auch andere Ziele. Diese neue Rahmung wird allerdings sehr selten oder nur verkürzt dem Jugendamt mitgeteilt. Hinte (2007, 105) schreibt: „Diese absurden Vorgänge sind allen AkteurInnen in der deutschen Jugendhilfe-Szene bekannt, werden aber in der Regel deswegen unhinterfragt akzeptiert, weil zum einen die formale Rechtslage besagt, dass beim Jugendamt die Verantwortung für die Gewährung der Hilfen liegt, und zum anderen kein Träger dieses Landes sich – aus ganz handfesten finanziellen Überlegungen heraus – mit irgendeinem örtlichen Jugendamt anlegen will."

Auch die Fallfinanzierung kritisiert Hinte (2007, 110) als ein fragwürdiges System, da lange Fallverläufe gleichsam belohnt werden: „Die HZE-Träger erhalten [...] immer wieder die Fälle, die sie benötigen, um ihre Existenz zu sichern." Dabei verstehen sich die verschiedenen Organisatoren der Jugendhilfe nicht als Gesamtsystem, das eine gemeinsame Aufgabe zu bewältigen hat. „Jedes (Sub-)System löst nur Teilaufgaben, die nicht komplementär, sondern oft konkurrierend bearbeitet werden" (Ader 2006, 207). Dieses Selbstverständnis ist nicht zuletzt auch mitverantwortlich für so genannte „Maßnahmekarrieren" (vgl. Herz 2008).

Grenzen der Hilfen zur Erziehung

„Die Fachkräfte der Jugendhilfe und ihre Kooperationspartner haben es immer wieder mit Kindern und Jugendlichen zu tun, die sie an ihre Grenzen bringen: an die Grenzen ihrer persönlichen Belastungsfähigkeit, die Grenzen ihrer Strukturen und Handlungskonzepte, die Grenzen ihrer Zuständigkeit mit gesetzlichen Aufträgen und auch an die Grenzen öffentlicher Akzeptanz für abweichendes und auffälliges Verhalten" (Ader 2006, 227). Dies führt im System der Jugendhilfe zu Eskalationen; „eigene unreflektierte Verstrickungen in die Falldynamik behindert Fallverstehen, beteiligte Organisationen mit ihren Arbeitsweisen und Dynamiken tragen zur Verschärfung von Problemlagen bei" (Ader 2006, 18). Ader spricht davon, dass „besonders Schwierige" im Hilfesystem unverstanden sind und instrumentalisiert werden. Dies führt zu Delegationsketten: Für jedes neue Problem gibt es scheinbar eine Lösung und für jede Lösung ein spezifisches Angebot (vgl. Ader 2004, 437 ff.).

Die strukturelle Verantwortungslosigkeit durch institutionelle Verwahrlosung verschärft allerdings die Problemlagen der hiervon betroffenen Kinder und Jugendlichen (und deren Personensorgeberechtigten), da die Jugendhilfe drohende Eskalationen oder eigene unreflektierte Verstrickungen in die Falldynamik zu spät erkennt. Eine mögliche Erklärung für dieses Phänomen bietet Hamburger, der nachweist, dass im Berufsfeld der Hilfen zur Erziehung sehr viele Berufsanfänger tätig sind, die von Diffusität als ihrer zentralen Praxiserfahrung sprechen. Auch die durchschnittliche Verweildauer im ASD sei sehr kurz und es gebe eine hohe Fluktuation in diesem Berufseinstiegsbereich (vgl. Hamburger 2007, 68 f.). Diese Zusammenhänge könnten mitverantwortlich sein für teilweise unprofessionelle Hilfeplanverfahren. Aber auch das Zusammentreffen unterschiedlicher normativer Wertesysteme erhöht in den Arbeitsfeldern der Kinder- und Jugendhilfe die Komplexität, insbesondere dann, wenn es sich um krisenhafte Entwicklungsprozesse handelt.

Riskante Finanzierung bei riskanten Lebenslagen

Sozialpädagogik im Kontext der Hilfen zur Erziehung wird dominiert durch eine monetär bestimmte Verwaltungslogik; Kinder- und Jugendhilfeleistungen befinden sich auf einem Wettbewerbsmarkt. „Bei den derzeitigen Finanzierungsformen ist den Erbringern der Hilfen zur Erziehung völlig egal, woher die Fälle kommen – Hauptsache, sie sind da und bringen Geld" (Hinte 2007, 111). Der Deutsche Berufsverband für Soziale Arbeit e. V. (2006, 1) kritisiert die riskante Situation der Kinder- und Jugendhilfe, wo allgegenwärtige Haushaltskürzungen Angebote und Beschäftigungsverhältnisse bei den Trägereinrichtungen in Frage stellen. Die hierdurch verursachte hohe Trägerkonkurrenz trägt nicht nur zur Reduzierung der Fachlichkeit des Personals bei, um Leistungen möglichst kostengünstig anbieten zu können, sondern gleichzeitig auch zur „Verstetigung des Falles": Warum sollen HZE-Träger zum Beispiel Familien in ihrer Erziehungsleistung verselbständigen, „wenn sie so lange finanziert werden, wie sie den Fall behalten?" (Hinte 2007, 114). Die Rahmenbedingungen der Hilfen zur Erziehung, als ein zentraler Arbeitsbereich der Sozialpädagogik, haben sich in den letzten Jahrzehnten massiv verändert: Zu den wichtigsten Faktoren zählt Münder (2007, 338) „die Einführung marktwirtschaftlicher Elemente in das SGB VIII (KJHG) mit den Leistungsvereinbarungen, die gestiegene Bedeutung des Europäischen Wirtschafts- und Wettbewerbsrechts, die Förderalismusreform". Aber schon im elften Kinder- und Jugendbericht von 2002 heißt es, dass in der Kinder- und Jugendhilfe vermehrt Anzeichen für die Orientierung an dem Szenario eines preisgesteuerten Kostenwettbewerbs erkennbar sind – wobei in der Kinder- und Jugendhilfe die ökonomischen Prinzipien des budgetierten Sozialraums Vorrang vor einer fachlichen Gestaltung des Sozialen hat (vgl. Herz 2004). Eine riskante Finanzierung der Hilfen zur Erziehung bei riskanten Lebenslagen trägt auch zu einer Deprofessionalisierung in den sozialpädagogischen Arbeitsfeldern bei: Zur Durchführung bestimmter Hilfeformen wird derzeit vermehrt auf studentisches Personal zurückgegriffen – mit dem entsprechenden Problem einer hohen Fluktuation der Angebotsstrukturen für ein bindungs- und beziehungsverstörtes Klientel.

Das ungelöste Dilemma von Freiwilligkeit und Zwang

Die Hilfen zur Erziehung basieren auf Freiwilligkeit und Partizipation der Leistungsnehmer/innen. Die Beteiligung der Betroffenen soll in dreierlei Hinsicht die Voraussetzung für den Erfolg der Hilfeleistung gewährleisten. Eine freiwillige Annahme der Hilfe unterstellt dabei, dass die Hilfe durch die Hilfeadressat/innen überhaupt akzeptiert wird; aus der Akzeptanz der Hilfe resultiere die notwendige individuelle und aktive Mitwirkung am Hilfeprozess. Erst diese aktive Mitwirkung erlaube, dass die persönlichen und lebensweltlichen Kontexte (die zunächst ja nur in der Kenntnis der Hilfeadressat/innen liegen) einer pädagogischen Bearbeitung zugänglich und für den Hilfeprozess fruchtbar gemacht werden können. Auch dieses Paradigma wird in der Kinder- und Jugendhilfe kontrovers diskutiert.

Blandow (1997, 173 ff.) kritisiert, dass die „postmoderne Jugendhilfe" ihr Klientel überfordert, wenn sie zum Beispiel Jugendliche mit massiven Vernachlässigungserfahrungen, Gewalt u. a. als Expert/innen ihres Lebensentwurfes begegnet und deren Sehnsucht nach Heimat, Sicherheit, Überschaubarkeit und Eindeutigkeit übersieht bzw. vernachlässigt. Ihnen die alleinige Verantwortung für Ihre Lebensperspektiven zu übertragen und davon auszugehen, dass sie über die hierzu notwendigen emotionalen, sozialen und kognitiven Entwicklungskompetenzen verfügen, ignoriert den Bedarf und die Bedürfnisse dieser Klientel (vgl. Ahrbeck 2004). Damit ist ein Scheitern in den Hilfesystemen gleichsam vorprogrammiert: Die Kinder- und Jugendhilfe gibt ihre Verantwortung für diese jungen Menschen ab, gerade auch dann, wenn ein spezifisches Hilfeangebot gescheitert ist und eine neue Organisation den Fall übernimmt (vgl. Ader 2006, 208). So wechseln die Zuständigkeiten in den Hilfesystemen sehr oft und insbesondere dann, wenn sich Schwierigkeiten abzeichnen, die zu neuen Ausgrenzungen führen können. Gerade schwer beziehungstraumatisierte Kinder und Jugendliche erleben durch diesen institutionell verantworteten „Drehtüreffekt" Sekundärtraumatisierungen (vgl. Herz & Liesebach 2007; Herz 2008). Auch fehlen in den Metropolen hinreichend qualifizierte Sozialpädagog/innen für migrationsspezifische Anforderungen an die Kinder- und Jugendhilfe. Supervision als regelhafte Praxisreflexion und -begleitung ist eher die Ausnahme: Fallverstehen wird verkürzt auf Fallmanagement als euphemistische Umschreibung reiner Fallverwaltung.

Perspektiven

Winkler (2004, 44) betont, dass Erziehung im sozialpädagogischen Zusammenhang bedeutet, Stabilität und Sicherheit zu vermitteln, um den Druck zu nehmen, der Krisen auslöst, Rahmungen zu sichern und durch seine eigene Veränderung, durch sein Lernen, seine Subjektivität zu entwickeln. Die schulische Erziehungshilfe gewährleistet Bildungsprozesse unter erschwerten Bedingungen. In der sozial- und sonderpädagogischen Praxis geht es vor allem um die Herstellung hinreichender Entwicklungsmöglichkeiten, um die Konstruktion von Lebensentwürfen mit dem Ziel von Mündigkeit und Autonomie. Ein solches Erziehungsverständnis braucht ausreichend Zeit, konstante und verlässliche Settings und kompetente Fachkräfte.

Pädagogik bei Verhaltensstörungen kann auf Kooperation mit der Kinder- und Jugendhilfe als wichtigster sozialpädagogischer Partner nicht verzichten. Deren System – aber auch Systemgrenzen – müssen stets definiert, transparent gemacht und auf die konkrete gemeinsame Praxis bezogen werden. Dazu bedarf es eines professionellen Fallverstehens, der Kenntnis von Risikostrukturen sowie der ele-

33

mentaren Rechte und Grundsicherungen für Kinder, Jugendliche und Erziehungs-
verantwortliche.

Vor dem Hintergrund der skizzierten Schwierigkeiten und Problemlagen in der
Kinder- und Jugendhilfe zeichnen sich neuerdings weitere Dilemmatastrukturen ab:
Die Folgen des neuen Kinder- und Jugendhilfeentwicklungsgesetzes (KICK) sind
eine neue Herausforderung für die Hilfen zur Erziehung. „Ein zentraler Punkt des
KICK [...] ist die stärkere Heranziehung der Eltern zu den Kosten der Hilfen zur
Erziehung. [...] Eltern sollen künftig entsprechend ihrer Leistungsfähigkeit an den
Kosten der Kinder- und Jugendhilfe beteiligt werden" (Rauschenbach 2007, 30 f).

Diese zur Kostendämpfung im Feld der Hilfen zur Erziehung eingeführte Regelung wird möglicherweise zu einer weiteren Absenkung professionsspezifischer
Qualität führen. Konkurrieren derzeit „nur" die Träger der Hilfen zur Erziehung
um ihre Existenz auf dem Trägermarkt, werden zukünftig die Erziehungsberechtigten darüber mitentscheiden können, welche Hilfeleistung aus eigenen Mitteln
gerade noch bezahlbar sind. Gerade die in ihrer Erziehungskompetenz unterstüt-
zungsbedürftigen Eltern (primären Bezugspersonen) können über diese aktuelle
Vorgabe des Gesetzgebers die Entwicklungsoptionen ihrer Kinder unter Umständen erneut negativ beeinflussen.

Die Auswirkungen dieser Reformvorhaben, die zu Lasten der Kinder und
Jugendlichen geht, die unter besonders erschwerten Sozialisationsbedingungen
aufwachsen, haben auch Konsequenzen auf die Verhaltensgestörtenpädagogik,
denn auch hier besteht bereits eine deutliche Unterversorgung in der schulischen
Förderung. Eine Optimierung der sozialräumlichen Ressourcenbalance reicht
allein noch nicht aus, allen Kindern und Jugendlichen mit Erziehungshilfebedarf
angemessen gerecht zu werden.

Literatur

Ader, S. (2004): „Besonders schwierige Kinder: Unverstanden und instrumentalisiert?" In: Fegert,
   Jörg M. & Schrapper, C. (Hrsg.): Handbuch Jugendhilfe – Jugendpsychiatrie. Interdisziplinäre
   Kooperation. Weinheim: Juventa, 437–456
Ader, S. (2006): Was leitet den Blick? Wahrnehmung, Deutung und Intervention in der Jugend-
   hilfe. Weinheim: Juventa
Ahrbeck, B. (2004): Kinder brauchen Erziehung. Stuttgart: Kohlhammer
Bestmann, S. & Brandl, M. (2006): Fallunspezifische Arbeit. In: Forum Erziehungshilfen, 12 (Jg.),
   H. 1, 53–57
Blandow, J. (1997): Über Erziehungshilfekarrieren. Stricke und Fallen der postmodernen Jugend-
   hilfe. In: Gintzel, U. & Schone, R. (Hrsg.): Jahrbuch der Sozialen Arbeit. Münster: Votum,
   172–188
Deutscher Berufsverband für Soziale Arbeit (DBSH) e. V. (2006): Stellungnahme des DBSH zur
   Entwicklung ganztägiger Betreuungsangebote und der Kooperation von Schule und Jugend-
   hilfe. Fulda: Eigendruck
Dünkel, B. & Fesel, V. (Hrsg.) (2001): Wohlfahrtspflege – Volkspflege – Fürsorge: Regionale und
   überregionale Forschungsergebnisse der Sozialen Arbeit zwischen 1920 und 1970. Münster:
   LIT

Hamburger, F. (2007): „Ich werde Dir helfen". Über Macht und Ohnmacht von Pädagogen in der alltäglichen Auseinandersetzung der „Hilfen zur Erziehung". In: Brumlik, M. & Merkens, H. (Hrsg.): Bildung macht Gesellschaft. Opladen: Budrich, 59–76

Herz, B. (2004): Von den Hilfen zur Erziehung zur Kinder- und Jugendpsychiatrie? In: Herz, B., Puhr, K. & Ricking, H. (Hrsg.): Problem Schulabsentismus. Wege zurück in Schule. Bad Heilbrunn: Klinkhardt, 53–76

Herz, B. (2008): Kooperation zwischen Schule, Kinder- und Jugendhilfe und Kinder- und Jugendpsychiatrie. In: Reiser, H., Dlugosch. A. & Willmann, M. (Hrsg.): Professionelle Kooperation bei Gefühls- und Verhaltensstörungen. Pädagogische Hilfen an der Grenze der Erziehung. Hamburg: Kovač, 171–189

Herz, B. & Liesebach, J. (2007): „Comeback" – Neustart für Schulverweigerer. In: Popp, K. & Seebach, B. (Hrsg.): „Null Bock auf Schule" – Was ist zu tun bei Schulverweigerung? Würzburg: vds, 44–61

Hinte, W. (2007): Das Fachkonzept „Sozialraumorientierung". In: Hinte, W. & Treeß, H.: Sozialraumorientierung in der Jugendhilfe. Theoretische Grundlagen, Handlungsprinzipien und Praxisbeispiele einer kooperativ-integrativen Pädagogik. Weinheim: Juventa, 15–130

Jordan, E. (Hrsg. 2000): Theorie und Praxis am Ende eines sozialpädagogischen Jahrhunderts. Münster: Votum

Kessel, F., Reutlinger, C., Maurer, S. & Frey, O. (Hrsg. 2005): Handbuch Sozialraum. Wiesbaden: Verlag für Sozialwissenschaften

Müller, C. (2005): Sozialpädagogik als Erziehung zur Demokratie. Ein problemgeschichtlicher Theorieentwurf. Bad Heilbrunn: Klinkhardt

Münder, J. (2007): „Zukunft braucht Herkunft" – 50 Jahre SOS-Kinderdorf e.V. In: Sozialpädagogisches Institut im SOS-Kinderdorf e.V. (Hrsg.): Wohin steuert die stationäre Erziehungshilfe? München: SOS-Kinderdorf, 335–344

Myschker, N. (2005): Verhaltensstörungen bei Kindern und Jugendlichen. Erscheinungsformen – Ursachen – Hilfreiche Maßnahmen. Stuttgart: Kohlhammer

Niemeyer, C. (1998): Klassiker der Sozialpädagogik: Einführung in die Theoriegeschichte einer Wissenschaft. Weinheim: Juventa

Plewig, H.J. (2006): Erziehungshilfen. In: Antor, G. & Bleidick, U. (Hrsg.): Handlexikon der Behindertenpädagogik. Stuttgart: Kohlhammer, 358–361

Pries, S. & Schrapper, C. (2004): Hilfeplanung. In: Fegert, J.N. & Schrapper, C. (Hrsg.): Kooperation Jugendhilfe – Jugendpsychiatrie. Weinheim: Juventa, 101–110

Rauschenbach, T. (1999): Das sozialpädagogische Jahrhundert. Analysen zur Entwicklung sozialer Arbeit in der Moderne. Weinheim: Juventa

Rauschenbach, T. (2007): Fremdunterbringung und gesellschaftlicher Wandel. In: Sozialpädagogisches Institut im SOS Kinderdorf e.V. (Hrsg.): Wohin steuert die stationäre Erziehungshilfe? München: SOS-Kinderdorf, 8–39

Thiersch, H. (1992): Lebensweltorientierte Soziale Arbeit. Weinheim: Juventa

Thimm, K. (2003): Zur Kooperation von Förderschule und Jugendhilfeeinrichtungen. In: Zeitschrift für Heilpädagogik, 54 (Jg.), H. 3, 110–115

Winkler, M. (2004): Sozialpädagogik. Theoretische Grundlagen und Handlungskonzepte der Jugendhilfe. In: Fegert, J.N. & Schrapper, C. (Hrsg.): Kooperation Jugendhilfe – Jugendpsychiatrie. Weinheim: Juventa, 35–48

2.2 Jugendkriminalität und Jugendstrafrechtspflege

Christian Bernzen

Aufgabe des Jugendstrafrechts

„Die Jugendgerichtsbarkeit hat das Wohl des Jugendlichen in den Vordergrund zu stellen und zu gewährleisten, dass die Reaktionen gegen jugendliche Täter im Hinblick auf die Umstände des Täters wie auch der Tat stets verhältnismäßig sind" (Plenarsitzung zu Mindestgrundsätzen der Vereinten Nationen für die Jugendgerichtsbarkeit, 29. 11. 1985; Beijing Grundsätze). Mit diesen Worten wird auf die (auch völkerrechtliche) Bedeutsamkeit der Anerkennung der persönlichen Entwicklung des Jugendlichen hingewiesen und die Forderung gestellt, nationale Gesetze und Verfahren zu überprüfen und den Standards der Vereinten Nationen anzupassen.

Das deutsche Jugendstrafrecht entspricht diesen Standards. Es stellt ein Sonderstrafrecht für Jugendliche und heranwachsende Täter dar und bündelt materiellrechtliche und verfahrensrechtliche Vorschriften, welche die rechtlichen Reaktionen auf die Straftaten jugendlicher Täter mit Berücksichtigung der Besonderheiten der psychosozialen Entwicklung abweichend von denen des allgemein geltenden Strafrechts regeln (vgl. Schaffstein & Beulke 2002).

Diese Rechtsregeln finden sich in drei Gesetzeswerken, dem Strafgesetzbuch (StGB), der Strafprozessordnung (StPO) und dem Jugendgerichtsgesetz (JGG). Auch für Jugendliche gelten sämtliche Straftatbestände des StGB und die Verfahrensvorschriften der StPO. Das JGG als ein Sonderrecht wandelt das allgemeine Strafrecht in den Sanktionen ab und modifiziert das gerichtliche Verfahren. Das Jugendstrafrecht stellt trotz einiger Besonderheiten ein echtes Strafrecht dar, da seine Rechtsfolgen die Begehung einer schuldhaften Tat zur Voraussetzung haben und zumindest eine der in ihm vorgesehenen Rechtsfolgen die Ahndung der Schuld durch Strafe ist. Nichtsdestotrotz ist der *Erziehungsgedanke* das zuvörderst innewohnende Prinzip des Jugendstrafrechts und greift auf eine lange Tradition zurück.

Strafen oder erziehen? – Das ist ein kontrovers diskutierter Grundkonflikt, der häufig gerade vor Wahlen zu heftigen öffentlichen Debatten führt. Diese Debatten bilden auch die entscheidende Besonderheit der Lebensrealität ab, auf die das Jugendstrafrecht reagieren soll. Jugendkriminalität ist oft Folge des kritischen Übergangsstadiums zwischen Kindheit und Jugend und der damit einhergehenden Schwierigkeiten. Auf diese Wirklichkeit soll wesentlich auf erzieherische Weise reagiert werden. Damit ist die Jugendstrafrechtspflege besonders sensibel für gesellschaftliche Veränderungen. So war beispielsweise noch in den 1960er Jahren „Gehorsamkeit" ein verbreitetes Erziehungsziel. Relikte dieses Erziehungsansatzes finden sich noch im Jugendgerichtsgesetz wieder. Begrifflichkeiten wie „Zuchtmittel" (§ 15 JGG) und „schädliche Neigungen" (§ 17 JGG) weisen darauf hin.

Ein Paradigmenwechsel bezüglich des Erziehungsverständnisses fand in den 1970er Jahren statt, der aufgrund neuer kriminologischer Erkenntnisse einen veränderten Umgang mit delinquenten Jugendlichen bewirkte. Damit wurden nun Ideen wirkmächtig, die bereits 100 Jahre zuvor der Soziologe Émile Durkheim mit seiner Rede von der Kriminalität als Normalität in jeder Gesellschaft in seinem Werk „Die Regeln der soziologischen Methode" darlegte. Der Begriff der Erziehung erfuhr eine kritische Reflexion und dient im heutigen Jugendgerichtsverfahren dem Ziel, soziale Integration zu fördern und Straftaten zu vermeiden. Dieses unterstrich auch das Bundesverfassungsgericht in seiner Entscheidung zum Jugendstrafvollzug im Mai 2006 (Weyel 2008).

Die Bestimmtheit der Vorschriften des allgemeinen Strafrechts stellt eine zivilisatorische Leistung großer Bedeutung dar. Im Jugendstrafrecht dagegen gilt das Prinzip der Flexibilität, das einen weiteren bedeutsamen Unterschied zum allgemeinen Strafrecht beinhaltet. So soll für junge Menschen in einer Vielfalt des möglichen Reagierens und in einer Flexibilität der Prozeduren eine individuell angemessene Reaktion auf Straftaten gesucht werden (vgl. auch: Resolution gegen die Verschärfung des Jugendstrafrechts; Heinz 2008). Flexibilität der Prozeduren meint hier die Möglichkeit, ein Verfahren situationsgemäß zu gestalten. Die Vielfalt des möglichen Reagierens unterstreicht die zahlreichen strafrechtlichen Reaktionen, die Sanktions- und Vollstreckungsflexibilität im Jugendstrafrecht (Ostendorf 2006 a).

Entwicklung der Jugendkriminalität in Deutschland

„Ich habe keine Hoffung für die Zukunft unseres Volkes, wenn sie von der frivolen Jugend von heute abhängig sein soll. Denn die Jugend ist ohne Zweifel unerhört rücksichtslos und frühreif. Als ich noch jünger war, lehrte man uns gutes Benehmen und Respekt vor unseren Eltern. Aber die Jugend von heute will alles besser wissen und ist immer mit dem Mund vorweg" (Hesiod im 8. Jhr. v. Chr.).

Diese skeptische Einschätzung alter Zeit macht deutlich, dass allgemeine Klagen über die Jugend und eine steigende Jugendkriminalität wenig über die aktuelle Lage aussagen. Diese Erkenntnis ist aber weder dazu geeignet, tatsächliche Kriminalität zu verharmlosen, noch darf sie verhindern, dass neue Wege der Prävention und des Umgangs mit Problemlagen gesucht werden.

Wie sieht es aber nun tatsächlich mit der gegenwärtigen Entwicklung der Jugendkriminalität in Deutschland aus? Kurz skizziert hat sie sich in den Zeiten gesellschaftlicher Umbrüche und ansteigender Migration um 1990 deutlich erhöht. Allerdings ist auch seit Ende der 1990er Jahre ein allgemeiner Rückgang zu verzeichnen (vgl. BMI/BMJ 2006: Zweiter Periodischer Sicherheitsbericht).

Es ist grundlegend festzustellen, dass für Raub- und Diebstahlkriminalität bei Jugendlichen und Heranwachsenden abnehmende Tendenzen zu verzeichnen sind, dafür aber die Anzahl der schweren Körperverletzungen angestiegen ist. Die Polizeiliche Kriminalstatistik (PKS 2007) stellt fest, dass die Gesamtzahl der jugendlichen Tatverdächtigen im Alter von 14 bis 18 Jahren im Jahresvergleich um 0,4 % zurückgegangen ist. Ein Anstieg um 4,9 % ist allerdings bei der Gewaltkriminalität Jugendlicher zu verzeichnen. Besonders markant ist mit 6,3 % der Anstieg bei gefährlicher und schwerer Körperverletzung sowie beginnend von einem sehr niedrigen Niveau eine relative Zunahme der Gewaltkriminalität weiblicher Jugendlicher. Die Anstiege im Bereich der jugendlichen Gewaltkriminalität sind wohl auch einer erhöhten Anzeigebereitschaft zuzuschreiben.

Für Großstädte wie Berlin, Hamburg und München werden immer wieder Vorfälle von Bandendelinquenz beschrieben, bei denen Jugendliche mit Migrationshintergrund ins Rampenlicht rücken. Der Gesellschaft ist es bis heute nicht hinreichend gelungen, diese Jugendlichen zu inkludieren. Dabei geht es um einen beidseitigen Prozess und nicht einen nur den Migranten aufgezwungen Vorgang der Veränderung. Unterschiede und Abweichungen werden im Rahmen der sozialen Inklusion bewusst wahrgenommen, aber in ihrer Bedeutung eingeschränkt oder gar aufgehoben. Ihr Vorhandensein wird von der Gesellschaft weder in Frage gestellt, noch als Besonderheit gesehen (vgl. Hinz 2002).

Die Erscheinungsformen von Gewalt aus der Gruppendelinquenz heraus bewegen sich momentan auf hohem Niveau. Betrachtet man „Rocker Gruppen" in den 1960er Jahren oder auch „Skinhead Gangs" in den 1990er Jahren, die mit auffallender Brutalität unter anderem gegen Homosexuelle, Behinderte und Menschen mit Migrationshintergrund vorgingen, so kann von einer Kontinuität des Gewaltausmaßes gesprochen werden. Beständigkeit ist auch hinsichtlich der Hintergründe der jeweiligen Gruppen zu beobachten, die zumeist aus einem Konglomerat aus individuellen und sozialen Belastungen, misslungenen Integrationsbestrebungen und zunehmend anonymeren und ausgrenzenden Gesellschaftsformen bestehen (Kreuzer 2008).

Bei der Betrachtung der offiziellen Statistiken fällt der episodenhafte Charakter der Jugendkriminalität ins Auge. Markant ist dabei, dass die Kurve der Kriminalitätsbelastung (KBZ: darunter versteht man die Anzahl der von der Polizei ermittelten Straftäter bezogen auf 100 000 Personen der jeweiligen Altersgruppe) zunächst kontinuierlich ansteigt, bis sie bei den männlichen jugendlichen Straftätern in der schwierigen Lebensphase um 18 bis 21 Jahre ihren absoluten Höhepunkt erreicht, dann aber wieder beständig absinkt (Schaffstein & Beulke 2002). Dies verdeutlicht, dass Kriminalität im Leben dieser Menschen zumeist ein vorübergehendes Phänomen ist und der Rückgang der Delinquenz im Zusammenhang mit einer stetigeren Lebensweise und Verfestigung von sozialen Strukturen gesehen werden muss. Diesem Umstand trägt das Jugendstrafrecht mit seiner individuellen und differenzierenden Betrachtungsweise Rechnung, die sich auf die besonderen Umstände einstellt.

Geschichte und Zukunft der Jugendgerichtsbarkeit

Der ideengeschichtliche Hintergrund der deutschen Jugendstrafrechtspflege kann in dem Schulenstreit klassisch um Kant, Hegel und Feuerbach mit ihren Forderungen nach vergeltenden, abschreckenden Zwecken des Strafens und der modernen Schule um Franz von Liszt gesucht werden. Letzter befürwortet die Umsetzung eines spezialpräventiven Täterstrafrechts. Damit forderte er eine Abwendung von einem Strafrecht, welches auf die Vergeltung fragwürdiger Schuld abzielt und fokussiert stattdessen die Prävention zukünftiger Straftaten und die Entwicklung von Resozialisierungsprogrammen für junge Straffällige (Schaffstein & Beulke 2002; Kreuzer 2008).

Die Beachtung von psychologischen und soziologischen Faktoren des Jugendalters gewannen Ende des 19. Jahrhunderts zunehmend an Bedeutung. Im Jahre 1908 traten die ersten Jugendgerichte in Köln, Frankfurt und Berlin in Tätigkeit. Ein Jahr darauf fand der erste Deutsche Jugendgerichtstag in Berlin statt und mit ihm setzte der Beginn der Jugendgerichtsbewegung ein. Die Bestrebungen dieser Bewegung waren, durch neue geistige und soziale Strömungen das Wesen der Jugend in ein neues Licht zu stellen und die Aufgabe und den Zweck von Strafe zu überdenken. Das Produkt dieser Bewegung ist das im Jahr 1923 verabschiedete Jugendgerichtsgesetz (JGG). Es stellte die Erfüllung vieler Forderungen der Jugendgerichtsbewegung dar. Mit dem JGG wurde das Strafmündigkeitsalter von 12 auf 14 Jahre heraufgesetzt. Die Todesstrafe und lebenslange Freiheitsstrafe wurden abgeschafft und das Strafhöchstmaß generell auf zehn Jahre festgelegt (Kreuzer 2008).

Im dritten Reich erfuhr das JGG eine Umbenennung in Reichsjugendgerichtsgesetz und der Jugendarrest wurde eingeführt. Der Erziehungsgedanke in der Jugendstrafrechtspflege erhielt einen prononciert auf das deutsche Volk bezogenen Inhalt. Es sollte hauptsächlich der „Reinerhaltung des Volkes" dienen und war geprägt durch Prinzipien wie Unterordnung und Anpassung (Weyel 2008). Damit war das Jugendstrafrecht zu einem Teil des nationalsozialistischen Rechts geworden.

Der Jugendarrest wurde auch nach dem Kriegsende beibehalten. 1953 kam es zur Installation der Bewährungshilfe als Unterstützung des Jugendlichen im Gerichtsverfahren. Zudem wurde festgelegt, dass die individuelle Persönlichkeitsentwicklung des jugendlichen Straftäters bei der Festlegung des Strafmaßes zu berücksichtigen ist. Außerdem wurden Heranwachsende in das Jugendstrafrechtssystem mit aufgenommen. Im Jahre 1990 trat das erste Gesetz zur Änderung des JGG in Kraft. Neuerungen dabei waren die Abschaffung der unbestimmten Jugendstrafe und die Einschränkung der Untersuchungshaft. Das Jugendstrafrecht wurde in dieser Zeit weiter im Sinne eines Erziehungsstrafrechts reformiert. So wurden soziale Trainingskurse, der Täter-Opfer-Ausgleich und Betreuungsweisungen mit aufgenommen (vgl. Schaffstein & Beulke 2002; Priese 2006).

Auch derzeit steht das Jugendstrafrecht in der Diskussion. Kritiker plädieren für eine Annährung des Jugendstrafrechts an das Erwachsenenstrafrecht und für einen drastischen Abbau der Differenzierungen. Gerade vor politischen Wahlen gibt es Stimmen, die sich oft radikaler Vereinfachungen bedienen und populistisch auf Einzelfälle verweisen. Der ehemalige Hamburger Justizsenator Roger Kusch forderte sogar die Abschaffung des Jugendstrafrechts. Mit einer solchen Radikalkritik besteht die Gefahr, dass der politische Boden für eine grundlegende Änderung und eine Verschärfung der Normen des Jugendstrafrechts bereitet wird. Aufgabe von Wissenschaft und Praxis des Jugendstrafrechts ist es deshalb auch, dieser Kritik zu begegnen und die guten Traditionen des Jugendstrafrechts neu zu bestimmen (vgl. Ostendorf 2006 b).

Wie im ersten Abschnitt durch das Eingangszitat deutlich herausgestellt wird, fordern die Vereinten Nationen eine differenzierte Jugendgerichtsbarkeit, die zum nationalen Standard wird. Die verabschiedete Resolution stellt kein „hartes Völkerrecht" dar. Aber eine Abschaffung des Jugendstrafrechts würde nicht zuletzt einen Verstoß gegen völkerrechtliche Verpflichtungen der Bundesrepublik Deutschland bedeuten.

Jugendstrafrechtspflege im europäischen Vergleich

Während sich die von Jugendlichen verübten Straftaten in Europa immer stärker ähneln, lassen sich bei den jeweiligen staatlichen Sanktionen allenfalls in Grundzügen Gemeinsamkeiten aufzeigen. Viele der zu diesem Thema erschienenen Publikationen sind entweder veraltet, da sie noch vor der Osterweiterung der Europäischen Union erstellt wurden, oder wenden sich vorrangig Schwerpunktthemen zu. Das von der EU geförderte Forschungsprojekt „AGIS" hat es sich unter anderem zur Aufgabe gemacht, einen Vergleich der Systeme zu leisten („Juvenile justice systems in Europe – current situation, reform developments and good practices"). Unter der Leitung des Greifswalder Kriminologen Dünkel gliedert sich das Projekt in zwei Teile und wird in einem ersten Schritt mit 33 Länderberichten aufwarten, bevor im zweiten Projektteil besonders erfolgversprechende Modelle hervorgehoben werden. Nach dieser Studie zu aktuellen Reformtendenzen der Jugendkriminalpolitik, Altersgrenzen und Jugendstrafrechtssystemen ist gegenwärtig eine Tendenz zur Verschärfung des Jugendstrafrechts zu erkennen. Aufzuführen sind in diesem Zusammenhang die Reformen in den Niederlanden 1965 und in Frankreich 1996 sowie der im selben Jahr erlassene „Criminal Justice Act" Großbritanniens, der eine Heraufsetzung der Höchststrafe für Jugendliche im geschlossenen Vollzug, einhergehend mit einer Herabsetzung der Strafmündigkeit, beinhaltet sowie in bestimmten Fällen auch Sanktionen gegen die Eltern vorsieht (z. B. die Teilnahme an Erziehungsmaßnahmen bis hin zur Streichung des Kindergeldes).

Es lassen sich zwei Hauptarten von Reformstrategien erkennen: Zum einen diejenigen Reformen, die als Direktive von oben herab erlassen wurden, und zum anderen solche, die sich aufgrund einer erfolgreichen Erprobungsphase als praxistauglich erwiesen haben. Bewährt hat sich in der Vergangenheit besonders der praxisorientierte Ansatz, zum Beispiel in Deutschland, Österreich und den Niederlanden (Dünkel 2008).

Doch welche kriminalpolitischen Ansätze und Tendenzen existieren im Einzelnen in Europa? Ein Blick auf England, Wales und die Niederlande lässt ein von neo-liberalen Orientierungen geprägtes Modell erkennen, bei dem der Wille, straffällige Jugendliche für ihre Taten verantwortlich zu machen, unter den Stichworten Verantwortung, Wiedergutmachung, restorative Justiz und Vergeltung zusammengefasst wird. In den neueren mittelosteuropäischen Mitgliedsstaaten herrscht ein starkes Bedürfnis, geltendes Recht der Sowjetzeit den Normen der Vereinten Nationen und des Europarates anzugleichen. Noch mangelt es hier jedoch an der Bereitstellung der nötigen Infrastruktur sowie der Akzeptanz seitens der Bevölkerung, um beispielsweise ambulante Sanktionen erfolgreich einsetzen zu können (Dünkel 2008). Erfreulicherweise wird der Freiheitsentzug auch hier zunehmend als ultima ratio angesehen.

Gleichzeitig haben sich die europäischen Modelle einander angenähert, indem sie jeweils restorative Elemente in ihr jeweiliges Jugendstrafrechtssystem integriert haben. Im Mittelpunkt steht hier der Gedanke, sowohl dem Interesse des Opfers als auch dem der Gemeinschaft und des Täters Rechnung zu tragen. Dies geschieht unter anderem durch Gemeinschaftsdienst, Schadensausgleich und Regulierung, Mediation zwischen Opfer und Täter. Mit verschiedener Intensität wird in den europäischen Ländern die Abkehr von klassisch strafrechtlichen, punitiven Sanktionen betrieben. In Deutschland und Österreich machen bereits mehr als ein Drittel aller straffällig gewordenen Jugendlichen Erfahrungen mit restorativen Sanktionen.

Gleichzeitig mit diesen europäischen Trends bestehen noch immer erhebliche Unterschiede hinsichtlich der Altersspannen für die Strafmündigkeit. Während beispielsweise in Deutschland das Alter der Strafmündigkeit bei 14 oder in Belgien gar bei 18 Jahren liegt, können in England nach der Abschaffung des „doli incapax" bereits Zehnjährige strafrechtlich zur Verantwortung gezogen werden. Diese überwiegend niedrigen Altersgrenzen mit einigen wenigen Ausnahmen (wie zum Beispiel Belgien und Polen) erstaunen, da sich die biologische, psychische und soziale Entwicklung von Jugendlichen in den letzten Jahrzehnten grundlegend zusammen mit dem gesellschaftlichen Umfeld verändert hat. Straftaten, die beispielsweise im Alter von 20 Jahren begangen werden, sind aus diesem Grund oftmals soziologisch als Jugendstraftaten einzuordnen (Dünkel 2008).

Eine generelle Aussage, welches System geeignet oder ungeeignet ist, lässt sich nur so treffen: Es ist sehr unwahrscheinlich, dass eine Orientierung alleine an dem Gedanken der Hilfe oder alleine an dem Gedanken der Strafe sachgerecht ist. Begrüßenswert ist hingegen der allgemein zu beobachtende restorative Ansatz und der beispielsweise in Deutschland existierende Mix aus Justiz- und Wohlfahrtsmodell, der dem Jugendrichter einen großen Entscheidungsspielraum hinsichtlich nicht punitiver Sanktionen ermöglicht und gleichzeitig dem Jugendlichen dieselben Garantien des Erwachsenenstrafverfahrens gewährleistet.

Zu klären bleibt, ob eine gemeinsame Regelung auf europäischer Ebene erforderlich ist und wie eine solche erfolgen kann. Die Stellungnahme des Europäischen

Wirtschafts- und Sozialausschusses (vgl. EWSA 2006) widmet sich unter anderem diesem Thema. Sie gibt zunächst einen Überblick über den Status quo, indem sie aufzeigt, dass es bisher nur eine tangentielle Berührung der Jugendgerichtsbarkeit im Rahmen übergeordneter Fragen wie beispielsweise der Kriminalitätsverhütung gibt. Die Forderung des EWSA nach europäischen Mindeststandards, die auf einschlägigen internationalen Leitlinien beruhen, erscheint durchaus sinnvoll, zumal sich die Ursachen und Ausprägungsformen von Jugendkriminalität in den Mitgliedsstaaten durch ähnliche sozioökonomische und politische Situationen und Rechtstraditionen immer stärker ähneln und vergleichbare Antworten erfordern. Durch verstärkten Erfahrungsaustausch könnten die öffentlichen Systeme, die zur Reaktion auf Kriminalität junger Menschen berufen sind, voneinander profitieren. Weiterhin ergibt sich durch die Abschaffung der Binnengrenzkontrollen (Schengener Abkommen) eine völlig neue Situation: Jugendliche können sich in den EU-Mitgliedsstaaten frei bewegen, weshalb die Möglichkeit, dass ein Jugendlicher nicht in seinem Heimatland für eine begangene Straftat verurteilt wird, statistisch wahrscheinlicher wird.

Ebenso wie der EWSA empfiehlt auch das Ministerkomitee des Europarates „das Erfordernis eigenständiger und spezifischer europäischer Regeln für die in der Gemeinschaft angewandten Sanktionen und Maßnahmen und europäische Strafvollzugsgrundsätze für Jugendliche anzuerkennen" (Ministerkomitee des Europarates 2003, 2). Eine Antwort auf die oben gestellte Frage nach der Einführung von europäischen Mindeststandards versucht der Europarat in der Recommendation. Den Mitgliedsstaaten wird unter anderem empfohlen, sich bei der Behandlung jugendlicher Straftäter disziplin- und institutionsübergreifend auf aktuelle wissenschaftliche Erkenntnisse zu stützen (Nr. 5 der Recommendation), die der minimalen Intervention (z. B. Mediation zwischen Täter und Opfer) bei herkömmlicher Jugendkriminalität den Vorzug gibt. Doch auch Elemente des neocorrectionalis Modells werden aufgegriffen, wie etwa härtere Sanktionen gegenüber Wiederholungstätern und deren Eltern, was der Recommendation einen gemischten und ausgewogenen Charakter verleiht und extreme Positionen vermeidet. Denkbar wäre laut EWSA auch die Zentralisierung der Jugendkriminalitätsthematik in Form einer europäischen Beratungsstelle (EWSA 2006; Dünkel 2008).

Erfreulicherweise zeichnet sich ab, dass den Empfehlungen und Erkenntnissen der Wissenschaft Rechnung getragen wird und antiquierte Elemente zunehmend aus der Jugendstrafrechtspflege verschwinden; jedoch wäre es verfehlt, diese Tendenzen überzubewerten. So bleibt mit Spannung zu erwarten, welche Ergebnisse ehrgeizige Studien, wie das AGIS Projekt, zu Tage fördern werden.

Jugendstrafrechtspflege und Jugendhilfesysteme

Gewöhnlich wird das Verhältnis zwischen Jugendstrafrechtspflege und den sozialrechtlich garantierten Hilfesystemen, insbesondere der Jugendhilfe, unter der Perspektive des guten oder weniger gelungenen Zusammenwirkens diskutiert. Beiträge zu dieser Debatte fokussieren regelmäßig Fragen der Planung oder Koordination der Zusammenarbeit. Diesem Ansatz soll hier nicht gefolgt werden. Es wird vielmehr davon ausgegangen, dass Jugendhilfe und insbesondere Jugendsozialarbeit und Delinquenz junger Menschen unverbundene Gegenstände sind. Es ist nämlich nicht davon auszugehen, dass delinquentes Verhalten junger Menschen fast immer eine individuelle Beeinträchtigung offen legt. Ebenso führt eine persönliche Problematik nicht mit einer gewissen Zwangsläufigkeit zu Delinquenz.

Wie aber soll dann überhaupt der Bedarf an jugendsozialarbeiterischer Intervention festgestellt werden? Wie in anderen Bereichen der Sozialen Arbeit wird auch der Bedarf an Jugendsozialarbeit vor allem an Auffälligkeiten, also an Defiziten welcher Form auch immer festgestellt. Ein solches Vorgehen führt aber auf Ab- und Umwege. Viel aussichtsreicher ist es hingegen, an mögliche Chancen und Ressourcen anzuknüpfen. Dazu müssten Fähigkeiten junger Menschen bemerkt und Eigeninitiative junger Menschen von Pädagogen geweckt werden. Doch kann eine solche Sicht gelingen? Ist nicht die Geschichte der Sozialen Arbeit die Geschichte einer fortdauernden und eigentlich immer nur sprachlich modernisierten Defizitorientierung?

Die Geschichte der Jugendsozialarbeit bietet aber auch ein Mut machendes Beispiel für einen Zugang. In dem Auftrag, soziale Benachteiligung zu überwinden, hat die Jugendsozialarbeit mit einem eigenen Handlungsschwerpunkt versucht, schulische Bildung, berufliche Ausbildung und Studium junger Aussiedler zu fördern, je nach deren individuellen Fähigkeiten. Dabei war nicht die Perspektive handlungsleitend, dass es schon ein großer Erfolg sei, wenn überhaupt irgendeine Ausbildung gelänge. Vielmehr ging es um die individuellen Ressourcen der jungen Leute und um die jeweiligen Möglichkeiten, diese plausibel zu fördern. Darin hat die Jugendsozialarbeit wesentliche Erfolge erzielt, auch deshalb, weil Scheitern und „Auffälligkeiten" gerade kein notwendiger Auslöser des Hilfegeschehens waren. Deshalb sollten die Chancen und Absichten, Hoffnungen und Potentialitäten Ausgangspunkt gelingender Jugendsozialarbeit sein (vgl. Bernzen 2008).

Wird dieser Blickwinkel konsequent durchgehalten, ist ein sinnvoller Zusammenhang zwischen Delinquenz und Jugendsozialarbeit nicht mehr beschreibbar. Das verwirrt zunächst: Es scheint doch klar zu sein, dass insbesondere strafrechtliche Sanktionen, die mit Freiheitsentziehung verbunden sind, stets auch den Charakter haben, den Adressaten dieser Sanktion aus der Gesellschaft auszuschließen. Ist der Delinquente aber nun zum Teil (und eventuell aus guten Gründen) aus der Gesellschaft ausgeschlossen, muss er in Folge der Hilfemaßnahmen auch wieder einbezogen werden. Inklusion als sozialpolitisch gängige moralische Forderung wird hier in eigener Weise konkret. Die Gesellschaft, die strafrechtlich sanktionieren darf, übernimmt mit der Sanktion zugleich die Pflicht zur (Wieder-)Einbeziehung des Sanktionierten.

Die Möglichkeit eines auftauchenden Widerspruches zwischen strafrechtlicher Sanktion und sozialpolitisch intendierter Integration soll hier deutlich gemacht werden.

Erst vor diesem Hintergrund bietet gute und gleichberechtigte Kooperation verschiedener, auch in ihrer Wahrnehmbarkeit unterscheidbarer Systeme bei der praktischen Umsetzung die größte Chance. Jugendstrafrechtspflege ist unmittelbar und aus staatlichem Auftrag dem Erziehungsgedanken und dem Erziehungsziel Legalbewährung verpflichtet; Jugendsozialarbeit hingegen muss dem Hilfeempfänger nach seinem Plan Chancen eröffnen. Sie handelt also im Auftrag des einzelnen Bürgers. Eine Kohärenz dieser beiden Handlungsansätze lässt sich nur erlangen, in dem diese beiden unterschiedlichen Zugänge respektiert und als für ihren Bereich sachgerecht anerkannt werden. Auf dieser Basis kann kooperiert werden, gerade auch dann, wenn Hilfeempfängerinnen und Hilfeempfänger aufgrund hohen Unterstützungsbedarfs kaum noch in der Lage sind, tatsächlich auch diese Verschiedenheit öffentlichen Handelns zu realisieren (vgl. Bernzen 2008).

Um dieser Problematik in Zukunft besser begegnen zu können, sind politische Akteure und öffentliche Stellen somit aufgerufen, nicht reflexhaft zu handeln, sondern differenziert auf die Straftaten junger Menschen zu reagieren und zugleich deren Integrationswünsche zu ermöglichen. Dass beides gleichzeitig geboten ist, macht kohärentes Handeln schwierig. Politisch plausibel ist die strafrechtliche Sanktion, moralisch in jedem Fall geboten die jugendsozialarbeiterische Inklusion, umso intensiver, je mehr – auch aus guten Gründen – Exklusion bewirkt wurde. Doch die jugendsozialarbeiterischen Bemühungen gelten hinsichtlich ihrer Wirkungen als wenig einschätzbar. Oft ist unklar, ob Jugendsozialarbeit überhaupt hinreichend Inklusion bewirken kann. Jugendsozialarbeit hat deshalb ihre Handlungsfähigkeit im öffentlichen Diskurs durch Transparenz, Wirkungsorientierung und Popularisierung zu plausibilisieren.

Soziale Arbeit kann und wird auf dem angedeuteten Weg die Chance gewinnen, auch für delinquente junge Menschen stabil und plausibel ein vielversprechendes Angebot von Teilhabe und Teilnahme in der Gesellschaft zu machen. Die Strafrechtspflege und vor allem der Jugendstrafvollzug könnte so Gewissheit über die Handlungsfähigkeit der Kooperationspartner gewinnen. Wird die Chance genutzt, die die Schaffung der Jugendstrafvollzugsgesetze der Länder bietet, können die Verpflichtungen zum Zusammenwirken auch im Gesetz qualifiziert werden. Vor allem aber könnte sich die Lage der delinquenten Jugendlichen verbessern: Ihr Inklusionsbedarf könnte mit größerer Wahrscheinlichkeit passgenauer gedeckt werden.

Literatur

Bernzen, C. (2008): Inklusion statt Strafe? Normative Implikationen der Jugendsozialarbeit mit delinquenten Jugendlichen. In: ICEP-Argumente, 4 (Jg.), H. 1, 1–2

BMI & BMJ, Bundesministerium des Inneren & Bundesministerium der Justiz (Hrsg.) (2006): Zweiter Periodischer Sicherheitsbericht. Berlin: BMI; BMJ

Dünkel, F. (2008): Jugendstrafrecht im europäischen Vergleich. Greifswalder Studie zu aktuellen Reformtendenzen der Jugendkriminalpolitik, Altersgrenzen, Jugendstrafrechtssystemen.

In: NaBuK-Newsletter 02, Mai 2008, herausgegeben von der Nationalen Beobachtungs- und Koordinierungsstelle für Kinder- und Jugend(hilfe)politik in Europa. Im Internet verfügbar unter: http://www.nabuk-europa.de/fileadmin/user_upload/newsletter/nabukthema_0208.pdf (16.10.2008)

EWSA, Europäischer Wirtschafts- und Sozialausschuss (2006): Stellungnahme des EWSA zum Thema Verhütung von Jugendkriminalität, Wege zu Ihrer Bekämpfung und Bedeutung der Jugendgerichtsbarkeit in der europäischen Union. In: Amtsblatt der Europäischen Union Nr. C 110 vom 09/05/2006 S. 0075–0082. Luxemburg: Amt für amtliche Veröffentlichungen der Europäischen Gemeinschaften

Goedeler, J. (2008): Das „Ziel der Anwendung des Jugendstrafrechts" und andere Änderungen des JGG. In: Zeitschrift für Jugendkriminalrecht und Jugendhilfe, 19 (Jg.), H. 2, 137–147

Heinz, W. (2008): Stellungnahme zur aktuellen Diskussion um eine Verschärfung des Jugendstrafrechts. In: Behindertenpädagogik, 47 (Jg.), H. 1, 61–68

Hinz, A. (2002): Von der Integration zur Inklusion – terminologisches Spiel oder konzeptionelle Weiterentwicklung? In: Zeitschrift für Heilpädagogik, 53 (Jg.), H. 9, 354–361

Kreuzer, A. (2008): Ursprünge, Gegenart und Entwicklung des deutschen Jugendstrafrechts. In: Zeitschrift für Jugendkriminalrecht und Jugendhilfe, 19 (Jg.), H. 2, 122–131

Ministerkomitee des Europarates (2003): Empfehlung Rec(2003)20 des Ministerkomitees des Europarates an die Mitgliedstaaten zu neuen Wegen im Umgang mit Jugenddelinquenz und der Rolle der Jugendgerichtsbarkeit vom 24.09.2003. Im Internet verfügbar unter http://www.dvjj.de/download.php?id=159 (16.10.2008)

Ostendorf, H. (2006a): Flexibilität versus Rechtsstaatlichkeit im Jugendstrafrecht. In: Goltammer's Archiv für Strafrecht, 153 (Jg.), H. 7, 515–127

Ostendorf, H. (2006b): Gegen die Abschaffung des Jugendstrafrechts oder seine Essentialia, Neue Zeitschrift für Strafrecht, 26 (Jg.), H. 6, 320–326

PKS, Polizeiliche Kriminalstatistik (2007). Wiesbaden: Bundeskriminalamt

Priese, A. (2006): Juristische Grundkurse 31: Kriminologie/Jugendstrafrecht. Dänischenhagen: Richter

Schaffstein, F. & Beulke, W. (2002): Jugendstrafrecht. Eine systematische Darstellung. Stuttgart: Kohlhammer

Schwind, H.D. (2008): Kriminologie. Heidelberg: Kriminalistik Verlag

Weyel, F.H. (2008): Geschichte und Wandel des Erziehungsgedankens. In: Zeitschrift für Jugendkriminalrecht und Jugendhilfe, 19 (Jg.), H. 2, 132–136

2.3 Kinder- und Jugendpsychiatrie und -psychotherapie

Michael Günter

Einleitung

Viele psychische Erkrankungen im Kindes- und Jugendalter zeigen eine kaum zu entwirrende Mischung aus Entwicklungsproblemen, familiären Konflikten, Erziehungsdefiziten und psychopathologischen Symptombildungen. Daher sind therapeutische und pädagogische Hilfestellungen oft unlösbar miteinander verknüpft. Therapeutische Interventionen, das ist seit den grundlegenden Arbeiten Anna Freuds bekannt, haben den Sinn, pathologische Fixierungen aufzulösen und auf diese Weise blockierte Entwicklungen wieder in Gang zu bringen. Dies ist aber auch eine Aufgabe, die als Entwicklungsförderung Ziel jeder Pädagogik sein muss. Pädagogik ihrerseits beschäftigt sich, wenn sie denn richtig verstanden wird, mit den inneren Prozessen und den Beziehungen des Kindes. Sie hat somit, zumal im sonderpädagogischen und heilpädagogischen Bereich, häufig ein im weitesten Sinne therapeutisches Verständnis ihrer Selbst.

Die Kinder- und Jugendpsychiatrie ist wie die Psychotherapie daher auf eine enge Zusammenarbeit mit der Pädagogik angewiesen. Es dürfte eher die Minderzahl der verhaltensauffälligen Kinder sein, bei denen psychotherapeutische Interventionen alleine zum Erfolg führen. Wenn gar die Störung so schwerwiegend ist, dass die Indikation zu einer stationären kinder- und jugendpsychiatrischen Behandlung gestellt wird, bedeutet dies in aller Regel, dass man der Überzeugung ist, dass das Kind ein Milieu benötigt, in dem Therapie im engeren Sinne erst wirksam werden kann. Die Schwere und Ausdehnung der Erkrankung machen es dann erforderlich, dass neben die psychotherapeutische Behandlung ein pädagogischer Rahmen tritt, in dem das Kind oder der Jugendliche psychisch und sozial stabilisiert werden kann (Lempp 1991; Günter 2002). Häufig sind Eltern durch die seelische und Verhaltensproblematik ihres Kindes in ihrer erzieherischen Kompetenz überfordert oder die unzureichende Stabilität des häuslichen Milieus, Multiproblemkonstellationen, Deprivation und Traumatisierung tragen wesentlich zur Entstehung der Auffälligkeiten bei.

Hinzu kommen häufig Überforderungssituationen in der Schule, sei es als Mitursache für die psychische Destabilisierung, sei es als Folge der Verhaltensproblematik. Sie führen nicht selten zu grundlegenden Enttäuschungen an der Schule und zu einem fundamentalen Mangel an Zutrauen in die eigenen Fähigkeiten. Für viele Kinder, die zu uns kommen, ist Schule nichts mehr, was ihnen Entwicklungschancen eröffnet. Sie geraten in einen Teufelskreis von Verhaltensauffälligkeiten, Ablehnung der Schule und Sanktionen durch Schule und Umwelt, der vor allem bei den expansiven Verhaltensstörungen in vielen Fällen kaum mehr zu durchbrechen ist.

Umgekehrt erhofft sich die Pädagogik bei schwierigen Kindern und Jugendlichen, die allzu oft kaum mit pädagogischen Mitteln erreichbar scheinen, Hilfe von der Kinder- und Jugendpsychiatrie. Die manchmal hohen Erwartungen werden durch eine Reihe von Faktoren erzeugt und unterstützt: die Hemmschwelle, sich in psychiatrische Behandlung zu begeben, ist weitaus niedriger als noch vor zwanzig oder dreißig Jahren. Verhaltensstörungen, ja auch erzieherische Probleme werden heute allgemein in der Gesellschaft sehr viel stärker als früher als medizinische Probleme, als Krankheit, verstanden. Die positive Konsequenz ist eine raschere Inanspruchnahme kinderpsychiatrischer Hilfen, die problematische Folge ist eine Umdefinition sozialer und Beziehungsprobleme in irgendwelche medizinischen Diagnosen. Diese Gefahr ist besonders im Graubereich der Aufmerksamkeitsdefizithyperaktivitätsstörung (ADHS) zu beobachten. Dennoch können eine spezifische therapeutische Diagnostik, therapeutische Hilfen und gegebenenfalls auch eine begleitende medikamentöse Behandlung die pädagogische Arbeit stabilisieren, manchmal schaffen sie gar erst die Voraussetzungen für diese. Wichtig ist dabei allerdings, dass pädagogische Perspektiven nicht durch simplifizierende neurowissenschaftliche Allgemeinplätze ersetzt werden, wie es zuweilen Mode zu werden scheint, sondern pädagogische Kompetenz, das heißt eine Auseinandersetzung mit dem Individuum, seinen Entwicklungsbedingungen und seinem sozialen Umfeld und erzieherische Beziehungsaufnahme zu dem Betreffenden und seinem Umfeld ergänzt wird durch wirksame, zumindest aber den pädagogischen Prozess unterstützende kinder- und jugendpsychiatrische Interventionen.

Differenzen ergeben sich in der Herangehensweise vor allem daraus, dass Pädagogik in vielen Fällen am Alltag und seinen Strukturen ansetzt und ihre Wirksamkeit gerade daraus zieht, dass sie sich mit dem Leben des betreffenden Klienten konkret auseinandersetzt und sich bis zu einem gewissen Grad in dessen Lebensverhältnissen bewegt und auskennt. Dagegen zieht Therapie ihre Legitimation genau aus dem Heraustreten aus den alltäglichen Routinen, Verwicklungen und eingefahrenen Verhaltensmustern, die unter neuen, anderen Perspektiven gesehen werden. Wenngleich man beides nicht verabsolutieren sollte, konstituiert diese unterschiedliche Praxis doch Differenzen im Selbstverständnis, in Interventionstechniken und dem Blick auf die Problematik.

Der Autor dieses Kapitels zählt sich zu einer Traditionslinie der Kinder- und Jugendpsychiatrie und -psychotherapie, die immer schon die enge Kooperation mit der Pädagogik gesucht hat, was nicht überall in dieser Weise der Fall ist und in der Praxis funktioniert. Von daher soll nicht verschwiegen werden, dass durchaus auch scharfe Abgrenzungsbestrebungen eine Rolle spielen. Es gibt außerdem Strömungen in der Kinder- und Jugendpsychiatrie, die sehr stark einem medizinisch-biologischen Krankheitsmodell verpflichtet sind, was eine Verständigung und eine Kooperation mit der Pädagogik eher erschwert denn erleichtert.

Psychische und Verhaltensstörungen und ihre Relevanz für die Pädagogik

Für eine vollständige Darstellung psychischer Erkrankungen und Verhaltensstörungen muss auf die einschlägige Literatur verwiesen werden (Eggers, Fegert & Resch 2004; Knölker, Mattejat & Schulte-Markwort 2007). Die hier getroffene Auswahl richtet sich vor allem nach deren Relevanz für die pädagogische Arbeit und die Kooperation zwischen Pädagogik und Kinder- und Jugendpsychiatrie und -psychotherapie.

Die Pädagogik der Verhaltensstörungen beschäftigt sich vordringlich mit dem Teil der Störungen, die in kinder- und jugendpsychiatrischer Terminologie als externalisierende Störungen bezeichnet werden. Dies sind vor allem Störungen des Sozialverhaltens und dissoziale Entwicklungen, Aufmerksamkeitsdefizithyperaktivitätsstörungen (ADHS), Substanzmissbrauch und Abhängigkeitserkrankungen, Persönlichkeitsentwicklungsstörungen vom so genannten Cluster B-Typ, das heißt vor allem emotional instabile Persönlichkeitsentwicklungsstörungen vom Borderline-Typ. Weit weniger spielen in pädagogischen Zusammenhängen so genannte internalisierende Störungen, das heißt neurotische Erkrankungen eine Rolle. Sie werden tendenziell von vornherein einer kinder- und jugendpsychiatrischen oder psychotherapeutischen Behandlung zugeführt. In gewisser Weise läuft bei den internalisierenden Störungen die Trennlinie etwas schärfer und es ist oft leichter zu entscheiden, ob die Problematik ein solches Ausmaß erreicht hat, dass die Verantwortung für die Behandlung der Erkrankung in die Hände des Kinder- und Jugendpsychiaters übergeht. In mittelschweren Fällen können aber auch sie eine Herausforderung für die pädagogische Arbeit darstellen. Zu den internalisierenden Störungen zählen vor allem depressive Störungen, neurotische Störungen (Zwangsstörung, dissoziative Störung, Angststörung und Schulphobie), Pubertätsmagersucht (Anorexie) und Ess-Brech-Sucht (Bulimie). Tiefgreifende Entwicklungsstörungen im Sinne eines Autismus oder psychotische Erkrankungen sind insgesamt selten.

Spezielle psychische Erkrankungen und Verhaltensstörungen

Störungen des Sozialverhaltens: Störungen des Sozialverhaltens sind definiert durch länger dauernde und sich wiederholende Muster dissozialen, aggressiven und aufsässigen Verhaltens, das über normale jugendliche Autoritätskonflikte und gelegentliche Delinquenz hinausgeht. Oft sind schwierige psychosoziale Umstände, unzureichende familiäre Strukturen begleitend, außerdem kommt es häufig zu Schulversagen. Männliche Jugendliche sind am häufigsten betroffen (Eggers, Fegert & Resch 2004). Was hier als psychiatrische Diagnose gefasst wird, ist selbstverständlich in anderer Sprache das, was einen wesentlichen Teil der Pädagogik bei Verhaltensstörungen sowohl in den verschiedenen Bereichen der Jugendhilfe als auch in Schulen für Erziehungshilfe und Förderschulen ausmacht. Insofern ist zunächst einmal, dies sei betont, mit der Stellung einer solchen Diagnose noch nichts wirklich Neues gesagt, geschweige denn eine überzeugende therapeutische oder pädagogische Perspektive aufgezeigt.

Störungen des Sozialverhaltens sind als Verhaltensprobleme anzusehen, die generell zunächst in einem pädagogischen Kontext zu behandeln und zu verbessern sind. Ja, sie machen in gewisser Weise die Kernklientel der ganzen Palette erzieherischer Hilfen und sozialpädagogischer Interventionen aus. Kinder- und Jugendpsychiatrie kann unterstützend Hilfe anbieten, jedoch die pädagogische Arbeit keineswegs ersetzen. Bei realistischer Zielsetzung stellt sie eine wertvolle Unterstützung dar. Zum einen hilft eine zeitweise Trennung manchmal beiden Seiten, wieder Atem zu schöpfen, um sich nach einer solchen „Auszeit" neu aufeinander einlassen zu können. Dies sollte dann aber auch von vornherein klar als Fokusbehandlung mit zeitlicher Begrenzung abgesprochen und vereinbart werden. Auch kann in manchen Fällen eine zusätzliche medikamentöse Unterstützung, vor allem bei aggressiv impulsiven Verhaltensweisen und Erregungszuständen, die Anspannung etwas dämpfen und eine Entspannung der Situation bewirken. Man sollte sich davon aber nicht zuviel versprechen. Zum Dritten sind jugendpsychiatrische Behandlungen dann sinnvoll, wenn neben der Störung des Sozialverhaltens, als deren Ursache, als deren Folge oder als Begleitsymptomatik auch erhebliche emotionale Probleme im Sinne neurotischer Konflikte vorhanden sind. Viele Jugendliche mit Störungen des Sozialverhaltens leiden auch unter depressiven Zuständen, die sie durch die Dissozialität, die mit ihr verknüpfte ständige Aktivität und die damit einhergehende Erregung abwehren. So können sich Teufelskreise entwickeln, weil die zugrunde liegende Depression die Dissozialität anheizt und umgekehrt die antisozialen Tendenzen zu Versagenserlebnissen führen, die wiederum die Depression verstärken können. Auch dann kann eine begleitende jugendpsychiatrische ambulante, im Einzelfall auch stationäre Behandlung sinnvoll sein.

Aufmerksamkeitsdefizithyperaktivitätsstörung (ADHS): Die ADHS ist heutzutage in aller Munde und darf wohl, etwas spöttisch formuliert, als Allzweckdiagnose bei jeder Art von Problemen gelten. Die Leitsymptome sind Konzentrationsstörungen, Impulsivität und Hyperaktivität. Die Abgrenzung gegenüber anderen Störungen und gegenüber normal lebhaften Kindern oder sonst psychosozial belasteten Kindern ist fließend, zumal häufig keine saubere Diagnostik durchgeführt wird; insbesondere dann, wenn die Kinder nicht bei einem Kinder- und Jugendpsychiater, sondern beim Kinderarzt oder Allgemeinarzt vorgestellt werden.

Der Verlauf der Störung wird sehr stark davon beeinflusst, ob Aggressivität, Delinquenz oder dissoziales Verhalten hinzutreten oder gar vorherrschend werden. In der Regel werden Kinder, die relevante Verhaltensstörungen aufweisen und daher einen sonderpädagogischen Hilfebedarf haben, genau wegen hinzutretender Störungen des Sozialverhaltens auffällig. Damit gilt vieles von dem soeben über die Störungen des Sozialverhaltens Gesagten auch für die komplizierte Aufmerksamkeitsdefizithyperaktivitätsstörung, während man mit der sozusagen monosymptomatischen ADHS in der Regel in normalen pädagogischen Zusammenhängen zurecht kommen kann.

Insbesondere gilt auch bei einer ADHS, dass die pädagogische Arbeit zentral sein muss. Es ist fast überflüssig zu betonen, dass Klarheit der Regeln und Konsequenz ebenso vorhanden sein müssen wie ein Verständnis für die Not der Kinder und ihr Unglücklichsein mit sich selbst, das sich oft enorm negativ auf das Selbstwertgefühl auswirkt. In guten sonderpädagogischen Strukturen, etwa heilpädagogischen Heimen, ist eine Stabilisierung und Besserung der Verhaltensstörung häufig sogar besser möglich als in einer stationären oder ambulanten kinder- und jugendpsychiatrischen Behandlung. Ein Problem psychiatrisch-psychotherapeutischer oder verhaltenstherapeutischer Behandlungsansätze ist vor allem die Frage, wie weit die erworbenen Steuerungs- und Handlungskompetenzen in den Alltag übertragen werden können. Ganz gute Erfahrungen hat man in den letzten Jahren mit der Einrichtung von Sommercamps für Kinder mit ADHS (meist kombiniert mit Störungen des Sozialverhaltens) gemacht, die wohl eine bessere Transferierbarkeit der erworbenen Kompetenzen in die normale Alltagssituation mit sich bringen als andere Behandlungsansätze.

Kontrovers diskutiert wird in der Öffentlichkeit nach wie vor die Behandlung mit Methylphenidat (im Volksmund nach dem Präparat Ritalin benannt) oder alternativ mit Atomoxetin. Dieses kann bei schwerer Ausprägung der Symptomatik und klarer Indikationsstellung durchaus hilfreich auch für die pädagogische Arbeit sein. Gleichwohl ist die Wirkung auf die Kernsymptome Konzentrationsfähigkeit und Hyperaktivität beschränkt, während all die anderen Begleitsymptome durch die medikamentöse Behandlung nicht beeinflusst werden. Dies bedingt auch, dass die alleinige medikamentöse Behandlung nicht Leitlinien gerecht und damit in aller Regel fehlerhaft ist.

Borderline-Störungen und andere Persönlichkeitsentwicklungsstörungen: Die emotional instabile Persönlichkeitsstörung vom Borderline-Typ, wie sie korrekterweise etwas umständlich im medizinischen Sprachgebrauch heißt, ist heutzutage ebenfalls eine der Störungen, die in aller Munde ist, zumal im sonderpädagogischen Bereich mit schwierigen Jugendlichen. Sie sollte allerdings entgegen dem Sprachgebrauch im Jugendalter sehr zurückhaltend diagnostiziert werden. Dies liegt unter anderem darin begründet, dass bereits in einer normalen Population etwa die Hälfte der Jugendlichen und in Populationen von verhaltensauffälligen Kindern und Jugendlichen nahezu alle mindestens ein Symptom aufweisen, das für eine Borderline-Störung sprechen könnte (Brunner & Resch 2008). Dies gilt insbesondere für selbstverletzendes Verhalten, Drogen- und Alkoholmissbrauch, affektive und Beziehungsinstabilität und Aggressivität. Tatsächlich aber sollte, um von einer Borderline-Störung sprechen zu können, über diese einzelnen Symptome hinaus ein tiefgreifendes und verfestigtes Muster von Instabilität in zwischenmenschlichen Beziehungen, im Selbstbild und in den Affekten bestehen und außerdem ein chronisches Gefühl innerer Leere das Bild bestimmen. Gegenüber der emotional instabilen Persönlichkeitsstörung vom Borderline-Typ treten andere Persönlichkeitsstörungen (sonderbare und exzentrische, histrionische, narzisstische oder ängstliche

Persönlichkeitsstörungen) in ihrer Bedeutung stark zurück. Hinsichtlich der Einschränkung, inwieweit überhaupt Persönlichkeitsstörungen bei Jugendlichen während des Entwicklungsprozesses diagnostiziert werden sollten, spricht man daher bei jüngeren Jugendlichen eher von Persönlichkeitsentwicklungsstörungen, hier sei auf die einschlägigen Lehrbücher verwiesen (Pine 1986; Bürgin & Meng 2000; Herpertz-Dahlmann et al. 2003; Kernberg, Weiner & Bardenstein 2001).

Jugendliche mit emotional instabiler Persönlichkeitsstörung vom Borderline-Typ benötigen häufig neben intensiven pädagogischen Maßnahmen zur sozialen Integration und schulisch beruflichen und sozialen Stabilisierung eine begleitende kinder- und jugendpsychiatrische und psychotherapeutische Behandlung. Dies kann aufgrund der heftigen psychiatrischen Symptome notwendig werden, die über die bereits genannten Verhaltensweisen hinaus paranoide und dissoziative Phänomene, Derealisations- und Depersonalisationserlebnisse, aggressive Erregungszustände, psychotische Zustände, aber auch schwere suizidale Krisen sowie chronisch latente Suizidalität umfassen können. Je nach Intensität der Symptomatik, Schwere der Situation und Stabilität des sozialen Umfeldes sind längerfristige stationäre Behandlungen, stationäre Intervallbehandlungen, meist jedenfalls eine langfristig angelegte kinder- und jugendpsychiatrische und psychotherapeutische Behandlung erforderlich. Diese umfasst häufiger auch medikamentöse Behandlungsansätze, ohne die manchmal die inneren Spannungs- und Erregungszustände und die aus dem Gefühl innerer Leere und den Beziehungsabbrüchen entstehenden suizidalen Krisen kaum zu beherrschen sind. Eine Unterstützung der psychiatrischen Behandlung von pädagogischer Seite ist, zumal bei der hohen Ambivalenz dieser Jugendlichen, außerordentlich wichtig.

Der pädagogische Umgang mit diesen Jugendlichen stellt höchste Anforderungen an die pädagogische Kompetenz und ist kaum ohne umfassende professionelle Erfahrung, Supervisionsstrukturen und Einsicht in die innere Dynamik und die daraus resultierende Beziehungsdynamik sinnvoll zu gestalten. Insbesondere das heftige Schwanken zwischen Idealisierung und Entwertung, zu großer Nähe und Beziehungsabbruch und die heftige, manchmal fast unausweichlich erscheinende Induktion von affektiven Zuständen im Gegenüber durch die betreffenden Klienten, fordern eine ständige Reflexion vor allem auch des unbewussten Beziehungsgeschehens und eine enge Zusammenarbeit in professionellen Teams. Eine detaillierte Beschreibung würde den Rahmen dieses Abschnittes sprengen (vgl. zum Beispiel: du Bois & Resch 2005, 156–167, 528–543).

Selbstverletzendes Verhalten: Hierzu mag nach den bisherigen Ausführungen eine kurze Anmerkung genügen. Während noch vor zwanzig bis dreißig Jahren selbstverletzendes Verhalten bei Jugendlichen den Verdacht auf eine emotional instabile Problematik nahe legte, ist dies im Zuge der Veränderungen der heutigen Gesellschaft so häufig geworden, dass eine unmittelbare Verknüpfung nicht mehr hergestellt werden kann. Jede Form von psychischen oder sozialen Belastungen kann dazu Anlass geben, insbesondere in einem Umfeld, in dem es dafür Vorbilder gibt oder Selbstverletzungen gar „Mode" sind. Problematisch ist dabei, dass selbstverletzendes Verhalten, das im Übrigen anders als die Störungen des Sozialverhaltens oder ADHS deutlich häufiger bei Mädchen auftritt (Brunner & Resch 2008), eine starke Tendenz zur Verselbständigung hat, so dass es nach und nach auch bei geringen Belastungen oder sogar ohne äußeren Anlass zur Affektabfuhr eingesetzt wird und damit chronifiziert.

So wichtig es ist, dieser Symptomatik als einem Belastungszeichen nachzugehen und gegebenenfalls auch eine jugendpsychiatrische Diagnostik zu veranlassen, so wichtig ist es auch, im pädagogischen Kontext mit den Mädchen in Kontakt zu bleiben. Das selbstverletzende Verhalten sollte immer wieder thematisiert, jedenfalls nicht einfach übergangen oder ignoriert werden. Hierbei sollte die Regulation von Nähe und Distanz, von Aggression und Enttäuschungswut, von Verschmelzungswünschen und Verlassenheitsängsten im Auge behalten werden.

Abhängigkeitserkrankungen und Substanzmissbrauch: Jugendliche mit Verhaltensstörungen haben bekanntlich ein stark erhöhtes Risiko für Substanzmissbrauch und in der Folge auch für Abhängigkeitserkrankungen. Umgekehrt gehen letztere in den meisten Fällen mit Verhaltensstörungen und oft mit einer dissozialen Entwicklung einher. Die Notwendigkeit umfassender und integrierter Hilfen dürfte vor allem bei schwerem Substanzmissbrauch und bei Abhängigkeitserkrankungen unmittelbar einleuchten, auch wenn die Versorgungsrealität nach wie vor von einer Zersplitterung der Zuständigkeiten und der Kostenträger gekennzeichnet ist (Günter 2004). Integrierte Versorgung hieße vor allem, dass im Rahmen von Case-Management-Strukturen verbindliche Ansprechpartner auf pädagogischer Seite langfristig zur Verfügung stehen müssten, die die verschiedenen Maßnahmen koordinieren und die Entwicklung eines Jugendlichen über längere Strecken begleiten. Unter derartigen Voraussetzungen wäre gut vorstellbar, etwa im stationären Rahmen eine Entgiftungs- und Entwöhnungsbehandlung durchzuführen, parallel dazu Instabilitäten in der Persönlichkeit, eingefahrene Fehlhaltungen oder pathologische Konfliktbewältigungsmuster anzubehandeln und zugleich erste Ansätze zur Verbesserung der Beziehungsfähigkeit in Gruppen im Rahmen der Behandlung zu fördern. Dies macht aber nur dann Sinn, wenn im Anschluss an die stationäre Behandlung die psychotherapeutische Arbeit an den pathologischen Strukturen ambulant fortgesetzt wird und zugleich rehabilitative oder Arbeitsintegrationsmaßnahmen vor Ort angeboten werden können.

Auch in diesem Bereich sind somit kinder- und jugendpsychiatrische Behandlungsansätze nur dann als nachhaltig wirksam anzusehen, wenn sie umfassend in eine pädagogisch sozial-integrative Hilfestellung eingebettet sind. Umgekehrt können letztere auf allen Stufen, von der Krisenintervention über niederschwellige Entgiftungs- und Entwöhnungsangebote, wie sie auf speziellen jugendpsychiatrischen Stationen zur Verfügung stehen, bis hin zu begleitender ambulanter psychiatrischer und psychotherapeutischer Arbeit von jugendpsychiatrischen Behandlungsangeboten profitieren.

Internalisierende Störungen: Internalisierende Störungen bereiten im pädagogischen Setting häufig wesentlich weniger Probleme als externalisierende Störungen. Dennoch treten sie in pädagogischen Zusammenhängen als Begleiterscheinungen anderer Problematiken, als Reaktion auf die belastete Entwicklung und als Symptom vorangehender Traumatisierungen relativ häufig auf. Sie werden angesichts der im Vordergrund stehenden Probleme mit anderen, meist dramatischeren Verhaltensstörungen jedoch leicht übersehen. Man sollte jedenfalls immer damit rechnen, dass Kinder und Jugendliche mit traumatischen Vorgeschichten und/oder externalisierenden Verhaltensstörungen auch depressive und ängstliche Seiten haben, die jedoch oft unter der lärmenden Verhaltensstörung verdeckt werden. Oft heizen diese die expansive Verhaltensstörung noch an.

Gut gemeinte Ratschläge im Sinne von Ermunterung und Unterstützung, Stärkung des Selbstwertgefühls und der sozialen Kompetenz greifen in der Regel zu kurz. Sind relevante internalisierende Störungen vorhanden, sollte unbedingt eine kinder- und jugendpsychiatrisch psychotherapeutische Diagnostik und Behandlung eingeleitet werden. Speziell gilt dies bei zwei Gruppen von Kindern und Jugendlichen. Zum einen sind das die so genannten Schulphobien. Hierbei werden in der Regel Trennungsängste und soziale Unsicherheit so verarbeitet, dass dem Schulbesuch ausgewichen wird, da er konkret die Trennungsängste auslöst. In der Regel stehen komplexe familiäre Beziehungsdynamiken und individuelle konflikthafte Entwicklungen dahinter. Derartige schulphobische Entwicklungen bedürfen einer professionellen psychotherapeutischen, gegebenenfalls auch stationären Behandlung, auch und gerade gegen den Widerstand der betreffenden Kinder und Jugendlichen selbst. Gut gemeinte Versuche, sie zeitweise vom Schulbesuch zu befreien oder Einzelbeschulung anzubieten, schlagen regelmäßig fehl und verschlechtern aufgrund der Chronifizierung den Verlauf der Erkrankung. Hier sollte auch von pädagogischer Seite frühzeitig Druck aufgebaut werden, um eine adäquate Behandlung in die Wege zu leiten.

Umgekehrt gilt bei anorektischen oder bulimischen Essstörungen, dass Diskussionen über das Essen, gar Essenspläne und ähnliches in einem pädagogischen Kontext, zumal in stationären Zusammenhängen der Jugendhilfe, weitgehend sinnlos sind. Diese führen zu einer aggressiv oppositionellen Verhärtung oder zu Ausweichverhalten. Auch hier sind professionelle therapeutische Ansätze, bei der Pubertätsmagersucht inklusive einer Kontrolle des Gewichts, erforderlich.

Interventionsformen und Angebote kinder- und jugendpsychiatrischer Behandlung

Die für die Pädagogik verhaltensauffälliger Kinder und Jugendlicher wichtigsten Angebote kinder- und jugendpsychiatrischer Versorgung lassen sich zusammengefasst wie folgt charakterisieren.

Diagnostik: Kinder- und Jugendpsychiatrie kann einen wesentlichen Beitrag zur Diagnostik von psychischen und Verhaltensstörungen liefern, Symptome in einen Gesamtkontext einordnen und eine spezifische Abklärung von Faktoren, die wesentlich zu der Störung beitragen (beispielsweise Traumatisierung, spezifische Abwehrprozesse, Teilleistungsstörungen, kognitive Einschränkungen usw.), leisten.

Es besteht zudem die Chance zu klären, ob in sehr komplexen Problemlagen, die notwendig mit Unsicherheiten behaftet sind, Verantwortung geteilt werden kann, was eine Entlastung der pädagogischen Arbeit mit sich bringt. Ein wichtiges Beispiel dafür sind Krisensituationen, vor allem bei suizidaler oder sonstiger erheblicher Gefährdung. Schließlich kann die kinder- und jugendpsychiatrische Diagnostik formalrechtlich die Voraussetzung für einen weiteren Hilfebedarf gem. § 35a KJHG im Sinne einer „seelischen Behinderung" bestätigen und aus psychiatrischer Sicht zum konkreten Hilfebedarf Stellung nehmen.

Krisenintervention: Kriseninterventionen zielen darauf, zugespitzte Beziehungsdynamiken und daraus resultierende psychische Zusammenbrüche in kurzer Zeit zu entschärfen. Oft reicht bei einer massiven Aufschaukelung der affektiven Situation schon die Hinzuziehung eines professionellen Dritten aus, um wieder vernünftig miteinander ins Gespräch zu kommen. In schwierigen Fällen ist eine stationäre Krisenintervention für wenige Tage angezeigt. Man sollte dabei aber keinesfalls erwarten, dass die grundlegenden Probleme gelöst werden. Das Ziel kann nur sein, ein neues Nachdenken über die eigenen Wünsche und Bedürfnisse und deren Umsetzung zu fördern und eventuell die Planung zusätzlicher notwendiger Hilfen einzuleiten. Wenn Kriseninterventionen in diesem Sinne verstanden und genutzt werden, können sie einen wertvollen Beitrag zur Stabilität pädagogischer Maßnahmen leisten.

Fokusbehandlung: Die Fokusbehandlungen oder Kurzzeitinterventionen stellen dann eine hilfreiche Ergänzung des jugendpsychiatrischen Angebotes dar, wenn sie gezielt eingesetzt werden. Wenig hilfreich ist es, wenn sie von beiden Seiten als Verlegenheits- und Überbrückungslösung angesehen werden. Dagegen sollte in Absprache zwischen pädagogischen Professionellen und Kinder- und Jugendpsychiatrie eine klare Indikationsstellung und vor allem begrenzte Zielsetzung im Vorfeld formuliert werden. Dazu gehört auch eine klare zeitliche Begrenzung, etwa auf einen Zeitraum von vier bis acht Wochen. Zielsetzung kann die Bearbeitung eines Beziehungskonfliktes, die Klärung einer psychischen Problematik, die zeitweise Entlastung einer verfahrenen und beide Seiten überfordernden Situation, die Überprüfung eines längerfristigen psychiatrischen Interventionsbedarfes, die Stabilisierung einer Selbstwertkrise und vieles andere mehr sein. Es kann vor allem bei ausgeprägten Persönlichkeitsentwicklungsstörungen auch sinnvoll sein, wiederholt kürzere stationäre Behandlungen ergänzend zu einer mehr oder weniger intensiven Jugendhilfemaßnahme anzubieten.

Längerfristige ambulante Behandlung: Die Möglichkeiten einer längerfristigen ambulanten Behandlung sind im kinder- und jugendpsychiatrischen Bereich begrenzt, zumindest, was die Intensität einer solchen Behandlung anlangt. Bei intensivem psychotherapeutischem Behandlungsbedarf sollte gegebenenfalls über die Vorstellung beim Facharzt für Kinder- und Jugendpsychiatrie und -psychotherapie oder in der Klinik eine psychotherapeutische Behandlung bei einem Kinder- und Jugendlichenpsychotherapeuten angestrebt werden.

Medikamentöse Behandlung: Medikamente können bei klarer und zurückhaltender Indikationsstellung durchaus hilfreich, manchmal sogar, wie etwa bei psychotischen Erkrankungen, notwendig sein, um das Kind oder den Jugendlichen zu stabilisieren und damit auch die pädagogische Arbeit zu unterstützen oder erst möglich zu machen. Sie sollten allerdings in ihrer Wirksamkeit, gerade bei den expansiven Störungen nicht überschätzt werden und können keinesfalls dazu dienen, professionelle Pädagogik zu ersetzen. Etwas pointiert formuliert: Sie können wertvolle Hilfsmittel, in diesen Bereichen aber keine Heilmittel sein. Insofern ist eine kritische Haltung durchaus angesagt. Falls eine medikamentöse Behandlung jedoch indiziert ist, sollte sie auch von pädagogischer Seite unterstützt und nüchtern mit Horrorfantasien über beeinträchtigende Wirkungen und Schädigungen durch Medikamente umgegangen werden.

Kooperationen mit den Schulen für Erziehungshilfe: Dringend erforderlich wären feste Kooperationsstrukturen mit den Schulen für Erziehungshilfe, da dort sehr viele der Kinder einen kinderpsychiatrischen, psychotherapeutischen Behandlungsbedarf aufweisen. Bisher sind derartige Kooperationsstrukturen nicht systematisch und flächendeckend aufgebaut, zumal die erforderlichen finanziellen Ressourcen fehlen. Erste gute Erfahrungen gibt es mit gemeinsamen Sprechstunden, die einerseits die Kooperation zwischen den Professionen stärken, andererseits Zugangsschwellen verringern und zum Dritten eine interdisziplinäre Abklärung und Einschätzung des Hilfebedarfes erleichtern.

Psychoanalytische Sozialarbeit: Sie ist eine Möglichkeit, pädagogische und therapeutische Gesichtspunkte eng miteinander zu verschränken. An dieser Stelle kann auf ihre Theorien, Strukturen und Praxis nicht näher eingegangen werden. Stattdessen sei auf das Lehrbuch der psychoanalytischen Sozialarbeit verwiesen (Günter & Bruns 2009).

Fazit

Abschließend sei betont, dass die Kinder- und Jugendpsychiatrie ihrerseits auf professionelle Strukturen in der Sonderpädagogik und der Pädagogik bei Verhaltensstörungen angewiesen ist, um ihrem Auftrag gerecht zu werden. Man könnte etwas zugespitzt sagen, in vielen Fällen ist die therapeutische Arbeit nur ein, wenngleich wesentliches Element, das ergänzt und flankiert werden muss von einer häufig langfristig anzulegenden pädagogischen Hilfestellung. Entscheidend scheint mir, bei jedweder Art der Kooperation die innere Logik, die Perspektive, die Möglichkeiten und Grenzen des jeweiligen Faches und des dazugehörigen Systems zu kennen und zu respektieren, um aus den unterschiedlichen Möglichkeiten maximalen Nutzen für die uns anvertrauten Kinder und Jugendlichen zu ziehen.

Literatur

Bois, R. du & Resch, F. (2005): Klinische Psychotherapie des Jugendalters. Ein integratives Praxisbuch. Stuttgart: Kohlhammer

Brunner, R. & Resch, F. (2008): Borderline-Störungen und selbstverletzendes Verhalten bei Jugendlichen. Ätiologie, Diagnostik und Therapie. Göttingen: Vandenhoeck & Rupprecht

Bürgin, D. & Meng, H. (2000): Gibt es Borderline-Störungen bei Kindern und Jugendlichen? In: Kernberg, O. F., Dulz, B. & Sachsse, U. (Hrsg.): Handbuch der Borderline-Störungen. Stuttgart: Schattauer, 755–770

Günter, M. (2002): Agieren, Deuten und Durcharbeiten. Die Wechselwirkung von Therapie und Pädagogik auf einer Schulkinderstation. In: Kinderanalyse, 10 (Jg.), H. 2, 161–176

Günter, M. (2004): Psychotherapie bei Substanzmissbrauch: Was soll behandelt werden? In: Lehmkuhl, U. & Lehmkuhl, G. (Hrsg.): Frühe psychische Störungen und ihre Behandlung. Göttingen: Vandenhoeck & Ruprecht, 117–126

Günter, M. & Bruns, J. (2009): Theorie und Praxis der psychoanalytischen Sozialarbeit. Stuttgart: Klett-Cotta

Eggers, C., Fegert, J. M. & Resch, F. (2004): Psychiatrie und Psychotherapie des Kindes- und Jugendalters. Berlin: Springer

Herpertz-Dahlmann, B., Resch, F., Schulte-Markwort, M. & Warnke, A. (2003): Entwicklungspsychiatrie. Biopsychologische Grundlagen und die Entwicklung psychischer Störungen. Stuttgart: Schattauer

Kernberg, P., Weiner, A. & Bardenstein, K. (2001): Persönlichkeitsstörungen bei Kindern und Jugendlichen. Stuttgart: Klett-Cotta

Knölker, U., Mattejat, F., & Schulte-Markwort, M. (2007): Kinder- und Jugendpsychiatrie und -psychotherapie systematisch. Bremen: Uni-med

Lempp, R. (1991): Stellenwert und Wirkungsort psychosozialer Versorgungssysteme für Jugendliche. In: Neue Praxis, 21 (Jg.), H. 1, 54–61

Pine, F. (1986): On the Development of the Borderline-Child-to-be. In: American Journal of Orthopsychiatry, 56 (Jg.), H. 3, 450–57

2.4 Psychotherapie für Kinder und Jugendliche

Bernd Ahrbeck

Einleitung

Psychotherapie ist nach weithin anerkannter Definition ein „bewusster und geplanter interaktioneller Prozess zur Beeinflussung von Verhaltensstörungen und Leidenszuständen [...] mit psychologischen Mitteln". Er verläuft zumeist verbal, mitunter auch averbal „in Richtung auf ein definiertes, nach Möglichkeit gemeinsam erarbeitetes Ziel" (Strotzka 1975, 4).

Die Verhaltensgestörtenpädagogik ist der Psychotherapie auf besondere Art verbunden. „Wohl in keinem anderen Teilbereich der Pädagogik ist die Offenheit für therapeutische Deutungs- und Handlungsansätze größer als im Bereich der Verhaltensgestörtenpädagogik" (Göppel 2000, 215). Viele ihrer Förderverfahren und Unterrichtskonzepte sind an psychotherapeutische Verfahren angelehnt oder entnehmen ihnen wichtige Elemente. Ein Beispiel dafür ist das „Szenische Verstehen und der fördernde Dialog" (vgl. Rauh, Kap. 5.3, in diesem Band); andere Beispiele stellen die „Kooperative Verhaltensmodifikation", das „Life-Space-Interview" oder die „Integrale Komplettierung" dar.

Die enge Bindung der Verhaltensgestörtenpädagogik an die Psychotherapie resultiert daraus, dass sich ihr Gegenstandsbereich ähnelt. Viele Kinder und Jugendliche mit Verhaltensstörungen weisen eine erhebliche psychische Problematik auf. Sie bedürfen einer Veränderung ihrer inneren Erlebenswelt, damit sie mit sich selbst und anderen besser zurechtkommen. Aus anderer Theorieperspektive, stärker auf das manifeste Verhalten gerichtet, geht es um eine Korrektur der bisherigen Lerngeschichte und den Aufbau eines neuen, situationsadäquaten Verhaltenrepertoires. Die einzelnen psychotherapeutischen Schulen enthalten wichtige Erkenntnisse zur Entwicklungspsychologie, der Struktur und inneren Dynamik seelischer Beeinträchtigungen und Störungen sowie deren psychischen und sozialen Folgen. Psychotherapeutische Methoden liefern zudem ein wichtiges Veränderungswissen: Sie geben Auskunft darüber, unter welchen Bedingungen sich ein Prozess etablieren lässt, der zu einer inneren Besserung und einem flexibleren, situationsangemessenem Verhalten führen kann. Auf diese Erkenntnisse kann eine Pädagogik bei Verhaltensstörungen, die sich psychosozial schwer beeinträchtiger Kinder und Jugendlicher annimmt, nicht verzichten (vgl. Ahrbeck, Kap. 6.3, in diesem Band).

Häufig ist allerdings von pädagogisch-therapeutischen Verfahren die Rede, ohne dass dem eine hinreichende Klärung beider Begriffe und ihres Verhältnisses zueinander vorausgeht. Darin spiegelt sich etwas von der unzureichenden Selbstvergewisserung des Faches wider, das es schwer hat, sich zwischen unterschiedlichen inneren Polen und wissenschaftlichen Disziplinen zu verorten (vgl. Göppel 2000). Schad (2008, 29) stellt die These „Vom Verschwinden der Pädagogik im Wissenschaftsbetrieb der Verhaltensgestörtenpädagogik" auf und beklagt, dass das Fach „genuin sonderpädagogische Fragestellungen [...] in ‚fremden Sprachen' beantwortet" (Schad 2008, 32). Psychologie, Medizin oder auch Psychotherapie besetzen das ursprüngliche pädagogische Feld durch eine unverbundene Anhäufung spezialisierter Techniken, Rat gebender oder therapeutischer Verfahren. Der eigene pädagogische Kern droht dadurch verloren zu gehen.

Auch in der Praxis erweisen sich begriffliche Unschärfen als folgenschwer. Psychotherapie und Pädagogik verfolgen keine identischen Ziele und sie beschreiten unterschiedliche Wege. Besonders deutlich tritt dies hervor, wenn Psychotherapie auf die Befreiung von einer einengenden Innenwelt abzielt, die ihrer Eigenlogik folgt und sich nicht unter pädagogische Leitvorstellungen subsumieren lässt. Eine leichtfertige Verknüpfung von Pädagogik und Therapie führt dazu, dass ein diffuses Tätigkeitsfeld entsteht, in dem sich die Maximen des Handelns nicht mehr eindeutig bestimmen lassen. Für beide Seiten, Kinder wie Erwachsene, erstehen daraus widersprüchliche Beziehungskonstellationen, die sich nur noch schwerlich auflösen lassen. Psychotherapie in diesem Sinne darf es deshalb in der Schule nicht geben. Bei trainierenden Verfahren ist dieses Spannungsfeld nicht so groß, aber gleichwohl vorhanden.

Eine Zusammenarbeit mit Kinder- und Jugendlichenpsychotherapeuten ist für eine Pädagogik bei Verhaltensstörungen dennoch in verschiedener Hinsicht sinnvoll, mitunter kann sie sogar zwingend notwendig sein. Eine beratende Konsultation mag über die psychische Situation und die spezielle Lerngeschichte des Kindes oder Jugendlichen Auskunft geben. Supervision oder Balintgruppenarbeit können einen vertieften Einblick in schwierigen Beziehungsdynamiken des Arbeitsfeldes ermöglichen, die Selbstreflektion von Pädagog/innen stärken und dadurch die pädagogische Arbeit erleichtern. Die Voraussetzung dafür ist wiederum, dass deutlich bleibt: es geht um pädagogische Aufgaben und Prozesse, die gelöst und gefördert werden sollen. Darüber hinaus benötigen viele verhaltensgestörte Kinder und Jugendliche eine psychotherapeutische Behandlung, die in einem gesonderten Setting durchgeführt wird, getrennt von der Schule.

Psychotherapeutische Versorgung und Richtlinienverfahren

Durch das am 01. 01. 2000 in Kraft getretene Psychotherapeutengesetz ist neu geregelt worden, dass nunmehr neben Ärzten auch Diplom-Psychologen und bei Kindern- und Jugendlichen zusätzlich (Sozial-)Pädagogen gleichberechtigt an der ambulanten psychotherapeutischen Versorgung teilhaben. Das eröffnet die Möglichkeit, sich im kassenärztlichen System niederzulassen, sofern die entsprechenden Qualifikationen vorliegen und die Versorgungsbedingungen dies erlauben. Die wissenschaftlich anerkannten Verfahren, in denen eine Ausbildung erfolgt sein muss, sind: Analytische Psychotherapie, tiefenpsychologisch fundiert, Therapie und Verhaltenstherapie. Andere Verfahren spielen dementsprechend in der ambulanten Versorgungspraxis eine vergleichsweise geringe Rolle.

Auf die längste, über 100-jährige psychotherapeutische Tradition, mitsamt abgeleiteter Verfahren wie der tiefenpsychologisch fundierten Therapie, blickt die Psychoanalyse zurück. Der ursprüngliche Wortsinn „Psycho-Analyse" verweist auf eine „Zerlegung" oder „Zersetzung" seelischer Tätigkeiten und Prozesse. Die konstituierenden Elemente des psychischen Lebens und ihre innere Dynamik sollen in der Behandlung freigelegt werden. Die Analyse des hochkomplexen inneren Geschehens kann aufklären, in welchen inneren Widersprüchlichkeiten ein Mensch gefangen ist, warum er mit sich selbst und anderen nicht zurechtkommt und auch wieso es zu einer Symptombildung gekommen ist. Die Symptome gelten dabei als sinnhafte Phänomene, die einen Doppelcharakter aufweisen: Sie sind einerseits Ausdruck eines Selbsthilfeversuches der kleinen und großen Patienten, die sich mit den ihnen zur Verfügung stehenden Mitteln aus ihrer Misere befreien wollen. Dieser Rettungsversuch bringt zwar eine gewisse Erleichterung, löst andererseits aber die zugrunde liegende Problematik nicht. Insofern stellt die Symptombildung einen Kompromiss dar, von Gelingen und einem (letztlich überwiegendem) Misslingen. Eine alleinige Symptombehebung oder gar ein einfaches Wegtrainieren der Symptomatik kann deshalb kein therapeutisches Ziel sein, weil dadurch weder die Komplexität psychischer Phänomene anerkannt noch die bereits erfolgte Anpassungsleistung des Individuums hinreichend gewürdigt wird.

Die moderne Psychoanalyse geht davon aus, dass sich die Persönlichkeit des Kindes von Anfang an dialogisch entwickelt, zunächst in der Auseinandersetzung mit den primären Bezugspersonen vor dem Hintergrund eines hohen Angewiesenseins und einer starken Prägbarkeit des noch kleinen Kindes. Die neue Hirnforschung bestätigt diese Grundannahme (vgl. Hüther, Kap. 3.4, in diesem Band). Unabdingbar stellen sich dabei Entwicklungsprobleme und innere Konflikte ein, die in den jeweiligen Beziehungskontext eingebunden sind. Wie mit ihnen umgegangen wird, hat einen entscheidenden Einfluss auf die Entfaltung der kindlichen Innenwelt und darauf, wie zukünftig Beziehungen gestaltet werden und ob eine Bewältigung der inneren und äußeren Realität gelingt. Frühe Beziehungserfahrungen und ihr intrapsychischer Niederschlag interessieren in der psychoanalytischen Therapie nicht aufgrund einer nostalgischen Rückwärtsgewandtheit, sondern weil etwas von der Vergangenheit in der Gegenwart wiederkehrt, die Lösung aktueller Probleme verhindert und einer freieren Lebensgestaltung im Wege steht. Die Lebensgeschichte des Kindes und seine gegenwärtige Lebensrealität, die Art seiner Beziehungsgestaltung und die Auseinandersetzung mit der kindlichen Innenwelt spielen deshalb in der psychoanalytischen Therapie eine entscheidende Rolle (vgl. Mertens 2008; Mertens & Waldvogel 2008).

Aufgrund der langen Behandlungstradition und des gewachsenen theoretischen Erkenntnisstandes gelingt es über den neurotischen Formenkreis hinaus zunehmend besser, auch Menschen zu behandeln, die so genannte frühe Beeinträchtigungen aufweisen. Dies sind Störungen der Persönlichkeitsentwicklung mit einer nur unzureichenden inneren Strukturbildung, wie sie zum Beispiel bei dissozialen Entwicklungen oder einer schweren Suchtproblematik vorkommt. Auch Patienten mit traumatisierenden Erfahrungen können inzwischen, bei allen behandlungstechnischen Schwierigkeiten, erfolgreicher therapiert werden. Das klassische Verständnis der (Selbst-)Aufklärung wurde dementsprechend weiterentwickelt und ausdifferenziert. Stützende und strukturbildende Behandlungs- und Beziehungskonzepte ergänzen seitdem das psychoanalytische Behandlungsrepertoire. Dabei hat sich auf breiter Ebene die Erkenntnis durchgesetzt, dass neue, befreiende Einsichten an intensive, affektiv angereicherte Beziehungserfahrungen gebunden sind (Bauer 2007).

Im Spektrum unterschiedlicher Therapieformen bildet die Verhaltenstherapie einen Gegenpol zur Psychoanalyse. Konsequent an lerntheoretischen Grundlagen ausgerichtet und auf Erkenntnisse der empirisch-experimentellen Psychologie gestützt, zielt sie in erster Linie auf eine Korrektur unangemessenen und den Aufbau situationsadäquaten Verhaltens. Dabei wird davon ausgegangen, dass Prädispositionen für eine seelische Erkrankung vorliegen, die durch bestimmte Lebensumstände ausgelöst und durch verstärkende Bedingungen aufrechterhalten werden. Im Mittelpunkt des Interesses steht die Frage, auf welche Weise etwas gelernt worden ist und dementsprechend auch wieder verlernt werden kann. Das zentrale Mittel zur Therapieplanung ist deshalb eine intensive Verhaltensanalyse, die das Bedingungsgefüge eines als problematisch erachteten Verhaltens aufklären soll. Sie dient dazu, dass die Therapieplanung einen möglichst konkreten Ausgangspunkt findet, indem sie sich auf ein genau umschriebenes manifestes Verhalten bezieht. Die Eingebundenheit des Problemverhaltens in das engere und weitere Lebensumfeld des Patienten wird dabei mitreflektiert.

Die „kognitive Wende" in der Verhaltenstheorie und -therapie hat zu einer Abkehr von dem ehemals stark behavioristisch geprägten Selbstverständnis geführt. Nunmehr werden kognitionspsychologische und handlungstheoretische Erkenntnisse einbezogen, die sich auf die Bewertung und Steuerung des Verhaltens beziehen. Es geht also nicht mehr nur darum, dass ein bestimmtes Verhalten verändert werden soll, sondern auch um die Korrektur der begleitenden inneren Instruktionen. Verbunden damit ist eine vermehrte Aufmerksamkeit für umfassender angelegte und zeitlich überdauernde Motivationslagen des Patienten sowie weiterhin eine Beachtung seines interpersonellen Verhaltens innerhalb und außerhalb der Behandlung.

Insofern hat sich der Behandlungsrahmen der Verhaltenstherapie erweitert. Einen zentralen Stellenwert in der Behandlung nehmen aber nach wie vor klassische verhaltenstherapeutische Maßnahmen wie operante Methoden (z.B. Münzverstärkung) und verschiedene Formen von Konfrontationstechniken (etwa: Systematische Desensibilisierung; Exposition und Reizkonfrontation) ein, die durch kognitive Veränderungsverfahren und verschiedene soziale Trainings ergänzt werden können. Darüber hinaus besteht ein starkes Bemühen, störungsspezifische Therapiekonzepte zu entwickeln (Reimer et al. 2008; Linden & Hautzinger 2008).

Durch die Fixierung auf die Verhaltensdimension und die Akzentuierung kognitiver Faktoren steht die Verhaltenstherapie nach wie vor in einem unübersehbaren Gegensatz zu psychoanalytischen Verfahren, deren Interesse der inneren Dynamik und der Beziehungsdynamik des Patienten gilt, unter besonderer Beachtung und

Anerkennung unbewusster Prozesse. Dennoch existieren heute mehr Berührungspunkte als in frühren Zeiten, zum Beispiel durch eine gewisse Nähe zwischen von der Psychoanalyse beschriebenen Ich-Funktionen und den von der Verhaltenstherapie hervorgehobenen inneren Bewertungs- und Steuerungsmechanismen.

Eine Integration unterschiedlicher Therapiekonzepte in eine neue, theoretisch konzipierte „Allgemeine Psychotherapie" (Grawe, Donati & Bernauer 1994) ist aus theoretischen wie praktischen Gründen kritisch zu sehen. Im rehabilitativen Kontext, etwa bei stationären therapeutischen Behandlungen, bereitet ein Nebeneinander unterschiedlicher Therapieformen hingegen kaum Probleme, sofern sie in ein tragfähiges Gesamtkonzept eingebettet sind.

Weitere psychotherapeutische Verfahren, die keine Richtlinienverfahren der ambulanten Versorgung sind, für die klinische und rehabilitative Praxis aber bedeutungsvoll sein können, werden im folgenden Abschnitt erläutert.

Weitere Verfahren zur Kinder- und Jugendlichenpsychotherapie

Überblicksdarstellungen geben Hiller, Leibing und Leichsenring (2007) sowie Schulte-Markwort und Resch (2008). Einzelne thematische Schwerpunkte werden von Resch und Schulte-Markwort ab 2005 in mehreren Kursbüchern für integrative Kinder- und Jugendlichenpsychotherapie behandelt. Wichtige Rahmenbedingungen zur Behandlung von psychischen Störungen im Säuglings-, Kindes- und Jugendalter finden sich in den Leitlinien der Deutsche Gesellschaft für Kinder- und Jugendpsychiatrie, Psychosomatik und Psychotherapie (2006).

Bei einer Indikationsstellung für Kinder- und Jugendliche ist zu beachten, dass sie je nach ihrem Alter und dem Grad ihrer Entwicklung unterschiedlicher Zugangsweisen und Behandlungssettings bedürfen, damit sie therapeutisch erreicht werden können. Der Stand ihrer kognitiven, emotionalen und sozialen Entwicklung spielt dabei neben dem Krankheitsbild und dem Schweregrad eine wichtige Rolle, ebenso wie die Fähigkeit, über innere Zustände und Wünsche sprechen zu können. Die Einschätzungen darüber, wann Kinder sprachlich zu erreichen sind, variieren erheblich, mit entsprechenden Folgen für die Behandlungspraxis.

Wegen der starken Abhängigkeit vom familiären und sozialen Umfeld, der noch begrenzten Problemeinsicht und der altersgemäß eingeschränkten Gestaltungsmöglichkeiten ihres Lebens, ist es insbesondere bei Kindern notwendig, dass die relevanten Bezugspersonen mit einbezogen werden. Innere Veränderungen und neue Lernerfahrungen werden sich nur dann als fruchtbar erweisen, wenn sie auf ein aufnahmebereites Umfeld treffen oder zumindest ein solches, das dem therapeutisch evozierten kindlichen Entwicklungsprozess nicht entgegensteht. Die Entscheidung für eine ambulante oder stationäre Therapie hängt unter anderem davon ab, wie groß die Freiheitsgrade und wie stark die Gefährdungen des

Kindes und Jugendlichen unter vorgegebenen Milieubedingungen sind. In jedem Fall muss der Therapeut eine unabhängige Position bewahren, die die Freiheit seines Denkens und Handelns nicht grundsätzlich beschränkt.

Schulte-Markwort und Resch (2008) benennen ein breites Spektrum von kinder- und jugendpsychotherapeutischen Verfahren, das von der Familientherapie, der Systemischen Therapie und dem Psychodrama über die Musik- und Kunsttherapie bis hin zu Entspannungsverfahren reicht.

Hervorgehoben werden sollen hier humanistisch-psychologische Ansätze, die als dritter Weg zwischen Psychoanalyse und Verhaltenstherapie gelten. Einer ihrer Hauptvertreter, Carl Rogers, entwickelte eine nicht-direkte, klient-zentrierte Psychotherapie, die sich auf das unmittelbare Erleben des Klienten bzw. die Bewertung seines Erlebens konzentriert. Einem recht allgemein gehaltenem Störungsverständnis folgend, sind es nicht erlebbare Selbstanteile, die zu einer Blockade in der Person führen und einer persönlichen Weiterentwicklung im Weg stehen. Die Erlebensspielräume sollen deshalb erweitert, der affektive Bezug zu sich selbst und anderen gestärkt werden. Die therapeutische Aufgabe besteht darin, in einem schützenden Rahmen dafür Sorge zu tragen, dass sich ein Mensch sich selbst zuwenden und die ihm innewohnenden Kräfte (Stichwort: Selbstaktualisierung) aktivieren kann. Wertschätzung der Person, eine besondere Aufmerksamkeit für seine Gefühlswelt und die Authentizität des Therapeuten sind dafür bedeutende Bedingungen.

Für das jüngere Lebensalter werden spieltherapeutische Verfahren favorisiert. Goetze (2002) hat dazu ein voluminöses Werk vorgelegt. Im späteren Lebensalter kommen auch verbale Verfahren infrage. Boeck-Singelmann et al. (2002 a, 2003) sowie Boeck-Singelmann, Ehlers und Hensel (2002 b) geben einen guten Überblick über Grundlagen und Konzepte, Anwendung und Praxis sowie störungsspezifische Falldarstellungen personzentrierter Psychotherapie bei Kindern und Jugendlichen.

Die Gestalttherapie mit Kindern und Jugendlichen (Oaklander 2007) stellt ein weiteres humanistisch-psychologisches Verfahren dar, das über ein eigenständiges Störungskonzept verfügt und eine Fülle von therapeutischen Techniken und Interventionen bereitstellt.

Eine Sonderrolle nehmen systemische Therapien insofern ein, als sie in einer anderen ideengeschichtlichen Tradition angesiedelt sind als die bisher vorgestellten, vor allem psychologisch fundierten Verfahren. Sie gehen davon aus, dass sich die Komplexität natur-, geistes- und sozialwissenschaftlicher Phänomene am besten durch übergreifende systemtheoretische Konzepte beschreiben und erklären lassen. Selbstorganisationsprozesse nehmen dabei einen wichtigen Stellenwert ein: Sie sind von außen weder planbar noch zielgerecht zu beeinflussen, mit entsprechenden Folgen für das therapeutische Handeln. Auch wenn therapeutische Interventionen auf veränderte Interaktionsstrukturen, vor allem im Kontext des Familiensystems, abzielen, können keine inhaltlichen Vorgaben formuliert werden. Es dominieren deshalb Techniken wie etwa das zirkuläre Fragen, die bisherige Systemabläufe infrage stellen und zu einer Neuorganisation anregen sollen. Der Einzelne wird dabei als Teil des Systems angesehen, zum Beispiel als Symptomträger, dem dadurch geholfen werden kann, dass sich soziale Interaktionsprozesse wandeln und Funktionen im System ändern. Von systemischen Therapien wird hier deshalb gesprochen, weil unter das systemische Dach eine Vielzahl zum Teil recht unterschiedlicher Ansätze subsumiert werden, wie etwa der kommunikationstheoretische Ansatz Watzlawicks, das „Mailänder Modell" von Selvini Palazzoli und Mitarbeitern oder die „Heidelberger Gruppe" um Stierlin (Kriz 2007). Über die systemische Kinder- und Jugendlichenpsychotherapie berichtet Rotthaus (2008); sie verfügt erst über eine kurze Tradition.

Wirksamkeitsnachweise und Qualitätsdiskussion

Unstrittig ist, dass sich Gewinn und Nutzen von Psychotherapien belegen lassen müssen. Kontrovers wird hingegen seit langem diskutiert, auf welche Weise dies geschehen soll. Einer allgemeinen Entwicklung in der Medizin folgend, der sich die akademische Psychologie weithin anschließt, sollen Wirksamkeitsnachweise auf einer empirischen Basis beruhen. „Psychotherapie muss sich [...] einer empirischen Wirksamkeitsüberprüfung unterziehen, wenn sie im Kanon mit anderen Therapieverfahren ihren notwendigen Platz auch unter ökonomischen Druck behaupten will" (Schulte-Markwort & Resch 2008, 1). Empirie wird dabei nicht in einem allgemeinen Sinn als erfahrungswissenschaftliche Fundierung verstanden, sondern eng gefasst und auf metrische Verfahren bezogen. Die so genannte evidenzbasierte Medizin, die dieser Ausrichtung konsequent folgt, ist zu einer zentralen Leitidee in der Forschungsdebatte, zunehmend auch in der Psychotherapie, geworden (Tschuschke 2005).

Bereits in den 1990er Jahren haben Grawe, Donati und Bernauer (1994) eine umfangreiche Meta-Analyse vorgelegt, die die bis dato empirisch gewonnenen Kenntnisstände sammelt und Wirksamkeitsvergleiche zwischen unterschiedlichen Methoden ermöglicht. Das Ergebnis lautet: „Die tatsächliche Ergebnislage könnte [...] nicht eindeutiger sein, als sie ist: Kognitiv-behaviorale Therapie ist im Durchschnitt hochsignifikant wirksamer als psychoanalytische Therapie und Gesprächspsychotherapie" (Grawe, Donati & Bernauer 1994, 670). Dieses Resultat ist insofern wenig überraschend, als eine Therapieform obsiegt, die sich gut messbare symptomatische Veränderungen zum Ziel gesetzt hat. Forschungsgegenstand, Methodologie und Methodik stehen für das favorisierte Verfahren in einem stimmigen Verhältnis.

Kritische Einwände beschäftigen sich mit dem von Grawe, Donati und Bernauer grundgelegten empirisch-nomothetischen Wissenschaftsbegriff und damit, dass die herangezogene Methodologie und Methodik für bestimmte Verfahren zu einer Einengung des Blickfeldes führt. Nicht vertretbar sei, dass im Forschungsprozess an der seelischen Not von Menschen nur das interessiert, was sich bewusstseinspsychologisch fassen und in messbare Größen transformieren lässt. Die Klärung intrapsychischer Prozesse und einer lebensgeschichtlich gewachsenen Konflikthaftigkeit erfordere demgegenüber einen eigenen, dem komplexen Gegenstand angemessenen Erkenntnisweg. Mertens (1995) plädiert für einen erweiterten Empiriebegriff, vor allem für qualitative Forschungsansätze und intensive Fallanalysen, die therapeutische Veränderungen auch jenseits von eher an der Oberfläche angesiedelten Phänomenen erhellen können. Diese Kontroverse setzt sich bis heute unter leicht veränderten Vorzeichen fort. Sie betrifft die Erwachsenen-, Kinder- und Jugendlichenpsychotherapie gleichermaßen.

Eine faktische Besonderheit besteht darin, dass ein „[...] empirischer Wirksamkeitsnachweis für spezifische Interventionen [...] bis heute bei Kindern und Jugendlichen nur von wenigen Therapieverfahren erbracht werden" konnte (Schulte-Markwort & Resch 2008, 1). Verhaltenstherapeutische Interventionen wurden am häufigsten untersucht und konnten ihre Wirksamkeit unter Beweis stellen. Schmidtchen (2008, 78) hält die humanistisch-psychologisch geprägte Spieltherapie für ausreichend evaluiert. Zur analytischen und tiefenpsychologisch fundierten Psychotherapie bei Kindern und Jugendlichen liegen bisher nur wenige Untersuchungen vor. Anders als in internationalen Vergleichen, die behaviorale Therapien im Vorteil sehen, stellen Beelmann und Schneider (2003) für den deutschsprachigen Raum keine Unterscheide zwischen verhaltenstherapeutischen und anderen Verfahren fest.

Durch die verbreitete Forderung nach Evidenzbasierung hat sich für die Kinder- und Jugendlichenpsychotherapie inzwischen der Druck erhöht, einschlägige Wirksamkeitsnachweise vorzulegen. Evidenzbasierung meint: Nach naturwissenschaftlichen Standards ausgerichtete, repräsentative klinische Studien, die im klassischen Fall Laborexperimenten gleichen und sich randomisierter Kontrollgruppendesigns bedienen. Diese Forderung ist zu Recht nicht unwidersprochen geblieben. Vor allem wird darauf verwiesen, dass eine gehaltvolle, die Spezifität einzelner Verfahren anerkennende Outcome-Forschung eng mit der Analyse therapeutischer Prozesse verknüpft sein muss, die intra- und interpersonellen Verstrickungen Rechnung trägt. Dazu sind qualitativ hochwertige, methodisch vielgestaltige Strategien und Methoden der Prozess- und Ergebnisevaluation notwendig, die weit über die einengenden methodischen Standards der evidenzbasierten Medizin hinausgehen (Ahrbeck 2009; Lehmkuhl & Lehmkuhl 2008; Tschuschke 2005). Ein weiteres Forschungsdesiderat richtet sich auf die langfristigen Auswirkungen von Psychotherapie. Langzeitstudien sind bisher recht selten. Leichsenring und Rabung (2008) legen eine Meta-Analyse vor, die ergibt, dass psychoanalytische Langzeittherapien bei komplexen Störungen langfristig besonders wirksam sind.

Literatur

Ahrbeck, B. (2009): Das hyperaktive Kind, die multimodale Therapie und die evidenzbasierte Forschung. In: Kinderanalyse, 17 (Jg.), H. 4, 366–387

Bauer, J. (2007): Das Gedächtnis des Körpers. Wie Beziehungen und Lebensstile unsere Gene steuern. München/Zürich: Piper

Beelmann, A. & Schneider, N. (2003): Wirksamkeit von Psychotherapie bei Kindern und Jugendlichen. Eine Übersicht und Meta-Analyse zum Bestand und zu Ergebnissen der deutschen Effektivitätsforschung. In: Zeitschrift für klinische Psychologie und Psychotherapie. 32 (Jg.), H. 2, 129–143

Boeck-Singelmann, C., Ehlers, B., Hensel, Th. & Kemper, F. (Hrsg.) (2002 a): Personzentrierte Psychotherapie mit Kindern und Jugendlichen. Bd. 1, Grundlagen und Konzepte. Göttingen: Hogrefe

Boeck-Singelmann, C., Ehlers, B. & Hensel, Th. (Hrsg.) (2002 b): Personzentrierte Psychotherapie mit Kindern und Jugendlichen. Bd. 2, Anwendungen und Praxis. Göttingen: Hogrefe

Boeck-Singelmann, C., Ehlers, B., Hensel, Th., Jürgens-Jahnert, S. & Monden-Engelhardt, Ch. (Hrsg.) (2003): Personzentrierte Psychotherapie mit Kindern und Jugendlichen. Bd. 3, Störungsspezifische Falldarstellungen. Göttingen: Hogrefe

Deutsche Gesellschaft für Kinder- und Jugendpsychiatrie, Psychosomatik und Psychotherapie (Hrsg.) (2006): Leitlinien zur Diagnostik und Therapie von psychischen Störungen im Säuglings-, Kindes- und Jugendalter. Köln: Deutscher Ärzte-Verlag

Goetze, H. (2002): Handbuch der personenzentrierten Spieltherapie. Göttingen: Hogrefe

Göppel, R. (2000): Der Lehrer als Therapeut? Zum Verhältnis von Erziehung und Therapie im bereich der Verhaltensgestörtenpädagogik. In: Zeitschrift für Pädagogik 46 (Jg.), H. 2, 215–234

Grawe, K., Donati, R. & Bernauer, F. (1994): Psychotherapie im Wandel. Von der Konfession zur Profession. Göttingen: Hogrefe

Hiller, W., Leibing, E. & Leichsenring, F. (Hrsg.) (2007): Lehrbuch der Psychotherapie. 5 Bde. München: Cip-Medien-Verlag

Kriz, J. (2007): Grundkonzepte der Psychotherapie. Weinheim: Beltz/PVU

Lehmkuhl, G. & Lehmkuhl, U. (2008): Individualpsychologie. In: Schulte-Markwort, M. & Resch, F. (Hrsg.): Methoden der Kinder- und Jugendlichenpsychotherapie. Einführung. Weinheim: Beltz/PVU, 98–112

Leichsenring, F. & Rabung, S. (2008): Effectiveness of Long-term Psychodynamic Psychotherapy: A Meta-analysis. In: Journal of the American Medical Association 300 (Jg.), 13, 1551–1565

Linden, M. & Hautzinger, M. (2008): Verhaltenstherapiemanual. Berlin: Springer

Mertens, W. (1995): Psychoanalyse auf dem Prüfstand? Berlin: Quintessenz

Mertens, W. (2008): Einführung in die psychoanalytische Therapie. Stuttgart: Kohlhammer

Mertens, W. & Waldvogel, B. (2008): Handbuch psychoanalytischer Grundbegriffe. Stuttgart: Kohlhammer

Oaklander, V. (2007): Gestalttherapie mit Kindern und Jugendlichen. Stuttgart: Klett-Cotta

Reimer, Ch., Eckert, J., Hautzinger, M. & Wilke, E. (2008): Psychotherapie. Ein Lehrbuch für Ärzte und Psychologen. Berlin: Springer

Resch, F. & Schulte-Markwort, M. (2005) (Hrsg.): Kursbuch für integrative Kinder- und Jugendpsychotherapie. Schwerpunkt: Dissoziation und Trauma. Weinheim: Beltz/PVU

Rotthaus, W. (2008): Systemische Therapie. In: Schulte-Markwort, M. & Resch, F. (Hrsg.): Methoden der Kinder- und Jugendlichenpsychotherapie. Einführung. Weinheim: Beltz/PVU, 49–62

Schad, G. (2008): Vom Verschwinden der Pädagogik im Wissenschaftsbetrieb der Verhaltensgestörtenpädagogik. In: Reiser, H., Dlugosch, A. & Willmann, M. (Hrsg.): Professionelle Kooperation bei Gefühls- und Verhaltensstörungen. Pädagogische Hilfen an den Grenzen der Erziehung. Hamburg: Kovač, 29–41

Schmidtchen, S. (2008): Spieltherapie. In: Schulte-Markwort, M. & Resch, F. (Hrsg.): Methoden der Kinder- und Jugendlichenpsychotherapie. Einführung. Weinheim: Beltz/PVU, 75–84

Schulte-Markwort, M. & Resch, F. (Hrsg.) (2008): Methoden der Kinder- und Jugendlichenpsychotherapie. Einführung. Weinheim: Beltz/PVU

Strotzka, H. (Hrsg.) (1975): Psychotherapie: Grundlagen, Verfahren, Indikationen. München: Urban & Schwarzenberg

Tschuschke, V. (2005): Die Psychotherapie in Zeiten evidenzbasierter Medizin. Fehlentwicklungen und Korrekturvorschläge. In: Psychotherapeutenjournal. 4 (Jg.), H. 2, 106–115

2.5 Schulische Erziehungshilfe

Marc Willmann

Einleitung

Der schulpädagogische Umgang mit emotionalen Verstörungen und problematischen Verhaltensweisen bei Kindern und Jugendlichen stellt sich als eine der größten Herausforderungen an die Schule der Gegenwart dar, daran lassen die Berichte aus der Schulpraxis kaum einen Zweifel. Weniger eindeutig scheint indes die Beantwortung der Frage, ob das Schülerverhalten immer schwieriger wird oder ob sich eher die Erwartungshaltungen und Problemwahrnehmungen von Schule und Lehrern und auch die Toleranzschwellen verändert haben. Empirische Evidenz lässt sich für die erste Interpretation nicht erbringen, wie Göppel (2007) in seiner Auswertung einschlägiger Prävalenzstudien zeigt. Für die zweite Interpretation finden sich eine ganze Reihe Indizien. Für beide Argumentationsrichtungen sind sehr komplexe Wirkungszusammenhänge in Rechnung zu stellen, die sich allerdings forschungsmethodologisch nur schwer operationalisieren lassen (stichwortartig: veränderte Lebenswelten der Kinder, Medialisierung, verkürzte Kindheit, Auflösung der Grenzen zur Erwachsenenwelt, Verinselung der Lebenswelt, steigende Kinderarmut, soziale Randständigkeit, Migrationsproblematiken, Schulstress, Lehrerstress, Ökonomisierung, Zeitdruck, Wertepluralismus und -relativismus, Erziehungsvergessenheit – eine schier endlose Liste).

Sehr klar einzugrenzen ist hingegen die Frage, wann das Schulsystem damit begonnen hat, schulische Disziplin- und Verhaltensprobleme in spezielle pädagogische Einrichtungen auszulagern: In der Geschichte der Institutionen und Handlungsfelder der Pädagogik bei Verhaltensstörungen, die von Myschker (2009) in fünf historiographischen Linien nachgezeichnet wird, kommt es erst vergleichsweise spät zu einer Institutionalisierung der schulischen Erziehungshilfe. Diese nachgeordnete Ausdifferenzierung eines Systems sonderpädagogischer Unterstützungsmaßnahmen für den Umgang mit Verhaltensstörungen in der Schule ist nach Reiser (1999, 145) darauf zurückzuführen, „dass die Sonderpädagogik erst im Gefolge eines Bedarfs des Schulsystems nach verstärkter Verhaltenskontrolle ‚verhaltensgestörte‘ Kinder als ihr Klientel entdeckt und dann dieses Problem gemäß ihres Behinderungsbegriffs und analog zur Hilfsschulpädagogik als eine Aufgabe zur Behandlung eines individuellen Defizits aufgreift".

Geschichte und Gegenwart der Beschulung bei Verhaltensstörungen

In ihrer historischen Analyse verfolgen Flissikowski, Kluge und Schauerhammer (1980) die „Sozialgeschichte des abweichenden Verhaltens in der Schule" zurück bis in die Zeit der mittelalterlichen Klosterschulen und kommen zu dem Befund, dass die geschichtliche Entwicklung des schulischen Umgangs mit Verhaltensproblemen sich als eine Historie von Disziplinierungsversuchen lesen lässt, die bis in die Zeit der Reformpädagogik hinein vor allem durch Repressalien und gewaltsame Unterdrückung gekennzeichnet war.

Während sich in der Geschichte der Erziehung die Ideen und Begriffe der pädagogischen Reflexion über „schwierige" Kinder gewandelt haben (vgl. Göppel, Kap. 1.1, in diesem Band) und mit diesen die schulischen Methoden, ist das Disziplinproblem bis heute geblieben, wenngleich sich die schulischen Rahmenbedingungen und auch die Problemlagen der Schüler dramatisch verändert haben (vgl. Winkler, Kap. 8.3, und Herz, Kap. 8.5, in diesem Band).

Verhaltensstörungen im Sinne von Erziehungs- und Disziplinproblemen in Schule und Unterricht sind damit so alt wie der Schulunterricht selbst. Als geschichtliches Novum zeigt sich aber die Idee, spezielle Unterrichtsangebote für schwer zu disziplinierende Kinder einzurichten, ohne diese gleich ganz aus dem schulischen Bildungsangebot auszuschließen. Diese Idee fand ihre erste Umsetzung in der Einrichtung der Berliner Erziehungsklassen Ende der 1920er Jahre.

Die Institutionalisierung gesonderter Unterrichtsarrangements lässt sich nur vor dem Hintergrund der gesamtgesellschaftlichen Entwicklung des beginnenden 20. Jahrhunderts verstehen. Die massiv einsetzende Pauperisierung als Spätfolge der Industrialisierung führte zu einer Neujustierung in verschiedenen gesellschaftlichen Bereichen. Für unseren Fokus sind hier vor allem die Einführung des Wohlfahrtsstaates und mit diesem die Etablierung des Jugendhilfewesens (Einführung des Reichsjugendwohlfahrtsgesetzes), die Ausdifferenzierung einer eigenständigen Jugendgerichtsbarkeit und die Beiträge zur heilpädagogischen Psychopathologielehre als Vorläufer der Kinder- und Jugendpsychiatrie von herausragender Bedeutung. Nicht zu vergessen ist, dass zu dieser Zeit mit der Einrichtung erster schulischer Spezialeinrichtungen (Gründung einer Sonderschule für Gehörlose 1778 in Leipzig und der ersten Hilfsschule 1879 in Elberfeld) bereits die Besonderung von Schülern mit Behinderungen institutionalisiert war, also die Idee der Sonderschule bereits existierte.

Nach Schröder (1999) gibt es Anzeichen dafür, dass bereits 1883 erstmals eine eigene „Schule für verwahrloste Kinder" angedacht worden war. Die eigentliche Institutionalisierung von gesonderten Unterrichtsangeboten bei Verhaltensstörungen erfolgte in Deutschland aber erst mit Gründung der Berliner Erziehungsklassen durch Arno Fuchs, wobei diese explizit als Provisorium mit Durchgangscharakter konzipiert waren und auf eine umgehende Rückführung der Schüler in die Regelklassen zielten (vgl. Fuchs 1930).

Allerdings haben sich die E-Klassen außerhalb von Berlin kaum etablieren können und trotz der Wiedereinführung als „Beobachtungsklassen" (später: „Kleinklassen") nach dem Zweiten Weltkrieg sind mittlerweile nur noch wenige dieser Klassen erhalten (die Anzahl der Berliner E-Klassen scheint sich in den letzten Jahren bei knapp unter 30 Klassen einzupendeln, so Myschker 2009, 258). Nach der gegenwärtigen Sonderpädagogikverordnung des Landes Berlin firmieren diese

Klassen nun unter der euphemistischen Bezeichnung „temporäre Lerngruppen". Bemerkenswert ist in diesem Zusammenhang, dass diese Form der Sonderklasse das Ursprungsmodell der E-Klasse konterkarieren, da sie nun nicht mehr ausschließlich an Regel-, sondern auch an Sonderschulen eingerichtet werden können. In der Folge gibt es in Berlin mittlerweile spezielle E-Klassen („temporäre Lerngruppen") an Grundschulen, an Sonderschulen mit anderen Förderschwerpunkten (z. B. Lernen oder Geistige Entwicklung) und auch an Klinikschulen.

Die Institutionalisierung einer eigenständigen „Verhaltensgestörtenschule" (heute: „Schule für Erziehungshilfe" oder auch „Schule mit dem sonderpädagogischen Förderschwerpunkt Emotionale und Soziale Entwicklung") hat zwei historiographische Linien: Erste eigenständige Sonderschulen wurden in den anhaltenden Wirren unmittelbar nach dem Zweiten Weltkrieg zunächst als Schulen für „kriegsgeschädigte" Kinder gegründet. Ab Mitte der 1950er Jahre wurde – nicht zuletzt auch mit verbandspolitischem Wirken des sonderpädagogischen Fachverbandes (vds – damals noch: „Verband deutscher Sonderschulen"!) – ein systematischer Aufbau dieses neuen Sonderschulzweiges gefordert, der sich aber nicht in dem intendierten Maße vollzogen hat. Ein Teil dieser ersten Verhaltensgestörtenschulen wurde auch gar nicht eigens neu gegründet: Einige der damaligen „Lernbehindertenschulen" wurden lediglich umetikettiert und die meisten der Heimschulen als private Ersatzschulen staatlich anerkannt.

Die eigentliche Wurzel der Sonderbeschulung bei Verhaltensstörungen kann aber in der Tradition der Heimschulen gesehen werden, die erste Vorläufer in der Rettungshausbewegung findet, wobei Schmidt (1996, 23) die historische Verwurzelung sogar bis in das Jahr 1596 zurückverfolgt, in dem von der Einrichtung einer besonderen Abteilung für schwererziehbare Jugendliche im Zuchthaus von Amsterdam berichtet wird, in der auch schulischer Unterricht stattfand.

Dass bis in die Gegenwart kein systematischer und flächendeckender Auf- und Ausbau von E-Schulen erfolgt ist, liegt nicht nur an den grundsätzlichen Legitimationsproblemen einer Sonderbeschulung bei Verhaltensstörungen, sondern auch daran, dass die Gründungsphase in eine Zeit fällt, in der sich mit dem Aufkommen der Integrationsbewegung eine fundamentale Kritik am deutschen Sonderschulwesen zu formieren begann und die Einrichtung eines weiteren Sonderschultyps nicht mehr zeitgemäß erschien. Eine nicht unbedeutende Rolle dürfte in diesem Zusammenhang auch ein Gutachten gespielt haben, das Bittner, Ertle und Schmid (1974) im Auftrag des Deutschen Bildungsrates angefertigt haben und welches bereits 1971 vor seinem offiziellen Erscheinen als Raubdruck unter dem Titel „Kritik der Sonderschule" im Umlauf war. Die Autoren empfehlen hierin zwar keinen generellen Verzicht auf schulische Sondereinrichtungen für Verhaltensgestörte, betonen aber den subsidiären Charakter und stellen klare Anforderungen an diese Schulform, die ihre Legitimation nur über eine therapeutische Ausrichtung beziehen kann, um für Kinder und Jugendliche mit schweren Störungen ein bedarfsadäquates Leistungsangebot bereitzustellen.

Für die letzten 20 Jahre lässt sich eine deutliche Expansion dieser Schulform beobachten, was vor allem auf eine Zunahme an staatlich finanzierten E-Schulen zurückzuführen ist. Derzeit gibt es bundesweit rund 500 Sonderschulen im Förderschwerpunkt Emotionale und Soziale Entwicklung, das entspricht gemessen an der Grundgesamtheit aller Sonderschulen in Deutschland einem Anteil von 15 % (bzw. von 7,5 %, wenn nur mono-kategoriale Schulen berücksichtigt werden; Willmann 2005).

Trotz dieser Ausweitung bleibt die Schule für Erziehungshilfe als eigenständiger Sonderschultyp auch in der Gegenwart höchst umstritten. Eine Legitimation kann diese Schulform nur über die Bereitstellung besonderer Angebote erhalten, zum Beispiel als therapeutische Schule, als Werkstattschule oder als sozialpädagogische Schule (Göppel 2002, 125 ff.). Inwieweit die E-Schulen diesem Anspruch gerecht werden, ließe sich nur für den Einzelfall prüfen. Allerdings sind die Rahmenbedingungen für einen Großteil dieser Schulen äußerst ungünstig: Nach den Ergebnissen einer aktuellen bundesweiten Totalerhebung von Willmann (2005) zeigen sich vielschichtige Problempunkte wie etwa die Dominanz der Halbtagsschule, schlechte materielle und personelle Ausstattung, wenig ausgeprägte Vernetzungs- und Kooperationsstrukturen mit anderen Helfereinrichtungen (vor allem den Einrichtungen und Berufsgruppen der Jugendhilfe und der kinder- und jugendpsychiatrischen und -psychotherapeutischen Dienste) und ein deutlicher Anstieg kreuz-kategorialer Förderzentren, also Sonderschulen, die mehr als einen Förderschwerpunkt versorgen.

Diese strukturellen Probleme, unter denen viele E-Schulen in Deutschland leiden, können auch die äußerst geringen Rückschulungsquoten (vgl. Neukäter 1993) erklären. Nimmt man die Anzahl erfolgreicher Reintegrationsmaßnahmen als hartes Qualitätskriterium, so muss festgestellt werden, dass die Schulform ihrer Funktion als „Durchgangsschule", wie in den KMK-Empfehlungen zum Förderschwerpunkt „Emotionale und soziale Entwicklung" vom 10. 03. 2000 definiert, nicht hinreichend gerecht wird.

Allerdings befindet sich die Schulform in einem Wandel: Der Umbau von Sonderschulen zu sonderpädagogischen Förder- und Beratungszentren führt zu Transformationsprozessen, die das sonderpädagogische Angebotsspektrum und das professionelle Selbstverständnis erweitern. Mit der Zielsetzung der schulischen Integration werden mittlerweile bundesweit unterschiedliche Systeme der mobilen und ambulanten schulischen Erziehungshilfe implementiert, die sonderpädagogische Unterstützungsleistungen für die Regelschulen und Lehrkräfte anbieten. Parallel zu den ersten ambulanten Angebotsformen wurden in den 1970er Jahren auch die ersten Integrationsprojekte eingerichtet, in denen Sonderpädagogen direkt an den Regelschulen spezielle Unterstützungsangebote bereitstellen.

Damit lassen sich also drei grundlegende Organisationstypen der schulischen Erziehungshilfe unterscheiden: Neben der Sonderbeschulung werden auch ambulante/mobile Hilfen und integrierte Unterstützungsformen bereitgestellt (Überblick: Reiser, Willmann & Urban 2007). Während sich in der Praxis auch Mischformen von ambulanter und integrierter schulischer Erziehungshilfe zeigen, sind beide Formen nicht alternativ, sondern ergänzend zueinander zu sehen, da sie jeweils spezifische Vor- und Nachteile vereinen (vgl. Reiser & Willmann 2004).

Besondere Beschulungsmaßnahmen bei Schulabsentismus: Herkömmliche Formen von Schule und Unterricht scheinen an die eigenen Grenzen zu stoßen, wenn sich Schüler den schulischen Angeboten konsequent entziehen. Während das Thema Schulabsentismus in den letzten Jahren verstärkt in den Fokus der sonderpädagogischen Diskussion geraten ist (Überblick: Ricking 2006), hat sich in vergleichsweise kurzer Zeit im Bereich der Jugendhilfe (Angebote für „Schulverweigerer") und teilweise auch der Kinder- und Jugendpsychiatrie (Angebote für „Schulphobiker") ein regelrechter Aktionismus breit gemacht, der zur Einrichtung einer Vielzahl von verschiedenen ersetzenden Unterrichtsangeboten geführt hat, deren Gemeinsamkeit in dem Ziel liegt, Kinder und Jugendliche, die sich von der Schule abgewendet haben, wieder allmählich an schulische Lernprozesse heranzuführen (Überblick zu Praxisprojekten: Hofmann-Lun, Michel & Schreiber 2004).

Diese Expansionsbewegung der Jugendhilfe und -psychiatrie in den Bereich schulischer Aufgaben hinein kann sehr kritisch betrachtet werden vor dem Hintergrund knapper finanzieller Ressourcen und auch als Gefahr der Stigmatisierung und Psychiatrisierung einzelner Schüler (Herz 2004). In jedem Fall ist bemerkenswert, dass die Entwicklung außerschulischer Lernangebote für Schulverweigerer eher auf alternative Angebote setzt (nach Herz haben diese Angebote den Charakter einer „Ersatzschule") und damit nicht die enge Zusammenarbeit mit den Schulen selbst gesucht wird.

Zahlenspiele: Aktuelle Entwicklungslinien im Förderschwerpunkt Emotionale und Soziale Entwicklung

Die Betrachtung der offiziellen Statistiken zur sonderpädagogischen Förderung in Deutschland bringt für den Förderschwerpunkt erstaunliche Ergebnisse hervor (alle Angaben wurden errechnet auf Grundlage der KMK-Dokumentation Nr. 185 vom April 2008). Zwei Details sollen herausgestellt werden.

Prävalenz-Förder-Diskrepanz: 48 217 Schüler mit einem sonderpädagogischen Förderbedarf im emotional-sozialen Bereich sind für das Jahr 2006 in der offiziellen Förderstatistik verzeichnet. Damit hat sich diese Schülerpopulation in acht Jahren mehr als verdoppelt und weist mit Abstand die höchste Zuwachsrate aller sonderpädagogischen Förderschwerpunkte auf.

Dennoch liegt die sonderpädagogische Förderquote in diesem Förderschwerpunkt bei nur 0,5 % und damit immer noch weit unterhalb aller Schätzungen zur Prävalenz von Verhaltensstörungen und psychischen Störungen bei Kindern und Jugendlichen. Internationale klinische Schätzungen liegen bei einer Größenordnung zwischen 10 und 20 % (vgl. Petermann 2005).

Rein statistisch betrachtet ist also die überwiegende Mehrheit der Schülerinnen und Schüler mit Verhaltensstörungen nicht in der sonderpädagogischen Kategorie Emotionale und Soziale Entwicklung erfasst. Diese Prävalenz-Förder-Diskrepanz lässt zwei Interpretationen zu: Entweder wird ein Großteil dieser Schüler von den

Schulen überhaupt nicht erkannt oder aber der angenommene Förderbedarf wird in den sonderpädagogischen Begutachtungsverfahren für einen der anderen Förderschwerpunkte diagnostiziert. Im ersten Fall sind die Diskrepanzzahlen als Ausdruck einer dramatischen Unterversorgung dieser Schülerschaft einzuschätzen und es schiene daher dringend notwendig, über systematische Screeningverfahren im schulischen Bereich nachzudenken, um Schüler mit sozialen und emotionalen Störungen frühzeitig identifizieren und individuelle Erziehungspläne erstellen zu können. Im anderen Fall scheint das diagnostische Inventar bei der Begutachtung auf sonderpädagogischen Förderbedarf keine hinreichend präzise Zuordnung zu den einzelnen Förderschwerpunkten zu ermöglichen oder es muss vermutet werden, dass Verhaltensstörungen in einer Großzahl der Fälle als Sekundärbehinderung auftritt und der vorrangige Förderbedarf in einem anderen Förderschwerpunkt vermutet wird.

Es ist davon auszugehen, dass beide Interpretationen zutreffen und verschiedene Faktoren zur Erklärung des Diskrepanzphänomens heranzuziehen sind, zum Beispiel die fehlende Institutionalisierung von Screeningverfahren ab dem Grundschulbereich, häufig auftretende Ko-Morbidität, insbesondere bei Lern- und Verhaltensstörungen, fehlende diagnostische Verfahren für die sonderpädagogische Begutachtung im Förderschwerpunkt Emotionale und Soziale Entwicklung – und zum Teil auch die Frage der sonderpädagogischen Infrastruktur. Die Zuweisung zu einem Förderschwerpunkt und die Empfehlung zum Förderort können in der Begutachtungspraxis nicht zuletzt von der Frage abhängen, welche sonderpädagogischen Unterstützungsangebote vor Ort überhaupt verfügbar sind.

Integrations- und Sonderschulbesuchsquote: Von der Gesamtschülerpopulation im Förderschwerpunkt wurden im Jahr 2006 insgesamt 15 614 Schüler integrativ und 32 603 Schüler an Sonderschulen unterrichtet. Damit weist der Förderschwerpunkt Emotionale und Soziale Entwicklung die höchste Integrationsquote (32,4 %) aller sonderpädagogischen Förderschwerpunkte in Deutschland auf.

Auch dieses Zahlenspiel lässt sich in verschiedenen Richtungen lesen: Es könnte vermutet werden, dass es sich bei diesen Schülern um die am besten integrierte Gruppe aller Schüler mit sonderpädagogischem Förderbedarf handelt, was aber zugleich nicht glaubhaft scheint, denn diese Schülergruppe gilt per Definition gerade als besonders schwer integrierbar. Insofern ist eine andere Lesart wahrscheinlicher, die sich durch die Prävalenz-Förder-Diskrepanz zusätzlich erhärtet: Die hohe Integrationsquote ist vor dem Hintergrund der niedrigen Sonderschulbesuchsquote erklärbar als eine Folge des sehr grobmaschigen Netzes schulischer Sondereinrichtungen in diesem Bereich. Es muss also von einer dramatischen Unterversorgung an intensiven pädagogisch-therapeutischen Angeboten für diese Schülerschaft ausgegangen werden.

Die diskutierten Fakten – Prävalenz-Förder-Diskrepanz und höchste Integrationsquote – deuten bereits auf statistischer Ebene grundlegende Probleme des schulischen Umgangs mit schwierigen Schülern an.

Perspektiven für Schule und Unterricht

Die Durchsicht einschlägiger Handbücher (z. B. Goetze & Neukäter 1993; Gasteiger, Julius & Klicpera 2008) zeigt, dass die fachwissenschaftliche Diskussion der Pädagogik bei Verhaltensstörungen von einer starken Orientierung an therapeutischen Konzepten geprägt ist (vgl. Goetze, Kap. 7.5, in diesem Band). Didaktische und unterrichtsspezifische Fragestellungen stehen hier offenbar nicht (mehr) im Zentrum. Die Dominanz therapeutisch-orientierter Konzepte kann allerdings nicht darüber hinwegtäuschen, dass es dennoch an einem gemeinsamen Gegenstandsbezug, einer einigenden Idee darüber zu fehlen scheint, worin denn überhaupt die Kernthemen des fachlichen Zugangs bestehen (Ahrbeck 2005).

Die ausgeprägte Orientierung an therapeutischen Konzepten führt dazu, dass schulische Lern- und Verhaltensprobleme häufig störungsspezifisch betrachtet und entsprechend auch die Interventionen auf spezifische Teilaspekte reduziert werden. Der Markt wird dominiert von funktionalen Interventions- und Trainingsprogrammen, die – vorwiegend in lernpsychologischer Tradition – schnelle Hilfen zur Beseitigung definierter Störungsbilder bzw. den Aufbau spezifischer Kompetenzen versprechen.

Dadurch werden genuin pädagogische Perspektiven an den Rand gedrängt (vgl. Willmann, Kap. 6.2, in diesem Band). Erstaunlich ist zudem, dass bei diesen Versuchen, schulische Verhaltensstörungen über die Rasterung in vermeintlich klare Störungsbilder für Interventionsmaßnahmen operationalisieren zu wollen, kaum die tatsächliche Schulwirklichkeit mit bedacht wird. Nur selten wird bei der Diskussion von Interventionsverfahren der jeweilige konkrete schulorganisatorische Rahmen berücksichtigt, obgleich es einen gewaltigen Unterschied macht, ob die Verhaltensprobleme im Rahmen des integrativen Unterrichts, der Sonderbeschulung oder etwa in Einrichtungen der Kinder- und Jugendpsychiatrie behandelt werden sollen.

Das führt zu einer anderen, sehr grundsätzlichen Frage, der wenig Beachtung geschenkt wird, nämlich: wie setzt sich die Schülerpopulation im Förderschwerpunkt überhaupt zusammen? Den abstrakten Begriffskonzepten wie „Verhaltensstörungen" oder „Förderschwerpunkt Emotionale und Soziale Entwicklung" gelingt es nicht, die gemeinte Schülerpopulation hinreichend genau zu definieren, und das dürfte nicht zuletzt mit der Heterogenität der Erscheinungsformen des Phänomenbereiches selbst zu tun zu haben. Es zeigt sich bei genauerer Betrachtung aber, dass unter den begrifflichen Leitkategorien tatsächlich mindestens zwei verschiedene Gruppen von Schülern gemeint sind: Eine große Gruppe von Schülern mit „leichteren" schulischen Verhaltensproblemen und eine sehr viel kleinere Gruppe mit gravierenden Störungen in den Bereichen des sozialen Verhaltens und des emotionalen Erlebens.

Für beide Teilgruppen ist zudem davon auszugehen, dass auch Probleme im Bereich schulischen Lern- und Leistungsverhaltens auftreten können (Overlap und Ko-Morbidität; Überblick: Schröder et al. 2002), womit die Grenze zwischen Lern-

und Verhaltensstörungen in einem differenzialdiagnostischen Sinn nicht immer aufrecht zu erhalten ist.

Die Aufgaben der schulischen Erziehungshilfe lassen sich nur vor dem Hintergrund der unterschiedlichen und individuellen Bedarfslagen von Kindern und Jugendlichen mit schulischen Verhaltensproblemen und korrespondierenden Lernschwierigkeiten formulieren: Die Angebote der integrierten und der ambulanten schulischen Erziehungshilfe zielen auf eine integrative Unterstützung der Regelschulen zur Bildung und Erziehung verhaltensschwieriger Kinder. Der Schwerpunkt dieser Angebote liegt nicht nur in einer direkten „sonderpädagogischen Förderung" der betreffenden Kinder, sondern auch und vorrangig in der Kooperation mit und der Beratung von Schule und Lehrkräften. Allerdings zeigen die Erfahrungswerte, dass über diese Angebote nicht alle Schüler zu erreichen sind, zumal die Bereitschaft zur Zusammenarbeit als notwendiges Kriterium nicht immer vorausgesetzt werden kann und eine solche Bereitschaft auch nicht automatisch die Befähigung zur Kooperation mit sich bringt (Willmann 2008).

Vor allem aber zeigen einige dieser Kinder und Jugendlichen derart schwerwiegende Probleme im emotional-sozialen Bereich, dass der Möglichkeitsrahmen der Regelschulen gesprengt wird, nicht zuletzt, weil die Grenzen der Belastbarkeit von Schule, Lehrern und Mitschülern überschritten werden (Göppel 2002, 96). Für diese kleine Teilgruppe der hier betrachteten Schülerpopulation werden damit hoch spezialisierte Angebote erforderlich, die derzeit von den Regelschulen in Deutschland nicht erbracht werden können (Opp 2008).

Die Idee der *full inclusion* wiederspricht gerade im Bereich der Beschulung bei Verhaltensstörungen der empirischen Realität (vgl. MacMillian, Gresham & Forness 1996). In der Konsequenz ist eine verantwortungsvolle Integration zu fordern, die sich nicht über eine ideologische Festlegung des Förderortes definiert, sondern anhand einer sorgfältigen Überprüfung den individuellen Unterstützungsbedarf ausweist.

Literatur

Ahrbeck, B.: Entwicklungslinien und Zukunftsperspektiven im Fach Verhaltensgestörtenpädagogik. In: Sonderpädagogische Förderung, 50 (Jg.), H. 1, 4–12

Bittner, G., Ertle, C. & Schmid, V. (1974): Schule und Unterricht bei verhaltensgestörten Kindern. In: Deutscher Bildungsrat (Hrsg.): Gutachten und Studien der Bildungskommission. Stuttgart: Klett, 13–102

Flissikowski, R., Kluge, K.-J. & Schauerhammer, K. (1980): Vom Prügelstock zur Erziehungsklasse für „schwierige" Kinder: zur Sozialgeschichte abweichenden Verhaltens in der Schule. München: Minerva

Fuchs, A. (1930): Erziehungsklassen (E-Klassen) für schwererziehbare Kinder der Volksschule. Halle: Marhold

Gasteiger-Klicpera, B., Julius, H. & Klicpera, C. (Hrsg.) (2008): Sonderpädagogik der sozialen und emotionalen Entwicklung. Handbuch Sonderpädagogik, Bd. 3. Göttingen: Hogrefe

Goetze, H. & Neukäter, H. (Hrsg.) (1993): Pädagogik bei Verhaltensstörungen. Handbuch der Sonderpädagogik, Bd. 6. Berlin: Marhold

Göppel, R. (2002): „Wenn ich hasse, habe ich keine Angst mehr..." Psychoanalytisch-pädagogische Beiträge zum Verständnis problematischer Entwicklungsverläufe und schwieriger Erziehungssituationen. Donauwörth: Auer

Göppel, R. (2007): Haben „Verhaltensauffälligkeiten" bei Kindern und Jugendlichen dramatisch zugenommen? In: Göppel, R.: Aufwachsen heute – Veränderungen der Kindheit – Probleme des Jugendalters. Stuttgart: Kohlhammer, 181–208

Herz, B. (2004): Von den Hilfen zur Erziehung zur Kinder- und Jugendpsychiatrie? In: Herz, B., Puhr, K. & Ricking, H. (Hrsg.): Problem Schulabsentismus. Wege zurück in die Schule. Bad Heilbrunn: Klinkhardt, 53–76

Hofmann-Lun, I., Michel, A. & Schreiber, E. (2004): Praxisprojekte im Handlungsfeld von Schulmüdigkeit & Schulverweigerung. München: DJI

MacMillian, D. L., Gresham, F. M. & Forness, S. R. (1996): Full Inclusion: An Empirical Perspective. In: Behavioral Disorders, 21 (Jg.), H. 2, 145–159

Myschker, N. (2009): Verhaltensstörungen bei Kindern und Jugendlichen. Erscheinungsformen – Ursachen – hilfreiche Maßnahmen. Stuttgart: Kohlhammer

Neukäter, H. (1993): Re-Integration. In: Goetze, H. & Neukäter, H. (Hrsg.). Pädagogik bei Verhaltensstörungen. Handbuch der Sonderpädagogik, Bd. 6. Berlin: Marhold, 261–270

Opp, G. (2008): Schulen zur Erziehungshilfe – Chancen und Grenzen. In: Reiser, H., Dlugosch, A. & Willmann, M. (Hrsg.): Professionelle Kooperation bei Gefühls- und Verhaltensstörungen. Pädagogische Hilfen an den Grenzen der Erziehung. Hamburg: Kovač, 67–88

Petermann, F. (2005): Zur Epidemiologie psychischer Störungen im Kindes- und Jugendalter. Eine Bestandsaufnahme. Kindheit und Entwicklung, 14 (Jg.), H. 1, 48–57

Reiser, H. (1999): Förderschwerpunkt Verhalten. In: Zeitschrift für Heilpädagogik, 50 (Jg.), H. 4, 144–148

Reiser, H. & Willmann, M. (2004): Integrierte und ambulante Formen der Unterstützung bei Erziehungsschwierigkeiten in der Schule. In: Preuss-Lausitz, U. (Hrsg.): Schwierige Kinder – Schwierige Schule. Konzepte und Praxisprojekte zu integrativen Förderung verhaltensauffälliger Schülerinnen und Schüler. Weinheim: Beltz, 152–166

Reiser, H., Willmann, M. & Urban, M. (2007): Sonderpädagogische Unterstützungssysteme bei Verhaltensproblemen in der Schule. Bad Heilbrunn: Klinkhardt

Ricking, H. (2006): Wenn Schüler dem Unterricht fernbleiben: Schulabsentismus als pädagogische Herausforderung. Bad Heilbrunn: Klinkhardt

Schmidt, W. (1996): Historische Wurzeln der Schule für Erziehungshilfe und deren Entwicklung zur Sonderschule. Frankfurt a. M.: Lang

Schröder, U. (1999): „Schule für verwahrloste Kinder" 1883. Ein Beitrag zur Vorgeschichte der Schule für Erziehungshilfe und zum Verhältnis von Verhaltens- und Lernbehindertenpädagogik. In: Rolus-Borgward, S. & Tänzer, U. (Hrsg.): Erziehungshilfe bei Verhaltensstörungen Pädagogisch-therapeutische Erklärungs- und Handlungsansätze. Oldenburg: DIZ, 127–132

Schröder, U., Wittrock, M., Rolus-Borgward, S. & Tänzer, U. (2002): Lernbeeinträchtigung und Verhaltensstörung. Konvergenzen in Theorie und Praxis. Stuttgart: Kohlhammer

Willmann, M. (2005). Schulen für Erziehungshilfe – Survey 2004/05. Eine bundesweite Totalerhebung der Schule für Erziehungshilfe in Deutschland: Vergleich von Bundes- und Länderergebnissen. Zeitschrift für Heilpädagogik, 56 (Jg.), H. 11, 442–455

Willmann, M. (2008): Sonderpädagogische Beratung und Kooperation als Konsultation. Hamburg: Kovač

3 Erklärungsansätze und theoretische Perspektiven

3.1 Psychologie

Roland Stein

Einleitung: Zum Verständnis von Verhaltensstörungen

Die Sichtweisen des Phänomens Verhaltensstörungen unterscheiden sich – und auch die für diesen Phänomenbereich verwendeten Begrifflichkeiten. Am stärksten verbreitet und in der Fachszene anerkannt ist nach wie vor der Begriff „Verhaltensstörungen". Dieser wird auch hier zugrunde gelegt. Allerdings ist nochmals zu unterscheiden, ob er personorientiert verstanden wird und es (ausschließlich) um „verhaltensgestörte" Kinder und Jugendliche geht. Im vorliegenden Beitrag wird, ganz anders, ein interaktionistisches Verständnis von Verhaltensstörungen vertreten (vgl. Stein 2008, Seitz & Stein 2009): Kinder und Jugendliche fallen durch ihr Verhalten auf; sie können als „verhaltensauffällig" bezeichnet werden. Dahinter steht jedoch eine Störung im Funktionsgleichgewicht zwischen Person und Umwelt. Eine „Verhaltensstörung" in diesem Sinne ist zwischen den betroffenen Kindern und Jugendlichen und ihrem aktuellen Umfeld bzw. den Situationen, in denen sie sich befinden, leben und reagieren, gelagert: Die Interaktion zwischen Mensch und Umfeld verläuft nicht regelgerecht. Aus einer solchen Perspektive heraus können unterschiedliche Ursachen bzw. Beiträge für die Störung in Frage kommen:

1. Die Ursachen können in der Person der Kinder und Jugendlichen liegen – im Sinne einer ontogenetischen Perspektive richtet sich die Frage dann zum einen auf organisch-genetische Bedingungen (etwa Temperament oder auch organische Schädigungen und Beeinträchtigungen), zum anderen auf Aspekte einer möglicherweise problematischen Erziehung und Sozialisation. Resultat all dieser Bedingungen ist eine auffällige Persönlichkeit des Kindes oder Jugendlichen.
2. Aber auch Situationen können Auffälligkeiten hervorrufen. Insofern kann sich der nach Ursachen suchende Blick auf Aspekte der aktuellen Situation bzw. Situationen richten, in denen sich die auffälligen Kinder oder Jugendlichen befinden, gegenüber denen sie sich verhalten müssen.
3. Häufig werden Beiträge beider Seiten, Person wie Situation, zu Auffälligkeiten führen. Dabei sind auch reziproke Prozesse zu bedenken. In diesem Sinne kann nach dem gestörten Funktionsgleichgewicht zwischen Person und Situation gefragt werden.

4. Schließlich können Auffälligkeiten auch als solche deklariert werden und letztlich auf einer bestimmten, problematischen Außenwahrnehmung basieren: Das Verhalten von Kindern oder Jugendlichen wird als auffällig eingeschätzt von Pädagogen, Psychologen, Eltern oder anderen Erwachsenen. Im Extremfall kann es sich um eine „Etikettierung" ohne wirklichen Anlass oder konkrete Begründung handeln.

Nicht selten wird die Wahrheit „dazwischen" liegen, indem unterschiedliche dieser Faktoren einen Beitrag zur Entstehung von Störungen leisten. Dabei sind auch Entwicklungsprozesse zu berücksichtigen, in denen vielleicht eine Störung ihren Ausgangspunkt biographisch-personorientiert nahm, auf dieser Basis ungünstige situative Bedingungen die Auffälligkeiten verschlimmerten, es zu Aufschaukelungsprozessen kam und daraufhin später Etikettierungsprozesse durch die Umgebung einsetzten.

Aus den unterschiedlichen Perspektiven sowie konkreteren theoretischen Erklärungsansätzen heraus ergeben sich je eigene Schwerpunkte der Diagnostik sowie der Prävention und Intervention bei Verhaltensstörungen. Insofern ist es für Pädagogen bedeutsam und hilfreich, sich der jeweiligen Perspektive bewusst zu sein und auch Kompetenzen zu erwerben, eine Problemstellung aus unterschiedlichen Blickrichtungen zu reflektieren, um das Potenzial des pädagogischen Handelns zu erweitern.

Zur Erklärung von Verhaltensstörungen werden psychologische, soziologische und medizinische Ansätze herangezogen. Zentraler, wenn auch nicht einziger Fokus der soziologischen Ansätze ist die oben angesprochene Außenwahrnehmung, während die medizinischen Ansätze den Blick stark auf ontogenetische Aspekte der Person richten, insbesondere die genetisch-organischen Bedingungen. Die in diesem Beitrag näher betrachteten psychologischen Konzepte zur Erklärung von Verhaltensstörungen lassen sich verschiedenen der eingangs eröffneten vier Perspektiven zuordnen, zumeist jedoch der personorientierten. Dabei werden drei wesentliche Konzepte der Psychologie ausgewählt, die große, klassische „Schulen" repräsentieren; der gesamte Fundus ist erheblich weiter. Da systemische und konstruktivistische Ansätze gesondert erörtert werden (vgl. Willmann, Kap. 3.3, in diesem Band), sollen diese hier außen vor bleiben (vgl. dazu Stein 2008, 79 ff. und 196 ff.).

Personorientierte Ansätze

Die psychoanalytische Position

Aus psychoanalytischer Sicht stehen hinter Auffälligkeiten des Erlebens und Verhaltens innere Konflikte (vgl. Mertens 1996; Brenner 2001; Ahrbeck 2006). Diese Position geht letztlich zurück auf das Störungsmodell Freuds, der im Rahmen seiner Instanzenlehre Konflikte zwischen im Es verorteten basalen Bedürfnissen einerseits und den im Über-Ich angesiedelten internalisierten Werten beschreibt, deren Regulierung (unter Einbeziehung von Anforderungen der Realität) Aufgabe der Ich-Instanz ist. Nicht bewältigbare Konflikte können mit Hilfe von Abwehrmechanismen (wie etwa Verdrängung, Regression, Projektion) „in Schach" gehalten werden; wenn dies nicht mehr gelingt, kommt es zur Entwicklung von Symptomen. Auf Basis der jeweiligen Konfliktdynamik kann es zur neurotischen Störung im Sinne der Übersteuerung oder gegenteilig zur psychopathischen Störung im Sinne der Untersteuerung kommen. Entwicklungspsychologisch ist die Verortung früher Problematiken in einzelnen Phasen (orale, anale, genitale Phase) von Bedeutung, da es durch Unter- und Überbefriedigung von Bedürfnissen und den daraus folgenden Fixierungen zu bestimmten Problemstellungen und Symptomkomplexen kommen kann.

Analog zu und immer wieder auch in heftiger Auseinandersetzung mit den nachfolgend skizzierten behavioristischen bzw. lernpsychologischen Positionen hat sich die Psychoanalyse über die Jahrzehnte erheblich weiterentwickelt, ausdifferenziert und verändert. Insofern können hier mit der Position von Freud nur Grundgedanken angesprochen werden. Das grundsätzliche Vorgehen des psychoanalytischen Ansatzes ist jedoch durchgängig ein Verstehendes (vgl. Bittner 1996). Auf dieser Basis sollen Prozesse in Gang gesetzt werden, die den Betroffenen eine Aufarbeitung ihrer Konflikte erlauben. Im Vordergrund steht die Beziehung zwischen Erziehern und Zu-Erziehenden. Auf Basis einer solchen, sich entwickelnden Beziehung, in der die Erzieher sich auch als Projektions- und Übertragungsobjekt anbieten, sollen nach einer Phase der Entlastung eine Neu- oder Wiederbelastung und eine Ablösungsphase folgen.

Insbesondere aus der Psychoanalyse heraus hat sich seit den 1970er Jahren die Bindungstheorie entwickelt. In deren Rahmen werden Bindungsverhalten und Bindungsmuster kleiner Kinder und deren Bindungsentwicklung untersucht. Es wird davon ausgegangen, dass deutliche Zusammenhänge zwischen bestimmten Bindungsstörungen und dem überdauernden Auftreten von Verhaltensauffälligkeiten bestehen (vgl. etwa Petermann, Kusch & Niebank 1998; Spangler & Zimmermann 1999). Aus diesem Forschungsbereich ergeben sich insbesondere Konsequenzen für die Prävention und Elternarbeit, aber auch für die Intervention (vgl. Stein 2008, 183 f.).

Die lernpsychologische Position

Aus der ursprünglich radikalen Grundposition des Behaviorismus, sich nur für von außen Beobachtbares, also auf Organismen wirkende Reizkonstellationen einerseits sowie deren beschreibbares Verhalten andererseits zu interessieren und alle im Organismus ablaufenden Prozesse als „black box" auszuklammern, hat sich die Lernpsychologie mittlerweile erheblich weiterentwickelt. Auch Prozesse der Informationsverarbeitung, also kognitive Aspekte, werden mittlerweile in den Blick genommen. Damit kommt es zu einer teilweisen Verschmelzung der ursprünglichen kognitionspsychologischen und der lernpsychologischen Perspektive. Auch auf Basis der drei ganz grundlegenden Paradigmen des Lernens (vgl. etwa DGVT 1986; Steiner 2001; Schermer 2006) lassen sich problematische Verhaltensweisen erklären:

Sie können sich, auf Basis der klassischen Konditionierung, als automatisierte Reaktionen auf bestimmte Reizbedingungen hin ergeben. Diese Reiz-Reaktions-Verkoppelungen wurden gelernt. Auf diesem Wege lassen sich beispielsweise viele Angststörungen und -problematiken erklären; die Angstreaktion tritt bei Konfrontation mit bestimmten Reizen auf (offene oder enge Räume, bestimmte Objekte wie Spinnen oder Hunde), hat sich stark verfestigt und ist auf dieser Basis „löschungsresistent". Hinzu kommt häufig ein fatales Vermeidungsverhalten gegenüber den Angstauslösern.

Die Konsequenzen eines Verhaltens wirken auf dieses zurück, indem das Auftreten positiver bzw. erwünschter Konsequenzen die Wahrscheinlichkeit des Wiederauftretens des entsprechenden Verhaltens verstärkt, hingegen das Auftreten negativer bzw. unerwünschter Konsequenzen diese Wahrscheinlichkeit senkt. Das Ausbleiben bzw. die Wegnahme positiver sowie auch negativer Konsequenzen haben ganz analog reduzierende bzw. verstärkende Folgen für das gezeigte Verhalten. Auch fehlende Konsequenzen können zur Löschung des Verhaltens beitragen. Auf diesem Wege können sich beispielsweise aggressive oder hyperaktive Verhaltensweisen verfestigen.

Lernen erfolgt aber häufig auch als soziales Lernen, indem ganze Verhaltenssequenzen recht ökonomisch anhand der Beobachtung anderer Individuen gelernt werden können. Sie werden dabei zunächst angeeignet, wobei Faktoren der Aufmerksamkeit und des Behaltens von entscheidender Bedeutung sind. Im Hinblick auf die Ausführung des durch Beobachtung Gelernten wirken dann insbesondere Kompetenzerwartungen (das Gelernte auch wirklich umsetzen zu können) sowie Konsequenzerwartungen (welche Folgen das eigene, dem Modell folgende Verhalten zeitigen wird). Konsequenzerwartungen folgen also dem Prinzip des operanten bzw. instrumentellen Lernens. Von besonderer Bedeutung sind, wie die Forschung zum Modelllernen zeigen konnte, eine Reihe von (wahrgenommenen) Eigenschaften des Modells, etwa dessen Attraktivität, Macht, Erfolg, Ähnlichkeit zum Beobachteten (vgl. etwa DGVT 1986).

Aus der lernpsychologischen Position mit ihren unterschiedlichen Modellen ergibt sich eine sehr einfache Konsequenz für pädagogisches Handeln: Was erlernt wurde, kann grundsätzlich auf analogem Wege wieder ver- oder umgelernt werden.

Die humanistisch-psychologische Position

Aus der Auseinandersetzung zwischen Psychoanalyse und Behaviorismus heraus etablierte sich die Humanistische Psychologie als „Dritte Kraft" mit dem Versuch, eine gänzlich eigene Sicht auf den Menschen und damit auch auf Problematiken und Störungen einzunehmen. Hier sollen exemplarisch Gedanken der Konzeption von Carl Rogers angesprochen werden, der einer der namhaftesten und repräsentativsten Vertreter der Humanistischen Psychologie ist.

Grundsätzlich sind die Ansätze der Humanistischen Psychologie durch das Bemühen gekennzeichnet, den Menschen in seiner Ganzheit zu betrachten und ihn zugleich als eigenständig und kreativ handelndes Subjekt zu erfassen. Dem entsprechend geht Rogers (2008) von der „Selbstaktualisierungstendenz" des Menschen aus: der Tendenz zu Selbstbestimmtheit und Autonomie, zur Realisierung seiner selbst sowie der Tendenz zu Wachstum und Selbstheilung. Basis menschlicher Entwicklung ist der „Organismus" als Ort aller (inneren, selbstbezogenen sowie äußeren, umweltbezogenen) Erfahrungen. Der Mensch entwickelt ein „Selbstkonzept" als „organisierte Konfiguration von Wahrnehmungen des Selbst, die dem Bewusstsein zugänglich sind" (Rogers 1983, 135). Dieses konstituiert sich aus den gemachten Erfahrungen.

Psychische Fehlanpassung liegt nach Rogers vor, wenn es zu Inkongruenzen oder Spannungen kommt. Diese können sich in dreierlei Richtung entwickeln:

- zwischen Organismus und Selbst im Sinne der Abweichung des Selbstbildes von den organismischen Tatsachen;
- zwischen subjektiver und äußerer Realität im Sinne der Abweichung der eigenen Sicht von der Welt, wie sie ist;
- zwischen Selbst und Idealselbst im Sinne einer übergroßen (in der Regel negativen) Diskrepanz. Dabei ist eine gewisse diesbezügliche Diskrepanz entwicklungsförderlich, indem sie dem Menschen zur Weiterentwicklung motiviert; sie darf jedoch nicht zu groß werden.

Rogers geht davon aus, dass Betroffene sich solchen verfestigten Inkongruenzen nur in einer als bedrohungsfrei erlebten Atmosphäre stellen können, damit die Entwicklung wieder in Gang kommen kann. In Bezug auf Therapeuten beschreibt er drei Variablen, die auch für die pädagogische Arbeit von Bedeutung sind: 1. bedingungslose Annahme des anderen, so, wie er oder sie ist, 2. einfühlendes Verstehen und 3. Echtheit des Therapeuten bzw. Pädagogen.

Die situationistische Sichtweise

In der Psychologie entstand schon früh Kritik an der Position, das Verhalten und Erleben des Menschen sei insbesondere durch Faktoren innerhalb der Person – die menschliche Persönlichkeit als etwas Stabiles, situationsübergreifend entscheidend Wirkendes – bestimmt. Die Macht der Situation wurde in den Blick genommen. Als bahnbrechend können diesbezüglich die Arbeiten von Mischel (1968, 1976) gelten, der Parameter von „mächtigen Situationen" beschrieben hat. Er negiert nicht die Bedeutung der Persönlichkeit, schreibt aber auch bestimmten Situationen einen erheblichen Einfluss zu.

Im Hinblick auf ihren Charakter können zwei Formen von Situationen unterschieden werden (vgl. Stein 2008, 53 ff.):

1. Bei Situationen mit hohem Aufforderungscharakter wird die Person in ein bestimmtes Verhalten hineingedrängt oder gezogen. So provoziert eine unkontrollierte Auslage von Produkten am Eingang eines Kaufhauses viele Menschen dazu, kostenlos etwas mitzunehmen. So mag eine Gruppe von Kindern ein anderes Kind so lange aggressiv bedrängen und provozieren, bis es selbst zuschlägt.
2. Über die Situationen mit hohem Aufforderungscharakter hinaus kann ein breiterer Bereich von Situationen in engerem Sinne als belastend beschrieben werden. Darunter fallen neuartige bzw. fremde, komplexe und mehrdeutige Situationen, aber auch Situationen mit hohem Zeitdruck, überfordernde und auch unterfordernde Situationen, Situationen, die ein Vorhaben vereiteln (frustrierend wirken) sowie auch selbstwertbeinträchtigende Situationen.

Soweit situative Bedingungen als ein Problem erkannt werden, bestehen grundsätzlich drei Möglichkeiten erzieherischen Handelns: Erstens die situativen Bedingungen zu verändern, etwa an der Reduzierung der Belastungen einer aktuell problematischen Familiensituation zu arbeiten oder an der Verbesserung des schulischen Unterrichts, zweitens das Hineingeraten bestimmter Kinder und Jugendlicher in bestimmte Situationen zu vermeiden oder zu verhindern (etwa provozierende Situationen auf dem Schulhof) und drittens an einer „Immunisierung" der Kinder und Jugendlichen gegenüber problematischen Situationen zu arbeiten. Der letztgenannte Gedanke ist allerdings, konsequent weitergedacht, eher den „personorientierten" Ansatzpunkten der Förderung zuzuordnen.

Interaktionismus

Die Interaktion zwischen Person und Situation nimmt verschiedene psychologische Ansätze in den Blick (vgl. die Übersicht von Holtz & Kretschmann 1989). Im Vordergrund steht hier die Frage der Auseinandersetzung einer Person mit einer Situation im Erleben und im konkreten Handeln. Dies wird besonders stark herausgearbeitet in der Theorie der Selbst- und Handlungsregulation, die hier exemplarisch näher betrachtet werden soll (vgl. Semmer & Frese 1979; Werbik 1983 sowie zusammenfassend: Stein 2002).

Aus dieser Sichtweise heraus können Verhaltensstörungen als problematische oder misslingende Auseinandersetzung einer Person mit einer oder mehreren Situationen verstanden werden. Im Unterschied zur Selbstkontrolle als einer Personvariable meint Handlungskontrolle oder Handlungsregulation den Prozess dieser Auseinandersetzung, die sich im Hinblick auf zwei Dimensionen näher betrachten lässt: Die Auseinandersetzung kann reflexhaft und automatisiert, aber auch bewusst erfolgen. Bewusstheit könnte unmittelbar in einer Situation hergestellt werden – aber auch außerhalb von Situationen als Vorwegdenken oder nachträgliche Reflexion. In die bewusste Auseinandersetzung können auch ethische Handlungsrichtlinien eingebunden werden, was häufig bedeutsam ist, auch für ein sozial adäquates Verhalten. Solche Richtlinien müssen aufgebaut worden sein, aber auch konkret abgerufen und mit einbezogen werden.

Handeln lässt sich als Prozess beschreiben, auf Basis der Aufeinanderfolge verschiedener Phasen: Zunächst wird eine Situation als Aufforderung zu Auseinandersetzung und Handeln erlebt; es folgt die Suche nach Reaktionsmöglichkeiten auf diese Situation; daraufhin wird gehandelt, möglicherweise bei kritischer Analyse des Verhaltens im Prozess – und schließlich erfolgt eine (Neu-)Bewertung des eigenen Handelns und der Situation.

Die handelnde Auseinandersetzung mit Situationen erweist sich hier als „Kunst" der angemessenen Bewusstheit im entsprechenden Moment und der Ausschöpfung aller Potentiale in den Phasen bei Berücksichtigung sozial akzeptierter ethischer Standards – eine Herausforderung, der jeder Mensch alltäglich immer wieder gerecht werden muss. Fehler und Probleme können in unterschiedlichen Phasen und auf unterschiedlichen Ebenen zutage treten. Aus dem Modell ergeben sich Schlussfolgerungen für Diagnostik und Förderung: Zunächst gilt es festzustellen, in welchen Bereichen Fehler und Probleme zu verorten sind. Dieses Wissen könnte für eine sehr gezielte Förderung der Bewusstheit und der Handlungsregulation genutzt werden, präventiv wie interventiv.

Außenwahrnehmung und Etikettierung

Verhaltensstörungen bzw. Verhaltensauffälligkeiten werden in pädagogischen Handlungsfeldern explizit als solche bezeichnet – und immer von irgendjemand. Zunächst kann es sich auch um Laien handeln, beispielsweise Eltern – bei ernsthafteren Problematiken treten in der Folge Fachleute auf den Plan. In jedem Fall kommt es zur Bezeichnung eines Kindes oder Jugendlichen als „verhaltensauffällig", „verhaltensgestört", „verhaltensoriginell", „seelisch behindert" oder auch zur (zunächst persönlichen) Definition eines „Förderbedarfs" im emotionalen und sozialen Bereich.

Solche Bezeichnungen sind für den weiteren Verlauf der Förderung notwendig; sie stellen jedoch zugleich nicht unproblematische „Etiketten" dar. Unter Umständen kann es sich auch um teilweise oder vollständige Fehl-Etikettierungen handeln. Solche Prozesse der Etikettierung und Stigmatisierung werden durch soziologische Theorien beschrieben, sie sind jedoch auch psychologisch relevant, indem sie die weitere Wahrnehmung der betroffenen Kinder und Jugendlichen von außen beeinflussen – und in der Folge auch den Umgang mit ihnen.

Konsequenz dieser Perspektive ist das kritische Überprüfen und Überdenken der Kriterien zur Beurteilung eines Kindes oder Jugendlichen als verhaltensauffällig, der Beurteilung selbst sowie des eigenen erzieherischen Handelns. Auch Beratung und Supervision können und werden hier ansetzen.

Fazit

Was eingangs für die hier zugrunde gelegten vier Perspektiven zur Betrachtung von Ursachen für Verhaltensstörungen gesagt wurde, gilt auch für das Spektrum konkreter psychologischer Theorien: Auch wenn diese sich über viele Jahrzehnte im Konflikt miteinander entwickelt haben, in namhaften Fällen sogar aus konflikthaften Ansichten heraus entstanden sind, gibt es wohl für absehbare Zeit nicht „die" Theorie, die einen grundsätzlichen Alleinvertretungsanspruch für die Erklärung aller Formen auffälligen Verhaltens und Erlebens für sich in Anspruch nehmen kann. Es wird hilfreich sein, unterschiedliche Zugänge und Erklärungsansätze zu kennen, diese flexibel nutzen zu können – denn für unterschiedliche Problematiken werden verschiedene dieser Konzepte erklärungsmächtig sein, mitunter bei den komplexen Phänomenen des Alltags auch mehrere dieser Ansätze für jeweils bestimmte Teilaspekte. Damit soll hier nicht einem „blinden Eklektizismus" das Wort geredet werden – wohl jedoch einem „weiten Horizont".

Literatur

Ahrbeck, B. (2006): Das schwierige Kind: Innenwelt, äußere Realität, Verhaltensgestörtenpädagogik. In: Ahrbeck, B. & Rauh, B. (Hrsg.): Der Fall des schwierigen Kindes. Weinheim: Beltz, 17–39

Bittner, G. (1996): Problemkinder. Zur Psychoanalyse kindlicher und jugendlicher Verhaltensauffälligkeiten. Göttingen: Vandenhoeck & Ruprecht

Brenner, C. (2001): Grundzüge der Psychoanalyse. Frankfurt a. M.: Fischer

DGVT (Deutsche Gesellschaft für Verhaltenstherapie) (Hrsg.) (1986): Verhaltenstherapie. Theorien und Methoden. Tübingen: DGVT

Holtz, K. L. & Kretschmann, R. (1989): Psychologische Grundlagen der Pädagogik bei Verhaltensstörungen. In: Goetze, H. & Neukäter, H. (Hrsg.): Handbuch der Sonderpädagogik – Band 6. Pädagogik bei Verhaltensstörungen. Berlin: Marhold, 908–966

Mertens, W. (1996): Psychoanalyse. Stuttgart: Kohlhammer

Mischel, W. (1968): Personality and assessment. New York: Wiley

Mischel, W. (1976): Introduction to personality. New York: Holt, Rinehart & Winston

Petermann, F., Kusch, M. & Niebank, K. (1998): Entwicklungspsychopathologie. Weinheim: Beltz

Rogers, C. R. (1983): Die klientenzentrierte Gesprächspsychotherapie. Frankfurt a. M.: Fischer

Rogers, C. R. (2008): Entwicklung der Persönlichkeit. Psychotherapie aus Sicht eines Therapeuten. Stuttgart: Klett-Cotta

Schermer, F. J. (2006): Lernen und Gedächtnis. Stuttgart: Kohlhammer

Seitz, W. & Stein, R. (2009) (im Druck): Verhaltensstörungen. In: Rost, D. H. (Hrsg.): Handwörterbuch Pädagogische Psychologie. Weinheim: Beltz

Semmer, N. & Frese, M. (1979): Handlungstheoretische Implikationen für kognitive Therapie. In: Hoffmann, N. (Hrsg.): Grundlagen kognitiver Therapie. Theoretische Modelle und praktische Anwendung. Bern: Huber, 115–153

Spangler, G. & Zimmermann, P. (1999): Bindung und Anpassung im Lebenslauf: Erklärungsansätze und empirische Grundlagen für Entwicklungsprognosen. In: Oerter, R., von Hagen, C., Röper, G. & Noam, G. (Hrsg.): Klinische Entwicklungspsychologie. Weinheim: Beltz, 170–194

Stein, R. (2002): Selbst- und Handlungsregulation: ein Metamodell für Störungen des Verhaltens und Lernens. In: Schröder, U., Wittrock, M., Rolus-Borgward, S. & Tänzer U. (Hrsg.): Lernbeeinträchtigung und Verhaltensstörung. Konvergenzen in Theorie und Praxis. Stuttgart: Kohlhammer, 80–95

Stein, R. (2008): Grundwissen Verhaltensstörungen. Baltmannsweiler: Schneider.

Steiner, G. (2001): Lernen und Wissenserwerb. In: Krapp, A. & Weidenmann, B. (Hrsg.): Pädagogische Psychologie. Weinheim: Beltz, 137–205

Werbik, H. (1983): Perspektiven handlungstheoretischer Erklärungen von Straftaten. In: Lösel, F. (Hrsg.): Kriminal-Psychologie. Grundlagen und Anwendungsbereiche. Weinheim: Beltz, 85–95

3.2 Soziologie

Ernst von Kardorff

Einleitung

Stichwortartig sind es unter anderem mangelnde Affektkontrolle, Gewalt, Schulabsentismus, Leistungsverweigerung, Aufmerksamkeitsdefizite, extensiver Medienkonsum, diverse Süchte und neuerdings sogar Essstörungen, die in den Fokus medialer, bildungs-, jugend-, gesundheitspolitischer und nicht zuletzt wissenschaftlicher Aufmerksamkeit geraten. Damit werden Verhaltensweisen, die von Sonderpädagogik, Psychologie und Psychiatrie unterschiedlich akzentuiert als „Verhaltensstörungen" bezeichnet werden, in ihren möglichen Ursachen und Folgen auch als gesellschaftliches Problem adressiert.

In den darauf bezogenen Diskursen wird daher, je nach politischer Position und wissenschaftlicher Schulrichtung, eine Vielzahl möglicher Ursachen für die vermeintliche Zunahme von Verhaltensstörungen diskutiert. Stichwortartig sind dieses etwa Erziehungsversagen oder -vergessenheit, unzureichende Bindungserfahrungen, Autoritätsverlust, Verwischung der Generationendifferenz, gesellschaftliche Orientierungs- und Ortlosigkeit, die Rolle der Medien-, Konsum- und Erregungsgesellschaft, Individualisierung und Entsolidarisierung, ungleiche Einstiegschancen in Bildungsgänge und in den Arbeitsmarkt, relative Deprivation und soziale Exklusion, bildungsferne Milieus und Mangel an Ressourcen, Familien in Krisen und sozialer Entbettung, versagte Anerkennung, fehlender Respekt und mangelnde Integration, die Rücknahme wohlfahrtsstaatlicher Programme bei gleichzeitig zunehmender Kontrolle und Verschärfung von Sanktionen.

Für all diese Erklärungsversuche liefert der mediale Diskurs entsprechende Patentrezepte, die sich individualisierend auf die auffälligen Personen und ihr nahes Umfeld, also Familie und Eltern beziehen oder aber den Staat in seiner Verantwortung adressieren, verbesserte Schulkonzepte, mehr Geld und Personal für soziale Einrichtungen, Förderprogramme, Modellprojekte und Resozialisierung bereitzustellen. Damit befindet man sich im Zentrum einer Debatte, zu der soziologische Reflexion (auf)klärend beitragen und soziologische Forschung kontextualisiertes und empirisches Bedingungswissen bereitstellen kann.

Der soziologische „Blick"

Die unter Verhaltensauffälligkeiten und Verhaltensstörungen klassifizierten heterogenen Phänomene zeigen sich zunächst in einer Irritation der gewohnten sozialen Ordnungen des Alltags, in Familie, Schule und am Arbeitsplatz und nicht zuletzt im Erleben und an den Reaktionen der auffällig gewordenen Personen selbst. Sie verweisen auf eine von den Alltagshandelnden registrierte, zeitstabil oder situationsspezifisch auftretende, oft leidvoll erlebte, von signifikanten Anderen (z. B. Verwandten, Freunden) bestätigte und als gravierend bewertete Verletzung von Normen und Regeln *(primäre Abweichung)*. Diese wird zunächst informell und nachfolgend formell sanktioniert (etwa Schulverweise, polizeiliche Festnahme) sowie schließlich, zum Beispiel durch eine psychiatrische Diagnose oder ein gerichtliches Urteil, ratifiziert *(sekundäre Abweichung)*.

Damit fallen Verhaltensstörungen in der soziologischen Beschreibung unter die Rubrik der Devianz: Abweichendes Verhalten drückt sich in einer Verletzung von Normen aus, deren Wirksamkeit und Geltungsgrad erst in den Reaktionen der Gesellschaft auf ihre Übertretung sichtbar wird. Diese Sichtweise wird heute als ergänzungsbedürftig betrachtet: Als Störungen klassifizierte Verhaltensweisen können auch als Folge einer kreativen und subjektiv durchaus rationalen „Suche nach Handlungsfähigkeit in anomischen Strukturen" (Böhnisch 1994, 1) verstanden werden und insofern als Normalisierungshandeln, oft als untaugliche Anpassungsversuche an gesellschaftliche Standards von Leistung und Selbstinszenierung, an widersprüchliche Erwartungen oder unsichere Zukunftsperspektiven.

In einer soziologischen Perspektive stehen jedoch weder der Einzelfall noch die Wirkung isolierter pädagogischer, therapeutischer, polizeilicher oder juristischer Interventionen im Fokus; vielmehr geht es um das Ausmaß, die soziale Verteilung, die Formen und Veränderungen der infrage stehenden Phänomene und die spezifischen gesellschaftlichen Konstellationen, Bedingungen und Mechanismen, die ihr Auftreten verursachen oder wahrscheinlich machen. Als Beobachter „zweiter Ordnung" (Luhmann 1997) beleuchtet die Soziologie in einer wissenssoziologischen Perspektive, wie „die Gesellschaft" Abweichungen als Differenzen beobachtet und in alltäglichen wie wissenschaftlichen Diskursen sozial konstruiert. Dazu bedient sie sich verschiedener multiperspektivischer Theorien und Forschungsstrategien auf unterschiedlichen Untersuchungsebenen.

Schließlich reflektiert sie gesellschaftstheoretisch Prozesse säkularen Wandels, wie Individualisierung oder Pluralisierung von Werten und Lebensstilen; darüber hinaus befasst sie sich mit der Formierung neuer Subjektformen, dem Wandel in den Dispositiven sozialer Kontrolle (Foucault 1995) oder versucht Gesellschaften anhand dominierender Organisationsprinzipien (z. B. Netzwerkgesellschaft, Castells 2001), Konstellationen (z. B. Risikogesellschaft, Beck 1986; Flüchtige Moderne, Baumann, 2003), kultureller Deutungsmuster (z. B. Erlebnisgesellschaft, Schulze 1992; Inszenierungsgesellschaft, Willems & Jurga 1998) oder hervorstechender Merkmale ihrer Mitglieder (z. B. Single-Gesellschaft, Hradil 1995) zu typisieren und im Spiegel dieser Reflexionen eine empirisch gesättigte und theoretisch plausible Selbstverortung der Gegenwartsgesellschaften und ihrer Probleme zu erreichen.

Wissenssoziologische Perspektiven: Soziale Repräsentationen und gesellschaftliche Diskurse

In einer wissenssoziologischen Perspektive geht es um die Beziehungen kultureller Deutungsmuster und ihrer Inhalte („Wissensformen") zu ihren sozialgeschichtlichen Wurzeln und um die sozialen Gruppierungen und Milieus, die sie tragen. Dabei wird auch die Einbettung dieser Wissensformen in hegemonial durchgesetzte gesellschaftliche Diskurse und Praktiken zum Thema. In den gesellschaftlichen Diskursen über Jugend und jugendliches Problemverhalten vermischen sich traditionelle soziale Repräsentationen des perennierenden Generationenkonflikts mit Dispositiven der Formierung eines neuen Subjekttypus im Zeichen gesellschaftlicher Modernisierung. Im Zuge von Individualisierung und einer Betonung von Leistung, Flexibilität, Konkurrenz, Selbstständigkeit und Selbstverantwortung wird das vor allem von den gesellschaftlichen Eliten und aufstiegorientierten Milieus getragene Bemühen zur Formierung eines neuen Subjekttypus sichtbar; pointiert spricht Bröckling (2007) vom Bild des „unternehmerischen Selbst", das eine mentale Selbstinstrumentalisierung im Sinne einer normalistischen Selbstadjustierung (Link 1997) erfordert. Parallel zeigen sich, nicht zuletzt durch den Einfluss der neuen Medien und im Rahmen der Konsumgesellschaft, dazu widersprüchliche und widerständige Haltungen, die unter anderem mit Stichworten wie Außengeleitetheit (so schon Riesman, Glazer & Denney 1956) oder Zwang zur Inszenierung (Willems & Jurga 1998) angedeutet werden können. Die hiermit umrissenen Phänomene treffen auf Jugendliche aus unterschiedlichen Milieus und erzeugen Unsicherheiten und Ängste, aber auch Resignation und Rückzug, passiven Widerstand und Delinquenz oder führen zur Ausbildung psychosomatischer und psychischer Störungen. In diesem Zusammenhang können wissenssoziologische Analysen eine differenzierte Aufklärung der Formen und Auswirkungen neuer gesellschaftlicher Diskurse bezüglich verschiedener sozial-kultureller Milieus leisten. Hierzu bietet sich besonders die im Anschluss an Foucault weiterentwickelte Diskursanalyse an (vgl. Volkers, Kap. 8.2, in diesem Band).

Fokussiert auf die Entwicklungen in den Dispositiven sozialer Kontrolle zeigen sich unterschiedliche und ungleichzeitige Muster, die im Kontext der unterstellten Formierung des neuen Subjekttypus wirksam werden und, grob typisiert, einem pädagogischen und zugleich gouvernementalen Muster von „Fordern", „Fördern" und „Aktivieren" folgen. Exemplarisch lässt sich dies nicht nur an der Arbeitsmarktpolitik, sondern auch an den Diskursen und Praktiken der mit Verhaltensstörungen befassten Disziplinen zeigen. Konzeptionell folgen sie in den Konstruktionen ihrer Modelle überwiegend einer individualisierenden und pathologisierenden und zunehmend auch einer biopolitischen (genetischen und neuropsychologischen) Perspektive. Der immer zielgenauere mikroskopische Blick auf auffällige Kinder und Jugendliche ist, teils gezielt, teils hinterrücks von den dominanten und auf Leistung und flexible Anpassung verengten und zugleich immer weiter heraufgesetzten Standards geprägt und schränkt dadurch nicht nur Verhaltens- und Toleranzspielräume tendenziell ein, sondern erweitert zugleich durch die Identifikation immer weiterer Auffälligkeiten und Störungsbilder die „Behinderungszone" (Felkendorff 2003) im Sinne von Foucaults Konzept der „produktiven Diskurse". In dieser Perspektive werden das immer dichter geknüpfte Netz von Verhaltensbeobachtung, -modifikation und -überwachung sowie Verschiebungen, Überlagerungen und Neuformierungen in den Modi der sozialen Kontrolle sichtbar, die auf die identifizierten Problemgruppen hochselektiv wirken und zwischen therapeutischen, fördernden und strafenden Sanktionen je nach gezeigter Compliance, sozialer Herkunft und mitgebrachter Diagnose Anwendung finden.

Fokussiert auf das Verhältnis der kulturellen Auswirkungen der modernen Formierungsdiskurse und -praktiken in den Disziplinen und Instanzen sozialer Kontrolle zu den in verschiedenen sozial-kulturellen Milieus und Szenen vorhandenen autopoietischen Diskursen und Praktiken zeigen sich vielfältige Fragmentierungen und Ungleichzeitigkeiten (vgl. hierzu: Cultural Studies, Lindner 2000). Eine ganze Reihe soziologischer Untersuchungen belegt, dass Subkulturen zentrale sozialisatorische Funktionen erfüllen (z. B. Reziprozität, Solidarität) und wichtige Ordnungsleistungen (z. B. informelle soziale Kontrolle) erbringen. Sie sichern gesellschaftliche Teilhabe, wenn auch unter gefährdeten Bedingungen für sozial Exkludierte, und reagieren in ihren kulturellen Erfindungen auf die Bedingungen der Mehrheitsgesellschaft – sowohl als sensibler Indikator für Desintegrationsprozesse in sozialen Umbrüchen als auch als Innovationspotential zur Veränderung von Normen.

Zur Soziologie abweichenden Verhaltens – ausgewählte Perspektiven

Für die Soziologie ist abweichendes Verhalten der Testfall, an dem Stabilitätsbedingungen der sozialen Ordnung und die Mechanismen sozialen Zusammenhalts sichtbar werden. Eine Nichtbefolgung von Normen verweist auf ihren veränderten Wirkungsgrad und damit auf Prozesse sozialen Wandels. Umfang und Formen von Abweichung können als Indikator für die mangelnde Integrationskraft der gesellschaftlichen Institutionen oder Werte für bestimmte soziale Gruppen oder für die Gesellschaft insgesamt fungieren. Informelle und formelle Sanktionen abweichenden Verhaltens wiederum bestätigen die Geltung der Normen, stärken die „Kohäsion der Konformen" (Luedtke 2008, 185) und verschärfen die Ausgrenzung der Abweichenden.

Mit Blick auf norm- und regelwidriges Verhalten gilt es zwischen den folgenden Formen zu differenzieren:

Bei der Normübertretung kann es sich *erstens* um eine Verletzung gesetzlich legitimierter und formell sanktionsbewährter präskriptiver Normen handeln wie sie etwa in der Verfassung oder im Strafrecht niedergelegt sind oder auch um die Übertretung institutionalisierter, „gesatzter" Regeln (wie Schul- und Prüfungsordnungen); *zweitens* um eine Verletzung der von der Mehrheitsgesellschaft geteilten Normen, die auf kulturell verankerten und hegemonial durchgesetzten sowie in öffentlichen Diskursen bekräftigten zentralen Werten und Überzeugungen wie moralischen Prinzipien, Glaubensüberzeugungen oder generalisierten Verhaltenserwartungen wie Leistungsbereitschaft oder Selbstverantwortung beruhen. Dazu kommen auch ungeschriebene, in alltäglichen Begegnungen gleichwohl fortlaufend bekräftigte und informell sanktionierte Erwartungen, etwa an situationsgerechtes Verhalten, alters- und geschlechtsrollengemäßes Betragen und Aussehen oder die Rolle als Schüler, Kranker oder Behinderter. Diese im Alltag mehrheitlich befolgten *normalistischen Normen* (Link 1997) verweisen auf implizite Bewertungsmaßstäbe und Handlungsweisen, die den sozialen Akteuren über Erziehungs- und mehr noch über Sozialisationsprozesse vermittelt „zur zweiten Natur" geworden sind. Sie wirken im Sinne einer normativen Kraft des Faktischen, die ihre Geltung durch vielfältige und abgestufte informelle Sanktionen erlangen. Abhängig vom jeweiligen Kontext, von spezifischen sozialen Milieus und dem jeweiligen Anlass weisen sie unterschiedlich weite Toleranzspielräume auf, die etwa in der Adoleszenz ausgetestet, in der Konfrontation zwischen divergierenden gesellschaftlichen Interessen(gruppen) ausgehandelt oder angesichts rapiden sozialen Wandels veränderten Bedingungen angepasst oder von der Gesellschaft auch gänzlich neu „erfunden" werden müssen. *Drittens* erzeugen in hochgradig arbeitsteiligen Wissensgesellschaften auch die von den Disziplinen (Psychologie, Sonderpädagogik, Medizin usw.) in technische Kennwerte zur Definition von Verhaltensstörungen transformierten normalistischen Normen eine Folie für die Legitimation wissenschaftlich begründeter und praktisch folgenreicher Normsetzung sowie für professionelle Interventionen. Beispiele hierfür sind die Konzepte zur altersentsprechenden Bewältigung entwicklungstypischer Aufgaben oder neue schulische und berufliche Leistungsstandards (Stichworte: Neue Schlüsselqualifikationen, Bildungsstandards).

Makrosoziologische Perspektiven

In der von Durkheim begründeten Tradition werden quantitativ bedeutsame Formen individuell abweichenden Verhaltens als Reaktionen auf soziale Desintegrationsprozesse („Anomie") infolge sozialen Wandels interpretiert, ohne dabei die jeweiligen individuellen Motive zur Erklärung heranzuziehen. In einer funktional-strukturellen Perspektive begreift Merton (1949) abweichendes Verhalten weitergehend als funktionale Anpassung an die Diskrepanz zwischen gesellschaftlich positiv bewerteten Zielen (etwa Erfolg, markiert durch sichtbare Statussymbole) und den Zugangschancen zu den legalen und legitimen Mitteln zu ihrer Realisierung. Damit gerät die sozial ungleiche Verteilung von Chancen und Ressourcen in den Blick. In Abhängigkeit von sozialer Schicht, Milieu, Bildung und Herkunft reagieren Individuen mit unterschiedlichen Formen der Anpassung (Konformität, Ritualismus) und Abweichung (Innovation, Rebellion, Rückzug), ohne dabei notwendigerweise die soziale Integration zu gefährden. Ob es dann auch tatsächlich zu abweichendem Verhalten kommt, hängt von den Zugangschancen zu illegitimen Mitteln ab, die unter anderem durch abweichende Subkulturen und Peergroups bereitgestellt werden können. Aus sozialstruktureller Perspektive lassen sich höhere Risiken für Kinder- und Jugendliche aus benachteiligten sozialen Milieus belegen. Ihre Stabilität zeigt sich in einer Tendenz zur „sozialen Vererbung", etwa des relativen Risikos für Kinder und Jugendliche aus deklassierten Milieus, Verhaltensauffälligkeiten in der Generationenfolge zu reproduzieren (vgl. Schoon, Sacker & Bartley 2003). Bude (2008, 14) konstatiert dennoch mit Recht, dass soziale Exklusion und ihre Folgen nicht auf gesellschaftliche Benachteiligung reduziert oder durch relative Armut allein zu erfassen ist: „Sie betrifft vielmehr die Frage nach dem verweigerten oder zugestandenen Platz im Gesamtgefüge der Gesellschaft." Damit verweist er auf gesellschaftliche Anerkennung (Honneth 2003), Respekt (Sennett 2002), Inklusion und gesellschaftliche Teilhabe. Da es auch den Jugendlichen aus benachteiligten Milieus mehrheitlich gelingt, unauffällig in die Gesellschaft hineinzuwachsen, fokussiert sich die soziologische Forschung auf die sozial exkludierten Problemgruppen und thematisiert hier die Spiralen der Abweichungsdynamik im Kontext der Instanzen sozialer Kontrolle und der jugendkulturellen Milieus. Sie fragt, positiv gewendet, nach den Bedingungen dennoch mehrheitlich erfolgreicher Sozialisation unter erschwerten Bedingungen, also den sozialen Voraussetzungen von Resilienz.

Mesosoziologische Perspektiven

Soziologische Theorien beschäftigen sich in dieser Perspektive vor allem mit der Interaktionsdynamik zwischen den Instanzen sozialer Kontrolle, abweichendem Verhalten und subkultureller Normentwicklung. Zu den einflussreichsten Beiträgen über die gesellschaftliche Produktion und Verfestigung abweichenden Verhaltens gehört der Labeling-Ansatz, den Becker (1963) im Nachwort zur amerikanischen Neuauflage selbst treffender als Interaktionstheorie abweichenden Verhaltens charakterisiert. Er geht davon aus, „dass gesellschaftliche Gruppen abweichendes Verhalten dadurch schaffen, dass sie Regeln aufstellen, deren Verletzung abweichendes Verhalten konstituiert, und dass sie diese Regeln auf bestimmte Menschen anwenden, die sie zu Außenseitern abstempeln. Von diesem Standpunkt aus ist abweichendes Verhalten keine Qualität der Handlung, die eine Person begeht, sondern vielmehr eine Konsequenz der Anwendung von Regeln durch andere und der Sanktionen gegenüber einem ‚Missetäter'" (Becker 1963/dt. 1981, 8).

Mit einer Regelverletzung wird eine sich wechselseitig verstärkende Interaktionsdynamik zwischen Regelsetzern („Moralische Unternehmer" wie Machteliten, Eltern, Pädagogen), Regelverletzern (Einzelne, Gruppen oder Subkulturen) und Regeldurchsetzern, den Instanzen sozialer Kontrolle (u.a. Schule, Psychiatrie, Polizei, Justiz), in Gang gesetzt. Für die schließlich von den zuständigen Institutionen und Professionen identifizierten und als abweichend etikettierten Personen beginnt eine „Karriere" (Goffman 1972) entweder innerhalb der jeweiligen Subkultur oder im System der sozialen Kontrolle. Für viele der Etikettierten und

Stigmatisierten (Goffman 1975) sind derartige Karrieren mit sozialen Abstiegs-
prozessen und langfristiger Institutionenabhängigkeit (etwa von der Sozialhilfe,
Einrichtungen und Experten) verbunden. Zudem stehen Verhaltensgestörte und
andere Störer unter beständiger Beobachtung der zuständigen Professionen („Besserung") und Institutionen („Bewährung"), aber auch ihres näheren sozialen
Umfeldes. All dies wirkt sich auf ihre Selbstwahrnehmung und ihr Selbstbild
aus, ein Thema der Mikrosoziologie.

Mikrosoziologische Perspektiven

Die Auswirkungen der gesellschaftlichen Repräsentationen (z. B. von Krankheit
und Behinderung) von Verhaltens- und Leistungserwartungen, aber auch der
sozialen und ethnischen Herkunft, der sozialen Lage und so weiter auf den Einzelnen, auf sein Selbstbild und seine Handlungsoptionen zeigen sich in den konkreten face-to-face-Interaktionen des Alltags und den biografischen Verläufen. Von
besonderer Bedeutung sind hier die Prozesse und Folgen der Stigmatisierung für
die Identitätsentwicklung und -arbeit abweichender Personen. Das Paradigma zu
ihrer Analyse hat Goffman (1975) entwickelt. Er geht davon aus, dass die erlebte
Ich-Identität jeder Person aus der aktiven Gestaltung der ihr zugeschriebenen
sozialen Identität und den unverwechselbaren Merkmalen ihrer persönlichen
Identität resultiert. Über die soziale Identität wird ihr Status als „normale", „dis-
kreditierbare" oder bereits „diskreditierte" Person bestimmt. Zu dieser sozialen
Identität tritt die persönliche Identität hinzu.

Diese persönlichen Merkmale verändern sich im Lauf der Biografie, etwa durch
einen angenommenen Habitus, und durch körperliche Merkmale und Ausdrucksformen, die sowohl bewusst gestaltet als auch unbeabsichtigt gezeigt werden. Mit
der sozial erfolgreichen Zuschreibung eines Stigmas verbindet sich zugleich ein
Master-Status der betroffenen Person, der dazu führt, dass ihr Aussehen, ihr
Handeln, ihr Sprechen, kurz die gesamte Person nur über ihr Stigma wahrgenommen wird, so wird normverletzendes Verhalten Jugendlicher zur „dissozialen Persönlichkeit" verdinglicht.

Gesellschaft und Verhaltensstörungen – ein vorläufiges Resümee

Im Verlauf der gesellschaftlichen Modernisierung haben sich nicht nur die Optio-
nen für die Wahl unterschiedlicher Lebensentwürfe und -stile (immer in Abhängigkeit von Herkunft, Bildung und anderen Ressourcen) vervielfältigt. Parallel
dazu sind vor allem für Kinder und Jugendliche aus prekarisierten Lebenslagen,
aus bildungsfernen Milieus, mit Migrationshintergrund, belasteten Familienver-
hältnissen, geringerer Leistungs- oder Anpassungsfähigkeit die Risiken und Gefahren gestiegen, an den neuen Anforderungen zu scheitern, ins gesellschaftliche

Abseits zu geraten oder den Einstieg in die gesellschaftlichen Statuslinien zu verfehlen, die über Bildungs- und Berufsabschlüsse (also leistungsbezogen) zugewiesen werden, aber auch über den Habitus, über einflussreiche soziale Beziehungen und Herkunft (mit Bourdieu also über „soziales Kapital"). Die kritische Statuspassage vom Jugendlichen zum Erwachsenen gerät angesichts eines angespannten Ausbildungs- und Arbeitsmarkts, gestiegener Anforderungen an Wissen, soziale Kompetenz und performative Selbstdarstellung unter zusätzlichen Druck, der durch wachsende Konkurrenz und Leistungsstress sowie die dazugehörige Begleitmusik öffentlicher Diskurse verschärft wird. Die gestiegenen Anforderungen des Arbeitsmarkts in der Wissensgesellschaft erzeugen neue Verhaltenserwartungen wie Änderungs- und Risikobereitschaft oder Selbstverantwortung ebenso wie die Fähigkeit zu Selbstverortung, -steuerung und -reflexion.

Besonders für Jugendliche, die daran nicht nur einmal scheitern – oft in den Warteschleifen „endloser" Förderkurse – und die Erfahrung von Vergeblichkeit im emotional-kognitiven Bezugssystem einer Schicksalsattribution zum Selbstbild des Versagers kumulieren, steigen die Risiken dauerhafter Exklusion. Dies zeigt sich auch an unterschiedlichen Formen der Abweichung oder (unfreiwilligen oder unbewussten) „Wahlen" für Verhaltensstörungen und soziosomatische Störungen (von Kardorff & Ohlbrecht 2007). Schon die Antizipation und mehr noch die Erfahrungen bereits erlebten Scheiterns führen bei jungen Menschen zu individuell ganz unterschiedlichen Formen der Verarbeitung. Viele, besonders Jugendliche aus benachteiligten sozialen Lagen resignieren, wählen einen Verbleib in Subkulturen, im Hartz-IV-Bezug oder in kriminalitätsnahen Milieus oder entdecken das Leben in den virtuellen Welten der Neuen Medien als Zufluchtsort. Auch wenn dies nur bei einer geringen Anzahl von ihnen zu Verhaltensstörungen führt, entwickelt und/oder „wählt" eine steigende Anzahl von Kindern und Jugendlichen auch krankheitsrelevante „Lösungen", wie die Zunahme von Angststörungen, Suchtverhalten, psychosomatische Erkrankungen (vgl. Sachverständigenrat 2001) oder Formen der Leistungsverweigerung und des Rückzugs belegen. Vor diesem Hintergrund kann eine soziologische Perspektive die von Dreitzel (1968) beschriebene Dialektik zwischen dem „gesellschaftlichen Leiden" und dem „Leiden an der Gesellschaft" erhellen und jenseits der individuell erforderlichen Hilfen den Blick auf notwendige strukturelle Bedingungen lenken, um dem Ziel gesellschaftlicher Teilhabe und Inklusion näher zu kommen.

Literatur

Bauman, Z. (2003): Flüchtige Moderne. Frankfurt a. M.: Suhrkamp

Beck, U. (1986): Risikogesellschaft. Auf dem Weg in eine andere Moderne. Frankfurt a. M.: Suhrkamp

Becker, H. S. (1963): Außenseiter. Zur Soziologie abweichenden Verhaltens. Frankfurt a. M.: Fischer (1981)

Böhnisch, L. (1994): Gespaltene Normalität. Lebensbewältigung und Sozialpädagogik an den Grenzen der Wohlfahrtsgesellschaft. Weinheim: Juventa

Bröckling, U. (2007): Das unternehmerische Selbst. Soziologie einer Subjektivierungsform. Frankfurt a. M.: Suhrkamp

Bude, H. (2008): Die Ausgeschlossenen. Das Ende vom Traum einer gerechten Gesellschaft. München: Hanser

Castells, M. (2001): Das Informationszeitalter I. Der Aufstieg der Netzwerkgesellschaft. Opladen: Leske/Budrich

Dreitzel, H.-P. (1968): Die gesellschaftlichen Leiden und das Leiden an der Gesellschaft. Stuttgart: Enke

Felkendorff, K. (2003): Ausweitung der Behinderungszone: Neuere Behinderungsbegriffe und ihre Folgen. In: Cloerkes, G. (Hrsg.) (2003): Wie man behindert wird. Heidelberg: Winter, 25–52

Foucault, M. (1995): Überwachen und Strafen. Frankfurt a. M.: Suhrkamp

Goffman, E. (1972): Asyle. Über die soziale Situation psychiatrischer Patienten und anderer Insassen. Frankfurt a. M.: Suhrkamp

Goffman, E. (1975): Stigma. Über Techniken der Bewältigung beschädigter Identität. Frankfurt a. M.: Suhrkamp

Honneth, A. (2003): Kampf um Anerkennung. Zur moralischen Grammatik sozialer Konflikte. München: Beck

Hradil, S. (1995): Die „Single-Gesellschaft". München: Beck

Kardorff, E. von & Ohlbrecht, H. (2007): Essstörungen im Jugendalter – eine Reaktionsform auf gesellschaftlichen Wandel. In: Diskurs Kindheits- und Jugendforschung, 2 (Jg.), H. 2, 155–168

Lindner, R. (2000): Die Stunde der Cultural Studies. Wien: Parabasen

Link, J. (1997): Versuch über den Normalismus. Wie Normalität produziert wird. Göttingen: Vandenhoeck & Ruprecht

Luedtke, J. (2008): Abweichendes Verhalten. In: Willems, H. (Hrsg.) (2008): Lehr(er)buch Soziologie. Für die pädagogischen und soziologischen Studiengänge. Bd. I. Wiesbaden: VS, 185–228

Luhmann, N. (1997): Die Kunst der Gesellschaft. Frankfurt a. M: Suhrkamp

Merton, R. K. (1995): Soziologische Theorie und Soziale Struktur. Berlin und N. Y.: de Gruyter

Riesman, D., Glazer, N. & Denney, R. (1956): Die einsame Masse. Eine Untersuchung der Wandlungen des amerikanischen Charakters. Reinbek: Rowohlt

Sachverständigenrat (2001): Gutachten 2000/2001 des für die Konzertierte Aktion im Gesundheitswesen. Bedarfsgerechtigkeit und Wirtschaftlichkeit. Band I. Zielbildung, Prävention, Nutzerorientierung und Partizipation. Bundestags-Drucksache 14/5660. Berlin: Bundesdruckerei

Schoon, I., Sacker, A. & Bartley, M. (2003): Socio-economic adversity and psychosocial adjustment: a development-contextual perspective. Social Science and Medicine, 57 (Jg.), H. 6, 1001–1015

Schulze, G. (1992): Erlebnisgesellschaft. Kultursoziologie der Gegenwart. Frankfurt a. M.: Campus

Sennett, R. (2002): Respekt im Zeitalter der Ungleichheit. Berlin: Berlin-Verlag

Willems, H. & Jurga, M. (Hrsg.) (1998): Inszenierungsgesellschaft. Ein einführendes Handbuch. Opladen: Westdteutscher Verlag

3.3 Systemtheorie und Konstruktivismus

Marc Willmann

Einleitung

Systemische und konstruktivistische Überlegungen haben sich im Bereich der psychosozialen Humanwissenschaften und ihren zentralen Handlungsfeldern von Erziehung, Beratung und Therapie als weitere Kraft neben den bis dato vorherrschenden wissenschaftlichen Paradigmen (psychodynamische, interaktionistische, humanistisch-psychologische und lerntheoretische Ansätze) etabliert und führen im Selbstverständnis ihrer Protagonisten zu einem radikalen Perspektivenwechsel, der mit vielen Grundannahmen der traditionellen theoretischen Ansätze und Schulrichtungen bricht.

In der Rezeption systemischer und konstruktivistischer Theorien wird allerdings häufig übersehen, dass mit der Zusammenführung zu einem systemisch-konstruktivistischen Ansatz zwei grundverschiedene Theorietypen amalgamiert werden. Aus wissenschaftstheoretischer Sicht stellt sich die Frage, wie sich diese beiden Theorien zueinander verhalten und ob sie überhaupt miteinander vereinbar sind. Zudem, und das ist ein augenscheinliches Merkmal, speisen sich beide Theorien aus einem immensen Fundus unterschiedlicher wissenschaftlicher Disziplinen, Forschungsrichtungen und Anwendungsfelder, so dass die praktizierte Interdisziplinarität systemischer und konstruktivistischer Theoriebildung den Versuch, von *der* einen Systemtheorie oder von *dem* Konstruktivismus sprechen zu wollen, ad absurdum führt.

Für die Pädagogik stellt sich darüberhinaus die Frage, ob aus systemischen und konstruktivistischen Ansätzen Konsequenzen für das erziehungspraktische Handeln ableitbar sind.

Systemtheorie und Konstruktivismus

Systemtheorien: Die Grundsteinlegung der systemischen Ansätze findet sich in der biologischen Systemtheorie und Kybernetik in den 1940er und 1950er Jahren. In der Folgezeit wurden systemische Überlegungen zusehends in den unterschiedlichsten wissenschaftlichen Disziplinen diskutiert. In den 1960er Jahren ist schließlich eine deutliche Zunahme an wissenschaftlichen Publikationen zu verzeichnen (Stevens 2001, 183), und ab den 1970er Jahren findet dann ein verstärkter Praxisbezug statt und viele Psychotherapeuten beginnen – zunächst ausschließlich in der familientherapeutischen Praxis –, sich intensiv mit systemischen Ideen auseinander zu setzen. Aus dieser Zeit sind vier Hauptströmungen innerhalb der Familientherapie hervorgegangen (vgl. Stevens 2001, 188 ff.); mit der anschließenden Weiterentwicklung von der Familien- zur systemischen Therapie kommt eine Vielzahl weiterer Theorieansätze hinzu. Von Schlippe und Schweitzer (2007, 24) gehen von zehn verschiedenen Schulrichtungen („systemtherapeutischen Modellen") aus. Entsprechend vielfältig sind die theoretischen Grundlagen, die als Gemeinsamkeiten aller Systemtheorien betrachtet werden können. Zu den zentralen Grundannahmen werden Konzepte gezählt wie Holismus, Homöostase, Morphogenese und Morphostase, Zirkularität, zirkuläre Kausalität und Rekursivität, Rückkopplungen, Äquifinalität, Regulierung, Selbstorganisation, Kontext, Interpunktion, Information und Rückkopplung (z. B. Stevens 2001; Werning 1996).

Im Mittelpunkt der systemtheoretischen Betrachtungen und Theoriebildungen steht „nicht mehr die Beobachtung einzelner Phänomene, sondern die Beobachtung ihrer Vernetzung" (Schmidt & Vierzigmann 2006, 218.). Demnach ist menschliches Verhalten nicht losgelöst von seiner kontextuellen Einbindung verstehbar (Palmowski 2007) und nicht in einfachen Ursache-Wirkungs-Zusammenhängen beschreibbar.

Ökosystemischer Ansatz: Grundlegend für diesen Ansatz sind die Arbeiten von Bronfenbrenner (1981), der ein umfassendes entwicklungspsychologisches Modell entwickelt hat, das den Übergängen zwischen verschiedenen Systemen besondere Aufmerksamkeit schenkt. Für die deutsche Diskussion ist in diesem Zusammenhang auf das umfassende Schaffenswerk des Erziehungswissenschaftlers Baacke zu verweisen, der die Entwicklungsphasen von Kindheit und Jugend in verschiedenen sozialökologischen Zonen beschreibt (z. B. Baacke 1984).

Die inhaltlichen Gemeinsamkeiten und Berührungspunkte zwischen der ökologischen (bzw. sozialökologischen) und der systemischen Perspektive ergeben sich vor allem aus der bereits angesprochenen Kontextualisierung menschlichen Verhaltens. Unterschiede zeigen sich in der Reichweite, in der Systemgrenzen gezogen werden: Systemische Perspektiven beziehen sich vor allem auf die Interaktionen und insbesondere die Kommunikation innerhalb eines Systems (z. B. der Familie oder der Schule); ökologische Ansätze suchen hingegen auch nach übergeordneten Zusammenhängen und Vernetzungen zwischen verschiedenen Systemen.

Konstruktivismus: Der Konstruktivismus beschäftigt sich mit erkenntnistheoretischen Fragestellungen und setzt damit eine Tradition der philosophischen Diskussion fort, die seit ihrem Anbeginn die Menschheit beschäftigt. Als wissenschaftstheoretisches Modell werden konstruktivistische Positionen dabei in ganz unterschiedlichen Disziplinen diskutiert. Der Konstruktivismus markiert „eine Denkströmung, die sich aus einer Vielzahl ganz unterschiedlicher Einzeldisziplinen – von der Biologie bis zur Philosophie, von der Pädagogik bis zur Neurophysiologie und von der Kybernetik bis zu den Sprachwissenschaften – speist und auf diese zurückwirkt. Die verbindende Klammer zwischen den verschiedene konstruktivistischen Ansätzen besteht nicht in einer gemeinsamen theoretischen Problemstellung, sondern in einer erkenntnistheoretischen Grundüberzeugung" (von Ameln 2004, 3), die sich mit McLeod (2004, 121) in drei Aspekten beschreiben lässt: „Erstens wird der Mensch als ein aktiv Wissender angesehen, der sich zielstrebig damit beschäftigt, seiner Welt einen Sinn zu geben. Dabei spielt zweitens die Sprache eine wichtige Rolle, denn sie ist das Mittel, mit dessen Hilfe sich

Menschen ein Verständnis der Welt konstruieren. Konstruktivistische Therapeuten interessieren sich daher auch für die Produkte der Sprache wie Geschichten und Metaphern, die als Möglichkeiten betrachtet werden, Erfahrungen zu strukturieren. Drittens spielt bei der Fähigkeit eines Menschen, sich seine Welt zu konstruieren, auch seine biographische Perspektive eine Rolle."

Kognitionspsychologisch und epistemologisch erweist sich der Beobachterstandpunkt als ein wesentlicher Baustein der Theorie: „Die Perspektive des Beobachters und der Gegenstand der Betrachtung sind untrennbar; das Wesen von Sinn und Bedeutung ist relativ; Phänomene sind kontextbezogen und Erkenntnis- und Verstehensprozesse sind sozial, induktiv, hermeneutisch und qualitativ" (Sexton 1997, 8; Übersetzung des Autors).

Auch innerhalb der konstruktivistischen Diskussion haben sich verschiedene Schulrichtungen herausgebildet, zum Beispiel der soziale Konstruktivismus (Berger & Luckmann 1969), der Konstruktionismus (Gergen 2002) und die radikale Variante (Schmidt 1987).

Die Rezeption des radikal-konstruktivistischen Ansatzes führt zu einem Paradigmenwechsel innerhalb der systemtheoretischen Diskussion (die Kybernetik erster wird durch die Kybernetik zweiter Ordnung abgelöst). Wie sehr der Radikale Konstruktivismus die Theorie und Praxis der systemischen Arbeit verändert hat, wird besonders deutlich anhand der Entwicklungslinien innerhalb der systemischen Therapieverfahren (vgl. von Schlippe & Schweitzer 2007).

Zu den bedeutendsten Einzelbeiträgen gehört das Werk der beiden chilenischen Evolutionsbiologen Maturana und Varela (1987), dessen zentrale Begriffe und Konzepte (vor allem die Hypothese von der operativen Geschlossenheit autopoietischer Systeme) vielfach aufgegriffen worden sind. Spätestens mit dem Wirken des Bielefelder Soziologen Niklas Luhmann, der das biologische Autopoiesekonzept aufgegriffen und in die soziologische Theoriebildung eingeführt hat, ist der Radikale Konstruktivismus in verschiedenen wissenschaftlichen Disziplinen – darunter auch die Pädagogik – salonfähig geworden. Dabei bringt die Adaption des Konzeptes auf soziale Systeme gerade für die Pädagogik einige gravierende Probleme mit sich (ausführlich: Revermann 1989).

Amalgamierung systemischer und konstruktivistischer Theorieansätze

Gerade in der durch Luhmann stark geprägten deutschsprachigen Diskussion scheint eine beinahe obligate Verknüpfung von systemischen und konstruktivistischen Ideen stattzufinden. Aus Sicht der Wissenschaftstheorie ist allerdings zu berücksichtigen, dass es sich bei diesen beiden Richtungen um Ansätze auf unterschiedlichen Ebenen der Theoriebildung handelt: Wissenschaftssystematisch sind die Systemtheorien als gegenstandsbezogene Theorien der Kategorie der Objekttheorien zuzuordnen, wohingegen der Konstruktivismus eine epistemologische

Metatheorie darstellt. Berücksichtigt man diese Differenzen, so wird deutlich, dass eine Kombination beider Ansätze durchaus sinnvoll erscheinen kann, aber nicht notwendigerweise erfolgen muss. Zudem erweist es sich als problematisch, aus der konstruktivistischen Epistemologie Ableitungen für die Erziehungspraxis entwickeln zu wollen. Wie das Beispiel der Luhmannschen Systemtheorie eindringlich zeigt, ist der analytisch-heuristische Wert des Ansatzes unstrittig, aber zugleich ist es nicht möglich, hieraus handlungspraktische Implikationen abzuleiten. So erklärt es sich auch, dass mittlerweile versucht wird, den Abstraktionsgrad dieser Theorie zu verringern und die „Person" wieder als zentrale Bezugskategorie von Systemen (und nicht bloß als deren Umweltvariable) in die Theorie einzubeziehen, wie etwa in den Ansätzen der personalen Systemtheorie (vgl. z. B. von Schlippe & Kriz 2004).

Eine der vielleicht bedeutsamsten Gemeinsamkeiten von Systemtheorie und Konstruktivismus ist in dem Perspektivwechsel zu sehen, mit dem eine radikale Abkehr von einer individuumszentrierten Sicht hin zu einem kontextuellen Verständnis menschlichen Verhaltens vollzogen wird (Werning 1996, 45). Allerdings muss kritisch angemerkt werden, dass auch in den anderen großen Wissenschaftsparadigmen des 20. Jahrhunderts die Bedeutung des Kontextbezugs zunehmend berücksichtigt worden ist. Mittlerweile geht kein ernstzunehmender theoretischer Ansatz mehr davon aus, dass menschliches Verhalten ohne ein erweitertes Kontextverständnis erklärbar wäre. Die Entwicklungen innerhalb der Systemtheorie(n) haben allerdings – gemeinsam mit dem Aufkommen der soziologischen Devianztheorien und der modernen Sozialisationsforschung – wichtige Impulse für diese paradigmatische Wende vom Individuum zum Kontext geliefert.

Systemische Therapie, Störungswissen und das Dilemma der systemischen Diagnostik

Aus systemisch-konstruktivistischer Sicht ist Krankheit auch als ein Produkt sozialer Konstruktionsprozesse zu verstehen (Schweitzer & von Schlippe 2006, 17). Hiermit wird einer der Hauptkritikpunkte gegen die Vorstellung einer „objektiven" Diagnostik formuliert, die psychische Störungen als Faktum beschreibt, ohne den gesellschaftlichen Hintergrund, den Aspekt der sozialen Konstruktion von Krankheit zu berücksichtigen. Nicht nur der vermeintliche Wahrheitsanspruch der vorherrschenden Klassifikationssysteme, sondern auch die Klientifizierung und Pathologisierung als Folge der diagnostischen Verfahrensweisen selbst stehen dabei in der Kritik: „Betrachtet man [. . .] den Prozess der klinischen Diagnostik und Beurteilung, so weist dieser in sich kulturell bedingte Interaktionsmuster auf, die entweder krankmachende oder heilende Effekte haben können. Psychiatrische Etikettierung wirkt oft krankmachend" (Tomm 1996, 231). Für diese Annahme spricht beispielsweise auch das berühmte Rosenhan-Experiment, in dem die Relativität und Kontextabhängigkeit psychiatrischer Diagnosen belegt wurde.

Das Dilemma: Damit deutet sich für viele systemische Therapeuten ein Dilemma an, denn die eigenen theoretischen Grundannahmen führen zu ernsthaften praktischen Konsequenzen: „Psychiatrische Diagnosen und Klassifikationen [. . .] werden von vielen systemischen Therapeuten als für Menschen und Therapeuten schädlich empfunden und daher abgelehnt. Andererseits ist für viele der Gebrauch dieser Terminologien unumgänglich, um die Behandlungskosten von den Krankenkassen erstattet zu bekommen oder um die Effektivität systemischer Therapie im Rahmen vergleichender Ergebnisforschung zu belegen" (von Brisinski 1999, 43).

In der systemischen Diskussion wird stets der hypothetische Charakter von diagnostischen Erkenntnissen herausgestellt, wie etwa bei Schiepek (1986, 57), der einen der ersten Ansätze einer systemischen Diagnostik erarbeitet hat: „Die systemische Diagnostik interpretiert eine Diagnose nicht als aufgefundenes Faktum, sondern als umfassende Arbeitshypothese [. . .] Das Pendant zur Diagnose stellt dabei das idiographische Systemmodell dar. Es dient dem Akteur (den Akteuren) als Orientierung, indem es Komplexität reduziert." Parallel arbeitet auch eine kanadische Forschergruppe seit längerem an einem systemischen Diagnoseraster, das sich wesentlich von den individualisierenden und zuschreibenden Orientierungen der etablierten Schemata absetzt: „Unsere Alternative ist, dass die Kliniker *die Interaktionsmuster selbst* und nicht das Individuum für krank erklären. Dies bringt einen fundamentalen Wechsel von der personalen zur interpersonalen Betrachtungsweise. Der krankmachende Etikettierungseffekt wird dem Interaktionsmuster und nicht der Person angehängt" (Tomm 1996, 231).

Ungeachtet dieser Versuche der Entwicklung eigener diagnostischer Klassifikationssysteme stellt sich für viele Systemiker aber weiterhin die Frage, wie sie sich zu den vorherrschenden Klassifikationssystemen verhalten sollen. Nach von Brisinski (1999) bleiben Klassifikationssysteme wie das ICD oder DSM aus systemischer Sicht solange inakzeptabel, wie davon ausgegangen wird, dass sie die „Realität", also die Psychopathologie oder Störung als „Tatsachen" abbildeten. Wird hingegen der hypothetische Charakter dieser Klassifikationssysteme betont, so bieten sie sehr wohl eine Anschlussfähigkeit für systemische Überlegungen. Einen solchen Versuch unternehmen auch Schweitzer und von Schlippe (2006), indem sie das störungsspezifische Wissen für die systemische Beratung und Therapie zugänglich und „anwendbar" machen wollen.

Eine systemische Nosologie? Im zweiten Band ihres Lehrbuchs entwickeln Schweitzer und von Schlippe (2006) eine für den systemisch geschulten Leser ungewohnte Perspektive, indem die systemische Betrachtungsweise nunmehr direkt auf klinische Störungsbilder und damit auf die Argumentationslogik der traditionellen Therapieverfahren und deren klassifikatorische Logik einer klinischen Nosologie Bezug nimmt. Nach Einschätzung der Autoren wird damit auch die deutschsprachige Diskussion wieder anschlussfähig an den internationalen Diskussionsstand: „Die systemische Therapie hat sich im deutschen Sprachraum nach 1980 unter dem Einfluss des konstruktivistischen Denkens weniger um die Beschreibung störungsspezifischer Ansätze gekümmert als zuvor in ihren Pionierjahren – und weniger, als das seither im angloamerikanischen und spanischen Sprachraum geschah" (Schweitzer & von Schlippe 2006, 9).

Trotz einiger Fortschritte in den etablierten Diagnosemanualen, denen es weit mehr als ihren Vorgängern gelänge, rein deskriptive Symptomlisten bereitzustellen, machen die Autoren aber auch weiterhin grundlegende Schwächen aus: „Der operationalisierte Störungsbegriff der ICD-10 und des DSM-IV bleibt wie seine Vorgänger vorwiegend individualistisch, lokalisiert die meisten Krankheiten im Individuum, entfaltet fast keine Sensibilität für Krankheit als Interaktionsprozess. Allerdings verzichtet er auf ontologische [. . .] und auf ätiologische [. . .] Festlegungen. Er dient lediglich der Verständigung der Fachleute, ob sie jeweils über ähnliche Gruppen von Verhaltensweisen sprechen. Er scheint uns daher eine zwar nicht befriedigende, aber doch hinreichend akzeptable Grundlage, mit der die systemische Therapie bei unterschiedlichen Störungsbildern im Dialog mit anderen Therapeuten bleiben kann" (Schweitzer & von Schlippe 2006, 26).

Wie allerdings die Autoren selbst einräumen, ist ihr Vorstoß nicht risikolos: „Die Störungsmetapher trägt ein Risiko in sich: Sie kann den, der sie verwendet, zu einer Fokussierung auf defizitäre Konstellationen einladen. Sie kann ihn zu einem vertrauten, aber doch problematischen Denken verführen, eine Störung als Defekt oder Defizit im Individuum zu lokalisieren. Sie kann dazu verleiten, eine solche Störung unabhängig von der Beschreibung eines Beobachters für eine Tatsache an sich zu halten" (Schweitzer & von Schlippe 2006, 11). Ludewig hat die entscheidende Frage zum Umgang mit dem klinischen Störungswissen in der systemischen Beratung und Therapie so formuliert: „Lösungsorientiertes Arbeiten benötigt kein spezifisches Störungswissen, nicht einmal Lösungswissen, aber beides kann unter bestimmten Umständen nützlich sein. Die Frage ist also nicht, ob wir Störungswissen, sozusagen an sich, benötigen, sondern wann und wozu" (Ludewig 2000, 33).

Praktische Konsequenzen für Erziehung, Beratung und Therapie

In der erziehungswissenschaftlichen Diskussion finden sich zahlreiche Beiträge, in denen Schule, Unterricht, Bildung und Erziehung systemisch-konstruktivistisch betrachtet werden (z. B. Huschke-Rhein 2003). Auch wenn einige Versuche zu einer konstruktivistischen Didaktik vorliegen (etwa: Reich 2008), werden konstruktivistische Impulse häufig weniger als Beitrag zu einer neuen Unterrichtstechnik verstanden, sondern eher als perspektivische Veränderung pädagogischer Grundhaltungen (vgl. McAuliffe 2001).

Die zunehmende Fülle an systemisch-konstruktivistischer Literatur in der Pädagogik vermag nicht über das grundsätzliche Problem hinwegzutäuschen, das sich bei dem Versuch einstellt, eine systemisch oder konstruktivistisch begründete Erziehungstheorie entwickeln zu wollen. Diese Probleme zeigen sich insbesondere bei der Frage nach den handlungspraktischen Implikationen, denn die systemisch-konstruktivistischen Grundannahmen führen zu radikalen praktischen Konsequenzen: So zeigt sich in der therapeutischen Praxis, dass die systemische Fundamentalkritik an den klinischen Klassifikationssystematiken es verbietet, störungsspezifische Behandlungsmaßnahmen abzuleiten. Da Verhalten immer kontextspezifisch zu betrachten ist (Palmowski 2007), zielen systemische Interventionen nicht primär auf das Verhalten eines Individuums, sondern auf den systemischen Kontext, in dem das Verhalten gezeigt wird. Allerdings sind systembezogene Interventionen mit hoher Komplexität behaftet: Das Autopoiesetheorem, mit dem die operative Geschlossenheit selbstreferentieller und nicht-trivialer Systeme beschrieben wird (vgl. Maturana & Varela 1987), und das Selbstorganisationsparadigma führen zu der Annahme, dass diese Systeme von Außen nicht zielgerichtet verändert werden können und die Folgewirkungen einer Einflussnahme nicht prognostizierbar sind. Interventionen sind demnach Versuche, die Systemstrukturen zu irritieren (Perturbation) und damit Veränderungsprozesse anzuregen, die aber der strukturellen Eigenlogik des Systems folgen. Wenn beispielsweise das schwierige Verhalten eines Kindes Anlass für pädagogische, beraterische oder therapeutische Interventionen gibt, werden die betreffenden Verhaltensweisen in dem Systemkontext (z. B. Schulklasse oder Familie) betrachtet, in dem sie gezeigt werden. Dabei gelten diese Verhaltensweisen als ein Ausdruck gestörter Interaktionsprozesse innerhalb des Systems; das schwierige Kind ist lediglich ein Symptomträger und das auffällige Verhalten wird als Ausdruck systemimmanenter Beziehungs-, Kommunikations- und Interaktionsstörungen interpretiert. Dabei kann das Problemverhalten eine bestimmte Funktion innerhalb des jeweiligen Systemkontextes tragen. Durch den Einsatz spezifischer Techniken (Überblick: Schwing & Fryszer 2006; von Schlippe & Schweitzer 2007) wird der Informationsgehalt innerhalb des Systems erhöht, indem die subjektiven Sichtweisen und Problemwahrnehmungen der Beteiligten zirkulär aufeinander bezogen werden. Die Dekonstruktion der kommunikativen Spielregeln schafft Anregungen für die Herausbildung neuer Deutungs- und Interaktionsmuster.

Gerade aus pädagogischer Sicht stellt sich aber die Frage, wie sich erzieherisches Handeln konzeptionalisieren lässt, wenn die kommunikative Arbeit mit Systemen in den Mittelpunkt gerückt wird. Systemische Ansätze ermöglichen es, Interventionskonzepte zu entwickeln, die vorrangig über die sprachlich-verbale Ebene ablaufen (also Beratungs- und Therapieprozesse), aber es erweist sich als problematisch, auch Erziehungsprozesse nach diesen Überlegungen abbilden zu wollen, denn pädagogische Beziehungen sind erheblich vielschichtiger und ergebnisoffener, als die auf eine unmittelbare Problemlösung bezogene Beratungs- oder Therapiekommunikation. Und gleichzeitig erfordert erzieherisches Handeln per definitionem eine direkte Bezugnahme des Pädagogen auf Werte- und Normfragen (vgl. den Beitrag von Willmann, Kapitel 6.2, in diesem Band). Daher müsste eine systemische Pädagogik den Boden der Neutralität und Allparteilichkeit verlassen, der die Basis für systemische Beratung und Therapie bildet.

Perspektiven für die Pädagogik bei Verhaltensstörungen

Auch in der Sonderpädagogik werden systemische und konstruktivistische Ansätze vermehrt diskutiert (z. B. Balgo & Werning 2003), wobei nach Moser (2008, 391) „nicht unbedingt der Kern des Faches von grundsätzlichen systemtheoretischen Überlegungen bezüglich der eigenen Profession und Disziplin berührt zu sein [scheint] – nach wie vor verzichten die meisten theoretischen Arbeiten auf diesen Theoriekorpus [. . .].“ Zu einem ähnlichen Ergebnis kommen Ahrbeck und Willmann (2010) bei der Sichtung systemischer Ansätze im fachwissenschaftlichen Diskurs der Pädagogik bei Verhaltensstörungen. Mit Ausnahme des Beitrages von Palmowski (2007; vgl. hierzu kritisch: Ahrbeck & Willmann 2010) stehen meist spezielle Unterstützungsformen wie Beratung und Therapie im Mittelpunkt sonderpädagogischer Betrachtungen. Das Desiderat einer in sich geschlossenen systemisch-konstruktivistischen Theorie der Erziehungshilfepädagogik ist vor allem auf das bereits erwähnte Praxistransferproblem einer systemischen Erziehungstheorie zurückzuführen.

Gemessen an der Auflagenhöhe zählt der Beitrag der amerikanischen Familientherapeuten Molnar und Lindquist (2006) zu den erfolgreichsten Werken einer systemischen Sonderpädagogik im deutschsprachigen Raum. Die Autoren beschreiben ausführlich, wie sich die in der systemischen Therapie entwickelten Methoden und Techniken auf das System Schule übertragen lassen, um pädagogisch bei schwierigem Schülerverhalten zu intervenieren. So interessant diese Überlegungen für den systemisch interessierten Schulpraktiker sein mögen, so bleibt der Duktus der Ausführungen doch befremdlich, denn die Autoren vermitteln eine sehr technologische Vorstellung von Erziehung.

Der bis dato umfassendste Entwurf einer konstruktivistischen Pädagogik bei Verhaltensstörungen stammt ebenfalls aus den USA: Die beiden Sonderpädagogen Danforth und Smith (2005) haben unter Bezugnahme auf unterschiedliche Ansätze (von John Dewey über Jean Piaget bis Kenneth Gergen) einen umfassenden Ansatz einer kritisch-konstruktivistischen Erziehungshilfepädagogik entwickelt, an den bisher kein Beitrag aus dem deutschsprachigen Raum heranreicht.

Der vorliegende Ansatz zielt auf eine Irritation eingefahrener Sichtweisen. Die Dekonstruktion der eigenen Wahrnehmungen und Haltungen der Pädagogen soll die Konstruktion neuer Sichtweisen anregen und so zu veränderten Handlungspraktiken im Umgang mit verhaltensschwierigen Schülern führen. Den Beziehungen (Lehrer-Schüler- und Schüler-Schüler-Interaktionen) wird hierbei eine besondere Bedeutung beigemessen: Unterrichten wird nicht als Technik verstanden, sondern als ein Beziehungsangebot, das zugleich einer professionellen Reflexion bedarf. Die Grundlagen für förderliche Lernprozesse werden durch einen aktiven Einbezug der Schüler geschaffen: durch die Einrichtung eines Unterrichtsangebots als „teilnehmende Klassengemeinschaft“, durch eine Philosophie des respektvollen Umgangs miteinander und ein umsorgendes Miteinander, durch die Zusammenarbeit und Teamarbeit in kleineren und größeren Schülergruppen. Dabei werden Schulklassen als soziale Lerngruppen betrachtet, deren Komplexität und Dynamik angemessen berücksichtigt werden muss: „Die Schulklasse ist ein komplexer Sozialraum, in dem sich eine Gruppe von Individuen, manchmal für Stunden, trifft, um zu lernen. Aus kritisch-konstruktivistischer Sicht ist dieser Sozialraum von größter Bedeutung. Er ist nicht nur ein Behälter für das Lernen, er ist das Wesentliche des Lernens. Er setzt sich zusammen aus Leben in dynamischen Beziehungen. In diesen Beziehungen, in diesem sozialen Raum, ereignet sich Lernen durch Interaktion und Dialog. Die Stimmen zum Schweigen zu bringen behindert das Lernen und verunsichert die Schüler" (Danforth & Smith 2005, 57; Übersetzung des Autors). Ausgehend vom Selbstorganisationsprinzip schulischer Lernprozesse wird der hohe Grad an Fremdbestimmung des traditionellen Schulunterrichts kritisiert und die Bedeutung der Schülerpartizipation herausgestellt. Unterricht muss demnach auf aktives und entdeckendes Lernen zielen und auf den Erwerb von Metakompetenzen zur Selbststeuerung von Lernprozessen.

Für die Intervention bei schwierigem Schülerverhalten werden verschiedene Strategien und Interventionsprogramme vorgestellt, von denen einige gezielt auf die Ressourcen der Mitschülergruppen setzen. Um die Möglichkeiten der schulischen Integration erziehungsschwieriger Schüler zu verbessern, setzen die Autoren ganz zentral auf die Idee, die Schüler in eine Position zu bringen, aus der heraus sie sich selbst und andere im Kontext der Schule akzeptieren lernen und die sie vor allem befähigen soll, kompromisslos ablehnende Haltungen abzubauen, um eine aktive und differenzierte Einstellung gegenüber schulischen Lehr- und Lernprozessen zu entwickeln und sich aktiv einzubringen (und einbinden zu lassen). Ebenso zielen die Autoren auf eine aktive Einbindung der Eltern, obwohl und gerade weil die Eltern der hier betrachteten Schülerschaft aus Sicht vieler Lehrer zu den besonders problematischen und „unwilligen" oder desinteressierten Elternhäusern zählen.

Interessant sind insbesondere auch die Überlegungen, schulischen Konflikten gegenüber eine veränderte Haltung einzunehmen. Die Autoren gehen davon aus, dass es sinnvoller ist, Konflikte zwischen Schülern in der Schule zuzulassen und sie bearbeitbar zu machen, als erhebliche Energien in dem (aussichtslosen) Versuch zu binden, sie aus der Schule herauszuhalten (Danforth & Smith 2005, 15 f.). Konflikte werden somit als Lernchancen begreifbar: Reale Konflikte, an denen einzelne Schüler beteiligt sind, bieten die Möglichkeit, exemplarische Lernprozesse anzustoßen, bei denen alternative und sozial angemessene Handlungsweisen zur gewaltfreien Konfliktlösung vermittelt werden können.

Insgesamt legen die Autoren ein in sich gut konzeptionalisiertes Grundlagenwerk vor, wobei viele Überlegungen zwar mit konstruktivistischen Positionen vereinbar sind, aber nicht immer explizit aus diesen abgeleitet werden. Es ist mitunter sogar fraglich, was an den beschriebenen Maßnahmen nun spezifisch konstruktivistisch ist.

Dieses Problem zeigt sich vor allem an einem der Kardinalpunkte einer konstruktivistisch orientierten Pädagogik: die Frage nach dem Umgang mit den Emotionen der Beteiligten. Die Problematik sei exemplarisch an einem Aspekt angedeutet. Die Autoren bringen eine ganz hervorragende Analyse, die verdeutlicht, warum die Integration bei der Gruppe der so genannten verhaltensgestörten Schüler sich als äußerst schwierig erweist: Der wesentliche Grund wird darin gesehen, dass die stark abweichenden und unberechenbaren Verhaltensweisen dieser Kinder und Jugendlichen auf andere Beteiligte, vor allem die Lehrer, höchst irritierend und angstauslösend wirken und zudem permanent die Kontrolle des Lehrers über den Unterricht infrage stellen. Bei den involvierten Personen (Lehrern und Mitschülern) rufen diese Verhaltensweisen häufig starke affektive Reaktionen und Emotionen hervor. Diese Analyse ist aber nur bedingt von praktischem Nutzen, denn aus der konstruktivistischen Perspektive lassen sich nur schwerlich aussagekräftige Positionen formulieren, um die „Psycho"-Logik erschwerter Erziehungssituationen zu erklären. Es fehlt hier an konstruktivistischen Theoremen, die – etwa vergleichbar zu verschiedenen psychodynamischen Ansätzen (vgl. die Beiträge von Rauh, Kap. 5.3, und von Datler & Wininger, Kap. 6.4, in diesem Band) – einen verstehenden Zugang zur inneren Beteiligung und zur emotionalen Verstrickung der Beteiligten bieten würden.

Literatur

Ahrbeck, B. & Willmann, M. (2010) (im Druck): Verhaltensstörungen als Konstruktion des Beobachters? Kritische Anmerkungen zu systemisch-konstruktivistischen Perspektiven in der Verhaltensgestörtenpädagogik. In: Jahrbuch Psychoanalytische Pädagogik, Bd. 18, Gießen: Psychosozial Verlag

Ameln, F. von (2004): Konstruktivismus: die Grundlagen systemischer Therapie, Beratung und Bildungsarbeit. Tübingen: Francke/UTB

Baacke, D. (1984): Die 6- bis 12jährigen: Einführung in Probleme des Kindesalters. Weinheim: Beltz

Balgo, R. & Werning, R. (2003): Lernen und Lernprobleme im systemischen Diskurs. Dortmund: Borgmann

Berger, P. L. & Luckmann, T. (1969): Die gesellschaftliche Konstruktion der Wirklichkeit: Eine Theorie der Wissenssoziologie. Frankfurt a. M.: Fischer

Brisinski, I. S. von (1999): Zur Nützlichkeit psychiatrischer Klassifikationen in der systemischen Therapie – DSM, ICD und MAS als Hypothesenkataloge dynamischer Systemkonstellationen. Zeitschrift für systemische Therapie, 17 (Jg.), H. 1, 43–51

Bronfenbrenner, U. (1981): Die Ökologie der menschlichen Entwicklung: Natürliche und geplante Experimente. Stuttgart: Klett-Cotta

Danforth, S. & Smith, T. J. (2005): Engaging troubling students: A constructivist approach. Thousand Oaks: Corwin

Gergen, K. J. (2002): Konstruierte Wirklichkeiten: eine Hinführung zum sozialen Konstruktionismus. Stuttgart: Kohlhammer

Huschke-Rhein, R. (2003): Einführung in die systemische und konstruktivistische Pädagogik: Weinheim: Beltz/UTB

Ludewig, K. (2000): Brauchen wir Störungswissen, um lösungsorientiert zu arbeiten? In: Systeme – Interdisziplinäre Zeitschrift für systemtheoretisch orientierte Forschung und Praxis in den Humanwissenschaften, 14 (Jg.), H. 1, 31–46

Maturana, H. R. & Varela, F. J. (1987): Der Baum der Erkenntnis. Die biologischen Wurzeln des menschlichen Erkennens. München: Goldmann

McAuliffe, G. (2001): The Heart and Craft of Teaching: What We Know. In: McAuliffe, G. & Eriksen, K. (Hrsg.): Teaching Strategies for Constructivist and Developmental Counselor Education. Westport: Bergin & Garvey, 1–25

McLeod, J. (2004). Counselling – eine Einführung in Beratung. Tübingen: dgvt.

Molnar, A. & Lindquist, B. (2006): Verhaltensprobleme in der Schule. Lösungsstrategien für die Praxis: Dortmund: Borgmann

Moser, V. (2008): Die sonderpädagogischen Rezeption der Systemtheorie. In: Sonderpädagogischen Förderung heute, 53 (Jg.), H. 4, 390–398

Palmowski, W. (2007): Nichts ist ohne Kontext: Systemische Pädagogik bei Verhaltensstörungen. Dortmund: Modernes Lernen

Reich, K. (2008): Konstruktivistische Didaktik: Lehr- und Studienbuch mit Methodenpool. Weinheim: Beltz

Revermann, K.-D. (1989): Konstruktion und Selbstorganisation: eine Abhandlung zur Wissenschaftstheorie, Anthropologie und Psychologie der Pädagogik im Rahmen des organismisch-systemischen Modells. Frankfurt a. M.: Lang

Schiepek, G. (1986): Systemische Diagnostik in der Klinischen Psychologie. Weinheim: Beltz/ PVU

Schlippe, A. von & Kriz, W. C. (Hrsg.) (2004): Personzentrierung und Systemtheorie: Perspektiven für psychotherapeutisches Handeln. Göttingen: Vandenhoeck & Ruprecht

Schlippe, A. von & Schweitzer, J. (2007): Lehrbuch der systemischen Therapie und Beratung. Göttingen: Vandenhoeck & Ruprecht

Schmidt, M. & Vierzigmann, G. (2006): Systemische Ansätze. In: Steinebach, C. (Hrsg.): Handbuch Psychologische Beratung. Stuttgart: Klett-Cotta, 218–233

Schmidt, S. J. (Hrsg.) (1987): Der Diskurs des radikalen Konstruktivismus. Frankfurt a. M.: Suhrkamp

Schweitzer, J. & Schlippe, A. von (2006): Lehrbuch der systemischen Therapie und Beratung II. Das störungsspezifische Wissen. Göttingen: Vandenhoeck & Ruprecht

Schwing, R. & Fryszer, A. (2006): Systemisches Handwerk: Werkzeug für die Praxis. Göttingen: Vandenhoeck & Ruprecht

Sexton, T. L. (1997): Constructivist thinking within the history of ideas: The challenge of a new paradigm. In: Sexton, T. L. & Griffin, B. L. (Hrsg.): Constructivist thinking in counseling practice, research, and training. New York: Teachers College, 3–18

Stevens, P. W. (2001). Systems theory. In: Locke, D. C., Myers, J. E. & Herr, E. L. (Hrsg.): The handbook of counselling. Thousand Oaks: Sage, 181–195

Tomm, K. (1996). Die Fragen des Beobachters: Schritte zu einer Kybernetik zweiter Ordnung in der systemischen Therapie. Heidelberg: Auer

Werning, R. (1996): Das sozial auffällige Kind: Lebensweltprobleme von Kindern und Jugendlichen als interdisziplinäre Herausforderung. Münster: Waxmann

3.4 Entwicklungsneurobiologische Ansätze und Perspektiven

Gerald Hüther

Einleitung

Aus entwicklungsneurobiologischer Sicht sind auffällige, von der Norm abweichende Verhaltensweisen immer die zwangsläufige Folge einer überstarken Aktivität bestimmter, an der Verhaltenssteuerung beteiligter neuronaler Verschaltungsmuster auf Kosten anderer, ebenfalls an der Steuerung des Verhaltens beteiligter Verschaltungsmuster. Ursache für die Herausbildung derartiger Imbalancen auf der Ebene der verhaltenssteuernden Netzwerke im Gehirn können durch einen Insult ausgelöste Schädigungen/Degenerationen bestimmter verhaltensrelevanter Netzwerkstrukturen sein. Solche Veränderungen lassen sich meist auf ein akutes Ereignis (Schädel-Hirn-Trauma, Unterbrechung der Blutversorgung, entzündliche Prozesse, Sauerstoffmangel etc.) zurückführen und gehen mit durch neurologische Verfahren darstellbaren Neuronenuntergängen und Zerstörungen von Netzwerkstrukturen in bestimmten Hirnregionen einher. Sie sind relativ selten und im weiteren Verlauf der Hirnentwicklung oft auch in einem erstaunlichen Maß kompensierbar. Ein besonders beeindruckendes Beispiel einer solchen adaptiven Reorganisationsleistung ist der Fall einer verhaltensunauffälligen, bilingualen jungen Frau, bei der im Alter von zwei Jahren der gesamte linke Cortex aus medizinischen Gründen entfernt worden war.

Weitaus häufiger als durch solche Insulte kann es zu Imbalancen der Aktivität verhaltenssteuernder Netzwerke kommen, weil Kinder gezwungen sind, Erfahrungen zu machen, die dazu führen, dass bestimmte, an der späteren Verhaltenssteuerung beteiligte neuronale Netzwerke schneller, andere dafür langsamer ausreifen als das „normalerweise" unter günstigeren Entwicklungsbedingungen geschieht. Bei den durch eine solche Imbalance auf der Verhaltensebene früher oder später sichtbar werdenden Auffälligkeiten handelt es sich aus entwicklungsneurobiologischer Sicht nicht um „Verhaltensstörungen", sondern um zunächst durchaus sinnvolle Anpassungsleistungen der an der Verhaltensregulation des betreffenden Kindes beteiligten neuronalen Netzwerkstrukturen. Erst im weiteren Verlauf der Hirnentwicklung erweisen sich diese Anpassungen als maladaptiv, als unzureichend oder unzweckmäßig. Derartige Imbalancen bei der Ausreifung verhaltenssteuernder Netzwerke manifestieren sich dann als unzureichende Fähigkeit zur Affektkontrolle, als überschießende Impulsivität, als mangelnde Selbstregulation, als starke Stimmungsschwankungen, als diffuse Ängste oder als gebahnte Bewältigungsstrategien zur Überwindung dieser Ängste in Form zwanghafter, aggressiver, depressiver, essgestörter, selbstverletzender und anderer, zum Beispiel suchtartiger Verhaltensweisen.

Mit den üblichen neurologischen Diagnoseinstrumenten lassen sich im Gehirn dieser Kinder und später der betreffenden Erwachsenen keine Auffälligkeiten in Form von Insulten, Degenerationen oder Schädigungen bestimmter Hirnbereiche nachweisen. Mit bildgebenden Verfahren findet man eine Vielfalt von Veränderungen in unterschiedlichsten Hirnregionen, die allerdings eher Ausdruck und Folge der „unnormalen" Nutzung als „Ursache" der jeweiligen Verhaltenssymptomatik sind. Beispiele für solche „Hirnveränderungen" bei Traumatisierung finden sich bei Hüther (2003) und für „Hirnveränderungen" bei ADHS bei Hüther (2006).

Die primären Ursachen für die Herausbildung auffälliger, von der Norm abweichender Verhaltensweisen sind bei diesen Kindern jedoch nicht im Gehirn, sondern in den von der Norm abweichenden Entwicklungsbedingungen, in ihren spezifischen Erfahrungen und Verletzungen zu suchen, denen sie ausgesetzt waren und die zur Herausbildung, Bahnung und Stabilisierung der für die Bewältigung dieser Erlebnisse aktivierten verhaltenssteuernden Netzwerke geführt haben.

Aus neurobiologischer Sicht wäre daher für solche Kinder und Erwachsene eine völlig andere therapeutische Strategie zu verfolgen als bei jenen, deren Verhaltensauffälligkeiten als noch nicht vollständig gelungene Kompensationsleistung nach einem erlittenen neurologischen Insult zu verstehen sind. Letztere brauchen Stützung, brauchen Hilfe, um die durch den Insult ausgelösten Defizite auf der Ebene der Verhaltenssteuerung noch besser überwinden und kompensieren zu können. Erstere brauchen Führung, müssen verloren gegangenes Vertrauen zurückgewinnen und fehlgeleitete Orientierungen korrigieren können; es bedarf hier also der Gelegenheit, neue, andere Erfahrungen zu machen, um die maladaptiven Verhaltensmuster verändern zu können. Noch einfacher: diese Kinder müssen Gelegenheit bekommen, all das noch besser einzuüben, was sie aufgrund ihrer Hirnschädigung an Fähigkeiten verloren haben; sie müssen eingeladen, inspiriert und ermutigt werden, neue Erfahrungen zu machen, die zur Stabilisierung der dabei aktivierten neuronalen Netzwerke, das heißt auf der Verhaltensebene zu neuen Einstellungen und Haltungen führen.

Nutzungsabhängige Strukturierung verhaltenssteuernder neuronaler Netzwerke im Verlauf der Hirnentwicklung

In zahlreichen Untersuchungen ist die schrittweise Anpassung der sich herausformenden synaptischen Verschaltungsmuster an die während der Hirnreifung immer komplexer werdenden Anforderungen und Nutzungsmuster inzwischen nachgewiesen worden (Übersicht: Joseph 1999). Diese fortwährende Anpassung synaptischer Verschaltungen an sich laufend verändernde Nutzungsbedingungen ist ganz offensichtlich für die Aufrechterhaltung der funktionellen Integrität des sich entwickelnden Gehirns von grundlegender Bedeutung.

Daher ist das Nervensystem als offenes dynamisches System zu verstehen: In der Offenheit für Impulse aus der Umwelt stellt sich die Ausbildung sinnvoller Strukturkorrelate für angepasstes Verhalten der Organismen als eine dem Nervensystem inhärente Eigenschaft dar.

Während die Vorteile einer solchen Entwicklungsstrategie auf der Hand liegen, birgt diese jedoch auch Risiken. Durch zahlreiche Studien konnte eindeutig gezeigt werden, dass unterschiedlich strukturierte Umweltbedingungen während der vor- und nachgeburtlichen Entwicklung wesentlichen Anteil an der Determinierung adulter Verhaltensrepertoires, adulter neurophysiologischer Ausprägungen sowie insbesondere auch neuromorphologischer Differenzierungsprozesse haben. Im Rahmen von „cross-fostering"-Experimenten ließ sich nachweisen, dass schon natürliche Unterschiede des mütterlichen Aufzuchtverhaltens, wie sie bei verschiedenen Müttern innerhalb eines Rattenstammes auftreten, die Hirnentwicklung der Nachkommen beeinflussen (Liu et al. 1997).

Eines der am besten untersuchten Systeme, dessen Entwicklung stark von Umwelteinflüssen bzw. Erfahrungen abhängt, ist das Stress-System, das seinerseits wiederum entscheidenden Einfluss auf die Entwicklung bzw. Plastizität des Gehirns hat (Hüther 1998). Eine längere Trennung von der Mutter führt bei neugeborenen Nagern zu einer unkontrollierbaren Stressreaktion. Im frontalen Cortex deprivierter Ratten lässt sich, wie auch in anderen Hirnarealen, sowohl eine erhöhte Apoptose- als auch eine verminderte Zytogeneserate beobachten (Zhang et al. 2002). Im Erwachsenenalter zeigen diese Tiere bereits bei geringer Belastung eine überschießende Cortisolausschüttung und Veränderungen ihres dopaminergen Systems (Anand & Scalzo 2000): Sie sind ängstlicher und finden sich in neuen Umgebungen schlechter zurecht. Allerdings lässt sich sogar schon bei Ratten das durch pränatalen Stress erzeugte auffällige Verhalten durch entsprechende postnatale Fürsorge wieder vollständig und andauernd normalisieren (Wakshlak & Weinstock 1990).

Ausreifung des antriebssteuernden dopaminergen Systems

Eine besondere Bedeutung für die Verhaltenssteuerung spielt das dopaminerge System. Zur Aktivierung dopaminerger Neurone im Mittelhirn kommt es immer dann, wenn etwas Neuartiges wahrgenommen wird, neue assoziative Verknüpfungen hergestellt werden, wenn unerwartet auftretende Reize eine Aktivierung Stress-sensitiver neuronaler Netzwerke auslösen (Bedrohung) oder wenn diese Aktivierung durch eine erfolgreich eingesetzte Bewältigungsstrategie abgestellt werden kann (Belohnung; Übersicht: Ljungberg, Apicella & Schultz 1992). Die dopaminerge Aktivierung führt zur Verstärkung von Handlungsimpulsen, die in subcortikalen und damit älteren Bereichen des Gehirns generiert werden. Auf diese Weise werden also Handlungsimpulse durch die Aktivierung des dopaminergen Systems leichter in konkrete Handlungen bzw. Verhaltensweisen umgesetzt (Nieoullon 2002). Neben seiner Funktion als Neurotransmitter und Neuromodulator ist Dopamin, das im Cortex vorwiegend durch freie Nervenenden in den extrazellulären Raum ausgeschüttet wird, aufgrund seiner Wirkungen auf die Genexpression

(Induktion von so genannten „early immediate genes") von Astrocyten und Neu-ronen und der damit einhergehenden vermehrten Bereitstellung neurotropher Faktoren entscheidend an der Regulation struktureller Umbau- und Reorganisa-tionsprozesse neuronaler Netzwerke und synaptischer Verschaltungen im Cortex von Primaten beteiligt (Übersicht: Walters et al. 2000).

Mesocortikale dopaminerge Projektionen sind aufgrund ihrer trophischen Wir-kungen auch beim Menschen für nutzungsabhängige Anpassungsleistungen und die Verankerung neuer Erfahrungen besonders wichtig. Je häufiger es während der Ausreifung dopaminerger Projektionen zur Aktivierung der dopaminergen Neu-rone im Mittelhirn kommt, desto stärker wird das weitere Wachstum und die Ausbreitung dopaminerger Axone in den distalen Zielgebieten, insbesondere im frontalen Cortex stimuliert. Tierexperimentell lassen sich Veränderungen der dopaminergen Innervationsdichte dadurch hervorrufen, dass Versuchstiere unter Bedingungen aufgezogen werden, die entweder besonders wenig neuartige Stimuli bieten (die nur selten zur Aktivierung des dopaminergen Systems führen) oder die als so genannte „enriched environments" eine Vielzahl von neuartigen (eine häufige Stimulation dopaminerger Aktivität auslösenden) Reizen enthalten. Ers-tere entwickelt eine dopaminerge Hypoinnervation, letztere eine dopaminerge Hyperinnervation des präfrontalen Cortex bzw. des Striatums. Diese Veränderun-gen sind assoziiert mit einer veränderten Ausreifung anderer Transmittersysteme und gehen mit charakteristischen Veränderungen verschiedenster Verhaltensmerk-male der betreffenden Versuchstiere im Erwachsenenalter einher. Durch gezielte Veränderungen der Entwicklungsbedingungen lässt sich die Ausformung einzelner Verhaltensmerkmale (Ängstlichkeit, Impulsivität, Lernfähigkeit, Stressanfälligkeit etc.) sogar so weit verändern, dass sich die erwachsenen Tiere kaum noch von Inzuchtstämmen unterscheiden, die diese Merkmale angeborenermaßen heraus-bilden.

Ausreifung verhaltenssteuernder frontocortikaler Netzwerke

Der präfrontale Cortex ist diejenige Hirnregion, die für die Steuerung bewusster Verhaltensreaktionen verantwortlich ist. Zum Aufbau der dafür erforderlichen Aktivierungsmuster werden zu früheren Zeitpunkten entwickelte und durch synaptische Bahnungsprozesse stabilisierte interne Repräsentanzen von wiederholt erfolgreich eingesetzten Verhaltensreaktionen benutzt. Diese einmal stabilisierten inneren Muster werden vom präfrontalen Cortex gewissermaßen „on-line" einge-setzt, um das Verhalten zu lenken, und zwar auch in Abwesenheit von äußeren Schlüsselreizen („environmental cues"). Auf diese Weise werden die Verhaltens-reaktionen „autonom" steuerbar und verlieren ihre ursprüngliche Abhängigkeit von äußeren Auslösern. Gleichzeitig wird es mit Hilfe dieser inneren Repräsen-tanzen möglich, relevante von unrelevanten Stimuli zu unterscheiden und unge-eignete Verhaltensreaktionen sowie ablenkende sensorische Eingänge zu unterdrü-cken, also an inneren Orientierungen ausgerichtete Handlungen zu planen und auszuführen (Robbins 1996). Die frontocortikalen Netzwerke sind daher eng mit den älteren subcortikalen verhaltenssteuernden Netzwerken verbunden und bilden gemeinsam mit diesen die strukturelle Grundlage für exekutive, soziale und motivationale Verhaltensreaktionen (Masterman & Cummings 1997). Versuchstiere wie auch Patienten, bei denen die innere Organisation des präfrontalen Cortex gestört ist, zeigen Defizite bei der Regulation ihrer Aufmerksamkeit und bei der Organisation und Kontrolle ihres Verhaltens. Sie sind schwer motivierbar, leicht ablenkbar und reagieren oft impulsiv (Stuss, Eskes & Foster 1994).

Die Ausreifung dieser fronto-corticalen und corticolimbischen Verschaltungen während der Hirnentwicklung ist ein äußerst komplizierter und daher höchst störanfälliger Prozess, dessen Verlauf und Ergebnis beim Menschen im Wesentlichen durch die während der Kindheit gemachten eigenen Erfahrungen bestimmt wird. Genetisch gesteuert ist hierbei lediglich der während der prä- und postnatalen Entwicklung ablaufende Prozess der Herausbildung eines Überangebotes an axonalen und dendritischen Fortsätzen sowie eines Überschusses entsprechender „synaptischer Angebote" („experience expectant synaptic offerings"; Übersicht: Joseph 1999). Beim Menschen wird das Maximum synaptischer Angebote und die höchste Synapsendichte im präfrontalen Cortex etwa im sechsten Lebensjahr erreicht. Während dieser Phase sollten Kindern vielfältige Gelegenheiten geboten werden, um möglichst viele dieser vorläufigen Angebote nutzungsabhängig zu stabilisieren, das heißt unter Anleitung durch geeignete Vorbilder diejenigen synaptischen Aktivierungsmuster wiederholt aufzubauen und dadurch auch strukturell zu festigen, die später als innere Repräsentanzen zur Organisation und Planung von Verhaltensreaktionen benutzt werden. Gelingt es einem Kind während dieser Entwicklungsphase nicht, diese hochkomplexen Aktivierungsmuster in seinem Frontalhirn aufzubauen und zu stabilisieren, so fehlt ihm später die Möglichkeit, seine Verhaltensreaktionen „autonom" unter Zuhilfenahme innerer handlungsleitender Muster zu steuern.

Tierexperimentell lässt sich durch Modulation der postnatalen Entwicklungsbedingungen (Einengung bzw. Erweiterung des Spektrums früher Erfahrungen, das jungen Versuchstieren durch mehr oder weniger komplexe Aufzuchtbedingungen geboten wird) nicht nur die synaptische Dichte, die Ausbreitung dendritischer Fortsätze und das Maß an neuronaler Konnektivität erhöhen oder verringern, sondern sogar die Dicke des Cortex und seine vaskuläre Versorgung (Morgensen 1991; Rosenzweig & Bennet 1996). Als besonders ungünstig für die Herausbildung synaptischer Angebote und für die Stabilisierung komplexer Verschaltungsmuster im frontalen Cortex haben sich all jene Bedingungen erwiesen, unter denen Versuchstiere Irritationen, Stress und psychischen Belastungen während ihrer frühen Phase der Hirnentwicklung ausgesetzt waren. Die sich unter diesen Bedingungen ausbreitende unspezifische Erregung verhindert selbst bei Erwachsenen den Rückgriff auf bereits etablierte innere Repräsentanzen (stress-mediiertes funktionelles Frontalhirndefizit). Während der Phase der Hirnentwicklung werden unter derartigen Irritationen und Belastungen jedoch bereits der Aufbau und die Stabilisierung entsprechender Muster verhindert. Eine entscheidende Rolle spielen die unter Bedingungen von Stress, Überreizung und emotionalen Belastungen vermehrt ausgeschütteten Katecholamine (Arnsten 1998). Sie wirken destabilisierend auf die im präfrontalen Cortex erzeugten Aktivierungsmuster und behindern auf diese Weise den Rückgriff auf innere handlungsleitende und orientierungsbietende Repräsentanzen. Aufgrund ihrer neurotrophen Wirkungen fördern sie in übermäßig starkem Maße immer neue Reorganisationsprozesse und verhindern den Aufbau stabiler Verschaltungsmuster. Die entscheidenden protektiven Faktoren, die einen Schutz vor der Ausbreitung derartiger übermäßigen unspezifischen Erregungen bieten, sind Sicherheit bietende Bindungsbeziehungen (Übersicht: Gebauer & Hüther 2001) und Orientierung bietende Vorbilder (Übersicht: Gebauer & Hüther 2002).

Therapeutische Implikationen

Vor allem in den letzten zwei Jahrzehnten sind enorme Forschungsanstrengungen zur Aufklärung der mit verschiedenartigen Verhaltensauffälligkeiten assoziierten neurobiologischen und molekulargenetischen Veränderungen und der insbesondere durch medikamentöse Behandlungen auslösbaren therapeutischen Effekte gemacht worden. Nur wenig wurde jedoch bisher unternommen, um geeignete präventive Maßnahmen zur Verhinderung der Manifestation dieser Störungsbilder zu erarbeiten, einzusetzen und im Rahmen präventiver Interventionsprogramme wissenschaftlich im Hinblick auf ihre Effizienz zu überprüfen. Die entscheidenden Ursachen für diese Defizite auf der präventiven Ebene dürften einerseits in den mechanistischen Vorstellungen zu suchen sein, die bisher alle Forschungsanstrengungen ganz wesentlich beherrscht haben. Das primäre Ziel dieser Forschungsanstrengungen war es, die „organischen" Ursachen von „Verhaltensstörungen" aufzufinden und nach Möglichkeiten zur „Korrektur" dieser „neurobiologischen Defizite" zu suchen. Inzwischen ist deutlich geworden, dass durch die bisher am intensivsten erforschten medikamentösen „Korrekturversuche" zwar eine Besserung der Symptomatik – und damit eine Entlastung des erzieherischen Umfeldes und eine Verminderung der Gefahr weiterer Fehlentwicklungen – erreicht werden kann, aber eben keine Heilung im eigentlichen Sinne stattfindet. Die deshalb meist lebenslang erforderliche Behandlung verursacht enorme Kosten, vor allem dann, wenn sie – wie allgemein gefordert – mit psychotherapeutischen Verfahren gekoppelt wird. Die in diesen Kindern liegenden Potenziale, ihre Begabungen und besonderen Fähigkeiten können auf diese Weise nicht zur Entfaltung kommen. Deshalb muss in Zukunft die Suche nach Möglichkeiten für präventive Interventionen und die Umsetzung erfolgreicher Präventivmaßnahmen in den Mittelpunkt der Anstrengungen um das Wohl und Wehe von auffälligen Kindern gerückt werden, und zwar bevor eine verhaltensauffällige Symptomatik und die dieser Symptomatik zugrundeliegenden neuronalen Verschaltungsmuster zu stark verfestigt sind.

Literatur

Anand K. J. S. & Scalzo, F. M. (2000): Can adverse neonatal experiences alter brain development and subsequent behavior? In: Biology of the Neonate, 77 (Jg.), H. 2, 69–82

Arnsten, A. F. T. (1998): Catecholamine modulation of prefrontal cortical cognitive function. In: Trends in Cognitive Science, 2 (Jg.), H. 11, 436–447

Gebauer, K. & Hüther, G. (2001): Kinder brauchen Wurzeln. Düsseldorf: Walter

Gebauer, K. & Hüther, G. (2002): Kinder suchen Orientierung. Düsseldorf: Walter

Hüther, G. (1998): Stress and the adaptive self-organization of neuronal connectivity during early childhood. In: International Journal of Developmental Neuroscience, 16 (Jg.), H. 3, 297–306

Hüther, G. (2003): Die Auswirkungen traumatischer Erfahrungen im Kindesalter auf die Hirnentwicklung. In: Koch-Kneidl, L. & Wiesse, J. (Hrsg.): Entwicklung nach früher Traumatisierung. Göttingen: Vandenhoeck & Ruprecht, 25–38

Hüther, G. (2006): Die nutzungsabhängige Herausbildung hirnorganischer Veränderungen bei Hyperaktivität und Aufmerksamkeitsstörungen. In: Leuzinger-Bohleber, M., Brandl, Y. & Hüther, G. (Hrsg.): ADHS – Frühprävention statt Medikalisierung, Theorie, Forschung, Kontroversen. Göttingen: Vandenhoeck & Ruprecht, 222–235

Joseph, R. (1999): Environmental influences on neural plasticity, the limbic system, emotional development and attachment: a Review. In: Child Psychology and Human Development, 29 (Jg.), H. 3, 189–208

Liu, D., Diorio, J., Tannenbaum, B., Caldji, C., Francis, D., Freedman, A., Sharma, S., Pearson, D., Plotsky, P. M. & Meaney, M. J. (1997): Maternal care, hippocampal glucocorticoid receptors, and hypothalamic-pituitary-adrenal responses to stress. In: Science, 277 (Jg.), H. 5332, 1659–1662

Ljungberg, T., Apicella, P. & Schultz, W. (1992): Responses of monkey dopamine neurons during learning of behavioral reactions. In: Journal of Neurophysiology, 67 (Jg.), H. 1, 145–163

Masterman D. L. & Cummings, J. L. (1997): Frontal-subcortical circuits: the anatomic basis of executive, social and motivated behaviours. In: Journal of Psychopharmacology, 11 (Jg.), H. 2, 107–114

Morgensen, J. (1991): Inflluences of rearing conditions on functional properties of the rat's prefrontal system. In: Behavioral Brain Research, 42 (Jg.), H. 2, 135–142.

Nieoullon, A. (2002): Dopamine and the regulation of cognition and attention. In: Progress in Neurobiology, 67 (Jg.), H. 1, 53–83

Robbins, T. W. (1996): Dissociating executive functions of the prefrontal cortex. In: Philosophical Transactions of the Royal Academy London, 351 (Jg.), H. 1346, 1463–1470

Rosenzweig, M. R. & Bennet, E. L. (1996): Psychobiology of plasticity: effects of training and experience on brain and behavior. In: Behavioral Brain Research 78 (Jg.), H. 1, 57–65

Stuss, D. T., Eskes, G. A. & Foster, J. K. (1994): Experimental neuropsychological studies of frontal lobe functions. In: Boller, F. & Grafman, J. (Hrsg.): Handbook of Neuropsychology, Band 9. Amsterdam: Elsevier, 149–185

Wakshlak, A. & Weinstock, M. (1990): Neonatal handling reverses behavioral abnormalities induced in rats by prenatal stress. In: Physiology and Behaviour, 48 (Jg.), H. 2, 289–292

Walters, J. R., Ruskin, D. N., Allers, K. A. & Bergstrom, D. A. (2000): Pre- and pot-synaptic aspects of dopamine-mediated transmission. In: Trends in Neuroscience, 23 (Jg.), H. 10, 41–47

Zhang, L. X., Levine, S., Dent, G., Zhan, Y., Xing, G., Okimoto, D., Kathleen Gordon, M., Post, R. M. & Smith, M. A. (2002): Maternal deprivation increases cell death in the infant rat brain. In: Developmental Brain Research, 133 (Jg.), H. 1, 1–11

4 Störungen des Erlebens, Verhaltens und der Entwicklung

4.1 Selbst, Identität, Entwicklung und Krisen

Andrea Dlugosch

Einleitung

Der Ansatz von Erik Homburger Erikson (1902–1994) und sein Modell der Ich-Identitätsentwicklung stellen auch nach über fünfzig Jahren der Auseinandersetzung einen klassischen Bezugspunkt im Rahmen der Theorieentwicklungen dar (vgl. Mey 1999, 24). Krappmann (1997, 66) vermutet den Grund dafür darin, dass Erikson „die vielen Facetten des Begriffs und des Problems, auf das er zielt, nicht unterschlagen hat". Allerdings folgten in den letzten Jahrzehnten einige kritische Einwände. Neben dem zu hinterfragenden Gesellschaftsbild, das Erikson als Bezugspunkt dient und das heute anders konzeptualisiert werden muss, den mit seinem Ansatz transportierten Geschlechterrollen oder der vermissten empirischen Überprüfung, welche Marcia weiter verfolgte (vgl. Haußer 1997, 124 ff.; Mey 1999, 38 ff.), werden im Kontext des Identitätskonzeptes von Erikson insbesondere die Annahmen von Kontinuität und Gleichheit in Frage gestellt (vgl. Haußer 1997, 120).

Es ist daher notwendig, genauer zu unterscheiden, bei welcher Facette von Identität von einer Kontinuitätsvorstellung ausgegangen und in welcher Form Vielfalt und auch Diskontinuität in ein Identitätskonzept aufgenommen werden bzw. werden können. Insbesondere postmodernistische Auffassungen konstruieren eine Identitätsvorstellung, welche, aufgrund gesellschaftlicher Pluralität und Multioptionalität, auf Flexibilisierung, Prozesshaftigkeit, Unabgeschlossenheit und Vielheit setzt. Versinnbildlicht wird diese Auffassung durch die von Heiner Keupp genutzte Metapher des „Crazy Quilt", die gegenüber dem klassischen Verständnis von Identität (von Keupp versinnbildlicht durch ein geordnetes Patchworkmuster), welches noch Einheit und Überschaubarkeit transportierte, nun viel angemessener für die aktuellen Identitätsentwürfe stehen soll (vgl. Mey 1999, 67 ff.; Eickelpasch & Rademacher 2004, 26 ff.). Anzumerken ist an dieser Stelle jedoch, dass „die innere Realität [...] nicht geradlinig aus der äußeren [...] Realität herleitbar ist" (Ahrbeck 1994, 128). Die Fragen von Einheit und/oder Vielheit, von Kontinuität und/oder Diskontinuität müssen daher ebenfalls auf der Ebene psychischer Verarbeitungsprozesse modelliert werden können, wofür sich unter anderem psychoanalytische bzw. psychodynamische Ansätze eignen. In diesem Kontext beinhaltet „Eriksons Ansatz [...] eine einschneidende Veränderung bzw. Erweiterung psychoanalytischer Theoriebildung, denn er betont gleichrangig neben dem sexuellen den sozialen Aspekt menschlicher Entwicklung" (Mey 1999, 24). Der alle Phasen menschlicher Entwicklung umfassende Entwurf erweitert somit vormalige psychoanalytische Perspektiven um weitere relevante Entwicklungsparameter. Er wird sich jedoch weiterhin, vor allem im Detail, im Ergebnis- und Erklärungshorizont anderer Disziplinen bewähren oder modifizieren müssen. Der theoretische Bezugsrahmen von Erikson bietet dennoch eine gute Grundlage, um mit der Identitätsthematik verbundene Spannungsfelder weiter zu verfolgen.

Aus der engen Verknüpfung der Identitätsthematik mit den Phänomenbereichen von Verhalten und Verhaltensstörungen und aus der identitätsstabilisierenden Funktion professionellen pädagogischen Handelns ergibt sich eine Relevanz für die fachwissenschaftliche Diskussion der Pädagogik bei Verhaltensstörungen (vgl. Dlugosch 2003, 248).

Identität und Selbst

Der Begriff der Identität wird von Erikson unterschiedlich dimensioniert. Er versucht das „Problem der Ich-Identität" zu verdeutlichen, indem er es „von einer Anzahl von Blickwinkeln aus anleuchte[t] [...] Es wird sich dadurch einmal um ein bewußtes Gefühl der individuellen Identität, ein andermal um das unbewußte Streben nach einer Kontinuität des persönlichen Charakters zu handeln scheinen; einmal wird die Identität als ein Kriterium der stillschweigenden Akte der Ich-Synthese, dann wieder als das Festhalten an einer inneren Solidarität mit den Idealen und der Identität einer Gruppe erscheinen" (Erikson 1973 b, 124 f.).

Diese Mehrdeutigkeit ist dem Versuch geschuldet, die Komplexität des Phänomens abzubilden. Hierzu sind unterschiedliche Elemente, Prozessmomente und Beobachterstandpunkte einzubeziehen. Identität ist bei Erikson ein relationaler Begriff. Er „drückt also insofern eine wechselseitige Beziehung aus, als er sowohl ein dauerndes inneres Sich-Selbst-Gleichsein wie ein dauerndes Teilhaben an bestimmten gruppenspezifischen Charakterzügen umfaßt" (Erikson 1973 b, 124). Zuvor greift Erikson jedoch auch auf das Konzept der Reifung zurück, indem mit Ich-Identität „ein spezifischer Zuwachs an Persönlichkeitsreife angedeutet werden [soll], den das Individuum am Ende der Adoleszenz der Fülle seiner Kindheitserfahrungen entnommen haben muß, um für die Aufgaben des Erwachsenenlebens gerüstet zu sein" (Erikson 1973 b, 123). In der weiteren Auseinandersetzung verweist er darauf, dass er sowohl in Bezug auf das Individuum als auch in Bezug auf Gruppenidentitäten bevorzugt von einem „Gefühl der Identität" (Erikson 1973 b, 188; Hervorh. A. D.) spricht. „Das bewusste Gefühl, eine persönliche Identität zu besitzen, beruht auf zwei gleichzeitigen Beobachtungen: der unmittelbaren Wahrnehmung der eigenen Gleichheit und Kontinuität in der Zeit, und der damit verbundenen Wahrnehmung, dass auch andere diese Gleichheit und Kontinuität erkennen. Was wir hier Ich-Identität nennen wollen, meint also mehr als die bloße

Tatsache des Existierens, vermittelt durch persönliche Identität; es ist die Ich-Qualität dieser Existenz" (Erikson 1973 a, 18).

Sowohl bewusste, vorbewusste und unbewusste Aspekte haben nach Erikson Einfluss auf die Identitätsbildung. Das Maß an Bewusstheit ist mithin davon abhängig, inwieweit das Spannungsfeld innerer Bedürfnisse und äußerer Anforderungen zum Fokus der Aufmerksamkeit wird. Es ist damit auch abhängig von der sich entwickelnden Fähigkeit, sich selbst zum Gegenstand der Betrachtung zu machen bzw. zu sich selbst in ein Verhältnis zu treten. Zwischen dem Identitätsbegriff und dem Begriff des Selbst bestehen, nicht zuletzt auch aufgrund von sprachlichen Übersetzungsleistungen, Kongruenzen. Erikson (1973 b, 188) verweist in seinen eigenen Schriften darauf, dass „der Begriff der Identität sich weitgehend mit dem deckt, was verschiedene Autoren das ‚Selbst' nennen". Er bezieht sich in diesem Zusammenhang unter anderem auf die Ansätze von George H. Mead und Harry S. Sullivan. In der nachfolgenden psychoanalytischen Theorieentwicklung finden im Rahmen der Ich-Psychologie und der Selbstpsychologie unterschiedliche Grade der Annäherung und Übereinstimmung zwischen den Begriffen statt. Bohleber (1987, 62) führt aus, dass „anders als bei Erikson [...] der Identitätsbegriff vor allem durch Autoren der Ich-Psychologie eingeengt und auf die Separation und Kohärenz des Selbst eingeschränkt [wird]. [...] Diese Entwicklung setzte sich fort, als mit dem Beginn der Diskussion um den Status des Selbst und die Selbstpsychologie in der Psychoanalyse die Frage der Identität weithin darin aufgeht. Selbst und Identität werden nun oft synonym gebraucht".

Erikson löst die Kontroverse über Ich und Selbst in seinem Theorierahmen letztlich nicht auf, auch wenn er in seinem Werk „Der vollständige Lebenszyklus" nochmals auf die Relation von Identität und Selbst eingeht (vgl. Erikson 1988, 95). Das Identitätskonzept kann aber durch eine begriffliche Differenzierung zwischen Identität und Selbst präzisiert und mit einer größeren Reichweite angelegt werden. Es rekurriert dann auf unterschiedliche Strukturebenen: „Ich-Identität ist einerseits zu unterscheiden vom Personenkern mit seinen Strukturen Ich, Es und Überich und den Selbst- und Objektrepräsentanzen und andererseits von der Übernahme bestimmter sozialer Rollen. Ich-Identität ist etwas Dazwischenliegendes. Man kann es auch so ausdrücken: ich muß meine individuelle Besonderheit anhand der allgemeinen Erwartungen anderer in bestimmten sozialen Situationen im Akte einer persönlichen Interpretation der Situation zum Ausdruck bringen, und so bin ich für die anderen als die je einzigartige Person erkennbar" (Bohleber 1987, 79).

Identitätsentwicklung und ihre Krisenhaftigkeit

Dass die Phase der Adoleszenz eine besondere Rolle im Prozess der Identitätsbildung spielt, ist bereits angedeutet worden. Sie stellt eine „krisenhafte Bewährungszeit und in gewisser Weise einen ersten konsolidierenden Abschluss der Identitätsbildung dar [...] Auch wenn die Identitätsbildung nach Erikson sich zwar vorrangig in der Adoleszenz abschliessend konfiguriert, wird betont, dass es sich [...] um eine lebenslange Entwicklung handelt" (Walter et al. 2008, 306). Insofern kann Identität sowohl als phasenspezifisches als auch als phasenübergreifendes Phänomen verstanden werden. „Eriksons Entwicklungsmodell [...] erleichtert die Vorstellung, dass in der menschlichen Entwicklung die Identität als Thema stets präsent bleibt, mit der Auffassung zu vereinen, dass die Aufgabe der Identitätsbildung in einer bestimmten Phase der Entwicklung, nämlich der Adoleszenz, Vorrang hat. Er ersetzte das übliche Schema des Entwicklungswegs als *einer* Leiter, auf der das Kind von Stufe zu Stufe aufsteigt, durch einen Verbund von *mehreren* Leitern, also – um im Bild zu bleiben – durch eine Sprossenwand, in der jede Leiter ein eigenes Entwicklungsthema präsentiert" (Krappmann 1997, 68). Die menschliche Entwicklung konzipiert Erikson in acht aufeinander folgenden Phasen. Das Grundthema jeder Phase beinhaltet einen phasentypischen Konflikt, der für eine gelungene Entwicklung ausreichend gelöst werden muss. Im Säuglingsalter steht die Frage von *Urvertrauen* versus *Urmisstrauen* im Vordergrund, gefolgt von dem Konfliktpotenzial von *Autonomie* gegenüber *Scham und Zweifel* im Kleinkindalter. Das Spielalter ist geprägt von der Spannung zwischen *Initiative* und *Schuldgefühl* und im Schulalter ist nach Erikson eine ausreichend gute Lösung zugunsten des *Werksinns* gegenüber dem *Minderwertigkeitsgefühl* für eine gelungene Identitätsentwicklung notwendig. In der Phase der Adoleszenz steht der Grundkonflikt von *Identität* versus *Identitätsdiffusion* im Zentrum. In den darauf folgenden Phasen bis zum reifen Erwachsenenalter folgen drei weitere Grundkonflikte, die hier verkürzt aneinandergereiht werden sollen: *Intimität* versus *Isolierung*; *Generativität* gegenüber *Selbstabsorption* und *Integrität* versus *Verzweiflung*. Die Identitätsentwicklung vollzieht sich daher als ein Prozess der psychosozialen Krisenbewältigung: In jeder Phase steht so „ein Kriterium relativer psychosozialer Gesundheit" einem „korrespondierende[n] Kriterium relativer psychosozialer Störung" gegenüber. „In der ‚normalen' Entwicklung wird das erstere dauerhaft überwiegen, wenn auch nie ganz das zweite verdrängen. Die Folge der Stadien ist zugleich die Entwicklungslinie der Komponenten der psychosozialen Persönlichkeit" (Erikson 1973 b, 149).

In der Phase der Adoleszenz kommt es nach Erikson zu einem Kumulationspunkt der Ich-Identitätsentwicklung. Es geht hierbei um einen Integrationsprozess einer neuen Qualität, der sich von früheren Phasen und deren psychischen Verarbeitungsmechanismen wie Introjektionen und Identifikationen unterscheidet, um „aus ihnen ein einzigartiges und einigermaßen zusammenhängendes Ganzes zu machen" (Erikson 1973 b, 139). Das Ende der Adoleszenz betrachtet er als „Stadium einer sichtbaren Identitäts*krise*" (Erikson 1973 b, 140), in der die bisherigen Grundkonflikte auf dieser Entwicklungsstufe transformiert neu aufgelegt werden. Einerseits stellt sich in jeder Entwicklungsphase demnach ein spezifisches zentrales Thema ein, andererseits liegt jede Thematik reifungs- und entwicklungsabhängig in den unterschiedlichen Phasen vor. „Die jeweilige zentrale Aufgabe fordert neue Dispositionen und Fähigkeiten heraus. Die Bewältigung der Aufgabe wird durch das an früheren zentralen Aufgaben erworbene Können erleichtert, sie zehrt aber auch von den bisherigen Bemühungen um dieses Thema auf vorangegangenen Stufen. Diese Vorstellung von Neubildung und Erweiterung von Können auf der Grundlage des Vorangegangenen weist Eriksons Entwicklungsmodell als eine *epigenetische* Theorie aus" (Krappmann 1997, 68; Hervorh. A. D.).

Das Aufeinandertreffen von körperlichen Reifungsprozessen, psychischem Verarbeitungsvermögen und sozialen Anforderungen und Ansprüchen stellt das Kind und insbesondere den Jugendlichen und auch den jungen Erwachsenen vor Vermittlungsprobleme (vgl. Bohleber 1987). Diese können im Selbsterleben als Brüche wahrgenommen werden und einen krisenhaften Charakter einnehmen. In Eriksons Entwurf stellt idealtypisch die Gesellschaft mit ihren unterschiedlichen Gruppierungen adäquate, d. h. auch phasenspezifische Angebote zur Verfügung, damit der Prozess der Identitätsbildung ausreichend positiv verlaufen kann. Diese Angebote sind jedoch „mehr als die bloße Anerkennung seiner Leistungen" (Erikson 1973 b, 138). Sie beinhalten ein Antwortverhalten und auch die Zuerkennung der gewählten Position der Adoleszenten. Hierzu dienen nach Erikson „sogenannte Moratorien, mehr oder weniger anerkannte Karenzzeiten zwischen Kindheit und Erwachsenenleben" (Krappmann 1997, 74), die als soziale Proberäume mit verminderten Konsequenzen für das Handeln gelten können.

Erikson nutzt für die Darstellung seiner Identitätstheorie ein Schema, welches oftmals zitiert wird (vgl. Krappmann 1997, 69). Für Erikson stellt dieses Diagramm jedoch nur eine „Blaupause" (Erikson 1973 b, 149), also „nur ein Werkzeug dar, mit dessen Hilfe man denken kann. Es kann nie den Anspruch erheben, ein Rezept zu sein, mit dem man sich begnügen könnte, weder in der Praxis der Kindererziehung noch in der Psychotherapie noch in der Methodenlehre vom Kind" (Erikson 1992, 265). Insofern bereitet er selbst den Weg für weitere Modifizierungen vor, die auf Grund neuerer Erkenntnisse vorzunehmen sind.

Es ist wichtig im Ansatz von Erikson zwischen normativen Entwicklungskrisen und psychopathologischen Entwicklungsverläufen zu differenzieren. Normative Entwicklungskrisen „unterscheiden sich von den traumatischen und neurotischen Krisen insofern, als der Wachstumsprozeß neue Energien und die Gesellschaft neue und spezifische Möglichkeiten [...] bereitstellen" (Erikson 1973 b, 144). Im Kontext der psychosexuellen Entwicklung geht Erikson auf den Begriff der Krise näher ein. Die Vorstellung von Krisen oder kritischen Schritten verbindet er mit einem „Charakteristikum von Wendepunkten", „von Augenblicken der Entscheidung zwischen Fortschritt und Rückschritt, Integration und Retardierung" (Erikson 1992, 265). King (2004, 171) macht darauf aufmerksam, dass der Begriff der Krise „oftmals konkretistisch missverstanden [wird], so als sei die Adoleszenzkrise gleichzusetzen mit einem zwangsläufig oder stets manifest dramatischen oder katastrophenähnlichen Verlauf im Selbst- und Fremdverständnis der Subjekte". Der Krisenbegriff beschreibt aus heutiger Sicht aber eher einen Zustand der Fluktuation, einen „Umschlagpunkt [...], in dem aufgrund struktureller Wandlungen eine neue Notwendigkeit zur Äquilibration auftaucht oder erzeugt wird, deren Inhalte und Formen eben im Moment des Umschlags noch nicht feststehen, also ‚erarbeitet' werden müssen – sei es rituell, wie in traditionalen Gesellschaften, oder selbstkonstituierend wie in modernisierten Gesellschaften" (King 2004, 171).

Identitätsdiffusion und Identitätsstörungen

Im Unterschied zu einem gelingenden Prozess der Ich-Identitätsbildung in der Phase der Adoleszenz, in dem die normativen Krisen bis dahin ausreichend gelöst werden konnten, zeichnet Erikson ebenfalls ein Bild pathologischer Entwicklungsverläufe nach. Im Prozess der Identitätsbildung kann es im Rahmen von Annäherungs- und Abgrenzungsprozessen zu einer „Rollendiffusion" (Erikson 1973b, 145) kommen, die dem Experimentieren mit unterschiedlichen Positionen im sozialen Raum geschuldet ist. Auch regressive Tendenzen sind unter Umständen ein notwendiges Element im Prozess der Selbstverortung. Beides ist jedoch vom klinischen Bild der Identitäts-Diffusion zu unterscheiden, die Erikson (1973b, 154) als ein Zustandsbild beschreibt, bei dem „eine Zersplitterung des Selbst-Bildes eingetreten ist, ein Verlust der Mitte, ein Gefühl von Verwirrung und in schweren Fällen die Furcht vor völliger Auflösung". Die Patienten, von denen Erikson (1973b, 154) berichtet, „leiden [...] an einer (vorübergehenden oder andauernden) Unfähigkeit ihres Ichs zur Bildung einer Identität". Ihr Zustandsbild verunmöglicht einen flexiblen Umgang mit verschiedenen Rollenangeboten, weil von einem Verlust des Identitätsgefühls ausgegangen werden muss. Dieser kann zu einem „lähmungsartigen Grenzzustand führen [...]. Die diesbezüglichen Symptome sind: schmerzhaft gesteigertes Gefühl von Vereinsamung; Zerfall des Gefühls innerer Kontinuität und Gleichheit; ein generelles Gefühl der Beschämung; Unfähigkeit, aus irgendeiner Tätigkeit Befriedigung zu schöpfen; ein Gefühl, daß das Leben geschieht, statt aus eigener Initiative gelebt zu werden; radikal verkürzte Zeitperspektive und schließlich Ur-Mißtrauen" (Erikson 1973b, 158). Hierbei zeigt sich die Wiederauflage früherer Entwicklungskonflikte.

Anhand der „Diffusion der Zeitperspektive", der „Diffusion des Werksinns" und der „Flucht in die negative Identität" erläutert Erikson beispielhaft Prozesse misslungener Identitätsbildung. Insbesondere die Konturierung einer negativen Identität (vgl. Erikson 1973b, 163) hat jedoch wiederholt Zweifel an seinem Ansatz aufkommen lassen. Erikson handelte sich, unter anderem an dieser Stelle, den Vorwurf der unhinterfragt normativen Übernahme mittelschichtsorientierter Wertmaßstäbe ein (vgl. Mey 1999, 36). Ohne diesen Einwand prinzipiell entkräften zu wollen, scheint es für das Verständnis pathologischer Entwicklungen jedoch notwendig, Formen der Abgrenzung und der Widerständigkeit von Extremformen zu unterscheiden, in denen die vermeintliche Wahl einer negativen Identität zu Formen der Selbst- oder Fremddestruktion führt.

Identitätsstörungen werden im klinischen Feld im Zusammenhang mit „den schweren Pathologien der Psychosen, Borderline-Störungen und Neurosen mit schweren narzißtischen Problemen" aufgezeigt (Bohleber 1987, 66). Um unterschiedliche Verwirklichungsgrade einer gelungenen bzw. pathologischen Identitätsentwicklung abzubilden, ist klinisch „eher von einem Kontinuum von Identität und Identitätsstörungen auszugehen, von einer weitgehend integrierten Identität auf der einen, über einzelne stabile Identitätsfragmente [...] bis zur vollständigen Identitätsdiffusion auf der anderen Seite" (Walter et al. 2008, 308).

Von der Identität zum Selbst?

Das Modell von Erikson verlangt an unterschiedlichen Stellen nach einem aktualisierten Abgleich, nach einer ausformulierten Sicht auf Details und die Anreicherung mit neueren Ergebnissen, zum Beispiel der Säuglings- oder der Bindungsforschung (z.B. Bohleber 1997). Auch eine Korrespondenz mit Ansätzen zur Affektregulation und Mentalisierung könnte den Orientierungsrahmen von Erikson produktiv erweitern (vgl. Fonagy et al. 2004; Schore 2007). Insbesondere für die Durchdringung der Identitätsthematik auf der Ebene psychischer Strukturbildung ist es als gewinnbringend einzuschätzen, detailliertere Modelle zur Beschreibung der Selbst- und Objektwelt auf der Repräsentanzebene hinzuzuziehen. Im psychoanalytischen Kontext stellt neben der objektbeziehungstheoretischen Perspektive die Selbstpsychologie für die Identitätsthematik eine gewinnbringende Lesart zur Verfügung, welche zum Beispiel „die Adoleszenz weder pathologisiert noch sentimentalisiert oder romantisierend verklärt" (Lichtenberg 1998, 83). In seiner „selbstpsychologischen Betrachtung der Adoleszenz" geht Lichtenberg (1998, 60 f.) davon aus, „dass Familien, Altersgenossen, Lehrer und die Gesellschaft insgesamt die Möglichkeit haben – und sie häufig nutzen –, gemeinsam mit dem Jugendlichen eine Matrix zu schaffen, die gegenseitige Achtung und Regulation fördert" und somit eine identitätsstabilisierende Funktion übernehmen. Die Theorie motivational-funktionaler Systeme (Lichtenberg 1991) bietet daher, insbesondere für die Pädagogik bei Verhaltensstörungen, eine weiterführende Perspektive an, um Identitätsbildungsprozesse im Rahmen emotionaler und sozialer Entwicklungsverläufe zu begleiten.

Literatur

Ahrbeck, B. (1994): Die innere und die äußere Realität – Geschlechtsspezifische Aspekte der Entwicklung, Erziehung und Förderung verhaltensgestörter Kinder und Jugendlicher. In: Sonderpädagogik, 24 (Jg.), H. 3, 128–134

Bohleber, W. (1987): Die verlängerte Adoleszenz. Identitätsbildung und Identitätsstörungen im jungen Erwachsenenalter. In: Beland, H., Loch, W. & Richter, H.-E. (Hrsg.): Jahrbuch der Psychoanalyse. Beiträge zur Theorie und Praxis. Bd. 21, Stuttgart-Bad Cannstatt: Frommann-Holzboog, 58–84

Bohleber, W. (1997): Zur Bedeutung der neueren Säuglingsforschung für die psychoanalytische Theorie der Identität. In: Keupp, H. & Höfer, R. (Hrsg.): Identitätsarbeit heute. Klassische und aktuelle Perspektiven der Identitätsforschung. Frankfurt a.M.: Suhrkamp, 93–119

Dlugosch, A. (2003): Professionelle Entwicklung und Biografie. Impulse für universitäre Bildungsprozesse im Kontext schulischer Erziehungshilfe. Bad Heilbrunn: Klinkhardt

Eickelpasch, R. & Rademacher, C. (2004): Identität. Bielefeld: Transcript

Erikson, E.H. (1973a): Ich-Entwicklung und geschichtlicher Wandel. In: Erikson, E.H. (Hrsg.): Identität und Lebenszyklus. Drei Aufsätze. Frankfurt a.M.: Suhrkamp, 11–54.

Erikson, E.H. (1973b): Das Problem der Ich-Identität. In: Erikson, E.H. (Hrsg.): Identität und Lebenszyklus. Drei Aufsätze. Frankfurt a.M.: Suhrkamp, 123–212

Erikson, E.H. (1988): Der vollständige Lebenszyklus. Frankfurt a.M.: Suhrkamp

Erikson, E.H. (1992): Kindheit und Gesellschaft. Stuttgart: Klett-Cotta

Fonagy, P., Gergely, G, Jurist, E.L. & Target, M. (2004): Affektregulierung, Mentalisierung und die Entwicklung des Selbst. Stuttgart: Klett-Cotta

Haußer, K. (1997): Identitätsentwicklung – vom Phasenuniversalismus zur Erfahrungsverarbeitung. In: Keupp, H. & Höfer, R. (Hrsg.): Identitätsarbeit heute. Klassische und aktuelle Perspektiven der Identitätsforschung. Frankfurt a.M.: Suhrkamp, 120–134

Keupp, H., Ahbe, T. & Gmür, W. (1999): Identitätskonstruktionen. Das Patchwork der Identitäten in der Spätmoderne. Reinbek: Rowohlt

King, V. (2004): Die Entstehung des Neuen in der Adoleszenz. Individuation, Generativität und Geschlecht in modernisierten Gesellschaften. Wiesbaden: VS

Krappmann, L. (1997): Die Identitätsproblematik nach Erikson aus einer interaktionistischen Sicht. In: Keupp, H. & Höfer, R. (Hrsg.): Identitätsarbeit heute. Klassische und aktuelle Perspektiven der Identitätsforschung. Frankfurt a.M.: Suhrkamp, 66–92

Lichtenberg, J.D. (1991): Motivational-funktionale Systeme als psychische Strukturen. In: Forum der Psychoanalyse, Bd. 7, H. 1, 85–97

Lichtenberg, J.D. (1998): Eine selbstpsychologische Betrachtung der Adoleszenz: Übergangsphase oder Sturm-und-Drang-Komplex? In: Hartmann, H.-P., Milch, W.E. & Kutter, P. (Hrsg.): Das Selbst im Lebenszyklus. Frankfurt a.M.: Suhrkamp, 59–84

Mey, G. (1999): Adoleszenz, Identität, Erzählung. Theoretische, methodologische und empirische Erkundungen. Berlin: Köster

Schore, A.N. (2007): Affektregulation und die Reorganisation des Selbst. Stuttgart: Klett-Cotta

Walter, M., Dammann, G., Selinger, J. & Frommer, J. (2008): Identität und Identitätsstörung bei Persönlichkeitsstörungen: Definition, Konzeptionen und Perspektiven aus psychodynamischer Sicht. In: Schweizer Archiv für Neurologie und Psychiatrie, 159 (Jg.), H. 5, 304–312

4.2 Risiko- und Resilienzfaktoren der kindlichen Entwicklung

Michael Fingerle

Einleitung

Über lange Zeit wurden in der Forschung Studien zur psychischen Gesundheit hauptsächlich mit Risikogruppen durchgeführt. Als in der zweiten Hälfte des vorigen Jahrhunderts Langzeitstudien zeigten, dass es Kinder gab, die nach fünfzehn, zwanzig oder noch mehr Jahren trotz eines sehr problematischen Umfeldes nur geringe oder gar keine psychischen Störungen entwickelten, sorgte dieses Ergebnis für Überraschung. In der Folge entwickelte sich die Copingforschung, die sich mit der Frage befasste, wie Menschen kritische Lebensereignisse und andere Stressoren konstruktiv und funktional bewältigen können.

Parallel dazu wurde angenommen, dass diese psychisch hochgradig widerstandsfähigen Kinder über eine oder mehrere besondere Fähigkeiten verfügten, die unter den englischen Begriff „resilience" subsumiert wurden, der sich mit „Unverwüstlichkeit", „Zähigkeit" oder „Elastizität" übersetzen lässt. Der Begriff „Resilienz" entstand schließlich durch eine Übernahme der englischen Worte „resilience", resp. „resiliency" ins Deutsche. Er bezieht sich sowohl auf das empirische Phänomen als auch auf theoretische Konzepte zu seiner Erklärung. Diese doppelte Bedeutung sorgt im Diskurs nach wie vor für eine gewisse Verwirrung. Das Resilienzphänomen – das heißt die Existenz von Menschen, die sich trotz hochriskanter Entwicklungsbedingungen in Kindheit und Jugend zu erfolgreichen Erwachsenen ohne bedeutsame psychische Problemlagen entwickeln – kann als empirisch gesichert angesehen werden. Die Frage, wie solche Entwicklungen zustande kommen, ist im Resilienzkonzept oder dem Resilienzkonstrukt enthalten. Sie erwies sich als ein weitaus problematischeres Feld, das Neuinterpretationen nötig macht und auch neuer Langzeitstudien bedarf. Letzteres wird aber durch den Umstand erschwert, dass es inzwischen kaum möglich zu sein scheint, Studien zu finanzieren, welche die notwendige Laufzeit (mehrere Jahrzehnte) und den nötigen Stichprobenumfang (mehrere Tausend) haben, um das Resilienzphänomen nach den besten methodischen Standards zu untersuchen. Nichtsdestoweniger gibt dieses Forschungsfeld Anlass zu pädagogischem Optimismus und unterstreicht die Wichtigkeit einer ressourcenorientierten Betrachtungsweise, die unter realistischeren Vorzeichen erfolgen muss, als dies gelegentlich der Fall ist. Dies soll im Folgenden dargelegt werden.

Resilienz, Risiko- und Schutzfaktoren

In den mittlerweile als „klassisch" zu bezeichnenden Studien wurde die Entwicklung von Kindern betrachtet, von denen angenommen wurde, dass sie unter einem hohen Risiko für die Entstehung von psychischen Störungen aufwuchsen. Zum Zeitpunkt ihrer Geburt lagen in ihrer Familie mehrere Risikofaktoren vor, wie zum Beispiel Armut, Delinquenz, Sucht oder Psychopathologie auf Seiten der Eltern, aber auch Risikofaktoren wie inadäquate elterliche Erziehungsstile. Nachdem sich zeigte, dass sich etwa ein Drittel dieser Hochrisikokinder dennoch positiv entwickelte, richtete sich das Augenmerk auf Unterschiede zwischen diesen, als resilient bezeichneten Kindern und anderen Kindern aus derselben Hochrisikogruppe. Es zeigte sich, dass bei den resilienten Kindern bestimmte Persönlichkeits- und Umweltmerkmale hoch ausgeprägt waren, die man als Schutzfaktoren bzw. als protektive Faktoren bezeichnete, da man annahm, dass diese Faktoren die Kinder vor den Auswirkungen der Risikofaktoren beschützten. Sowohl in der Kauai-Studie von Werner und Smith als auch in unabhängigen Nachfolgestudien wurden in weitgehender Übereinstimmung eine Reihe protektiver Faktoren identifiziert (Bender & Lösel 1998; Werner 2007). Zu den sogenannten *personalen Schutzfaktoren*, die bei Kindern im Grundschulalter zu finden sind, zählt man unter anderem: Kommunikations- und Problemlösefähigkeiten, die effektive Nutzung von eigenen Talenten und Interessen, die Fähigkeit, zielgerichtet zu planen und zu handeln, eine flexible Form der Stressbewältigung, Selbstvertrauen und Intelligenz.

Als *soziale Schutzfaktoren* bezeichnet man bestimmte Eigenschaften der Familien und sozialen Strukturen, in denen Kinder heranwachsen. Hierzu zählen in erster Linie: Die enge Bindung an eine stabile und verlässliche Bezugsperson, klare Strukturen und Regeln innerhalb der Familie, gleichzeitig verfügbare emotionale Unterstützung und das Vorhandensein positiver Rollenvorbilder für konstruktives Bewältigungsverhalten.

Obwohl diese Erkenntnisse in ihren Grundzügen nach wie vor gültig sind, zeigte sich in der weiteren Forschung, dass das Konzept einer diesen Kindern gemeinsamen Fähigkeit, der Resilienz, und das Konzept der Schutzfaktoren gewisse methodische Fallstricke enthielt, die zunächst nicht gesehen worden waren.

Probleme des Resilienzkonzepts

Um Befunde angemessen interpretieren zu können, muss man sich zunächst vergegenwärtigen, dass Resilienz anders definiert und gemessen wird als andere psychologische Merkmale. In den klassischen Studien wurde nach einer gewissen Laufzeit, zum Beispiel nach fünfzehn Jahren, bei denjenigen Teilnehmern, für die während der Geburt oder der Kindheit bestimmte Risikofaktoren in hoher Zahl vorlagen, die aktuelle psychische Problemlage sowie weitere Entwicklungsindikatoren (z. B. Schulerfolg) ermittelt. Anschließend wurden die Gruppen der Hochrisikokinder mit positiver und negativer Entwicklung miteinander verglichen. Dabei fanden sich dann signifikante Unterschiede, das heißt bestimmte Merkmalsausprägungen auf Seiten der resilienten Kinder, wie sie in der obenstehenden Liste zusammengefasst sind. Das Resilienzphänomen wurde also über die Kombination zweier zeitlich auseinander liegender Sachverhalte erfasst: (a) einer Anzahl von

Risikofaktoren, die zu Beginn der Studie vorlagen, und (b) einem positiven Entwicklungsergebnis, das mehrere Jahre später festgestellt wurde. Damit gehen methodische, aber auch konzeptionelle Probleme einher. Zum einen gab und gibt es keine für alle Studien verbindliche Festlegung, welche und wie viele Risikofaktoren bei der Definition der Gruppenzugehörigkeit zugrundegelegt werden sollen. Zum anderen gibt es auch keine verbindliche Definition dessen, was als positives Entwicklungsergebnis (outcome) anzusehen ist. Dass solche Definitionen und Grenzziehungen nie frei von normativen und letztlich willkürlichen Entscheidungen vorgenommen werden können, ist zwar unvermeidbar, doch diese Definition beeinflusst natürlich auch die Quote der später identifizierten, resilienten Kinder. Problematisch ist auch, dass die Zuordnung zur resilienten Gruppe nicht a priori (d. h. zu Beginn der Studie) erfolgte, sondern erst im Nachhinein (ex post). Geht man jedoch methodisch korrekt vor und versucht, anhand des frühen Vorliegens der Schutzfaktoren die späteren Entwicklungsergebnisse statistisch vorherzusagen, so zeigt sich, dass die statistische Vorhersage der späteren durch die frühen Schutzfaktoren keinem einfach zu interpretierenden Schema folgt (vgl. Farrington 1994). Das bedeutet nicht, dass es das Resilienzphänomen und erfolgreiche Hochrisikokinder in Wirklichkeit nicht gäbe – die gibt es durchaus, auch wenn es eine Frage der Definition ist, wen man zu dieser Gruppe zählt. Dieser Befund belegt aber, dass Risikofaktoren, Schutzfaktoren und Entwicklungsergebnisse offenbar nicht nach einfachen, leicht prognostizierbaren Gesetzmäßigkeiten zusammenwirken. Auch die Annahme, dass es sich bei der Resilienz um ein stabiles Persönlichkeitsmerkmal handele, muss vor diesem Hintergrund kritisch betrachtet werden.

Die Konzeption von Risiko- und Schutzfaktoren birgt weitere Fallstricke, die bei der Rezeption der Resilienzstudien nicht immer ausreichend berücksichtigt werden. Ein Risikofaktor ist eine Variable, welche die Wahrscheinlichkeit dafür erhöht, dass bei einem Menschen eine Problemlage entsteht. Abgesehen von der konkreten Definition einer Problemlage gilt dabei aber grundsätzlich immer, dass es sich nur um eine Wahrscheinlichkeitsaussage handelt. Wenn ein Risikofaktor etwa mit einem 60 %igen Risiko für die Entwicklung aggressiven Verhaltens assoziiert ist, bedeutet das gleichzeitig, dass 40 % der Probanden kein aggressives Verhalten entwickeln. Da das Gleiche für Schutzfaktoren gilt, folgt bereits aus dieser Überlegung, dass die spätere Entstehung von Resilienz ebenfalls eine Frage von Wahrscheinlichkeiten ist. Diese probabilistische Interpretation des Resilienzphänomens (und anderer Bereiche der psychischen Entwicklung) kann inzwischen als Konsens in der Entwicklungspsychologie angesehen werden und erklärt, wieso es schwieriger ist, die Entwicklung von Resilienz statistisch vorherzusagen als sie ex-postfacto festzustellen. Dies hat Konsequenzen für Diagnostik und Förderung: Es ist bis dato nicht möglich, zuverlässig vorherzusagen, ob das Vorhandensein bestimmter Ressourcen oder ihre pädagogisch/psychologische Förderung im Einzelfall tatsächlich dazu führt, dass eine lebenslange Resilienz entsteht. Zum Teil liegt das daran, dass es an Evaluationsstudien mit der nötigen Laufzeit fehlt; lägen solche Ergebnisse vor, könnte man zumindest abschätzen, für welchen Prozentsatz der Geförderten insgesamt positive Langzeitergebnisse zu erwarten sind. Aber da es sich letztendlich um probabilistische Zusammenhänge handelt, wären solche Prognosen auch dann im Einzelfall weniger zuverlässig.

Ein weiteres Problem betrifft die Abgrenzung zwischen Risiko- und Schutzfaktoren. Aus methodischen Gründen ist zu fordern, dass ein Schutzfaktor nicht als das Gegenteil eines Risikofaktors definiert wird, wie dies in manchen Studien geschieht. Denn in diesem Fall hätten resiliente Personen lediglich eine geringere Nettorisikobelastung. Ein Schutzfaktor sollte idealerweise den Zusammenhang zwischen einem Risikofaktor und psychischen Problemen verändern und sonst keine Wirkung haben. Die Suche nach solchen Effekten ergab jedoch keine eindeutigen Ergebnisse und es ist zurzeit unklar, ob Schutzfaktoren in dieser strengen Definition existieren (Lösel & Bender 2007). Dies hat zur Konsequenz, dass man in der Forschung mittlerweile die neutralere Begrifflichkeit der Ressource bevorzugt.

Die Wirkungsweise von Risikofaktoren und Ressourcen

Insgesamt kann konstatiert werden, dass die Funktionsweise dieser Faktoren komplexer ist, als es die ursprüngliche, dichotome Unterscheidung zwischen Risiko und Schutz vermuten ließ. So können einige Schutzfaktoren/Ressourcen, je nach Bedingungskonstellation, selbst zum Risiko werden. Ein hohes (d.h. positives) Selbstwertgefühl stellt beispielsweise in vielen Situationen eine personale Ressource dar, die mit einer Tendenz zu konstruktivem Bewältigungsverhalten verknüpft ist (Cicchetti & Rogosch 1997). Bei einigen aggressiven Kindern und Jugendlichen scheint sich dieser Zusammenhang aber ins Gegenteil zu verkehren. Bei diesen Kindern findet sich zwar auch ein sehr positives Selbstwertgefühl, doch es scheint eher zur Aufrechterhaltung ihrer Aggressivität beizutragen, als diese zu verhindern (Baumeister, Smart & Boden 1996; Hughes, Cavell & Grossman 1997). Offenbar kann der Faktor Selbstwertgefühl je nach Bedingungskonstellation nicht nur in niedriger, sondern auch in hoher Ausprägung zum Risikofaktor werden. Ob ein bestimmter personaler oder sozialer Faktor die Wahrscheinlichkeit negativer Entwicklungen hemmt, hängt daher nicht allein von seiner Verfügbarkeit ab, sondern auch davon, ob er situationsangemessen oder -unangemessen genutzt wird sowie von der konkreten Bedingungskonstellation. Darüber hinaus verleihen Schutzfaktoren/Ressourcen auch keine quasi garantierte, lebenslange psychische Widerstandsfähigkeit (Resilienz) gegenüber Entwicklungsrisiken, sondern eher eine temporäre Resilienz, die sich in Einzelfällen auf bestimmte Lebensabschnitte beschränken und später wieder verschwinden kann (von Hagen & Röper 2007; Wustmann 2005).

Diese Probleme führten dazu, dass in der Forschung kaum mehr in einem absoluten und statischen, sondern mehr und mehr in einem relativierten und dynamischen Sinne von Resilienz gesprochen wird. Auch die Annahme einer resilienten Persönlichkeit wird aufgrund der komplexen Wirkungszusammenhänge seltener vertreten; es scheint angemessener zu sein, in neutralerer Weise von Bewältigungskapazität (Wustmann 2005) zu sprechen. Man könnte auch, in

Anlehnung an Bourdieus Begriff des sozialen Kapitals, von Bewältigungskapital sprechen. Der Kapitalbegriff impliziert – in Analogie zu ökonomischen Nischen – die Abhängigkeit der Entwicklungsergebnisse von den konkreten Lebensumwelten und unterstreicht damit, dass die Rolle sozialer Faktoren in der Entstehung von Resilienz in der Rezeption oft unterbewertet wird. Ebenso wie in der Ökonomie garantiert das Vorhandensein eines hohen Kapitals zum anderen nicht per se anhaltenden Erfolg oder die Überwindung von Krisen, sondern macht sein Eintreten lediglich wahrscheinlicher und dies nur, wenn es angemessen eingesetzt wird. Denn ein hohes (Bewältigungs-)Kapital kann auch negative Entwicklungen befördern. Sei es, weil absichtlich negative Ziele verfolgt werden oder weil man Risiken unterschätzt oder nicht wahrnimmt.

Diskussion und Ausblick

Allen bestehenden methodischen Problemen zum Trotz kann nach wie vor festgehalten werden, dass es Menschen gibt, die sich trotz hoher Belastungen in Kindheit und Jugend zu erfolgreichen Erwachsenen entwickeln und, so gesehen, über einen langen Zeitraum resilient bleiben. Dieses Ergebnis hat zu einer Abkehr von der traditionellen Defizitperspektive beigetragen. Es unterstreicht die Notwendigkeit, über schulische und außerschulische Präventionsprogramme die Ressourcen und adaptiven Bearbeitungspraxen von Kindern und Jugendlichen zu fördern, insbesondere wenn sie Familien entstammen, deren Biografien durch riskante Lebenslagen gekennzeichnet sind.

Es ist jedoch ebenfalls notwendig, mit dem Resilienzbegriff keine unerfüllbaren pädagogischen Zielsetzungen zu verknüpfen. In den USA wurde bereits vor fast zehn Jahren kritisiert, dass der Resilienzbegriff oft unreflektiert für verschiedene Arten von Interventions- und Präventionsprogrammen Verwendung fand, die als resilienzfördernd dargestellt wurden, ohne dass solche langfristigen Effekte nachgewiesen waren (Cowen 2001; Masten 2001). Gemeinsam mit teilweise übertriebener Darstellung in den Medien und konzeptionellen Problemen hatte dies zur Folge, dass es zu grundsätzlichen Zweifeln an der Eignung des Resilienzbegriffes kam (z. B. Grossmann & Grossmann 2007). Forschungen zu diesem Themenkreis verwenden daher inzwischen bevorzugt Begrifflichkeiten wie psychische Gesundheit, Adaptivität oder positive Entwicklung.

Das darf nun aber keineswegs dahingehend missverstanden werden, dass die durch die Anstrengungen von Pädagogen innerhalb und außerhalb der Schule dem Resilienzkonzept eigene Komplexität in Frage gestellt wird. Die referierten Probleme des Konzepts verweisen vielmehr auf eine wichtige Erkenntnis: Nicht so sehr das Phänomen der Resilienz an sich stellt ein Problem dar, sondern die unreflektierte Rezeption dieses Phänomens. Seine Dynamik und Komplexität sind fraglos eine Herausforderung für die Planung wissenschaftlicher Studien und Förderprogramme. Betrachtet man die vorliegenden Befunde, so zwingen sie zu dem Schluss, dass das Resilienzkonzept nicht in eine einfachere, theoretisch und pädagogisch leichter zu handhabende Form überführt werden kann, ohne dass man dabei wichtige Aspekte ignoriert. Es wäre hochgradig falsch, aus dem Resilienzphänomen eine simple Ursache-Wirkungs-Formel abzuleiten. Dies würde nur dazu führen, dass die in solche Programme gesetzten Hoffnungen enttäuscht würden, letzten Endes zum Schaden der betroffenen Kinder und Jugendlichen. Deshalb wird für eine realistischere Betrachtungsweise von Resilienz plädiert unter Akzentuierung dessen, was pädagogisch machbar ist.

Vor dem Hintergrund der vorliegenden Befunde ist es nötig, verstärkt einer probabilistischen Sichtweise zu folgen, die Risikofaktoren und Ressourcen als Wahrscheinlichkeitsfaktoren begreift. Auch die praktische, aber empirisch problematische Unterscheidung zwischen Risikofaktoren und Ressourcen sollte relativiert und mehr als heuristische Leitdifferenz, denn als nachweisbare, disjunkte Klassifikation verstanden werden. Die Probleme bei der Identifikation echter protektiver Faktoren sind unter anderem forschungsmethodischen Problemen geschuldet, insbesondere dem Umstand, dass in diesen Analysen mit sehr kleinen Teilstichproben gearbeitet werden musste. Solange es nicht gelingt, besser geplante Studien auf den Weg zu bringen, muss diese Frage offen bleiben.

Die Entwicklung einer sparsamen Typologie für Risiken und Ressourcen im Sinne von psycho-sozialen Bedingungskonstellationen (die technisch gesprochen als bedingte Wahrscheinlichkeiten zu interpretieren wären) bleibt daher ein wichtiges Desiderat dieses Forschungszweiges. Einen hochinteressanten Bezugspunkt für diese Fragestellung könnte etwa die Bindungsforschung darstellen, doch unabhängig davon dürfte es grundsätzlich nötig sein, soziale Ressourcen und andere Kontextfaktoren bei der Analyse und Förderung personaler Faktoren und resilienter Biografien stärker in den Blick zu nehmen (Fingerle 2007, Wustmann 2005).

Forschungsbedarf gibt es auch bezüglich der personalen Ressourcen selbst. Die bisher eingangs dargestellten verfügbaren „Listen" haben den Nachteil, dass sie zu umfangreich und zu undifferenziert sind. Es wäre vorteilhafter, wenn sich hier eine Hierarchie, etwa mit zentralen und peripheren Ressourcen, entwickeln ließe. Das Konstrukt der kognitiven Flexibilität und andere Aspekte interner Regulationsprozesse, die mit adaptiven Formen der Emotionsregulation und der Problemlösung verknüpft sind, könnten zentrale Variablen darstellen (vgl. Declerck, Boone & De Brabander 2008). Sie ermöglichen eine sparsamere Beschreibung personaler Ressourcen und ihrer Förderung als dies bislang der Fall ist. Aus einer die probabilistische Natur und die Dynamik des Resilienzphänomens akzeptierenden Sichtweise folgt aber auch, dass ressourcenaktivierende Präventionen und Interventionen nicht auf ein bestimmtes Alter oder eine bestimmte Institution beschränkt werden können. Im Rahmen dieses Paradigmas sind punktuelle, auf einen bestimmten Lebensabschnitt beschränkte Interventionen zwar durchaus sinnvoll, doch es liegt in der Natur eines dynamischen Systems, dass es sich in teilweise sehr schwer vorhersagbarer Weise von seinen Anfangszuständen wegentwickeln kann. Betrachtet man Gruppen von Menschen, so kann man in geeigneten Studien auch langfristige Effekte als Ereignisse mit einer bestimmten Wahrscheinlichkeit nachweisen. Bildungspolitisch sind daher Präventionsprogramme, ob in der Schule oder außerhalb, in der Regel immer eine sinnvolle Investition. Betrachtet man den Einzelfall, ist man gut beraten, wenn man Förderung als einen Prozess begreift, der nicht nur angestoßen, sondern auch begleitet und nachbereitet werden muss, wenn die Wahrscheinlichkeit eines Erfolgs erhöht werden soll. Kinder und Jugendliche nehmen die mit ihnen zu übenden pädagogischen Inhalte nicht einfach in sich auf und setzen sie konzeptgemäß um. Vielmehr beurteilen sie diese Inhalte auf ihre Brauchbarkeit, Nützlichkeit und Umsetzbarkeit im eigenen Alltag, bevor sie diese Ideen – vielleicht – realisieren.

Daher müssen auch pädagogische Angebote flexibler werden. Sie müssen an individuelle Bedingungen anpassbar sein und dürfen nicht nur für bestimmte Lebensabschnitte zur Verfügung stehen. Dies spricht dafür, bei der Planung von Förderangeboten, modulare Kernangebote (z. B. ein Empathietraining) mit einem beratungsorientierten Begleitangebot zu kombinieren, das sich der individuellen Anpassung und Nachbegleitung annimmt.

Literatur

Baumeister, R. F., Smart, L. & Boden, J. M. (1996): Relation of threatened egotism to violence and aggression: The dark side of high self-esteem. In: Psychological Bulletin, 103 (Jg.), H. 1, 5 – 33

Bender, D. & Lösel, F. (1998): Protektive Faktoren der psychisch gesunden Entwicklung junger Menschen. In: Margraf, J., Neumer, S. & Siegrist, J. (Hrsg.): Gesundheits- oder Krankheitstheorie? Saluto- versus pathogentische Ansätze im Gesundheitswesen. Berlin: Springer, 119 – 145

Cicchetti, D. & Rogosch, F. A. (1997): The role of self-organization in the promotion of resilience in maltreated children. In: Development and Psychopathology, 9 (Jg.), H. 4, 797 – 815

Cowen, E. L. (2001): Ethics in community mental health care. The use and misuse of some positively valenced community concepts. In: Community Mental Health Journal, 37 (Jg.), H. 1, 3 – 13

Declerck, C. H., Boone, C. & De Brabander, B. (2008): On feeling in control: A biological theory for individual differences in control perception. In: Brain and Cognition, 62 (Jg.), H. 2, 143 – 176

Farrington, D. P. (1994): Protective factors in the development of juvenile delinquency and adult crime. Invited lecture at the 6th Scientific Meeting of the Society for Research in Child and Adolescent Psychopathology. London

Fingerle, M. (2007): Der riskante Begriff der Resilienz – Überlegungen zur Resilienzförderung im Sinne der Organisation von Passungsverhältnissen. In: Opp, G. & Fingerle, M. (Hrsg.): Was Kinder stärkt. München: Reinhardt, 299 – 310

Grossmann, K. E. & Grossmann, K. (2007): „Resilienz" – Skeptische Anmerkungen zu einem Begriff. In: Fooken, I. & Zinnecker, J. (Hrsg.): Trauma und Resilienz. Chancen und Risiken lebensgeschichtlicher Bewältigung von belasteten Kindheiten. Weinheim: Beltz, 29 – 38

Hagen, C. von & Röper, G. (2007): Resilienz und Ressourcenorientierung – Eine Bestandsaufnahme. In: Fooken, I. & Zinnecker, J. (Hrsg.): Trauma und Resilienz. Chancen und Risiken lebensgeschichtlicher Bewältigung von belasteten Kindheiten. Weinheim: Beltz, 15 – 28

Hughes, J. N., Cavell, T. A. & Grossman, P. B. (1997): A positive view of self: Risk or protection for aggressive children? In: Development and Psychopathology, 9 (Jg.), H. 1, 75 – 94

127

Lösel, F. & Bender, D. (2007): Von generellen Schutzfaktoren zu spezifischen protektiven Prozessen: Konzeptuelle Grundlagen und Ergebnisse der Resilienzforschung. In: Opp, G. & Fingerle, M. (Hrsg): Was Kinder stärkt. Erziehung zwischen Risiko und Resilienz. München: Reinhardt, 57–78

Masten, A. S. (2001): Resilienz in der Entwicklung: Wunder des Alltags. In: Röper, G., Hagen, C. von & Noam, G. (Hrsg.): Entwicklung und Risiko. Perspektiven einer klinischen Entwicklungpsychologie. Stuttgart: Kohlhammer, 192–219

Werner, E. E. (2007): Entwicklung zwischen Risiko und Resilienz. In: Opp, G. & Fingerle, M. (Hrsg.): Was Kinder stärkt. München: Reinhardt, 20–31

Wustmann, C. (2005): Resilienz. Widerstandsfähigkeit von Kindern in Tageseinrichtungen fördern. Weinheim: Beltz

4.3 Externalisierende Störungen

Klaus Fröhlich-Gildhoff

Einleitung

Im Sinne einer „dimensionalen" Betrachtung und Klassifizierung von Verhaltens-auffälligkeiten und psychischen Störungen (vgl. Fröhlich-Gildhoff, Kap. 5.1, in diesem Band) werden unter der Begrifflichkeit externalisierende Störungen jene Phänomene zusammengefasst, bei denen die (dysfunktionale) Bewältigung inner-psychischer Konflikte oder psychosozialer Anforderungen bzw. Entwicklungsauf-gaben unmittelbar auf die Außenwelt gerichtet ist. Die Symptome äußern sich direkt im Kontakt des Kindes oder Jugendlichen zur Außenwelt, in destruktiven Formen der Beziehungsgestaltung, seiner Weise mit Regeln umzugehen oder Auf-merksamkeit zu zentrieren.

In der Regel werden unter diesem Oberbegriff Dimensionen der „Störungen des Sozialverhaltens", des „dissozialen Verhaltens" bzw. gewalttätigen Verhaltens zusammengefasst. Große Überschneidungen bestehen bei den sichtbaren Ausfor-mungen der Symptomatiken zur „Aufmerksamkeitsdefizit-Hyperaktivitäts-Stö-rung" (ADHS); in unterschiedlichen Studien ergaben sich Komorbiditätsraten von 30–50 % (Schulte-Markwort & Düsterhus 2003) bzw. sogar bis zu 90 % (Döpfner 2000). Aus diesem Grund werden beide Störungsbilder in diesem Kapitel betrachtet.

Störungen des Sozialverhaltens und ADHS

Störungen des Sozialverhaltens

Definition: Im Klassifizierungssystem ICD-10, Forschungskriterien (Dilling et al. 1994) werden grundsätzlich „Störungen des Sozialverhaltens" (ICD F91) von so genannten „kombinierten Störungen des Sozialverhaltens der Emotionen" (ICD F92) unterschieden. Innerhalb des Typus der „Störung des Sozialverhaltens" (F91) finden sich folgende Unterkategorien: Auf den familiären Rahmen beschränkte Störung des Sozialverhaltens (F91.0), Störung des Sozialverhaltens bei fehlenden oder vorhandenen sozialen Bindungen (F91.1 bzw. F91.2) und Störung des Sozial-verhaltens mit oppositionellem, aufsässigen Verhalten (F91.3). Hinzu kommen andere oder nicht näher bezeichnete Störungen des Sozialverhaltens (F91.8/F91.9).

Die Diagnostikleitlinien der Deutschen Gesellschaft für Kinder- und Jugend-psychiatrie, Psychosomatik und Psychotherapie (DGKJP 2007, 265) formulieren als Leitsymptome ein „deutliches Maß an Ungehorsam, Streiten oder Tyrannisie-ren; ungewöhnlich häufige und schwere Wutausbrüche; Grausamkeiten gegenüber anderen Menschen oder Tieren; erhebliche Destruktivität gegen Eigentum; Zün-

129

deln; Stehlen; häufiges Lügen; Schuleschwänzen; Weglaufen von zu Hause. Bei erheblicher Ausprägung genügt jedes einzelne der genannten Symptome für die Diagnosestellung, nicht jedoch einzelne dissoziale Handlungen."

Ein wesentliches Merkmal der Auffälligkeit ist aggressives bzw. gewalttätiges Verhalten. Je nach theoretischem Hintergrund und praktischer Ausrichtung finden sich in der Literatur eine Vielzahl an Definitionen von Aggression, Gewalt, antisozialem Verhalten und Delinquenz. Dabei hat sich in den letzten Jahren ein Konsens herausgebildet, dass Aggression bzw. aggressives Verhalten mit einer Schädigungsabsicht verbunden ist: „Unter Aggression wird eine zielgerichtete körperliche oder verbale Tätigkeit verstanden, die zu einer psychischen oder physischen Verletzung führt" (Fröhlich-Gildhoff 2006, 15).

Der Begriff der Gewalt wird in der Regel für massive Formen aggressiven Verhaltens benutzt, „wobei sich personale Gewalt auf aktive Handlungsvollzüge bezieht, die zu einer effektiven Schädigung von Personen oder Dingen führen und bei der in der Regel ein Ungleichgewicht der Kräfte (z. B. von zwei Personen) vorliegt" (Scheithauer & Petermann 2004, 369).

Epidemiologie: Zur Verbreitung und zum Auftreten der „Störungen des Sozialverhaltens" lassen sich folgende Daten zusammenfassen (Fröhlich-Gildhoff 2006, 2007): Die Prävalenz von Störungen des Sozialverhaltens bei Kindern und Jugendlichen liegt abhängig von den eingesetzten Untersuchungsmethoden zwischen 4 und 14 %; übereinstimmend wird berichtet, dass diese Störungen „zu den am häufigsten ermittelten Störungsformen [zählen]. Noch auffälliger zeigt sich die hohe Verbreitungsrate dieser Störung im Kindes- und Jugendalter in klinischen Studien" (Scheithauer & Petermann 2004, 373). Zudem wird offen aggressives Verhalten zwei bis viermal so häufig von Jungen gezeigt; Mädchen zeigen indes signifikant deutlicher relational aggressives Verhalten, also Formen indirekter Aggression wie Mobbing, massive Intrigen etc.

Insbesondere aggressives/gewalttätiges Verhalten weist etwa ab dem 5. Lebensjahr eine hohe Stabilität auf, wenn nicht frühzeitig gezielte therapeutische oder pädagogische Interventionen erfolgen. Vier Faktoren zeigen sich hierbei als hoch relevant: Das Verhalten ist stabil, wenn es (1) früh in der Kindheit beginnt, (2) sehr häufig auftritt, (3) viele Verhaltensbereiche betrifft und (4) auf viele Lebensbereiche (Familie, Schule, Peergroup) bezogen ist.

Langjährige Beobachtungen zeigen, dass gewalttätiges Verhalten etwa seit Beginn des Jahrtausends nicht zunimmt. Allerdings gibt es eine geringe Anzahl von jugendlichen „Intensivtätern" (ca. 5–7 %), die für einen Großteil von Gewalt-Kriminalität verantwortlich sind.

Aufmerksamkeitsdefizit-Hyperaktivitäts-Störung (ADHS)

Definition: Als Leitsymptome von ADHS werden benannt: „Unaufmerksamkeit (Aufmerksamkeitsstörungen, Ablenkbarkeit), Überaktivität, Hyperaktivität, motorische Unruhe und Impulsivität. Nach ICD-10 (klinische Kriterien) müssen sowohl Unaufmerksamkeit als auch Überaktivität vorliegen. Die Forschungskriterien verlangen das Vorliegen von Unaufmerksamkeit, Überaktivität und Impulsivität" (DGKJP 2007, 237). Die Klassifikationssysteme ICD und DSM stimmen in der Beschreibung weitestgehend überein. Im ICD-10 werden unter der Kategorie F90 „Hyperkinetische Störungen" noch die „einfachen Aktivitäts- und Aufmerksamkeitsstörungen" (F90.0) von der „Hyperkinetischen Störung des Sozialverhaltens" (F90.1) unterschieden.

Es soll hervorgehoben werden, dass die „Kardinalsymptome" mindestens sechs Monate lang vorliegen müssen, dass der Entwicklungsstand der Kinder bzw. Jugendlichen berücksichtigt werden muss, dass die Kriterien in mehr als einer Situation erfüllt sein müssen und dass wesentliche Beeinträchtigungen der sozialen und intellektuellen Leistungsfähigkeit bestehen. In allen Stellungnahmen von Fachautor/innen wird immer wieder darauf hingewiesen, dass die Diagnosestellung „erhebliche Schwierigkeiten [bereitet]. Als Gründe dafür sind an erster Stelle die Vielzahl und Heterogenität der Symptome zu nennen, im Weiteren dann die situative Abhängigkeit und die damit verbundene Wechselhaftigkeit der Symptomatik. Da das Ausmaß der motorischen Aktivität eines Kindes sehr stark in Abhängigkeit von Alter und Entwicklungsstand variiert, heißt es bei der Diagnostik auch die Entwicklungsdimension zu berücksichtigen. Nicht zuletzt spielen auch normative Einschätzungen eine Rolle, die in die Bewertungen und Beurteilungen eines Kindes als Störenfried mit einfließen" (Quaschner & Theisen 2005, 157).

Epidemiologie: Nach Fröhlich-Gildhoff (2007) liegt die Prävalenzrate klar diagnostizierter ADHS etwa bei 3–5 % aller Schulkinder. Die Medikamentangabe ist bei diesem Störungsbild in den letzten 15 Jahren extrem (um das 30- bis 40-fache) gestiegen (vgl. Hüther & Bonney 2002). Das Verhältnis Jungen zu Mädchen beträgt je nach Studie und Untersuchungsmethode 3:1 bis 9:1. Neuere Untersuchungen zeigen, dass auch ADHS im Langzeitverlauf stabil bleibt: „30–66 % der hyperkinetischen Kinder leiden auch im Erwachsenenalter unter den Symptomen oder Folgeproblemen. Etwa 30 % zeigen ein noch voll ausgeprägtes Bild des hyperkinetischen Syndroms. 18–36 % weisen ein dissoziales Verhalten auf" (Döpfner 2000, 159).

Ursachenbetrachtung und Bedingungsanalyse

Bei der Entstehung der Auffälligkeiten und Störungen spielen komplexe Wechselwirkungen eine Rolle. Diese Komplexität lässt sich am ehesten durch einen integrativen bio-psycho-sozialen Erklärungsansatz abbilden (vgl. ausführlich: Fröhlich-Gildhoff 2007), der den folgenden Darstellungen zugrunde liegt.

Biologische Faktoren

Es finden sich keine empirisch belegbaren Hinweise auf genetische Zusammenhänge. Die Diskussion um hirnorganische Bedingungen oder Korrelate wird sehr intensiv geführt; die Wirksamkeit von Medikamenten bei einer Teilgruppe der

131

Betroffenen kann zunächst nicht als Beleg für eine allein biologische Störungs-genese gesehen werden (vgl. Hüther & Bonney 2002).

Neurologische Verletzungen, die zum Beispiel durch prä-, peri- oder postnatale Bedingungen verursacht sind, gelten als Risikofaktoren für die kindliche Entwick-lung, denn sie wirken sich auf die Wahrnehmungen, Informationsverarbeitung und Möglichkeiten der Emotionsregulation aus.

Das größte Gewicht wird Temperamentsfaktoren, insbesondere dem so genann-ten „schwierigen Temperament" (Schmeck 2003) und unterschiedlichen Disposi-tionen zur Affektregulation auf neurophysiologischer Ebene zugemessen. Von hoher Bedeutung zeigt sich die Interaktion zwischen Temperament und elterlicher Wahrnehmung. „Je eher die Temperamentsmerkmale eines Kindes von seinen Eltern als schwierig angesehen werden, desto eher sind im Verlauf der Entwicklung externalisierende Verhaltensstörungen der Kinder zu erwarten" (Schmeck 2003, 170).

Frühkindliche (Beziehungs-)Erfahrungen

Der elterliche Erziehungsstil spielt eine bedeutende Rolle; entscheidende Variablen sind: mangelhafte Aufsicht durch die Eltern, negative Rückmeldung in der Erzie-hung, Mangel an adäquaten sozialen Regeln (z.B. zu viele oder zu wenige Regeln, keine konsequente Einhaltung der Regeln; vgl. Petermann & Petermann 2001), unzureichende emotionale Unterstützung und Akzeptanz gegenüber dem Kind, das Fehlen einer positiven Anteilnahme und „ein strenger, strafender Erziehungs-stil (z.B. körperliche Misshandlung, Schläge oder Einsperren des Kindes)" (Scheit-hauer & Petermann 2004, 396).

Dysfunktionale Unterstützung bei der Emotionsregulation kann zu fehlenden bzw. unzureichenden emotionalen und selbstregulatorischen Kompetenzen und mangelnder Empathiefähigkeit bei Kindern führen – und diese Faktoren stehen in einem engen Ursachenzusammenhang mit überdauerndem aggressiven Verhal-ten (z.B. Krahé 2001). Ein weiterer enger Zusammenhang findet sich zwischen unsicheren Bindungserfahrungen, entsprechenden innerpsychischen Repräsenta-tionen („innerem Arbeitsmodell") und späterem aggressiven Verhalten (Dornes 1997; Scheithauer & Petermann 2004).

Selbststruktur/psychologische Faktoren

Bindungsrepräsentationen: Aufgrund unsicherer bzw. desorganisierter Bindungs-erfahrungen kommt es zu einer Vorsicht und/oder Misstrauen sowie der Stim-mung eines „dysfunktionalen Ärgers". „Die Ursprünge dieses Ärgers liegen in frühen und/oder dauerhaften Beziehungserfahrungen des Zurückgewiesenwer-dens, die beim Kind eine negative Erwartungshaltung schaffen, die seine Weltsicht einfärbt" (Dornes, 1997, 272). Es kommt so zu einem Kreislauf: Aufgrund der erfahrenen Zurückweisungen, Ambivalenzen oder real erfahrenen Aggressionen reagieren die Kinder auch in zweideutigen Situationen „häufiger aggressiv und werden deshalb auch aggressiver behandelt, was wiederum ihre Sicht von der Welt als Ort latenter Bedrohung bestätigt" (Dornes 1997, 272). Auch bei Kindern, die aufgrund einer möglicherweise „mitgebrachten" Übererregung oder Überempfindlichkeit nicht in ihren Bindungsbedürfnissen adäquate Resonanz erfahren haben, zeigt sich dieser Kreislauf von Wiederholungen dysfunktionalen Beziehungsverhaltens.

Informationsverarbeitung: Eine Reihe von Studien zeigt, dass (besonders) aggressive Kinder ein spezifisches Muster der Informationsverarbeitung zeigen. Entsprechend der Theorie der sozialen Informationsverarbeitung nach Crick und Dodge (1994) interpretieren Kinder und Jugendliche mit aggressivem Verhalten Situationen eher aggressiv gefärbt und zeigen dann entsprechende Handlungsmuster. In einer Studie von Burks et al. (1999) konnte über den Verlauf von acht Jahren nachgewiesen werden, dass frühes aggressives Verhalten gepaart ist mit feindlich gesinnten Wahrnehmungs- und Interpretationsmustern, und dass es gewissermaßen selbstverstärkend zu stärker aggressivem Verhalten bei den dann älteren Kindern führt. Krahé (2001) beschreibt einen „hostile attributional style", eine Tendenz, unklare Situationen als feindselig oder aggressiv zu interpretieren. Diese „verzerrte sozial-kognitive Informationsverarbeitung" (Petermann, Döpfner & Schmidt 2001) bildet die Grundlage für einen sich selbst verstärkenden Kreislauf, wodurch das zugrunde liegende Schema immer wieder verstärkt wird.

Selbstwirksamkeit und Kontrollerwartungen: Krahé (2001) referiert Untersuchungsergebnisse, die zeigen, dass Menschen mit erhöhtem aggressiven Verhalten generell die Tendenz zeigen, Gefühle von Unwohlsein, Hilflosigkeit und Verletzlichkeit zu empfinden; diese stehen in einem positiven Zusammenhang zur Bereitschaft zu aggressivem Verhalten. Aggressives Verhalten ist eine Möglichkeit, um zumindest kurzfristig Situationskontrolle auszuüben und damit das eigene Selbstwirksamkeitserleben zu erhöhen. Petermann, Döpfner und Schmidt (2001, 21) stellen fest, dass aggressive Kinder „glauben, dass Aggression zu Anerkennung, einem höheren Selbstwertgefühl sowie positiven Gefühlen führt [...] weiterhin schätzen diese Kinder ihr aggressives Handeln als effektiv ein". Krahé (2001) stellt fest, dass aggressives Verhalten nicht, wie früher oft angenommen, unbedingt mit einem eindeutig niedrigen, wohl aber mit einem unrealistischen bzw. instabilen Selbstwert zu tun hat, der dazu führt, dass Individuen tendenziell aggressiver handeln. Auf ähnliche Weise kann es bei überaktivem Verhalten zu Kreislaufprozessen kommen: Zunächst wird durch das „zappelige" Verhalten eine Reaktion der Umwelt erreicht – diese kurzfristige Erfahrung von Situationskontrolle ist langfristig nicht selbstwertstärkend, weil die Reaktion in der Regel sanktionierend ist. So besteht die Notwendigkeit des Kindes, erneut und überhöht Aufmerksamkeit zu erzeugen (zu diesem Kreislauf und den neurophysiologischen Implikationen vgl. Hüther & Bonney 2002).

Selbststeuerung/-regulation: Auf die möglichen Probleme im sensiblen Zusammenspiel zwischen kindlichem Temperament und elterlichem Verhalten bei der Emotionsregulation wurde hingewiesen. Kinder mit aggressivem Verhalten haben weniger Fähigkeiten zu einer „Selbstberuhigung" (z. B. Papousek 2004) und zur

Regulation eigener Emotionen entwickelt, ihnen mangelt es an „Emotionsregulationsstrategien". Zudem gelingt es diesen Kindern häufig nicht, sich aus emotionsauslösenden Situationen zurückziehen und es fehlen auch kognitive Strategien (z. B. internale Aufmerksamkeitsumlenkung) oder externale Regulationsstrategien, etwa alternatives körperliches Ausagieren. Krahé (2001) beschreibt eine erhöhte Irritabilität, also eine generelle Tendenz, schon bei geringsten Provokationen oder Nicht-Übereinstimmungen impulsiv oder konflikthaft/kontrovers zu reagieren. Eine Vielzahl weiterer Untersuchungen bestätigt die ‚gestörte Impulskontrolle', die dazu führt, dass aggressives Verhalten unzureichend gehemmt wird (zusammenfassend: Petermann, Döpfner & Schmidt 2001).

Bei der Entstehung und Verfestigung einer ADHS-Störung stehen gerade die frühkindlichen gescheiterten interaktiven Regulationserfahrungen im Mittelpunkt; von Lüpke (2006, 184 f.) spricht in diesem Zusammenhang von einem „entgleisten Dialog" zwischen Kind und Eltern: „Hyperaktivität wäre ein verzweifelter Versuch, den Stillstand nach dem Entgleisen durch Bewegung aufzuheben." Aus der Analyse einschlägiger Studien kommt er zu dem Schluss, dass „allein die Beobachtung der Eltern-Kind-Interaktion beim sechs Monate alten Säugling verlässliche Vorhersagen für das Risiko einer AD(H)S ermöglicht. Die entscheidenden Kriterien waren dabei ein überstimulierendes und eindringliches (intrusives) Verhalten bei den Eltern sowie Beziehungsprobleme und mangelnde Unterstützung der Eltern".

Insbesondere Kinder mit hoher Vulnerabilität oder einem „schwierigen Temperament" benötigen besondere Formen der unterstützenden Passung durch die Bezugspersonen. Ist diese nicht möglich, kommt es zu einer Symptomverstärkung. „Man kann sich leicht vorstellen, dass eine primär im Kind angelegte ADHS-Symptomatik sich verstärkt, wenn das Kind nicht nur keine Hilfen bei der Strukturierung von Wahrnehmungen und Handlungen erfährt, sondern darüber hinaus auf eine unstrukturierte Umgebung trifft" (Schulte-Markwort & Düsterhus 2003, 98).

Auslösebedingungen

Bisher wurde der Entwicklungsverlauf dargelegt, der ursächlich für die Entstehung einer stabilen, externalisierenden Verhaltensdisposition ist. Allerdings tragen oftmals situative Auslöser dazu bei, dass insbesondere aggressives Verhalten dann auch wirklich gezeigt wird.

Als wichtigste Auslösebedingungen gelten nach Fröhlich-Gildhoff (2006): unklare soziale Situationen, Überforderung bzw. Konfrontation ohne Ausweich- oder Rückzugsmöglichkeiten, ein gewaltförderndes Sozialklima, Alkohol- und Drogenkonsum (und in der Folge die Absenkung von Hemmschwellen), Frustrationen.

Als uneinheitlich stellt sich der Forschungsstand zum Einfluss von Medien dar. Es ist allerdings davon auszugehen, dass die mediale Darstellung von Gewalttätigkeiten vor allem auf Kinder und Jugendliche mit einer vorhandenen Bereitschaft zu gewalttätigem Handeln verstärkend bzw. verhaltensauslösend wirkt (vgl. z. B. Krahé, 2001).

Interventionen

Frühzeitige, multimodale präventive Programme können die Wahrscheinlichkeit der Entstehung externalisierender Verhaltensauffälligkeiten verringern. Ein Beispiel zur Prävention aggressiven Verhaltens ist das Programm FAUSTLOS (Cierpka 2001); ein Projekt zur erfolgreichen Prävention von ADHS haben Leuzinger-Bohleber et al. (2006) realisiert.

Professionelle „Antworten" und Interventionen bei Kindern und Jugendlichen, die bereits in erheblichem Maße externalisierende Auffälligkeiten zeigen, müssen ebenfalls multimodal und auf mehreren Ebenen ansetzen. Dies bedeutet, dass in ein pädagogisches Programm und besonders in Behandlungs- oder Therapiekonzepte integrativ das betroffene Kind oder der betroffene Jugendliche, seine Bezugspersonen und die Schule (oder Kindertagesstätte) als Institution sowie die zuständigen pädagogischen Fachkräfte einbezogen werden müssen: „Dies gilt insbesondere bei sehr ausgeprägten Formen des aggressiv-dissozialen Verhaltens" (Petermann, Döpfner & Schmidt 2001, 30) wie auch für die therapeutische und pädagogische Arbeit mit Kindern, die eine ADHS-Symptomatik zeigen (z. B. Quaschner & Theisen 2005).

In der direkten Arbeit mit dem gewalttätigen Kind/Jugendlichen ist es zunächst bedeutsam, eine tragfähige, haltgebende Beziehung aufzubauen. Auf dieser Basis ist eine Grundhaltung zu realisieren, die durch Wertschätzung und Konfrontation zugleich gekennzeichnet ist. Wertschätzung ist auf die Person bezogen – bezüglich des aggressiven Verhaltens sollte deutlich gemacht werden, dass der Pädagoge oder Therapeut dieses nicht billigt. Inhaltlich wird es zunächst darum gehen, die zumeist geringe Veränderungsmotivation auszubauen. Ein Schwerpunkt ist dann das Arbeiten an der Selbstverantwortung der Betroffenen. Ferner geht es darum, die dargelegte verzerrte Informationsverarbeitung durch eine Differenzierung der Selbst- und Fremdwahrnehmung „aufzubrechen", die Selbstregulationsfähigkeiten zu verbessern und neue, alternative Verhaltensweisen zur Bewältigung von Konflikten oder unklaren sozialen Situationen einzuüben.

Insgesamt haben sich dabei Gruppentrainings und Gruppentherapieverfahren – am besten in Kombination mit Einzelarbeit und begleitender Elternarbeit – als wirkungsvoller erwiesen als Einzeltherapie (z. B. Scheithauer & Petermann 2004). Beispiele für solche Trainings sind: „Training mit aggressiven Kindern" (Petermann & Petermann 2001) oder das „Freiburger Anti-Gewalt-Training" (Fröhlich-Gildhoff 2006).

Unterstützende, evaluierte Programme für Kinder mit einer ADHS-Symptomatik sind zum Beispiel das „Therapieprogramm für Kinder mit hyperkinetischem und oppositionellem Problemverhalten" (THOP von Döpfner, Schürmann & Frölich 2002) oder das „Kompetenztraining für Eltern sozial auffälliger und aufmerksamkeitsgestörter Kinder (KES)" (Lauth & Heubeck 2005).

Insgesamt erfordert die Arbeit mit Kindern und Jugendlichen, die externalisierende Auffälligkeiten zeigen, ein höheres Maß an Strukturgebung – sowohl in der unmittelbaren Begegnung als auch in der Gestaltung der konkreten Interventionen in Schule wie Elternhaus. In einigen Studien konnte gezeigt werden, dass gerade in Schulen nicht rechtzeitig, konsequent genug und verstehend den auffälligen SchülerInnen begegnet wurde und so die Probleme eher „verschleppt" wurden (vgl. Fröhlich-Gildhoff et al. 2008).

Die medikamentöse Behandlung der external auffälligen Kinder ist zwar verbreitet, aber umstritten und bedarf einer sorgfältigen Kontrolle (vgl. z. B. Döpfner, Schürmann & Frölich 2002; Hüther & Bonney 2002; Streeck-Fischer 2006).

Literatur

Burks, V. S., Laird, R. D., Dodge, K. A., Pettit, G. S. & Bates, J. E. (1999): Knowledge structures, social information, processing and children's aggressive behavior. In: Social Development, 8 (Jg.), H. 2, 220–236

Cierpka, M. (Hrsg.) (2001): FAUSTLOS. Ein Curriculum zur Prävention von aggressivem und gewaltbereitem Verhalten bei Kindern der Klassen 1 bis 3. Göttingen: Hogrefe

Crick, N. R. & Dodge, K. A. (1994): A review and reformulation of social information processing mechanisms in children's social adjustment. In: Psychological Bulletin, 115 (Jg.), H. 1, 74–101

DGKJP, Deutsche Gesellschaft für Kinder- und Jugendpsychiatrie, Psychosomatik und Psychotherapie (Hrsg.) (2007): Leitlinien zu Diagnostik und Therapie von psychischen Störungen im Säuglings-, Kindes- und Jugendalter. Köln: Deutscher Ärzteverlag

Dilling, H., Mombour, W., Schmidt, M. H. & Schulte-Markwort, E. (1994): Internationale Klassifikation psychischer Störungen. ICD-10 Kapitel V (F). Forschungskriterien. Bern: Huber

Döpfner, M. (2000): Hyperkinetische Störungen. In: Petermann, F. (Hrsg.): Lehrbuch der klinischen Kinderpsychologie und Psychotherapie. Göttingen: Hogrefe, 151–186

Döpfner, M., Schürmann, S. & Frölich, J. (2002): Das Therapieprogramm für Kinder mit hyperkinetischem und oppositionellem Problemverhalten (THOP). Weinheim: Beltz/PVU

Dornes, M. (1997): Die frühe Kindheit. Entwicklungspsychologie der ersten Lebensjahre. Frankfurt a. M.: Fischer

Fröhlich-Gildhoff, K. (2006): Freiburger Anti-Gewalt-Training (FAGT). Ein Handbuch. Stuttgart: Kohlhammer

Fröhlich-Gildhoff, K. (2007): Verhaltensauffälligkeiten bei Kindern und Jugendlichen. Stuttgart: Kohlhammer

Fröhlich-Gildhoff, K., Wigger, A., Lecaplain, P., Svensson, O. & Stelmaszuk, Z. W. (Eds.) (2008): Professional support for violent young people. Results of a comparative European study. Freiburg: FEL

Hüther, G. & Bonney, H. (2002): Neues vom Zappelphilipp. ADS: Vorbeugen, Verstehen und Behandeln. Düsseldorf: Walter

Krahé, B. (2001): The Social Psychology of Aggression. Philadelphia: Psychology Press

Lauth, G.-W. & Heubeck, G. (2005): Kompetenztraining für Eltern sozial auffälliger und aufmerksamkeitsgestörter Kinder – KES. Göttingen: Hogrefe

Leuzinger-Bohleber, M. et al. (2006): Die Frankfurter Präventionsstudie. Zur psychischen und psychosozialen Integration von verhaltensauffälligen Kindern (insbesondere von ADHS) im Kindergartenalter – ein Arbeitsbericht. In: Leuzinger-Bohleber, M., Brandl, Y. & Hüther, G. (Hrsg.): ADHS – Frühprävention statt Medikalisierung. Göttingen: Vandenhoek & Ruprecht, 238–269

Lüpke, H. von (2006): Der Dialog in Bewegung und der entgleiste Dialog. Beiträge aus Säuglingsforschung und Neurobiologie. In: Leuzinger-Bohleber, M., Brandl, Y. & Hüther, G. (Hrsg.): ADHS – Frühprävention statt Medikalisierung. Göttingen: Vandenhoek & Ruprecht, 169–188

Papousek, M. (2004): Regulationsstörungen der frühen Kindheit: Klinische Evidenz für ein neues diagnostisches Konzept. In: Papousek, M., Schieche, M. & Wurmser, H. (Hrsg.): Regulationsstörungen der frühen Kindheit. Bern: Huber, 77–110

Petermann, F. & Petermann, U. (2001): Training mit aggressiven Kindern. Weinheim: Beltz/PVU

Petermann, F., Döpfner, M. & Schmidt, M. H. (2001): Aggressiv-dissoziale Störungen. Göttingen: Hogrefe

Quaschner, K. & Theisen, F. N. (2005): Hyperkinetische Störungen. In: Remschmidt, H. (Hrsg.): Kinder- und Jugendpsychiatrie. Stuttgart: Thieme, 156–164

Scheithauer, H. & Petermann F. (2004): Aggressiv-dissoziales Verhalten. In: Petermann, F., Niebank, K. & Scheithauer, H. (Hrsg.): Entwicklungswissenschaft: Entwicklungspsychologie – Genetik – Neuropsychologie. Berlin: Springer, 367–406

Schmeck, K. (2003): Die Bedeutung von spezifischen Temperamentsmerkmalen bei aggressiven Verhaltensstörungen. In: Lehmkuhl, U. (Hrsg.): Aggressives Verhalten bei Kindern und Jugendlichen. Ursachen, Prävention, Behandlung. Göttingen: Vandenhoeck & Ruprecht, 157–174

Schulte-Markwort, M. & Düsterhus, P. (2003): ADS/ADHS und Familie – Die Bedeutung familiärer Faktoren für die Symptomgenese. In: Persönlichkeitsstörungen: Theorie und Therapie, 7 (Jg.), H. 2, 95–104

Streeck-Fischer, A. (2006): „Neglekt" bei der Aufmerksamkeitsdefizit- und Hyperaktivitäts-Störung. In: Psychotherapeut, 51 (Jg.), H. 2, 80–90

4.4 Innenwelt: Störung der Person und ihrer Beziehungen

Bernd Ahrbeck

Einleitung

Eine hohe Funktionsfähigkeit ist im kulturellen Selbstverständnis der Gegenwart ein überaus hoch geachtetes Ziel, mehr noch: sie gilt fast als eine zwingende Notwendigkeit, der sich kaum jemand entziehen kann. Mobilität, die schnelle Anpassung an neue Erfordernisse und Flexibilität im Umgang mit Personen gehören ebenso dazu wie die Fähigkeit, mit den notwendigen Informationen ausgestattet, Erfolg versprechende Handlungsstrategien zu finden. All diese Kompetenzen sind auf die Bewältigung der äußeren Realität gerichtet. Das Erleben der Akteure interessiert vor allem im Hinblick darauf, wie es zur Lösung vorgegebener Aufgaben beiträgt oder ihr im Weg steht. Insofern werden die dazu notwendigen psychologischen Mittel wie Selbst- und Fremdwahrnehmung, Erlebens- und Verhaltensregulation, die zu unterschiedlichsten Kompetenzen führen sollen, vornehmlich unter instrumentellen Aspekten gesehen. Damit korrespondiert ein Menschenbild, das autonome Gestaltungsfähigkeiten, Selbständigkeit und Unabhängigkeit akzentuiert. Bindung und Angewiesensein, der Lebensgeschichte und Innenwelt werden dagegen eine vergleichsweise geringe Bedeutung eingeräumt (vgl. Ahrbeck & Rauh 2004).

Hohe Funktionserwartungen bestehen aber nicht nur für Erwachsene, sondern auch für Kinder und Jugendliche. Davon zeugt unter anderem die verbreitete Forderung nach einer möglichst frühen Förderung aller Kinder, die ihrer Kompetenzerweiterung und Leistungsstärkung dienen soll. Als beispielhafter Beleg hierfür mag gelten, dass bereits in den Packungsbeilagen von Spielzeugen auf ihren pädagogischen Wert verwiesen wird – indem sie etwa die Feinmotorik stärken oder die Auge-Hand-Koordination fördern sollen. Augenfällig ist ebenfalls, wie sehr älteren, „hochmodern-individualisierten" Kindern und Jugendlichen zugetraut und von ihnen gefordert wird, dass sie aus sich selbst heraus gut für sich sorgen können. Es scheint wenig Zweifel daran zu geben, dass sie bereits über die zur Lebensbewältigung notwendigen äußeren Kompetenzen und psychischen Voraussetzung verfügen. Ein Blick auf ihre Innenwelt, auf das was sie innerlich bewegt, ihre Sehnsüchte, Wünsche und Ängste, Schwierigkeiten und Konflikte, erfolgt dabei vergleichsweise selten. Häufig fällt dieser Blick merkwürdig blass aus: So als lohne es sich nicht wirklich, den inneren Bewegungen der Kinder und Jugendlichen über die hochgesteckten Funktionserwartungen und -zuschreibungen hinaus nachzugehen (ausführlich: Ahrbeck 2004; Datler, Eggert-Schmid Noerr & Winterhager-Schmid 2002).

Vor allem die Psychologie, als wichtige Nachbardisziplin der Verhaltensgestörtenpädagogik, ist gegenwärtig in zentralen Bereichen deutlich funktionalistisch ausgerichtet, mit stark (neo)behavioristischen und (neo)positivistischen Ausprägungen in Theorie und Praxis. Diese Einschätzung mag als pauschale Diagnose überzeichnet erscheinen, an überzeugenden Belegen gerade im Hinblick auf Förder- und Evaluationsverfahren für psycho-sozial auffällige und verhaltensgestörte Kinder mangelt es allerdings nicht. Auch ändert die Einbeziehung kognitiver wie auch emotionaler Faktoren an diesem Befund nur wenig, da sie in erster Linie wegen ihres funktionalen Beitrages zur Verhaltensmodifikation interessieren (vgl. z. B. Ahrbeck 2009).

In der Verhaltensgestörtenpädagogik selbst finden sich sehr unterschiedliche, teils auch gegenläufige Bewegungen. Von einer Dominanz eher technokratisch geprägter und funktionell ausgerichteter Sichtweisen und Handlungskonzepte kann aber nicht ausgegangen werden; das mag zu den Stärken des Faches gehören. Vielmehr spielen hier Kategorien wie Bindung und Beziehung eine besondere Rolle. „Immer wieder [. . .] wird die positive, tragfähige, fördernde, belastbare etc. Beziehung als Voraussetzung allen Erfolg versprechenden Handelns konstatiert. Man kann geradezu von einem Primat der Beziehung für die Erziehung von Kindern und Jugendlichen mit Verhaltensstörungen sprechen" (Hillenbrand 2008, 229). Eine Schwierigkeit entsteht allerdings dann, wenn dieses Desiderat theoretisch unterfüttert und praktisch umgesetzt werden soll. Zu Recht beklagt Hillenbrand, dass konkrete Vorstellungen darüber, wie diese Beziehungsgestaltung erfolgen soll, im Fach noch nicht hinreichend entfaltet sind – mit Ausnahme des humanistisch-psychologischen Beitrags Carl Rogers (vgl. Stein, Kap. 3.1, in diesem Band).

Insofern ist es dringend geboten, sich dieser Aufgabenstellung weiterführend anzunehmen. Im Folgenden werden Beziehungsstörungen vor dem Hintergrund der verinnerlichten Lebenserfahrungen und der aktuellen Konflikthaftigkeit verhaltensgestörter Kinder und Jugendlicher gesehen, die in aktuellen pädagogischen Konstellationen ihren Niederschlag finden. Die Betrachtung der Innenwelt eröffnet dabei weitreichende Perspektiven für die Theorie und Praxis der Verhaltensgestörtenpädagogik. Sie erfordert, dass psychoanalytische, speziell psycho- und beziehungsdynamische Erkenntnisse stärker als bisher genutzt und zur Profilierung des Faches herangezogen werden.

Repräsentanzenlehre

Die Lehre der psychischen Repräsentanzenbildung ist deshalb so bedeutsam, weil sie wichtige Aussagen über den inneren Niederschlag aktueller und lebensgeschichtlich relevanter Erfahrungen beinhaltet und Auskunft darüber gibt, wie sich innere und äußere Realität zueinander verhalten. Zunächst ist davon auszugehen, dass insbesondere diejenigen Lebenserfahrungen psychisch bedeutsame Folgen haben, die sich vielfach wiederholen und eine hohe affektive Beteiligung aufweisen.

In der ganz frühen Entwicklung handelt es sich um die Regulation von Affekten, so genannte Affektattunements. Sie führen dazu, dass in dem Kind ein „Wissen" darüber entsteht, wie mit bestimmten inneren Zuständen umgegangen wurde. Beispielsweise mit Angst, Wut oder anderen Affekten, die sich im Kontext von (Trieb-)Bedürfnissen oder körperlichen Beeinträchtigungen in der Beziehung zur Mutter einstellen. Dieses Wissen wird als ein „implizites Beziehungswissen" gespeichert und bleibt ein Leben lang unbewusst. Es ist aber im weiteren Leben insofern wirkungsmächtig, als es auf einer sehr elementaren Ebene zur Regulation von Affekten und Beziehungen beiträgt. Spätere Erfahrungen, beginnend etwa mit dem 18. bis 24. Lebensmonat, sind grundsätzlich bewusstseinsfähig. Sie können abgewehrt werden und unter bestimmten Bedingungen auch wieder in das Erleben zurückkehren. Psychisch werden sie in einem dynamischen System repräsentiert, das mit einem explizit-deklarativen Gedächtnis verbunden ist. Als weiterer wichtiger Teil der Innenwelt tragen die so verinnerlichten Erfahrungen wesentlich dazu bei, wie ein Mensch sich selbst und andere erlebt und wie er die Beziehung zu anderen Personen gestaltet. Der Übergang zwischen beiden Erfahrungs- und Gedächtnisformen markiert einen entscheidenden Punkt der kindlichen Entwicklung, den der Differenzierung und beginnenden Individuation.

Wichtig ist die Unterscheidung von Selbst- und Objektrepräsentanzen. In den Objektrepräsentanzen sind die Erfahrungen mit anderen Personen, den so genannten Objekten, niedergelegt. Sie zeugen von der Art und Weise, wie ein Mensch andere Personen (und die Beziehung zu ihnen) erlebt hat; zum Beispiel als fürsorglich oder vernachlässigend, einfühlend oder abweisend, gewährend oder kontrollierend. Die Selbstrepräsentanzen hingegen enthalten die Summe der verinnerlichten Erfahrungen, die eine Person mit sich selbst gemacht hat; sie betreffen also das unmittelbar zur eigenen Person gehörende Erleben. Allerdings nicht in einem beziehungslosen Raum, sondern sehr wohl in Relation zu Anderen; etwa dadurch, dass sich ein Kind als bedeutungsvoll oder in seinem Tun als wirksam erlebt oder auf entsprechende Erfahrungen verzichten muss. Eine reife psychische Entwicklung zeichnet sich dadurch aus, dass Selbst- und Objektrepräsentanzen gut voneinander getrennt sind.

Die Repräsentanzenbildung erfolgt auf einem höchst individuellen, mitunter auch sehr kreativen Weg. Sie stellt eine Aneignungs- und Bewältigungsleistung der inneren und äußeren Realität dar, die einer Eigengesetzmäßigkeit folgt und gradlinige Ableitungen verbietet. Aufgrund der Einzigartigkeit dieses Prozesses lässt sich weder mit hinreichender Gewissheit vorhersagen, wie ein Kind auf bestimmte Gegebenheit reagieren wird, noch ist die kindliche Entwicklung in wichtigen Bereichen von außen steuerbar. Ein solches Entwicklungsverständnis bewahrt vor einem gängigen Kurzschluss: Der Annahme, man könne aus von außen wahrnehmbaren Phänomenen auf die innere Verfasstheit eines Menschen schließen. Etwa in dem Sinne, dass als gut oder schlecht erscheinende Vorgaben, etwa ein beobachtbares Erziehungsverhalten, zwangsläufig zu entsprechenden inneren Bildern führt.

Die Welt der inneren Bilder von sich selbst und anderen, die Repräsentanzenwelt, ist ein konstituierender Baustein der Persönlichkeit, mit einer engen Verbindung zum „Selbst" (Kohut 2007) oder der „Identität" (Erikson 2008) als ein die gesamte Person umfassendes Konzept. Sie korrespondiert ebenso mit Teilbereichen der Persönlichkeitsstruktur wie den Ich-Funktionen und dem Über-Ich.

Eine Beschäftigung mit der kindlichen Innenwelt ist (verhaltensgestörten-)pädagogisch deshalb so wichtig, weil sie entscheidend dazu beiträgt, ob und in welcher Form das Kind schulische und außerschulische emotionale, soziale und kognitive Entwicklungsaufgaben bewältigen kann. In diesem Sinne setzt ein ertragreiches pädagogisches Handeln einen gezielten Blick auf die (zumeist) fragile kindliche Innenwelt voraus und ein Verständnis dafür, was einen schwierigen Schüler innerlich bewegt: Was ihn überfordert und behindert, womit er sich selbst im Wege steht und woran er zu scheitern droht, aber auch, was er vermag und welche Bewältigungs- und Anpassungsleistungen er in einer schwierigen inneren und äußeren Situation vollbringt. Ohne Auseinandersetzung mit der Innenwelt besteht die Gefahr, dass das pädagogische Handeln ins Leere läuft, weil die kindlichen Inszenierungen unverstanden bleiben und auf keine adäquate pädagogische Antwort hoffen dürfen (vgl. Rauh, Kap. 5.3, in diesem Band).

Störungsbegriff

Bei auffälligem oder störendem Verhalten muss zunächst überprüft werden, ob es sich um situationsspezifisch verankerte, zeitlich begrenzte und wenig gravierende Besonderheiten handelt. Viele dieser im (vor)schulischen Alltag anzutreffenden problematischen Verhaltensweisen resultieren aus relativ leicht zugänglichen Anpassungsproblemen. Sie lassen sich mit den Mitteln der allgemeinen Pädagogik beheben, auch dann, wenn sie für Erzieher, Lehrkräfte und andere Kinder durchaus belastend sein können. Ein für die Verhaltensgestörtenpädagogik relevanter Störungsbegriff sollte erst dann in Betrachtung gezogen werden, wenn die kindliche Entwicklung nachhaltig gefährdet ist, aus Gründen, die auch in der Person des Kindes liegen. Eine solche Störung zeichnet sich dadurch aus, dass sie einer Lebensbewältigung im Weg steht und das Kind am Fortkommen hindert. Sie bringt mehr Schaden als dass sie nutzt, produziert Leid und Unglück dort, wo andere Kinder sich freier entfalten können – also erfahrungsoffener sind, über stärkere Gestaltungsmöglichkeiten verfügen, befriedigendere Beziehung eingehen und mehr Freude am Leben haben. Die psychische Belastung verhaltensgestörter Kinder und Jugendlicher hingegen ist erheblich, wie Schmid et al. (2007) nachweisen.

Der hier vertretene Störungsbegriff geht, den bisherigen Ausführungen folgend, über das manifeste Verhalten hinaus. Die äußere Erscheinungsebene, die Symptomatik, spiegelt demzufolge etwas von der ungelösten inneren Konflikthaftigkeit des Kindes oder Jugendlichen wider, von strukturellen Beeinträchtigungen der Person oder auch traumatisierenden Lebenserfahrungen. Insofern stellt ein „gestörtes" Verhalten nicht den Kern des Problems dar, das wäre eine gravierende Fehleinschätzung. Es ist vielmehr eine Folgeerscheinung desselben. Ganz im Sinne der ursprünglichen Wortbedeutung: Das Symptom weist über sich selbst hinaus, es zeigt an, dass etwas anderes nicht in Ordnung ist. Die Art der Symptomatik und ihr Schwererad verraten dabei noch nicht, wie die dahinter liegenden Probleme aussehen. Eine identische Symptombildung kann auf ganz unterschiedlich gelagerte psychische Problematiken zurückzuführen sein, gleiche Probleme in einem komplizierten Verarbeitungsprozess zu unterschiedlichen Symptombildungen führen. Ebenso wenig verweist der Schweregrad der Symptomatik nicht umstandslos darauf, wie gravierend etwas im Inneren eines Kindes aus dem Lot geraten ist. Demzufolge können dramatische Formen unangepassten Verhaltens auf relativ reife Konflikte zurückzuführen sein und sich schwere Störungen der Persönlichkeitsentwicklung hinter recht harmlosen Ausdrucksformen verstecken.

Da sich die kindliche Innenwelt in einem dialogischen Verhältnis zur Umwelt herausbildet, muss der Störungsbegriff dem Rechnung tragen. Störungen in der Person entstehen in der Beziehung zu bedeutsamen Bezugspersonen, in der Regel durch belastende, schwer auflösbare und sich wiederholenden Beziehungserfahrungen. Häufig sind sie das Resultat einer lebensgeschichtlichen Entwicklung, in der die phasenspezifisch relevanten Bezugspersonen mit dem Kind nicht zurechtgekommen sind. Und das Kind ebenso wenig mit sich selbst. In der aktuellen Lebenssituation, in bestimmten Erziehungs- und Beziehungskonstellationen, wird die innere Problematik des Kindes dann aktiviert, möglicherweise noch verstärkt oder weiter aufgeheizt. Mit der Folge, dass pädagogische Situationen entgleiten, der schulische Alltag gestört wird und erneut schwer lösbare Beziehungsverstrickungen entstehen. Wiederum ist die Störungskategorie an die äußere Realität gebunden, vornehmlich an zwischenmenschliche Erfahrungen.

Insofern verbietet sich grundlegend eine Störungsvorstellung, die ohne sozialen und gesellschaftlichen Bezug auskommt. Die persönlichen, aktuellen wie historischen Beziehungs- und Erfahrungsräume sind ebenso zu berücksichtigen wie das soziale Milieu, kulturelle Rahmenbedingungen und gesellschaftliche Strukturen. Von allein personenbezogenen Zuschreibungen und einer Isolierung und Parzellierung kindlicher Beeinträchtigungen kann aus dieser Perspektive keine Rede sein. Die Hinwendung zur Innenwelt muss deshalb von einem gezielten Blick auf die äußere Realität begleitet werden, der anerkennt, wie schwerwiegend und zugleich veränderungsbedürftig interpersonelle Verstrickungen und soziale Lasten sein können. Dabei sollte man jedoch nicht der Täuschung erliegen, dass eine erfolgreiche Korrektur äußerer Lebensverhältnisse fast automatisch zu einem nachhaltigen inneren Niederschlag führen (vgl. Ahrbeck & Rauh 2004, von Freyberg & Wolff 2005).

Störungsformen und Beziehungsdynamik

Die wichtigsten inneren Problemlagen lassen sich auf der Ebene der Neurosen, der Persönlichkeitsstörungen sowie der Traumatisierungen ansiedeln. Diese diagnostische Zuordnung ermöglicht es jedoch nur annäherungsweise, der einzigartigen psychischen Situation eines Menschen gerecht zu werden. Für jede dieser Ebenen bietet die auf Freud (1923) zurückgehende Strukturtheorie einen elementaren Referenzrahmen. Das Es als ursprüngliche triebhafte Instanz erfährt im Laufe der psychischen Entwicklung eine zunehmende Einschränkung und Steuerung durch das Ich, das der Wahrnehmung und Beurteilung der inneren und äußeren Realität ebenso wie der Erlebens- und Verhaltensregulation dient. Den Gegenpol zum Es stellt das Über-Ich dar, definiert durch die verinnerlichte gesellschaftliche Moral. Es bedarf ebenfalls einer Regulation durch das Ich, damit ein (relativ) stimmiges Gesamtgefüge erreicht wird und sich Erlebens- und Handlungsmöglichkeiten optimieren lassen.

Die *Ebene der Neurosen* zeichnet sich durch Konflikte innerhalb der Person aus, die aus dem überfordernden Widerstreit der einzelnen Strukturelemente, auch Instanzen genannt, resultieren. Abwehrprozesse sind die Folge, sie sollen von nicht mehr tolerablen inneren Spannungen befreien. Dieser Versuch scheitert jedoch insofern, als sich das Abgewehrte nicht wirklich bändigen lässt. Es kehrt in einer veränderten, nunmehr in Bezug auf den ursprünglichen Konflikt verschleierten Form zurück, als eine zunächst unverständlich bleibende Symptombildung. Wichtig ist dabei, dass die einzelnen Strukturelemente der Persönlichkeit recht gut entwickelt sind. Die Person ist zwar in sich gefangen, leidet an sich selbst und ihren inneren Verstrickungen (und auch den äußeren Folgen), erweist sich aber außerhalb des neurotischen Bereiches als recht stabil.

Die unzureichende Konfliktlösung wirkt sich in aller Regel auf die aktuelle Beziehungsgestaltung aus, wenngleich wiederum in verstellter Form. So kann es etwa zu Inszenierungen kommen um Themen wie Versorgung und Vernachlässigung, Autonomie und Abhängigkeit, Macht und Ohnmacht, Konkurrenz und Rivalität, in die das Gegenüber in je spezifischer Weise verstrickt wird (Mentzos 1994). Aufgrund der relativ reifen Struktur neurotischer Kinder und Jugendlicher erweist sich die so entfaltete Beziehungsdynamik als vergleichsweise überschaubar, ist von begrenzter Dramatik und gefährdet die beteiligten Personen nicht elementar.

Die *Ebene der Persönlichkeitsstörungen* unterscheidet sich davon deutlich. Hier geht es um tiefer liegende Beeinträchtigungen, die auf unzureichend entwickelten Instanzen beruhen. Unreife Strukturen sowohl im Ich als auch im Über-Ich sorgen dafür, dass die äußere und innere Realitätswahrnehmung und -beurteilung eingeschränkt ist. Zwischen den Anforderungen der einzelnen Instanzen kann nur unzureichend unterschieden werden. Innere Konflikte werden nicht als solche erlebt, sie bleiben der Person fremd. Die Person steht deshalb unter einem fast permanenten Druck von Anforderungen, immer in Gefahr, aufgrund mangelnder Kontrollmöglichkeiten von ihnen überrollt zu werden. Dadurch kommt es häufig zu einem heftigen Agieren mit der Umwelt, mitunter auch in Form gewalttätiger Entladungen, begleitet von dem Gefühl, die Anderen seien schuld, hätten die Taten herausgefordert oder gar erzwungen. Dissoziale und delinquente Entwicklungen kommen bei persönlichkeitsgestörten Menschen häufig vor, nicht selten begleitet von einer frühen Suchtproblematik (Rauchfleisch 1981). Massive Selbstwertprobleme können eine wichtige Rolle spielen, mit einem Schwanken zwischen einem

143

realitätsunangepassten, grandios überhöhtem Selbst und der Gewissheit einer erniedrigenden Wertlosigkeit (Volkan & Ast 1994). Neben der den Selbstwert betreffenden narzisstischen Dimension ist die mangelnde Integrationsfähigkeit unterschiedlicher psychischer Bewegungen von Bedeutung. Vor allem Wut und Hass führen ein oft unkontrollierbares Eigenleben, das die Bewältigung der äußeren Realität erheblich erschwert (Kernberg 1998). Damit ist ein wichtiges Kriterium eines so genannten Borderline-Syndroms genannt (Rohde-Dachser 2004).

Die persönlichen Beziehungen von Menschen mit Persönlichkeitsstörungen gestalten sich oft stark konflikthaft, sie sind aggressiv aufgeladen, dadurch erheblich belastet und in ihrer Stabilität bedroht. Über kurz oder lang erweisen sie sich als brüchig. Bindung und Halt, obgleich eigentlich dringend benötigt, entstehen so gar nicht erst oder gehen schnell wieder verloren. Bei Dominanz archaischer Abwehrformen, wie Spaltung, Projektion und frühe Idealisierung, wird das Gegenüber häufig einem Wechselbad von Gefühlen ausgesetzt. Überraschende Angriffe, Schädigungs- und Entwertungswünsche können sich in schwer erträglicher Weise mit friedlichen Beziehungsangeboten und heftigen Idealisierungen mischen. Insofern stellt es für Pädagoginnen und Pädagogen eine erhebliche, viel Kraft kostende Herausforderung dar, die hervorgerufenen Affekte zu integrieren und sich diesen Menschen in der Beziehung zu stellen.

Bei Jugendlichen treten ausgeprägte Persönlichkeitsstörungen deutlich in Erscheinung. Ob sie bereits im Kindes- und frühen Jugendalter existieren und entsprechend diagnostiziert werden sollten, ist strittig. Dafür spricht, dass sich massive Fehlentwicklungen bereits früh abzeichnen, oft bereits am Ende der Grundschulzeit. Die Sorge vor allzu frühzeitigen Festschreibungen ist ein Gegenargument (vgl. Kernberg, Weiner & Bardenstein 2005).

Die *Ebene der Traumatisierungen* wird in jüngerer Zeit stärker beachtet (Bohleber 2000, Fischer & Riedesser 2003), vor allem in der Psychiatrie und Psychotherapie, bisher noch weniger in der Verhaltensgestörtenpädagogik. Traumatisierungen können etwa aufgrund sexueller oder körperlicher Übergriffe eintreten oder auch infolge von Kriegsereignissen: Sie entstehen dann, wenn eine Person überwältigenden, unfassbaren Erlebnissen ausgesetzt ist, die eine psychische Verarbeitung nicht zulassen. Eine unbeherrschbare Reizflut mit übergroßer Erregung kann dazu führen, dass der psychische Apparat überschwemmt wird und seine Funktionsfähigkeit verliert. Abwehrmöglichkeiten, die schützen könnten, gehen verloren. Eine Symbolisierung unterbleibt, das Erlittene lässt deshalb auch keine Integration in die bisherigen Sinn- und Bedeutungszusammenhänge zu. Darüber hinaus zeichnen sich Traumatisierungen dadurch aus, dass sie auf massiven Erfahrungen von Hilflosigkeit, Ohnmacht und Ausgeliefertsein beruhen. Im Erleben des Traumatisierten haben andere, helfende und unterstützende Personen gefehlt – sowohl im unmittelbar traumatisierenden Akt als auch in der späteren Verarbeitung. Im Erleben bleiben diffuse, namenlose Affekte zurück, Angst und Unsicherheit, Lähmungsgefühle und Apathie. Auf der Verhaltensebene sind sehr unterschiedliche Erscheinungsformen möglich, neben einem Rückzug aus dem Leben auch eine gesteigerte Aggressivität, mit der passiv Erfahrenes in aktives Handeln gewendet wird. Traumatisierungen sind in tiefen Gedächtnisschichten verankert, dabei gar nicht mehr oder nur noch äußerst begrenzt bewusstseinsfähig. Sie können maßgeblich daran beteiligt sein, dass sich Persönlichkeitsstörungen entwickeln.

Die Beziehung zu traumatisierten Kindern und Jugendlichen gestaltet sich deshalb so schwierig, weil der Zugang zu ihren inneren Verletzungen und ihrem Leid versperrt ist. Die diversen, irritierenden Auffälligkeiten, die sie im Erleben und Verhalten zeigen, stehen unvermittelt und „sprachlos" im Raum. Sie entziehen sich weitgehend einer verstehenden Annäherung. Die pädagogischen Bezugspersonen bewegen sich deshalb auf unsicherem Terrain, geraten oft in eine ratlose Position und haben einige Mühe, sich im Hinblick auf das traumatisierte Gegenüber zu definieren. Zum pädagogischen Umgang mit traumatisierten Kindern und Jugendlichen bestehen gegenwärtig noch viele offene Fragen.

Im Kontext der Verhaltensgestörtenpädagogik finden sich neurotische Kinder und Jugendliche relativ selten, da sie einen umschriebenen Konfliktherd aufweisen und in vielen Lebensbereichen recht gut zurechtkommen. Häufig lässt sich ihre Problematik psychotherapeutisch lösen, ohne dass sie spezieller pädagogischer Hilfen bedürfen. Allenfalls sind begrenzte unterstützende und begleitende Maßnahmen erforderlich. Bei schwer verhaltensgestörten Kindern und Jugendlichen bestehen demgegenüber gehäuft massive psychische Beeinträchtigungen, wie Störungen der Persönlichkeitsentwicklung, Ich-strukturelle Defizite, Bindungsstörungen oder auch Traumatisierungen. Bei ihnen geht es vor allem darum, dass reifere innere Strukturen entwickelt werden, als Voraussetzung dafür, dass die innere und äußere Realität besser bewältigt werden kann. Dazu gehören stabile Ich-Funktionen, wie etwa eine gesicherte Wahrnehmungsdifferenzierung nach innen und außen, die Entwicklung einer inneren Zeitdimension, die Steuerungsfähigkeit von (Trieb-)Impulsen und narzisstischen Bedürfnissen oder die Frustrationstoleranz gegenüber alltäglichen Notwendigkeiten. Weiterhin gehört ein kritisches Über-Ich dazu, das wachsam, aber nicht rücksichtslos strafend ist, sowie ein Ich-Ideal, das anspornend wirkt, sich aber mit den eigenen Möglichkeiten versöhnen kann. Bei Traumatisierungen ist es entscheidend, dass die betroffenen Kinder und Jugendlichen einen haltenden und stützenden Rahmen finden, einen (pädagogischen) Beziehungsraum, der Sicherheit gibt, zu ihrer inneren Beruhigung beiträgt und sie vor einer Retraumatisierung schützt.

Abschließende Überlegungen

Die Auseinandersetzung mit der Innenwelt führt zu vertieften diagnostischen Einsichten und leistet einen wichtigen Beitrag zu einer angemessenen pädagogischen Begegnung. Dazu bedarf es eines fundierten theoretischen Wissen und reflektierter Praxiserfahrungen. Die aus den inneren Notwendigkeiten verhaltensgestörter Kinder und Jugendlicher resultierten Symptombildungen, auffälligen Verhaltensweisen und Inszenierungen verweisen auf veränderungsbedürftige psychische Notlagen. Sie zeigen, dass etwas ungelöst oder noch nicht hinreichend gut entwickelt ist, und signalisieren gleichermaßen, was für eine gute Entwicklung benötigt wird. In welche Richtung sich die Innenwelt verändern muss, damit befreiter gelebt werden kann, ist alles andere als beliebig, auch wenn es unterschiedliche Akzentsetzungen geben mag (Ahrbeck 1998, Göppel 2002). Das Primat des Pädagogischen bleibt dadurch unangetastet. Störungen der Innenwelt interessieren in einer „Pädagogik bei Verhaltensstörungen" deshalb, weil sie Hindernisse darstellen, die pädagogischen Zielen im Weg stehen. Die Gestaltung fördernder Beziehungen erfolgt unter pädagogischen Gesichtspunkten.

Auf einen viel diskutierten, oft vernachlässigten, zu sorglos behandelten oder schlicht missverstandenen Punkt sei hier hingewiesen: Ein in der Person verorteter Störungsbegriff gilt häufig als verdächtig. Ihm wird vorgeworfen, dass er auf individualisierenden Zuschreibungen beruhe, soziale Bezüge vernachlässige und die Umwelt exkulpiere. In radikaler Ablehnung eines individuellen Störungsbegriffs verschwindet jedoch auch die Person selbst, sie löst sich in Kommunikation auf oder wird zu einem unkenntlichen Teil systemischer Beliebigkeit. Als Akteure ihrer Entwicklung, als Menschen, die sich die innere und äußere Realität nach besten Kräften und Möglichkeiten aneignen, die gewinnen oder verlieren können, treten (verhaltensgestörte) Kinder und Jugendliche dann nicht mehr in Erscheinung. Ihr Eigenwille, ihre lebensgeschichtlich erworbene Individualität und Identität werden zu einer vernachlässigbaren Größe. Die Achtung vor ihrer persönlichen Historie, individuellen Verstrickungen und erlittenen gesellschaftlichen Zumutungen schwindet. Funktionelle Aspekte treten in den Vordergrund, Kinder und Jugendliche stehen in der Gefahr, auf ihre äußeren Kompetenzen reduziert zu werden.

Literatur

Ahrbeck, B. (1998): Konflikt und Vermeidung. Weinheim: Beltz

Ahrbeck, B. (2004): Kinder brauchen Erziehung. Die vergessene pädagogische Verantwortung. Stuttgart: Kohlhammer

Ahrbeck, B. (2009) (in Druck): Das hyperaktive Kind, die multimodale Therapie und die evidenzbasierte Forschung. In: Kinderanalyse, 17 (Jg.), H. 4, 366–387

Ahrbeck, B. & Rauh, B. (Hrsg.) (2004): Behinderung zwischen Autonomie und Angewiesensein. Psychoanalytische Zugänge. Stuttgart: Kohlhammer

Bohleber, W. (2000): Zur Entwicklung der Traumatheorie in der Psychoanalyse. In: Psyche, 54 (Jg.), H. 9/10, 797–839

Datler, W., Eggert-Schmid Noerr, A. & Winterhager-Schmid, L. (2002): Das selbständige Kind. Jahrbuch für Psychoanalytische Pädagogik 12. Gießen: Psychosozial

Erikson, E. H. (2008): Identität und Lebenszyklus. Frankfurt a. M.: Suhrkamp

Fischer, G. & Riedesser, P. (2003): Lehrbuch der Psychotraumatologie. Stuttgart: UTB

Freud, S. (1923): Das Ich und das Es. In: Freud, S. (1999): Gesammelte Werke. Bd. XIII. Frankfurt a. M.: Fischer, 234–289

Freyberg, Th. von & Wolff, A. (2005): Störer und Gestörte. Band.1: Konfliktgeschichten nicht beschulbarer Jugendlicher. Frankfurt a. M.: Brandes & Apsel

Göppel, R. (2002): „Wenn ich hasse, habe ich keine Angst mehr..." Psychoanalytisch-pädago-gische Beiträge zum Verständnis problematischer Entwicklungsverläufe und schwieriger Erzie-hungssituationen. Donauwörth: Auer

Hillenbrand, C. (2008): Einführung in die Pädagogik bei Verhaltensstörungen. München: Rein-hardt/UTB

Kernberg, O. (1998): Wut und Haß: Über die Bedeutung von Aggression bei Persönlichkeits-störungen und sexuellen Perversionen. Stuttgart: Klett-Cotta

Kernberg, P., Weiner, A. & Bardenstein, K (2005): Persönlichkeitsstörungen bei Kindern und Jugendlichen. Stuttgart: Klett-Cotta

Kohut, H. (2007): Narzißmus: Eine Theorie der psychoanalytischen Behandlung narzißtischer Persönlichkeitsstörungen. Frankfurt a. M.: Suhrkamp

Mentzos, S. (1994): Neurotische Konfliktverarbeitung. Einführung in die psychoanalytische Neu-rosenlehre unter Berücksichtigung neuer Perspektiven. Frankfurt a. M.: Fischer

Rauchfleisch, U. (1981): Dissozial. Göttingen: Vandenhoeck & Ruprecht

Rohde-Dachser, Ch. (2004): Das Borderline-Syndrom. Bern: Huber

Schmid, M., Fegert, J. M., Schmeck, K. & Kölch, M. (2007): Psychische Belastung von Kindern und Jugendlichen in Schulen für Erziehungshilfe. In: Zeitschrift für Heilpädagogik, 58 (Jg.), H. 8, 282–290

Volkan, V. & Ast, G. (1994): Spektrum des Narzißmus. Göttingen: Vandenhoeck & Ruprecht

4.5 Gefühls- und Verhaltensstörungen: Symptomatik, Ätiologie, Diagnostik

Günther Opp

Einleitung

Raoul (3 Jahre) beißt andere Kinder im Kindergarten. Alex (4 Jahre) hat Sarahs Spielzeug weggenommen und schlägt sie, als sie es zurückverlangt. Xaver (7 Jahre) findet keine Freunde. Er läuft im Pausenhof fast immer nur alleine herum. Karli (9 Jahre) streunt auf dem Schulweg und kommt jeden Tag zu spät nach Hause. Felix (11 Jahre) wurde erwischt, als er in einem Laden zwei Tafeln Schokolade stahl. Max (14) musste nach einem Alkoholexzess, zu den ihn „Freunde" aufforderten, in die Klinik zur Entgiftung gebracht werden. Alexa (13) hat sich die Initialen ihres Freundes auf den Unterarm geritzt. Der Vater von Naomi (12 Jahre) hat die Familie verlassen. Naomis schulischen Noten haben sich seitdem stark verschlechtert. Sie ist versetzungsgefährdet. Ali (16 Jahre) schwänzt die Schule immer häufiger. Er lässt sich von seiner alleinerziehenden Mutter nichts mehr sagen.

Handelt es sich bei diesen Beispielen um Gefühls- und Verhaltensstörungen? Sind diese Auffälligkeiten Konflikte oder pädagogische Herausforderungen, sind sie Ausdruck von individuellen Entwicklungsvarianzen und Entwicklungsaufgaben? Haben nicht alle Kinder Phasen, in denen sie schwierig sind? Muss man in der Phase der Adoleszenz nicht damit rechnen, dass Jugendliche gegen Autoritäten und gegen die gesetzte Ordnung opponieren, dass sie vor allem auch in solchen Konflikten ihre eigene Identität suchen und schärfen? Wann ist „auffälliges" kindliches Verhalten entwicklungsbedingt oder situativ „normal" und wann muss besorgte pädagogische Reflexion einsetzen, müssen zusätzliche Hilfen für das Kind und eventuell auch für seine Familie geplant werden?

Grundsätzlich kooperieren Kinder mit anderen Menschen in ihren Lebenswelten, wenn diese Anpassungsleistungen anerkannt und gewürdigt werden. Sind diese Lebenswelten aber chaotisch, haben Kinder und Jugendliche das Gefühl, dass sie nicht wahrgenommen werden, dass sie keinen erwartbaren Einfluss auf ihre Lebenswelten ausüben, fühlen sie sich diesen Lebenswelten ausgesetzt. Wenn solche Situationen chronisch werden, dann entwickeln Kinder ein Gefühl der Hilflosigkeit und stellen ihre grundsätzliche Kooperationsbereitschaft ein. Dann haben Kinder nicht nur das Gefühl, dass sie keine Kontrolle über ihre Lebenswelten haben, sie sind auch in Gefahr, die Kontrolle über sich selbst zu verlieren. Der Ladendiebstahl, das Streunen oder eine Prügelei sind Verhaltensweisen, auf die Erzieher reagieren müssen. Sie sind für sich genommen aber noch keine Beispiele für Gefühls- und Verhaltensstörungen. Brisant wird Risikoverhalten dadurch, dass es sich mit anderen Verhaltensabweichungen, mit weiteren chronischen lebensweltlichen Risikoeinflüssen und mit einem Erfahrungs- und Ressourcenmangel in der Familie, der Schule, der Gemeinde und in Peerkontexten kombiniert.

In modernen Lebenswelten scheint es ein Übermaß an Freiheiten und Möglichkeiten individueller Selbstbestimmung zu geben. Aber alles das, was sich als individuelle Freiheit stilisiert, ist letztlich gebunden an Bildungszertifikate, Leistungs- und Konkurrenzfähigkeit, an Selbstkontrolle, soziale Kompetenzen und Empathiefähigkeit. Der Anstieg der Prävalenzraten für psychische, psychosomatische und soziale Auffälligkeiten unter Kindern und Jugendlichen und die seit Jahren steigenden Sonderschulbesuchsquoten zeigen nicht nur zunehmende kindliche und jugendliche Entwicklungsprobleme, sondern auch ein Absinken der gesellschaftlichen Toleranz gegenüber Entwicklungsabweichungen.

Begriffliche Annäherungen

Es gibt viele harmonische und glückliche Momente im langen Prozess der Erziehung eines Kindes. Aber im Grunde genommen ist Erziehung vor allem auch Konfliktgeschehen. Der Erziehungsprozess zeichnet sich dadurch aus, dass unterschiedliche Personen mit unterschiedlichen Interessen, Motivationen, Lebenserfahrungen und manchmal weit auseinander liegenden Sichtweisen sowie unterschiedlichen Lebensansprüchen in einer Weise Differenzen miteinander aushandeln müssen, die gegenseitige Bedürfnisbefriedigung durchaus in Frage stellt.

Es wäre natürlich eine Simplifizierung eines komplexen Sachverhaltes, würde man den Erziehungsprozess nur als Konfliktgeschehen beschreiben. Es gibt in jedem Kind einen Wunsch nach Anerkennung durch die Fürsorgepersonen, und es gibt in diesen zentralen Bezugspersonen gleichzeitig den lebendigen Wunsch, den grundlegenden Bedürfnissen der Kinder zu entsprechen.

Es braucht Wissen über Kontextbedingungen, subjektive Wahrnehmungen und biographische Hintergründe und es bedarf differenzierender Kriterien die dabei helfen, zwischen einem *auffälligen Verhalten* und einer *Störung* des Verhaltens und der emotionalen Regulation zu unterscheiden und einen Hilfebedarf zu bestimmen.

Zunächst wird sich die Frage nach der Dauer eines auffälligen Verhaltens stellen, das von episodenhaften Problemen zu unterscheiden ist.

Daneben muss nach dem Schweregrad auffälligen Verhaltens gefragt werden. Dabei ist zu unterscheiden zwischen den Folgen, die dieses Verhalten für die soziale Nahwelt hat, und den aktuell und perspektivisch schädigenden Folgen, die dieses Verhalten für das Kind oder den Jugendlichen selbst nach sich zieht.

Schließlich stellt sich auch die Frage nach dem subjektiven Leiden, das sich für das betroffene Kind mit seinem problematischen Verhalten verbindet. Dabei sollte nicht aus den Augen verloren werden, dass auffälliges Verhalten durchaus auch mit subjektiven Gewinnen verquickt sein kann. Das ist beispielsweise dann der Fall, wenn aggressives Verhalten zu sozialen Anerkennungsgewinnen und Selbstwerterhöhungen führt.

149

Nicht zuletzt basiert all dies auf Urteilen, die, unter Berücksichtigung der subjektiven Einschätzung der betroffenen Kinder und Jugendlichen, ein Beobachter selbst auf der Grundlage seines Wissens, seiner Wertorientierungen und eventuell auch der Einflüsse seiner institutionellen Einbindungen trifft. Die Kriterien einer solchen Zuschreibung sollten deshalb transparent und nicht nur für die Betroffenen selbst intersubjektiv überprüfbar sein.

Symptomatik

Der *Störungsbegriff* (Verhaltensstörungen) ist dabei insofern problematisch, als er suggeriert, dass es um Störungen im Kind geht, wo doch deutlich ist, dass es sich immer um ein Passungsproblem zwischen kindlichen Erziehungsbedürfnissen, Bewältigungskompetenzen und seinen Erziehungswelten und -erfahrungen handelt. Dabei geht es um signifikante soziale und emotionale Belastungen und Mangelerfahrungen, um die Verweigerung und Missachtung kindlicher Anerkennungs- und Respektierungsansprüche, um Verlusterfahrungen und fehlende Gemeinschaftserfahrungen von Kindern und Jugendlichen, die sich in externalisierenden Verhaltensweisen (z. B. aggressivem Verhalten), internalisierenden Verhaltensweisen (z. B. Depressionen) und ihren Überschneidungsformen (Komorbiditäten) ausdrücken können (Achenbach 1966).

Ein anderer Systematisierungsversuch ist die Unterscheidung symptomatischer Formenkreise von Verhaltensstörungen, die sich durch vielfältige Überlappung auszeichnen können (Opp 2003, 505): soziale Störungen (z. B. aggressives Verhalten, Sucht, Delinquenz), Aufmerksamkeits- und Aktivitätsstörungen, soziales Rückzugsverhalten und Probleme der emotionalen Regulation (z. B. Essstörungen, Phobien, Depressionen), psychotisches Verhalten (z. B. Stereotypien, Autismus).

Wenn von Gefühls- und Verhaltensstörungen gesprochen wird, liegt in der Regel ein facettenreiches Problembild vor, das verschiedene soziale und psychische Leistungsbereiche umfasst. Dazu gehören nach Bower (1974):

- Lerndefizite, die durch intellektuelle oder sensorische Einflussfaktoren nicht erklärt werden können;
- ein Unvermögen, befriedigende zwischenmenschliche Beziehungen zu Gleichaltrigen und Erwachsenen aufzubauen und zu erhalten;
- unangemessenes Verhalten und auffällige emotionale Erlebnisverarbeitung unter Normalbedingungen;
- eine allgemeine und dauerhafte Stimmung des Unzufriedenseins oder der Depression;
- eine Tendenz zur Entwicklung psychosomatischer Symptome im Zusammenhang mit persönlichen und sozialen Problembelastungen.

Bei dieser Aufzählung handelt es sich um eine Symptombeschreibung, in der die problematischen Lebenslagen dieser Kinder- und Jugendlichenpopulation ausgeblendet werden (ökologisches Defizit). Insofern kann diese Auflistung den Aufgaben einer begrifflichen Bestimmung von Gefühls- und Verhaltensstörungen nicht genügen. In Anerkennung der terminologischen Problemstellungen, die sich grundsätzlich mit jeder begrifflichen Fassung von Gefühls- und Verhaltensstörungen verbinden, kommt ein Vorschlag des Councils for Children with Behavior Disorders (CCBD) fachlichen Ansprüchen am nähesten (Opp 1998). In diesem Begriffsvorschlag wird die Bedeutung der Emotionalität als Grundlage von Verhalten begrifflich verankert. Die Begriffsfassung basiert auf der Formel einer „Gefährdung des Erziehungserfolges", der in den Dimensionen schulischer Leistungen, sozialer Fähigkeiten, persönlicher Fähigkeiten und berufsqualifizierender Leistungen operationalisiert wird. Diese Gefährdungen des Erziehungserfolges müssen unter den Kriterien der Dauer (zeitliches Kriterium) und dem Kriterium des Schweregrads (Intensitätskriterium) gewichtet werden. Die problematischen Verhaltensweisen müssen darüber hinaus in mindestens zwei unterschiedlichen kindlichen Lebensbereichen auftreten (ökologisches Kriterium). Dazu muss die Notwendigkeit zusätzlicher individueller erzieherischer Hilfen nachvollziehbar belegt werden können (integratives Kriterium), um eine Klassifikation von Gefühls- und Verhaltensstörungen begründet erwägen zu können.

Diese Begriffsfassung von Gefühls- und Verhaltensstörungen kann die begrifflichen Probleme dieses Arbeitsbereiches nicht einfach auflösen. Die Klassifizierung bleibt letztlich gebunden an subjektive Einschätzungen, die nur bedingt objektivierbar sind. Immerhin bietet diese Begriffsfassung dem Arbeitsfeld der Erziehungshilfe eine begriffliche Grundlage, die ihre Kriterien spezifiziert, diagnostische Maßnahmen durch nachvollziehbare Kriterien orientiert und damit die Klassifikation für Betroffene und Professionelle intersubjektiv überprüfbarer macht.

Der im Kinder- und Jugendhilfegesetz (KJHG) verwendete Begriff der Seelischen Behinderung kann die begrifflichen Probleme dieses Arbeitsfeldes gleichermaßen nicht überwinden. Im § 35 a (KJHG) wird unter Bezug auf die Eingliederungshilfeverordnung des Bundessozialhilfegesetzes (BSHG) festgehalten: „Seelisch wesentlich behindert [...] sind Personen, bei denen infolge seelischer Störungen die Fähigkeit zur Eingliederung in die Gesellschaft im erheblichen Umfang beeinträchtig ist [...] Seelische Störungen, die eine Behinderung [...] zur Folge haben können, sind: 1. körperlich nicht begründbare Psychosen, 2. seelische Störungen als Folge von Krankheiten und Verletzungen des Gehirns, von Anfallsleiden oder von anderen Krankheiten oder körperlichen Beeinträchtigungen, 3. Suchtkrankheiten, 4. Neurosen und Persönlichkeitsstörungen" (BSHG § 47 V).

Inhaltlich basiert diese Begriffsfassung auf einer Auflistung unterschiedlicher und kaum zusammenhängender Symptomatiken, die sowohl hinsichtlich des individuellen Risikos wie auch des individuellen Hilfebedarfs unspezifisch bleiben. „Die Definition von ‚seelischer Behinderung' bleibt [...] so vage, dass die Diagnose selbst für erfahrene Experten und Expertinnen schwierig zu stellen sein dürfte. Zudem ist die Abgrenzung zwischen psychischer Erkrankung und seelischer Behinderung oft unscharf, insbesondere im frühen Kindesalter" (BMFSFJ 1998, 279).

Die Kultusministerkonferenz verzichtete von vornherein auf den Versuch einer begrifflichen Fassung von Verhaltensstörungen, spricht in einer praxeologischen

Verkürzung nur noch vom „Förderschwerpunkt emotionale und soziale Entwicklung" und überlässt damit die Begriffsbestimmung den Professionellen und den Schulen. Dies führt in der Praxis letztlich zu einer undurchschaubaren Vielfalt von Diagnosekriterien, mangelnder Vergleichbarkeit von Platzierungs- und Förderentscheidungen und einer fachlichen Diskussion, die ihrer notwendigen begrifflichen Verständigungsgrundlagen entbehrt.

Prävalenz

Die Ergebnisse aktueller Studien zum Wohlbefinden und Gesundheitsstatus von Kindern und Jugendlichen haben den Kenntnisstand über die Probleme kindlichen und jugendlichen Aufwachsens in Deutschland in den letzten Jahren deutlich verbessert. Der Kinder- und Jugendsurvey (KiGGS) belegt für 22,5 % der 7- bis 10-Jährigen und für 25 % der 11- bis 13-Jährigen kinder- und jugendpsychiatrisch relevante Symptome wie Ängste, auffälliges Sozialverhalten und Depressionen (Ravens-Sieberer et al. 2007). Im Alterspektrum zwischen 11 bis 17 Jahren waren bei jedem zehnten Jungen zu irgendeinem Zeitpunkt Aufmerksamkeitsstörungen diagnostiziert worden (Schlack et al. 2007). Diese Befunde werden durch die Ergebnisse des WHO-Gesundheitssurveys bestätigt (Hurrelmann et al. 2003). Die Auswertung von Selbstaussagen 10- bis 16-jähriger Jugendlicher ergab kinder- und jugendpsychiatrisch relevante Auffälligkeiten zwischen 16 und 20 % in Deutschland. Die kürzlich vorgelegten Ergebnisse der zweiten Welle dieses Surveys (Richter et al. 2008) zeigen einen Anstieg der Probleme: 21 % der Jugendlichen (gegenüber 19,3 % in der ersten Erhebung) geben an, dass mindestens eines von acht genannten Symptomen (z. B. Gereiztheit, Einschlafschwierigkeiten, Kopfschmerzen) täglich bei ihnen auftritt. „Der Anteil der Schülerinnen und Schüler, die unter drei und mehr Symptomen täglich leiden, ist von 2,8 % auf 4,4 % gestiegen" (Bilz & Melzer 2008, 160). Fast 22 % der 11- bis 17-Jährigen zeigen Symptome von Essstörungen (Hölling & Schlack 2007). Epidemiologische Studien berichten international vergleichbare Häufigkeiten von psychischen Auffälligkeiten bei Kindern und Jugendlichen mit einer mittleren Prävalenzrate von 18 % (Barkmann 2004). Risikoverschärfend sind sowohl das frühe Einsetzen sozialer Auffälligkeiten und emotionaler Verarbeitungsprobleme sowie auch die Komorbidität unterschiedlicher Symptombilder (Opp & Wenzel 2002).

Besorgniserregend ist insbesondere der Zusammenhang zwischen der Kumulation lebensweltlicher Risiken einerseits und der Verknappung materieller, sozialer, personeller sowie familiärer und nachbarschaftlicher Ressourcen in den Lebenswelten, in denen kindliche und jugendliche Risikopopulationen aufwachsen (Erhart et al. 2007). Belastende Lebenswelten, Bewegungsmangel, schlechte Ernährung, Übergewicht und unkontrollierter Medienkonsum kumulieren sich zu massiven Entwicklungsbelastungen. Besonders auffällige Risikopopulationen sind dabei Jungen und vor allem auch Kinder und Jugendliche aus Familien mit Migrationshintergrund.

Ätiologie

Der Begriff der Ätiologie impliziert eine Vergleichbarkeit von Entwicklungsverläufen, die bei Kindern und Jugendlichen mit Gefühls- und Verhaltensstörungen eher die Ausnahme ist. Insbesondere die moderneren Befunde der Resilienzforschung zeigen eine individuell sehr unterschiedliche Sensibilität von Kindern gegenüber lebensweltlichen Belastungen. In den vergangenen Dekaden konnte in vielfältigen großen Längsschnittstudien kulturübergreifend und für unterschiedliche Risikopopulationen gezeigt werden, dass Kinder, die unter signifikanten Entwicklungsrisiken aufwachsen, in ihrer Mehrheit auch deutliche Entwicklungsprobleme aufweisen und dass diese Probleme über die weitere Lebensspanne fortbestehen. Das weitaus überraschendere Ergebnis dieser Studien war allerdings der Befund, dass sich etwa ein Drittel der untersuchten Risikopopulation unauffällig entwickelte und dass diese Kinder zu erfolgreichen Jugendlichen und Erwachsenen heranwuchsen.

Entscheidend für das Entwicklungsoutcome sind dabei die Kumulation, der Schweregrad und die Chronizität der sozialen Risiken (Rutter 2002). Im Grunde genommen müsste entsprechend der Komplexität der Risikoeinflüsse das Ausmaß der für die Kinder verfügbaren sozialen Unterstützungsangebote zunehmen. Die Ergebnisse der KiGGS-Studie waren diesbezüglich eher ernüchternd: Genau die Kinderpopulation, deren Entwicklung von den massivsten Risiken bedroht wird, findet in ihren Lebenswelten die wenigsten Ressourcen vor (Erhart et al. 2007). Hinzu kommt, dass die Art und Weise, wie protektive Faktoren für die eigene Entwicklung genutzt werden, individuell sehr unterschiedlich ist. In bestimmten Fällen können sich sogar als schützend eingeschätzte Faktoren in Risiken wandeln. Hohe Intelligenz, im Prinzip ein schützender Faktor, kann dazu führen, dass Kinder ihre familiäre Katastrophe viel sensibler wahrnehmen. Von zentraler Bedeutung sind die frühen Bindungserfahrungen und die Verfügbarkeit mindestens einer verlässlichen Bezugsperson in den ersten zwei Lebensjahren (Grossmann & Grossmann 2007).

Resilienz ist keine Eigenschaft, über die Individuen verfügen oder nicht verfügen. In einer kritischen Reflexion der komplexen Forschungslage kommt Fingerle (2007) zu dem Schluss, dass Resilienz vor allem das Erlernen einer Resilienzpraxis ist. Resiliente Individuen erlernen Kompetenzen, die sie benötigen, um die Herausforderungen riskanter Lebenswelten zu bewältigen (Bewältigungskompetenzen). Sie brauchen dazu entwicklungsadäquate Nischen, in denen sie solche Kompetenzen erlernen und gefahrlos erproben können. In vielerlei Hinsicht ist dies eine optimistische Aufgabenbeschreibung für unterschiedliche soziale Handlungsfelder. Im Kern geht es um vier zentrale Lebenswelten, in denen Kinder und Jugendliche gestärkt werden können. Das sind zunächst

- die Familie des Kindes und die soziale Unterstützung, die sie für ihre Erziehungsaufgabe genießt,
- die Qualität der öffentlichen Erziehungsangebote, die das Kind besucht (z. B. Krippe, Kindergarten, Schule),

- die Hilfe und Unterstützung, die die Familie durch die Nachbarschaft und die gemeindliche Einbindung erfährt und
- die Qualität der Peerbeziehungen des Kindes oder des Jugendlichen.

Was die Unterstützung der Familie betrifft, findet gegenwärtig eine Verschiebung im Kinder- und Jugendhilfesystem hin zu frühen Erziehungsangeboten statt. In der Folge von Haushaltskappungen führt dies aber gleichzeitig zu einem Abbau von anderen Kinder- und Jugendhilfemaßnahmen. Im Kinder- und Jugendhilfesystem wird aktuell über ein deutliches Abschmelzen von Ressourcen bei steigenden Aufgaben geklagt.

Assessment

Das Komplexitätsproblem, das sich in der begrifflichen Fassung von Gefühls- und Verhaltensstörungen zeigt, spiegelt sich erwartungsgemäß in den Herausforderungen der diagnostischen Erfassung. Angesichts der Sinnhaftigkeit menschlichen Handelns ist grundsätzlich davon auszugehen, dass Gefühls- und Verhaltensstörungen der Ausdruck von aktiven Versuchen sind, Unstimmigkeiten zwischen eigenen Bedürfnissen, Lebensansprüchen, Wahrnehmungen und Interpretationen und der erlebten Lebenswelt zu lösen oder auf solche Imbalancen aufmerksam zu machen. Es entsteht so etwas wie ein Passungsproblem zwischen dem Weltempfinden und den Ansprüchen des Individuums und seiner Lebenswelt, das von beiden Seiten als leidvoll erlebt werden kann.

Aus der oben diskutierten Begriffsfassung von Gefühls- und Verhaltensstörungen lassen sich zentrale diagnostische Orientierungspunkte ableiten. Zu fragen ist, inwiefern die beobachteten und dokumentierten Auffälligkeiten, Störungen und Symptome die angestrebten Erziehungs- oder Entwicklungserfolge des Kindes oder Jugendlichen gefährden. Orientierungskriterien der Beurteilung sind entwicklungs- und altersangemessene, kulturelle oder ethnische Normen. Die Fragedimensionen, die bezüglich der angestrebten individuellen Erziehungserfolge verfolgt werden könnten, umfassen die schulischen Leistungen, die sozialen Fähigkeiten, die persönlichen Fähigkeiten und die berufsqualifizierenden Fähigkeiten im Jugendalter.

Darüber hinaus bietet die oben diskutierte Begriffsfassung drei exklusive respektive inklusive Klassifikationskriterien: Zeit- und Schweregrad (Intensitätskriterium), Auftreten in mindestens zwei Lebensbereichen (ökologisches Kriterium) und Notwendigkeit spezifischer Hilfen (integratives Kriterium).

Die Konsequenzen dieser Problemanalyse und ihres häufig verdeckten biographischen Hintergrundes müsste in einer zeitlich gestaffelten Bestimmung des (1) Hilfebedarfs, (2) der Skizzierung eines Stärken-Schwächen-Profils als Ausgangspunkt, (3) der Beschreibung ressourcenorientierter Entwicklungsziele und Lernsituationen und (4) der systematischen Evaluation der hypothesengestützten Hilfemaßnahmen bestehen (Fingerle 2009).

Ausblick

In all diesen Prozessen der Klassifikation müssen die subjektiven Sichtweisen sowohl der betroffenen Kinder und Jugendlichen wie auch der beurteilenden Erwachsenen berücksichtigt und transparent gemacht werden. Es wird darauf ankommen, die zirkulären Kreisläufe der Entmutigung, die Erfahrungen der Missachtung und Vernachlässigung, der Verluste von Gemeinschaft und des akkumulierten biographischen Schmerzes, die den Kern von Gefühls- und Verhaltensstörungen darstellen, zu rekonstruieren und den Kindern und Jugendlichen zugänglich und damit bearbeitbar zu machen. Gedacht ist dabei nicht so sehr an eine therapeutisch-biographische Aufarbeitung, sondern vor allem auch an Möglichkeiten akuter Konfliktaufarbeitung und -bewältigung im Kontext stärkender Peergruppen. Diese Praxis wurde als Positive Peerkultur in unterschiedlichen institutionellen Kontexten beschrieben (Opp & Unger 2006). Gegenläufig zu den stark individualisierten Hilfeplankonzepten und den häufig defizitorientierten förderdiagnostischen Konzepten ist verstärkt auf die Entwicklung stützender Gemeinschaftserfahrungen zu achten. Die Orientierung an sozial anerkannten Zielen, die Einbindung in stärkende Gemeinschaften und Freundschaften und das Engagement für Andere sind auch für Kinder und Jugendliche mit Gefühls- und Verhaltensstörungen die wichtigsten entwicklungsfördernden Erfahrungen.

Literatur

Achenbach, T. (1966): The classification of children's psychiatric symptoms. In: Psychological Monographs, 80 (Jg.), H. 7, 1–37

Barkmann, C. (2004): Psychische Auffälligkeiten bei Kindern und Jugendlichen in Deutschland. Ein epidemiologisches Screening. Hamburg: Kovač

Bilz, L. & Melzer, W. (2008): Schule, psychische Gesundheit und soziale Ungleichheit. In: Richter, M., Hurrelmann, K., Klocke, A., Melzer, W. & Ravens-Sieberer, U. (Hrsg.): Gesundheit, Ungleichheit und jugendliche Lebenswelten. Ergebnisse der zweiten internationalen Vergleichsstudie im Auftrag der Weltgesundheitsorganisation WHO. München: Juventa, 160–189

Bower, E. M. (1974): Early identification of emotionally handicapped children in school. Springfield: Thomas

BMFSFJ Bundesministerium für Familien, Senioren, Frauen und Jugend (Hrsg.) (1998): Zehnter Kinder- und Jugendbericht. Bericht über die Lebenssituation von Kindern und die die Leistungen der Kinderhilfen in Deutschland. Bonn: Deutscher Bundestag, Drucksache 1998, 13/11 368

Erhart, M., Höllling, H., Bettge, S., Ravens-Sieberer, U. & Schlack, R. (2007): Der Kinder- und Jugendgesundheitssurvey (KiGGS): Risiken und Ressourcen für die psychische Entwicklung von Kindern und Jugendlichen. In: Bundesgesundheitsblatt – Gesundheitsforschung – Gesundheitsschutz, 50 (Jg.), H. 5–6, 800–809

Fingerle, M. (2007): Der „riskante" Begriff der Resilienz – Überlegungen zur Resilienzförderung im Sinne der Organisation von Passungsverhältnissen. In: Opp, G. & Fingerle, M. (Hrsg.): Was Kinder stärkt. Erziehung zwischen Risiko und Resilienz. München: Reinhardt, 299–310

Fingerle, M. (2009) (in Druck): Assessment. In: Opp, G. & Theunissen, G. (Hrsg.): Handbuch schulischer Sonderpädagogik. Bad Heilbrunn: Klinkhardt

Grossmann, K. & Grossmann, K. (2007): Die Entwicklung von Bindungen: Psychische Sicherheit als Voraussetzung für psychologische Anpassungsfähigkeit. In: Opp, G. & Fingerle, M. (Hrsg.): Was Kinder stärkt. Erziehung zwischen Risiko und Resilienz. München: Reinhardt, 279–298

Hölling, U. & Schlack, R. (2007): Essstörungen im Kindes- und Jugendalter. Erste Ergebnisse aus dem Kinder- und Jugendsurvey (KiGGS). In: Bundesgesundheitsblatt – Gesundheitsforschung – Gesundheitsschutz, 5 (Jg.), H. 5–6, 794–799

Hurrelmann K., Klocke A., Melzer W. & Ravens-Sieberer, U. (Hrsg.) (2003): Jugendgesundheitssurvey. Internationale Vergleichsstudie im Auftrag der Weltgesundheitsorganisation WHO. München: Juventa

Opp G. (1998): Gefühls- und Verhaltensstörungen – Begriffliche Problemstellungen und Lösungsversuche. In: Zeitschrift für Heilpädagogik, 49 (Jg.), H. 11, 490–496

Opp G. (2003): Symptomatik, Ätiologie und Diagnostik bei Gefühls- und Verhaltensstörungen. In: Leonhardt, A. & Wember, F.B. (Hrsg.): Grundfragen der Sonderpädagogik. Weinheim: Beltz, 504–517

Opp, G. & Unger, N. (Hrsg.) (2006): Kinder stärken Kinder. Positive Peer Culture in der Praxis. Hamburg: Edition Körber-Stiftung

Opp, G. & Wenzel, E. (2002): Eine neue Komplexität kindlicher Entwicklungsstörungen – Ko-Morbidität als Schulproblem. In: Wittrock, M., Schröder, Ul., Rolus-Borgward, S. & Tänzer, U. (Hrsg.): Lernbeeinträchtigung und Verhaltensstörung: Konvergenzen in Theorie und Praxis. Stuttgart: Kohlhammer, 15–23

Ravens-Sieberer, U., Wille, N., Bettge, S. & Erhart, M. (2007): Psychische Gesundheit von Kinder und Jugendlichen in Deutschland. Ergebnisse aus der BELLA-Studie im Kinder- und Jugendgesundheitssurvey (KiGGS). In: Bundesgesundheitsblatt – Gesundheitsforschung – Gesundheitsschutz, 50 (Jg.), H. 5–6, 871–879

Schlack, R., Hölling, H., Kurth, B.-M. & Huss, M. (2007): Die Prävalenz der Aufmerksamkeitsdefizit/Hyperaktivitätsstörung (ADHS) bei Kindern und Jugendlichen in Deutschland. Erste Ergebnisse aus dem Kinder- und Jugendsurvey (KiGGS). In: Bundesgesundheitsblatt – Gesundheitsforschung – Gesundheitsschutz, 50 (Jg.), H. 5–6, 827–835

Richter, M., Hurrelmann, K., Klocke, A., Melzer, W. & Ravens-Sieberer, U. (Hrsg.) (2008): Gesundheit, Ungleichheit und jugendliche Lebenswelten. Ergebnisse der zweiten internationalen Vergleichsstudie im Auftrag der Weltgesundheitsorganisation WHO. München: Juventa, 160–189

Rutter, M. (2002): Psychosocial adversity: Risk, resilience and recovery. In: Fraser, M.W. & Richman, J.M. (Hrsg.): The context of youth violence: Resilience, risk, protection. Westport: Praeger, 13–42

5 Diagnostik

5.1 Klassifikationssysteme

Klaus Fröhlich-Gildhoff

Einführung

Die Klassifikation, also die Zusammenfassung oder Einteilung von beobachtbaren Verhaltensweisen, Erscheinungen oder auch Symptomen in ein Ordnungssystem hat insbesondere im medizinischen Kontext eine lange Tradition. Schon Hippokrates (460–377 v. Chr.) versuchte, Personen anhand ihrer Temperamente zu gruppieren und dabei „Schlussfolgerungen zwischen körperlichen und seelischen Phänomenen [zu] ziehen" (Röhrle 2008, 15). Einen ersten Ansatz zur Klassifikation psychischer Störungen bzw. Verhaltensauffälligkeiten entwickelte Kraepelin im Jahre 1899. „Er fasste die Vielfalt psychiatrischer Krankheitsbilder in einer Systematik zusammen, die sich aus der Registrierung einzelner Symptome und deren Integration zu Syndromen ergab", sein System der „Aufgliederung der Psychosen [. . .] war über viele Jahrzehnte Richtschnur für die Entwicklung von Klassifikationssystemen" (Krohne & Hock 2007, 500).

Ein wesentliches Ziel der Klassifikation ist es, die Vielfalt von Erscheinungen zu bündeln und somit Komplexität zu reduzieren. Durch die Ableitung von Diagnosen – gefasst als operationalisierte, also präzise definierte nachvollziehbare Beschreibung von Symptomen – soll es leichter sein, eine Übereinstimmung zwischen einzelnen Fachleuten und Einrichtungen herzustellen und somit die Kommunikation zu verbessern. Darüber hinaus soll es das Ziel sein, Interventionsentscheidungen und -planungen zu erleichtern, also Indikationen zu erstellen (vgl. DGKJP 2007; Heidenreich, Noyon & Erfert 2008).

Klassifikationssysteme an sich, aber auch der Prozess der individuellen Diagnostik sind immer mit der Frage von Normalität und Abweichung verbunden. Wenn Beschreibungen von Verhaltensweisen, bestimmte körperliche Erscheinungsweisen oder seelische Zustände zu einer Klasse zusammengefasst werden, so kann diese Klassifizierung nicht wertfrei erfolgen. Den Klassifikationssystemen liegen somit zumindest implizit immer Normen zugrunde. Bedeutsam sind soziale Normen, also der Bezug der zu erfassenden und klassifizierenden Phänomene hinsichtlich einer Referenzgruppe – in numerische Zusammenhänge transferiert sind dies dann statistische Normen (vgl. z. B. Fröhlich-Gildhoff 2007, 15 ff.; Röhrle 2008, 24).

Ein gravierendes Problem, das zur Weiterentwicklung von Klassifikationssystemen führte, war die empirisch untermauerte Tatsache („klassische" Studien von Beck et al. 1962 und Kendell et al. 1971), dass einzelne, auch erfahrene Untersucher/innen nur relativ geringe Übereinstimmungen bei der Diagnoseerstellung zeigten, wenn diese nicht präzise genug definiert war.

Klassifikationssysteme besitzen dann ein hohe Güte, wenn die einzelnen Kategorien möglichst unabhängig von subjektiven Einschätzungen einzelner Untersucher/innen bzw. Beobachter/innen definiert und erfassbar sind (sie müssen Objektivität besitzen), wenn sie ein möglichst hohes Maß an Genauigkeit (Reliabilität) aufweisen und sie darüber hinaus auch inhaltlich gültig (valide) sind.

Grundsätzlich lassen sich Klassifikationssysteme nach zwei Typen unterscheiden: Bei *kategorialen Diagnosesystemen* wird davon ausgegangen, dass psychische Störungen oder Verhaltensstörungen klar voneinander und von psychischer Normalität abgrenzbare Einheiten sind. „Diese ‚Systeme' streben eine Gruppierung der interessierenden Merkmale und die Einordnung dieser Gruppen in ein System von Kategorien an" (Heidenreich, Noyon & Erfert 2008, 276). Hingegen beinhaltet der *dimensionale Ansatz*, dass die Merkmale von einzelnen Individuen eher quantitative als qualitative Unterschiede aufweisen. Diese Merkmale werden „entlang eines Kontinuums erfasst und beschrieben, [...] psychische Auffälligkeiten [werden] anhand von empirisch gewonnenen Dimensionen" (Döpfner et al. 2000, 7) erfasst.

Klassifikationssysteme

Kategoriale Klassifikation

International haben sich zwei Systeme zur kategorialen Klassifikation psychischer Störungen durchgesetzt: Zum einen das System der „Internationalen Klassifikation psychischer Störungen (ICD)" der Weltgesundheitsorganisation WHO, das in seiner zehnten Version vorliegt (ICD-10, deutsch: Dilling, Mombour & Schmidt 2002). Zum anderen das „Diagnostische und Statistische Manual psychischer Störungen", nunmehr in seiner vierten Version (DSM-IV, deutsch: Saß, Wittchen & Zaudig 1996). Diese Systeme basieren auf der breiten klinischen Erfahrung einer Vielzahl von Fachleuten und zum Teil auf dezidierten statistischen Analysen. Die Diagnosesysteme haben sich im Laufe ihrer Revisionen zunehmend aneinander angeglichen; eine Gegenüberstellung der einzelnen Diagnosekategorien für den Bereich Kinder und Jugendliche findet sich etwa bei Petermann et al. (2000, 35 ff.) bzw. Döpfner et al. (2000, 11 ff.).

In diesen Klassifikationssystemen werden – ohne Rückgriff auf theoretische Konzepte – lediglich Symptome zusammengefasst, so dass einzelne Störungsbilder (Diagnosen) beschrieben werden. Diese Klassifikationssysteme machen keine Aussagen über Ursachen der jeweiligen Störungen und mögliche Therapien. Eine konsequente Weiterführung dieses Systems sind die „Leitlinien zur Diagnostik und Therapie von psychischen Störungen im Säuglings-, Kindes- und Jugendalter" der Deutschen Gesellschaft für Kinder- und Jugendpsychiatrie und -psychotherapie (DGKJP 2007). Hier werden die unterschiedlichen Störungsbilder – bezogen auf die ICD-Klassifikation – hinsichtlich der Symptome, des Schweregrads, der störungsspezifischen Diagnostik und Differenzialdiagnostik, einer multidimensionalen oder -axialen Bewertung sowie der Interventionen beschrieben.

Die ICD ist im deutschen Raum weit verbreitet und stellt zudem die Grundlage der Klassifikationen im deutschen Gesundheitssystem dar. Im Kapitel F der „Internationalen Klassifikation psychischer Störungen – ICD-10" sind klinisch-diagnostische Leitlinien spezifisch für psychische Störungen kategorisiert und klassifiziert (Dilling, Monbour & Schmidt 2002). Sie sind nach folgenden Gesichtspunkten geordnet:

F0	Organische, einschließlich symptomatischer psychischer Störungen
F1	Psychische und Verhaltensstörungen durch psychotrope Substanzen
F2	Schizophrenie, schizotype und wahnhafte Störungen
F3	Affektive Störungen
F4	Neurotische, Belastungs- und somatoforme Störungen
F5	Verhaltensauffälligkeiten mit körperlichen Störungen und Faktoren
F6	Persönlichkeits- und Verhaltensstörungen
F7	Intelligenzminderungen
F8	Entwicklungsstörungen
F9	Verhaltens- und emotionale Störungen mit Beginn in der Kindheit und Jugend

In den Abschnitten F80-F89 (Entwicklungsstörungen) und F90-F98 (Verhaltens- und emotionale Störungen mit Beginn in der Kindheit und Jugend) sind nur spezifische Störungen enthalten, die die Kindheit und Jugend betreffen. „Viele Störungen aus anderen Abschnitten können bei Personen jeden Alters auftreten und sind, wenn nötig, auch auf Kinder und Jugendliche zu verwenden. Beispiele sind Essstörungen (F50), Schlafstörungen (F 51) und Geschlechtsidentitätsstörungen (F64). Einige phobische Störungen im Kindesalter werfen spezielle klassifikatorische Probleme auf [. . .]" (Dilling, Monbour & Schmidt 2002, 24).

Sowohl für ICD-10 als auch DSM-IV wurden so genannte Klassifikationen auf mehreren Achsen oder Bereichen („multiaxiale Klassifikation") beschrieben und Diagnosebögen entwickelt, um eine entsprechende diagnostische Einordnung bzw. Kategorisierung vornehmen zu können. Nach Remschmidt, Schmidt und Poustka (2000) lassen sich folgende Achsen beschreiben:

Tab. 1: Multiaxiale Klassifikation

Achse	Beschreibung
1	Psychische Symptomatik (Klinisches psychiatrisches Syndrom)
2	Umschriebene Entwicklungsstörung
3	Intelligenzniveau
4	Körperliche Symptomatik
5	Aktuelle abnorme psychosoziale Umstände
6	Globalbeurteilung der psychosozialen Anpassung

Mittlerweile sind eine Reihe von (Test-)Verfahren entwickelt worden, um im diagnostischen Prozess Diagnosen standardisiert zu bestimmen; für den Bereich der Kinder und Jugendlichen haben Döpfner und Lehmkuhl (2000) ein entsprechendes System vorgelegt. Auch die Deutsche Gesellschaft für Kinder- und Jugendlichenpsychiatrie und -psychotherapie (DGKJP 2007) hat differenzierte Diagnosebeschreibungen mit Entscheidungsalgorithmen publiziert. Auf einer verhaltenstherapeutischen Grundlage entwickelte Borg-Laufs (2006) das „Störungsübergreifende Diagnostik-System für die Kinder- und Jugendlichenpsychotherapie".

Allerdings wurde und wird an den kategorialen Systemen auch zum Teil deutliche Kritik geübt. Diese bezieht sich zum einen darauf, dass die reinen Beschreibungen atheoretisch konzipiert worden sind. Zum anderen ergeben sich immer wieder Probleme mit der Reliabilität: Je genauer die Diagnosekategorien gefasst werden – auch um sie gegenüber anderen Kategorien abzugrenzen –, desto enger müssen sie beschrieben und operationalisiert sein. Psychisches Geschehen und auch die entsprechenden Auffälligkeiten treten jedoch weniger in einer Reinform als in unterschiedlichen Störungsbildern auf. Es liegt eine hohe Komorbidität vor. Dies führt zu einem testtheoretischen wie praktischen Dilemma: Zur Erhöhung der Genauigkeit der Diagnosen müssen enge Kriterien angelegt werden. „Die Komplexität eines Symptombildes lässt sich in der Regel kaum in einer einzigen Kategorie bzw. Diagnose abbilden. Deshalb müssen meist mehrere Diagnosen vergeben werden, wenn die entsprechenden Kriterien erfüllt sind (Komorbiditätsprinzip)" (Krohne & Hock 2007, 506). Das Vergeben mehrerer Diagnosen ist nicht unbedingt für eine störungsspezifische Interventionsplanung hilfreich.

Dimensionale Klassifikationen

Diese Kritik war ein wesentlicher Grund, die dimensionalen Klassifikationssysteme zu entwickeln. Diese gehen davon aus, dass Verhalten nicht in klar abgrenzbare Kategorien eingeteilt werden kann, sondern dass es sich bei Verhaltensweisen und Symptomen um ein Kontinuum von einer mehr oder weniger starken Ausprägung handelt. Auf diesem Hintergrund werden Verhaltensdimensionen beschrieben und empirisch erforscht; es werden auf statistischem Wege, vor allem mittels Faktorenanalysen, Cluster beschrieben, deren Häufigkeiten in den untersuchten Gruppen (Informationen) erfasst werden können. So kann das Verhalten eines Individuums in Relation zur Normstichprobe gesetzt werden.

Achenbach/ASEBA

Das am weitesten verbreitete entsprechende Diagnosesystem ist das von Achenbach (z. B. 1991, 1997; Achenbach et al. 2008); das von ihm gegründete ASEBA-Institut (http://www.aseba.org) hat eine Vielzahl von Diagnoseinstrumenten in Form von Fragebögen für mittlerweile fast alle Altersstufen entwickelt. Eine Beobachtung findet dabei in der Regel aus mehreren Perspektiven statt: Neben Instrumenten zur Selbsteinschätzung der Proband/innen wurden analoge Instrumente für Eltern und auch Lehrer/innen entwickelt. Für den Bereich von Kindern und

Jugendlichen hat die Arbeitsgruppe „Deutsche Child Behaviour Checklist" (1993, 1998 a, b) die Instrumente von Achenbach übersetzt und normiert. Die wichtigsten sind die Child Bahaviour Checklist 4–18 (CBCL 4–18), der entsprechende Lehrerfragebogen TRF und der Fragebogen für Jugendliche YSR. Diese Instrumente orientieren sich an einem dimensionalen Kategoriencluster, nach dem internalisierende, externalisierende und gemischte Auffälligkeiten unterschieden werden:

Tab. 2: Dimensionales Kategoriencluster (in Anlehnung an Achenbach [1997], aus: Petermann et al. 2000, 42)

Internalisierende Auffälligkeiten
• *Sozialer Rückzug*: Kinder mit hoher Ausprägung auf der Skala möchten lieber alleine sein, sind verschlossen, weigern sich, zu sprechen, sind eher schüchtern, wenig aktiv und häufiger traurig verstimmt.
• *Körperliche Beschwerden*: Die Skala setzt sich aus Items zusammen, die verschiedene somatische Symptome beschreiben (Schwindelgefühle, Müdigkeit, Schmerzzustände und Erbrechen).
• *Ängstlich/Depressiv*: Die Skala erfasst neben einer allgemeinen Ängstlichkeit und Nervosität auch Klagen über Einsamkeit und soziale Ablehnung, Minderwertigkeits- und Schuldgefühle sowie traurige Verstimmung.
Externalisierende Auffälligkeiten
• *Dissoziales Verhalten*: Die Skala erfasst dissoziale Verhaltensweisen (z.B. Lügen, Stehlen, Schule-Schwänzen) und Verhaltensweisen, die häufig in Verbindung mit Dissozialität auftreten (z.B. „ist lieber mit Älteren zusammen").
• *Aggressives Verhalten*: Die Skala erfasst verbal- und körperlich-aggressive Verhaltensweisen sowie Verhaltensweisen, die häufig in Verbindung mit aggressivem Verhalten auftreten (z.B. „spielt den Clown", „redet viel", „sehr laut").
Gemischte Auffälligkeiten
• *Soziale Probleme*: Die Skala umfasst vor allem Ablehnung durch Gleichaltrige sowie unreifes und erwachsenenabhängiges Sozialverhalten.
• *Schizoid/Zwanghaft*: Die Skala erfasst neben den Tendenzen zu zwanghaftem Denken und Handeln auch psychotisch anmutende Verhaltensweisen (Halluzinationen) und eigenartiges, bizarres Denken und Verhalten. Achenbach gibt dieser Skala die Bezeichnung „Thought Problems".
• *Aufmerksamkeitsprobleme*: Die Skala setzt sich aus Items zur motorischen Unruhe, Impulsivität, zu Konzentrationsstörungen und aus Items zusammen, die häufig in Verbindung mit hyperkinetischem Verhalten auftreten (z.B. „verhält sich zu jung", „tapsig").

Operationalisierte Psychodynamische Diagnostik (OPD-KJ)

Einen anderen Weg zur Beschreibung und Einschätzung von möglichen psychischen Auffälligkeiten oder Störungen verfolgt das Konzept der „Operationalisierten Psychodynamischen Diagnostik (OPD)", das von einer multidisziplinär zusammengesetzten Arbeitsgruppe seit 2007 ausformuliert auch für Kinder und Jugendliche vorliegt. Dabei ist eine explizit psychodynamische Perspektive Grundlage und Ergänzung der eher phänomenologisch ausgerichteten Klassifikationssysteme. Es besteht der Anspruch, Symptomatiken nicht nur festzustellen, sondern auch zu erklären (Arbeitskreis OPD-KJ 2007, 13). So ist es das Ziel, zu einem umfassenderen Fallverstehen zu kommen, biografische Elemente und vor allen Dingen auch eine Entwicklungsorientierung mit einzubeziehen. Es besteht zugleich der Anspruch, „die Interraterreliabilität in der psychodynamischen Beurteilung des psychischen Zustandes von Kindern und Jugendlichen soweit als möglich zu steigern, um die Austauschbarkeit und Transparenz diagnostischer und psychotherapeutischer Prozesse für klinische wie für wissenschaftliche Belange zu erhöhen" (Arbeitskreis OPD-KJ 2007, 18). Der Fokus der Diagnostik liegt dabei „nicht nur auf den äußeren Faktoren und Rahmenbedingungen der Entwicklung, sondern auch auf der interpsychischen Verarbeitung von Belastungen. Eine weitere Ebene ist die Beziehungsdiagnostik" (Seiffge-Krenke 1999, 552). Die Diagnostik wird an fünf Achsen orientiert durchgeführt:

1. Achse *Beziehung*. Hier wird sehr stark einerseits die Beziehung zwischen Patient/in und Diagnostiker/in/Therapeut/in betrachtet, unter Einschluss der „Dynamik zwischen Übertragung und Gegenübertragung" (Arbeitskreis OPD-KJ 2007, 21). Darüber hinaus werden in der Beziehungsdiagnostik auch die unterschiedlichen Beziehungsebenen des Kindes mit berücksichtigt, zum Beispiel zwischen dem Kind und seinen Eltern.

2. Achse *Konflikt*: Hierbei werden „zeitlich überdauernde intrapsychische Konflikte" (Arbeitskreis OPD-KJ 2007, 23) diagnostiziert. Differenziert nach Altersstufen werden zentrale Konfliktthemen betrachtet, die dann hinsichtlich eines aktiven vs. passiven Modus der Konfliktbewältigung in verschiedenen Lebensbereichen eingestuft werden. Diese relevanten Konfliktthemen sind: Abhängigkeit vs. Autonomie; Unterwerfung vs. Kontrolle; Versorgung vs. Autarkie; Selbstwertkonflikte; Loyalitätskonflikte. Zusätzlich können ödipale Konflikte und Identitätskonflikte betrachtet werden (Arbeitskreis OPD-KJ 2007, 75 ff).

3. Achse *Struktur*: Hier geht es darum, als Disposition verstandene „Verfügbarkeiten adaptiver Verhaltensstrategien in der Interaktion mit physikalischen und psychosozialen Umwelten" zu erfassen (Arbeitskreis OPD-KJ 2007, 26). Zentrale Themen sind hier Selbstregulation und Selbstorganisation – wobei explizit darauf hingewiesen wird, dass bei Kindern und Jugendlichen inner-psychische Strukturen in deutlichem Maße veränderbar sind.

4. Achse *Krankheitserleben und Behandlungsvoraussetzungen*: Hier soll „die subjektive Wahrnehmung von Symptomen und Krankheiten durch das Kind/den Jugendlichen und seine Familie" (Arbeitskreis OPD-KJ 2007, 97) erfasst werden ebenso wie Einsichtsfähigkeit, Psychotherapie, Motivation und die Fähigkeit, ein Arbeitsbündnis einzugehen.

5. Achse: Hier werden Analogien zu den kategorialen Diagnosesystemen hergestellt. In diesem Sinne wird das System der OPD-KJ nicht als Konkurrenz zum multiaxialen Klassifikationssystem, sondern als theoriebezogene Ergänzung verstanden.

Eine hohe Bedeutung hat das „Sinnverstehen" des Untersuchers. Es wird davon ausgegangen, „dass psychosoziale Lebenswirklichkeit nicht vollständig, sondern immer nur annähernd quantifizierbar ist" (Arbeitskreis OPD-KJ 2007, 30). Zu den einzelnen Achsen liegt ein sehr differenziertes und nach Altersstufen unterschiedenes Manual vor (Arbeitskreis OPD-KJ 2007, kritische Würdigung: Boessmann 2008).

Kritische Schlussbetrachtung

Neben den immanenten Kritikpunkten – insbesondere zur Frage der Objektivität und Reliabilität – muss die grundsätzliche Problematik berücksichtigt werden, dass komplexe Verhaltensweisen eines einzelnen Menschen in ein überindividuell entwickeltes System „eingepasst" werden sollen. Es ist die „grundsätzliche Frage eines jeden Klassifikationssystems, ob durch die notwendige Zusammenfassung und Verkürzung vorgenommene Vereinfachung nicht das eigentlich Wesentliche verloren geht: die Individualität jedes einzelnen Menschen" (Heidenreich, Noyon & Erfert 2008, 296). Klassifikationen können nur Momentaufnahmen darstellen und der Prozesscharakter seelischen Geschehens wird damit nicht ausreichend berücksichtigt. Eine weitere Problematik ergibt sich daraus, dass „den Ressourcen und der sozialen Situation der betroffenen Individuen zu wenig Beachtung geschenkt wird" (Heidenreich, Noyon & Erfert 2008, 296). Bewältigungsfähigkeiten werden zumindest in den kategorialen Systemen nicht berücksichtigt –, es liegt die Gefahr eines pathologisierend eingeengten diagnostischen Blicks nahe.

Literatur

Achenbach, T. M. (1991): Manual for the Child Behavior Checklist/4–18 and 1991 Profile. Berlington, VT: University of Vermont, Department of Psychiatry

Achenbach, T. M. (1997): Guide for the caregiver-Teacher Report Form for ages 2–5. Berlington, VT: University of Vermont, Department of Psychiatry

Achenbach, T. M., Becker, A., Döpfner, M., Heiervang, E., Rössner, V., Steinhausen, H.-C., Rothenberger, A. (2008): Multicultural assessment of child and adolescent psychopathology with ASEBA and SDQ instruments: research finding, applications, and future directions. Journal of Child Psychology and Psychiatry, 49 (Jg.), H. 3, 251–275

Arbeitsgruppe Deutsche Child Behavior Check List (1998a): Elternfragebogen über das Verhalten von Kindern und Jugendlichen; Deutsche Bearbeitung der Child Behavior Check List (CBCL/4–8). Einführung und Anleitung zur Handauswertung (2. Auflage mit deutschen Normen). Köln: Arbeitsgruppe Kinder- und Jugend-Familiendiagnostik (KJFD)

Arbeitsgruppe Deutsche Child Behavior Check List (1998b): Fragebogen für Jugendliche; Deutsche Bearbeitung der Youth Self Report Form der Child Behavior Check List (YSR). Einführung und Anleitung zur Handauswertung (2. Auflage mit deutschen Normen). Köln: Arbeitsgruppe Kinder- und Jugend-Familiendiagnostik (KJFD)

Arbeitsgruppe Deutsche Child Behavior Check List (1993): Lehrerfragebogen über das Verhalten von Kindern und Jugendlichen; Deutsche Bearbeitung des Teacher's Report Form der Child Behavior Check List (TRF). Einführung und Einleitung zur Handauswertung. Köln: Arbeitsgruppe Kinder- und Jugend-Familiendiagnostik (KJFD)

Arbeitskreis OPD-KJ (Hrsg.) (2007): Operationalisierte Psychodynamische Diagnostik im Kindes- und Jugendalter. Grundlagen und Manual. Bern: Huber

Beck, A. T., Ward, C. H., Mendelson, M., Mock, J. E. & Erbaugh, J. K. (1962): Reliability of psychiatric diagnoses 2: A study of consintency of clinical judgements and ratings. American Journal of Psychiatry, 119 (Jg.), H. 3, 351–357

Boessmann, U. (Hrsg.) (2008): Psychodynamische Therapie bei Kindern und Jugendlichen. Kompendium und Bericht an den Gutachter unter Berücksichtigung der ICD-10 und OPD-KJ. Bonn: Deutscher Psychologen Verlag

Borg-Laufs, M. (2006): Störungsübergreifendes Diagnostik-System für die Kinder- und Jugendlichenpsychotherapie (SDS-KJ). Tübingen: DGVT-Verlag

DGKJP Deutsche Gesellschaft für Kinder- und Jugendpsychiatrie und Psychotherapie (Hrsg.) (2007): Leitlinien zu Diagnostik und Therapie von psychischen Störungen im Säuglings-, Kindes- und Jugendalter. Köln: Deutscher Ärzteverlag

Dilling, H., Mombour, W. & Schmidt, M. H. (Hrsg.) (2002): Internationale Klassifikation psychischer Störungen. ICD-10 Kapitel V (F). Bern: Huber

Döpfner, M. & Lehmkuhl G. (2000): Diagnostik – System für psychische Störungen im Kindes- und Jugendalter nach ICD-10 und DSM-IV (DISYPS-KJ). Göttingen: Hogrefe

Döpfner, M., Lehmkuhl, G., Heubrock, D. & Petermann, F. (2000): Diagnostik psychischer Störungen im Kindes- und Jugendalter. Leitfaden Kinder- und Jugendpsychotherapie. Göttingen: Hogrefe

Fröhlich-Gildhoff, K. (2007): Verhaltensauffälligkeiten bei Kindern und Jugendlichen. Stuttgart: Kohlhammer

Heidenreich, T., Noyon, A. & Erfert, N. (2008): Klassifikation. In: Röhrle, B., Caspar, L. & Schlottke, P. F. (Hrsg.): Lehrbuch der klinisch psychologischen Diagnostik. Stuttgart: Kohlhammer, 275–299

Kendell, R. E., Cooper, J. E., Gourlay, A. J., Copeland, J. R. M., Sharpe, L. & Gurland, B. J. (1971): Diagnostic criteria of american and british psychiatrists. Archives of general Psychiatry, 25 (Jg.), H. 2, 123–130

Krohne, H.-W. & Hock, M. (2007): Psychologische Diagnostik. Grundlagen und Anwendungsfelder. Stuttgart: Kohlhammer

Petermann, F., Döpfner, M., Lehmkuhl, G. & Scheithauer, H. (2000): Klassifikation und Epidemiologie psychischer Störungen. In Petermann, F. (Hrsg.): Lehrbuch der klinischen Kinderpsychologie und -psychotherapie. Göttingen: Hogrefe, 29–56

Remschmidt, H., Schmidt, M. H. & Poustka, F. (Hrsg.). (2000): Multiaxiales Klassifikationsschema für psychische Störungen des Kindes- und Jugendalters nach ICD-10 der WHO. Bern: Huber

Röhrle, B. (2008): Aufgaben und Hintergründe. In: Röhrle, B., Caspar, L. & Schlottke, P. F. (Hrsg.): Lehrbuch der klinisch psychologischen Diagnostik. Stuttgart: Kohlhammer, 13–29

Saß, H., Wittchen, H.-U. & Zaudig, M. (1996): Diagnostisches und Statistisches Manual Psychischer Störungen. Göttingen: Hogrefe

Seiffge-Krenke, I. (1999): Die Bedeutung entwicklungspsychologischer Überlegungen für die Erarbeitung eines diagnostischen Inventars für Kinder und Jugendliche (OPD-KJ). Praxis der Kinderpsychologie und Kinderpsychiatrie, 48 (Jg.), H. 8, 548–555

5.2 Testverfahren und Methoden der Verhaltens- und Psychodiagnostik

Erwin Breitenbach

Einleitung

Das diagnostische Vorgehen, das heißt die gestellten Fragen, die verwendeten Methoden, die gefundenen Daten und ihre Interpretation werden durch zugrunde liegende Vorstellungen, Menschenbilder, Konzeptionen, Ansätze und Perspektiven bestimmt. In aktuellen Überblickswerken zu Verhaltensstörungen werden in diesem Zusammenhang übereinstimmend das medizinische, psychodynamische, lerntheoretische und interaktionistische Modell genannt (Göppel 2002; Hillenbrand 2008; Myschker 2009). Myschker (2009) ergänzt diese Zusammenstellung noch durch den sonderpädagogischen Ansatz, der sich dadurch auszeichnet, dass er die bedeutsamen Einsichten und Methoden aller anderen Ansätze zusammenschaut und integriert. Hillenbrand (2008) kennt als eine spezifisch heilpädagogische Diagnostik die Förderdiagnostik, die angeblich eigene Vorstellungen entwickelt hat und vor allem in einer kritischen Distanz zum medizinischen Modell steht. Er folgt in seinen Ausführungen weitgehend Bundschuh (1995), für den die Förderdiagnose charakteristischer Weise auf Förderung und Hilfe im pädagogischen Bereich abzielt. Stein (2008) unterstellt dies jeglicher verantwortungsvoll durchgeführten Diagnostik und schlägt deshalb vor, auf den Begriff der Förderdiagnostik im Zusammenhang mit Verhaltensstörungen zu verzichten. Dem ist unter diesen Bedingungen zuzustimmen; allerdings sei der Hinweis erlaubt, dass es durchaus über Bundschuhs Ausführungen deutlich hinausgehende Versuche gibt, charakteristische und spezifische Merkmale einer Förderdiagnostik herauszuarbeiten (siehe dazu Kobi 1990 und Breitenbach 2003).

Von den gängigen Ansätzen abweichend, schlägt Stein (2008) bei der Diagnostik von Verhaltensstörungen die Berücksichtigung folgender Perspektiven vor: Die personenbezogene Perspektive fragt nach Merkmalen des Kindes oder Jugendlichen, die eine zentrale Rolle für die Störung besitzen. Aus situationsspezifischer Sicht geht es um den Beitrag, den Kontextbedingungen zur Störung leisten. Bei der interaktionistisch orientierten Diagnose stehen wechselseitige Prozesse zwischen Individuum und Kontext im Vordergrund. In der vierten Perspektive wird die Wahrnehmung der Beobachter, die Verhaltensweisen als auffällig erkennt und entsprechende Zuschreibungsprozesse in Gang setzt, unter die Lupe genommen.

Charakteristisch für den gegenwärtigen Stand der Verhaltens- und Psychodiagnostik ist ein vielfältiges Angebot unterschiedlichster Methoden und Verfahren, deren erzieherische und therapeutische Bedeutsamkeit nicht immer leicht einzuschätzen ist. Ein diagnostisches Einzelverfahren, mit dem die Komplexität emotionaler und sozialer Störungen auch nur annähernd angemessen erfasst werden könnte, existiert nicht. Eine sorgfältige Diagnose, die vorhandene Störungen beschreibt und erklärt und auf deren Basis gut begründete förderliche Interventionen ausgewählt werden können, wird demzufolge aus einer Zusammenschau von mit unterschiedlichen Methoden gefundenen diagnostischen Informationen bestehen. Dazu stehen Anamnese, Verhaltensbeobachtung und psychometrische Verfahren zur Verfügung. „Die Diagnostik von Verhaltensstörungen ist differenziert zu konzipieren und zwar situationsspezifisch, multimethodal, multimodal und individualisiert" (Linderkamp 2007, 121).

Anamnese

Üblicherweise wird zwischen Selbst- und Fremdanamnese unterschieden. Bei der Selbstanamnese werden die Informationen von der betroffenen Person selbst erhoben und bei der Fremdanamnese von einer dritten Auskunftsperson (nahe Verwandte, Eltern oder anderen Bezugspersonen).

Lukesch (1998) macht darauf aufmerksam, dass anamnestische Daten alleine nur beschränkt aussagekräftig sind und nur eine Bedeutung im Rahmen eines Erstgesprächs besitzen, um die Fragestellung zu klären, das Problem zu beschreiben und erste Hypothesen zu erstellen. Sie müssen unbedingt mit anderen Daten und mit entsprechenden Theorien in Beziehung gesetzt werden, um eine diagnostische oder prognostische Aussage zu erlauben.

Verhaltensbeobachtung

Die Wahrnehmungspsychologie macht darauf aufmerksam, dass Wahrnehmen nicht als objektives Abbilden der Wirklichkeit zu verstehen ist, sondern als aktiver, die aufgenommenen Informationen interpretierender und damit auch verändernder Prozess. Jeder Beobachter neigt deshalb zu einer sofortigen Bewertung und Interpretation des Beobachteten. Fragt man in der Verhaltensbeobachtung wenig geschulte Personen zum Beispiel nach den Verhaltensweisen eines hyperaktiven Kindes, erhält man in der Regel sofort Verhaltensinterpretationen und keine Beschreibungen konkreten Verhaltens. Hyperaktive Kinder werden als motorisch unruhig, als zappelig, als unkonzentriert oder leicht ablenkbar bezeichnet. Solche Verhaltensinterpretationen sind nur schwer als diagnostische Beobachtungsdaten verwendbar, da es unklar bleibt, was der Beobachter unter „zappelig" oder „leicht ablenkbar" versteht. Diagnostisch verwertbare Informationen erhält man in diesem Fall nur, wenn konkret und ohne vorschnelle Interpretation beschrieben wird, wie sich ein Kind in welcher Situation tatsächlich verhält, so dass der Beobachter von ihm den Eindruck gewinnt, es sei zappelig oder leicht ablenkbar. Jeder Beobachter muss sich bewusst sein, dass ihm diverse Beobachtungs- und Bewertungsfehler unterlaufen können: zum Beispiel Güte- und Mildefehler, Fehler der zentralen Tendenz, logische Fehler, Halo- oder Hofeffekt, Kontrastfehler und Fehler der räumlich-zeitlichen Nähe.

Praktisch bedeutsam ist die Unterscheidung in unsystematische und systematische Verhaltensbeobachtung, da beide Beobachtungsarten hilfreiche diagnostische Informationen, aber in unterschiedlicher Qualität liefern. Die *unsystematische Beobachtung* lässt sich beschreiben als ein unstrukturiertes Vorgehen ohne Verwendung vorher festgelegter Beobachtungskategorien und ohne eine besondere Schulung des Beobachters. Die Wahl des Beobachtungsobjektes und des Beobachtungszeitpunktes wird von eigenen Motiven, Einstellungen, Emotionen, Vorurteilen her gesteuert und erfolgt eher zufällig. Die auf diese Weise gesammelten, nicht kritisch geprüften und kontrollierten Beobachtungen können dennoch zu wichtigen diagnostischen Informationen werden, wenn sie nachträglich zum Beispiel in einem gemeinsamen Gespräch mit allen Beteiligten reflektiert und präzisiert werden. Dieses nachträgliche Reflektieren unsystematischer Beobachtungen kann unter Umständen Anlass geben zu einer strukturierten und systematischen Beobachtung eines bestimmten Kindes mit dem Ziel, den eigenen Eindruck zu überprüfen oder spezifischere und umfangreichere Informationen über ein bestimmtes Verhalten in bestimmten Situationen zu erhalten.

Im Gegensatz zur unsystematischen, zeichnet sich die *systematische Beobachtung* durch ein strukturiertes Vorgehen aus. Ausgehend von spezifischen Hypothesen werden ausgewählte Kategorien oder Kategoriensysteme mit entsprechenden Kodierungsverfahren verwendet. Die Beobachter werden durch ein gezieltes Training auf ihre Beobachtungsaufgaben vorbereitet. Die Auswahl der Beobachtungsobjekte, der Beobachtungssituationen und Beobachtungszeiten werden vom Beobachtungszweck her möglichst eindeutig bestimmt und festgelegt. Hilfreich können dabei bereits erprobte Kategoriensysteme sein. Oft ist es jedoch erforderlich, sich auf den Beobachtungszweck abgestimmte eigene Beobachtungskategorien zu schaffen.

Psychometrische Verfahren

Psychometrische Verfahren sind wissenschaftliche Verfahren zur objektiven und zuverlässigen Erfassung von hypothetischen Konstrukten. Hypothetische Konstrukte sind Persönlichkeitsmerkmale, wie etwa Intelligenz oder Aggressivität, die nicht direkt beobachtbar sind, sondern aufgrund bestimmter Erlebens- und Verhaltensweisen erschlossen werden müssen. Die Aufgaben, Fragen oder Aussagen in solchen Verfahren, auch Items genannt, stellen deshalb repräsentative Stichproben des Erlebens und Verhaltens bezüglich des zu erfassenden Merkmals dar. Der Ausprägungsgrad des jeweiligen Persönlichkeitsmerkmals kann über den Vergleich mit Altersnormen festgestellt werden.

Für die Diagnostik bei Verhaltensstörungen existieren sehr viele Verfahren – vor allem Fragebögen – zur Persönlichkeit oder zu Teilaspekten der Persönlichkeit. Da auffälliges Verhalten auch in engem Zusammenhang mit Lernstörungen stehen kann, sind auch Informationen über die kognitive Leistungsfähigkeit von Kindern und Jugendlichen erforderlich, wie sie zum Beispiel von Intelligenztests geliefert werden.

In den folgenden Kapiteln werden nun einige gängige neuere Verfahren zusammengestellt, ohne dass dabei ein Anspruch auf Vollständigkeit erhoben wird.

Verfahren zur Persönlichkeit

- Attributionsstil-Fragebogen für Kinder und Jugendliche, ASF-KJ (1994)
- Child Behavior Checklist 1^1/$_2$ – 5, Deutsche Fassung, CBCL 1^1/$_2$-5 (2000)
- Diagnostik-System für Psychische Störungen nach ICD 10 und DMS IV für Kinder und Jugendliche-II, DISYPS-II (2008)
- Elternfragebogen über das Verhalten von Kindern und Jugendlichen, CBCL/4–18 (1998)
- Familien- und Kindergarten-Interaktionstest, FIT-KIT (2000)
- Fragebogen zur Erfassung von Empathie, Prosozialität, Aggressionsbereitschaft und aggressivem Verhalten, FEPAA (2005)
- Inventar zur Erfassung von Impulsivität, Risikoverhalten und Empathie bei 9- bis 14-Jährigen, IVE (2004)
- Kinderwelttest, KWT (2006)
- Lehrerfragebogen über das Verhalten von Kindern und Jugendlichen, TRF (1994)
- Märchentest, FTT (2003)
- Operationalisierte Psychodynamische Diagnostik im Kindes- und Jugendalter, OPD-KJ (2007)
- Persönlichkeitsfragebogen für Kinder zwischen 9 und 14 Jahren, PFK (2004)
- Screening psychischer Störungen im Jugendalter, SPS-J (2005)

Verfahren zu Teilaspekten der Persönlichkeit

Lern- und Sozialverhalten in der Schule

- Anstrengungsvermeidungstest, AVT (1998)
- Bildertest zum sozialen Selbstkonzept, BSSK (2004)
- Fragebogen zur Erfassung emotionaler und sozialer Schulerfahrungen von Grundschulkindern erster und zweiter Klassen, FEESS 1–2 (2004)
- Fragebogen zur Erfassung emotionaler und sozialer Schulerfahrungen von Grundschulkindern dritter und vierter Klassen, FEESS 3–4 (2003)
- Lehrereinschätzliste für Sozial- und Lernverhalten, LSL (2006)
- Linzer Fragebogen zum Schul- und Klassenklima für 4. bis 8. Klassenstufe, LFSK 4–8 (2000)
- Linzer Fragebogen zum Schul- und Klassenklima für 8. bis 13. Klassenstufe, LFSK 8–13 (1998)
- Skalen zur Erfassung des schulischen Selbstkonzeptes, SESSKO (2002)
- Skalen zur Erfassung der Lern- und Leistungsmotivation, SELLMO (2002)

Angst, Aggressivität und Depressivität

- Angstfragebogen für Schüler, AFS (1981)
- Der Kinder-Angst-Test II, KAT-II (2000)
- Depressionstest für Kinder, DTK (2005)
- Depressionsinventar für Kinder und Jugendliche, DIKJ (2000)
- Erfassungsbogen für aggressives Verhalten in konkreten Situationen, EAS (2000)
- Phobiefragebogen für Kinder und Jugendliche, PHOKI (2006)
- Sozialphobie und -angstinventar für Kinder, SPAIK (2001)

Hyperkinetische Störungen

- Conners's Rating Scales – Revised, CRS-R (1996)
- Kinder-Diagnostik-System 1: Aufmerksamkeitsdefizit- und Hyperaktivitätsstörung, KIDS 1 (2007)

Stressbewältigung und Emotionsregulation

- Fragebogen zur Erhebung von Stress und Stressbewältigung im Kindes- und Jugendalter, SSKJ 3–8 (2006)
- Fragebogen zur Erhebung von Stresserleben und Stressbewältigung im Kindesalter, SSK (1996)
- Fragebogen zur Erhebung der Emotionsregulation bei Kindern und Jugendlichen, FEEL-KJ (2005)
- Stressverarbeitungsfragebogen von Janke und Erdmann angepasst für Kinder und Jugendliche, SVF-KJ (2001)

Lebensqualität

- Fragebogen zur Erfassung der gesundheitsbezogenen Lebensqualität bei Kindern und Jugendlichen – Revidierte Form, KINDL-R (2000)
- Inventar zur Erfassung der Lebensqualität bei Kindern und Jugendlichen, ILK (2006)

Autistische Störungen

- Diagnostische Beobachtungsskala für Autistische Störungen, ADOS (2004)
- Diagnostisches Interview für Autismus – Revidiert, ADI-R (2006)
- Fragebogen zur Sozialen Kommunikation – Autismus Screening, FSK (2006)
- Skala zur Erfassung sozialer Reaktivität – Dimensionale Autismus-Diagnostik, SRS (2008/2009)

Leistungstests

- Bildbasierter Intelligenztest für das Vorschulalter, BIVA (2004)
- Hamburg-Wechsler-Intelligenztest für Kinder-IV, HAWIK-IV (2007)
- Hannover-Wechsler-Intelligenztest für das Vorschulalter-III, HAWIVA-III (2007)
- Kaufman Assessment Battery for Children, Deutsche Version, K-ABC (2001)

- Kaufman-Test zur Intelligenzmessung für Jugendliche und Erwachsene, K-TIM (2006)
- Kognitiver Fähigkeitstest für 4. bis 12. Klassen – Revision, KFT 4–12+R (2000)
- Nonverbaler Intelligenztest, SON-R $2^1/_2$-7 (2007)

Persönlichkeits-Entfaltungsverfahren (Projektive Tests)

Das charakteristische Merkmal psychometrischer Persönlichkeitsverfahren besteht in der quantitativen und theoriegeleiteten Erfassung bestimmter spezifischer Verhaltensmerkmale. Dagegen wird durch die Persönlichkeits-Entfaltungsverfahren – häufig auch als „Projektive Verfahren" bezeichnet – bei Probanden der persönliche Ausdruck von mehr oder weniger unbestimmten, eher vagen Verhaltensaspekten provoziert, die dann nach meist qualitativen Deutungsmustern vom Diagnostiker zu interpretieren sind.

Kritisch wird deshalb von Leichsenring und Hiller (2001) angemerkt, dass bei projektiven Verfahren ein grundlegendes konzeptuelles Problem in der Form bestehe, dass es mangels einer einheitlichen Theorie fraglich sei, wie ein Entfaltungsverfahren zustande komme und entsprechend zu interpretieren sei. Folglich ist die Frage, welche testtheoretischen Anforderungen an solche Verfahren zu stellen sind, immer wieder Gegenstand kontrovers geführter Diskussionen.

Positiv ist jedoch anzumerken, dass mit Hilfe eines relativ unstrukturierten Reizmaterials – im Gegensatz zu dem hoch strukturierten in psychometrischen Verfahren – eher weniger bewusste Ebenen der Persönlichkeit erreicht werden können und sich auf diese Weise oft auch die Möglichkeit bietet, verschiedene Aspekte psychischen Funktionierens in ihren Wechselwirkungen und im komplexen Zusammenwirken zu erfassen.

Brähler et al. (2002) klassifizieren die Persönlichkeits-Entfaltungsverfahren nach unterschiedlichen Reaktionsweisen oder Ausdrucksmöglichkeiten und gelangen auf diese Weise zu drei Gruppen:

Formdeuteverfahren

Den Probanden werden nicht eindeutig identifizierbare, wenig strukturierte Reizmaterialien wie zum Beispiel Tintenkleckse vorgelegt, die von ihnen inhaltlich gedeutet werden sollen. Entsprechende Verfahren existieren momentan für den Altersbereich der Kinder und Jugendlichen nicht.

Verbal-thematische Verfahren

Die Probanden werden mit thematischem Material wie etwa Wörtern, Sätzen oder Bildern konfrontiert, das sie anregen soll, sich zu bestimmten Problemfeldern zu äußern.

- Der Schwarzfuß-Test, SF-TEST (2007)
- Familien-Beziehungs-Test, F-B-T (2003)

- Hamster-Test, HT (1988)

Zeichnerische und Gestaltungsverfahren

Zeichnerische Verfahren fordern die Probanden zum Zeichnen auf und die Gestaltungsverfahren eröffnen den Probanden über unterschiedlichste Materialien und Utensilien (z. B. Spielzeug, Farbplättchen, Bauklötze, geometrische Figuren) persönliche Ausdruck- und Gestaltungsmöglichkeiten.

- Das Familienbrett (1999)
- Der Scenotest (1992)
- Die verzauberte Familie (2002)
- Familie in Tieren (2006)
- Familiensystemtest, FAST (1998)

Soziometrie und Soziogramm

Die Soziometrie bietet die Möglichkeit, soziale und kommunikative Gruppenstrukturen zu erfassen und abzubilden. Zu diesem Zweck werden Kinder oder Jugendliche einer sozialen Gruppe zum Beispiel gefragt, wen sie aus der Gruppe zu ihrem Geburtstag einladen würden oder neben wem sie am liebsten sitzen möchten. Zusätzlich zu solchen positiven Wahlen kann man die Gruppenteilnehmer auch um negative Nennungen bitten.

Das *Soziogramm*, in dem die positiven und/oder negativen Beziehungen durch unterschiedliche Pfeile zwischen den einzelnen Gruppenangehörigen gekennzeichnet sind, veranschaulicht graphisch die abgefragte Gruppenstruktur, vor allem in kleineren Gruppen. Auf diese Weise ergeben sich Informationen über den Status und die soziale Position einzelner Kinder oder Jugendlicher in der jeweiligen sozialen Gruppe. Einzelne Gruppenrollen, wie zum Beispiel die des Außenseiters oder des Stars, werden ebenso sichtbar wie das möglicherweise aus Untergruppen bestehende soziale Gefüge der Gruppe. Um bei größeren Gruppen einen Überblick über die sozialen und kommunikativen Beziehungen zu erhalten, bieten sich als Darstellungsformen Tabellen oder Matrizen an. Darüber hinaus besteht noch die Möglichkeit, mit dem Kohäsionsmaß einen Zahlenwert zu berechnen, der den Gesamtzusammenhalt einer Gruppe ausdrückt und beziffert.

Fazit

Gezielte und effektive Interventionen sind nur auf der Basis einer umfangreichen Diagnostik möglich. Stein (2008) warnt in diesem Zusammenhang mit Recht vor einer zu frühen und zu schnellen Einengung der diagnostischen Perspektive auf die Problemstellung. Die große Vielfalt der beschriebenen und aufgezählten diagnostischen Instrumente versetzt den Diagnostiker in die Lage, sein Vorgehen möglichst offen und breit anzulegen, um nicht vorschnell wichtige oder gar entscheidende Bedingungen zur Erklärung der vorliegenden Verhaltensstörung auszuklammern.

Literatur

Breitenbach, E. (2003): Förderdiagnostik. Theoretische Grundlagen und Konsequenzen für die Praxis. Würzburg: Edition Bentheim

Brähler, E., Holling, H., Leutner, D. & Petermann, F. (2002) (Hrsg.): Brickenkamp Handbuch psychologischer Tests. Bd. 1. Göttingen: Hogrefe

Bundschuh, K. (1995): Heilpädagogische Psychologie. München: Reinhardt

Göppel, R. (2002): „Wenn ich hasse, habe ich keine Angst mehr..." Psychoanalytisch-pädagogische Beiträge zum Verständnis problematischer Entwicklungsverläufe und schwieriger Erziehungssituationen. Donauwörth: Auer

Hillenbrand, C. (2008): Einführung in die Pädagogik bei Verhaltensstörungen. München: Reinhardt

Kobi, E. E. (1990): Diagnostik in der heilpädagogischen Arbeit. Luzern: Edition SZH

Leichsenring, F. & Hiller, W. (2001): Projektive Verfahren. In: Stieglitz, R.-D., Baumann, U. & Freyberger, H. J. (Hrsg.): Psychodiagnostik in Klinischer Psychologie, Psychiatrie, Psychotherapie. Stuttgart: Thieme, 183–191

Linderkamp, F. (2007): Diagnostik von Verhaltensstörungen. In: Linderkamp, F. & Grünke, M. (Hrsg.): Lern- und Verhaltensstörungen. Genese-Diagnostik-Intervention. Weinheim: Beltz, 121–129

Lukesch, H. (1998): Einführung in die pädagogisch-psychologische Diagnostik. Regensburg: Roderer

Myschker, N. (2009): Verhaltensstörungen bei Kindern und Jugendlichen. Erscheinungsformen – Ursachen – Hilfreiche Maßnahmen. Stuttgart: Kohlhammer

Stein, R. (2008): Grundwissen Verhaltensstörungen. Hohengehren: Schneider

5.3 Szenisches Verstehen

Bernhard Rauh

Einführung

Eine tragfähige und belastbare, auf die Förderbedürfnisse des jeweiligen Kindes oder Jugendlichen und seine Entwicklungsnotwendigkeiten abgestimmte pädagogische Beziehung ist eine wesentliche Grundbedingung für emotional-soziale Entwicklungsfortschritte. „Man kann geradezu von einem Primat der Beziehung für die Erziehung von Kindern und Jugendlichen mit Verhaltensstörungen sprechen" (Hillenbrand 2008, 229). Für den oft schwierigen Prozess des Aufbaus und Erhalts von entwicklungsförderlichen Beziehungen zu Kindern und Jugendlichen reicht es nicht aus, dass die Beziehungspartner freundlich und zugewandt sind. Vielmehr müssen Pädagog/innen über die Kompetenzen verfügen, Beziehungen zu gestalten – abgestimmt auf die Ressourcen und Störungspotentiale der Kinder und Jugendlichen. Die Kompetenz zur intentionalen Beziehungsgestaltung ist zentrales Charakteristikum der pädagogischen Professionalität in der Arbeit mit verhaltensgestörten Kindern und Jugendlichen. Für eine gezielte Beziehungsarbeit ist es notwendig, Beziehungserfahrungen, die Kinder und Jugendliche (re)inszenieren, zu erkennen und mögliche Bedeutung und emotionale Wirkung von Beziehungssituationen zu antizipieren. Nur wenn diagnostische Erkenntnisse einen Zugang zu bewussten und vor allem unbewussten Beziehungswünschen sowie den sozialen Kompetenzen der Kinder und Jugendlichen besonders in konfliktbelasteten Bereichen finden, bereiten sie eine hinreichende Grundlage für weitere pädagogische Bemühungen. Das Szenische Verstehen eröffnet einen solchen Zugang.

Lorenzer (1973) entwickelte das Szenische Verstehen als tiefenhermeneutisches Konzept in Abgrenzung zu zwei anderen Formen des Verstehens, dem logischen und dem psychologischen Verstehen. Logisches Verstehen rekonstruiert den sachlichen Gehalt einer verbalen und nonverbalen Äußerung. Es ist ein „Verstehen des Gesprochenen" und des Getanen. Die zweite Verstehensform, das Psychologische Verstehen handelt vom empathischen „Nacherleben", vom „Verstehen des Sprechers". Das Szenische Verstehen als „dritte Ebene des Verstehens" überschreitet „die Grenzen beider Operationsweisen" (Lorenzer 1973, 138), indem differenziert untersucht wird, was sich in einer Interaktionsszene zwischen den Beteiligten ereignet. Annahme ist, dass durch eine Kombination von Selbst- und Fremdwahrnehmungsprozesse die Tiefenstruktur einer Interaktionsszene erschlossen und die innere Welt eines Gegenübers diagnostisch zugänglich wird. Das Konzept des Szenischen Verstehens wurde von Leber (1977, 1988) in den pädagogischen Arbeitszusammenhang eingeführt. Die Ausarbeitung des Szenischen Verstehens als pädagogisch-diagnostisches Handlungskonzept war vor allem ein Anliegen von Trescher (1987a, 1992, 2001).

173

Grundannahmen, Definition und Einordnung

Leitende Grundannahmen des Szenischen Verstehens sind:

1. Unter dem Faktischen und Bewussten gibt es eine weitere, nicht direkt zugängliche unbewusste Dimension, die unser Erleben, Fühlen, Denken, Handeln und Interaktionsverhalten bestimmt.
2. Menschen thematisieren unbewältigte Themen, die aus wichtigen früheren Beziehungen stammen, unbewusst in neuen bedeutungsvollen Beziehungen zu Lehrern, Erziehern, Ausbildern, Partnern, anderen Kindern und Jugendlichen, wobei Erlebtes und Ersehntes in Szene gesetzt wird. Die Interaktion im „Hier und Jetzt" wird wesentlich durch solche Übertragungen geprägt.
3. Über eine spezifische Methode, das Szenische Verstehen, sind solche unbewussten Inszenierungen und Übertragungen erschließbar.

Als diagnostisches Verfahren beschreibt Szenisches Verstehen einen Prozess, in dem ausgehend von eigenen Reaktionen auf reale oder vorgestellte Interaktionen unter Zuhilfenahme von Beobachtungen, anamnestischen Daten und theoretischen Konzepten auf Erlebens-, Verhaltens- und Handlungsdispositionen eines Interaktionspartners geschlossen wird.

Szenisches Verstehen wird zu den „Psychodynamischen Interventionen" gerechnet (Ahrbeck 2008). Als ideographisch-interpretatives Verfahren versucht es, subjektive Faktoren systematisch zur Erkenntnisgewinnung, zur genauen Analyse der individuellen Gegebenheiten zu nutzen. Zentrale methodische Vorgabe ist, dass der Diagnostiker seine eigene affektive Beteiligung an einer Interaktionsszene nicht auszublenden versucht, sondern zur Generierung diagnostischer Hypothesen einsetzt. Damit verabschiedet er sich vom Ideal eines objektiven Vorgehens, der Auffassung, dass unter Aussparung subjektiv-emotionaler Prozesse diagnostiziert werden sollte. In der Konsequenz bezieht sich Szenisches Verstehen als tiefenhermeneutisch-sinnerschließendes Verfahren auch auf andere Güte- und Evaluationskriterien. Seine Ergebnisse sind nicht allgemeingültig, sondern gelten für einen individuellen Fall, sind aber einer „inter-individuellen Validierung" (Lamnek 2005, 155 ff.) zugänglich.

Verstehen von Übertragungs-/Gegenübertragungsdynamiken

Kern des Szenischen Verstehens ist die Analyse des Übertragungs-/Gegenübertragungsgeschehens. Bei der Übertragung handelt es sich um einen intrapsychischen Vorgang, um eine spezifische Erfahrungsbereitschaft, in der eine Beziehungserwartung an ein früheres Objekt wieder belebt wird. Übertragungen sind ubiquitär. Aktiviert werden sie durch „Szenische Auslösereize" (Trescher 1987 b). Für die Verhaltensgestörtenpädagogik ist besonders relevant, dass ein Kind oder Jugendlicher, bedingt durch in gestörten Beziehungen erworbene Wahrnehmungsverzerrungen, neue Beziehungspartner so erlebt, als ob sie zum Beispiel bevorzugte Geschwister, vernachlässigende Eltern, bedrohliche Väter, dominierende Mütter oder auch Wunscheltern und Wunschgeschwister wären. Übertragungen sind nicht direkt zugänglich, sie lösen beim Interaktionspartner Gegenübertragungen aus und können durch diese erschlossen werden. Mit der Bezeichnung Gegenübertragung werden Körperempfindungen, Gefühle, Phantasien und Handlungsimpulse versehen, die als Reaktion auf das Verhalten und die innere Welt des Gegenübers angesehen werden, sich in oder nach der Interaktion einstellen, oft irritieren und nicht unmittelbar eingeordnet werden können. Konkordante (gleichlaufende) Gegenübertragungen beinhalten eine partielle Identifikation mit Persönlichkeitsanteilen des Gegenübers. Der Diagnostiker erlebt wie das Kind in einer früheren bedeutungsvollen Beziehung beispielsweise Gefühle der Angst, Verlorenheit oder Wut. Bei komplementären Gegenübertragungen hingegen ergeht es dem Diagnostiker ähnlich dem Interaktionspartner der erlebten oder der ersehnten Szene. Er verspürt zum Beispiel Impulse, ein Kind strafen oder trösten zu wollen. Die gezielte diagnostische Nutzung der Gegenübertragung ist ein wichtiges psychoanalytisch-pädagogisches Arbeitsprinzip. Die Gegenübertragungsanalyse gilt als „das Herzstück" psychoanalytisch orientierten Vorgehens (Mertens 1998, 63).

Szenisches Verstehen beinhaltet eine doppelte mentale Bewegung, die sich idealtypisch in zwei methodischen Teilschritten abbilden lässt: (1.) Der Teilhabe, dem Registrieren und Sammeln spontaner Reaktionen und Beobachtungen, und (2.) der Distanzierung, das heißt der Reflexion und differenzierten Analyse der Teilhabe.

Im ersten Schritt geht es darum, durch die Teilhabe (Lorenzer 1973, 212) an von Interaktionspartnern gestalteten Szenen wahrzunehmen, welche Reaktionen bei einem selbst ausgelöst werden (Leber 1988, 40). Vom Methodischen her gesehen ist es für ein Szenisches Verstehen notwendig, sich zunächst offen und möglichst unvoreingenommen auf die Beziehung und ihre Dynamik einzulassen, das Interaktionsgeschehen und sich selbst genau zu beobachten, um Gegenübertragungen zu „sammeln". Im Sinne einer ganzheitlichen Selbstwahrnehmung nimmt der Diagnostiker wahr, was in ihm selbst vorgeht, um Informationen über die innere Welt seines Gegenübers zu gewinnen. Ebenso wichtig ist die Beobachtung der Interaktionspartner. Im Sinne einer Fremdwahrnehmung geht es darum, „sich nichts besonders merken zu wollen" und allem, was man hört und sieht, eine „gleichschwebende Aufmerksamkeit" entgegenzubringen (Freud 1912, 377) und damit auch auf scheinbar Nebensächliches zu achten.

Im zweiten Schritt, der reflexiven Distanzierung, werden die in der Teilhabe ausgelösten spontanen Reaktionen analysiert (Gegenübertragungsanalyse) und für die Generierung diagnostischer Hypothesen über das beobachtete bzw. erlebte Geschehen und die zugrunde liegenden latenten Sinngestalten ausgewertet, um allmählich herauszufinden, welche Erlebniskonstellation der Interaktionspartner thematisiert. Hierbei helfen anamnestische Daten, Entwicklungs-, Beziehungs- und Störungstheorien. Leitfragen sind: Was hat irritiert? Was hat welche Gefühle und Phantasien geweckt? Im gelingenden Fall drängt sich beim In-Beziehung-Setzen der einzelnen Teile „aus dem Material eine Sinngestalt auf" (Lorenzer 1973, 160), die bisher Unverständliches erhellt.

Was kann szenisch verstanden werden? Es sind drei zentrale diagnostische Perspektiven – Individuum, Gruppe und Organisation – zu unterscheiden, die zur Strukturierung des Materials im Laufe der reflexiven Distanzierung helfen. Die Leistungsfähigkeit der individuumszentrierten Perspektive besteht darin, individuelle Ressourcen und Problematiken, Beziehungsrepräsentanzen und psychische Strukturen von Kindern, Jugendlichen oder deren erwachsenen Bezugspersonen zu diagnostizieren. Szenische Inszenierungen eines Individuums sind aber immer auch im Kontext von möglichen Systemstörungen zu betrachten. Einerseits werden die dem Verhalten zugrunde liegenden inneren Konflikte und Beziehungsvorstellungen, -wünsche und -ängste im „Hier und Jetzt" einer Gruppe oder Organisation aktiviert und in Szene gesetzt; andererseits übernehmen Gruppen- und Organisationsmitglieder in der szenischen Inszenierung von Gruppen- und Organisationskonflikten auch spezifische Funktionen.

Szenische Diagnostik und Fördernder Dialog

Szenisches Verstehen ist konsequent auf Förderung ausgerichtet. Ein Szenisches Verstehen der Interaktionsprozesse eröffnet qualitativ neue entwicklungsfördernde Gestaltungsspielräume für pädagogisches Handeln, da es unbewusste Sinnzusammenhänge gerade in konflikthaften und belastenden Interaktionen erschließen hilft (Trescher 2001, 170).

Diagnosegeleitete Förderung: Den förderdiagnostischen Prozess kann man sich folgendermaßen vorstellen: Ein Kind reinszeniert in der Interaktion mit Pädagog/innen erlebte Szenen oder inszeniert Wunschszenen und drängt die involvierten Pädagog/innen dazu, Erlebnisanteile von sich oder vom erlebten/gewünschten Interaktionspartner zu übernehmen. Teilhabe und Reflexion der Teilhabe ermöglichen ein erstes Verstehen der Szene. Auf dieser Basis können Interventionen erarbeitet und begründet werden. Dabei muss die pädagogische Antwort im „fördernden Dialog" (Leber 1988, 53) an die derzeitigen Aufnahme- und Verarbeitungsfähigkeiten des betreffenden Kindes bzw. der Gruppen- und Organisationsmitglieder angepasst sein. Die nachfolgenden Interaktionen und Inszenierungen des Kindes zeigen, ob und inwieweit die Antwort passend war und ein „Fördernder Dialog" in Gang kommt. Über mehrere Durchläufe der Schritte Szenenproduktion – Teilhabe – Distanzierung – Verstehen – Antwort nähert sich der Verstehensprozess dem Thema des Kindes an und leistet einen Beitrag zur emotional-kognitiven Validierung der Förderangebote.

Gewinnung einer ursachenorientierten und individuellen Förderperspektive: Das Szenische Verstehen ermöglicht eine intentionale, auf das innere Erleben und die psychischen Probleme der jeweiligen verhaltensgestörten Kinder und Jugendlichen abgestimmte Interaktions- und Beziehungsgestaltung. Auf der Basis eines szenischen und damit tieferen Verständnisses der inneren Situation des Gegenübers kann qualifiziert interveniert werden. Symptomfixiertem und rezepthaftem Vorgehen wird vorgebeugt. Szenisches Verstehen verdeutlicht die Notwendigkeit intentionaler, individueller und intensiver Beziehungsprozesse. Es beugt damit einem naiven Verständnis des Beziehungsprimats, einer „wirkungslose[n] Gefühlsseligkeit der Beziehungen" (Bach 1998, 27) vor, wie sie auch schon von Bernfeld (1925, 39) als „Onkelhaftigkeit" verspottet wurde.

Prävention von Retraumatisierung und Burnout: Im Arbeitsgebiet der Verhaltensgestörtenpädagogik werden Pädagog/innen vor allem von traumatisierten Kindern und Jugendlichen unweigerlich in konflikthafte und belastende Szenen verstrickt, die sie an ihre Grenzen führen. Aus Unverständnis darüber, welches Thema gerade (wieder) inszeniert wird, kann es geschehen, dass Pädagog/innen nicht nur den Impuls verspüren, zurückzuschlagen, sondern sich tatsächlich mittels einer unmäßigen Gegenaggression aus der für sie extrem belastenden Situation zu befreien suchen. Auf den Rehabilitations- und Entwicklungsprozess des Kindes oder Jugendlichen wirkt sich dies höchst ungünstig aus. Szenische Diagnostik ermöglicht es, Interaktionsdynamiken tiefer zu verstehen und damit die eigene und fremde Beteiligung am Geschehen leichter einordnen zu können. Dadurch gelingt es Pädagog/innen in belastenden Interaktionen handlungsfähig zu bleiben bzw. wieder zu werden, schwierige Situationen zu überstehen, als Beziehungsobjekt zu überleben und ein Gefühl von Kohärenz zu empfinden. Durch ein Wissen darüber, was welche Handlung für das innere Erleben eines bestimmten Kindes bedeuten kann, wirkt Szenisches Verstehen präventiv. Szenische Auslösereize lassen sich durch Antizipationen reduzieren, der „Fördernde Dialog" kann aufrechterhalten werden. Ein adäquates Verstehen verringert die Wahrscheinlichkeit zum (destruktiven) Mitagieren der Professionellen, einer weiteren Traumatisierung der betreuten Kinder und Jugendlichen sowie eines beruflichen Burnouts der pädagogischen Fachkräfte.

Ein exemplarisches Beispiel

Von verschiedenen Autoren wurden Falldarstellungen vorgelegt, die den diagnostischen Einsatz des Szenischen Verstehens in für die Verhaltensgestörtenpädagogik relevanten Zusammenhängen aufzeigen (u. a. Leber, Trescher & Weiss-Zimmer 1989; Heinemann 2003; Rauh 2006). Anhand von Auszügen aus der Falldarstellung „Jürgen" von Heinemann (2003, 70 ff.) soll der förderdiagnostische Prozess mit den Teilschritten Teilhabe, Distanzierung, abgeleitete Förderung und erneutem Szenischen Verstehen aufgezeigt werden.

Heinemann berichtet über ihre erste Begegnung mit Jürgen. „Als ich den Klassenraum betrat, verstärkte sich meine Angst vor Jürgen. Er war kräftig, etwas füllig in seinem Körperumfang, und drohte immer wieder ‚auszuflippen', wie er es nannte. Er wollte im Unterricht mitarbeiten, fragte mich ständig irgendetwas und bei dem geringsten Gefühl, dass ich ihn nicht beachte oder dass er die Aufgabe nicht lösen könne, drohte er, andere Schüler zu schlagen oder Gegenstände im Klassenzimmer zu zerstören. Ich sah mich gezwungen, ihn ständig im Auge zu behalten, was ihn zu beruhigen schien, denn er meinte gleich nach dem ersten Tag, ich sei eine tolle Lehrerin" [...] „Jürgen erzeugte in mir Gefühle der extremen Unsicherheit und Angst. Jeden Moment fürchtete ich, dass seine Bereitschaft mitzuarbeiten durch plötzliche Aggression unterbrochen wird [...]. Ich hatte kein Vertrauen" (Heinemann 2003, 71 bzw. 75).

Sie lässt sich auf die Beziehung zu Jürgen ein und beobachtet, was Jürgen wann tut, was um ihn herum geschieht und was sie selbst dabei erlebt. Nicht die vordergründige Symptomatik von verbaler Aggression und Drohung leitet ihre diagnostischen Hypothesen, sondern die in der Gegenübertragung wahrgenommene Angst. Diesen für das weitere Verstehen leitenden Affekt verbindet sie in der Gegenübertragungsanalyse mit theoretischen Konzeptionen und biographischen Informationen: Ihre Angst versteht sie als seine Angst, als Widerspiegelung der Angst vor Nichtbeachtung und Abwendung. Jürgen, so folgert sie, lebt in der Erwartung, dass Beziehungen keine Sicherheit gewähren. Er hat ein geringes (Ur-)Vertrauen in die Welt, Trennungssituationen lösen bei ihm massive Angst aus. Weiter vermutet sie, dass Jürgen durch die Drohung auszuflippen Zuwendung und Geborgenheit geradezu erzwingen und die Lehrerin kontrollieren will. Aus den anamnestischen Informationen ist zu entnehmen, dass Jürgens Mutter ihn nicht gewollt, der Vater die Familie früh verlassen hat. Auf der Grundlage ihrer theoretisch und biographisch abgesicherten Hypothesen versucht sie, ihm das Gefühl von Sicherheit und eine haltende, „beruhigende Antwort von Nähe und Geborgenheit" (Heinemann 2003, 75) zu geben, Trennungssituationen so lange möglichst zu vermeiden, bis ausreichend Vertrauen aufgebaut ist. Das veranlasst Jürgen, sie als „tolle Lehrerin" zu bezeichnen, ihre Antwort kommunikativ als positiv zu validieren.

Einige Beziehungserfahrungen und Entwicklungsprozesse später korrigiert Heinemann eine Geschichtsarbeit von Jürgen. Sie grübelt lange über die Frage nach, ob sie ihm eine schlechte Note zumuten kann. Ihr irritierend intensives Grübeln über diese Frage versteht sie als Hinweis auf eine weitere Lebensthematik Jürgens: Soll ich mich der Realität stellen oder weiter in einer narzisstischen Illusion von Größe leben? Sie entscheidet sich für die Realität und gibt ihm die schlechte Note. Jürgen zerreißt seine Arbeit bei der Rückgabe und zieht eine Spur der Zerstörung durch die Schule. In dieser Szene nutzt sie die ausgelösten Gefühle und Assoziationen als Möglichkeit der emotional-kognitiven Validierung ihres pädagogischen Handelns. „Dass ich ihm die richtige Antwort gab, spürte ich an meiner Reaktion auf seine Zerstörung." Sie hatte „das erste Mal keine Angst mehr vor Jürgen". Die Phantasie „ich bin ein Fels in der Brandung, nichts kann mich erschüttern" stellt sich ein. Sie bekommt das erste Mal in der Arbeit mit Jürgen das Gefühl, „mit beiden Beinen auf dem Boden" zu stehen (Heinemann 2003, 76–78). In der Gegenübertragungsanalyse versteht sie die zweite Szene als Hinweis auf einen Entwicklungsschritt Jürgens und nicht als Ausdruck ihres genuin eigenen Erlebens oder als Zeichen seiner erneuten Traumatisierung.

Beide Szenen illustrieren: Heinemann nimmt an der Szene teil, versprachlicht ihre Reaktionen und reflektiert sie anschließend (Gegenübertragungsanalyse). Auf diese Weise gewinnt sie ausreichend inneren Raum für das Nachdenken über

Jürgens Förderbedarf und mögliche Förderangebote. Das gewonnene Verständnis dient ihr als Basis für Gestaltung und Evaluation des Förderprozesses.

Erforderliche Kompetenzen und hilfreiche Ressourcen

Oevermann (1996, 159) bestimmt als konstitutiv für pädagogische und damit auch diagnostische Professionalität die Fähigkeit, „Gegenübertragungsgefühle [...] einerseits innerlich zuzulassen und nicht von vornherein abzuwehren, andererseits aber auch nicht auszuagieren". Grundvoraussetzung ist demnach, dass Diagnostiker mobilisierte Gefühle und Phantasien zunächst einmal aushalten, um Gegenübertragungen überhaupt wahrnehmen und die eigene emotionale Verstrickung/ Verunsicherung im Dienste des Verstehens reflektieren zu können. Ausgearbeitete Selbstkompetenzen wie Introspektionsfähigkeit, Wissen über eigene Wünsche und Ängste sowie Lebensthemen sind wichtig, um eigene unbewusste Anteile von denen des Kindes unterscheiden zu können und nicht selbst auf „szenische Auslösereize" impulsiv zu reagieren. Neben der Kompetenz zur Selbstwahrnehmung ist eine differenzierte Fremdwahrnehmungskompetenz nötig. Aber erst die Kompetenz zur Verarbeitung und Integration der verschiedenen Informationen in Form einer differenzierten Analyse der Selbst- und Fremdwahrnehmungen unter Einbezug anamnestischer Informationen sowie der Berücksichtigung kontextueller Prozesse und organisationaler Rahmenbedingungen unter Bezug auf theoretisches Wissen um unbewusste Dynamiken, kindliche Entwicklungsprozesse und deren Störung vervollständigt die Szenische Verstehenskompetenz.

Eine Begleitung durch Intervision, Supervision oder Coaching ist für eine Triangulation der Perspektiven zweckmäßig, um die Gefahr von Blockierungen des Verstehensprozesses durch blinde Flecken und hemmende Abwehrkonstellationen zu minimieren. Für die Aneignung der diagnostischen Kompetenz zum Szenischen Verstehen gilt die von Datler (2000, 174) formulierte Trias von „Selbsterfahrung – Theorieaneignung – Praxisreflexion". Settings der professionellen Fallbesprechung, wie zum Beispiel die „work-paper-discussion" (vgl. Datler, Kap. 6.4, in diesem Band), sind die Methoden der Wahl.

Methodische Probleme und Grenzen

Der Prozess des Szenischen Verstehens wurde idealtypisch in zwei zeitlich nacheinander und getrennt ablaufende Phasen der Teilhabe und Distanzierung gegliedert. Realistischer ist es wohl, den Verstehensprozess als ein „Oszillieren [...] zwischen unmittelbarer Teilhabe und distanzierender Reflexion" (Trescher 1987 a, 207) zu beschreiben, der in ein immer differenzierter werdendes Verstehen einmündet.

Eine grundlegende Schwierigkeit besteht darin, in problematischen Beziehungsprozessen Gegenübertragungen von eigenen Übertragungstendenzen zu unterscheiden. Ahrbeck und Scobel (1995) zeigen auf, wie unbewältigte Lebensthemen der Lehrkräfte eine pädagogisch förderliche Interaktion mit ihren Schüler/innen erschweren. Ebenso kann der Verstehensprozess durch dominierende eigene Übertragungstendenzen deformiert werden, wie zum Beispiel eine unbewusste Konkurrenz mit anderen wichtigen Bezugspersonen.

Desgleichen ist es nicht immer einfach zu entscheiden, ob eine Übertragung vorliegt oder ob die Ursache des Erlebens und Verhaltens eines Kindes nicht ganz im „Hier und Jetzt" der Interaktion zu suchen ist.

Der verständliche Wunsch nach Reduktion der Komplexität des Verstehensprozesses birgt die Gefahr, den Verstehensprozess auf das jeweilige Kind und seine Psychodynamik zu begrenzen und die Beteiligung anderer Personen wie auch der Gruppensituation und des organisatorischen Settings außer Acht zu lassen.

Eine weitere Schwierigkeit besteht in der Ableitung pädagogischer Interventionen aus dem Szenischen Verstehensprozess. Es trifft sicher zu, dass jedem Handeln ein bestimmtes bewusstes oder unbewusstes Verständnis der Situation vorausgeht und dass Veränderungen des Verständnisses zu veränderten Handlungen führen können, aber nicht müssen. Realistischer ist es wohl anzunehmen, dass das erzielte Verständnis der Szene die Wahrscheinlichkeit erhöht, passende Interventionen zu finden. Szenisches Verstehen allein genügt aber nicht. Es enthebt nicht von der Notwendigkeit, arbeitsfeldspezifische Handlungskonzepte und Kompetenzen anzueignen.

Fazit

Szenisches Verstehen ist für die Verhaltensgestörtenpädagogik kein fakultativer, sondern ein essentieller diagnostischer Zugang. Die Kompetenz zur Diagnose und bewussten Gestaltung von Beziehungsprozessen ist Kern der verhaltensgestörtenpädagogischen Professionalität. Pädagog/innen müssen dazu fähig sein, Inszenierungen der ihnen anvertrauten verhaltensgestörten Kinder und Jugendlichen zu erkennen und zu verstehen sowie auf der Basis des Verstandenen Interaktionen abgestimmt auf die emotional-sozialen Förderbedürfnisse der Kinder und Jugendlichen zu gestalten. Ergebnisse der Szenischen Diagnostik geben Orientierung dafür, was in einem „Fördernden Dialog" zu tun und was zu lassen ist, wie Beziehungsprozesse adäquat zu gestalten und intensivpädagogische Settings individuell passend zu konzipieren sind.

Literatur

Ahrbeck, B. (2008): Psychodynamische Intervention. In: Gasteiger-Klicpera, B., Julius, H. & Klicpera, C. (Hrsg.): Sonderpädagogik der sozialen und emotionalen Entwicklung. Handbuch der Sonderpädagogik, Bd. 3. Göttingen: Hogrefe, 497–507

Ahrbeck, B. & Scobel, W. (1995): Möglichkeiten und Grenzen der Supervision bei beruflicher Überforderung von Lehrern. In: Zeitschrift für Heilpädagogik, 46 (Jg.), H. 2, 68–73

Bach, H. (1998): Beziehungsprozesse in der neueren wissenschaftlichen heilpädagogischen Literatur. In: Datler, W., Gerber, G., Kappus, H, Steinhardt, K., Strachota, A. & Studener, R. (Hrsg.): Zur Analyse heilpädagogischer Beziehungsprozesse. Luzern: SZH, 25–32

Bernfeld, S. (1925): Sisyphos oder die Grenzen der Erziehung. Frankfurt a. M: Suhrkamp 2000

Datler, W. (2000): Was leistet die Psychoanalyse für die Sonderpädagogik? In: Die Neue Sonderschule, 45 (Jg.), H. 3, 165–176

Freud, S. (1912): Ratschläge für den Arzt bei der psychoanalytischen Behandlung. In: Gesammelte Werke Bd. VIII, 1999, 375–388

Heinemann, E. (2003): Psychoanalyse und Pädagogik im Unterricht der Sonderschule. In: Heinemann, E., Rauchfleisch, U. & Grüttner, T.: Gewalttätige Kinder. Düsseldorf: Walter, 70–112

Hillenbrand, C. (2008): Einführung in die Verhaltensgestörtenpädagogik. München: Reinhardt

Lamnek, S. (2005): Qualitative Sozialforschung. Weinheim: Beltz

Leber, A. (1977): Psychoanalytische Gruppenverfahren im Bildungsbereich – Didaktik oder Therapie. In: Gruppenpsychotherapie und Gruppendynamik 12 (Jg.), H. 3, 242–254

Leber, A. (1988): Zur Begründung des fördernden Dialogs in der psychoanalytischen Heilpädagogik. In: Iben, G. (Hrsg.): Das Dialogische in der Heilpädagogik. Mainz: Grünewald, 40–61

Leber, A., Trescher, H. G. & Weiss-Zimmer, E. (1989): Krisen im Kindergarten. Frankfurt a. M: Fischer

Lorenzer, A. (1973): Sprachzerstörung und Rekonstruktion. Frankfurt a. M: Suhrkamp

Lorenzer, A. (1977): Sprachspiel und Interaktionsformen. Frankfurt a. M: Suhrkamp

Mertens, W. (1998): Psychoanalytische Grundbegriffe. Weinheim: Beltz

Oevermann, U. (1996): Theoretische Skizze einer revidierten Theorie professionellen Handelns. In: Combe, A. & Helsper, W. (Hrsg.): Pädagogische Professionalität. Frankfurt a. M: Suhrkamp, 70–182

Rauh, B. (2006): Szenen einer Kleinklasse – Analyse der Interaktionsdynamik in einer Gruppe schwieriger Schüler. In: Ahrbeck, B. & Rauh, B. (Hrsg.): Der Fall des schwierigen Kindes. Weinheim: Beltz, 122–141

Trescher, H. G. (1987 a): Selbstverständnis und Problembereiche der Psychoanalytischen Pädagogik. In: Reiser, H. & Trescher, H. G. (Hrsg.): Wer braucht Erziehung? Impulse der Psychoanalytischen Pädagogik. Mainz: Grünewald, 197–209

Trescher, H. G. (1987 b): Bedeutung und Wirkung szenischer Auslösereize in Gruppen. In: Büttner, C. & Trescher, H. G. (Hrsg.): Chancen der Gruppe. Mainz: Grünewald, 150–161

Trescher, H. G. (1992): Theorie und Praxis der psychoanalytischen Pädagogik. Mainz: Grünewald

Trescher, H. G. (2001): Handlungstheoretische Aspekte der Psychoanalytischen Pädagogik. In: Muck, M. & Trescher, H. G. (Hrsg.): Grundlagen der Psychoanalytischen Pädagogik. Gießen: Psychosozial, 167–201

5.4 Grundlagen einer ressourcen-orientierten Förderdiagnostik im Förderschwerpunkt Emotionale und Soziale Entwicklung

Michael Fingerle

Einleitung

Durch den in den 1980er Jahren begonnenen Paradigmenwechsel der sonderpädagogischen Diagnostik wurde die bis dahin primäre diagnostische Aufgabe der Feststellung von individuellen Defiziten in der sozialen und emotionalen Entwicklung durch eine stärken- oder ressourcenorientierte Förderdiagnostik abgelöst (Mutzeck 2004; Bundschuh 2005). Diese Sichtweise der diagnostischen Aufgabenstellung lässt sich mit Mutzeck (2000, 255) folgendermaßen definieren: „Diagnose und Förderung sollen sich nicht allein an den Defiziten, Störungen und Problemen des Schülers im Kontext seines Umfeldes orientieren, sondern auch Kompetenzen, Stärken, bereits bewältigte Situationen und vor allem vorhandene und neu zu erschließende Ressourcen erkunden und sichern."

Doch obwohl seither eine kaum zu überschauende Anzahl von Publikationen zur Förderdiagnostik erschienen ist, konstatiert Schlee (2008) als einer der Pioniere der Förderdiagnostik, dass es diesem Arbeitsfeld nach wie vor an einer kohärenten theoretischen Fundierung mangele. Nicht nur Verhaltensprobleme, sondern zugleich auch Fähigkeiten und Entwicklungspotentiale in den diagnostischen Blick zu nehmen, stellt zweifellos einen Fortschritt gegenüber der früheren reinen Selektionsdiagnostik dar, doch führt die erweiterte Perspektive allein weder zu transparenten noch unbedingt zu besser begründeten diagnostischen Entscheidungen.

Förderdiagnostik als diagnostischer Prozess

Der Sinn und Zweck einer Diagnostik besteht in der Sammlung und Verarbeitung von Informationen, um auf dieser Grundlage pädagogische Entscheidungen treffen zu können. Auch und gerade im Zusammenhang mit der Feststellung eines besonderen Förderbedarfs im Bereich der emotionalen und sozialen Entwicklung muss das diagnostische Vorgehen aufgrund der existierenden funktionalen Ausdifferenzierung des deutschen Schulsystems dabei nach wie vor drei Funktionen erfüllen, die nicht notwendigerweise deckungsgleich sind.

Zum einen muss die Frage geklärt werden, ob überhaupt ein besonderer Förderbedarf vorliegt und ob an der Stammschule eine ausreichende Förderung möglich ist. Und erst vor diesem Hintergrund kann in der Regel die Frage beantwortet werden, wie die Förderung zu gestalten ist. Die beiden zuerst genannten Fragestellungen sind natürlich nicht dem förderdiagnostischen Paradigma, sondern der Organisationslogik der Schul- und Hilfesysteme und der Art und Weise geschuldet, wie innerhalb dieser Systeme Förderressourcen zugewiesen werden. Trotz aller seit zwanzig Jahre geltenden Bestrebungen nach verstärkter Integration respektive Inklusion steht die Feststellung eines Förderbedarfs nach wie vor am Beginn einer Diagnostik, da nur über diesen verwaltungstechnischen Vorgang zusätzliche Ressourcen zugewiesen werden können. Es liegt in der Logik dieses Systems, dass für die Einleitung weitergehender Fördermaßnahmen die Diagnose von Verhaltensdefizite nötig ist und dass dies nicht selten mit der Frage eines Schulwechsels verbunden sein kann.

Die mit solchen Fragen verbundenen Konsequenzen machen es nötig, diesen einleitenden Abschnitten des diagnostischen Prozesses neben qualitativen Verfahren (Beobachtungen, Gesprächen mit dem Kind, den Lehrern und seinen Eltern) auch ein standardisiertes Instrumentarium zugrunde zu legen. Dies gilt in jedem Fall für die Frage, wie stark Probleme in der emotionalen und sozialen Entwicklung ausgeprägt sind (im Folgenden soll in diesem Zusammenhang aus Gründen der sprachlichen Vereinfachung auch von „Verhaltensproblemen" die Rede sein). Zu diesem Zweck stehen eine Reihe standardisierter, altersnormierter Fragebogenverfahren zur Verfügung, mit denen Lehrer das Ausmaß bzw. die Häufigkeit solcher Probleme bei Schülern einschätzen können.

Bei Verhaltensproblemen handelt es sich jedoch nicht um isoliert zu betrachtende, individuelle Defizite, sondern auch um Passungsprobleme zwischen einem Kind und seiner Umwelt, insbesondere seiner schulischen Umwelt. Beide, Kind und Umwelt, verfügen über Verhaltenspotentiale, aber auch über aktuelle Verhaltensbeschränkungen. Bei Passungsproblemen besteht zwischen beiden Profilen keine wechselseitige Anschlussfähigkeit. Solche Passungsprobleme stellen aber zugleich Aushandlungsspielräume zwischen Individuum und Umwelt dar, bei denen überlegt werden kann, inwiefern eine wechselseitig befriedigende Kompromisslösung erreicht werden könnte. Dies wäre für beide Seiten häufig zielführend, da es die Komplexität und den Umfang der nötigen Verhaltensänderungen reduziert und so Lernprozesse vereinfacht. Da jedoch zur Diagnostik der adaptiven Potentiale bei Lehrern und der Organisation Schule weder normierte Verfahren noch standardisierte Kriterien vorliegen, befindet sich die Diagnostik hier in der wenig befriedigenden Lage, den Förderbedarf primär an den Einschätzungen der Häufigkeit und/oder der Intensität von problematischen Verhaltensweisen eines Schülers bemessen zu müssen. Anstatt das Verhältnis zwischen den Problemlagen und Bewältigungskapazitäten von Schülern und Lehrern in methodisch vergleichbarer Art erheben und zueinander in Beziehung setzen zu können, ist die Diagnostik gezwungen, sich bei den standardisierten Instrumenten auf eine einseitige Beschreibung von Problemlagen beschränken zu müssen.

Eine Möglichkeit, dieses Problem zu kompensieren, bietet eine Analyse, die auch nicht-standardisierte Daten berücksichtigt und folgende Aspekte in den Blickpunkt nimmt: (a) die funktionale Analyse des Verhaltens in konkreten Umwelten, (b) die Identifikation von Risikofaktoren bei den beteiligten Personen und (c) die Identifikation von Ressourcen und nicht zuletzt (d) die Entwicklung von Ideen zur Ressourcenaktivierung.

Im Folgenden soll eine solche Form der ressourcenorientierten Analyse näher skizziert werden. Der Einfachheit halber wird dabei davon ausgegangen, dass es sich um eine Analyse im Rahmen der Feststellung des Förderbedarfs handelt. Tatsächlich sind jedoch die Übergänge zu einem Beratungsprozess fließend. Betrachtet man die Förderdiagnostik als Teil eines längeren, kooperativen Beratungsprozesses (Mutzeck & Melzer 2007), so könnte man das hier skizzierte Vorgehen etwa als Vorbereitung für den Beratungsprozess ansehen. In jedem Falle ist eine solche Analyse jedoch nur als erster, hypothesengenerierender Schritt in einem längeren Förderprozess anzusehen (Hillenbrand 2008), der der weiteren kritischen Überprüfung bedarf. Da menschliches Verhalten – wie jedes komplexe System – auf längere Sicht zumeist nicht eindeutig vorhersagbar ist (Schlee 2004), macht es auch wenig Sinn, Förderideen zu entwickeln, die über keinerlei zeitliche und inhaltliche Flexibilität verfügen.

Diagnose von Ressourcen und Risikoprofilen

Den am weitesten entwickelten theoretischen Ausgangspunkt für die diagnostische Analyse bieten vermutlich die Ergebnisse von Studien zur Bedeutung von Risiken und Ressourcen für die Entstehung negativer und positiver Entwicklungsverläufe, die im Rahmen der Resilienzforschung zu Tage gefördert wurden (Opp & Fingerle 2007; Welter-Enderlin & Hildenbrand 2008). Obwohl weder diese Studien noch die neueren Konzepte der Entwicklungspsychopathologie oder der klinischen Entwicklungspsychologie bis dato ein geschlossenes Modell der Entwicklung sozialer und emotionaler Kompetenzen vorlegen konnten, liefern solche Ansätze nichtsdestoweniger relevante Eckpunkte für die förderdiagnostische Analyse.

In dieser Sichtweise wird die individuelle Entwicklung von einer Konstellation aus personalen und sozialen Faktoren beeinflusst und gerahmt, welche die Entwicklung entweder in Richtung einer positiven oder einer negativen Richtung befördern können. Als positive Entwicklung wird hierbei der Aufbau einer funktionalen Form der Bewältigung von Entwicklungsaufgaben und Belastungssituationen angesehen – funktional verstanden im Sinne der Entwicklung sozial anschlussfähiger Lösungen. Traditionellerweise benennt man Personen- oder Umweltmerkmale, welche die Wahrscheinlichkeit einer positiven Entwicklung erhöhen, als Ressourcen und Faktoren, welche diese Wahrscheinlichkeit senken, als Risikofaktoren. Es sollte daher die Aufgabe der Diagnostik sein, nicht nur das aktuelle Verhalten und seine Veränderung in den Blick zu nehmen, sondern darüber hinaus auch der Frage nachzugehen, welche Ressourcen sich für die Förderung aktivieren lassen, welche Risikofaktoren vorliegen und inwieweit diese kompensiert werden könnten.

Die Frage, ob ein bestimmter Faktor als Risikofaktor oder als Ressource einzustufen ist, lässt sich allerdings nicht immer eindeutig beantworten. Es handelt sich hierbei um unterschiedlich hohe Wahrscheinlichkeiten, mit denen ein bestimmter Faktor, zum Beispiel das Selbstwertgefühl, entweder positive oder negative Entwicklungen befördern kann. Es scheint aber nahezu keine Ressource zu geben, die immer und unter allen Umständen positive Effekte hat und auch Risikofaktoren können unter passenden Rahmenbedingungen durchaus positive Effekte haben. Darüber hinaus sind diese Faktoren und ihre individuellen Konstellationen nicht statisch, sondern dynamisch. Bei allen damit einhergehenden Ungewissheiten eröffnet sich so aber auch die Möglichkeit, in Verhaltensweisen, die auf den ersten Blick riskant erscheinen, ein adaptives, jedoch noch nicht realisiertes Potential zu entdecken, das zum Aufbau eines positiveren Verhaltens genutzt werden könnte. So könnte sich etwa zeigen, dass das aggressive Verhalten eines Jungen durch Selbstbehauptung und Gerechtigkeitsempfinden geprägt ist. Dies sind Motive, die durchaus adaptiv sind, wenn es ihm gelingt, Verhaltensformen zu entwickeln, durch die er sie auf sozial akzeptablere Weise umsetzen kann.

Da sich Entwicklungspfade im Rahmen einer individuellen Konstellation aus Ressourcen und Risikofaktoren entfalten, muss die diagnostische Analyse Probleme in der emotionalen und sozialen Entwicklung auf mehreren Ebenen in den Blick nehmen. Zunächst muss sie die konkreten Probleme erfassen. Sie müssen anhand exemplarischer, aktueller Beispiele analysiert und hinsichtlich ihrer Funktionalität verstehend interpretiert werden. Diese Analyse wird kombiniert mit der diagnostischen Exploration von Risikofaktoren und Ressourcen. Erstere können Problemlagen bedingen, aufrechterhalten und verschärfen, die letzteren können dazu verwendet werden, Risikofaktoren zu kompensieren und Lösungsmöglichkeiten zu entwickeln. Hierbei kann es sich jeweils sowohl um Verhaltens-/Persönlichkeitsmerkmale des Klienten als auch um Merkmale seiner Umwelt (Schule, Familie, Peers) handeln.

Des Weiteren muss berücksichtigt werden, dass nicht nur problematisches Verhalten in eine bestimmte Umweltkonstellation eingebettet ist, sondern auch positive Entwicklungen der Unterstützung durch entsprechende Erfahrungsräume bedürfen. Das bedeutet, dass die zu entwickelnden Förderideen auch Ansätze zur Gestaltung von förderlichen Erfahrungsräumen beinhalten sollten.

Zur globalen Erfassung von Risikofaktoren und Ressourcen können auch Tests und Fragebogenverfahren verwendet werden. Es ist jedoch von Vorteil, solche Verfahren durch Gespräche mit den beteiligten Personen und durch Beobachtungen zu ergänzen, da standardisierte Fragebogenverfahren notwendigerweise auf vergleichsweise hohem Abstraktionsniveau angesiedelt sind oder nur bestimmte Merkmale erfassen. In der Regel ist es ökonomischer, die Risiko-Ressourcen-Erfassung auf der Basis explorativer Gespräche zu beginnen und dann – je nach den individuellen Gegebenheiten – zu entscheiden, welche Aspekte standardisiert erfasst werden sollen, weil sie für das weitere Vorgehen von kritischer Bedeutung sind. Die Analyse konkreter, problematischer Verhaltensbeispiele kann jedoch naturgemäß nur durch Gespräche und eigene Beobachtungen erfolgen. Im Folgenden soll ein Ablaufschema für eine derartige Analyse vorgestellt werden.

Ressourcenorientierte Analyse

Die klassische Verhaltensanalyse besteht in der Identifikation der auslösenden respektive der aufrechterhaltenden Bedingungen für eine Verhaltensweise. In der ressourcenorientierten Analyse wird dieses Vorgehen durch die Identifikation weiterer personaler und sozialer Faktoren ergänzt, mit denen sich positives Verhalten aufbauen und Entwicklungsprozesse unterstützen lassen. Da Ressourcen a priori schwer von Risiken abgrenzbar sind, ist ein heuristisches Verfahren zu ihrer Exploration nötig, das auch Umdeutungen zulässt. Dieses Verfahren lässt sich durch eine Reihe von Schritten bzw. erkenntnisleitenden Fragen beschreiben, die wiederum in zwei Phasen eingeteilt werden können: In eine Explorationsphase und eine sich daran anschließende, analytische Phase.

Explorationsphase:

1. Aktuelle Probleme benennen: möglichst konkret; welche Funktion haben diese Verhaltensweisen?
2. Risikofaktoren explorieren: situative (schulische/familiale) und/oder personale Faktoren, welche die aktuellen Probleme verursachen und/oder aufrechterhalten.
3. Ressourcen explorieren: all jene personalen und sozialen Faktoren (Interessen, Fähigkeiten, Merkmale, Personen etc.), die als Anzeichen einer positiven Entwicklung angesehen werden können oder die eine positive Entwicklung befördern können; hierzu gehören auch Umdeutungen von Problemen und Risikofaktoren (z. B. Aggressivität als Ausdruck von Selbstbehauptung oder Auflehnung gegen Ungerechtigkeit).

In der nächsten, der analytischen Phase werden ressourcenaktivierende Förderideen entwickelt. Es handelt sich dabei um einen zyklischen, heuristischen Prozess, in dem die Informationen aus Phase 1 fokussiert und zueinander in Beziehung gesetzt werden. Diese Phase beginnt mit der Formulierung von Arbeitshypothesen, in denen die aktuellen Probleme und die Risikofaktoren miteinander in Beziehung gesetzt werden. Dies kann in der Regel nur durch den Rückgriff auf Bezugstheorien geschehen. Hierbei geht es allerdings weniger darum, tiefer liegende Ursachen herauszuarbeiten, um sie dann ins Zentrum des Förderprozesses zu rücken. In der pädagogischen Arbeit lassen sich etliche Risikofaktoren gar nicht (z. B. Arbeitslosigkeit der Eltern) oder nicht unmittelbar (z. B. Bindungsmuster, feindselige Deutungsmuster sozialer Interaktionen u. ä.) bearbeiten. Nichtsdestoweniger stellen sie Randbedingungen für die Förderung dar, die berücksichtigt werden müssen, um realistische Förderideen entwickeln zu können. Dies gilt insbesondere auch dann, wenn ein diagnostizierender Beratungslehrer zu dem Schluss kommen muss, dass der zu beratende Kollege einen wesentlichen Teil des Problems darstellt. Darüber hinaus liefern die Arbeitshypothesen Hinweise auf mittel- und langfristige Entwicklungs- und Lernziele. Bei der Definition von Lernzielen ist daher darauf zu achten, dass eine vorläufige Hierarchie von Lernzielen entwickelt wird, die mit sehr konkreten, vermutlich leicht zu erreichenden Zielen beginnt, um den Förderprozess zunächst einmal auf bearbeitbare Probleme zu fokussieren.

Analytische Phase

1. Arbeitshypothesen formulieren: Auf der Basis von Bezugstheorien ein Erklärungsmuster für die aktuellen Probleme formulieren, welches die sparsamste Erklärung dafür bietet, warum die aktuellen Probleme ausgelöst und aufrechterhalten werden.

2. Erste Lernziele definieren: Konkrete, unmittelbare Lernziele, die sich an den aktuellen Problemen orientieren (z. B. „cool bleiben, wenn man beleidigt wird") sowie weitere, allgemeinere Lernziele (z. B. Probleme konstruktiv lösen, Selbstvertrauen aufbauen).

   Die explorierten Ressourcen sollten dazu genutzt werden, den Lernprozess zu unterstützen, indem sie die Lernziele für die Schüler zu sinnvollen Zielen machen, deren Erreichen bereits vorhandene Ziele und Motive erfüllt. Außerdem können Ressourcen dazu verwendet werden, Ideen für die Gestaltung einer Entwicklungs- und Lernumgebung zu formulieren, in denen die Schüler positive Erfahrungen mit der Umsetzung der Lernziele machen können.

3. Ressourcenaktivierung:
   - Welche im Sinne der Lernziele zielführenden Motive/Interessen liegen bereits vor (z. B. Gerechtigkeitsempfinden)?
   - Gibt es eventuell frühere Ansätze für Fähigkeiten oder Entwicklungen in die Richtung der Lernziele, die verschüttet sind (etwa Beispiele, aus denen die Bereitschaft deutlich wird, anderen zu helfen und sie zu unterstützen)?
   - Lässt sich ein Interesse oder eine Fähigkeit identifizieren, die dazu dienen kann, dem Schüler eine bessere soziale Rolle aufzubauen (z. B. Expertenrolle)?
   - Welche Umweltressourcen gibt es, die zur Aktivierung personaler Ressourcen genutzt werden könnten (z. B. Einbezug in ein Streitschlichterprogramm, kooperative Bezugsperson mit Vorbildcharakter)?

Als Ergebnis dieser Analyse liegen konkretisierbare Ansätze für die Förderung der sozialen und emotionalen Entwicklung vor.

Diese Darstellung konzentrierte sich zwar der Einfachheit halber auf die Schüler, doch dies soll keineswegs so verstanden werden, dass die beteiligten Lehrer und die schulische Umwelt in der Analyse nicht berücksichtigt werden müssen. De facto können diese Faktoren sowohl auf der Seite der Ressourcen als auch der Risikofaktoren auftauchen und sie lassen sich anhand desselben Schemas analysieren. Diese Art der diagnostischen Analyse dient nicht in erster Linie der Aufstellung eines detaillierten Förderplans, sondern der Strukturierung und Klärung komplizierter Ausgangslagen und der Exploration von Förderansätzen. Daher wurde auf die Angabe konkreter Fördermaterialien oder didaktischer Methoden verzichtet.

Ausblick

Obwohl die Förderdiagnostik aufgrund der Randbedingungen des Schulsystems von ihrem ursprünglichen Ideal entfernt agieren muss, ist es durchaus möglich, Diagnostik so zu gestalten, dass sie die Stärken von Schülern in einer Weise in den Blick nimmt, die nicht auf formelhafte Lippenbekenntnisse beschränkt ist. Die Übergänge zu Beratungskonzepten sind hierbei fließend – gerade der Vorgang der Umdeutung von Problemen in Stärken sollte sich nicht auf den Diagnostiker beschränken, sondern mit den Beteiligten gemeinsam entwickelt werden, um die größte Wirkung entfalten zu können.

Literatur

Bundschuh, K. (2005): Einführung in die sonderpädagogische Diagnostik. München: Reinhardt

Hillenbrand, C. (2008): Einführung in die Pädagogik bei Verhaltensstörungen. München: Reinhardt

Mutzeck, W. (2000): Förderdiagnostik bei Kindern und Jugendlichen mit Verhaltensstörungen. In: Mutzeck, W. (Hrsg.): Förderdiagnostik bei Lern- und Verhaltensstörungen. Konzepte und Methoden. Weinheim: Beltz, 243–267

Mutzeck, W. (2004): Grundlegende Aspekte der Diagnostik in der Förderpädagogik. In: Mutzeck, W. & Jogschies, P. (Hrsg.): Neue Entwicklungen in der Förderdiagnostik. Weinheim: Beltz, 10–20

Mutzeck, W. & Melzer, C. (2007): Kooperative Förderplanung – Erstellung und Fortschreibung individueller Förderpläne. In: Mutzeck, W. (Hrsg.): Förderplanung. Grundlagen, Methoden, Alternativen. Weinheim: Beltz, 199–239

Opp, G. & Fingerle, M. (Hrsg.) (2007): Was Kinder stärkt. Erziehung zwischen Risiko und Resilienz. München: Reinhardt

Schlee, J. (2004): Lösungsversuche als Problem. Zur Vergeblichkeit der sogenannten Förderdiagnostik. In: Mutzeck, W. & Jogschies, P. (Hrsg.): Neue Entwicklungen in der Förderdiagnostik. Weinheim: Beltz, 10–20

Schlee, J. (2008): 30 Jahre „Förderdiagnostik" – eine kritische Bilanz. In: Zeitschrift für Heilpädagogik, 59 (Jg.), H. 4, 122–131

Welter-Enderlin, R. & Hildenbrand B. (2008): Resilienz – Gedeihen trotz widriger Umstände. Heidelberg: Auer

5.5 Erziehungsplanung: Sonderpädagogische Begutachtung

Ines Budnik

Einleitung

Erziehungsplanung und sonderpädagogische Begutachtung sind zwei Seiten einer Medaille, die stets miteinander in Zusammenhang gebracht, aber auch stets kritisch diskutiert werden müssen. Während die Begutachtung die Überprüfung auf einen möglichen sonderpädagogischen Förderbedarf intendiert, ist das Ziel der Erziehungsplanung die Entwicklung diagnosegeleiteter Hilfeangebote. Das sonderpädagogische Gutachten stellt in der Regel die Grundlage für eine diagnosegeleitete Erziehungsplanung dar. „Ein Gutachten ist eine spezielle Form der Aussage über einen Menschen in einer problematischen Lebenssituation. Es wird zu einem bestimmten Zeitpunkt erstellt mit dem Ziel, eine Entscheidung über Wege und Maßnahmen in der Zukunft zu treffen oder zumindest Entscheidungsfindungen vorzubereiten" (Suhrweier & Hetzner 1993, 183). Damit kommt der sonderpädagogischen Begutachtung eine zwiespältige Rolle zu: Einerseits ist die Feststellung eines sonderpädagogischen Förderbedarfs notwendig, um eine individuelle Hilfeplanung zu realisieren, andererseits wird mit einem Gutachten immer das Besondere hervorgehoben, erfolgen Selektionsprozesse. Für die Gutachtenerstellung ist ein Problempunkt besonders gravierend: das Definitionsproblem. Ostermann (1997), Arnold (2004) und Schlee (2008) weisen darauf hin, dass ohne diagnostische Operationalisierung des Begriffs „Verhaltensstörung" die notwendigen Diagnosebereiche für viele Lehrer recht vage bleiben. Die Definition des Council for Children with Behavior Disorders, für Deutschland von Opp (2003, 55) bearbeitet, könnten hierfür einen Kriterienkatalog vorlegen, der folgende Bereiche beinhaltet: Intensitätskriterien (Zeit- und Schweregrad), ökologisches Kriterium (Auftreten in mindestens zwei Settings) und Integrationskriterium (Erfordernis spezieller Hilfen). Es ist unumstritten, dass das Definitionsproblem erhebliche Auswirkungen auf das Feststellungsverfahren hat. Allerdings geht mit diesem Problem ein weiteres Dilemma einher: Ohne Feststellung eines sonderpädagogischen Förderbedarfs erfolgt in der Regel keine Bereitstellung zusätzlicher Ressourcen. Sonderpädagogische Förderung ist faktisch immer an eine Zuweisungsdiagnostik gebunden.

Auch in der Auseinandersetzung mit diagnosegeleiteter Erziehungsplanung zeigen sich keine einheitlichen, ja zum Teil widersprüchliche Standpunkte. So gehen Boban und Hinz (2007, 131) beispielsweise davon aus, dass „Förderpläne für den Bereich integrativer Erziehung überflüssig, wenn nicht sogar kontraproduktiv" seien und plädieren für alternative „Strukturen der gemeinsamen Reflexion". Hierbei ist die Person, um die es geht, zentral beteiligt, mit ihr wird gemeinsam reflektiert und geplant. Gewünscht ist, dass so viele Beteiligte wie möglich an der Reflexion teilnehmen, um eine Vielzahl an Perspektiven und Zugängen zu erhalten. Unter Bezugnahme auf die in Nordamerika praktizierten Verfahren wie MAP (Making Action Plan) und PATH (Planning Alternative Tomorrow with Hope) wird den Alltagstheorien der Beteiligten eine besondere Bedeutung zugewiesen. Andererseits muss aber auch konstatiert werden, dass die Entkoppelung der Zuweisung eines Förderbedarf zu einem Förderort die sonderpädagogische Arbeit zwar deutlich verändert hat, aber dennoch zu keiner „Reduzierung des notwendigen diagnostischen Aufwands" führt (Arnold 2007, 33).

Unabhängig von der Frage nach dem Lernort kann auf eine diagnosegeleitete Förderung – im Fall der schulischen Erziehungshilfe die Erziehungsplanung – nicht verzichtet werden. Mit Schlee (2008, 124) ist festzustellen, dass Selektion und Förderung von Schülern keine sich gegenseitig ausschließenden Maßnahmen sind, auch wenn aus seiner Sicht die existierenden Konzepte der Förderdiagnostik sehr kritisch zu betrachten sind. So problematisiert er, dass es bisher keine empirischen Nachweise über den Erfolg der Förderdiagnostik gibt bzw. auch keine umfangreichen systematischen Evaluationsuntersuchungen. Zudem müsse beachtet werden, dass Diagnostik immer nur eine Ist-Analyse darstellt und eine Ableitung von Soll-Werten problematisch ist. Arnold und Kretschmann (2002, 267) warnen zudem vor zu hohen Erwartungen an den präventiven Effekt von Diagnostik. Zur Verbesserung der Kooperation zwischen Regelschul- und Sonderlehrkräften schlagen sie vor, im Anschluss an die Diagnose einen Förderkontrakt zu schließen.

Der von den Autoren entwickelte Leitfaden zur Erstellung von sonderpädagogischen Gutachten und Entwicklungsplänen (vgl. Kretschmann & Arnold 1999) beschreibt eine Vorgehensweise, die sowohl die Diagnostik als auch die Förder- bzw. Erziehungsplanung berücksichtigt. Das Verfahren erscheint auch für den Kontext der schulischen Erziehungshilfe angemessen, da es auf eine hypothesengeleitete Auswahl von Untersuchungsmethoden verweist, einen komplexen Untersuchungsprozess verfolgt, die Entwicklung von Förderbereichen und Förderzielen beinhaltet und durch die Bewertung von Fördererfolgen auch Modifikationen der Fördervorschläge zulässt und somit eine Flexibilität gestattet.

Diagnosegeleitete Erziehungsplanung: Ein Modell für die sonderpädagogische Begutachtung im Förderschwerpunkt Emotionale und soziale Entwicklung

Bereits die Begrifflichkeit zur sonderpädagogischen Begutachtung ist nicht einheitlich. Je nach Sichtweise bzw. schulpolitischer Diktion werden verschiedene Begriffe benutzt (z.B. sonderpädagogisches Gutachten, förderdiagnostisches oder förderpädagogisches Gutachten, individueller Hilfe- oder Erziehungsplan usw.).

Mit dem Ausdruck sonderpädagogische Begutachtung ist häufig die Ermittlung des sonderpädagogischen Förderbedarfs gemeint (Jogschies 2008, 135). Dem stellen Kretschmann und Arnold (1999, 415) den Begriff des Förderungsgutachtens entgegen, womit den spezifischen Erfordernissen des diagnostischen Vorgehens im schulischen Kontext entsprochen werden soll, da neben der Feststellungsdiagnostik zugleich auch eine prozessbegleitende Diagnostik für die Planung von Fördermaßnahmen von Bedeutung ist. An dieses Modell anlehnend soll hier eine Schrittfolge für das diagnostische Vorgehen entwickelt werden, das zunächst einen konkreten Ist-Zustand abbildet, auf Kenntnis dessen dann konkrete Entwicklungsziele formuliert werden können.

Das Modell beschreibt neun Phasen im sonderpädagogischen Begutachtungsprozess: Nachdem die (1) Daten zur Person (Name/Vorname; Geburtsdatum; Wohnort; Nationalität und Klasse/Schule) sowie zum Diagnostizierungsprozess (Zeit; Dauer; Ort; einbezogene Personen) benannt worden sind, folgt (2) eine Situationsschilderung, in der das Problem beschrieben wird, welches den Anlass für die Begutachtung darstellt. Anlässe können zum Beispiel Lern- oder Verhaltensprobleme sein, aber auch Entwicklungsfortschritte, die die Frage nach Rückführung aufwerfen oder die Frage nach weiteren individuellen Hilfeangeboten. Damit wird das Spektrum der Anlässe erweitert: Das sonderpädagogische Gutachten erfüllt nicht nur die Funktion der Feststellung eines Förderbedarfs, sondern kann in einer Vielzahl von Förderbereichen angewandt werden. Aus der Problemsituation heraus wird (3) die konkrete diagnostische Fragestellung abgeleitet. Nur wenn eine exakte Operationalisierung der zu diagnostizierenden Bereiche erfolgt ist, kann auch die diagnostische Vorgehensweise bestimmt werden. Die Benennung des diagnostischen Ziels lässt Schlussfolgerungen, Überlegungen zu möglichen Ursachen und Bedingungen innerhalb des Problems sowie zu verstärkenden bzw. mindernden Faktoren zu. Diese Überlegungen werden in den (4) Hypothesen formuliert. Um die Hypothesen bestätigen oder widerlegen zu können, ist der Einsatz konkreter diagnostischer Verfahren notwendig, die sich aus dem Inhalt der Hypothesen heraus ableiten. Lernprobleme können zum Beispiel aus Überforderung, durch Aufmerksamkeitsstörungen, durch Ängste oder ähnliches entstehen. In den Hypothesen werden diese möglichen Zusammenhänge aus Kenntnis der Problemsituation bzw. der Ausgangslage und aus der diagnostischen Fragestellung heraus formuliert. Entsprechend dieser Zusammenhänge werden (5) die notwendigen Informationsquellen eruiert (diagnostische Verfahren, Beobachtungssituationen, zu befragende Personen). Eine vorherige Übersicht aller möglichen bzw. notwendigen Informationsquellen gestattet es, einen (6) exakten Plan für den Diagnostizierungsprozess zu erstellen. Dieser Plan sollte sowohl das Zeitbudget für die Diagnostizierung als auch die zeitliche und räumliche Platzierung für die Durchführung entsprechend dem Diagnostizierungsziel enthalten. Innerhalb dieser Phase werden alle gewonnenen Daten unvoreingenommen gesammelt und dokumentiert. Hierzu zählen nicht nur die Befragungs- bzw. Interviewprotokolle, die Testergebnisse und Beobachtungsprotokolle, sondern auch die Ergebnisse der Dokumentenanalyse. Im nächsten Schritt erfolgt die (7) Auswertung der einzelnen Untersuchungsergebnisse. Die Ergebnisse von jedem Verfahren bzw. jeder Informationsquelle werden einzeln ausgewertet und dargestellt. Erst danach werden diese (8) Ergebnisse interpretiert und Zusammenhänge zwischen ihnen hergestellt. Diese Zusammenfassung stellt die Antwort auf die diagnostische Fragestellung dar, hierin wird auf die Hypothesen eingegangen. Dieses zusammenfassende Gutachten ist gleichzeitig Darstellung des Ist-Zustandes und Ausgangspunkt für die (9) Entwicklung von Förderbereichen und Förderzielen. Dies bedeutet, dass nicht die Diagnostik zuständig ist für die Entwicklung der Förderziele, sie bietet nur die Abbildung eines Ist-Zustandes an, von dem Bereiche und Ziele für Förderung abgeleitet werden.

Entsprechend der diagnostischen Fragestellung kann für jedes Kind individuell der Diagnostizierungsprozess geplant und durchgeführt werden.

Kriterien für die diagnosegeleitete Erziehungsplanung

In der Auseinandersetzung mit theoretischen Ansprüchen und den Anforderungen der Praxis entwickelten Budnik und Fingerle (2007) ein Modell, das sich sowohl der Ermittlung des Ist-Zustandes widmet als auch der Ableitung eines Erziehungsplanes. Aus den diagnostischen Abschnitten der Förderplanerstellung sollte ein Gesamtbild resultieren, das

(a) die Schwerpunkte der benötigten Förderung ausweist;
(b) vorhandene Stärken und Potentiale als Ansatzpunkte für Fördermaßnahmen aufzeigt;
(c) verdeutlicht, welche individuellen Eigenheiten im Erleben, Wahrnehmen und Denken des Schülers zu berücksichtigen sind und
(d) markiert, welche unterstützenden Maßnahmen über die Förderschwerpunkte hinaus von Bedeutung sind (z. B. Elternarbeit).

Dennoch ist dabei stets zu berücksichtigen, dass die Erziehungsplanung niemals kausal Erziehungserfolge garantieren kann, da die Komplexität der Lebenssituation von Kindern und Jugendlichen nur begrenzt abbildbar ist. In der wissenschaftlichen Auseinandersetzung mit Lehrerinnen und Lehrern sowie Studierenden im berufsbegleitenden Ergänzungsstudiengang wurden von Budnik und Fingerle (2007) Kriterien entwickelt, die es ermöglichen, Förderpläne sinnvoll und Erfolg versprechend einzusetzen:

Flexibilität: Ein Förderplan muss auf Veränderungen reagieren können, er darf nicht als festgeschriebenes Werkzeug verstanden werden. Innerhalb des Förderplanes sollte es möglich sein, kurzfristig neu zu diagnostizieren und Veränderungen einzubringen.

Überschaubarkeit: Förderprogramme sollten über eine zeitlich überschaubare Laufzeit verfügen. Innerhalb eines festgelegten Zeitrahmens, der für Kind und Pädagogen nachvollziehbar ist, sollten Ziele, Wege und Überprüfungsmodalitäten festgelegt werden. Überschaubarkeit bezieht sich ebenfalls auf die teilnehmenden Personen. Nicht alle Personen aus der Lebenswelt des Kindes können einbezogen werden, auch wenn es für einen ganzheitlichen Zugang wünschenswert wäre. Nach der Problemanalyse sollte die Anzahl der einzubeziehenden Personen effektiv eingegrenzt werden. Ebenso überschaubar sollten die Erziehungsmaßnahmen gehalten werden, denn ein überfülltes Förderprogramm wird auf Dauer nicht eingehalten.

Lebensweltorientierung: Trotz der Forderung nach Überschaubarkeit sollten die Familie bzw. andere nahe Kontaktpersonen (z. B. Trainer) des Kindes in die Förder- bzw. Erziehungsplanung einbezogen werden, um Lebens- und Sinnzusammenhänge (Kohärenz) der entwickelten Maßnahmen für alle Beteiligten sichtbar zu machen (vgl. Budnik & Fingerle 2007, 150). Häufig gestaltet es sich für die Schulpraxis als schwierig, die Fülle an Informationen und Maßnahmen so darzustellen, dass ein praktikables und überschaubares Material entsteht.

Praktikabilität: Der schulische Alltag besteht aus einer Vielzahl von Anforderungen. Der diagnosegeleitete Förderplan ist Bestandteil davon und muss sich in den Alltag einpassen können.

Das vorliegende Modell setzt nicht den Einsatz bestimmter diagnostischer Verfahren voraus, sondern ist offen für verschiedene, im Einzelfall angemessene Diagnostikinventare. Um der Gefahr einer „Überdiagnostizierung" vorzubeugen, sollten die problemmindernden und problemverstärkenden Faktoren für kindliches Verhalten durch Beobachtungen, Gespräche und Auswertung von Dokumenten und Akten analysiert werden, bevor eine weitere Diagnostik erfolgt. Notwendige zusätzliche Informationen werden dann durch den zielgerichteten Einsatz diagnostischer Verfahren gewonnen. In der Auswertung aller Ergebnisse ist anschließend der Erziehungsplan so zu gestalten, dass er sowohl im zeitlichen Verlauf als auch in der Auswahl der Erziehungsbereiche überschaubar und erreichbar bleibt. Häufig sind kindliche Verhaltensprobleme sehr komplex in ihren Ursachen und Erscheinungsformen. Die Erziehungsplanung kann, um realisierbar zu bleiben, nicht auf die gesamte Komplexität gleichzeitig eingehen. Insofern sollte bei der Planung berücksichtigt werden, in welcher Reihenfolge gearbeitet wird.

Argumente für eine systematische Erziehungsplanung

Die Vorteile einer Erziehungsplanung werden im Folgenden kurz zusammengefasst:
Die diagnosegeleitete Erziehungsplanung

- ermöglicht den Umgang mit pädagogischen Ungewissheiten und deren reflexive Verarbeitung (Wimmer 1996);
- bietet Handlungsorientierungen in komplexen sozialen Situationen. Gerade in der Komplexitätsreduktion wird Erziehungsplanung handhabbar;
- hilft, die inhaltlichen Zusammenhänge und die Kohärenz pädagogischer Maßnahmen zu verbessern. Durch das Zusammenwirken aller Beteiligten gelingt es, Prozesse für alle nachvollziehbar, erwartbar und sinnvoll zu gestalten;
- unterstützt die Entwicklung professioneller Identität. Durch die Auseinandersetzung mit Verhalten, den Entstehungsbedingungen, mit diagnostischen Ver-

fahren und Erziehungsplanung, durch den Einsatz von Gesprächen (diagnostische Gespräche, Beratungsgespräche) werden im Zusammenspiel unterschiedlichste professionelle Kompetenzen gefordert und weiterentwickelt;
- ist die Voraussetzung für eine systematische Evaluation pädagogischer Maßnahmen;
- ermöglicht auf dieser Grundlage die notwendige und prozessbegleitende Neu-
bestimmung individueller Erziehungsmaßnahmen.

Das vorgestellte Modell der diagnosegeleiteten Erziehungsplanung erhöht die
Transparenz des Diagnostizierungsprozesses und der Planung individueller Erziehungsmaßnahmen. Damit bieten sich auch bessere Partizipationschancen für die
betroffenen Kinder und Jugendlichen und deren Familien, deren aktive Mitsprache
bei der Erziehungsplanung eingefordert wird. Transparenz bezieht sich hier auch
auf eine genaue Problemdefinition und die konkreten Zielsetzungen der geplanten
Erziehungsmaßnahmen. Dabei wird den Kindern und Jugendlichen die Verantwortung für die verabredeten Maßnahmen nicht abgenommen, sondern sie werden
ebenfalls aktiv eingebunden. Durch das gemeinsame Beschreiben der Erziehungsziele wird auch für die Kinder und Jugendlichen sichtbar, welche Verhaltensänderungen angestrebt werden (vgl. Budnik, Fingerle & Unger 2003, 161 f.).

Ausblick

In der Förderplandiskussion wurde bisher nicht berücksichtigt, dass die Erzie-
hungsplangestaltung ein geeignetes Instrumentarium für die Kooperation zwischen Schule und Jugendhilfe sein kann. Wenn bereits an der Schule ein gemeinsam erstellter Erziehungsplan besteht, kann dieser als fundierte Grundlage für die
Erziehungshilfeplanung nach dem Kinder- und Jugendhilfegesetz einbezogen werden und bietet dem schulischen Bereich die Möglichkeit für eine fallbezogene
interdisziplinäre Zusammenarbeit.

Literatur

Arnold, K.-H. (2004): Von den Schwierigkeiten der Diagnostik „verhaltensgestörter" Schülerin-
nen und Schüler. In: Preuss-Lausitz, U. (Hrsg.) (2004): Schwierige Kinder – schwierige Schule.
Konzepte und Praxisprojekte zur integrativen Förderung verhaltensauffälliger Schülerinnen
und Schüler. Weinheim: Beltz, 24–36
Arnold, K.-H. (2007): Sonderpädagogische Begutachtung und Förderplanerstellung: Ein Struk-
turschema. In: Mutzeck, W. (Hrsg.): Förderplanung. Grundlagen – Methoden – Alternativen.
Weinheim: Beltz, 33–44
Arnold, K.-H. & Kretschmann, R. (2002): Von der Eingangsdiagnose zu Förderungs- und Fort-
schreibungsdiagnosen. In: Zeitschrift für Heilpädagogik, 53 (Jg.), H. 7, 266–271
Boban, I. & Hinz, A. (2007): Förderpläne – für integrative Erziehung überflüssig? Aber was dann?
In: Mutzeck, W. (Hrsg.): Förderplanung. Grundlagen – Methoden – Alternativen. Weinheim:
Beltz, 131–144

Budnik, I., Fingerle, M. & Unger, N. (2003): Arbeitsfelder in der schulischen Erziehungshilfe. In: Opp, G. (Hrsg.): Arbeitsbuch schulische Erziehungshilfe. Bad Heilbrunn: Klinkhardt, 145–200

Budnik, I. & Fingerle, M. (2007): Der diagnosegeleitete Erziehungsplan: Angebote zur Erstellung und Probleme der Nutzung. In: Mutzeck, W. (Hrsg.): Förderplanung. Grundlagen – Methoden – Alternativen. Weinheim: Beltz, 145–158

Jogschies, P. (2008): Förderdiagnostik und sonderpädagogische Begutachtung. Ein Rückblick auf 30 Jahre. In: Zeitschrift für Heilpädagogik, 59 (Jg.), H. 4, 132–142

Kretschmann, R. & Arnold, K.-H. (1999): Leitfaden für Förder- und Entwicklungspläne. Anlass, Struktur und Nutzung. In: Zeitschrift für Heilpädagogik, 50 (Jg.), H. 9, 410–420

Opp, G. (2003): Begriffliche Grundlagen. In: Opp. G.(Hrsg.): Arbeitsbuch schulische Erziehungshilfe. Bad Heilbrunn: Klinkhardt, 43–64

Ostermann, J. (1997): Ist „Verhaltensstörung" ein spezifischer Fachbegriff? Subjektive Definitionen von Lehrern. In: Sonderpädagogik, 27 (Jg.), H. 1, 20–28

Schlee, J. (2008): 30 Jahre „Förderdiagnostik" – eine kritische Bilanz. In: Zeitschrift für Heilpädagogik, 59 (Jg.), H. 4, 122–131

Suhrweier, H. & Hetzner, R. (1993): Förderdiagnostik für Kinder mit Behinderung. Neuwied: Luchterhand

Wimmer, M. (1996): Der Zerfall des Allgemeinen – Wiederkehr des Singulären. Pädagogische Professionalität und Wert des Wissens. In: Combe, A. & Helper, W. (Hrsg.): Pädagogische Professionalität: Untersuchungen zum Typus pädagogischen Handelns. Frankfurt a.M.: Suhrkamp, 404–447

6 Pädagogische Perspektiven: Verhaltensstörungen als Erziehungs- und Beziehungsproblem

6.1 „Bildung" oder „Erziehung"? – Historische Betrachtungen zum Verhältnis von Allgemeiner Pädagogik und Sonderpädagogik

Vera Moser

Bildung und Erziehung

Die inhaltliche Bestimmung dessen, was Bildung und Erziehung sein könnte, ist im Bereich der Allgemeinen Pädagogik ein inzwischen offenbar abgelegtes Projekt. Die letzten disziplinären Bestimmungsversuche werden im Lichte einer erneuten empirischen Wende innerhalb der Erziehungswissenschaft inzwischen als spekulative Lyrik abgetan.

Betrachtet man diese Kategorien jedoch aus einer funktionalistischen Perspektive, so erfüllen sie den Zweck, entlang disziplinärer kategorialer Diskurse pädagogisches Handeln sichtbar zu machen und zu orientieren: „Wissenschaftliche Disziplinen bilden im Zuge ihrer institutionellen Ausdifferenzierung und Professionalisierung semantische Traditionen aus, die ihre selektiven Beobachtungen und Beschreibungen fixieren, der weiteren Kommunikation zur Verfügung stellen und kontingenten Sinn in bestimmten transformieren, um auf diese Weise Objektpermanenz zu erzeugen" (Ehrenspeck & Rustemeyer 1996, 368).

Luhmann und Schorr (1988) rekonstruierten diese semantische Tradition in einer chronologischen Dimension – die historische Entwicklung der erziehungswissenschaftlichen Disziplin sei entlang einer Abfolge von zentralen Kategorien zur semantischen Kennzeichnung des pädagogischen Geschäfts wie folgt beobachtbar: Bestimmte ab dem Zeitalter der Aufklärung die so genannte „Perfektibilität" die pädagogische Kernaufgabe (unter Bezugnahme auf den Prozess der Erziehung), so wurde diese durch „Bildung" innerhalb des Diskurses der geisteswissenschaftlichen Pädagogik mit dem Ausgang des 19. Jahrhunderts abgelöst, um schließlich auf „Lernen" umzustellen (vgl. Luhmann & Schorr 1988, 84 ff.).

Noch in der jüngeren Vergangenheit lässt sich ein distinkter Diskurs über Erziehung und Bildung innerhalb der Allgemeinen Pädagogik beobachten: So bemühte sich in den 1970er Jahren die Kritische Pädagogik um eine deutliche Profilierung des Bildungsbegriffs gegenüber dem Erziehungsbegriff unter Rückgriff auf Kants

Diktum der „Befreiung aus der selbstverschuldeten Unmündigkeit" – hier wäre beispielsweise Heydorn (1980) zu nennen, der Bildung als Befreiung von den Fesseln des Vorgegebenen sah und zugleich mit dem Bildungsprinzip ein umfassendes emanzipatorisches und humanistisches Projekt verband: „Humanistische Bildung ist kein sublimes Glück der Wenigen, sondern Frage nach dem Letzten als Kriterium der Humanität" (Heydorn 1980, 246). Und noch Klafki gilt für das ausgehende 20. Jahrhundert als bedeutender Theoretiker des Bildungsbegriffes. Auch ihm diente Bildung der Emanzipation des Subjekts und der Weiterentwicklung einer demokratischen Gesellschaft. Erziehung gehört in diesem Verständnis eher in den Bereich der Sozialisation. Dann aber, in den 1990er Jahren, geriet dieser starke inhaltliche Orientierungsversuch unwiderruflich in die Kritik: So sah beispielsweise Bollenbeck (1996, 307) den Bildungsbegriff nur noch als einen „akademischen Pflegefall" und Neuner (1999, 176) resümierte ironisch: „Bildung [. . .] – und namentlich allgemeine Bildung – wird als jene erstaunliche Ressource entdeckt oder wiederentdeckt, die sich bei Gebrauch vermehrt, nicht wie andere, unwiderruflich verzehrt." Gleichzeitig wurde von Giesecke (1996) das „Ende der Erziehung" ausgerufen, da in wertpluralen Gesellschaften erkennbare, kollektive normative Orientierungen, die Erziehung voraussetze, nicht mehr zu haben seien.

„Bildung", so ein erstes Resümee, kann als Reflexionsgegenstand von Pädagogik ausgemacht werden, der aufklärungsphilosophische Subjektbegriffe, politische Emanzipationsprozesse, aber auch disziplinäre Selbstvergewisserungsdiskurse eint (vgl. Ehrenspeck & Rustemeyer 1996), wohingegen „Erziehung" sich eher auf Sozialisation, Generationenabfolge und ein gesellschaftliches Normensystem bezieht.

Inzwischen stand der Erziehungswissenschaft eine so genannte „Kompetenzorientierte Wende" ins Haus. Im Anschluss an die PISA-Studien ab 2000 steht der Kompetenzbegriff im Zentrum des Interesses der nunmehr eingeforderten empirischen Basierung pädagogischer Forschung. Der Aktionsrat Bildung, dem viele renommierte Vertreter dieser Richtung angehören, plädiert für ein Bildungsverständnis als „Humanressource", welches (spätestens) mit der Geburt seinen Anfang nimmt (vgl. auch die inzwischen von allen Bundesländern verabschiedeten Erziehungs- und Bildungspläne) und auf Grundbildung und Basiskompetenzen für „bestimmte Wissens- und Weltbereiche" setzt. Diese dienen vor allem auch der Entwicklung von fächerübergreifenden und „Meta-Kompetenzen" wie „z. B. Schlüsselqualifikationen, Cross curricular Competencies, Lernstrategien, Selbststeuerung etc." Ein „Ende des Vorratslernens" sei erreicht (Vereinigung der Bayerischen Wirtschaft 2008, 70 f.).

Kritische Stimmen hierzu lassen sich vor allem aus dem Kreis der klassischen Bildungstheoretiker vernehmen, die insbesondere auf die Zweckfreiheit von Bildung, wie sie bei Humboldt angedacht war, verweisen: „Das Ganze hat zwar mit dem, was die Tradition ‚Bildung' nannte, wenig oder gar nichts zu tun, dafür stellt es ein in sich geschlossenes und anwendbares Programm mit Erfolgssicherheit dar, ohne in die Gefilde pädagogischer Problemstellungen auszuweichen, die von manchen als pädagogische Lyrik diskreditiert werden. [. . .] Internationale Anschlussfähigkeit ist garantiert. Durch Vernachlässigung des Subjekts verschafft es die nötige Distanz, die man für Standardisierung, Kontrolle und Steuerung benötigt" (Koch 2004, 189 f.).

Aus sonderpädagogischer Perspektive ist die Betrachtung des Individuums als „Humanressource" ebenso problematisch. Schon die Debatte um die Ausschöpfung der so genannten Bildungsreserven im bundesdeutschen Bildungsdiskurs der 1970er Jahre zielte keineswegs auf Kinder und Jugendliche mit Behinderungen. Und ein Blick in die Geschichte verweist unzweifelhaft auf die problematische Allianz von utilitaristischer Argumentation und sonderpädagogischer Aspiration (z. B. die Brauchbarmachung des Hilfsschulkindes, vgl. zuletzt Ellger-Rüttgardt 2008).

Wenn Luhmann und Schorr (1988) Recht haben, dann wurde spätestens mit der jüngsten „Kompetenzorientierten Wende" in der Erziehungswissenschaft der Bildungsdiskurs durch den Lerndiskurs innerhalb der disziplinären Semantik abgelöst. Aber nach wie vor scheinen pädagogische Bemühungen auf Autonomiegewinn abzuzielen. Schäfer (1997, 31) sieht in diesem Subjektentwurf, welcher „das Individuum zum nicht hintergehbaren Maßstab der Beurteilung, der Legitimation und der Orientierung seines theoretischen wie praktischen Zugangs zur Welt, zur Gesellschaft wie zu sich selbst" macht, auch ein zentrales Kennzeichen der Moderne.

Sonderpädagogik zwischen Bildung und Erziehung

Für die Sonderpädagogik in ihrer Bestimmung als erziehungswissenschaftlicher Teildisziplin ist zunächst festzuhalten, dass sie ihre Semantik nicht allgemein über Erziehung und Bildung, sondern über den Behinderungsbegriff und dessen Einfluss auf Erziehungs- und Bildungsprozesse entfaltet hat (historisch entwickelt über das Konstrukt der moralischen Entartung und der Seelenschwäche, vgl. Moser & Sasse 2008). Dieser Zugriff liefert die objekttheoretische Zuschneidung der Disziplin. Dabei erlangte der Erziehungsbegriff gegenüber dem Bildungsbegriff eine ungleich größere Bedeutung.

Eine Durchsicht der sonderpädagogischen Klassiker und aktueller Kompendien zeigt, dass der Bildungsbegriff lediglich im Zusammenhang mit uneingeschränkter Teilhabe am Bildungssystem verwendet wird, in der allgemeinen Theoriebildung jedoch der Erziehungsbegriff von deutlich größerer Relevanz ist (vgl. Moser 2003). Nur im Kontext der Auseinandersetzung um soziale Benachteiligungen wurde auch nach den Schattenseiten pädagogisch organisierter Bildung gefragt und von hier aus Bildung konzeptionell bearbeitet: „Wenn es eine Erfolgsgeschichte von Bildung im Sinne von Befreiung gibt, ist sie durch eine Geschichte der Beschränkung dieser Freiheit, der Einengung und des Verfügbarmachens begleitet, wenn nicht sogar davon überlagert", so Baur, Mack und Schroeder (2004, 9) im Anschluss an Hiller. Darüber hinaus hat Stinkes (2002) aus der Perspektive der Schwerbehinderung für ein neues Bildungskonzept geworben, welches Bildung als „Selbstgestaltung" in einem gemeinsam geteilten intersubjektiven Lebenszusammenhang fasst. Und schließlich erscheint Bildung im Rahmen der Integrationspädagogik vor allem im Anschluss an Klafki als unteilbares humanes Projekt (z. B. Feuser 1995).

Dass Erziehung dennoch gegenüber Bildung im Vordergrund des sonderpädagogischen Diskurses steht, erklärt sich aufgrund einer historischen Entscheidung für den Konnex von Behinderung und besonderen Erziehungserfordernissen, der auch noch aktuell, etwa bei Speck (2003), die Grundkategorie der Theoriebildung abgibt. Auch bei Haeberlin ist dieses theoretische Paradigma wie folgt nachzulesen: „Heilpädagogik muss als Wissenschaftsdisziplin möglichst allgemeingültige und überprüfbare Erkenntnisse zu Fragen der *erzieherischen* und *therapeutischen* Hilfe für Kinder und Jugendliche in erschwerenden Sozial- und Beziehungssituationen anstreben" (Haeberlin 2005, 177; Hervorh. V. M.).

Inwieweit nun die pädagogische Thematisierung von Verhaltensstörungen an die dargestellte semantische Fokussierung auf den Erziehungsbegriff im Bereich der Sonderpädagogik anschließt, soll im Folgenden entlang ausgewählter historischer Diskurse gezeigt werden.

Verhaltensstörungen zwischen Erziehung und Bildung

Wie Göppel (1989) in seiner umfassenden Untersuchung zur Entwicklung der Verhaltensgestörtenpädagogik aufzeigt, hat hier das Motiv der normativen Anpassung im Modus besonderer Institutionen Kontinuität. Weniger besondere Methoden hätten dieses Fach ausgezeichnet – dieses Ergebnis wird auch für die Sonderpädagogik des 19. und 20. Jahrhunderts im Forschungsprojekt von Tenorth und Ellger-Rüttgardt zur Geschichte der Bildsamkeit bestätigt (vgl. Ellger-Rüttgardt 2008) – als vielmehr die Kategorisierung der Störung, die durchaus historischem Wandel unterzogen ist, und ihre diesbezüglichen institutionellen Praktiken (vgl. Göppel 1989, 325 ff.). Hier scheint Erziehung die Folie für die pädagogische Orientierung dieses Handlungsfeldes abzugeben.

Unstrittig hat die Verhaltensgestörtenpädagogik ihren Ursprung in der Versorgung und Verwahrung von armen und Waisenkindern im Zeitalter der Aufklärung. In diesem Kontext spielte Bildung noch keine Rolle, im Wesentlichen ging es um die utilitaristisch gemeinte „Erziehung zur Nützlichkeit" im Spannungsfeld des „Armen-, Kranken- und Gefängniswesens". Dies hatte nicht nur Pestalozzi im Blick, es lässt sich auch an vielen weiteren historischen Dokumenten nachweisen. So heißt es etwa in einem Bericht über das Hamburger Waisenhaus zu dessen Gründungsmotiv: „in Acht zu nehmen und zu befördern, daß das Waisenhaus zur Erhaltung der armen Waisenkinder, als auch eine gute Ordnung für andere Armen, angerichtet werde, damit man der vielen Bettler los werde" (Kiehn 1821, 29).

Nach dieser ersten ordnungspolitischen Begründung des auch pädagogischen Umgangs mit Verhaltensstörungen, die hier noch als Verwahrlosungsphänomen gehandelt werden, wird insbesondere durch das Werk Wicherns die „sittliche

Erziehung" zum Kerngeschäft in diesem Feld ausgearbeitet. Bedingt durch pietistische und philanthropische Strömungen entsteht in der Verknüpfung von pädagogischen und religiösen Motiven eine pädagogische Konzeption der sittlichen Erziehung durch äußere und innere Ordnung. Ausgangspunkt ist die Erklärung der Verwahrlosung durch sittlichen Verfall. So schrieb Wichern (1845, 3 f.) beispielsweise in seinem Festbüchlein für das Rauhe Haus: „Es wissen leicht alle Hausgenossen, wie groß der Verfall des kirchlichen und christlichen Lebens überall und auch unter uns geworden ist. Ursachen davon sind nicht die Einwanderungen reicher oder armer Flüchtlinge in unsere Stadt [...] Die Ursache des Verfalls liegt tiefer; der Ueberdruß an Gottes Wort hatte Reich und Arm erfüllt, der Glaube war gewichen." Und der Berichterstatter Wedderkop wird noch drastischer: „Die Masse der Kinder ist der Pol des Schlechten, des sittlich versunkenen, des verfaulten Lebens in der Christenheit, der verwilderten Sündenmasse", dem die Brüder im Rauhen Haus als „Pol des zur Erkenntniß des Erlösers und seiner Versöhnung gekommenen neuen Lebens" gegenüberstehen (Wedderkop 1851, 27). Die pädagogische Beeinflussung wird einerseits durch eine strenge äußere räumlich-zeitliche Strukturierung und Erziehung zur Arbeitstätigkeit erzielt. Hier wird der Ordnungsrahmen als christlich vorgegeben definiert, dem gegenüber Erziehung Freiheit schenke. Andererseits gelingt Erziehung über die Inspektion des Seelenlebens mittels erzwungener Beichten, der so genannten „inneren Missionierung". Wicherns Konzept zielt hier auf eine „innere Wandlung" (vgl. Göppel 1989, 104 f.). Ein zeitgenössischer Beobachter charakterisierte die pädagogische Arbeit wie folgt: „Die Rettungstätigkeit, die Wichern an den ihm übergebenen Pfleglingen ausübte, war auf eingehende Beobachtung und Behandlung des Einzelnen, auf spezielle Seelenpflege begründet" (Schnizer 1904, 121). Erziehung wird somit expliziert als „Seelenpflege" – Bildung spielt hier offenbar keine bedeutsame Rolle. Dieses zeigt sich auch in den Hinweisen auf die Vorbildung der Erzieher, der so genannten Brüder: „Die Hauptbedingung für die Aufnahme sind nur: eine wahrhaft christliche Gesinnung und ein bis dahin unbescholtener Wandel; der Besitz einiger Schulkenntnisse oder doch die Fähigkeit solche leicht nachzuholen [...] Die Schwestern sind einfache fromme Jungfrauen" (Schnizer 1904, 59 f.). Lediglich für die Anstaltsvorsteher sei das Absolvieren einer Volksschullehrerprüfung erforderlich.

Mit der Entwicklung der psychiatrischen Kategorie der „Psychopathen" nimmt im Ausgang des 19. Jahrhunderts im Kontext der Bearbeitung der „Sozialen Frage" eine neue, medizinisch-psychiatrische Perspektive auf das Phänomen der Verhaltensstörung ihren Anfang (und löst dabei gleichzeitig auch das Konstrukt der „Verwahrlosung" allmählich ab). Nicht nur die Hilfsschulpädagogik mit ihrem Anschluss an die so genannte Kinderfehlerlehre, sondern auch die Heilpädagogik als integrierte Wissenschaft nimmt hierauf Bezug. Das Konzept der moralischen beziehungsweise sittlichen Entartung bildet die Grundlage sowohl der Hilfsschul- als auch der Verhaltensgestörtenpädagogik, die sich auf das Werk des Psychiaters Koch „Die Psychopathischen Minderwertigkeiten" (1891) beziehen. Koch (1900, 173) definierte: „Die psychopathische Minderwertigkeit als solche ist Ausdruck einer Krankheit, also nicht Ausdruck einer Schlechtigkeit." Trüper, der als Begründer der modernen Verhaltensgestörtenpädagogik gilt, publizierte dazu analog 1893 „Die psychopathischen Minderwertigkeiten im Kindesalter". Für die erzieherische Behandlung dieser Kinder forderte Trüper geeignete Anstalten nach dem Vorbild der Familienerziehung (vgl. Göppel 1989, 149 ff.).

Über die Frage „Bildung oder Erziehung?" wird auch andernorts aufgrund der Erfordernis einer besonderen (Nach-)Erziehung in besonderen Anstalten entschieden. Exemplarisch sei der Oberarzt Schaefer (1906, 160 f.) zitiert: „Die Schwachsinnigen sind antisoziale Mitglieder der Gesellschaft von Hause aus, sie können nicht die Selbständigkeit vertragen und bedürfen in jeder Weise der Aufsicht und Leitung. Unter einer solchen erweisen sie sich oft als fügsam, ungefährlich. Sie eignen sich nur für mechanische Tätigkeit, in der sie Bedeutendes leisten können." Der Zeitgenosse Raimann (1907, 8) argumentiert ähnlich: „Im Grunde benötigen die ausgesprochen Minderwertigen eine individuell-psychologische Lehrmethode verbunden mit einer Heilanstalt, eine heilpädagogische Anstalt." Diese Programmatik durchzieht die zeitgenössische allgemeine heilpädagogische Theoriebildung gleichermaßen. Das Konzept der Anstaltsunterbringung favorisiert dabei in sozialdarwinistischer Argumentation auch Sterilisationen, um Ansteckungen und Verbreitung durch Vererbung zu vermeiden (vgl. z.B. Raimann 1907, 8), und sieht ihre gesellschaftliche Bedeutung in der „Verbrechensbekämpfung" sowie in der Behandlung der „Unzucht von Mädchen". Die in diesem Kontext entstehenden so genannten „Besserungsanstalten" profitieren auch vom 1900 im Bürgerlichen Gesetzbuch erlassenen Fürsorgegesetz, welches die Zwangsunterbringung in Fällen von Verwahrlosung durch Entziehung des Sorgerechts ermöglicht. Die Konzepte der sittlichen Verwahrlosung und der Psychopathologie setzen sich bis in den Nationalsozialismus ungebrochen fort und erfahren, auch unter dem Einfluss der sich professionell etablierenden Sozialen Arbeit, weitere institutionelle Verankerung durch den Ausbau von Fürsorgeerziehungsheimen, Sonderklassen und Schulen für Verhaltensgestörte, aber auch von Erziehungsberatungsstellen (vgl. auch Göppel 1989, 223 ff.).

Innerhalb der allgemeinen heilpädagogischen Theoriebildung wird zwar noch mit Hanselmanns Lehrbuch „Einführung in die Heilpädagogik" (1930) an der Kategorie der Seelenschwäche – und damit am Konzept der sittlichen Erziehung – gefeilt, allerdings findet sich hier ein Bruch mit der ansonsten sozialdarwinistisch geprägten Literatur zum Phänomen des „Schwachsinns" und der „Psychopathologie". Hanselmanns Schüler Paul Moor führt diesen Ansatz 1965 fort. Auch hier ist die so genannte „Haltschwäche" Kern eines Konzepts der moralischen Erziehung. Moor kann schließlich als letzter prominenter Vertreter der sittlichen Erziehung gesehen werden, der übrigens auch das Fach „Heilpädagogik" insgesamt eher im Konzept der Erziehungsberatung aufgehen lassen wollte.

Die Frage der Bildung tritt innerhalb der allgemeinen Sonderpädagogik erst mit Bleidicks Schrift „Pädagogik der Behinderten" 1972 auf den Plan. Dennoch findet sich in der sonderpädagogischen Theoriebildung bis heute keine ausgearbeitete bildungstheoretische Fundierung des eigenen Faches.

Die gegenwärtige Verhaltensgestörtenpädagogik bzw. Pädagogik bei emotional-sozialen Beeinträchtigungen versteht sich parallel dazu im Dreiklang von Erziehung, Unterricht und Therapie, wobei Stein (2006, 34) durchaus betont: „Fokus aller Bemühungen ist (besondere) Erziehung." Und auch Opp (2008, 83) spricht vom „Primat der Erziehung". Das klassische Konzept der sittlichen Erziehung scheint auch hier noch durch, wobei dieses durch psychotherapeutische Verfahren und interdisziplinäre Zusammenarbeit modernisiert ist (Kinder- und Jugendpsychiatrie; Maßnahmen im Rahmen der Kinder- und Jugendhilfe). Auch eine erweiterte, kontextbezogene Perspektive auf Verhaltensstörungen hat an dieser Perspektive offenbar wenig geändert, die auch das traditionelle sonderpädagogische Entlastungsmotiv mitschleppt. Insofern überrascht ein Plädoyer für die Auflösung der Schule für Erziehungshilfe kaum, denn, so schreibt Opp (2008, 73; Hervorh. i. O.), „,einen schwierigsten Schüler' gibt es immer. . ."

Was ist der sonderpädagogischen Disziplin nun zu wünschen: der Nachvollzug einer bildungstheoretischen Begründung des eigenen Faches oder der direkte Anschluss an die lerntheoretische Option, die die Ausformung von spezifischen Kompetenzen zur Autonomiebildung vorsieht, dabei aber das Subjekt als „Humanressource" begreift?

Literatur

Baur, W., Mack, W. & Schroeder, J. (2004): Bildung von unten denken. In: Baur, W., Mack, W. & Schroeder, J. (Hrsg.): Bildung von unten denken. Aufwachsen in erschwerten Lebenssituationen – Provokationen für die Pädagogik. Bad Heilbrunn: Klinkhardt, 9–13

Bleidick, U. (1972): Pädagogik der Behinderten. Berlin: Marhold

Bollenbeck, G. (1996): Bildung und Kultur. Glanz und Elend eines deutschen Deutungsmusters. Frankfurt a. M.: Suhrkamp

Ehrenspeck, Y. & Rustemeyer, D. (1996): Bestimmt unbestimmt. In: Combe, A. & Helsper, W. (Hrsg.): Pädagogische Professionalität. Untersuchungen zum Typus pädagogischen Handelns. Frankfurt a. M.: Suhrkamp, 368–390

Ellger-Rüttgardt, S. (2008): Geschichte der Sonderpädagogik. München: Reinhardt

Feuser, G. (1995): Behinderte Kinder und Jugendliche zwischen Integration und Aussonderung. Darmstadt: Wissenschaftliche Buchgesellschaft

Giesecke, H. (1996): Das „Ende der Erziehung". Ende oder Anfang pädagogischer Professionalisierung. In: Combe, A. & Helsper, W. (Hrsg.): Pädagogische Professionalität. Untersuchungen zum Typus pädagogischen Handelns. Frankfurt a. M.: Suhrkamp, 391–403

Göppel, R. (1989): „Der Friederich, der Friederich. . ." Das Bild des „schwierigen Kindes" in der Pädagogik des 19. und 20. Jahrhunderts. Würzburg: Edition Bentheim

Haeberlin, U. (2005): Grundlagen der Heilpädagogik. Bern: Haupt

Hanselmann, H. (1930): Einführung in die Heilpädagogik. Zürich: Rotapfel

Heydorn, H. J. (1980): Zur bürgerlichen Bildung – Anspruch und Wirklichkeit. Frankfurt a. M.: Syndikat

Kiehn, M. G. (1821): Das Hamburger Waisenhaus. Erster Theil. Hamburg: Meißner

Koch, J. L. A. (1900): Abnorme Charaktere. Grenzfragen des Nerven- und Seelenlebens, Heft 5. Wiesbaden: Bergmann

Koch, L. (2004): Allgemeinbildung und Grundbildung, Identität oder Alternative. In: Zeitschrift für Erziehungswissenschaft, 7. Jg., H. 2, 183–191

Luhmann, N. & Schorr, K.-E. (1988): Reflexionsprobleme im Erziehungssystem. Frankfurt a. M.: Suhrkamp

Moor, P. (1965): Heilpädagogik. Bern: Haupt

Moser, V. (2003): Konstruktion und Kritik. Sonderpädagogik als Disziplin. Opladen: Leske & Budrich

Moser, V. & Sasse, A. (2008): Theorien der Behindertenpädagogik. München: Reinhardt

Neuner, G. (1999): Allgemeinbildung – ein Phantom? In: Hoffmann, D. (Hrsg.): Rekonstruktion und Revision des Bildungsbegriffs. Vorschläge zu seiner Modernisierung. Weinheim: DSV, 173–197

Opp, G. (2008): Schulen für Erziehungshilfe – Chancen und Grenzen. In: Reiser, H., Dlugosch, A. & Willmann, M. (Hrsg.): Professionelle Kooperation bei Gefühls- und Verhaltensstörungen. Pädagogische Hilfen an den Grenzen der Erziehung. Hamburg: Kovač, 67–88

Raimann, E. (1907): Die Behandlung und Unterbringung der Geistig Minderwertigen. Leipzig: Deuticke

Schäfer, A. (1997): Individuelle Bildung – zwischen Vernunft, Negativität und Tragik. In: Koch, L., Marotzki, W. & Schäfer, A. (Hrsg.): Die Zukunft des Bildungsgedankens. Weinheim: DSV, 29–44

Schaefer, H. (1906): Der moralische Schwachsinn. Allgemeinverständlich dargestellt für Juristen, Ärzte, Militärärzte und Lehrer. Halle: Marhold

Schnizer, O. (1904): Johann Hinrich Wichern, der Vater der Innern Mission. Calw: Vereinsbuchhandlung

Speck, O. (2003): System Heilpädagogik. Eine ökologisch reflexive Grundlegung. München: Reinhardt

Stein, R. (2006): Beeinträchtigungen der emotionalen und sozialen Entwicklung. In: Hansen, G. & Stein, R. (Hrsg.): Kompendium Heilpädagogik. Bad Heilbrunn: Klinkhardt, 25–39

Stinkes, U. (2002): Plädoyer für die Aufnahme der Leiblichkeit in Überlegungen zur ‚Bildung als Selbstgestaltung‘. In: Fornefeld, B. & Dederich, M. (Hrsg.): Menschen mit geistiger Behinderung neu sehen lernen: Asien und Europa im Dialog über Bildung, Integration und Kommunikation. Düsseldorf: Selbstbestimmtes Leben, 39–50

Vereinigung der Bayerischen Wirtschaft e. V. (Hrsg.) (2008): Bildungsrisiken und -chancen im Globalisierungsprozess. Jahresgutachten des Aktionsrates Bildung. Wiesbaden: VS

Wedderkop, Th. v. (1851): Das Rauhe Haus: ein Bild aus der Zeit. Oldenburg: Schmidt

Wichern, J. H. (1845): Festbüchlein des Rauhen Hauses in Horn. Hamburg: Agentur des Rauhen Hauses

6.2 Verhaltensstörungen als Erziehungsproblem: Zur pädagogischen Position im Umgang mit schwierigem Verhalten

Marc Willmann

Einleitung

Mit dem Begriff der Verhaltensstörungen hat die Pädagogik ein genuin klinisches Begriffskonzept importiert, um emotionale und Verhaltensschwierigkeiten von Kindern und Jugendlichen in erzieherischen Handlungsfeldern zu bezeichnen. Dabei ist weitgehend ungeklärt geblieben, welche Konsequenzen sich für das pädagogische Selbstverständnis ergeben, wenn durch diesen Begriffsimport eine Terminologie als Leitkategorie etabliert wird, die sich über einen nicht-pädagogischen Blickwinkel definiert.

Wie zu zeigen sein wird, bietet der Begriff der Verhaltensstörungen „für das erziehungspraktische Handeln keine nützlichen Informationen" (Schlee 1993, 48). Es ist daher notwendig, den Phänomenbereich in pädagogischen Begriffen zu reflektieren, wenn die Pädagogik sich nicht verstehen will als begleitendes oder ausführendes Organ therapeutischer Indikationen. Dabei liegt die erziehungsphilosophische Reflexion quer zu einer psychologischen Betrachtung, denn „Verhaltensstörungen" zeigen sich im Erziehungsprozess als ein interaktionales Phänomen, das seinen Ausdruck in der Irritation des Pädagogen findet und bei drohender Abweichung vom definierten Erziehungsziel zu einem pädagogischen Konflikt führt: Verhaltensstörungen sind aus Sicht der Pädagogik also Erziehungsprobleme, so dass „in der Beurteilung von Verhaltensstörungen stets die erzieherische Dimension mitgedacht werden muss. Schwierige Kinder sind erziehungsschwierige Kinder. Im Erziehungsprozess sind jedoch immer mindestens zwei Personen beteiligt. Das bedeutet, dass die Schwierigkeiten im Erziehungsverhältnis nicht zwingend vom Kind ausgehen, also auch nicht nur bei ihm zu suchen sind, sondern ebenso viel über die Möglichkeiten und Grenzen der Erziehungsperson aussagen" (Schmid 1996, 20).

Verhaltensgestörtenpädagogik und die Grenzen der Erziehung

Schwierigkeiten in der Erziehung sind ein ubiquitäres Phänomen, denn für die Erziehung darf angenommen werden, dass sie – strukturbedingt – nicht störungsfrei verlaufen kann. Pädagogisches Handeln wird also immer auf die eigenen Grenzen zurückgeworfen. Entsprechend lässt sich schlussfolgern, dass sich schulische Erziehungsschwierigkeiten mit der Institutionalisierung von Schule zwangsläufig einstellen müssen, umso mehr, als Funktion und Struktur der Schule (als Agens organisierter Bildungs- und Erziehungsprozesse und sozialer Kontrolle) das Überschreiten von Verhaltensregeln geradezu provozieren.

Die prinzipielle Störanfälligkeit ist eine der grundlegenden Antinomien der Erziehung, die allerdings in der Pädagogik nicht hinreichend bedacht wird, weil sie die pädagogischen Machbarkeitsphantasien in Frage stellt. Erziehung ist ein Handeln in Unsicherheit (Wimmer 1996): Es ist damit immer auch mit den eigenen Grenzen, dem potentiellen Scheitern der erzieherischen Bemühungen, mit Erziehungsschwierigkeiten, dem pädagogischen Konflikt konfrontiert. Diese Grundparadoxie zeigt sich gerade bei der Klientel, die übergreifend als „verhaltensgestört" bezeichnet wird: „Schon die normale Erziehung funktioniert offensichtlich alles andere als voraussetzungsfrei. Überhaupt scheint es eigentlich geradezu unwahrscheinlich, dass sich Kinder erziehen lassen [. . .] Die jeder Erziehung inhärenten Schwierigkeiten von Kindern lassen sich bei den so genannten erziehungsschwierigen Kindern wie in einem Vergrößerungsglas beobachten" (Schleiffer 1995, 199).

Wenn also festgestellt werden kann, dass Erziehungsprobleme Teil des Erziehungsgeschäfts sind, so bleibt damit doch ungeklärt, warum einige Kinder als besonders schwierig gelten und die Erziehung dieser „Problemkinder" die Pädagogik an ihre eigenen Grenzen – und darüber hinaus – führt (vgl. Göppel 2008). Offensichtlich übersteigen in Einzelfällen Ausmaß und Intensität von Erziehungsschwierigkeiten die „normalen" Probleme in der Erziehung.

Die Zuständigkeit für diese Problemfälle der Erziehung wird in der Regel delegiert an spezielle Unterstützungssysteme, im schulischen Bereich von der Regelschule an die Sonderpädagogik und Schulpsychologie. Zur Erklärung dieser „besonderen" Erziehungsschwierigkeiten werden vorzugsweise psychologische Ansätze herangezogen. Entsprechend basieren Assessment und Interventionsplanung häufig auf der Grundlage klinischer Diagnostik. Die dominierende Orientierung an therapeutischen Deutungsmustern (Schön 2005) führt zu einer Verschiebung der Perspektive: Schulische Disziplinprobleme und Erziehungsschwierigkeiten werden nicht mehr vorrangig als pädagogisches Problem beschrieben, sondern als pathologische Symptome gedeutet.

Psychologisierung der Sonderpädagogik und „Entsolidarisierung" von Erziehungsschwierigkeiten

Pointiert lassen sich diese Entwicklungen als Tendenzen einer Psychologisierung (Speck 1996, 73 ff.) und Therapeutisierung (Holtz 1980) der Sonderpädagogik nachzeichnen, bei der die Orientierung an pädagogischen Kategorien verloren zu gehen droht: „Das Verschwinden der Pädagogik geschieht geräuschlos, fast unmerklich, übertönt vom Theaterdonner populärer und attraktiver Disziplinen, die das Terrain einer Pädagogik bei Verhaltensstörungen sich anschicken zu besetzen" (Schad 2008, 29). Die „Dominanz psychologischer Theorien" (Hillenbrand 2008, 227), die zu einer Entfremdung der Pädagogik führt, zeigt sich zum Beispiel daran, wie Erziehungsfragen formuliert werden: „Genuin sonderpädagogische Fragestellungen werden in ‚fremden Sprachen' beantwortet – manche Fragen werden gar nicht mehr gestellt" (Schad 2008, 32).

Gerade in der Historie der Pädagogik bei Verhaltensstörungen lassen sich die angesprochenen Tendenzen besonders deutlich beobachten: Die ersten Ansätze zur medizinischen Begründung von Erziehungsschwierigkeiten finden sich in den frühen Beiträgen zur heilpädagogischen Psychopathielehre (vgl. Willmann 2009), und unmittelbar nach der Einführung auf dem ersten Weltkongress für Psychiatrie 1950 in Paris hat sich der Begriff der Verhaltensstörungen (behavioral disorders) als – höchst umstrittene – Leitkategorie auch in der (sonder-)pädagogischen Diskussion etabliert.

Dieser Begriffsimport verändert die pädagogische Perspektive: Die Frage der Erziehung schwieriger Kinder wird so unter Bezugnahme auf klinische Störungskonzepte stark individualisiert und das Phänomen kaum noch in seiner sozialen Dimension betrachtet. Durch die weitläufige Vermeidung soziologischer Terminologien und Theoreme (wie abweichendes Verhalten, Verwahrlosung, soziale Deprivation, Desintegration, Exklusion etc.) werden „Verhaltensstörungen" somit nicht mehr als Teilaspekt der sozialen Frage betrachtet, sondern als Ausdruck individueller Problemlagen verstanden und damit „entsolidarisiert".

Für die akademische Sonderpädagogik lassen sich zwei Entwicklungstrends ausmachen, die sich anscheinend gegenseitig bedingen: Einerseits haben psychologische Perspektiven an Dominanz gewonnen, was offenbar andererseits dazu geführt hat, dass soziologische Perspektiven an Bedeutung verlieren. Diese Entwicklungen lassen sich professionstheoretisch wohl am ehesten noch über die handlungspraktische Ebene erklären: Auf die Profession hat diese Orientierung eine beruhigende Wirkung, denn aus psychologischen Erklärungsansätzen lassen sich direkte Interventionsstrategien ableiten. Soziologische Kategorien hingegen nehmen auf derart komplexe und abstrakte Strukturzusammenhänge Bezug, dass es schwierig bis unmöglich erscheint, hieraus Ansatzpunkte für das erzieherische Handeln abzuleiten, ohne gleichzeitig die Grenzen der pädagogischen Machbarkeit ohnmächtig zur Kenntnis nehmen zu müssen.

In der Pädagogik bei Verhaltensstörungen findet die Psychologisierung ihren Ausdruck unter anderem darin, dass ein Großteil der Lehrstühle mit Psychologen bestückt ist, kaum aber mit Pädagogen, geschweige denn Soziologen. Allgemein steht in der Lehrerausbildung an vielen deutschen Hochschulen die Soziologie nicht mehr sehr hoch im Kurs, wenn man den systematischen Abbau von Soziologieprofessuren betrachtet. Es zeigt sich das Politikum, dass die Sonderpädagogik (bzw. die gesamte Lehrerbildung) „entpolitisiert" wird.

Diese Entwicklungen spiegeln sich gerade auch in der fachwissenschaftlichen Diskussion der Pädagogik bei Verhaltensstörungen wider: In den einschlägigen Handbüchern kommt psychologischen Perspektiven und therapeutischen Ansätzen eine zentrale Bedeutung zu. Mit Göppel (2002, 143) kann vermutet werden, dass die Pädagogik in ihrer engen Anlehnung an psychologisierende Deutungsmuster und den daraus resultierenden therapeutischen Handlungsstrategien versucht, das eigene Technologiedefizit zu überwinden.

Die zunehmende Therapeutisierung der Pädagogik bei Verhaltensstörungen führt zu der grundsätzlichen Frage: Sind therapeutische Verfahren in pädagogischen Settings (z. B. im Unterricht) durch Pädagogen überhaupt angemessen anwendbar und erfordern diese dann eine therapeutische Zusatzqualifikation? Oder wird es bei der Adaption therapeutischer Ansätze notwendig, diese für das spezifische Setting von Schulunterricht zu modifizieren (vgl. ausführlich: Goetze, Kap. 5.7, in diesem Band)? Der anhaltende Boom von Trainingsverfahren kann vor diesem Hintergrund durchaus als ein handlungspraktischer Kompromiss verstanden werden: Trainingsprogramme erscheinen häufig als in ihrer Reichweite reduzierte Therapieverfahren, die für das pädagogische Setting adaptiert und transformiert werden und dabei auf bestimmte Verhaltensweisen oder Kompetenzbereiche zugeschnitten sind. In der Folge werden pädagogisch zu formulierende Erziehungsziele zunehmend atomarisiert: Der einzelne Mensch wird zerlegt; Kinder und Jugendliche werden so weniger zu den Adressaten von umfassenden Erziehungs- und Bildungsprozessen, sondern zu Trägern bestimmter Eigenschaften, die es punktgenau zu verändern gilt (Abtrainierung des Problemverhaltens, Antrainierung erwünschter Kompetenzen). Der Blick auf eine sich einem Bildungsideal verpflichtet fühlende pädagogische Reflexion verliert an Bedeutung auf dem Markt der Interventionsverfahren, die einfache Lösungen für komplizierte Sachverhalte versprechen (etwa: Hartke & Vrban 2008).

Pragmatismus und Utilitarismus kennzeichnen die Maximen der zeitgenössischen Pädagogik und diesem Zeitgeist fallen erziehungsphilosophische Traditionen anheim: „Die Gefahr liegt dabei in der Vernachlässigung der ideologiekritischen Funktion des grundlegenden pädagogischen Denkens. Verführerisch sind hier ‚erfolgreiche' oder Erfolg versprechende Konzeptionen, die einer pragmatischen Spielart von Erziehung huldigen, deren Hauptmaxime das ‚it works' ist und die versucht mit speziellen Programmen Probleme zu beseitigen. Aggressionen werden mit Anti-Aggressionsprogrammen bekämpft, Streitschlichterprogramme sollen für friedvolle Zustände auf den Schulhöfen sorgen, Aufmerksamkeitstrainingsprogramme sind populär – die Liste lässt sich fortsetzen" (Schad 2008, 33 f.).

„Sonderpädagogische Förderung" als Ersatzrhetorik? Parallel zu den Psychologisierungs- und Therapeutisierungstendenzen hat sich in der Sonderpädagogik in den letzten zwei Jahrzehnten mit dem Begriff der sonderpädagogischen Förderung eine Terminologie durchgesetzt, die der Profession suggeriert, wieder ein Stück Eigenständigkeit zurück zu gewinnen: Der Begriff scheint nicht nur eine explizit pädagogische Aufgabenstellung zu betonen, wodurch er eine Abgrenzung gerade zu therapeutischen Maßnahmen ermöglicht, sondern er ist – oberflächlich betrachtet – geradezu zum Inbegriff des professionellen Selbstverständnisses hypostatisiert. Allerdings offenbart sich der Begriff bei genauerer Betrachtung einerseits als bloße Leerformel, die eine Projektionsfläche für alle möglichen kindzentrierten Interventionen darstellt, und andererseits erweist sich die Einengung sonderpäda-

gogischer Unterstützungsleistungen auf den Modus von Förderung als direkte Arbeit mit dem Kind als viel zu eng gefasst (vgl. Willmann 2008).

Besonders bedenkenswert ist der Umstand, dass das terminologische Artefakt der sonderpädagogische Förderung genuin pädagogische Begriffskonzepte (Bildung, Erziehung, Didaktik) in den Hintergrund gedrängt hat. Pädagogische Grundkategorien erhalten also mittlerweile nicht nur Konkurrenz durch medizinische, psychologische und therapeutische Begriffe, sondern sie werden auch aus der eigenen Disziplin heraus verwässert.

De-Psychologisierung und sonderpädagogische Professionalisierung

Es soll nicht in Frage gestellt werden, dass vielen therapeutischen Interventionsansätzen nachweislich ein großer Stellenwert für die Unterstützung von Kindern und Jugendlichen mit schweren emotionalen Verstörungen und gravierenden Verhaltensproblemen zukommt. Aber diese Verfahren sind nicht in der Lage, den genuin (sonder-)pädagogischen Auftrag von Bildung und Erziehung auszufüllen. Die Pädagogik bei Verhaltensstörungen kann sich also gerade nicht vorrangig unter Bezugnahme auf diese fachfremden Perspektiven definieren. Sie bedarf vielmehr einer eigenen pädagogischen Position, von der aus eine Integration der Forschungsergebnisse und Interventionsmodelle anderer Fachdisziplinen erfolgen kann und muss. So ist auch die Forderung nach einer De-Psychologisierung zu verstehen: „Für den Arbeitsbereich der Sonderpädagogik besteht der Bedarf, sich zu ‚de-psychologisieren' und sich selbst von dem Irrtum bestimmter psychologischer Praktiken und Prozeduren zu befreien [...]" (Forness & Kavale 1987, 2; Übersetzung des Autors).

Klinisch-psychologische und therapeutische Ansätze können mit Speck (1996, 238) als „Hilfsmittel der Erziehung", also eine Art „Erziehungshilfe" verstanden werden; sie sind aber nicht gleichzusetzen mit Pädagogik. Erziehung unterscheidet sich als ubiquitäre Handlungspraxis von der Therapie als äußerst spezialisiertes Handlungsgeschehen: „Erziehung ist prinzipiell indispensibel. ‚Auch' jedes Kind mit Verhaltensstörungen ist auf Erziehung angewiesen. Diese Bedürftigkeit ist ihm mit allen Kindern gemeinsam. Die Gemeinsamkeit ist unaufhebbar. Erziehung ist ein immanenter Vorgang zwischen Menschen, der darauf gerichtet ist, den heranwachsenden Menschen in seiner Persönlichkeit und seinen sozialen Bezügen zu fördern. Dieses Erfordernis wird durch das Vorliegen einer ‚Verhaltensstörung' nicht neutralisiert, im Gegenteil: Die erzieherischen Bemühungen müssen intensiviert werden. Diese Verstärkungen und Differenzierungen im Handeln ließen sich sicherlich auch als therapeutische bezeichnen, aber eben nicht der Gesamtvorgang. Während Therapie je nach Indikation etwas Zusätzliches darstellt, ist Erziehung immer gegeben" (Speck 1979, 106).

Gleichzeitig ist gegen alle Interventionseuphorie einzuwenden, „dass Erziehungshilfe und Therapie eben nicht in der Lage sind, alle Erziehungsschäden zu beseitigen. Es sind nicht alle sozialen Felder, von denen Wirkungen auf Kinder ausgehen, pädagogisierbar oder therapierbar. Die Öffentlichkeit gibt sich einer Illusion hin, wenn sie glaubt, dass sich an Kindern und Jugendlichen alles heilen ließe, was durch die Erwachsenen dieser Gesellschaft ihnen an Schaden zugefügt wird. Schon jetzt drehen sich viele spezielle pädagogisch-therapeutische Dienste um sich selber" (Speck 1996, 198) und gleichen einer „Endlosschraube".

Für die Sonderpädagogik besteht daher der dringende Auftrag einer Vergewisserung über die eigenen Zustandigkeiten und der Klärung des eigenen professionellen Selbstverständnisses. Dabei kann sich sonderpädagogische Professionalität aus zwei Quellen speisen, die sich als eine eher expertenhafte und eine eher perspektivenorientierte Ausrichtung bestimmen lassen: Sonderpädagogen können sich als Experten für den Umgang mit bestimmten Behinderungen verstehen, die über ein hochspezialisiertes und exklusives Wissen verfügen. Ein solches Selbstverständnis mag in Bezug auf bestimmte Behinderungsformen (gerade Sinnesbeeinträchtigungen) zweifelsohne angemessen erscheinen, erweist sich aber im Bereich der Pädagogik bei Verhaltensstörungen als trügerisch, weil die Expertise zur Behandlung von „Verhaltensstörungen" nicht in der Pädagogik verortet ist, sondern im klinischen Bereich (Kinder- und Jugendpsychiatrie und -psychotherapie).

Das legt ein anderes professionelles Selbstverständnis nahe: Sonderpädagogik ist demnach keine besondere Pädagogik, sondern eine besondere Perspektive, die sich explizit mit spezifischen Problemlagen (z. B. schulischen Lern- und Verhaltensschwierigkeiten) auseinandersetzt. In der Erziehungshilfepädagogik geht es daher ganz grundlegend um „die Reflexion über ‚Problemkinder' und über festgefahrene Konfliktlagen im pädagogischen Feld, für die neue Perspektiven entwickelt werden müssen" (Göppel 2002, 112 f.). Damit thematisiert sie „nicht nur die Schwierigkeiten, die dieses Kind oder der Jugendliche hat und macht, sondern sie thematisiert in ihrem Kern das Verhältnis Erzieher – Kind und ist damit eine beziehungs- und wertorientierte Wissenschaft" (Schad 2008, 34).

Zur Formulierung einer pädagogischen Position

Die angemahnte Rückbesinnung auf eine pädagogische Reflexion erschwerter Erziehungssituationen muss auf verschiedenen Ebenen ansetzen, von denen einige abschließend umrissen werden sollen.

(1) Pädagogische Grundbegriffe: Wie schon der Verhaltensgestörtenbegriff, ist auch der Begriff der Erziehung (und mitgemeint sind immer auch korrespondierende „Erziehungsschwierigkeiten") ein Kontingenzbegriff (Gudjons 2008, 183 ff.), der sich einer einheitlichen Definition entzieht, obwohl ein jeder sehr konkrete Vorstellungen davon hat, was damit gemeint sein könnte. Für die Erziehungshilfepädagogik wäre es tunlichst angezeigt, zu pädagogischen Grundbegriffen zurück zu finden, um „Verhaltensstörungen" in eigenen disziplinären Leitkatego-

rien zu beschreiben und hieraus Konsequenzen für das erzieherische Handeln abzuleiten.

(2) Pädagogik als normative Wissenschaft: Erziehung ist nicht wertfrei, sondern impliziert immer eine Bezugnahme zu Werte- und Normfragen: „Erziehung muss werten" (Speck 1996, 25). Mit Reiser (2006, 30) lässt sich die pädagogische Position als die „Vertretung von Werten" beschreiben. Damit wird es zugleich notwendig, über die eigenen Wertepositionen nachzudenken, gerade weil diese sehr stark aus persönlichen Erfahrungen und Sichtweisen resultieren, also in ihrer Letztbegründung subjektiv sind. Professionelle Pädagogik unterscheidet sich von der naturwüchsigen Erziehung im Elternhaus gerade über den Anspruch, die eigene pädagogische Position durch eine kritische Reflexion der eigenen Grundhaltungen und Werte zu begründen. Die Normativität der Pädagogik zeigt sich nicht nur im Vollzug erzieherischer Handlungspraxis, sondern auch allgemein bei der abstrakten Bestimmung der Zielsetzungen von Erziehung: „Man sieht deutlich, dass die Pädagogik angewiesen ist auf philosophisch-ethische Grundlagenreflexion, ohne die die Ziel-, Norm- und Grundwertproblematik nicht geklärt werden kann. Doch Werte bleiben in der Erziehung kontrovers" (Gudjons 2008, 190).

(3) Respezifikation des Erziehungszieles: Aus Sicht einer Pädagogik bei Verhaltensstörungen lässt sich kein spezieller Erziehungsauftrag formulieren; auch für Kinder und Jugendliche in erschwerten Erziehungsprozessen und mit psychischen Problemen und „Verhaltensstörungen" gelten im Allgemeinen die gleichen Zielsetzungen wie für Kinder und Jugendliche ohne erkennbare Probleme dieser Art (Speck 1979, viii). Dabei stellt der Autonomiebegriff einen der zentralen pädagogischen Schlüsselbegriffe bereit (vgl. Mollenhauer 1968), aus dem sich das Erziehungsziel ableiten lässt. Der Weg der „Erziehung zu Mündigkeit und gegenseitiger Verantwortung" (Speck 1996, 83) führt über die *Erziehung zur Autonomie.*

Mit dem Moralbegriff kommt eine weitere Kategorie ins Spiel, die in der Pädagogik in Vergessenheit geraten scheint: „Aus der Einsicht, dass sich Autonomie als Selbsteinbindung des Menschen in das Moralische nicht aus sich selbst entwickelt, sondern vermittelt werden muss, folgert, dass das Moralische, also Werte und Normen, geprüft, begründet und vertreten werden müssen. Die Aufgabe der Erziehung besteht darin" (Speck 1996, 179).

Erziehung zielt aber nicht nur auf Autonomie und Emanzipation, sondern auch auf soziale und personale Integration. Während sich mit dem Problem der Regel- und Normüberschreitung eher Disziplinschwierigkeiten beschreiben lassen, die im Unterricht meist offensichtlich sind (z.B. als Unterrichtsstörungen), spricht der Integrationsbegriff eine weiterreichende Ebene an, denn die Verhaltensprobleme drohen in der Konsequenz zu personalen und sozialen Desintegrationsprozessen zu führen. Erziehung droht zu scheitern. Folgen wir dieser Argumentation, dann lassen sich Verhaltensstörungen aus pädagogischer Sicht über die Bestimmung des Erziehungszieles reformulieren: „Wenn im pädagogischen Feld von Verhaltensstörungen die Rede ist, so liegen Verhaltensweisen vor, die pädagogisch so zu beurteilen sind, dass sie das Erreichen des Erziehungszieles erschweren oder gefährden" (Speck 1979, 3).

(4) Antinomien der postmodernen Erziehung: Allerdings scheint es in der Gegenwart zunehmend schwieriger zu werden, pädagogische Werte und Normen zu vertreten: „Die Frage ist, wie man sich angesichts der freigesetzten normativen Vieldeutigkeit der Wirklichkeit dem Kind gegenüber normativ verhalten soll. Viele Erzieher, professionelle und Eltern, neigen angesichts der allgemeinen normativen Unsicherheit und Vielfalt dazu, sich eines verbindlichen, moralischen Standpunktes zu enthalten. Es ist aber fraglich, sich in der Erziehung ‚der Stimme zu enthalten' [...]" (Speck 1996, 180).

In der nachhaltigen Verunsicherung vieler Erwachsener und einer zunehmend grassierenden Erziehungsvergessenheit (Ahrbeck 2004) liegen wichtige Gründe für die gegenwärtige Krisenrhetorik, die in allen Bereichen chaotische Erziehungsverhältnisse diagnostiziert und damit auch dazu beiträgt, dass Erziehungsschwierigkeiten in der Problemwahrnehmung von Lehrern deutlich zugenommen haben. So lässt sich gerade auch in der Schule ein moralischer Relativismus erkennen (Speck 1996, 180), der auf eine veränderte schulische Erziehungspraxis als Folge gesamtgesellschaftlicher Irritationen zurückgeführt werden kann.

Ausblick

Der schulische Umgang mit schwierigen Schülern stellt sich dar als eine der großen Herausforderungen an die Schule der Gegenwart. Unter den zunehmend chaotisch erscheinenden Erziehungsbedingungen ist die Schule mit ihrem Erziehungsauftrag zunehmend überfordert. Zugleich ist aber ungeklärt, inwieweit Schule überhaupt die Funktion einer korrigierenden Erziehung erfüllen kann. Dabei zeigen sich spezielle strukturlogische Probleme, denn Schülerverhalten wird im schulischen Kontext häufig erst dann „auffällig", wenn es die Unterrichtsroutinen sabotiert. Die in der Schulpädagogik vorherrschende Problemwahrnehmung bildet das Phänomen also vorzugsweise in der Kategorie von Unterrichtsstörungen ab, was nicht unproblematisch ist, weil damit in erster Linie externalisierende Verhaltensauffälligkeiten, nicht aber auch internalisierende emotionale Probleme in den Fokus geraten.

Emotionale Verstörungen und problematische Verhaltensweisen von Kindern und Jugendlichen führen zu hohen psychischen Belastungen bei allen Beteiligten (den Mitschülern, Lehrkräften und den Problemschülern selbst) und erzeugen einen gesteigerten Bedarf an Unterstützungsmaßnahmen. Der schulischen Erziehungshilfe kommt in diesem Zusammenhang eine zentrale Aufgabe zu. Die Ausgangslage für die sonderpädagogische Unterstützung ist eine *pädagogische* Reflexion. Im Mittelpunkt der Betrachtung steht hier, wie sich die Verhaltensauffälligkeiten im pädagogischen Setting bemerkbar machen, welche Folgen sich für das erzieherische Handeln ergeben und mit welchen bisherigen erzieherischen Mitteln versucht wurde, diese Probleme in den Griff zu bekommen. Durch die pädagogische Reflexion verbleibt die Problemanalyse (zunächst) im Zuständigkeitsbereich der Pädagogik und der traditionelle quasi-Automatismus der Aussonderung von Problemschülern wird durchbrochen.

Das entbindet die Sonderpädagogik aber nicht von der Notwendigkeit, in jedem Einzelfall genau zu prüfen, inwieweit die Erziehungsschwierigkeiten auch mit besonderen Beeinträchtigungen des jeweiligen Schülers zusammenhängen, wann eine klinische Diagnostik und Therapie indiziert ist und externe Unterstützungssysteme einzubeziehen sind. Gerade um für die relativ kleine Gruppe der Schülerinnen und Schüler mit schweren Störungen im emotional-sozialen Bereich die notwendigen intensiven pädagogisch-therapeutischen Hilfen bereitzustellen, scheint es angemessen, den inflationären Gebrauch des Verhaltensgestörtenbegriffs im schulpädagogischen Kontext einzudämmen und nicht jedwede Form von auffälligen Verhaltensweisen und Unterrichtsstörungen mit dem Störungsbegriff zu belegen. Für die Charakterisierung des erheblich größeren Teils der Schülerinnen und Schüler im Förderschwerpunkt Emotionale und soziale Entwicklung erweist sich das klinische Begriffskonzept als unangemessen, da in den meisten Fällen nicht von pathologischen Entwicklungen auszugehen ist. Es ist die unhinterfragbare professionelle Verantwortung von Schul- und Sonderpädagogik, sich diesen erzieherischen Herausforderungen zu stellen und diese Probleme nicht zu delegieren.

Literatur

Ahrbeck, B. (2004): Kinder brauchen Erziehung. Die vergessene pädagogische Verantwortung. Stuttgart: Kohlhammer

Forness, S. R. & Kavale, K. A. (1987): De-Psychologizing Special Education. In: Rutherford, R. B., Michael Nelson, C. & Forness, S. R. (Hrsg.): Severe Behavior Disorders of Children and Youth. Boston: Little, Brown & Company, 2–14

Göppel, R. (2002): Wenn ich hasse, habe ich keine Angst mehr. Psychoanalytisch-pädagogische Beiträge zum Verständnis problematischer Entwicklungsverläufe und schwieriger Erziehungssituationen. Donauwörth: Auer

Göppel, R. (2008): Grenzen der Erziehung – Erziehung an den Grenzen – Erziehung durch Grenzen. In: Reiser, H., Dlugosch, A. & Willmann, M. (Hrsg.): Professionelle Kooperation bei Gefühls- und Verhaltensstörungen. Hamburg: Kovač, 45–66.

Gudjons, H. (2008): Pädagogisches Grundwissen: Überblick – Kompendium – Studienbuch. Bad Heilbrunn: Klinkhardt/UTB

Hartke, B. & Vrban, R. (2008): Schwierige Schüler – was kann ich tun? 49 Handlungsmöglichkeiten bei Verhaltensauffälligkeiten. Buxtehude: Persen

Hillenbrand, C. (2008): Einführung in die Pädagogik bei Verhaltensstörungen. München: Reinhardt

Holtz, K. L. (1980): Sonderpädagogik und Therapie. Rheinstetten: Schindele

Mollenhauer, K. (1968): Erziehung und Autonomie. Polemische Skizzen. München: Juventa

Reiser, H. (2006): Psychoanalytisch-systemische Pädagogik. Erziehung auf der Grundlage der Themenzentrierten Interaktion. Stuttgart: Kohlhammer

Schad, G. (2008): Vom Verschwinden der Pädagogik im Wissenschaftsbetrieb der Verhaltensgestörtenpädagogik. In: Reiser, H., Dlugosch, A. & Willmann, M. (Hrsg.): Professionelle Kooperation bei Gefühls- und Verhaltensstörungen. Hamburg: Kovač, 29–41

Schlee, J. (1993): Zur Problematik der Terminologie in der Pädagogik bei Verhaltensstörungen. In: Goetze, H. & Neukäter, H. (Hrsg.): Pädagogik bei Verhaltensstörungen. Handbuch der Sonderpädagogik, Band 6. Berlin: Marhold, 36–49

Schleiffer, R. (1995): Zur Unterscheidung von (Sonder)Erziehung und (Psycho)Therapie. In: Sonderpädagogik, 25 (Jg.), H. 4, 193–204

Schmid, P. (1996): Verhaltensstörungen aus anthropologischer Sicht: Elemente einer Psychologie und Pädagogik für Verhaltensgestörte. Bern: Haupt

Schön, B. (2005): Therapie statt Erziehung? Chancen und Probleme der Therapeutisierung pädagogischer Arbeit. Frankfurt a. M.: VAS

Speck, O. (1979): Verhaltensstörungen, Psychopathologie und Erziehung. Grundlagen zu einer Verhaltensgestörtenpädagogik. Berlin: Marhold

Speck, O. (1996): Chaos und Autonomie in der Erziehung. Erziehungsschwierigkeiten unter moralischem Aspekt. München: Reinhardt

Willmann, M. (2008): Sonderpädagogik als indirektes Unterstützungsmodell: Zur notwendigen Erweiterung des Begriffs der „sonderpädagogischen Förderung". In: Sonderpädagogische Förderung, 53 (Jg.), H. 1, 82–87

Willmann, M. (2009) (im Druck): Stichworteintrag Psychopathie. In: Horn, K.-P., Kemnitz, H., Marotzki, W. & Sandfuchs, U. (Hrsg.): Lexikon Erziehungswissenschaft. Bad Heilbrunn: Klinkhardt

Wimmer, M. (1996): Zerfall des Allgemeinen – Wiederkehr des Singulären. Pädagogische Professionalität und der Wert des Wissens. In: Combe, A. & Helsper, W. (Hrsg.): Pädagogische Professionalität. Untersuchungen zum Typus pädagogischen Handelns. Frankfurt a. M.: Suhrkamp, 404–447

6.3 Erziehungsnotwendigkeiten und Bruchstellen der Entwicklung

Bernd Ahrbeck

Einleitung

Einschlägige Handbücher und Übersichtswerke des Faches heißen „Handbuch der Sonderpädagogik – Pädagogik bei Verhaltensstörungen" (Goetze & Neukäter 1993), „Sonderpädagogik der sozialen und emotionalen Entwicklung" (Gasteiger-Klicpera, Julius & Klicpera 2008), „Einführung in die Pädagogik bei Verhaltensstörungen" (Hillenbrand 2008) oder „Verhaltensstörungen bei Kindern und Jugendlichen" (Myschker 2009). Der im Titel zumeist enthaltene Pädagogikbegriff lenkt den Blick darauf, dass Kinder und Jugendliche mit Verhaltensstörungen oder schwerwiegenden Entwicklungsproblemen im besonderen Maße der Erziehung und einer pädagogischen Unterstützung bedürfen.

Eine Durchsicht der genannten Schriften zeigt allerdings, dass sie weniger durch eine pädagogische Leitidee definiert sind, als es der erste Anschein vermuten lässt. Im Rahmen einer starken fachlichen Differenzierung und zahlreicher interdisziplinärer Bezüge nehmen vor allem psychologische Theorien und aus ihnen hergeleitete Interventionen einen großen Raum ein. Genuin pädagogische Beiträge und Fragestellungen treten demgegenüber zurück. Nach Schad (2008) gilt dies für das gesamte Fach, um dessen pädagogische Verortung es schlecht bestellt ist. Die Pädagogik im Wissenschaftsbetrieb der Verhaltensgestörtenpädagogik sei im Schwinden begriffen, so lautet Schads (2008, 29) ernstzunehmende Diagnose. Eine Überfrachtung mit fremden Theorien, entliehenen Techniken und diversen therapeutischen Anleihen hat dazu geführt, dass die Pädagogik immer stärker an den Rand gedrängt wird. Ein Indiz dafür findet sich in der weithin anerkannten Definition Myschkers (2009, 49), die beinhaltet, dass eine Verhaltensstörungen „[...] ohne besondere pädagogisch-therapeutische Hilfe nicht oder nur unzureichend überwunden werden kann". Nicht die Pädagogik steht hier Mittelpunkt, sondern pädagogisch-therapeutische Verfahren mit einem unklaren Bedeutungshof. Die dadurch signalisierte Offenheit gegenüber therapeutischen Konzepten erweist sich allerdings dann als problematisch, wenn sie dazu beiträgt, dass sich das Fach nur unzureichend seiner zentralen pädagogischen Aufgaben und Möglichkeiten vergewissert. Ausführungen hierzu finden sich bei Ahrbeck (2005), Bittner (1996) und Göppel (2000).

Erziehungsbegriff

Die Metapher von der Knabenführung sagt aus, worum es der Erziehung geht. Mädchen oder Knaben sollen zu einem Ziel geführt werden, das sie selbst noch

215

nicht kennen, und einen Weg beschreiten, den sie allein noch nicht meistern können. Dies kann nur gelingen, wenn sie jemanden haben, der sie begleitet, ihnen den Weg weist und auf diesem Weg für sie sorgt. Dieser andere muss mehr über das Ziel und den Weg wissen als die Kinder selbst. Er muss mehr im Leben erfahren haben, der eigenen Kindheit entwachsen, also älter sein, und sich hinreichend sicher fühlen, dass er diese Aufgabe bei allen Unwägbarkeiten bewältigen kann. Damit ist darauf verwiesen, dass „[. . .] Erziehungs- und Bildungsprozesse unvermeidlich in Generationenverhältnisse eingelassen sind, dass sie [die Generationsverhältnisse] deshalb ein nicht eliminierbares, nicht wegzudenkendes Moment von Erziehungs- und Bildungsprozessen [. . .]" darstellen (Hornstein 1999, 51). Für Liebau und Wulf (1996, 7) stellt die Generation „[. . .] eine, wenn nicht die zentrale pädagogisch-anthropologische Grundbedingung" dar.

Erziehung zielt auf den Eintritt in die Erwachsenenwelt. Sie dient dazu, dass Kinder all diejenigen Beschränkungen überwinden, die mit dem Kindsein verbunden sind. Savater (1998) beschreibt eindrucksvoll, was Kindern durch Erziehung gegeben wird und wie Erziehung zu einer guten Lebensvorbereitung führen kann. Die kindlichen Erfahrungs- und Erlebensräume erweitern sich: Sie werden zunehmend differenzierter, Wissen, Einsichten, Reflektionsmöglichkeiten und Handlungsoptionen entstehen, die Kindern ohne entsprechende Erziehungserfahrungen verschlossen bleiben. Die Einschränkungen, die Kinder erleiden, denen Erziehung vorenthalten wird, sind erheblich und folgenschwer. Sie beziehen sich nicht nur auf die kognitive Entwicklung und die Aneignung angesammelter Wissens- und Erfahrungsstände. Auch in ihrer sozialen und emotionalen Entwicklung bleiben diese Kinder zurück, auch hier an einem für sie hochbedeutsamen Punkt.

Missverstanden wird der Erziehungsbegriff dann, wenn er mit einer alleinigen Fremdsteuerung assoziiert wird. Wenn Erziehung fruchten soll, bedarf sie der Eigenaktivität des Kindes. Sie kann nur dann wirksam sein, wenn sie den anderen anregt und in ihm etwas bewegt. Zu den äußeren Vorgaben muss also eine innere Bereitschaft des Kindes kommen, die durch die Erziehenden unterstützt, mitunter sogar entflammt wird. Erzeugt wird sie von außen aber nicht. Mit dem Eigensinn des Kindes ist deshalb zu rechnen, mitunter auch mit einer starken Widerständigkeit gegen vorgebrachte Erziehungsabsichten. Weiterhin muss bedacht werden, dass Kinder und Jugendliche auch selbständig Lernerfahrungen initiieren und sich untereinander Wichtiges beibringen können. Ihre oft erstaunlichen Fähigkeiten im Umgang mit Medien sind ein vielgenanntes Beispiel dafür. Dieser Umstand ändert aber nichts an der Tatsache, dass Kinder für eine gute Entwicklung grundlegend auf ein erziehendes Gegenüber angewiesen sind, das anregt und unterstützt, lenkt und leitet, mitunter auch begrenzt und verbietet. Dass daraus Autonomie und Mündigkeit entstehen sollen, die auf anderem Wege unerreichbar sind, stellt eine der Paradoxien der Erziehung dar. „Wie kultiviere ich die Freiheit bei dem Zwange?", lautet deshalb Kants (1803; zit. nach 1995, 32) berühmt gewordene Frage. Fragwürdig ist die gegenwärtig verbreitete These vom „Ende der Erziehung" (Giesecke 1996), die sich unter anderem auf Folgen des gesellschaftlichen Wandels beruft. Sie unterschätzt nach wie vor bestehende Erziehungsmöglichkeiten und geht leichtfertig mit Erziehungsnotwendigkeiten um. Bei allen Paradoxien, die der Erziehung innewohnen, ist Erziehung unverzichtbar. Sie stellt eine anthropologische Konstante dar, eine „unvermeidliche soziale Tatsache", wie Bernfeld (1925; zit. nach 1973, 49) formuliert (vgl. Tenorth 2008, 16 ff).

Das Schwinden der Pädagogik als Leitkategorie der Verhaltensgestörtenpädagogik korrespondiert mit einer Schwächung des Erziehungsgedankens, die auf breiter Ebene eingetreten ist. Winterhager-Schmid (2000, 22) fasst diese Entwicklung so zusammen: „Gegenwärtig [...] sieht es so aus, als komme Erwachsenen die Vorstellung abhanden, sie hätten ihrerseits einen Generationenvertrag ‚nach unten' als Verpflichtung zur Vorleistung verantwortlicher Enkulturation der Heranwachsenden einzuhalten." Die Erwachsenengeneration scheint „[...] heute eher davon auszugehen, die Heranwachsenden könnten sich in den Beschleunigungen und Verwerfungen des zugespitzten Modernisierungsprozesses leichter zurechtfinden, wenn sich die Erwachsenen aus dem Geschäft der Bildung und Erziehung frühzeitig zurückziehen" (Winterhager-Schmid 2000, 29).

Erziehungsnotwendigkeiten

Erziehung erfüllt eine übergreifende Funktion. Sie begleitet Kinder und Jugendliche umfassend und kontinuierlich über einen langen Zeitraum, im Gegensatz zu einer zeitlich begrenzten und vom Aufgabenbereich her enger umschriebenen Förderung und Therapie. „Kinder brauchen Erziehung" (Ahrbeck 2004), das gilt aus den bereits ausgeführten Gründen für alle Kinder, auch diejenigen, die Verhaltensauffälligkeiten und -störungen zeigen. Nach Speck (1979, 106) besteht bei ihnen ein besonderer Erziehungsbedarf, er wird „[...] durch das Vorliegen einer ‚Verhaltensstörung' nicht neutralisiert, im Gegenteil: Die erzieherischen Bemühungen müssen intensiviert werden". Die Gründe dafür sind vielfältig und vielschichtig: Verhaltensstörungen gefährden unhintergehbare Erziehungsziele, kognitive ebenso wie soziale und emotionale. Das schulische Lernen kann beeinträchtigt sein, so dass die schulischen Leistungen hinter den intellektuellen Potenzialen zurückbleiben, schulische Abschlüsse nicht erreicht werden und ein Berufseinstieg erschwert ist. Die soziale Position verhaltensgestörter Kinder und Jugendlicher ist regelhaft prekär. Sie finden in (schulischen) Gruppen nicht die notwendige Anerkennung, begeben sich in eine Außenseiterposition oder werden in diese gedrängt, so dass sie sich nur schwerlich zugehörig fühlen können. Anerkennung und Zugehörigkeit suchen sie deshalb anderswo, etwa in Peergroups, die sich in einem abweichenden Milieu aufhalten. Zu der misslingenden sozialen Integration gesellt sich, dass sie in ihrer emotionalen Entwicklung bedroht sind. Verhaltensgestörte Kinder und Jugendliche sind in einer konflikthaften inneren Erlebenswelt gefangen, verfügen oft nur über unzureichend entwickelte innere Strukturen und können deshalb mit ihren Wünschen und Bedürfnissen nur unzureichend umgehen. Sie kommen mit sich selbst nicht zurecht und andere nicht mit ihnen. Aus eigener Kraft können sie sich aus dieser Misere nicht befreien.

Wie immer Verhaltensstörungen im Einzelnen entstanden sein mögen, aufgrund ihrer vielfältigen schulischen (und außerschulischen) Auswirkungen muss sich die Erziehung mit ihnen auseinandersetzen. Von der Verpflichtung, zielgerichtet auf die kindliche Entwicklung einzuwirken, kann sie sich auch unter schwierigen Bedingungen nicht befreien. Sei es, dass es um einen grundlegenden Nachholbedarf an Erziehung geht, oder auch, weil aktuelle Lern- und Entwicklungsaufgaben pädagogisch gelöst und Krisen ebenso bewältigt werden müssen. Es sei hier daran erinnert, dass die Leitdiagnose Verhaltensstörung in besonderer Weise an den schulischen Kontext gebunden ist. Ihr häufigster Bezugspunkt ist die Störung des Unterrichts und schulischen Gemeinschaftslebens, in einem sehr viel stärkeren Ausmaß, als dies bei anderen Behinderungskategorien der Fall ist.

Bei leichteren Beeinträchtigungen, den Verhaltensauffälligkeiten, können unzureichende Erziehungs- und Beziehungserfahrungen besonders unverstellt zu Tage treten. Diesen Kindern und Jugendlichen fehlen oft schlichtweg Erfahrungen, die sie zur Bewältigung von (schulischen) Verhaltenserwartungen benötigen. Die Anforderungen, die Lehrer und andere Kinder an sie stellen, können deshalb zu hoch sein. Krisen, die dem Erziehungsgeschehen immanent sind, überfordern sie. Bei ihnen kann für einen erzieherischen Ausgleich relativ leicht gesorgt werden: Ihre Symptome sind noch nicht so gravierend und verfestigt wie bei den Verhaltensstörungen, ihre innere Not ist geringer, die Verstrickungen und Inszenierungen, die sie herstellen, sind noch recht einfach durchschau- und verstehbar. Die Mittel der allgemeinen Pädagogik reichen bei dieser Personengruppe im Allgemeinen aus, einer speziellen Pädagogik bedürfen sie nicht. Es sei denn, es ist absehbar, dass sich hinter einem noch gering entfalteten Störungsbild eine tiefer gehende Problematik versteckt, die zu einer malignen Entwicklung führen kann.

Schwer beeinträchtigte Kinder und Jugendliche – als Kerngruppe der Verhaltensgestörtenpädagogik – sind häufig mit frühen lebensgeschichtlichen Belastungen aufgewachsen. Dazu können gewaltsame Übergriffe, Vernachlässigung und Missbrauch gehören, weiterhin unzureichende Bindungserfahrungen und eingeschränkte Möglichkeiten einer inneren Konfliktverarbeitung. Sie führen dazu, dass die altersadäquate Auseinandersetzung mit Entwicklungsaufgaben von einer ungünstigen Ausgangsposition aus bestritten werden muss. Ein Misslingen ist unter dieser Bedingung nicht zwangsläufig, wie die Resilienzforschung lehrt, seine Wahrscheinlichkeit jedoch deutlich erhöht, wie sich an der Vielzahl verhaltensgestörter Schülerinnen und Schüler ablesen lässt.

Vielen dieser Kinder haben haltende und schützende Rahmenbedingungen gefehlt als Voraussetzung dafür, dass Erziehungsprozesse in geordneten Bahnen verlaufen. Frühe Belastungen konnten durch die folgenden Erziehungs- und Beziehungserfahrungen nicht kompensiert werden, zum Teil auch deswegen, weil kontinuierlich weitere Übergriffe und altersinadäquate Erfahrungen hinzugekommen sind.

Im unmittelbaren Erziehungsgeschehen hat es oft an verlässlichen Vorgaben gemangelt, wechselnde Anforderungen und Erziehungsstile haben die kindliche Entwicklung erschwert. Mitunter mögen Erziehungsabsichten überhaupt nicht vertreten worden sein, so dass Kinder und Jugendliche sich selbst überlassen blieben und ins Leere liefen. Vor allem hat es an einem wohlwollend und geduldig begleitenden, anerkennenden, zugleich aber abgegrenzten und begrenzendem Gegenüber gefehlt. Dialoge zwischen Kindern und Erziehenden wurden unzureichend geführt, häufig sind sie so entglitten, dass keine berechenbaren Beziehungen entstanden. Die diversen, oft verstellt artikulierten Ausdrucksformen innerer Schwierigkeiten, die Kinder und Jugendliche belasten und bedrohen, blieben unerkannt, wurden falsch verstanden oder fanden keine angemessene Antwort (vgl. Rauh, Kap. 5.3, in diesem Band). Die kindliche Innenwelt konnte sich unter diesen Voraussetzungen nur unzureichend entfalten und strukturieren, die damit in Verbindung stehenden inneren Konflikte blieben ungelöst.

Im Einzelfall sind es sehr spezielle Bedingungen, persönliche und familiäre Besonderheiten, die dazu führen, dass ein Kind oder ein Jugendlicher verhaltensgestört wird. Gleichwohl ist unstrittig, dass diese besonderen Entwicklungsdeterminanten in ein Erziehungsgeschehen eingebettet sind und erst in diesem Rahmen ihre Wirkung entfalten. Erziehung trägt wesentlich zur Genese von Verhaltensstörungen bei, erzeugt sie oder hat zumindest einen regulierenden Einfluss – auch bei schweren Beeinträchtigungen bis hin zu Persönlichkeitsstörungen. Eine Ausnahme bilden Traumatisierungen, die aufgrund von schicksalhaften Einbrüchen zustande kommen, etwa Unfälle, Kriegserlebnisse, politisch oder religiös motivierte Verfolgungen. Aber auch hierbei ist es für die weitere Entwicklung von einiger Bedeutung, ob und inwieweit die Umwelt einen haltenden und stützenden Rahmen bereitstellen kann. Davon ist auch die Erziehung nicht unberührt, pädagogische Institutionen müssen sich dieser Aufgabe stellen (Zimmermann 2008).

Die Notwendigkeit einer Kooperation zwischen Kinder- und Jugendpsychiatrie und -psychotherapie sowie Verhaltensgestörtenpädagogik wird von Günter in diesem Band herausgestellt (vgl. Kap. 2.3). Sie resultiert unter anderem aus einem sich überlappenden Personenkreis, der vor allem externalisierende Störungen aufweist. Günter, selbst Psychiater, lässt keinen Zweifel daran, dass psychiatrische und psychotherapeutische Interventionen einer Begleitung und Weiterführung durch erzieherische Maßnahmen bedürfen. Nur in einer Minderzahl von Fällen werden psychotherapeutische Interventionen allein ausreichen: Vornehmlich bei neurotischen Erkrankungen, die allerdings eher selten Gegenstand der Verhaltensgestörtenpädagogik sind.

Bruchstellen der Entwicklung

Ebenso wie Erziehung „unvermeidlich und unentbehrlich" ist (Tenorth 2008, 18), können psychologische Entwicklungsnotwendigkeiten formuliert werden, die ihrerseits die Voraussetzung für das Gelingen pädagogischer Prozesse und die Bewältigung des Alltagslebens darstellen. Dazu gehört auf elementarster Ebene eine gelungene Individuation, die sich im „Bewusstsein der Verschiedenheit und Getrenntheit" (Haesler 2008, 351) niederschlägt und unterschiedliche Entwicklungsstufen durchläuft. In diesem Sinne lässt sich die individuelle Entwicklungsgeschichte als eine Abfolge von Trennungen lesen, zunächst vom primären mütterlichen Objekt, dann vom Elternpaar und schließlich in der Adoleszenz endgültig von der Elterngeneration. Diese Entwicklung verläuft nach Erikson (2008) krisenhaft. Sie zeichnet sich durch eine erhebliche historische und kulturelle Variabilität aus, enthält aber in dem jeweils vorgegebenen kulturellen Rahmen unumgängliche Anforderungen, die nicht leichtfertig zur Disposition gestellt werden dürfen.

Bereits das Kapitel uber die „Innenwelt: Störung der Person und ihrer Beziehungen" (Ahrbeck, Kap. 4.4, in diesem Band) enthält Ausführungen darüber, warum es sich mit bestimmten psychischen Strukturen und inneren Konfliktlagen schwerlich gut leben lässt. Genannt wurden unter anderem Verhaltensstörungen, die auf einer nicht integrierten Triebhaftigkeit, insbesondere einer ungebundenen Aggressivität beruhen. Mit Spaltungen (in „gut" und „böse") und Projektion als dominierende Abwehrformen lässt sich die innere und äußere Realität ebenso wenig bewältigen wie mit einer ungelösten narzisstischen Problematik, die glauben lässt, die Welt müsse allein den eigenen Maßstäben folgen. Die daraus resultierenden zwischenmenschlichen Belastungen liegen auf der Hand und auch, dass sie zu herausfordernden, oft schwer lösbaren pädagogischen Konstellationen führen. Unschwer ist nachvollziehbar, wie diese Phänomene entstanden sind: Es hat an den jeweils lebensgeschichtlich bedeutsamen Punkten an der Möglichkeit gefehlt, notwendige Entwicklungsschritte zu vollziehen, unter Bewältigung der damit verbundenen Krisen.

Wie diese Schritte im Einzelnen aussehen, kann hier nicht detailliert nachgezeichnet werden. Wenige Anmerkungen müssen deshalb genügen. Ein wichtiger Faktor ist, dass sich die Erziehenden den libidinösen und aggressiven Wünschen der Kinder stellen. Die Existenz aggressiver Bedürfnisse ist anzuerkennen (Schneider 1993), sie dürfen weder bagatellisiert noch verteufelt werden. Grundlegend muss die Erfahrung ermöglicht und hergestellt werden, dass Aggressives und Libidinöses in einer Person zusammengehört. Beide sind im Kind selbst vorhanden und beide werden vom Kind auf eine andere Person gerichtet, wenngleich zu variierenden Anlässen und Zeiten. Die Legierung von Liebe und Hass entschärft die aggressiven Impulse, so dass sie für die Außenwelt ungefährlicher werden. Zudem stärkt sie die innere Sicherheit des Kindes, das sich nunmehr als weniger gefährlich und dadurch gefährdet erlebt. Ein solcher Integrationsprozess basiert auf sich vielfach wiederholenden, affektiv angereicherten und emotional dichten Beziehungserfahrungen, die ursprüngliche Spaltungen zwischen „gut" und „böse" überwinden helfen. Zugleich werden kindliche Allmachtsphantasien reduziert: zugunsten einer gesunden Selbstachtung, die eigene Möglichkeiten schätzt, vorhandene Grenzen akzeptiert und die psychischen Eigenbewegungen des Anderen anerkennt. Dazu bedarf es Zeit und Aufmerksamkeit für die kindliche Innenwelt. Und eine erziehende Grundhaltung, die weder Konflikte vermeidet noch sich als übermäßig moralisierend oder strafend erweist (Ahrbeck 1998).

Zwei Grundaufgaben der Erziehung werden im Folgenden beispielhaft herausgegriffen. Sie betreffen Bruchstellen der Entwicklung, die für die Entfaltung der kindlichen Persönlichkeit von besonderem Gewicht sind. Zum einen die narzisstische Dimension, also der Selbstwert und die Selbstwertregulation, und andererseits Sublimierungsnotwendigkeiten. Im günstigen Fall, beim Gelingen dieser Erziehungs- und Entwicklungsaufgaben, strukturiert und differenziert sich die kindliche Innenwelt. Kinder und Jugendliche können sich dann der näheren und zunehmend auch der weiteren Umwelt emotional gesichert öffnen. Im anderen Fall, bei einem Misslingen, persistieren frühe Erlebens- und Verhaltensformen, die dem Erreichen schulischer und außerschulischer Ziele im Wege stehen. Die Kinder verfügen noch nicht über das emotionale Rüstzeug, das sie benötigen, um sich mit innerer Sicherheit den Gesetzmäßigkeiten und Notwendigkeiten der äußeren Realität zu stellen. Sie drohen deshalb zu scheitern: Die Wünsche anderer können sie nicht wirklich verstehen oder sie erscheinen ihnen als überfordernde Zumutung. Im Erleben und Verhalten dominiert die Logik ihrer Innenwelt, die gängigen Erwartungen widerspricht, als situationsinadäquat wahrgenommen und schlussendlich als abweichend klassifiziert wird.

Wandlungen des kindlichen Narzissmus: Kinder und Jugendliche mit Verhaltensstörungen haben in der Regel Probleme mit ihrem Selbstwert und seiner Regulationen. Insbesondere in herausfordernden Situationen zeigt sich, dass ihr Selbstwert noch nicht ausreichend gefestigt ist. Er stellt noch keine verlässliche Größe dar, die es erlaubt, mit Kränkungen (relativ) gelassen umzugehen und ein Gefühl des eigenen Wertes zu bewahren. Stattdessen schwankt ihr Selbstwert zwischen zwei Polen: Überhöhten Idealvorstellungen der eigenen Person auf der einen Seite und andererseits unerbittlichen Gefühlen der Wertlosigkeit, die aus heftigen Selbstangriffen resultieren (Volkan & Ast 2002). Beide Bewegungen sind als Folge von Kränkungen zu verstehen, also von Angriffen auf den Selbstwert. Die Größenphantasien dienen als Abwehr vor Beschämungen, die als unerträglich erlebt werden. Sie beinhalten die Rückkehr zu einer frühen Erlebensform, die zu einer Zeit angemessen war, als sich das Kind dem eigenen Angewiesensein und den Gesetzmäßigkeiten der äußeren Realität noch nicht stellen konnte.

Lebensgeschichtlich kann es ohne Anerkennung äußerer wie innerer Grenzen keinen Fortschritt geben. Zur persönlichen Weiterentwicklung bedarf es des Zugeständnisses eines Mangels. Es muss akzeptiert werden, dass man etwas noch nicht weiß oder kann. „Lernen setzt das Eingeständnis des Nicht-Könnens voraus, wobei diese Einsicht erst dann produktiv ist, wenn daraus die innere Gewissheit des Noch-Nicht-Könnens wird" (Reiser 1990, 320). Insofern sind Kränkungen beim erfolgreichen Lernen unvermeidlich, ebenso wie in zwischenmenschlichen Beziehungen. Eltern und Lehrer, die das wissen, ordnen sich den kindlichen Wünschen und Bedürfnissen nicht umstandslos unter, folgen eigenen Interessen und markieren damit wichtige Grenzen. An dieser durchaus schmerzhaften Bruchstelle der Entwicklung bedarf das Kind einer freundlichen und anerkennenden Unterstützung, damit es hoffnungs- und vertrauensvoll weitere Entwicklungsschritte wagen kann – ohne dass vorhandene Grenzen geleugnet werden. Ein wichtiges schulisches Beispiel findet sich bei Heinemann (1995).

Eine folgenschwere Illusion besteht darin, man könne Kindern und Jugendlichen längerfristig Frustrationen ersparen und sie vor Kränkungen schützen. Eine narzisstische Sicherheit entsteht dadurch, dass achtenswerte kognitive, soziale und emotionale Leistungen vollbracht werden. Sie beruhen auf ernstzunehmenden Anforderungen, die in der Erziehung zu stellen sind, an denen man gewinnen oder verlieren, obsiegen oder auch scheitern kann. Wenn sie vermieden werden, kann sich das Realitätsprinzip nur unzureichend etablieren, die kindliche Entwicklung stagniert auf einer frühen Ebene, abwehrgeleitete Größenphantasien bleiben erhalten.

Sublimierung: Dieser Begriff beinhaltet, dass eine ursprünglich direkt auf die Bedürfnisbefriedigung gerichtete Energie in kulturell bedeutsame Leistungen transformiert wird. „Gegen den Widerstand des Körpers, der unzivilisiert auf die Welt kommt und seinen Bedürfnissen zunächst unmittelbar folgt, wird Selbstdisziplin eingeübt, im Elternhaus, im Kindergarten, in der Schule, im Berufsleben. Keinem Angehörigen unserer Kultur bleibt die Domestikation des Körpers zugunsten geistiger Leistungsfähigkeit erspart [. . .]" (Schulze 2000, 341). Kinder sind anfangs auf eine schnelle Befriedigung ihrer Wünsche ausgerichtet. Sie können nicht anders, aus biologischen Gründen, im Weiteren aber auch, weil ihnen noch verschlossen ist, dass ein Bedürfnisaufschub sinnvoll und gewinnbringend sein kann. Ohne Unterstützung, Förderung und Forderung von außen überlassen sie sich dem, was nahe liegt und möglichst leicht und spannungsfrei erreichbar ist. So ist es etwa nicht verwunderlich, dass sie den verführerischen Reizen medialer Angebote folgen und diese den Anstrengungen des Lesenlernens vorziehen. Erziehung muss einen Ausweg daraus weisen, dafür sorgen, dass Kinder aus der Welt des unmittelbaren Nutzens heraustreten. Erst dadurch eröffnet sich ihnen der kulturelle Reichtum, sie können sich auf eine gehaltvolle Weise weiterentwickeln und ihre Talente entfalten. Entscheidend ist dabei, dass sich mit dem Bedürfnisaufschub eine innere Zeitdimension etabliert. Sie führt zu einer Gewissheit darüber, dass Zeit etwas Kostbares ist, das es zu nutzen gilt. Eine Zukunftsbezogenheit wird möglich.

Sublimierungsanforderungen stellen insbesondere Kinder und Jugendliche mit einer externalisierten Problematik vor erhebliche Schwierigkeiten. Auf den Augenblick fixiert, wird Impulsen (in kritischen Situationen) ohne Aufschub gefolgt. Zwischenschritte des Überlegens und der Handlungsplanung sind erschwert, mitunter scheinen sie überhaupt nicht zu existieren. Die Folgen ihres Handelns überschauen diese Kinder und Jugendlichen kaum, die Zukunft erleben sie gegenüber dem Augenblick als weitgehend bedeutungslos. Sublimierung stellt als Bruchstelle der Entwicklung, die einen schwierigen Transformationsprozess erfordert, wiederum ein vorrangiges Erziehungsthema dar. Dabei ist der Sublimierungsbegriff eng mit den Kategorien der generationalen Differenzierung und der Begrenzung des frühkindlichen Narzissmus verbunden.

Abschließende Überlegungen

Die Bedeutung von Erziehung für die nachwachsende Generation wurde herausgestellt und gezeigt, dass Kinder und Jugendliche mit Verhaltensstörungen einen besonderen Erziehungsbedarf haben. Die Erziehungsidee steht gegenwärtig nicht sonderlich hoch im Kurs, im professionellen wie häuslichen Kontext. Viele Erziehende, Lehrer wie Eltern(-teile), fürchten sich davor, eine aktive Erziehungsposition an- und einzunehmen, die Anstrengungen fordert, kritisiert und dosierte Frustrationen im Dienste der Entwicklung einsetzt. Hinzu kommt, dass mitunter die Befähigung zur Erziehung nur gering ausgeprägt ist oder der Erziehungsgedanke selbst wird in Frage gestellt wird. Generationale Differenzen sollen möglichst nur wenig in Erscheinung treten und der kindliche Selbstwert dadurch geschützt werden, dass Kränkungen unterbleiben. Sublimierung ist im Erziehungsgeschehen zu einer ungeliebten und scheinbar vernachlässigbaren Kategorie geworden. Stattdessen orientieren sich die angestrebten Beziehungsmodi vielfach an einer möglichst spannungs- und konfliktarmen Partnerschaftlichkeit, der Lehrer wird zum Lernbegleiter oder Coach, Eltern zu Partnern (ausführlich: Ahrbeck 2004; Raffy 2004). Dazu passt, dass Erziehungs- und Beziehungsprobleme nicht selten umdefiniert werden und einer psychologischen und medizinischen Spezialisierung anheim fallen. Aufmerksamkeits- und Hyperaktivitätsstörungen sind das gegenwärtig prominenteste Beispiel dafür (Ahrbeck 2007).

Diese Entwicklung ist, schlagwortartig umrissen, in einen kulturellen Rahmen eingebettet, der Erziehung erschwert und Erziehungsnotwendigkeiten mitunter sogar infrage stellt. Das Versprechen sofortiger Befriedigung ist zu einem wichtigen Teil der Medien- und Konsumwelt geworden, für die vornehmlich der Augenblick zählt. Mit der Fixierung auf das unmittelbar Erreichbare verliert ein als mühsam erlebter, auf die Zukunft gerichteter Aufschub an Legitimation. Sublimierungsleistungen gelten zunehmend als reduzierbar, eventuell sogar als überflüssig. Narzisstische Gratifikationen werden im Hier und Jetzt versprochen, ohne allmähliche Annäherung und Zwischenschritte, die Anstrengung erfordern. Die Grenzen zwischen den Generationen lockern sich: Geheimnisse, die einst Erwachsenen vorbehalten blieben, sind längst zu öffentlich zugänglichen Phänomenen geworden. Sie müssen deshalb auch nicht mehr in einem zeitaufwändigen Prozess langsam, Schritt für Schritt, erobert werden. Immer mehr Kinder und Jugendliche wachsen faktisch in einer Lebenswelt auf, die auf den Moment bezogen ist und von schwierigen Anforderungen befreit.

Die kindliche Innenwelt gehorcht aber ganz anderen, eigenen Gesetzen, die sich nicht beliebig nach den Maßstäben der äußeren Realität „modernisieren" lässt. Dazu gehört, dass die psychische und soziale Entwicklung Zeit und Geduld braucht, wenn sie zu einem gesicherten Ertrag führen soll. Intensive persönliche Auseinandersetzungen und starke Bindungen sind die unabdingbare Voraussetzung für ihr Gelingen. Bruchstellen der Entwicklung müssen be- und verarbeitet werden, überspringen lassen sie sich nur scheinbar. Damit steht die Erziehung vor der Aufgabe, auf Entwicklungsnotwendigkeiten zu beharren, die an gewichtigen Punkten mit den vorherrschenden kulturellen Rahmenbedingungen in Konflikt geraten sind.

Literatur

Ahrbeck, B. (1998): Konflikt und Vermeidung. Weinheim: Beltz
Ahrbeck, B. (2004): Kinder brauchen Erziehung. Die vergessene pädagogische Verantwortung. Stuttgart: Kohlhammer
Ahrbeck, B. (2005): Entwicklungslinien und Zukunftsperspektiven im Fach Verhaltensgestörtenpädagogik. In: Sonderpädagogische Förderung, 50 (Jg.), H. 1, 4–12
Ahrbeck, B. (2007): Hyperaktivität. Kulturtheorie, Pädagogik, Therapie. Stuttgart: Kohlhammer
Bernfeld, S. (1925): Sisyphos oder die Grenzen der Erziehung. Frankfurt a.M.: Suhrkamp 1973
Bittner, G. (1996): Kinder in die Welt, die Welt in die Kinder setzen. Eine Einführung in die pädagogische Aufgabe. Stuttgart: Kohlhammer
Erikson, E.H. (2008): Identität und Lebenszyklus. Frankfurt a.M.: Suhrkamp
Gasteiger-Klicpera, B., Julius, H. & Klicpera, C. (Hrsg) (2008): Sonderpädagogik der sozialen und emotionalen Entwicklung. Handbuch der Sonderpädagogik Bd. 3. Göttingen: Hogrefe
Giesecke, H. (1996): Das Ende der Erziehung. Neue Chancen für Familie und Schule. Stuttgart: Klett-Cotta
Göppel, R. (2000): Der Lehrer als Therapeut? Zum Verhältnis von Erziehung und Therapie im Bereich der Verhaltensgestörtenpädagogik. In: Zeitschrift für Pädagogik, 46 (Jg.), H. 2, 215–234
Goetze, H. & Neukäter, H. (1993): Handbuch der Sonderpädagogik – Pädagogik bei Verhaltensstörungen. Berlin: Spiess
Haesler, L. (2008): Scham und Intersubjektivität. Ein Beitrag zur Kritik intersubjektivistischer Konzeptualiserung. In: Forum der Psychoanalyse, Bd. 24. H. 4, 350–366
Heinemann, E. (1995): Psychoanalyse und Pädagogik im Unterricht der Sonderschule. In: Heinemann, E., Rauchfleisch, U. & Grüttner, T.: Gewalttätige Kinder. Frankfurt a.M.: Fischer, 39–89
Hillenbrand, C. (2008): Einführung in die Pädagogik bei Verhaltensstörungen. Stuttgart: UTB
Hornstein, W. (1999): Generation und Generationenverhältnisse in der „radikalisierten Moderne". In: Pädagogik, 39. Beiheft, 51–68
Kant, I. (1803): Immanuel Kant über die Pädagogik. Thoemmes Press: Bristol, 1995
Liebau, E. & Wulf, Ch. (1996): Einleitung. In: Liebau, E. & Wulf, Ch.: Generation. Versuch über eine pädagogisch-anthropologische Grundbedingung. Weinheim: Beltz, 7–10
Myschker, N. (2009): Verhaltensstörungen bei Kindern und Jugendlichen. Erscheinungsformen – Ursachen – hilfreiche Maßnahmen. Stuttgart: Kohlhammer
Raffy, A. (2004): La pédofolie. De l'infantilisme des grandes personnes. Brüssel: de boeck
Reiser, H. (1990): Psychogene Leistungsstörungen im Bereich Mathematik. In: Behindertenpädagogik, 29 (Jg.), H. 3, 312–321
Savater, F. (1998): Darum Erziehung. Was wir Kindern geben können. Frankfurt a.M.: Campus
Schad, G. (2008): Vom Verschwinden der Pädagogik im Wissenschaftsbetrieb der Verhaltensgestörtenpädagogik. In: Reiser, H., Dlugosch, A. & Willmann, M. (Hrsg.): Professionelle Kooperation bei Gefühls- und Verhaltensstörungen. Pädagogische Hilfen an den Grenzen der Erziehung. Hamburg: Kovač, 29–41
Schneider, P. (1993): Erziehung nach Mölln. In: Kursbuch Bd. 113, 131–141
Schulze, G. (2000): Die Erlebnisgesellschaft. Kultursoziologie der Gegenwart. Frankfurt a.M.: Campus
Speck, O. (1979): Verhaltensstörungen, Psychopathologie und Erziehung. Grundlagen zu einer Verhaltensgestörtenpädagogik. Berlin: Marhold
Tenorth, H.-E. (2008): Geschichte der Erziehung. Einführung in die Grundzüge ihrer neuzeitlichen Entwicklung. Weinheim: Juventa

Volkan, V.-D. & Ast, G. (2002): Spektrum des Narzißmus. Göttingen: Vandenhoeck & Ruprecht

Winterhager-Schmid, L. (2000): „Groß" und „klein" – Zur Bedeutung der Erfahrung mit Gene-rationendifferenz im Prozess des Heranwachsens. In: Winterhager-Schmid, L. (Hrsg.): Erfah-rung mit Generationsdifferenz. Weinheim: Beltz, 15–37

Zimmermann, D. (2008): Traumatisierte Kinder und Jugendliche mit Zwangsmigrationshinter-grund – Stiefkinder pädagogischer Theorie und Praxis. In: Sonderpädagogische Förderung, 53 (Jg.), H. 1, 5–21

6.4 Psychoanalytisches Fallverstehen als sonderpädagogische Kompetenz

Wilfried Datler & Michael Wininger

Ein Blick auf Andy und „Kinder, die hassen"

„[. . .] alle vier [rasten] in den Hinterhof und von da in das Gässchen hinter dem Heim. Nach kurzem ‚Kriegsrat' machten sie sich daran, auf das Garagendach zu klettern und mich mit Dreck zu bewerfen. [. . .] Unter Gebrüll und Kriegsgeschrei rannten sie [dann] ins Haus, und Andy, der virtuos die Rolle des Rädelsführers spielte, trieb die anderen an, Steine nach mir und nach den Lampen zu werfen. Auf seinem Weg versetzte Andy Emily beiläufig einen heftigen Schlag, als sie versuchte, ihn aufzuhalten, außerdem zerschmetterte er einen Blumentopf. Mittlerweile waren sie buchstäblich in einem solchen Delirium, dass sie nicht mehr wussten, wen sie mit Gegenständen bewarfen – mich, Bette, Emily oder einander" (Redl & Wineman 1951, 93).

Diese Zeilen entstammen den Aufzeichnungen Henry Maiers, einem pädagogischen Mitarbeiter jenes therapeutischen Heimes namens Pioneer House, das Fritz Redl und David Wineman in einem Detroiter Armenbezirk der 1940er Jahre gegründet und geleitet hatten (Redl & Wineman 1951, 93). Diese Einrichtung, die einen festen Platz in der Geschichte der Psychoanalytischen Pädagogik einnimmt (vgl. Fatke 1995), bot neben dem 9-jährigen Andy noch neun weiteren Jungen etwa gleichen Alters ein Zuhause. Diese hatten alle mit erheblichen sozialen und emotionalen Problemen zu kämpfen und zeigten Verhaltensweisen, die von Dissozialität und insbesondere Aggressivität gekennzeichnet waren. Folgt man althergebrachten Begrifflichkeiten, so besteht kaum Zweifel darüber, dass diese Verhaltensweisen der Kategorie „Verhaltensstörung" zuzurechnen sind.

Diese „Verhaltensstörungen" waren für das Betreuerteam oftmals sehr belastend. Dies hing nicht zuletzt damit zusammen, dass sich die Mitarbeiter des Heimes um Andy und die anderen Jungen in einer besonders fürsorglichen Weise bemühten. In den ersten drei Monaten des Aufenthalts, so berichten Redl und Wineman (1951, 216 ff.), führte die freundliche Zuwendung und Fürsorge des Personals allerdings nicht zu dem gewünschten Erfolg. Die Versuche des Betreuerteams, eine freundliche, befriedigende und unterstützende Beziehung zu den Kindern herzustellen, hatten vielmehr zur Folge, dass die Kinder zunächst über Monate hinweg mit neuen, noch vehementeren Verhaltensauffälligkeiten sowie wüsten verbalen und physischen Attacken auf die Erwachsenen reagierten.

Dass es dem Team dennoch möglich war, mit Kindern wie Andy zu arbeiten, hing nicht zuletzt damit zusammen, dass es den Erwachsenen gelang, sich vor dem Hintergrund psychoanalytischer Theorien ein differenziertes fachliches Verständnis für die Entstehung und spezifische Ausprägung der aggressiven Verhaltensweisen der Kinder zu erarbeiten. Ein Gedankengang, den Redl und Wineman in ihrem Buch „Kinder, die hassen" diesbezüglich entwickelten, lässt sich in knapper Form folgendermaßen skizzieren:

Andys Biographie kann – ähnlich wie die Biographie der anderen Kinder – als eine Abfolge von traumatischen Erfahrungen gelesen werden, die sich nicht zuletzt durch eine Vielzahl von Beziehungsabbrüchen, durch Vernachlässigung, Misshandlung sowie durch missglückte Interventionen auszeichneten. In diesem Sinn wuchs Andy seit seinem Säuglingsalter in verschiedenen Pflegeheimen ohne Kontakt zu seiner Mutter auf, um zwischenzeitlich immer wieder Zeit bei seiner Großmutter zu verbringen, wo er Zeuge verschiedener, offen ausgeübter sexueller Praktiken wurde und wiederholt „maßlose Befriedigung" erhielt, bis dies der Großmutter missfiel, die Stimmung kippte und Andy „schwer geprügelt" wurde (Redl & Wineman 1951, 56). Weitere Belastungen kamen hinzu, als Andy sechs Jahre alt war und zu seinem Vater kam, der ein zweites Mal geheiratet hatte; denn dort fand er einen schwachen Vater, eine abweisende Stiefmutter, drei Stiefgeschwister und eine Atmosphäre vor, die in massiver Weise von Feindseligkeit, Benachteiligung und Eifersucht geprägt war (Redl & Wineman 1951, 53 f.).

Beziehungserfahrungen dieser Art scheinen dazu geführt zu haben, dass die Kinder, die im Pioneer House wohnten, immer wieder heftige Wünsche nach dem Erleben von befriedigenden Situationen, zugleich aber auch intensive Gefühle der Enttäuschung und der Wut verspürten. In vielen Situationen folgten sie dem Drang, ihren Wünschen und Gefühlen in impulshafter Weise Ausdruck zu verleihen und handelten in weiterer Folge dissozial oder gar delinquent; zumal sie in ihrem bisherigen Leben auch nicht jene Möglichkeiten der Identifikation mit Erwachsenen vorgefunden hatten, die es ihnen erlaubt hätten, jenes innere Werte- und Warnsystem auszubilden, das viele Menschen am Verfolgen entsprechender Verhaltensimpulse hindert. Dass aggressive Impulse in den ersten Wochen ihres Aufenthalts insbesondere gegen die Mitarbeiter des Pioneer Houses gerichtet waren, führten Redl und Wineman (1951, 217 ff.) auf mehrere Aspekte zurück:

- auf die vielen Feindseligkeiten, welche die Kinder in ihrem bisherigen Leben Erwachsenen gegenüber ausgebildet hatten und die sie nun auf die Mitarbeiter übertrugen und diesen gegenüber „entluden";
- auf die materielle Versorgung und psychische Zuwendung, die den Kindern nun geboten wurden und „wahnhafte Erwartungsmuster" weckten, die unerfüllbar waren und in Frustrationen mündeten, welche aggressiv gegen die Erwachsenen gerichtet wurden sowie
- auf die Schuldgefühle, welche die Kinder wegen all dieser Aggressionen auch empfanden: „Um die Wahrnehmung abzuwehren, dass die Erwachsenen", denen die Kinder aggressiv begegneten, tatsächlich äußerst „wohlwollend und freundlich waren" und es daher ungerecht war, ihnen aggressiv zu begegnen, „wurde eine Vielfalt von Feindseligkeitsmustern entwickelt", die den Kindern vordergründig halfen, die Mitglieder des Betreuungsteams ähnlich zu erleben

wie die Erwachsenen, die sich bislang nur unzureichend um diese Kinder gekümmert hatten (Redl & Wineman 1951, 225).

Auf Überlegungen dieser Art aufbauend, entwickelte das Team um Redl und Wineman ein komplex gehaltenes Arbeitskonzept. Bezogen auf die erste Zeit im Pionier House, in der die Kinder den Mitarbeitern des Hauses besonders feindselige Regungen entgegenbrachten, sah dieses Konzept unter anderem sportlich-spielerische Aktivitäten vor, in denen die Kinder triebhafte Impulse agieren und psychische Spannungen ohne Rückgriff auf dissoziale Verhaltensweisen lindern konnten (Redl & Wineman 1951, 231 ff.). Gleichzeitig wurden Varianten des so genannten „Beschützenden Eingreifens" entwickelt, die verschiedenen Formen der Eskalation Einhalt boten, ohne Kinder einzuschüchtern, und Kinder wie Andy davor bewahrten, impulsives Verhalten „entweder als Abwehr oder als primäres Ausdrucksbedürfnis beibehalten zu müssen" (Redl & Wineman 1951, 238).

Psychoanalytisches Fallverstehen I: Psychologisches Verstehen

In welcher Weise mit Andy und den anderen Kindern gearbeitet wurde, kann im Detail an dieser Stelle nicht weiter nachgezeichnet werden. Stattdessen gilt es, die Aufmerksamkeit darauf zu lenken, dass in der Arbeit von Redl und Wineman bestimmte Annahmen zum Tragen kommen, die für psychoanalytisches Fallverstehen von grundlegender Bedeutung sind.

Unbewusste Prozesse und psychische Strukturen

Diesen Annahmen zufolge ist das manifeste, von außen beobachtbare Verhalten als Folge und Ausdruck innerpsychischer Prozesse zu begreifen, die den handelnden Menschen nur zu einem geringen Teil bewusst sind und von ihnen nur in einem beschränkten Ausmaß willentlich gesteuert werden können. Ein wesentlicher Grund für die begrenzte willentliche Steuerbarkeit menschlichen Verhaltens liegt demnach in der Neigung der menschlichen Psyche begründet, psychische Strukturen auszubilden (Datler 2001; Steinhardt 2001). Diesem Verständnis von psychischer Struktur zufolge führt die innerpsychische Verarbeitung von Erfahrungen dazu, dass jeder Mensch die Tendenz entwickelt, bestimmte Typen von Situationen in ähnlicher Weise wahrzunehmen (wozu auch sinnliches Wahrnehmen, das Verspüren von Gefühlen sowie das Aktivieren von Erinnerungen, Einschätzungen und Erwartungen zählt). Aus dieser Wahrnehmung und dem Verlangen nach möglichst angenehmen Affektzuständen resultieren Folgeaktivitäten, die letztlich dazu führen, dass sich jeder Mensch in bestimmten wiederkehrenden Situationen in tendenziell ähnlicher Weise verhält.

Menschen bilden in diesem Sinn eine Vielzahl solcher Neigungen aus, in denen die Besonderheit der individuellen Persönlichkeit oder Charakteristik eines jeden

Menschen gründet. In ihrer Vernetztheit untereinander helfen diese Tendenzen, in einer Welt Orientierung zu finden, in der keine Situation einer anderen zur Gänze gleicht und in der es überdies kaum möglich ist, den vielgestaltigen Anforderungen im permanenten Rückgriff auf bewusstes Entscheiden gerecht zu werden. Von daher gesehen gibt es auch Sinn, dass sich diese Tendenzen als stabil erweisen, dass sie über die Zeit hinweg nur langsam veränderbar sind und dass sie über weite Strecken ohne bewusste Steuerung zum Tragen kommen – was freilich zur Folge hat, dass gegen diese Tendenzen auf der Basis bewusst gefasster Entscheidungen oft nur in Verbindung mit großen Anstrengungen gehandelt werden kann.

Dazu kommt, dass die menschliche Psyche im Dienste des oben erwähnten Strebens nach Affektregulation dazu neigt, bedrohliche Inhalte des Psychischen durch den Einsatz unbewusster Abwehraktivitäten vom Bereich des bewusst Wahrnehmbaren fernzuhalten. Dies bringt es mit sich, dass Menschen auch einem Gutteil der oben beschriebenen Tendenzen unbewusst folgen: Werden bestimmte psychische Inhalte wie Gefühle, Gedanken, Wünsche, Impulse oder Befürchtungen als besonders bedrohlich erlebt, so entstehen bestimmte unbewusste Abwehrbemühungen. Diese nehmen Einfluss darauf, welche psychischen Inhalte bewusst wahrgenommen werden können und wie sie in Verbindung mit bewussten Entscheidungen auch zu manifesten Verhaltensweisen führen. Über weite Strecken ziehen unbewusste Abwehraktivitäten aber auch direkt, also ohne die „Zwischenschaltung" von bewusst getroffenen Entscheidungen, manifeste Verhaltensweisen nach sich, die bestenfalls nachträglich bewusst wahrgenommen oder kommentiert werden können.

In diesem Sinne ist etwa anzunehmen, dass die Kinder, die im Pioneer House lebten, eine starke Sehnsucht nach Zuwendung und Fürsorge verspürten, zugleich aber die Tendenz ausgebildet hatten, Erwachsene, die für sie verantwortlich waren, als unverlässlich und verletzend zu erleben. Deshalb folgten sie der Tendenz, auch den Erwachsenen, die sich im Pioneer House um sie zu kümmern hatten, Wut entgegenzubringen, ohne dass den Kindern die Bedeutung dieser Wut bewusst gewesen wäre.

Aufgrund der vielen Entbehrungen, welche die Kinder bislang erlebt hatten, neigten sie zugleich dazu, in Verbindung mit dem Erleben von tatsächlich gegebener Fürsorglichkeit intensive Wünsche nach allumfassender Befriedigung zu entwickeln. Das unrealistische Ausmaß dieser Wünsche, die sie recht bald dem fürsorglichen Team des Pioneer Houses entgegenbrachten, und die damit verbundene Enttäuschung bewusst wahrzunehmen, dürfte für diese Kinder allerdings zu schmerzlich gewesen sein. Offensichtlich war es ihnen daher nur möglich, ihre Wut agierend auszudrücken und in bewusster Weise allenfalls mit aktuellen Konfliktsituationen, nicht aber mit tiefer liegenden Gründen in Verbindung zu bringen.

Folgt man Redl und Wineman, so dürften die Kinder aber auch dazu geneigt haben, dem Team gegenüber Gefühle der Dankbarkeit zu verspüren, sich für ihre aggressiven Gefühle schuldig zu fühlen und das Gewahrwerden der damit verbundenen Spannungen lindern zu wollen. Auch dies schien die Kinder zu veranlassen, dem Team gegenüber aggressiv aufzutreten, da damit die Einschätzung verbunden war, die Teammitglieder würden sich provoziert fühlen und selbst in solch einem Ausmaß aggressiv werden, dass es nicht mehr nötig wäre, ihnen gegenüber Dankbarkeit zu verspüren.

Verstehende Zugänge zur unbewussten Bedeutung von Verhaltensstörungen

Nun könnte man in Anknüpfung an die vielschichtigen Passagen, die sich bei Redl und Wineman finden, sowie unter Bezugnahme auf psychoanalytische Ansätze anderer Autorinnen und Autoren weitere Überlegungen zur Bedeutung der aggressiven Handlungen der geschilderten Kinder anstellen. Den bislang skizzierten Überlegungen zum Verhalten der Kinder im Pioneer House dürfte aber bereits zu entnehmen sein, dass man aus psychoanalytischer Perspektive nur sehr wenig von Maßnahmen erwarten darf, die in Gestalt von Belehrungen oder Ermahnungen an das Bewusste von Kindern (oder auch Menschen anderen Alters) gerichtet sind. Dem steht entgegen, dass Verhaltensstörungen in intensiver Weise in unbewussten Prozessen gründen. In pädagogischen Kontexten ist es vielmehr geboten, diesen unbewussten Prozessen Rechung zu tragen und pädagogische Beziehungen so zu gestalten, dass es zu Veränderungen im Bereich maligner psychischer Strukturen kommt. Dies setzt freilich spezifische Verstehenskompetenzen voraus, weshalb in einem ersten Schritt aus psychoanalytischer Sicht festgehalten werden kann:

Psychoanalytisches Fallverstehen stellt im sonderpädagogischen Kontext die Basis für die gezielte Gestaltung von pädagogischen Beziehungen dar, die solche malignen psychischen Strukturen ändern will, auf denen Verhaltensstörungen beruhen. Die sonderpädagogische Kompetenz des psychoanalytischen Fallverstehens zeichnet sich dementsprechend durch die Fähigkeit aus, ebenso differenzierte wie gut begründete Antworten auf die Frage zu finden, in welcher Weise manifeste Verhaltensweisen (und somit auch Verhaltensstörungen) in innerpsychischen, insbesondere auch unbewussten Strukturen und damit verbundenen Prozessen gründen.

Zur Differenzierung zwischen Aktuellem und biographisch Vergangenem

Da pädagogische Bemühungen immer nur auf die Veränderung aktuell gegebener Strukturen abzielen können, gilt es, zwischen dem verstehenden Nachdenken über das aktuell Gegebene und dem rekonstruierenden Nachdenken über das biographisch Vergangene klar zu unterscheiden. Die oben umrissenen Ausführungen von Redl und Wineman stellen ein Beispiel für eine präzise Verknüpfung beider Perspektiven dar: Die Befassung mit dem Biographischen der Kinder, die im Pioneer House lebten, half den Teammitgliedern offensichtlich, eine plastische Vorstellung davon zu gewinnen, welche bedeutsamen Beziehungserfahrungen die Kinder im Laufe ihres Lebens gemacht hatten und in welcher Weise die innerpsychische

Verarbeitung dieser Erfahrungen in die Ausbildung der aktuell gegebenen psychischen Strukturen eingegangen war. Dies eröffnete dem Team ein differenziertes Verstehen des Gewordenseins und somit auch der Veränderbarkeit der psychischen Strukturen der Kinder und trug wesentlich zum Verstehen der innerpsychischen Prozesse bei, die im Pioneer House zu den geschilderten Verhaltensproblemen führten. In diesem Sinn lässt sich konstatieren:

Die sonderpädagogische Kompetenz des psychoanalytischen Fallverstehens zeichnet sich somit auch durch die Fähigkeit aus, das Individuell-Biographische in den Dienst eines differenzierten und gut begründeten Erfassens von aktuell gegebenen psychischen Strukturen zu stellen und deren Bedeutung für das gegenwärtige Auftreten von Verhaltensstörungen zu erkennen.

Psychoanalytisches Fallverstehen II: Szenisches Verstehen

Wenn man – ähnlich wie Redl und Winemann (1951) – nach Zusammenhängen zwischen psychischen Strukturen und spezifischen Verhaltensweisen fragt, bewegt man sich nach Trescher (1990, 139 f.) im Bereich des „psychologischen Verstehens". Diese Art des Verstehens lässt zwei Dimensionen unberücksichtigt: die emotionale Involviertheit des Pädagogen in die jeweils gegebene Situation sowie die Bedeutung des unbewussten Zusammenspiels, das zwischen all jenen Personen entsteht, die in eine pädagogische Situation und deren Verlauf eingebunden sind. Jene Varianten des psychoanalytischen Verstehens, die sich auch auf diese Dimensionen richten, können mit dem Begriff des „szenischen Verstehens" bezeichnet werden (Trescher 1990, 139 f.) und bilden nach Lorenzer (1970) den zentralen Zielpunkt psychoanalytischer Verstehensbemühungen.

Der Umstand, dass sich Redl und Wineman, ähnlich wie andere Klassiker der Psychoanalytischen Pädagogik auch, primär im Bereich des psychologischen Verstehens bewegen, ist darauf zurückzuführen, dass Varianten des szenischen Verstehens erst im Laufe der zweiten Hälfte des 20. Jahrhunderts an Bedeutung gewannen (vgl. Datler 2003). Zuvor dominierte die Auffassung, dass die emotionale Involviertheit von psychoanalytisch geschulten „Helfern" als tendenziell hinderlich für das Bestreben sei, Patienten, Klienten, Kindern oder Jugendlichen in hilfreicher Weise zu begegnen. Nach 1950 machte sich darüber hinaus zusehends die Vorstellung breit, dass auch psychoanalytisch qualifizierte Personen in ihrem beruflichen Handeln stets vielschichtige Gefühle empfinden. Sie werden nunmehr im psychoanalytischen Fallverstehen als „Gegenübertragungsreaktionen" auf das bewusste und unbewusste Erleben und Verhalten jener Menschen aufgefasst, mit denen sie in Beziehung stehen.

Das bewusste Wahrnehmen, Reflektieren und Verstehen der eigenen Gefühle eröffnet deshalb psychoanalytisch qualifizierten Pädagogen nicht nur die Möglichkeit, sich vor dem Verfolgen eigener unbewusster Neigungen zu schützen. Vielmehr eröffnet das bewusste Wahrnehmen, Reflektieren und Verstehen von „Gegenübertragungsreaktionen" auch die Option, spezifische Zugänge zum Verstehen der unbewussten Dimensionen des aktuellen Beziehungsgeschehens zu finden. In der Folge kann dies Zugänge zur „inneren Welt" jener Personen eröffnen, die an der Ausgestaltung des aktuellen Beziehungsgeschehens beteiligt sind.

In diesem Zusammenhang sind zwei Annahmen von besonderer Bedeutung: Die erste Annahme besagt, dass die Beziehungserfahrungen, die Menschen mit ihren frühen Bezugspersonen machen, in besonders markanter Form in die Ausbildung von psychischen Strukturen eingehen. Werden Menschen in späteren Situationen an diese frühen Beziehungserfahrungen „erinnert", so aktiviert dies eine Vielzahl an unbewussten inneren „Bildern" von Beziehung und Bezogenheit. Gleichermaßen wird der damit verbundene Wunsch gestärkt, sich vor dem bewussten Wiedererleben von bedrohlichen Gefühlen zu schützen, die in vergangenen Beziehungen erlebt werden mussten. Menschen neigen dann dazu, Beziehungen zu anderen so zu gestalten, dass diese im Dienst entsprechender unbewusster Abwehrbemühungen stehen. Andererseits hat bereits Freud (1920) darauf hingewiesen, dass Menschen Situationen, die sie als besonders belastend erlebt haben, wiederholen, da sie vom Verlangen getrieben sind, auf diesem Weg endlich zu einer befriedigenden Auflösung der dahinter stehenden Problematik zu gelangen. Gehen Menschen Beziehungen ein, so versuchen sie demnach in unbewusster Weise Bezugspersonen zur Übernahme bestimmter Rollen zu drängen (Sandler 1976). Dadurch soll einerseits das sich wiederholende Erleben von schmerzlich erlebten Situationen ermöglicht und gleichzeitig das bewusste Verspüren von bedrohlichen Gefühlen abgewehrt werden.

In Verbindung damit ist nun die zweite Annahme von Bedeutung: Sie besagt, dass viele Kinder und Jugendliche mit Verhaltensstörungen besonders belastende, oft sogar traumatisierende Situationen und Situationenfolgen erleben mussten und daher in besonders intensiver Weise danach trachten, Beziehungen zu anderen Menschen – und somit auch zu Sonderpädagogen – in der skizzierten konflikthaften Weise zu gestalten. Kommt in solchen Arbeitskonstellationen die Kompetenz des psychoanalytischen Fallverstehens nicht zum Tragen, so drohen auch Sonderpädagogen in heftige Beziehungskonflikte involviert zu werden, die letztlich zum unbedachten Mitagieren einladen und der Stabilisierung maligner psychischer Strukturen dienen (vgl. Trescher 1990, 138 ff.; Ahrbeck 2006).

Insofern gilt: Die sonderpädagogische Kompetenz des psychoanalytischen Fallverstehens bedarf daher auch der Fähigkeit des Pädagogen, eigene Gegenübertragungsreaktionen differenziert wahrzunehmen und zu verstehen, um in Anknüpfung daran verstehende Zugänge zu unbewussten Aspekten des jeweils gegebenen konflikthaften Beziehungsgeschehens sowie zur „inneren Welt" jener zu finden, mit denen sonderpädagogisch gearbeitet wird.

In welcher Weise sich szenisches Verstehen im Unterricht mit schwierigen Kindern als förderlich erweisen kann, ist etwa bei Heinemann (2003, 70 ff.) nachzulesen: Es geht um den Fall Jürgen, einen Schüler aus einer von Heinemann geführten Sonderschulklasse (vgl. dazu ausführlich Rauh, Kap. 5.3, in diesem Band). Die Fallschilderungen verdeutlichen, wie über das Szenische Verstehen eine pädagogische Reflexion der pädagogischen Beziehungsgestaltung zu diesem

Schüler möglich wird. Im konkreten Fall interpretiert die Autorin das auffällige und destruktive Schülerverhalten als Ausdruck seiner „innere[n] Situation, als Wiederholung seiner inneren Erfahrung, einer Angst vor der Unverlässlichkeit des anderen" (Heinemann 2003, 75). Indem Jürgen bei seinen Lehrerinnen, Erzieherinnen und Familienmitgliedern heftige Gefühle der Angst und Hilflosigkeit auslöst, kann er sich vordergründig vor dem Verspüren eigener Angst und Hilflosigkeit schützen, während er gleichzeitig den Anschein erweckt, mit seinen aggressiven Verhaltensweisen eine Wiederholung bisheriger Beziehungsabbrüche zu provozieren.

Heinmanns Ringen um Verstehen ermöglicht es ihr, Gefühle der Angst und Ohnmacht in der Beziehung zu diesem Schüler zu ertragen. Zugleich konnte sie ihre Irritationen nutzen, um einen differenzierten verstehenden Zugang zu Jürgens Verhalten sowie zu den Beziehungen zu finden, die zwischen Jürgen und anderen immer wieder entstanden. Dies half ihr, in einen fördernden Dialog (vgl. Leber 1988) einzutreten, den Heinemann (2003, 74) als das „dialektische Verhältnis von Halten und Zumuten" beschreibt und der es ihr erlaubte, Jürgen auch in Gestalt von „nicht-genetischen Deutungen" (vgl. Rohde-Dachser 1983) zu verstehen zu geben, welche Gedanken sie sich über ihn machte und wie sehr sie an ihm und seiner inneren Welt interessiert war.

Über das Verstehen dyadischer Beziehungen hinaus

Die bisherigen Ausführungen könnten den Eindruck erwecken, dass sich psychoanalytisches Fallverstehen im Kontext der Pädagogik bei Verhaltensstörungen auf das Verstehen des Einzelnen sowie auf das Verstehen von dyadischen Beziehungen beschränkt. Dem ist zunächst entgegenzuhalten, dass psychoanalytisches Fallverstehen in pädagogischen Zusammenhängen stets auf das Wahrnehmen von pädagogischen Aufgaben zu beziehen ist und schon alleine deshalb eine triadische Struktur aufweist.

Darüber hinaus deuten die Bezugnahmen auf das Fallbeispiel von Redl und Wineman (1951) sowie auf jenes von Heinemann (2003) darauf hin, dass sonderpädagogische Bemühungen über weite Stecken in komplexe Gruppenprozesse eingebunden sind. Sie werden also überdies von der bewussten und unbewussten Dynamik beeinflusst, die in den Organisationen – hier Sonderschule und Heim – vorherrschen, als deren Teil diese Gruppenprozesse zu begreifen sind (vgl. Trescher 2001, 185 ff.; Finger-Trescher 2009). Dazu kommt, dass sich familiäre Beziehungen oder Gegebenheiten wie Armut, Migration oder Interkulturalität ebenfalls auf sonderpädagogische Prozesse auswirken und auf diese Weise mitbestimmen, was der „Fall" ist. Die Berücksichtigung solcher Aspekte erweitert den Gegenstandsbereich von psychoanalytischem Fallverstehen nochmals.

Auch wenn zu all diesen Aspekten in den letzten Jahren und Jahrzehnten wiederum verstärkt publiziert wurde, so ist gleichzeitig festzuhalten: Die Lektüre von psychoanalytisch-pädagogischen Veröffentlichungen mag die Entwicklung der

Fähigkeit zum psychoanalytischen Fallverstehen als sonderpädagogische Kompetenz in der Pädagogik bei Verhaltensstörungen in vielfacher Hinsicht anregen und insbesondere dann hilfreich sein, wenn den Besonderheiten bestimmter Formen von Verhaltensstörungen, den Möglichkeiten des methodischen Vorgehens sowie der Darstellung von Kasuistischem Raum gegeben (so etwa bei Bittner 1994; Ahrbeck & Rauh 2006; Heinemann & Hopf 2008). Die Entfaltung einer solchen professionellen Kompetenz ist aber darauf angewiesen, dass es an Universitäten, Hochschulen und vergleichbaren Einrichtungen ausreichend viele Möglichkeiten gibt, die Kompetenz des psychoanalytischen Fallverstehens im Rahmen von Aus- und Weiterbildungsangeboten in längerfristigen Prozessen zu entwickeln. Zugleich ist darauf Bedacht zu nehmen, dass auf Seiten der angehenden sowie tätigen Sonderpädagogen die Bereitschaft geweckt und verstärkt wird, entsprechende Aus- und Weiterbildungsangebote auch zu nutzen (vgl. Datler 2004, 125; Datler et al. 2002).

Literatur

Ahrbeck, B. (2006): Das schwierige Kind. Innenwelt, äußere Realität, Verhaltensgestörtenpädagogik. In: Ahrbeck, B. & Rauh, B. (Hrsg.): Der Fall des schwierigen Kindes. Therapie, Diagnostik und schulische Förderung verhaltensgestörter Kinder und Jugendlicher. Weinheim: Beltz, 17–37

Ahrbeck, B. & Rauh, B. (Hrsg.) (2006): Der Fall des schwierigen Kindes. Therapie, Diagnostik und schulische Förderung verhaltensgestörter Kinder und Jugendlicher. Weinheim: Beltz

Bittner, G. (1994): Problemkinder. Zur Psychoanalyse kindlicher und jugendlicher Verhaltensauffälligkeiten. Göttingen: Vandenhoeck & Ruprecht

Datler, W. (2001): Zeit, Struktur und Lebensalter: Über Prozesse der Bildung basaler psychischer Strukturen und die heilpädagogische Arbeit mit „verhaltensauffälligen" Jugendlichen. In: Hofmann, Ch., Brachet, I., Moser, V. & Stechow, E. von (Hrsg.): Zeit und Eigenzeit als Dimensionen der Sonderpädagogik. Luzern: Edition SZH/CSPC, 157–166

Datler, M. (2003): Über die Bedeutung des Erlebens von Lehrern in schulischen Situationen in der Geschichte der Psychoanalytischen Pädagogik. In: Fröhlich, V. & Göppel, R. (Hrsg.): Was macht die Schule mit den Kindern? Was machen die Kinder mit der Schule? Gießen: Psychosozial, 120–131

Datler, W. (2004): Pädagogische Professionalität und die Bedeutung des Erlebens. In: Hackl, B. & Neuweg, G.H. (Hrsg.): Zur Professionalisierung pädagogischen Handelns. Münster: LitVerlag, 113–171

Datler, W., Datler, M., Sengschmied, I. & Wininger, M. (2002): Psychoanalytisch-pädagogische Konzepte der Aus- und Weiterbildung. Eine Literaturübersicht. In: Finger-Trescher, U., Krebs, H., Müller, B. & Gstach, J. (Hrsg.): Professionalisierung in sozialen und pädagogischen Feldern. Jahrbuch für Psychoanalytische Pädagogik 13. Gießen: Psychosozial, 141–171

Fatke, R. (1995): Fritz Redl. In: Fatke, R. & Scarbath, H. (Hrsg.): Pioniere Psychoanalytischer Pädagogik. Frankfurt a.M.: Peter Lang, 83–107

Finger-Trescher, U. (2009): Leitung einer (sozial-)pädagogischen Einrichtung. Das Prinzip der „offenen Tür". In: Jahrbuch für Psychoanalytische Pädagogik 17. Gießen: Psychosozial, 1023–123

Freud, S. (1920): Jenseits des Lustprinzips. In: Gesammelte Werke, Bd. XIII (1999). Frankfurt a.M.: Fischer, S. 1–69.

Heinemann, E. (2003): Psychoanalyse und Pädagogik im Unterricht des Sonderschule. In: Heinemann, E., Rauchfleisch, U. & Grüttner, T. (Hrsg.): Gewalttätige Kinder. Psychoanalyse und Pädagogik in Schule, Heim und Therapie. Düsseldorf: Walter, 70–167

Heinemann, E. & Hopf, H. (2008): Psychische Störungen in Kindheit und Jugend. Symptome – Psychodynamik – Fallbeispiele – psychoanalytische Therapie. Stuttgart: Kohlhammer

Leber, A. (1988): Zur Begründung des fördernden Dialogs in der psychoanalytischen Heilpädagogik. In: Iben, G. (Hrsg.): Das Dialogische in der Heilpädagogik. Mainz: Grünewald, 41–61

Lorenzer, A. (1970): Sprachzerstörung und Rekonstruktion. Frankfurt a.M.: Suhrkamp

Redl, F. & Wineman, D. (1951): Kinder, die hassen. München: Piper (1984)

Rohde-Dachser, Ch. (1983): Das Borderline-Syndrom. Bern: Huber

Sandler, J. (1976): Gegenübertragung und Bereitschaft zur Rollenübernahme. Psyche 30 (Jg.), H. 4, 297–305

Steinhardt, K. (2001): Zeit, Struktur und Lebensalter: Über Prozesse der Bildung basaler psychischer Strukturen in den ersten Lebensjahren. In: Hofmann, Ch., Brachet, I., Moser, V. & Stechow, E. von (Hrsg.): Zeit und Eigenzeit als Dimensionen der Sonderpädagogik. Luzern: Edition SZH/CSPC, 147–156

Trescher, H.-G. (1990): Theorie und Praxis der psychoanalytischen Pädagogik. Mainz: Grünewald

Trescher, H.-G. (2001): Handlungstheoretische Aspekte der psychoanalytischen Pädagogik. In: Muck, M. & Trescher, H.-G. (Hrsg.): Grundlagen psychoanalytischer Pädagogik. Gießen: Psychosozial, 167–201

7 Interventionsansätze und Handlungskonzepte

7.1 Prävention

Rudolf Kretschmann

Einleitung

Prävention leitet sich ab vom Lateinischen praevenire, wörtlich übersetzt: zuvorkommen, woraus sich sinngemäß die Begriffe vorbeugen bzw. Vorbeugung ergeben. Für die Wissenschaftsdisziplin Pädagogik bei Verhaltensstörungen geht es im engeren Sinne darum, die Ausbildung von Verhaltensstörungen und Verhaltensauffälligkeiten bei Kindern und Jugendlichen durch pädagogische Maßnahmen einzudämmen bzw. zu verhindern. Die Störungen, denen es vorzubeugen bzw. die es einzudämmen gilt, sind in den Manualen DSM-IV und ICD-10 beschrieben. Einen speziellen Bezugspunkt stellen bildungsinstitutionelle Kontexte dar, zum Beispiel durch ausbleibende Lernerfolge bedingte Motivationsprobleme und Versagensängste, Gewalt, Mobbing und Ausgrenzung unter Schülerinnen und Schülern sowie Schulabsentismus und die daraus entstehenden möglichen Folgen.

Eine richtungsweisende Vorgabe zur Systematisierung von Präventionsangeboten wurde vor Jahren von der Weltgesundheitsorganisation (WHO) zur Vorbeugung von und zur Intervention bei medizinischen Erkrankungen entwickelt: die Unterscheidung zwischen primärer, sekundärer und tertiärer Prävention. Diese Unterscheidung lässt sich auf psychologische, soziale und pädagogische Handlungsfelder übertragen.

Primäre Prävention meint in der Medizin die Schaffung gesunder Lebens- und Entwicklungsbedingungen für alle Individuen, eingeschlossen die Einrichtung und Finanzierung staatlicher Organisationsstrukturen zur Gesundheitsförderung. In Psychologie und Pädagogik ist darunter das Vorhandensein bzw. die Schaffung sozialer und pädagogischer Settings zu verstehen, welche eine bestmögliche psychosoziale Entwicklung der Individuen erwarten lassen.

Unter *Sekundärer Prävention* sind in Pädagogik und Psychologie Vorsorge und Hilfsprogramme für Kinder und Jugendliche (und ggf. deren Familien) zu verstehen, deren psychosoziale Entwicklung gefährdet ist, während es sich in der Medizin um Vorsorgeprogramme für Menschen mit konstitutionell bedingten Gesundheitsrisiken oder gesundheitsgefährdenden Schädigungen handelt.

Als *Tertiäre Prävention* werden in Medizin und Psychologie therapeutische Interventionen bei organischen, psychosomatischen bzw. psychischen Erkrankungen bezeichnet sowie in Psychologie und Pädagogik Interventionen bei manifesten psychischen Störungen.

Mit der Unterscheidung zwischen diesen drei Präventionsebenen verschiebt sich der Akzent von einer überwiegend pathogenetischen zu einer salutogenetischen Sicht. Vor allem Primäre Prävention heißt nicht nur, Entwicklungsrisiken aus dem Weg zu räumen. Es bedeutet vielmehr und in erster Linie, Gesundheit zu organisieren und psychosoziale Kompetenzen zu vermitteln, womit sich dann als Nächstes die Frage stellt, was unter psychischer Gesundheit oder psychosozialer Kompetenz zu verstehen ist. Bei Schulkindern besteht nicht selten eine Wechselwirkung zwischen psychischen bzw. psychosomatischen Störungen und schulischen Lernproblemen. Verhaltensstörungen vorzubeugen erfordert daher aus pädagogischer Sicht auch, Voraussetzungen für eine erfolgreiche Bewältigung schulischer Anforderungen zu schaffen – und zwar möglichst schon vor Schuleintritt. Der Schulerfolg ist nämlich in hohem Maße durch die vorschulischen Sozialisationserfahrungen determiniert, wie unter anderem die Untersuchungen von Helmke (1997) zeigen.

Für unterschiedliche Lebensalter bzw. Lebenslagen ergeben sich unterschiedliche Erfordernisse der Prävention. Darüber hinaus ist besonders den „Ökologischen Übergängen" (Oerter 1987) Beachtung zu schenken, dem Wechseln von einem Lebensumfeld bzw. Lebensabschnitt zu einem anderen. Dazu ist zum Beispiel der Übergang von der Familie in den Kindergarten zu rechnen, vom Kindergarten in die Schule und später von der Schule in eine Berufsausbildung oder ein Studium. Ökologische Übergänge sind latent krisenhaft, weil sie vielfach ein geändertes Verhaltensrepertoire erfordern und Kompetenzen, die erst in der neuen Situation erworben werden können. Wobei ein wichtiger Beitrag zur Primärprävention allein in einer Verringerung der Zahl von Übergängen bestehen könnte.

Bei den Präventionsmaßnahmen kann man innerhalb der genannten drei Ebenen unterscheiden zwischen *umfeldbezogener* und *personbezogener Prävention*. Personbezogene Prävention umfasst alle Arten von Unterrichts-, Trainings-, Förderoder Therapieangeboten, bei denen unmittelbar mit Kindern und Jugendlichen gearbeitet wird. Bei der umfeldbezogenen Prävention handelt es sich um Formen indirekter Einflussnahme insofern, als innerhalb der Lebenswelten, in denen Kinder und Jugendliche heranwachsen, bestmögliche Entwicklungsbedingungen geschaffen werden. Dazu zählt die materielle Absicherung von Familien mit Kindern, die Stärkung der Erziehungskompetenz von Eltern, die Einrichtung und Ausstattung entwicklungsförderlicher Infrastrukturen, die Gestaltung der Curricula und der pädagogischen bzw. pädagogisch-therapeutischen Angebote in den Bildungseinrichtungen. Eine Kombination aus beidem sind Eltern-Kind-Programme.

Mit zunehmendem Lebensalter verschieben sich die Präventionsangebote von den umfeldbezogenen zu den personbezogenen Maßnahmen: Je jünger Kinder sind, desto abhängiger sind sie von ihren Lebens- und Erziehungsumfeldern. Je älter sie sind, desto stärker können sie selbstbestimmt und eigenverantwortlich handeln. Es macht daher Sinn, in den frühen Jahren vorwiegend auf die Umfelder Einfluss zu nehmen, während in späteren Jahren direkte, personbezogene Maßnahmen hilfreich sein können.

Frühe Kindheit

Es gehört zu den gesicherten entwicklungspsychologischen Erkenntnissen, dass am besten diejenigen Kinder vor Entwicklungsstörungen geschützt sind, denen es beschieden ist, in gesicherten materiellen Verhältnissen heranzuwachsen, in einem bildungsnahen und anregungsreichen Milieu und mit Erziehungspersonen, zu denen sichere emotionale Bindungen aufgebaut werden können. Damit möglichst viele Kinder in den Genuss solcher Lebensumstände kommen, ist es Aufgabe der Gesellschaft, Eltern und ihren Kindern eine zumindest ausreichende materielle Existenzgrundlage zu verschaffen. Mit dem Elterngeld und der Erhöhung des Kindergeldes wurden in den letzten Jahren in Deutschland Schritte unternommen, die wirtschaftliche Lage von Familien zu verbessern. Nach dem 7. Familienbericht wuchsen zum Berichtszeitpunkt dennoch 1,4 Millionen Kinder unter ökonomisch schwierigen Bedingungen auf. Dabei ist das Armutsrisiko bei Kindern Alleinerziehender mit 38 % besonders hoch (BFSFJ 2009, 166).

Materielle Absicherung und familienentlastende Infrastrukturen sind notwendige, aber keinesfalls hinreichende Bedingungen für eine gedeihliche Entwicklung. Es kommt vielmehr in erster Linie darauf an, dass Eltern sich auch erziehungskompetent verhalten. Die Abkehr von der Mehrgenerationen- und der Mehrgeschwisterfamilie bringt es mit sich, dass immer weniger junge Eltern Erziehungsverhalten am Modell anderer Eltern lernen können. Umso wichtiger ist es, dass junge Familien Anlaufstellen finden können, in denen sie auf ihr Elternsein vorbereitet und in ihrer Elternschaft begleitet werden können. Anders als in anderen Industrieländern erhalten junge Eltern in Deutschland vergleichsweise wenig psychosoziale Unterstützung. Mit so genannten Familienhebammen gibt es über die verbreiteten Geburtsvorbereitungskurse und die U-Untersuchungen hinaus Ansätze, bei mütterlichen oder kindlichen Risikobedingungen Familien über längere Zeit zu betreuen und zu begleiten. Dies leitet dann bereits über zu Formen sekundärer und tertiärer Prävention.

Auf Seiten der Kinder können Ess- und Schlafstörungen, anhaltendes Schreien, chronische Unruhe und Affektausbrüche Risikofaktoren darstellen; auf Seiten der Eltern psychische Beeinträchtigungen wie Ängste, Depressionen, Suchtverhalten. Selbst psychisch stabile Eltern geraten durch permanent unruhige und anhaltend schreiende Kinder an den Rand der Überforderung. Bei psychisch instabilen Eltern kann es zu emotionaler Ablehnung des Kindes kommen bis zu Formen von Kindesmisshandlung. In den USA wurden Familienzentren (Parent-Child-Center-Programme) eingerichtet mit dem Ziel, Eltern mit Säuglingen und Kleinkindern so früh als möglich umfassend Hilfen für ihre Säuglinge und Kleinkinder anzubieten (vgl. Ludwig-Körner & Koch 2005). In den 1980er Jahren wurden in den USA dann gemeindenahe Frühinterventionsprogramme (Community-Based-Early-Intervention) mit Risikogruppen gestartet, in denen auf der einen Seite konkrete Unterstützung (Gesundheit, Nahrung) und Hilfen für die praktische Lebensführung angeboten werden, aber auch wieder eine Einbindung in professionelle und Laienhilfesysteme erfolgt. In Deutschland bieten unter anderem das Kinderzentrum in München sowie die Beratungsstelle „Vom Säugling zum Kleinkind" in Potsdam Hilfen für Familien mit Risikokonstellationen an.

Kindergarten und Kindergartenalter

Neben der wirtschaftlichen Grundsicherung tragen familienentlastende Infrastrukturen wie zum Beispiel Kindergärten oder Kinderkrippen wesentlich zur Primärprävention bei, weil sie es jungen Eltern gestatten, Berufstätigkeit und Elternschaft miteinander zu verbinden und so den Kindern die materiellen Voraussetzungen für eine gesellschaftliche Teilhabe zu schaffen. Außerfamiliale Bildungseinrichtungen sind darüber hinaus infrastrukturelle Voraussetzungen für kompensatorische Erziehungs- und Bildungsangebote, falls Kinder in ihren Familien keine ausreichenden Entwicklungschancen erhalten. Abgesehen davon, dass überhaupt erst genügend Krippen- und Kindergartenplätze geschaffen werden müssen, sollte es ein Bestandteil von Primärprävention sein, allen Kindern einen kostenfreien Zugang zu den Bildungseinrichtungen zu ermöglichen.

In der Elementarpädagogik findet seit geraumer Zeit ein Paradigmenwechsel statt. Gab es in den letzten Jahrzehnten des vorangegangenen Jahrhunderts einen uneingeschränkten Primat des Sozialen Lernens, so wird zunehmend die Notwendigkeit betont und erkannt, Kindern auch kognitive Förderung zuteil werden zu lassen. So forderte Elschenbroich (2001) als eine der Ersten eine stärkere Gewichtung der Vermittlung von Weltwissen. Mittlerweile finden in fast allen deutschen Bundesländern Sprachstandsprüfungen und Sprachförderangebote bei Vorschulkindern statt, wobei die meisten der förderbedürftigen Kinder einen Migrationshintergrund haben. Darüber hinaus wird die Vermittlung pränumerischer und präliteraler Kompetenzen diskutiert, namentlich für Kinder, die in ihren Elternhäusern keine entsprechenden Erfahrungen sammeln können (Kretschmann 2004). Derartige schulvorbereitende Maßnahmen können Verhaltensproblemen indirekt insofern vorbeugen, als sie Kindern später im Schulalter Versagenserlebnisse, Versagensängste, Minderwertigkeitsgefühle und soziale Ausgrenzung ersparen. Exemplarisch sei hier das Programm „Hören, Lauschen, Lernen" (Küspert & Schneider 1999) genannt. Vor allem Kinder aus bildungsfernen Familien sollen im Kindergarten die für das Lesen- und Schreibenlernen unabdingbaren phonologischen Kompetenzen trainieren. Kinder aus literalen Elternhäusern erwerben solche Kompetenzen zumeist schon beiläufig im häuslichen Umfeld.

Einen direkten Beitrag zur Ausbildung sozial kompetenten Verhaltens bilden Programme zum Training sozialer Kompetenzen wie etwa „Faustlos" (Cierpka 2007). Wie bei den zuvor entwickelten Programmen zum Sozialtraining bei Schulkindern und Jugendlichen wird hier bereits mit Vorschulkindern die Sozialwahrnehmung trainiert, die Affektregulierung und sozial angemessenes Kommunikationsverhalten geübt. Werden die Förderangebote für alle Kinder bereitgehalten, sind sie der Primärprävention zuzurechnen. Sofern die Förderprogramme Kindern aus bildungsfernen oder sozial belasteten Familien vorbehalten sind, handelt es sich um sekundäre Prävention.

Um Sekundär- wenn nicht gar Tertiärprävention handelt es sich bei Angeboten zur Verhaltensregulierung bei sozial auffälligen Kindern; so zum Beispiel das Therapieprogramm für Kinder mit hyperkinetischem und oppositionellem Problemverhalten (THOP) von Döpfner, Schürmann und Frölich (2002), ein Trainingsprogramm, das sowohl bei Kindergarten- als auch bei Schulkindern eingesetzt werden kann. Es handelt sich um ein verhaltenstherapeutisch ausgerichtetes Eltern-Erzieher-Lehrer-Kind-Programm mit dem erklärten Ziel, Teufelskreise zu durchbrechen: Kinder sollen lernen, ihr Verhalten zu beobachten und zu kontrollieren. Die Personen des sozialen Umfeldes (Erzieher, Eltern, Lehrkräfte) sollen lernen, das Kind zu verstehen, es sinnvoll anzuleiten und auf Temperamentsausbrüche angemessen zu reagieren.

Speziell auf Risikokinder zielen umfeldbezogene Maßnahmen der Sekundärprävention: Elternprogramme bzw. Eltern-Kind-Programme für Familien mit Migrationshintergrund bzw. für bildungsferne Familien, wie das zweijährige Frühförderprogramm „Opstapje" in den Niederlanden oder das HIPPY-Programm (Home Instruction for Parents of Preschool Youngsters), das mittlerweile weltweite Verbreitung gefunden hat.

In England und in den USA werden für bildungsferne Familien so genannte „family literacy"-Programme aufgelegt. Die Förderung setzt nicht direkt beim Kind an, sondern bei den Eltern. Schon im Vorschulalter der Kinder werden Eltern dazu bewegt, sich selber im Lesen und Schreiben weiterzubilden, und es wird ihnen nahe gebracht, wie wichtig es ist, dass sie mit ihren Kindern sprechen, ihnen Geschichten vorlesen, sie auf die Schrift aufmerksam machen oder bekräftigen, wenn sie Interesse am Lesen und Schreiben zeigen. Erwiesenermaßen verbessert dies die Chancen der Kinder in der Schule (Yates 2001).

Den Übergang vom Kindergarten erleichtern soll das Programm „Schuleingangsphase – Sprachförderung" (Rose, Kretschmann & Meinders 2004). Neben Angeboten zur Förderung sprachlicher Kompetenzen sollen Kinder im Kindergarten auf den bevorstehenden Schuleintritt vorbereitet werden. Das Programm wird dann in der Schule weitergeführt. Die Erleichterung besteht darin, dass die Kinder im Anfangsunterricht nahtlos an Erfahrungen und Themen aus der Kindergartenzeit anknüpfen können.

Primarstufe und Grundschulalter

Unter Primärprävention im Schulalter kann alles verstanden werden, was eine gute Schule ausmacht: Gute Ausstattung, guter baulicher Erhaltungszustand, kindgerechte Materialien und Curricula und ein hoch motiviertes und hoch qualifiziertes pädagogisches Personal. Dazu gehört auch, dass auf die sozialen Belange der Lernenden der jeweiligen Altersstufe Rücksicht genommen und gegebenenfalls soziale Kompetenzen trainiert werden – unterrichtsintegriert oder explizit mit

Programmen zum Training sozialer Kompetenz. Für den schulischen Bereich sind von den neueren Ansätzen exemplarisch das Sozialtraining in der Schule (Petermann et al. 1999) oder das Programm „Lions Quest" (Przemek 2008) zu nennen.

Als eine Form von Primärprävention kann auch die Einrichtung von Ganztagsschulen in sozialen Brennpunkten angesehen werden. Zum einen werden die Zeiten verringert, welche Kinder und später Jugendliche in entwicklungsungünstigen Milieus verbringen. Zum anderen bieten Ganztagsschulen Möglichkeiten, Kindern in Problemlagen außerunterrichtliche Hilfen angedeihen zu lassen.

Viele der Angebote zur Sekundärprävention aus dem Elementarbereich können in der Grundschulzeit fortgesetzt werden. Das gilt für einige der familienunterstützenden Programme wie THOP, wobei das „Aufmerksamkeitstraining mit Kindern" (Lauth & Schlottke 2002) speziell für das Schulalter konzipiert ist. Besondere Herausforderungen für die sekundäre und die tertiäre Prävention stellen sich wechselseitig bedingende Zustände von Lernversagen und emotionalen Beeinträchtigungen wie Versagensängste, Motivationsprobleme oder Lernblockaden dar. Schulpädagogisch-nachhilfeorientierte Programme greifen bei solchen Problemlagen zu kurz, weil die psychischen Probleme unbearbeitet bleiben. Ausschließlich auf psychische Stabilisierung angelegte psychotherapeutische Angebote sind unzureichend, weil sie dem Kind nicht dazu verhelfen, seine Lernrückstände abzubauen. Darüber hinaus können sich in den sozialen Umfeldern eines Kindes Spannungen und Beziehungskonflikte aufbauen, denn Schulerfolg und Schulversagen sind nicht nur objektiv bedeutsam, sondern in vielen Familien auch hochgradig emotional besetzt. Es gibt verschiedene Ansätze einer integrierten fachdidaktischen Bearbeitung von Lernrückständen und Lernblockaden. Kretschmann und Rose (2000) entwickeln, basierend auf zeitgenössischen Motivationstheorien, Methoden, um Kindern durch sorgfältige Passung subjektiv bedeutsame Lernangebote und entlastende Hilfestellung nicht nur zu Lernerfolgen, sondern vor allem auch zu größerer Erfolgszuversicht zu verhelfen. Betz und Breuninger (1998) beschreiben in einem „Lernstrukturmodell" die innerpsychischen Prozesse von Kindern mit Lernproblemen sowie die Interaktionen, die sich bei ausbleibenden Lernerfolgen zwischen dem Kind und den Personen seiner sozialen Umfelder (Eltern, Lehrkräfte) abspielen können. Mit dem Konzept „Integrative Lerntherapie" zeigen sie Wege auf, mit denen zum einen über die Anbahnung von Lernerfolgen eine psychische Stabilisierung der Lernenden erfolgen kann, aber auch durch die Einflussnahme auf die Interaktionen zwischen den Sozialpartnern: Wenn etwa Eltern angehalten und angeleitet werden, auf die Lernprobleme der Kinder anstelle von Repression mit aktiver Unterstützung und Ermutigung zu reagieren.

Sekundarschule und Jugendalter

Mit zunehmendem Lebensalter stellen sich neue Entwicklungsaufgaben ein, auf die pädagogische und soziale Systeme mit neuen Angeboten antworten müssen.

Für Jugendliche bedeutet dies in erster Linie, im Übergang zum Erwachsenenalter ein tragfähiges Selbstkonzept und ein taugliches Verhaltensrepertoire zu entwickeln. Es bedeutet jedoch auch, sich vor Gefährdungen schützen zu lernen, denen die Altersgruppe besonders ausgesetzt ist: Suchtmittelgebrauch, exzessiver Medienkonsum, delinquente Versuchungen und Gewalt, sei sie als Opfer erfahren oder als Täter ausgeübt.

Die Schulpädagogik wird sich immer stärker der Tatsache bewusst, dass sie neben den traditionellen kognitiv ausgerichteten Curricula sozialpädagogische Angebote bereithalten muss. Suchtprävention und Medienpädagogik gehören daher bereits zum Standardangebot der Sekundarschulen. Auch Programme wie das bereits erwähnte „Erwachsen werden" (Lions Quest) werden an vielen Schulen regelmäßig eingesetzt. Da große Schulen wegen der hohen sozialen Dichte per se Stress und damit auch Aggressionen erzeugen, müssen Deeskalations- und Gewaltpräventionsprogramme bereits als notwendige Formen der Primärprävention an Schulen angesehen werden. Olweus (1996) beschreibt, wie an einer Schule auf unterschiedlichsten Ebenen Gewaltprävention betrieben werden kann. Unverzichtbar ist dabei zum Beispiel die Schaffung von Transparenz, das heißt der Bestandsaufnahme, wo, wann und warum an einer Schule Gewaltphänomene auftreten. Statt durch Anti-Aggressions-Trainings nur die Täter zu „privilegieren", hält Olweus es für notwendig, vor allem die Opfer zu stärken und zu schützen. Besonders zu betonen ist, dass Olweus Gewaltprävention als eine Aufgabe der gesamten Schule ansieht, die Eltern eingeschlossen. Über die bei Olweus zu findenden Vorschläge hinaus gehend, haben sich bereits an vielen Schulen Deeskalationskulturen entwickelt, so zum Beispiel Streitschlichterprogramme (Jefferys-Duden 1999), die Trainingsraummethode (Bründel & Simon 2007) und Ähnliches mehr.

Es fällt auf, dass viele Schulabgänger auf den nächsten Lebensabschnitt nur unzureichend vorbereitet sind. Die Schule kann sicher nicht auf alle künftigen Entwicklungsaufgaben vorbereiten. Es wäre jedoch zu überlegen, inwieweit anschließende Lebensabschnitte bei der Primärprävention stärker zu gewichten wären. Gymnasiasten sind dabei schlechter gestellt als andere Schüler, die zumindest in dem Fach „Arbeitslehre" eine nachschulische Orientierung erhalten. Wenn junge Erwachsene im Studium oder in der Arbeitswelt zu scheitern drohen, können Hilfenstellungen und Beratungsangebote Schlimmeres verhindern.

Viele der früher oder später auftretenden Verhaltensprobleme werden zwar in der Schule manifest, haben aber zumindest partiell ihre Ursprünge in außerschulischen Umfeldern. Dies ist der Fall, wenn Jugendliche in außerschulischen Umfeldern Zugang zu Suchtmitteln haben oder sich in delinquenten oder prädelinquenten Gleichaltrigengruppen bewegen. Außerschulische Konflikte und Rivalitäten finden oft ihre Fortsetzung in der Schule, während die Schule zum Markt- und Umschlagplatz für Drogen und Diebesgut werden kann.

Um Ursachen für Fehlentwicklungen zu minimieren, die vorwiegend außerschulisch bedingt sind, bedarf es des Aufbaus von Infrastrukturen in Form von interinstitutioneller Kooperation. Das Spektrum beinhaltet Schulsozialarbeit, Zusammenarbeit mit der örtlichen Polizei (Kontaktpolizisten), mit Jugendämtern,

Sportvereinen und Stadtteilinitiativen. Sekundärprävention bedeutet hier, zum einen eine frühe „Kriminalisierung" von Jugendlichen zu verhindern, aber auch zu vermeiden, dass eine Schule und ihr Umfeld sich zu einem rechtsfreien Raum entwickeln, in dem alles möglich ist. Außerdem gehört zu einer nachhaltigen Primärprävention, dass auch im Umfeld der Schule, in den Gemeinden und Stadtteilen, sinnvolle Aufenthaltsorte und Freizeiteinrichtungen vorgehalten werden. Programme wie „Training mit Jugendlichen: Förderung von Arbeits- und Sozialverhalten" (Petermann & Petermann 2007) oder spezifische Anti-Aggressions-Trainings können wichtige Elemente in solchen Netzwerken sein. Ohne eine Einbindung in weitere Angebote zur sekundären und tertiären Prävention dürften ihre Wirkungen begrenzt bleiben. Zur Tertiärprävention zuzurechnen sind Angebote zur Reintegration von Schulverweigerern, wie zum Beispiel das Projekt „Take Off" in Leipzig (Mutzeck 2004).

Neben diesen Gefährdungen und den Bemühungen ihnen vorzubeugen, darf nicht übersehen werden, dass die Vermittlung der schulfachlichen Inhalte immer noch die Hauptaufgabe der schulischen Bildung ist. Wenn die PISA-Studien belegen, dass fast ein Viertel aller Fünfzehnjährigen nur über rudimentäre Lesekompetenzen verfügt, ist leicht vorstellbar, dass dies bei vielen Schülern mit emotionalen Belastungen einhergeht. Diesen Lernenden erneute Chancen zu geben, Lernrückstände abzubauen, gehört auch in der Sekundarschule zu den vordringlichsten Aufgaben der Sekundärprävention. Wobei sich die Wiederherstellung von Lernmotivation und Erfolgszuversicht bei Jugendlichen umso schwieriger gestaltet, je länger die Lernenden schon schulische Misserfolge erlebt haben (Kretschmann, Lindner-Achenbach & Puffahrt 1990).

Schluss

Präventions- und Interventionsmaßnahmen sind umso wirksamer, je früher sie einsetzen. Allerdings bergen frühe Interventionen auch das Risiko einer frühen Stigmatisierung. Es ist daher in jedem Einzelfall abzuwägen, ob, wann und in welchem Umfang bei sich andeutenden Fehlentwicklungen eingegriffen werden soll. Es beugt einer Stigmatisierung vor, wenn Hilfen rasch und ohne großen Verwaltungsaufwand gewährt werden können – und ohne in Akten und Datensammlungen womöglich lebenslange Spuren zu hinterlassen. Wie Bronfenbrenner (1981) bereits ausführt, sind Präventions- und Interventionsmaßnahmen so gut wie wirkungslos, wenn sie auf ein enges Spektrum von Kompetenzen zielen und nur von kurzer Dauer sind. Wirkungsvolle Prävention, gleich auf welchen Ebenen, erfordert Netzwerke und interdisziplinäre Kooperation, wobei sich der Bogen spannt von der Kinder- und Jugendsozialarbeit, der medizinischen Versorgung, sozialpädagogischen Angeboten, über psychologische Therapie- und Trainingsprogramme bis zur Schulpädagogik und sonderpädagogischen Förderung.

Literatur

Betz, D. & Breuninger, H. (1998): Teufelskreis Lernstörungen: theoretische Grundlegung und Standardprogramm. Weinheim: Beltz/PVU

Bronfenbrenner, U. (1981): Die Ökologie menschlicher Entwicklung. Stuttgart: Klett-Cotta

Bründel, H. & Simon, E. (2007): Die Trainingsraum-Methode: Unterrichtsstörungen – klare Regeln, klare Konsequenzen. Weinheim: Beltz

BFSFJ, Bundesministerium für Familie, Senioren, Frauen und Jugend (2009): Familie zwischen Flexibilität und Verlässlichkeit. Perspektiven für eine lebenslaufbezogene Familienpolitik. Siebter Familienbericht. Berlin: BFSFJ

Cierpka, M. (2007): FAUSTLOS – Wie Kinder Konflikte gewaltfrei lösen lernen: Das Buch für Eltern und Erziehende. Freiburg: Herde

Döpfner, M., Schürmann, S. & Frölich, J. (2002): Therapieprogramm für Kinder mit hyperkinetischem und oppositionellem Problemverhalten – THOP. Weinheim: Beltz/PVU

Elschenbroich, D. (2001): Weltwissen der Siebenjährigen. Wie Kinder die Welt entdecken können. München: Kunstmann

Helmke, A. (1997): Das Stereotyp des schlechten Schülers: Ergebnisse aus dem SCHOLASTIK-Projekt. In: Weinert, F. E. (Hrsg.): Entwicklung im Grundschulalter. Weinheim: Beltz, 269–279

Jefferys-Duden, K. (1999): Das Streitschlichterprogramm. Mediatorenausbildung für Schülerinnen und Schüler der Klassen 3–6. Weinheim: Beltz

Kretschmann, R. (2004): „Lesen, Schreiben, Rechnen – schon im Kindergarten?" In: Wehrmann, I. (Hrsg.): Kindergärten und ihre Zukunft. Weinheim: Beltz, 220–234

Kretschmann, R. & Rose, M. A. (2002): Was tun bei Motivationsproblemen? Förderangebote bei Kindern mit Lernblockaden und Versagensängsten. Horneburg: Persen

Kretschmann, R., Lindner-Achenbach, S. & Puffahrt, A. (1990): Analphabetismus bei Jugendlichen. Ursachen, Erscheinungsformen, Hilfen. Stuttgart: Kohlhammer

Küspert, P. & Schneider, W. (1999): Hören, lauschen, lernen. Sprachspiele für Kinder im Vorschulalter. Göttingen: Vandenhoeck & Ruprecht

Ludwig-Körner, C. & Koch G. (2005): Prävention und Intervention in der frühen Kindheit. In: Deegener G. & Körner W. (Hrsg.): Kindesmisshandlung und Vernachlässigung. Göttingen: Hogrefe, 735–769

Lauth, G. & Schlottke, P. F. (2002): Training mit aufmerksamkeitsgestörten Kindern. Weinheim: Beltz/PVU

Mutzeck; W. (2004): Umgang mit Schulverweigerung: Grundlagen und Praxisberichte für Schule und Sozialarbeit. Weinheim: Beltz

Oerter, R. (1987): Der ökologische Ansatz. In: Oerter, R. & Montada, L. (Hrsg.): Entwicklungspsychologie. München: Psychologie Verlagsunion, 87–130

Olweus, D. (1996) Gewalt in der Schule. Bern: Huber

Petermann, F. & Petermann, U. (2007): Training mit Jugendlichen: Förderung von Arbeits- und Sozialverhalten. Hogrefe: Göttingen

Petermann, F., Jugert, G., Tänzer, U. & Verbeek, D. (1999): Sozialtraining in der Schule. Weinheim: Beltz

Przemek, E. (2008): Schule und das Lions Quest Programm Erwachsen werden. Cuvillier: Göttingen

Rose, M. A., Kretschmann, R. & Meinders, U. (2004): Schuleingangsphase: Sprachförderung. Materialien zur Vorbereitung und Gestaltung des Schulanfangs für Kindergarten und Schule. Weinheim: Beltz

Yates, D. (2001): Family Literacy. Lernen in der Familie: Intervention und Prävention. In: Alfa-Forum, Zeitschrift für Alphabetisierung und Grundbildung, H. 47, 26–29

7.2 Frühförderung bei Kindern mit sozialen und emotionalen Belastungen

Martina Hoanzl & Hans Weiß

Problemaufriss

Kinder, die anecken, schreien, schlagen, sich selbst und andere verletzen, die zurückgezogen und verschlossen oder auch ruhelos und zappelig sind, rücken zunehmend in den Blick unterschiedlicher Disziplinen und Institutionen. Zwar gehören bereits seit den Anfängen der Frühförderung in den 1970er Jahren neben Kindern mit manifesten Behinderungen auch „von Behinderung bedrohte Kinder", die oft ohne eindeutig zu klassifizierende biologische Schädigungen durch Entwicklungs- und Verhaltensprobleme auffallen, zu deren Zielgruppe. Dies gilt vor allem für die große Gruppe der „Kinder mit Verhaltensbesonderheiten und Lern- und Leistungsstörungen insbesondere im Kindergartenalter" (Thurmair & Naggl 2007, 21), also Kinder mit vorwiegend externalisierten Problemen wie Aggressivität und Hyperaktivität, weniger mit internalisierten Problemen wie zum Beispiel Zurückgezogenheit und Ängstlichkeit sowie Kinder mit Teilleistungsstörungen und umschriebenen Entwicklungsrückständen. Eine weitere Zielgruppe sind Kinder aus sozial benachteiligten und randständigen Familien, die unter schwierigen Lebens-, Entwicklungs- und Erziehungsbedingungen (psychosozialen Risiken) aufwachsen. In jüngerer Zeit begegnet man in Frühförderstellen auch immer mehr Säuglingen mit Anpassungsschwierigkeiten, also so genannten „Schreibabys" (Thurmair & Naggl 2007, 20).

Die Frühförderung ist damit ebenso wie der Kindergarten und die Schule in augenscheinlich wachsendem Maße mit Problemkindern und deren Familien befasst. Im Folgenden wollen wir mögliche Ursachen für die offensichtliche Zunahme von Kindern mit sozial-emotionalen Problemen bereits im frühen Kindesalter skizzieren und anschließend Umrisse einer angemessenen Frühförderung aufzeigen.

Bedingungen für soziale und emotionale Probleme im frühen Kindesalter

Die große Bedeutung früher Entwicklungs- und Lernprozesse als Chance und Risiko

Frühe Lernprozesse sind – entsprechend dem Wort von Jean Paul: „Alles Erste ist dem Kinde ewig" – gleichermaßen eindrücklich wie nachhaltig. Das belegt die moderne Säuglingsforschung (Largo 2008, 15ff.) ebenso wie die Entwicklungsneurologie (Hüther & Michels 2009, 45 ff.). Der Austausch mit der Welt, in die das Kind hineingeboren wird und in beziehungsweise an der es wächst, hinterlässt im kindlichen Gehirn tiefe neuronale Spuren. Dank seiner großen Plastizität als „gesellschaftliches Organ" (Gerhard Roth) formt und verändert sich das Gehirn unablässig neu durch bedeutsame Bedingungen, die das Kind umgeben.

Bereits in der „Geschichte" des Kindes im Mutterleib, der „emotionalen Urgeschichte" (Diem-Wille 2007, 75), wirken viele Faktoren auf dessen emotionale Entwicklung ein, zum Beispiel die Frage, ob ein Kind erwünscht ist, die Vorstellungen der (werdenden) Eltern von dem sich entwickelnden Kind, deren Hoffnungen und Erwartungsfreude oder deren Ängste und konkrete Befürchtungen.

„Menschen sind Wesen, die nicht nur geboren werden, sondern noch zur Welt kommen müssen" (Elschenbroich 2002, 9), obwohl sie als leibliche Wesen mit der Geburt immer schon in der Welt sind. „Zur-Welt-Kommen" meint, dass im Kind durch den Austausch mit der Welt ein Bild dieser Welt entsteht. In der Weise, wie es die Welt erfährt, wie es darin gehalten wird und wie sie ihm vermittelt wird, gelangt es schrittweise zur inneren Vorstellung der Welt – als Welt der Menschen und der Dinge – und damit auch zur inneren Vorstellung seiner selbst.

Der erste Austausch mit der Welt geschieht über das Essen (Bettelheim 1997, 181 ff.). Der Säugling saugt mit der Muttermilch auch Geborgenheit und Zärtlichkeit auf. Essen und Beziehung verschmelzen untrennbar miteinander. Deshalb ist jedes Kind zu Beginn seiner Entwicklung nicht nur hungrig nach Nahrung, sondern auch hungrig nach Beziehungen! Was aber, wenn der Säugling nicht hinreichend gut versorgt wird? Wenn er mit der Muttermilch Ablehnung und Resignation aufsaugt? Welches Bild von der Welt, von seinen Bezugspersonen und von sich selbst entsteht dann in diesem bedürftigen Wesen? Was aber auch, wenn es nicht in des Wortes doppelter Bedeutung „gehalten" wird?

Das Essen und die im positiven Fall damit verbundenen emotionalen Prozesse des Sattwerdens, des Gehaltenwerdens, der Geborgenheit und Zärtlichkeit weisen darauf hin, dass die körperliche, emotionale und geistige Entwicklung des Kindes untrennbar miteinander verbunden sind. Dies drückt sich bereits sprachlich aus, wenn wir Körperprozesse beschreiben und eigentlich unsere Emotionen meinen: „Jemanden zum Fressen gern haben!" „Etwas zum Kotzen finden!" und so weiter.

Greenspan und Shanker (2007, 15) belegen eindrücklich, dass im Zentrum von Lernprozessen Emotionen und früheste Beziehungserfahrungen stehen und dass zugleich die Werkzeuge des Lernens erst durch diese hervorgebracht werden können. Demnach sind Lern- und Entwicklungsprozesse Beziehungsprozesse, in denen bedeutsame Bezugspersonen den kindlichen Austausch mit der Welt anregen und mit feinfühliger Resonanz begleiten. Erst dadurch kann sich das Kind die Welt, als Welt der Menschen und Dinge, erschließen. Wie sehr dieser Austausch mit der Welt geleitet wird durch eine Gerichtetheit des Kindes und sein Grundbedürfnis nach Nähe und Geborgenheit, haben Hüther und Michels (2009, 51) so beschrieben: „Jedes Kind – und auch jeder Erwachsene – möchte im Grunde seines Herzens mit den Menschen und der Welt verbunden bleiben, dazugehören, gemocht und anerkannt werden. Das ist das eine Grundbedürfnis, das jedes

Kind hat, und das wie eine tiefe Sehnsucht nach Nähe und Verbundenheit seine Versuche, sich in der Welt zurechtzufinden, bestimmt."

In der großen Bedeutung der frühkindlichen emotionsgeleiteten Lern- und Entwicklungsprozesse liegt zugleich auch ein entsprechendes Risiko, wenn Kindern die skizzierten Bedingungen für einen entwicklungsanregenden Austausch mit der Welt zu wesentlichen Teilen vorenthalten bleiben, wenn also ihre Grundbedürfnisse nicht hinreichend erfüllt werden:

1. „Das Bedürfnis nach beständigen liebevollen Beziehungen.
2. Das Bedürfnis nach körperlicher Unversehrtheit.
3. Das Bedürfnis nach Erfahrungen, die auf individuelle Unterschiede zugeschnitten sind.
4. Das Bedürfnis nach entwicklungsgerechten Erfahrungen.
5. Das Bedürfnis nach Grenzen und Strukturen.
6. Das Bedürfnis nach stabilen, unterstützenden Gemeinschaften und nach kultureller Kontinuität.
7. Die Zukunft sichern."

(Brazelton & Greenspan 2002, 7 f.).

Erschwerte Lebens- und Entwicklungsbedingungen im frühen Kindesalter

Was sind die Gründe für die in den letzten Jahrzehnten gestiegene Zahl von Kindern mit Verhaltens- und Entwicklungsproblemen, wie sie auch in der Frühförderung zu finden sind? Nur zwei uns wesentlich erscheinende seien angeführt.

Normative Unsicherheiten der Eltern im Kontext von Enttraditionalisierung, Individualisierung und Pluralisierung

Viele Diagnosen zur Situation der Familie stimmen heute darin überein, dass das elterliche Erziehungsverhalten von erheblichen normativen Unsicherheiten geprägt und dadurch größeren Störanfälligkeiten ausgesetzt ist, und zwar quer durch alle sozialen Schichten. In Befragungen gibt etwa die Hälfte der Eltern an, „nicht zu wissen, woran sie sich halten sollten" (Wissenschaftlicher Beirat für Familienfragen 2005, 13). Bis in die 1950er und 1960er Jahre fraglos geltende innerfamiliäre Orientierungsmuster haben heute ihre Prägekraft verloren und sind von einer „Uneindeutigkeit der Erziehungsziele" und einer „Unübersichtlichkeit der allgemeinen Erziehungsnormen für gelingende Eltern-Kind-Beziehungen" (Wissenschaftlicher Beirat für Familienfragen 2005, 26) abgelöst worden. Dadurch stehen Eltern in der Gefahr, ihre Halt gebende, Sicherheit vermittelnde Orientierungsfunktion für ihre Kinder zu verlieren und deren Bedürfnis nach Grenzen und Strukturen nicht gerecht zu werden. Diese Entwicklung steht im größeren Zusammenhang der Enttraditionalisierung, Individualisierung und Pluralisierung der Lebensformen in der (Spät-)Moderne, der offenbar feste normative Bezugspunkte verloren gegangen sind (Beck 1986).

*Entwicklungsgefährdungen im Kontext von Armut, Vernachlässigung
und elterlicher Erziehungsschwäche*

Die deprivierenden Einflüsse von Armut, sozialer Benachteiligung und Exklusion,
die aufgrund der verschärften sozioökonomischen Bedingungen verstärkt diskutiert werden, stellt Farah für US-amerikanische Verhältnisse deutlich heraus:
„Nirgends waren die Unterschiede [zwischen niedrigem und mittlerem sozialem
Status; M. H. & H. W.] dramatischer als im Bereich der kindlichen Entwicklung"
(Farah, Noble & Hurt 2006, 277). Bei Verwendung von Testkriterien im Bereich
der neurokognitiven Entwicklung zeigen sich signifikante Unterschiede insbesondere in den neurologischen Systemen der Sprache, des (Arbeits-)Gedächtnisses
und der Ausführungs- und Kontrollfunktion („executive function") (Farah, Noble
& Hurt 2006, 280, 283) – was den eingangs erwähnten Einfluss der Umweltbedingungen auf das neurobiologische System unterstreicht.
Es können hier nur einige Faktoren dafür genannt werden:

• Materiell-kulturelle Einschränkungen zeigen sich zum Beispiel in einem Mangel
  an kindgerechtem Spielzeug, Büchern oder unzureichenden Besuchen in Parks,
  Wald, Zoos und anderen kulturellen Einrichtungen, was nicht ausschließt, dass
  arme Kinder bereits im frühen Alter elektrische Spielmaterialien und Zugang zu
  TV und Computer(-spielzeugen) haben (Mößle et al. 2006).
• Kinder in sozialer Benachteiligung erhalten häufig auch weniger sprachlich-kog-
  nitive Anregung in der Familie. Farah, Noble und Hurt (2006, 282 f.) zufolge
  wurde die Gelegenheit, ein Bilderbuch in der Eins-zu-eins-Situation mit einem
  Erwachsenen zu „lesen", für Kinder mit niedrigem sozioökonomischem Status
  bis zum Eintritt in den Kindergarten auf durchschnittlich 25 Stunden ver-
  anschlagt, für Kinder mit mittlerem sozioökonomischem Status hingegen auf
  eine Bandbreite zwischen 1000 und 1700 Stunden. Bedenkt man die enge Ver-
  flochtenheit von Beziehung und Lernen, wird deutlich, was betroffenen Kindern
  hier vorenthalten wird.
• Die Folgen von Armut und Benachteiligung können durch weitere Risikofaktoren verstärkt werden, die häufig, jedoch nicht zwingend mit ihnen zusammen
  auftreten, zum Beispiel gravierende Störungen der Eltern- bzw. Mutter-Kind-
  Beziehung oder Vernachlässigungssituationen.

Gegen in diesem Zusammenhang allzu leicht erhobene einseitige Vorwürfe zum
Erziehungsverhalten der so genannten „Unterschicht" lässt sich mit dem Kinder-
und Jugendpsychiater Rutter anführen: „Gute Elternschaft erfordert gewisse zulas-
sende Umstände. Die notwendigen Lebensmöglichkeiten und -gelegenheiten müssen gegeben sein. Wo diese fehlen, mögen es selbst die besten Eltern als schwierig
empfinden, ihre Fähigkeiten auszuüben" (zit. nach Oppenheim & Lister 1998, 219).
  Diese notwendigen Möglichkeiten und Gelegenheiten für eine hinreichend gute
Erziehung sind jedoch in Armuts- und Benachteiligungsverhältnissen häufig nicht
gegeben. Armut begründet nicht nur Mangel, sondern grenzt sozial aus. Die
betroffenen Menschen werden nicht selten „abgehängt", von der (Erwerbs-

arbeits-)Gesellschaft dauerhaft ausgegrenzt und erleben sich als „überflüssig". Mit dauerhafter Armut und Exklusion (auch von der Arbeitswelt) können Selbstentwertungs- und Demoralisierungsprozesse in Gang gesetzt werden. Zukunftsperspektiven gehen verloren, aufgebaute Strukturen der Raum- und Zeitwahrnehmung lösen sich auf, Orientierungen schwinden. Davon wird oftmals die familiäre Erziehungswirklichkeit der Kinder geprägt: Gefangen in ihren Alltagsproblemen und Konflikten, bedrängt von hoher existenzieller Unsicherheit haben Eltern nicht (mehr) die äußere und innere Kraft, um ihren Pflege- und Erziehungsaufgaben hinreichend nachzukommen, das heißt kindliche Grundbedürfnisse zu erkennen und halbwegs angemessen darauf einzugehen.

Diese Problemskizzierung verdeutlicht, dass Belastungen und Spannungen innerhalb der Eltern-Kind-Interaktion und -Beziehung ebenso wie die gesamten Sozialisations- und Erziehungsbedingungen von Kindern in gesellschaftliche Kontexte, die diese Belastungen und Spannungen (mit-)erzeugen, eingebettet sind.

Bedingungen einer wirksamen Frühförderung für Kinder mit Verhaltensproblemen

Wenn sich ein Entwicklungsfundament eines Kindes, das sich aus den oben genannten Grundbedürfnissen speist, nicht herausbilden kann beziehungsweise nachhaltig aus der Balance gerät, können auch die Kinder selbst „außer Rand und Band" geraten und Verhaltensschwierigkeiten entwickeln. Entsprechend dem engen Bezug zwischen Kind und Welt verstehen wir *Verhaltens*probleme und -störungen als *Verhältnis*probleme und -störungen, und zwar in Relation zu den Menschen seines Umfeldes, in Bezug zu den Dingen und nicht zuletzt in der Beziehung zu sich selbst. Unter allen drei Aspekten haben Kinder mit Verhaltensstörungen oftmals belastete und deprivierende Erfahrungen gemacht, die sich mental niederschlagen, zum Beispiel als Unsicherheit hinsichtlich der Verlässlichkeit von Menschen, speziell in ihrer Lebenswelt, als Unsicherheit und Angst, sich auf unbekannte Dinge und Sachverhalte einzulassen und als geringe Selbstwerteinschätzung und unzureichend entwickeltes Bewusstsein, Einfluss auf die eigene Umwelt und sich selbst ausüben zu können.

Daher wird es in frühen Bildungsprozessen und speziell in der Frühförderung darauf ankommen, möglichst früh einsetzende, intensive und dadurch nachhaltige Gegenerfahrungen zu ermöglichen und damit positive Veränderungen in der Relation zu anderen Menschen, zu den Dingen und sich selbst gegenüber einzuleiten. Dies entspricht den Kriterien einer wirksamen Frühförderung, die sich aus der Vielzahl von Effektivitätsstudien insbesondere mit entwicklungsgefährdeten Kindern aus hoch belasteten Lebens- und Erziehungsverhältnissen ableiten lassen. Danach sind Frühfördermaßnahmen umso wirksamer,

- je früher sie einsetzen,
- je mehr sie die Alltagsbedürfnisse der Kinder befriedigen und ihre Lebenssituation verbessern,

251

- je mehr sie den Kindern Sicherheit und verlässliche Beziehungen zu (erwachsenen) Bezugspersonen und sensible Interaktionen mit ihnen gewähren,
- je besser es gelingt, in einer anregenden Umgebung das kindliche Interesse zu wecken und aktive, selbst initiierte Lernprozesse zu ermöglichen.

(Klein 2002, 70).

Die Kombination von familienorientierten (home-based) und außerfamiliären Bildungs- und Förderangeboten (center-based) erhöht die Intensität, Dauer und langfristige Wirksamkeit der Förderung sozial benachteiligter und entwicklungsgefährdeter Kinder, gemessen an besseren Schulleistungen und weniger Schulabbrüchen, geringeren Sonderschulbesuchsquoten, einem höheren Grad an Erwerbsarbeit und niedrigerer krimineller Auffälligkeit. Dies belegt eine Reihe von Projekten wie das Child-Parent-Center-Programm (CPC) in Armutsvierteln Chicagos oder das Perry Preschool Project in Ypsilanti (USA), in denen die Center-based-Förderung eine intensive Zusammenarbeit mit den Eltern (z. B. als wöchentliche 90-minütige Hausbesuche im Perry Preschool Project) einschloss (Reynolds et al. 2001; Berth 2008).

Es kann also nicht nur darum gehen, Kinder in belasteten Lebenssituationen möglichst ganztägig aus den Familien zu nehmen, sondern auch darum, die Erziehungskraft der Familien in Kooperation mit ihnen zu stärken. Dies auch deshalb, um Kindern gute Transitionen zwischen ihrer familiären Lebenswelt und der Lebenswelt in der Kindertagesstätte zu ermöglichen.

Schutz und Sicherheit durch verlässliche, Zuwendung und Struktur gebende erwachsene Bezugspersonen

Förderung im familiären Kontext (home-based)

Schutz und Sicherheit, das heißt eine sichere Basis, bieten im günstigen Fall die Eltern. Bei Kindern mit psychosozialen Risiken, aber auch mit manifesten Behinderungen können die Interaktion und Beziehung zwischen Eltern (Mutter) und Kind(ern) aus vielfältigen, in der Lebenssituation der Familie sowie in der Persönlichkeit des Kindes und seiner Eltern (und deren Lebensgeschichte) liegenden und oftmals miteinander verschränkten Gründen erschwert beziehungsweise beeinträchtigt sein. Daher ist es eine wichtige Aufgabe, durch eine interaktions- und beziehungsfokussierte Frühförderung zur Entlastung, Verbesserung und Erweiterung der Eltern-Kind-Interaktion und -Beziehung beizutragen. Dazu kann die Frühförder-Fachperson den Eltern Hilfen des Beobachtens, Interpretierens und Verstehens der (durch eine Behinderung oder Verhaltensproblematik veränderten) Ausdrucks- und Kommunikationsweisen ihres Kindes und Hilfen in der Verständigung und im Umgang mit ihm geben.

Auf der Bindungstheorie beruhende Konzepte zur Förderung der Eltern-Kind-Interaktion, zum Beispiel die Entwicklungspsychologische Beratung (Fries, Behringer & Ziegenhain 2005; vgl. Übersicht in Wissenschaftlicher Beirat für Familienfragen 2005, 155–162), sind meist zeitlich begrenzte Angebote mit dem Ziel,

Eltern zu befähigen, die Bedürfnisse ihres Kindes aus dessen Perspektive wahrzunehmen und mit größerer Feinfühligkeit die Beziehung zu ihrem Kind zu gestalten. Hierzu werden mit Videoaufnahmen Interaktionssequenzen zwischen Mutter oder Vater und Kind festgehalten und gemeinsam mit der Fachperson angesehen, so dass die Eltern selbst die individuellen Verhaltensweisen ihres Kindes, aber auch eigene angemessene Reaktionen entdecken können.

Voraussetzung dafür ist eine möglichst vertrauensvolle Beziehung zwischen Eltern und Fachperson. Dann wird es Eltern auch leichter fallen, über Gefühle und Lebensereignisse, speziell belastende Beziehungserfahrungen mit ihrem Kind und eventuell auch eigene traumatische Erfahrungen in der Beziehungsgeschichte mit ihren eigenen Eltern, zu sprechen. Dies hilft ihnen, die Bedürfnisse des eigenen Kindes ein Stück weit besser wahrzunehmen und zu beachten.

Bei Familien in schwierigen Lebenslagen (Erkrankungen, Armut, soziale Randständigkeit, psychische Belastungen usw.), die „gute Elternschaft" im Sinne Rutters einschränken beziehungsweise verunmöglichen, ist es oftmals erforderlich, interaktions- und beziehungsfördernde Konzepte mit praktischen, lebensweltorientierten Hilfeangeboten (Fries, Behringer & Ziegenhain 2005, 121) beziehungsweise „sozialarbeiterischen Elementen" (Naggl & Thurmair 2000, 230) zu verbinden. Es geht also darum, sie in ein breiter angelegtes, länger andauendes, auf die lebensweltliche Situation und Alltagsnöte abgestimmtes Förder- und Unterstützungskonzept einzubinden.

Förderung im außerfamiliären Kontext (center-based)

Förderprogramme – etwa im Vorschulbereich – werden dann wirksam, wenn sie Kindern längerfristig Zugang zu kompetenten und fürsorglichen Erwachsenen ermöglichen, „[...] von denen sie Problemlösungsfähigkeiten lernten, durch die sich ihre Kommunikationsfähigkeit und Selbstwertgefühl verbesserten, die positive Rollenmodelle darstellen und Brücken in die Gemeinde schlugen" (Werner 1997, 201).

Im Sinne der Bindungs- und Resilienzforschung sollte in einer Center-based-Förderung darauf geachtet werden, dass insbesondere sozial-emotional belastete und unsichere Kinder und speziell Kinder mit belastenden familiären Bindungserfahrungen eine verlässliche, möglichst längerfristige Beziehung zu (mindestens) einer signifikanten Bezugsperson aufbauen können (und umgekehrt sollte diese die Möglichkeit haben, sich als vertraute, Ermutigung, Struktur und Anregung gebende Bezugsperson, Lernmedium und Lernmodell zur Verfügung zu stellen). Dazu bedarf es gerade bei Kindertagesstätten mit offenen Gruppenangeboten personaler Strukturen, die für diese Kinder überschaubar sowie Halt und Orientierung gebend sind, also fester Bezugspersonen. Zudem sind diese Kinder oftmals länger als Kinder mit gesicherten Bindungserfahrungen auf alle Qualitätskomponenten einer Bindungsbeziehung angewiesen, das heißt sie bedürfen – wie alle Vorschulkinder im Kindergarten – nicht nur der „Zuwendung, Assistenz und Explorationsunterstützung" (Ahnert 2007, 62), sondern darüber hinaus oftmals weiterhin der Sicherheit und Emotionsregulierung durch das Erziehungspersonal.

Zu einer resilienzfördernden Erziehung in Kindertagesstätten und Tagespflege gehört auch, nach relevanten und signifikanten Personen im familiären und außerfamiliären Umfeld des Kindes Ausschau zu halten und bereits bestehende Beziehungsprozesse zu fördern.

Zusammenarbeit mit den Eltern

Entgegen einer nicht selten skeptischen bis pessimistischen Einschätzung der Möglichkeiten des Zusammenarbeitens mit Eltern in multiplen Problemlagen (Weiß 2004 b) haben wir explizit und implizit auf die Bedeutung dieser Zusammenarbeit hingewiesen. Ihre Ausgangsbedingungen sind meist nicht einfach: Auf Seiten der Eltern zeigen sich sowohl Skepsis und Misstrauen (vor allem wenn sie aus der so genannten „Unterschicht" kommen) als auch hohe Ambivalenzen (z. B. in Form von Angst vor zugleich herbeigesehnter Hilfe); auf Seiten der Fachleute bestehen nicht selten soziale Distanz und ein von kleinbürgerlichen Normen geprägter und damit milieuspezifische Bedingungen missachtender Blick. Dies erzeugt Spannungen, die, werden sie nicht bearbeitet, die Zusammenarbeit unterminieren und zerstören können. Hier ist von der Frühförder-Fachperson eine doppelte reflexive Distanz gegenüber den eigenen mittelschichtspezifischen Werten und Normen und gegenüber jenen der belasteten Familien gefordert.

Der Aufbau einer halbwegs tragfähigen Arbeitsbeziehung mit einem klaren Arbeitsbündnis ist dringend erforderlich, braucht jedoch Zeit, innerhalb derer Aktivismus, der aus Handlungsdruck resultiert, abträglich ist. Vor allem bei Familien in sozioökonomisch schwierigen Lebenslagen sind die existenziellen Belastungen oftmals bedrängender als kindbezogene Probleme. Um die Mitarbeit der Eltern dennoch zu gewinnen, ist es erforderlich, lebensweltorientiert zu arbeiten, das heißt die Alltagsnöte der Familie in den Blick zu nehmen und diese eventuell auch an andere Stellen (Sozialamt, Wohnungsamt usw.) begleitend weiterzuverweisen. Dazu bedarf es entsprechender interdisziplinärer und interinstitutioneller Vernetzungen und Ressourcen.

Auf der Grundlage einer durch ein Mindestmaß an Vertrauen geprägten Arbeitsbeziehung ist es durchaus möglich, im Rahmen einer verständigungsorientierten, von Respekt getragenen Kommunikation kindbezogene Anliegen deutlich anzusprechen (Weiß 2004 a), dabei aber zu beachten: „Was ist dir das Menschlichste? Jemandem Scham zu ersparen" (Nietzsche 1887).

Unterstützung des Kindes im Aufbau von Sachbezügen

Kinder mit Verhaltensproblemen haben aus unterschiedlichen Gründen oft auch Probleme, mit den Dingen und Zusammenhängen ihrer Umwelt hinreichend in Beziehung zu treten. Gründe hierfür können sein eine kärgliche, deprivierende Umwelt, eine fehlende sichere Basis und unzureichende Beachtung in ihren Explorationsversuchen. Auch die Welt der Dinge ist eine sozial-kulturelle, das heißt von

Menschen geprägte Welt. Um mit ihr vertraut zu werden, die Dinge, ihre Zusammenhänge und Strukturen zu erfassen, sie mit subjektiven Bedeutungen zu belegen und emotional einzufärben – und dies meint Sachbezüge herzustellen –, bedarf es interessierter Erwachsener. Durch diese werden Dinge erst interessant. Wie ein Kind gleichzeitig zum Beispiel mit einem Ding und einer Person in Beziehung tritt, zeigt besonders die Zeigegeste, in der es sich deren gegenstandsgerichteter Aufmerksamkeit zu versichern sucht.

Indem der Erwachsene die Aktivitäten des Kindes mit „interessierter Resonanz" (Schäfer 2007, 67) begleitet oder gegebenenfalls mit „stimulierender Feinfühligkeit" (Datler 2004, 49) das Kind mit der Welt der Dinge in Kontakt und in Beziehung zu bringen sucht, stellen beide eine gemeinsam-geteilte Welt her, die von Strukturen und auch inneren normativen Zusammenhängen geprägt ist.

Ermöglichung von Selbstwertschätzung und Selbstwirksamkeitserfahrungen

Selbst-Wertschätzung und die Erfahrungen der Selbstwirksamkeit, das Bewusstsein, Kontrolle über sich und seine Umwelt zu gewinnen, kann ein Kind vor allem im spielerischen Handeln unter zwei Voraussetzungen erwerben:

1. Es müssen für das Kind befriedigende Handlungssituationen sein, in denen es sich als Gestalter seiner Aktivität und Exploration erlebt und dadurch die Erfahrung eigenen Könnens und Schaffens macht.
2. Das Kind muss in diesen Aktivitäten Wertschätzung erhalten und erfahren, dass andere an es und sein Tun glauben („Das schaffst Du"; Wustmann 2009). Diese Ermutigung vor Beginn und eventuell im Begleiten einer Aktivität ist vom Lob nach einer erfolgreich abgeschlossenen Handlung zu unterscheiden (Vernooij 2008, 50).

Kinder entwickeln bereits im ersten Lebensjahr die Überzeugung, Effekte selbst herbeiführen zu können, und freuen sich darüber. Positive Rückmeldungen von Seiten der Umwelt verstärken diese Überzeugung und Tendenz der Kinder, Effekte durch Selbsttun zu erzeugen. Zudem orientieren sich Kinder ab Ende des zweiten Lebensjahres und das Vorschulalter hindurch in der Selbstbewertung ihres Tuns und der erzielten Ergebnisse an den Rückmeldungen der Erwachsenen. Ihre Selbstbewertung und die damit eng zusammenhängende Selbstwirksamkeit werden also in dieser Zeit durch externe Bewertung hergestellt (Holodynski & Oerter 2002, 565 ff.). Aus diesen entwicklungspsychologischen Zusammenhängen hat Grond (1984, 105) mit Blick auf Kinder mit Verhaltensauffälligkeiten als wichtiges Kriterium formuliert: „Angemessen ist eine Förderung dann, wenn das Kind sich als Handelnder erlebt, der etwas bewirken kann, das an sich befriedigt und von der Bezugsperson anerkannt wird." Auf der Grundlage dieser engen Verschränkung der dinglichen und personalen Dimension in der Auseinandersetzung des Kindes mit der Welt zeigt Wustmann (2009) bildungswirksame und stärkende Lerndialoge zwischen Erzieherin und Kind auf.

Abschließende Bemerkung

Eine breit angelegte Frühförderung für Kinder in Problemlagen mit Home-based- und Center-based-Komponenten ist nicht zum Billigtarif zu haben. Abgesehen davon, dass sich früh ausgegebene Investitionen für diese Kinder und ihre Familien sowohl kindbezogen als auch gesellschaftlich im Vergleich zu sonst notwendigen Nachfolgekosten mehr als amortisieren, ist mit Brazelton und Greenspan (2002, 9) auf die hier bestehende gesellschaftliche Verantwortung mit Nachdruck hinzuweisen: „Wir haben zugelassen, dass die täglichen Anforderungen kontinuierlich wuchsen, ohne die gesellschaftliche Unterstützung, die möglich gewesen wäre, tatsächlich zu gewährleisten."

Literatur

Ahnert, L. (2007): Herausforderungen und Risiken in der frühen Bildungsvermittlung. In: Frühförderung interdisziplinär 26 (Jg.), H. 2, 58–65

Beck, U. (1986): Risikogesellschaft. Auf dem Weg in eine andere Moderne. Frankfurt a. M.: Suhrkamp

Bettelheim, B. (1997): Liebe allein genügt nicht. Die Erziehung emotional gestörter Kinder. Stuttgart: Klett-Cotta

Berth, F. (2008): James Heckman über Chancen. In: Süddeutsche Zeitung vom 29./30. 03. 2008, Nr. 74, Wochenend-Beilage, VIII

Brazelton, T. B. & Greenspan, S. I. (2002): Die sieben Grundbedürfnisse von Kindern. Was jedes Kind braucht, um gesund aufzuwachsen, gut zu lernen und glücklich zu sein. Weinheim: Beltz

Datler, W. (2004): Die Abhängigkeit des behinderten Säuglings von stimulierender Feinfühligkeit. In: Ahrbeck, B. & Rauh, B. (Hrsg.): Behinderung zwischen Autonomie und Angewiesensein. Stuttgart: Kohlhammer, 45–69

Diem-Wille, G. (2007): Die frühen Lebensjahre. Psychoanalytische Entwicklungstheorien nach Freud, Klein und Bion. Stuttgart: Kohlhammer

Elschenbroich, D. (2002): Weltwissen der Siebenjährigen. Wie Kinder die Welt entdecken können. München: Goldmann

Farah, M. J., Noble, K. G. & Hurt, H. (2006): Poverty, Privilege, and brain development: empirical finding and ethical implications. [http://www.psych.upenn.edu/~mfarah/farah_SES_05.pdf; entnommen am 29. 10. 2008]

Fries, M., Behringer, L. & Ziegenhain, U. (2005): Beziehungs- und bindungsorientierte Intervention in der Frühförderung am Beispiel der Entwicklungspsychologischen Beratung. In: Frühförderung interdisziplinär 24 (Jg.), H. 3, 115–123

Greenspan, S. I. & Shanker, S. (2007): Der erste Gedanke. Frühkindliche Kommunikation und die Evolution menschlichen Denkens. Weinheim: Beltz

Grond, J. (1984): Der Stellenwert der Früherziehung in der Vorbeugung von Verhaltensauffälligkeiten. In: Frühförderung interdisziplinär 3 (Jg.), H. 3, 97–109

Holodynski, M. & Oerter, R. (2002): Motivation, Emotion und Handlungsregulation. In: Oerter, R. & Montada, L. (Hrsg.): Entwicklungspsychologie. Weinheim: Beltz, 551–589

Hüther, G. & Michels, I. (2009): Gehirnforschung für Kinder. Felix und Feline entdecken das Gehirn. München: Kösel

Klein, G. (2002): Frühförderung bei Kindern mit psychosozialen Risiken. Stuttgart: Kohlhammer

Largo, R. H. (2008): Babyjahre. Entwicklung und Erziehung in den ersten vier Jahren. München: Piper

Mößle, Th., Kleimann, M., Rehbein, F. & Pfeiffer, Ch. (2006): Mediennutzung, Schulerfolg, Jugendgewalt und die Krise der Jungen. In: Zeitschrift für Jugendkriminalrecht und Jugendhilfe 17 (Jg.), H. 3, 295–309

Naggl, M. & Thurmair, M. (2000): Frühförderung für Kinder in Armutslagen: Handlungsmöglichkeiten und bewährte Praxis. In: Weiß, H. (Hrsg.): Frühförderung mit Kindern und Familien in Armutslagen. München: Reinhardt, 209–235

Nietzsche, F. (1887): Die fröhliche Wissenschaft. München: Goldmann (1977)

Oppenheim, C. & Lister, R. (1998): Armut und Familienleben am Beispiel der britischen Gesellschaft. In: Klocke, A. & Hurrelmann, K. (Hrsg.): Kinder und Jugendliche in Armut. Opladen: Westdeutscher Verlag, 205–224

Reynolds, A. J.; Temple, J. A.; Robertson, D. L. & Mann, E. A. (2001): Long-term effects of an early childhood intervention on educational achievement and juvenile arrest. In: JAMA, Vol. 285, H. 18, 2339–2346

Schäfer, G. E. (2007): Was ist frühkindliche Bildung? In: Schäfer, G. E. (Hrsg.): Bildung beginnt mit der Geburt. Berlin: Cornelsen/Scriptor, 15–74

Thurmair, M. & Naggl, M. (2007): Praxis der Frühförderung. München: Reinhardt

Vernooij, M. (2008): Tiefenpsychologische Ansätze. In: Vernooij, M. & Wittrock, M. (Hrsg.): Verhaltensgestört. Perspektiven, Diagnosen, Lösungen im pädagogischen Alltag. Paderborn: Schöningh, 15–59

Weiß, H. (2004 a): Verständigungsorientierte Kommunikation mit Familien in schwierigen Lebenslagen – eine (un-)mögliche Aufgabe für bürgerliche Heilpädagoginnen und Heilpädagogen? In: Vierteljahresschrift für Heilpädagogik und ihre Nachbargebiete 73 (Jg.), H. 1, 83–100

Weiß, H. (2004 b): Frühförderung mit Kindern und Familien in multiplen Problemlagen. In: Kühl, J. (Hrsg.): Frühförderung und SGB IX. München: Reinhardt, 132–144

Werner, E. (1997): Gefährdete Kindheit in der Moderne: Protektive Faktoren. In: Vierteljahresschrift für Heilpädagogik und ihre Nachbargebiete, 66 (Jg.), H. 2, 192–203

Wissenschaftlicher Beirat für Familienfragen (2005): Familiale Erziehungskompetenzen. Beziehungsklima und Erziehungsleistungen in der Familie als Problem und Aufgabe. Weinheim: Juventa

Wustmann, C. (2009): Kinder stärken im Elementarbereich: Beobachtungen und Dialoge am Beispiel der Bildungs- und Lerngeschichten. Dokumentation zum Symposion „Resilienz und Erziehung – Förderung adaptiver Ressourcen von Kindern und Jugendlichen" im Rahmen der Didacta – die Bildungsmesse 10. und 11. 02. 2009, Hannover [http://www.vds-bildungsmedien.de/veranstaltungen/symposien-zur-didacta/symposien-2009/; entnommen am 12. 06. 2009]

7.3 Unterricht

Roland Stein

Einleitung

Einen „Unterricht bei Verhaltensstörungen" gibt es nicht nur in spezifischen sonderpädagogischen Settings, etwa in Schulen für Erziehungshilfe, denn Unterricht und Störungen sind aufs Engste miteinander verknüpft, wie jeder aus seiner eigenen Zeit als Schüler wird erinnern können. Grundsätzlich müssen Didaktik und Unterrichtsgestaltung auf diesen Tatbestand Rücksicht nehmen. Es wäre also eine Anforderung an jedes Unterrichtskonzept und jede Realisierung von Unterricht. Gleichwohl lassen sich bestimmte Aspekte beschreiben, die im Hinblick auf Verhaltensstörungen von besonderer Bedeutung sind, sowohl für die Arbeit in Sonderschulen als auch für diejenige in Kontexten der integrierten Förderung verhaltensauffälliger Schülerinnen und Schüler an allgemeinen Schulen.

Unterricht meint die Gestaltung, Realisierung und Auswertung von Lehr-Lernsituationen und das Vermitteln von Inhalten. Dies wird heute zunehmend als eine Art „Hilfe zur Selbsthilfe" verstanden, ohne dass die Instruktion im Sinne der Vermittlung von Inhalten damit aus dem Spiel wäre. Zu einer „Hilfe zur Selbsthilfe" gehört sowohl die Bereitstellung von Möglichkeiten (zunehmend) eigenständigen Lernens als auch das „Kontrollieren" der Lernprozesse.

Im Unterricht sind Wissensvermittlung und Erziehung eng miteinander verschränkt. Auch dies ist für den hier betrachteten Kontext in besonderem Maße in den Blick zu nehmen: Schon, wenn von Förderung der emotionalen und sozialen Entwicklung die Rede ist, wird deutlich, dass es hier nicht allein um Vorgänge der (kognitiven) Wissensvermittlung geht.

Prinzipien der Unterrichtung bei Verhaltensstörungen

Für die unterrichtliche Arbeit werden immer wieder bestimmte grundlegende Prinzipien diskutiert. Hervorgehoben werden etwa das Durchgangsprinzip der möglichst raschen Rückkehr zur „normalen" Unterrichtung und dem entsprechenden Curriculum, die Notwendigkeit starker Individualisierung, die zugleich bedeutsame Berücksichtigung gruppendynamischer Faktoren und Prozesse sowie die besondere Relevanz emotionaler Momente (vgl. Stein & Stein 2006, 72 ff.). Im Folgenden sollen drei zentrale Aspekte der Unterrichtsgestaltung näher betrachtet werden:

Strukturgebung: Das Gestalten von Strukturen hat für den Unterricht grundsätzlich eine große Bedeutung. Umso mehr gilt dies im Hinblick auf die Arbeit mit Schülern mit Verhaltensauffälligkeiten. Strukturen können und sollen Orientierung und Sicherheit bieten; durch sie werden auch Grenzen für auffälliges Verhalten definiert. Menschen bedürfen der Strukturen in ihrem Leben und ihrem Alltag. Häufig ist eine mangelnde Strukturgebung (mit) ausschlaggebend für das Entstehen oder die Verfestigung von Aggressivität, Impulsivität, Aufmerksamkeitsstörungen, aber auch Ängstlichkeit und Unsicherheit. Für den Kontext Erziehungshilfe wurden aus diesen Gründen verschiedene Konzepte „strukturierten Unterrichts" entwickelt. Zu unterscheiden von diesen spezifischen Konzeptionen ist die grundlegende Strukturgebung des Unterrichts: Sie kann in Form von Raumstrukturen, Zeitstrukturen, Regeln für Umgang und Arbeit, Ritualen oder auch Rollenstrukturen in der Gruppe realisiert werden. Aber auch Konsequenz und Verlässlichkeit von Pädagogen wirkt strukturbildend. Die Strukturgebung muss sich an den spezifischen Bedürfnissen und auch Problematiken der Schülerinnen und Schüler orientieren; möglichst weitreichend und zunehmend sollten sie in die Gestaltung, Weiterentwicklung und Veränderung der Strukturen einbezogen werden. Auf diesem Wege finden individuelle Bedürfnisse optimale Berücksichtigung, Sinn und Zweck der Strukturen können erfasst und durchdrungen werden – und die Fähigkeit der Schüler zu eigenständiger Strukturierung wird gefördert. Strukturgebung kann jedoch andererseits nicht absolut gesetzt werden; sie könnte Kreativität und Lebendigkeit ersticken. Sie steht daher in einem dialektischen Verhältnis zum nachfolgend erörterten Aspekt der Prozessorientierung.

Prozessorientierung: Auch hier gilt etwas Grundsätzliches für Unterrichtsgestaltung. Pädagogen sind gut beraten, stets nahe „am Prozess" des Geschehens zu bleiben, da sich in Unterricht und Klassensituationen häufig rasche, oft subtile Veränderungen vollziehen, die Pädagogen registrieren und auf die sie gegebenenfalls reagieren müssen. Auch dies gilt wiederum umso mehr in der Arbeit mit verhaltensauffälligen Schülerinnen und Schülern. Gerade hier besteht intra- wie auch interindividuell oft eine sehr hohe Dynamik. Prozessorientierung bedeutet damit zum einen ein Erleben im „Hier und Jetzt", zum anderen auch die Kompetenz, rasch und flexibel auf situative Veränderungen zu reagieren. Dabei gilt es zudem, die „Psychohygiene" einzelner Schüler als auch die „Soziohygiene" der Klasse oder Gruppe im Auge zu behalten. Die hier beschriebene hohe Anforderung wird erleichtert durch den Einbezug von Kolleginnen und Kollegen im Hinblick auf besonders schwierige Situationen – vorweg, im Nachhinein oder, falls eine Doppelbesetzung möglich ist, auch ganz aktuell im Geschehen. Wiederum ist diesbezüglich auf einen dialektischen Gedanken hinzuweisen: dass Prozessorientierung natürlich nicht völlige Spontaneität und Planlosigkeit bedeuten kann, sondern in Zusammenhang mit der Setzung von Strukturen, auch im Sinne der Unterrichtsplanung zu sehen ist.

Therapeutisches Milieu: Spezifisch für den Unterricht bei Verhaltensstörungen wird häufig die Gestaltung eines besonderen Schutz- und Schonraumes für Kinder und Jugendliche mit Verhaltensauffälligkeiten für notwendig gehalten – eines Raumes, in dem diese bessere Entwicklungsbedingungen finden und sich entfalten können. Darunter werden das Fernhalten belastender Einflüsse verstanden sowie die Gewährung besonderer Zuwendung und Annahme, die Ermöglichung von Ruhe und Entspannung sowie die Stiftung von Erfahrungen der Sicherheit und

Geborgenheit. Angesichts der Problematik therapeutischer Orientierung in der Sonderpädagogik könnte man, vielleicht passender, von „sonderpädagogischem Milieu" sprechen. In einigen ausgearbeiteten Konzeptionen wird die gesamte Umwelt in dieser Hinsicht gestaltet – so wurde der Begriff konzeptionell stark durch die psychoanalytische Pädagogik von Bettelheim (1990) geprägt (vgl. Stein 2008, 169 ff.).

Auch dieses Konzept bedarf einer dialektischen Betrachtung, denn die Gestaltung eines Schonraumes schafft „Kunstwelten" für Kinder und Jugendliche, die diese ja zugleich irgendwann einmal verlassen sollen. Insofern muss ein therapeutisches Milieu immer auch auf seine eigene Auflösung hin zugeschnitten werden: Man wird nicht umhin kommen, den Schonraum schrittweise zurückzunehmen und die Kinder und Jugendlichen zunehmend (wieder) mit Anforderungen zu konfrontieren. Des Weiteren ist zu bedenken, dass für unterschiedliche Schüler unterschiedliche Charakteristika von Schonräumen förderlich sein können und demzufolge nicht das gleiche Milieu für alle hilfreich sein wird.

Aspekte einer integrativen Didaktik bei Verhaltensstörungen

Mit den Grundgedanken der Planung, Gestaltung und Auswertung beschäftigt sich die Allgemeine Didaktik. Auch wenn sich namhafte Vertreter eher wenig explizit mit Verhaltensstörungen auseinandergesetzt haben, lassen sich ihre Gedanken dennoch als Grundgerüst für einen Unterricht verwenden, der Verhaltensstörungen mit bedenkt. Dies gilt insbesondere für die bis in die 1980er Jahre hinein entwickelten Modelle der Bildungstheoretischen Didaktik (Klafki 1995) und der Lehrtheoretischen Didaktik (Schulz 1995). In seiner Kritisch-Kommunikativen Didaktik setzt sich Winkel (1995) explizit auch mit dem „störfaktorialen Aspekt" auseinander, der im Unterricht grundsätzlich gegeben sei. Eine interessante, fruchtbringende neuere Konzeption, die insbesondere, über die Strukturgebung hinaus, der Anforderung der Prozessorientierung stärker gerecht zu werden versucht, ist die Subjektive Didaktik von Kösel (1993). All diese Modelle versuchen Grundstrukturen der Unterrichtsgestaltung zu entwickeln, die für Lehrerinnen und Lehrer als hilfreiche Orientierung dienen können.

Das systemisch-konstruktivistisch geprägte Modell von Kösel bringt nur auf den Punkt, was auch Quintessenz anderer Modelle ist, etwa desjenigen von Schulz: Im Zentrum der Planung, Gestaltung und Auswertung von Unterricht steht die „Psychologie" der Lernenden (sowie auch der Lehrenden): Das, was im Unterricht geschieht, soll an die Situation und das Erleben der Schülerinnen und Schüler anknüpfen. Unterricht wird immer auch eine gesellschaftliche, soziale und politische Komponente zugeschrieben, eine Beziehung zu der Lebenswelt der beteiligten Personen und zum Umfeld, innerhalb dessen der Unterricht stattfindet. Planung, Gestaltung und Auswertung des Unterrichts sollten weitestmöglich gemeinsam mit den Lernenden erfolgen – eine solche Einbeziehung der Schülerinnen und Schüler in die Gestaltung kann als „Meta-Unterricht" bezeichnet werden, als

„Unterricht über Unterricht". Auch für Lehrer gilt, dass sie im Unterrichtsgeschehen lernen und damit die Rollen zwischen Lehrenden und Lernenden nicht so klar getrennt werden können, wie dies lange gedacht war. Und wenn etwa Schulz von den drei grundlegenden Aspekten der Sach-, Gefühls- und Sozialerfahrung spricht, die gleichgewichtig Berücksichtigung finden sollten, ist ohne eine explizite Thematisierung von „Verhaltensstörungen" ein „Förderschwerpunkt emotionale und soziale Entwicklung" mitgedacht: Ein so verstandenes unterrichtliches Lernen bezieht sich auf die Entwicklung der gesamten Person, im Sinne einer umfassenden Persönlichkeits-Bildung.

Versucht man, tragende Elemente aus unterschiedlichen der angesprochenen didaktischen Modelle integrierend in ein Gesamtbild einzubinden, so sollten für die Planung, Durchführung und Reflexion jeglichen Unterrichts (unter Berücksichtigung von Verhaltensstörungen) die nachfolgend beschriebenen sechs Aspekte Berücksichtigung finden (ausführlich: Stein & Stein 2006, 221 ff.; Stein 2008, 150 ff.).

(1) Bedingungen und Voraussetzungen: Für die Reflexion von Lernen sind stets vier Aspekte zu berücksichtigen: Voraussetzungen auf Seiten der Schüler und Pädagogen, Voraussetzungen der Lerngruppe als Ganzes, notwendige Bedingungen zur Durchführung einer bestimmten Lerneinheit – sowie Voraussetzungen, welche das Umfeld der Lerngruppe bietet. Diese ganze Reflexion beinhaltet auch antizipierte Störungen: Störungen, die in irgendeiner Weise vorausgesehen werden. Sie haben Einfluss auf die Lernplanung. So könnten in Erwartung bestimmter Störungen Varianten und Alternativen eingeplant werden.

(2) Ziele: Diese können auf verschiedenen Ebenen von sehr globalen Zielen bis hin zu ganz spezifischen Teilzielen bestimmt werden – und sie können sich auf unterschiedliche Funktionsbereiche beziehen (z. B. affektive, sozial-kommunikative oder kognitive Ziele im Sinne einer integrativen Berücksichtigung der ganzen Schüler-Person, aber auch gesellschaftspolitische Ziele).

(3) Inhalte: Zum Teil sind sie curricular vorgegeben, oft jedoch auch teilweise oder ganz frei wählbar. Bei der Auswahl von Inhalten ist zweierlei zu berücksichtigen: Zum einen die grundsätzliche Frage der Eignung bestimmter Inhalte, zum anderen die Frage persönlicher und allgemeiner Relevanz des ins Auge gefassten Inhalts.

(4) Lernformen und Medien: Auch die Auswahl von adäquaten Lernformen (im Sinne von Aktions- und Sozialformen) sowie Medien hat erheblichen Einfluss auf den Ablauf des Lernens und das Entstehen möglicher Störungen. Dabei ist das möglichst vielfältige Ansprechen von Sinnen und von Verarbeitungsebenen zu bedenken. Im Hinblick auf den Einsatz von Medien steht eine Vielfalt von Gestaltungselementen zur Verfügung, die beispielsweise auch die Wände, die Decke und den Boden umfasst (vgl. Kösel 1993, 317 f.).

(5) Unterrichts-Prozess-Strukturen: Darunter ist die Strukturierung des Unterrichtsprozesses zu verstehen, wie sie im Vorhinein erarbeitet wird, einschließlich möglicher Varianten. Es handelt sich also um den jeweils vorläufig geplanten zeitlichen, strukturellen und organisatorischen Ablauf der Auseinandersetzung

mit einem Themenbereich. Ergänzend zu den antizipierten Störungen sind hier aktuelle Störungen zu berücksichtigen – solche Störungen, die nicht schon vorweg gedacht und erwartet werden können. Sie haben Bedeutung für die unterrichtsbegleitende Planung – im Sinne einer kontinuierlich-prozesshaften Lerngestaltung.

(6) *Auswertung:* Die Auswertung von Lernen und Unterricht kann im Prozess des Unterrichts erfolgen – insbesondere aber im Anschluss an eine abgeschlossene Lerneinheit. Vier Aspekte sind zu bedenken: Die je individuellen Lernprozesse der Schüler, der Prozess der gesamten Lerngruppe, die Beurteilung der Lernplanung und die Arbeit des Pädagogen im Unterricht selbst, im Sinne der Umsetzung, Begleitung und Unterstützung.

Konzepte für den Unterricht bei Verhaltensstörungen

Insbesondere in den 1960er und 1970er Jahren setzte in Deutschland eine verstärkte Diskussion unterrichtlicher Konzeptionen im Hinblick auf Verhaltensstörungen ein. Bedeutsamer Hintergrund war die Gestaltung eigener Sonderschulen („für Erziehungshilfe", „für Verhaltensgestörte") und die damit verbundene Suche nach Ansätzen. Es wurden neue Konzeptionen entwickelt, bestehende aus anderen Ländern übertragen – und es ergab sich eine Erörterung des Einsatzes allgemeiner Unterrichtskonzepte wie etwa des Offenen Unterrichts. Jenseits der mittleren 1980er Jahre ebbte diese Diskussion ab, versiegte jedoch nicht vollständig. Im Folgenden werden die wesentlichen der damals und bis heute entwickelten Vorstellungen jeweils knapp vorgestellt und kritisch erörtert (ausführlich: Hillenbrand 2003; Stein & Stein 2006). Folgt man der hier skizzierten Entwicklung, erscheinen viele dieser Konzeptionen recht betagt, aber sie alle werden, wenn auch teilweise heiß umstritten, auch noch heute diskutiert.

Grundsätzlich könnte man diese Konzeptionen jeweils im Hinblick auf drei Dimensionen einordnen: Von strukturierten bis zu offenen Unterrichtskonzepten; von spezifisch für den Kontext Verhaltensstörungen entwickelten bis zu allgemeinen Unterrichtskonzepten; von stärker genuin pädagogisch-didaktischen bis zu stärker therapeutischen Unterrichtskonzeptionen.

Die nachfolgende Darstellung folgt um der Prägnanz der Textführung willen im Wesentlichen der erstgenannten Dimension, bezieht jedoch auch die anderen beiden mit ein.

Strukturierte Unterrichtskonzepte

Viel diskutiert worden ist das Modell der Reizreduzierung von Cruickshank (1981). Dabei ist zu bedenken, dass dieses im Hinblick auf besondere Beeinträchtigungen „hirngeschädigter" und „hyperaktiver" Kinder entwickelt wurde. Der Fokus liegt auf einer von Lehrerseite besonders gestalteten, stark reizreduzierten Umgebung, um potentielle Ablenkungen und daraus resultierende Verhaltensauffälligkeiten (im Sinne von Aufmerksamkeitsstörungen und Impulsivität) zu reduzieren. Lernrelevante Reize (z. B. Arbeitsmaterialien) hingegen sollen stark strukturiert und auf das Wesentliche hin lenkend gestaltet sein. Letztlich geht es darum, Verhaltensauffälligkeiten zu verhindern oder zu minimieren, um schulisches Lernen zu ermöglichen. Da hier eine recht extreme Realisierung von Reizreduzierung (etwa durch Lernkabinen) und Steuerung der Schüler durch die Pädagogen umgesetzt wird, begegnet das Konzept in seiner Reinform sehr starker Kritik.

Raumstrukturen und Verhaltenssteuerung stehen im Vordergrund des „funktionsteiligen" oder auch „durchstrukturierten" Klassenraums von Schumacher (1979). Basis ist ein theoretisch sehr fragwürdiges Stufenmodell der Entwicklung. Die Einschätzung der jeweiligen Entwicklungsstufe eines Kindes dient auch der Zuordnung zu Fördermaßnahmen im Unterricht. Die Durchstrukturierung des Klassenraums geschieht durch Definition bestimmter Raumteile als Zentren für umschriebene Aufgaben: Kulturelle Fertigkeiten, Ordnung, Erforschung sowie auch „Büros" für Einzelarbeit. Vorgesehen ist ein Zwei-Pädagogen-System, das insbesondere für die Umsetzung des der Verhaltenssteuerung dienenden Münzverstärkersystems unverzichtbar ist. Das Konzept ist auch durch strikte Zeitstrukturen geprägt: der Tagesplan ist in kleine Zeiteinheiten aufgeteilt. Neben dem Stufenmodell kann an diesem Konzept auch die starke Lehrerdominanz sowie der recht hohe Personal- und Raumaufwand kritisiert werden, der eine Umsetzung jenseits sonderschulischer Strukturen sehr schwer macht. Auch die Enge der Strukturen ist hier sehr weit getrieben.

Das dritte in diesem Rahmen anzusprechende Konzept unterscheidet sich in zweifacher Weise von den beiden ersten: Zum einen ist es in seinen jüngeren Fassungen erheblich aktueller, zum anderen ist es stärker ausdifferenziert und entfernt sich in einigen Teilaspekten von extremer Strukturierung. Es handelt sich um das Konzept der „Entwicklungstherapie/Entwicklungspädagogik (ETEP)" (Bergsson 1995). Basierend auf dem Ursprungskonzept des entwicklungstherapeutischen Unterrichts nach Wood (1975) wird auch hier ein differenzierteres, aber aus theoretischen Überlegungen wiederum sehr kritisch zu sehendes Stufenkonzept zugrunde gelegt, in dem jeweils die vier Lernbereiche Verhalten, Kommunikation, Sozialisation und schulische Fertigkeiten unterschieden werden. Auf Basis dieses Konzepts wurde ein umfassendes Diagnostikum entwickelt, die „Entwicklungstherapeutischen Lernziel-Diagnose-Bögen (ELDiB)". Mit diesen soll durch Befragung des Kindes selbst, der Lehrer, Erzieher sowie Eltern ein kontinuierlich erhobenes Kompetenzbild der Schülerinnen und Schüler gewonnen werden, anhand dessen dann die Bestimmung individueller Förderziele hergeleitet wird. Die Förderung erfolgt im stark durchstrukturierten „Entwicklungstherapeutischen Unterricht (ETU)" und soll durch ein Team aus drei Pädagogen durchgeführt werden. Den Pädagogen wird auch ein stark präventives und an der jeweiligen Entwicklungsstufe des Kindes ausgerichtetes Spektrum von Handlungsstrategien zur Hand gegeben. Dieses Konzept wurde eigentlich für die integrierte Förderung entwickelt, wird jedoch auch in Sonderschulen eingesetzt. Zu bedenken ist sowohl das problematische Stufenmodell als auch der hohe Realisierungsaufwand (Diagnostik, Mehrpädagogensystem).

Strukturiert-schülerzentrierer Unterricht

Ende der 1970er Jahre haben Neukäter und Goetze (1978) mit dem Konzept des strukturiert-schülerzentrierten Unterrichts den Versuch einer Kompromisslösung zwischen einem strukturierten Unterricht und einem schülerzentrierten Unterricht in der Tradition von Rogers vorgelegt; es wurde im Rahmen eines kleineren Unterrichtsversuches erprobt, begleitet und kritisch evaluiert.

Dieser Ansatz beinhaltet drei Phasen: (1) eine Fremdsteuerung dominierte Phase, in der das Vorgehen stark lernpsychologisch geprägt ist und insbesondere Kontingenzverträge eingesetzt werden sollen; (2) eine teilweise selbstgesteuerte Phase mit Auflösung der Kontingenz und verstärkter Einbindung sozial-emotionaler Aktivitäten und (3) eine durch selbstdirektives Lernen im Rogers'schen Sinne geprägte Phase. Zentrales Ziel ist es, bei Schülern mit erheblichen Verhaltensproblematiken mit der als notwendig erachteten Fremdsteuerung zu starten, jedoch das Ziel der Selbststeuerung im Auge zu haben. Dazu werden zwei Konzeptionen verbunden, deren theoretische Voraussetzungen und Menschenbilder außerordentlich unterschiedlich sind.

Hier setzt eine zentrale Kritik der Konzeption ein: ob dies überhaupt tragfähig sei. Im eigenen Unterrichtsversuch wurde die dritte Phase nicht erreicht; schon bei der Anbahnung der zweiten ergaben sich große Probleme. Den Autoren ist zugute zu halten, den Versuch der (wenn auch sehr kleinen) empirischen Evaluierung des eigenen Ansatzes angegangen und sich der kritischen Selbstevaluation gestellt zu haben.

Als strukturiert-schülerzentriert kann auch das Konzept der Kooperativen Verhaltensmodifikation im Unterricht von Redlich und Schley (1981) bezeichnet werden: Zum einen soll pädagogisch-strukturiert mit Verstärkerplänen an Problemen im unterrichtlich-fachlichen, insbesondere aber im sozialen Bereich gearbeitet werden. Zum anderen geschieht dies bei enger Einbindung der Schülerinnen und Schüler in die Vereinbarung von Veränderungszielen sowie die Entwicklung und Umsetzung der Modifikationspläne. Die theoretische Orientierung ist systemisch und prozessorientiert ausgerichtet. Die pädagogische Arbeit wird als kontinuierlicher Problemlöseprozess betrachtet. Lehrer und Schüler sollen in ihrer Arbeit durch einen Berater begleitet werden. Das Konzept beschränkt sich letztlich auf eine gut durchdachte lernpsychologische Ergänzung des Unterrichts.

Schülerzentrierte und offene Unterrichtskonzepte

Im vorangegangenen Kapitel wurde der Ansatz eines schülerzentrierten Unterrichts in der Tradition der Arbeiten von Rogers (1988) angesprochen. Leitlinie ist die Förderung der Möglichkeit zu „signifikantem Lernen" der Schülerinnen und Schüler im Sinne eines selbst-initiierten, auf persönlichen Erfahrungen basierenden, als bedeutungsvoll erlebten Sammelns und Verarbeitens von Erfahrungen. Grundlage eines solchen Lernens ist die Schaffung einer angemessenen Lernatmosphäre, die insbesondere bedrohungsfrei sein soll. Der Lehrende wird zum „Facilitator", zum Lern-Erleichterer, der die Bedingungen für signifikantes Lernen schafft. Unverzichtbare Grundlagen seiner Arbeit sind die bedingungslose Wertschätzung der Schülerpersönlichkeit, das Bemühen um einfühlendes Verstehen sowie die Echtheit des Erziehers: sich so zu zeigen, wie er oder sie wirklich ist. Die Einbeziehung der Schüler erfolgt sehr konsequent; entsprechend richtet sich die Generalkritik auf den idealistischen Charakter dieses Konzepts, wenn Unterricht in das klassische Schulsystem und Curricula eingebunden ist und es um die Arbeit mit schwierigen Schülern geht, deren Einbeziehung oft gerade eines der Kernprobleme darstellt.

Besonders intensiv ist in den vergangenen dreißig Jahren über die Formen des Offenen Unterrichts und dabei auch über den Projektunterricht diskutiert worden. Hierzu liegen neben theoretischen Betrachtungen (Stein & Stein 2006, 184 ff.; Hillenbrand 2003; Hartke 2002) auch kleinere Unterrichtsversuche mit verhaltensauffälligen Schülern vor (vgl. z. B. Goetze 1994; Neukäter 1989). Bei den Formen Offenen Unterrichts handelt es sich um eine recht breite Gruppe von Konzepten. Insbesondere Freie Arbeit, Tages- und Wochenplan, Gesprächskreise, Lernzirkel und Stationenarbeit, Formen handlungsorientierten Unterrichts und – eben auch – projektorientierte Unterrichtsformen. Gemeinsam ist all diesen Konzepten die Abwendung von einem frontalen, stark lehrerdominierten Unterricht. Ob eine solche Offenheit Schülern mit Verhaltensauffälligkeiten nun eher entgegen kommt (und verschiedene Auffälligkeiten dann erst gar nicht auftreten) oder gerade kontraindiziert ist, wird kontrovers diskutiert. Für letzteres könnte sprechen, dass der Offene Unterricht Kompetenzen voraussetzt, die nicht oder zu wenig gegeben sind, und es dann gerade zu Störungen des Verhaltens und Lernens kommen kann. Entscheidend dürfte der gut durchdachte Einsatz sein – im Hinblick auf die Orientierung am je individuellen Förderbedarf der Schüler und die konkrete Gestaltung und den Aufbau des Unterrichts.

Pädagogisch-therapeutisch orientierte Ansätze

Jenseits der Dimension zwischen Strukturierung und Offenheit des Unterrichts sollen abschließend zwei Konzepte angesprochen werden, die stärker therapeutisch ausgerichtet sind. Wie beim zweiten Ansatz deutlich werden wird, ist hier die Realisierung der Ausrichtung kritisch zu durchdenken; bezüglich Ausbildung und Kompetenzen der handelnden Pädagogen, aber auch im Hinblick auf das verfügbare „Setting", wie räumliche Möglichkeiten, Größe und Zusammensetzung der Klasse oder verfügbares Personal.

Auf einem psychodynamischen bzw. psychoanalytischen Hintergrund wurde das Konzept des konfliktverarbeitenden Unterrichts von Baulig (1982) entwickelt – insbesondere für die Arbeit mit Schülern, die zu aggressiv-ausagierendem Verhalten neigen. Im Zentrum des Konzepts steht die aktive Arbeit an Konflikten, womit sowohl innere Schülerkonflikte als auch soziale Konflikte gemeint sind. Vorgesehen sind Maßnahmen zur Strukturierung, zur Stützung des Ichs als innerer

Kontroll- und Steuerinstanz der Schüler, auch die Thematisierung von und Einwirkung auf von den Kindern und Jugendlichen erlebte Stigmatisierungen sowie verschiedene Maßnahmen zur Konfliktbearbeitung. Dabei geht Baulig von einem Entwicklungsgedanken aus. In einem frühen Stadium gemeinsamer Arbeit könnte – ganz gegenteilig zur im Vordergrund stehenden Konfliktfokussierung – zunächst die Vermeidung solcher Konflikte stehen, welche die Schüler zu sehr aufwühlen könnten. Über den psychodynamischen Kern hinaus hat Baulig eine Fülle von Arbeitsprinzipien unterschiedlichster konzeptioneller Herkunft, darunter auch lernpsychologische Aspekte, in sein Konzept integriert. An diesem Eklektizismus setzt auch eine Kernkritik ein. Das Konzept ist im Hinblick auf die Konfliktfokussierung stärker pädagogisch-therapeutisch orientiert, wobei jedoch versucht wird, diese gut durchdacht in den Unterricht zu verankern.

Eine recht junge Unterrichtskonzeption stellt der alltagsästhetische Ansatz von Bröcher (z.B. 1997) dar. Im Vordergrund dieses spezifisch für die Arbeit mit (stark) verhaltensauffälligen Kindern und Jugendlichen entwickelten Konzepts steht das Bemühen um Annäherung der Pädagogen an die individuelle, „zerrissene" Lebenswelt der Schüler. Dies geschieht über die Anfertigung und gemeinsame Deutung von „alltagsästhetischen" Produktionen: Collagen, Bilder, Skulpturen, freie Texte usw. Erst in der Folge wird eine stärkere, an klassischem Unterricht orientierte Sach- und Lehrplanausrichtung möglich sein. Zum einen entfernt sich dieser Ansatz für eine recht unbestimmte Phase vom regulären Unterricht; zum anderen setzt die Arbeit einiges an kunsttherapeutischen Kompetenzen der Pädagogen voraus, um verantwortungsvoll im Sinne des Konzepts arbeiten zu können. Schließlich ist nicht immer von der Bereitschaft der Schüler zu kreativen Produktionen und anhand dieser erfolgenden, gemeinsamen vertieften Interpretationsprozessen auszugehen.

Fazit und Ausblick

Während nach einer konzeptionellen Entwicklungsphase in den 1970er Jahren in den beiden darauf folgenden Jahrzehnten eher wenig geschah, hat seit Ausgang des 20. Jahrhunderts eine erneute Diskussion um die Unterrichtsgestaltung im Hinblick auf Verhaltensstörungen eingesetzt. Erforderlich ist nun in jedem Falle Folgendes:

- die (Weiter-)Entwicklung zeitgemäßer, tragfähiger Unterrichtskonzeptionen;
- die Entwicklung und Bereitstellung eines Spektrums von Maßnahmen, die zum einen den erweiterten Möglichkeiten und spezifischen Settings in Sonder- und Heimschulen, zum anderen aber auch den im Hinblick auf pädagogisch-organisatorisches „Investment" begrenzteren integrativ-schulischen Settings gerecht werden können;
- die vertiefte Diskussion differenzierter Gestaltung von Unterricht bezüglich spezifischer Problematiken wie Aggressivität und Dissozialität, Ängstlichkeit

oder ADHS und noch vertiefter bezogen auf ganz individuellen Förderbedarf im emotionalen und sozialen Bereich;
* das Einsetzen einer ernsthaften, gut geplanten Evaluationsforschung zur Umsetzung von Konzepten und Einzelaspekten.

Gerade Letzteres stellt ein dringendes Desiderat dar, das zugleich unter anderem aus methodischen Gründen erhebliche Herausforderungen an eine zukünftige sonderpädagogisch-didaktische Forschung repräsentiert.

Literatur

Baulig, V. (1982): Auffälliges Schülerverhalten. Weinheim: Beltz

Bergsson, M. (1995): Ein entwicklungstherapeutisches Modell für Schüler mit Verhaltensauffälligkeiten. Organisation einer Schule. Essen: Progressus

Bettelheim, B. (1990): Der Weg aus dem Labyrinth. Leben lernen als Therapie. München: dtv

Bröcher, J. (1997): Lebenswelt und Didaktik. Unterricht mit verhaltensauffälligen Jugendlichen auf der Basis ihrer (alltags-)ästhetischen Produktionen. Heidelberg: Winter

Cruickshank, W.M. (1981): Schwierige Kinder in Schule und Elternhaus. Förderung lern- und wahrnehmungsgestörter Kinder und Jugendlicher. Berlin: Marhold

Goetze, H. (1994): „Wenn freie Arbeit schwierig wird..." – Stolpersteine auf dem Weg zum Offenen Unterricht. In: Reiß, G. & Eberle, G. (Hrsg.): Offener Unterricht – Freie Arbeit mit lernschwachen Schülerinnen und Schülern. Weinheim: Deutscher Studienverlag, 255–273

Hartke, B. (2002): Offener Unterricht – ein überbewertetes Konzept? In: Sonderpädagogik, 32 (Jg.), H. 3/4, 127–139

Hillenbrand, C. (2003): Didaktik bei Unterrichts- und Verhaltensstörungen. München: Reinhardt

Klafki, W. (1995): Die bildungstheoretische Didaktik im Rahmen kritisch-konstruktiver Erziehungswissenschaft. In: Gudjons, H., Teske, R. & Winkel, R. (Hrsg.): Didaktische Theorien. Hamburg: Bergmann & Helbig. 11–26

Kösel, E. (1993): Die Modellierung von Lernwelten. Ein Handbuch zur Subjektiven Didaktik. Elztal-Dallau: Laub

Neukäter, H. (1989): Projektunterricht. In: Goetze, H. & Neukäter, H. (Hg.): Pädagogik bei Verhaltensstörungen. Handbuch der Sonderpädagogik, Band 6. Berlin: Marhold, 613–622

Neukäter, H. & Goetze, H. (1978): Hyperaktives Verhalten im Unterricht. München: Reinhardt

Redlich, A. & Schley, W. (1981): Kooperative Verhaltensmodifikation im Unterricht. Weinheim: Beltz

Rogers, C.R. (1988): Lernen in Freiheit. Frankfurt a.M.: Fischer

Schulz, W. (1995): Die lehrtheoretische Didaktik. In: Gudjons, H., Teske, R. & Winkel, R. (Hrsg.): Didaktische Theorien. Hamburg: Bergmann & Helbig, 29–45

Schumacher, G. (1979): Neues Lernen mit Verhaltensgestörten und Lernbehinderten. Der durchstrukturierte Klassenraum. Berlin: Marhold

Stein, A. & Stein, R. (2001): Konstruktionen von Unterricht bei Verhaltensstörungen und das „Modell integrativer Didaktik". In: Verband Deutscher Sonderschulen (Hrsg.): Entwicklung fördern – Impulse für Didaktik und Therapie. Würzburg: vds, 146–153

Stein, R. (2008): Grundwissen Verhaltensstörungen. Baltmannsweiler: Schneider

Stein, R. & Stein, A. (2006): Unterricht bei Verhaltensstörungen. Ein integratives didaktisches Modell. Bad Heilbrunn: Klinkhardt

Winkel, R. (1995): Die kritisch-kommunikative Didaktik. In: Gudjons, H., Teske, R. & Winkel, R. (Hrsg.): Didaktische Theorien. Hamburg: Bergmann & Helbig, 79–93

Wood, M.M. (Hrsg.) (1975): Developmental therapy: A textbook for teachers as therapists for emotionally disturbed young children. Austin: pro-Ed

7.4 Beratung

Marc Willmann

Einleitung

Die Ausdifferenzierung der Angebotsformen der schulischen Erziehungshilfe führt zu einer Ausweitung und partiellen Institutionalisierung sonderpädagogischer Beratungspraxis, die in Forschung und Theoriebildung bisher nur unzureichend beachtet worden ist. Gleichzeitig steht der Vielfalt vorhandener Praxiskonzepte ein weitestgehender Mangel an theoretisch fundierten und gegenstandsbegründeten (d.h. die reale Beratungspraxis reflektierenden) Ansätzen der schulischen Beratung gegenüber.

Am Beispiel der schulischen Erziehungshilfe soll aufgezeigt werden, welcher Stellenwert der Beratung im Bereich der sonderpädagogischen Prävention und Krisenintervention bei schulischen Lern- und Verhaltensstörungen zukommt. Dabei stellt Beratung ein ergänzendes, aber kein substitutives Instrumentarium zu den etablierten sonderpädagogischen Unterstützungsformen (Förderung und Therapie) dar.

Institutionalisierung schulischer Beratung

Im schulischen Bereich wird Beratung seit den 1970er Jahren verstärkt diskutiert, in den Anfängen vor allem unter dem Schlagwort von Bildungsberatung (z.B. Aurin, Gaude & Zimmermann 1973). Einen wichtigen Ausgangspunkt stellt der KMK-Beschluss „Beratung in Schule und Hochschule" vom 14.09.1973 dar, durch den die Weichen gestellt wurden für den Aufbau schulpsychologischer Beratungsdienste und für die nahezu flächendeckende Einführung der Beratungslehrerrolle als ergänzende und unterstützende schulinterne Beratungsangebote in den alten Bundesländern (Willmann & Hüper 2004).

Zur selben Zeit etwa wurde in verschiedenen Schulversuchen der integrierten schulischen Erziehungshilfe deutlich, dass Kooperation und Beratung zwischen Sonderpädagogen und Regelschullehrkräften zu den notwendigen Bedingungen für eine erfolgreiche schulische Integration bei Verhaltensstörungen zu zählen sind (zum Überblick: Willmann 2008a, 52 ff.).

Mit dem Auf- und Ausbau von Förder- und Beratungszentren findet schließlich eine weitergehende Institutionalisierung von sonderpädagogischen Beratungsangeboten statt, bei der teilweise die Beratungsdienste sogar vom eigentlichen Schulbetrieb der Sonderschulen abgekoppelt werden (zum Überblick: Reiser, Willmann & Urban 2007).

Während in anderen institutionellen Handlungsfeldern der Erziehungshilfepädagogik (vgl. Kap. 2: „Handlungsfelder und Institutionen"), vor allem im

Bereich Jugendhilfe, mit der sozialpädagogischen Beratung eine sehr traditionsreiche Linie exisitiert (Belardi 2005), die vor allem durch die Erziehungsberatung bekannt geworden ist (Körner & Hörmann 1998; 2000), zeigt sich die Beratung zur schulischen Erziehungshilfe als ein vergleichsweise junges Phänomen. Das mag zum Teil erklären, warum das Thema der schulischen Beratung in Theorie und Forschung der Schulpsychologie und Sonderpädagogik bisher kaum systematisch bearbeitet worden ist.

Schulberatung im Spiegel von Forschung und Theoriebildung

Obwohl unter Bezugnahme auf die Entwicklungen in der amerikanischen *Special Education* bereits im Bildungsgutachten von Bittner, Ertle und Schmid (1974) die Bedeutung von schulischen Beratungsangeboten herausgestellt worden ist, findet das Thema in der deutschen Sonderpädagogik erst vergleichsweise spät Beachtung. Zu den ersten Arbeiten zählt der Forschungsbericht von Kleber (1983) und mit dem Band von Diouani-Streek und Ellinger (2007) liegt erstmals ein Versuch vor, den Gegenstandsbereich zu systematisieren, wobei nur einige der Beiträge dieses Herausgeberbandes einen direkten institutionellen Handlungsbezug herstellen. Zudem erweist sich aufgrund erheblicher Schnittmengen eine Abgrenzung zwischen sonder- und sozialpädagogischer Beratung als schwierig (Schnoor 2006).

Insgesamt kann für die schulische Beratungsdiskussion in Deutschland seit ihren Anfängen das Fehlen einer Theorie der schulischen Beratung konstatiert werden (vgl. Faulstich-Wieland 1978). An diesem Theoriemangel hat sich auch nach über 25 Jahren wenig geändert (vgl. Ertelt & Schulz 2002). Gleichzeitig lässt sich die allgemeine Beratungsdiskussion als „paradoxe Erscheinung einer ‚Theorie-Inflation' bei gleichzeitigem ‚Theorie-Defizit'" (Dietrich 1983, 20) charakterisieren, denn einer Fülle an Beratungsansätzen und Praxisanleitungen steht eine nur sehr spärliche Menge an gegenstandsbezogenen Beratungstheorien gegenüber. Dieser Mangel an Gegenstandsbezogenheit zeigt sich vor allem darin, dass ein Großteil der diskutierten Beratungsansätze am Grundmodell von psychosozialer Beratung orientiert ist und damit der Logik direkter Unterstützungsformen folgt (vgl. Willmann 2008 b).

Nach dem Modell von psychosozialer Beratung kann die Beratung von Schülern mit schwierigen Verhaltensweisen theoretisch formuliert und praktisch modelliert werden (vgl. Hornby, Hall & Hall 2003) und vielleicht auch noch die Elternarbeit, aber für die Beratung von Lehrern scheint dieses Modell unangemessen, weil die Praxisberatung einen anderen Problemfokus aufspannt und damit auch einen anderen Klientenbezug herstellt. Insofern ist es erstaunlich, dass die schulische Beratungsdiskussion im deutschsprachigen Raum der Theorieentwicklung zur *School Consultation* und dem umfangreichen internationalen Forschungsstand bisher kaum Beachtung geschenkt hat.

Schulische Beratung als Konsultation

Die schulische Beratungsdiskussion im deutschsprachigen Raum hinkt dem internationalen Stand von Forschung und Theoriebildung deutlich hinterher. Die enorme Fülle an Forschungsarbeiten zur schulischen Beratung hat gerade in der anglo-amerikanischen Fachliteratur zu bedeutsamen Weiterentwicklungen auf der theoriebildenden Ebene geführt: Mit dem Grundkonzept von School Consultation ist ein Referenzmodell entwickelt worden, das sich vom Grundmodell der psychosozialen Beratung löst und auf die konkreten organisatorischen Rahmenbedingungen und die reale Beratungspraxis in der Schule Bezug nimmt.

Die Konsultationstriade als indirektes Unterstützungsformat: In der amerikanischen Schulpsychologie und Sonderpädagogik wird mit School Consultation ein spezifisches Grundmodell diskutiert, das auf ein von Caplan (1970) entwickeltes psychiatrisches Präventionskonzept *(Mental Health Consultation)* zurückgeht. Das Konzept beschreibt die Beratung professioneller Helfer durch einen Spezialisten (z. B. einen Psychiater), wobei berufsbezogene Fragen der professionellen Beziehungsgestaltung der Helfer zu ihren Klienten im Mittelpunkt stehen. Caplan machte als Psychiater die Erfahrung, dass nicht in allen Fällen eine direkte Behandlung der Patienten erforderlich war, sondern das psychiatrische Pflegepersonal durch eine fachliche Beratung in die Lage versetzt werden konnte, die eigene Arbeit mit den Patienten selbst zu verbessern. Die Patienten profitierten also indirekt, als Folge einer veränderten Behandlungspraxis, von der Konsultation für das Pflegepersonal.

Im Übertrag auf den schulischen Bereich zielt die schulische Konsultation auf eine Beratung von Lehrkräften, um Probleme im Umgang mit Schülern zu verringern (z. B. bei Verhaltensstörungen), wovon schließlich auch die Schüler selbst profitieren: Ein Spezialist für den schulischen Umgang mit Verhaltensstörungen (Sonderpädagoge, Schulpsychologe) berät in der Rolle als Konsultant einen Lehrer (Konsultierenden) zu Fragen des pädagogischen Umgangs mit einem bestimmten schwierigen Schüler (Klient).

Konsultation beschreibt eine trianguläre Beratungskonstellation, in der sich der Klientenbegriff verschiebt: Nicht der beratungsanfragende Lehrer, sondern der Schüler ist der Klient. Es ist offensichtlich, dass die klassischen Beratungsansätze, die nach dem Grundmodell von psychosozialer Beratung konzipiert sind, diese Realität schulischer Beratungspraxis in ihrer triangulären Struktur (Konsultant/Konsultierender/Klient bzw. Sonderpädagoge/Lehrer/Schüler) nicht abzubilden vermögen: Psychosoziale Beratungsmodelle sind dyadisch angelegt (Berater/Klient) und zielen auf eine direkte Unterstützung des Ratsuchenden; in der schulischen Realität zielt die Beratungsanfrage aber nicht auf die Bewältigung persönlicher oder psychosozialer Probleme des Lehrers, sondern verweist auf einen Unterstützungsbedarf im Bereich des beruflichen Handelns, das in der Pädagogik über einen Klientenbezug (zu erziehende Kinder) definiert ist.

Schulische Konsultation legitimiert sich über den definierten Unterstützungsanspruch dieser Klienten (Erziehungs- und Bildungsrecht von Kindern) und nicht über einen persönlichen Bedarf der konsultierenden Lehrer. Im Gegensatz zu Formen direkter Unterstützung (z. B. Unterricht, sonderpädagogische Förderung, psychosoziale Beratung, Therapie) bezieht Konsultation den Schüler/Klienten nur mittelbar in den Beratungsprozess ein, denn „eine direkte Interaktion zwischen dem Konsultanten und dem Klienten des Konsultierenden ist nach diesem Ansatz nicht (mehr) zwingend erforderlich. Aus Sicht der sonderpädagogischen Konsultation ist es hierbei weniger entscheidend, ob eine Interaktion stattfindet oder ein Kontakt besteht, sondern wie dieses aussehen kann. Und hier ist es von herausragender Bedeutung, dass der Konsultant keine der im Rahmen eines Konsultationsprozesses entwickelten Interventionsmaßnahmen selber umsetzt, sondern die Umsetzung alleine durch den (oder die) konsultierenden Lehrer zu erfolgen hat" (Willmann 2008 c, 264).

Grundfunktionen und Schwerpunktsetzungen schulischer Konsultation: Schulische Konsultation kann auf verschiedene Problembereiche fokussieren, zum Beispiel auf das Schülerverhalten, auf die Problemwahrnehmung und das Verhalten des Lehrers, auf Aspekte der Teamarbeit oder Fragen der Schulprogrammgestaltung. Mit der jeweiligen Perspektive werden unterschiedliche Schwerpunkte gesetzt, die zudem differente Funktionen zum Ausdruck bringen: Schulische Konsultation kann der Prävention von Verhaltensstörungen dienen, ein Instrument der Krisenintervention bei eskalierenden schulischen Erziehungskonflikten sein oder zur Schulentwicklung beitragen (Willmann 2008 a, 400 ff.).

Dabei korrespondiert die Schwerpunktsetzung schulischer Konsultationsfälle entscheidend mit dem zugrunde liegenden Theoriemodell, denn es macht einen Unterschied, ob beispielsweise psychodynamische, lernpsychologische oder systemische Ansätze herangezogen werden.

Theoretische Orientierungen der Lehrer-, Schüler- und System-zentrierten Konsultation

Bereits bei Caplan (1970) sind verschiedenen Typen von *Mental Health Consultation* beschrieben worden, die unterschiedliche Schwerpunktsetzungen der Konsultation zum Ausdruck bringen: *client-centered case consultation* und *consultee-centered case consultation* sowie die Unterscheidung in zwei Typen der Beratung auf administrativer Ebene (z. B. Konsultation mit der Schulverwaltung). In Anlehnung an diese Konsultationstypologie lassen sich mit der Lehrer-, der Schüler- und der System-zentrierten Konsultation drei Zielsetzungen von schulischer Konsultation unterscheiden (Meyers, Parsons & Martin 1979).

Bei der *Lehrer-zentrierten Konsultation* stehen die Aspekte des subjektiven Erlebens und der emotionalen Reaktionen des Lehrers auf einen (oder mehrere) Problemschüler im Vordergrund. Schwieriges Schülerverhalten wird dabei als ein Ausdruck konflikthafter biographischer Erfahrungen verstanden, die in gegenwärtigen pädagogischen Beziehungen reinszeniert werden und den Pädagogen verstricken. Dabei werden Verhaltensstörungen nicht als individuelles Merkmal des Problemschülers betrachtet, sondern als Interkationsphänomene, an denen der Lehrer nicht nur rollenförmig, sondern zugleich als ganze Person (und gerade auch emotional) beteiligt ist. Vor allem psychodynamische Ansätze in der Tradition der psychoanalytischen Praxeologie bieten hierzu ein methodisch abgesichertes Instrumentarium, um die unbewussten Beziehungsdynamiken zwischen Lehrern und Schülern zu verstehen. Die Reflexion von Übertragungs-Gegenübertragungsphänomenen kann es dem Pädagogen ermöglichen, sich aus problematischen Beziehungsverstrickungen zu lösen. Aber auch systemische Konsultationsansätze können, aus anderen theoretischen Grundüberlegungen heraus, auf dieser Ebene ansetzen: Die Re- und Dekonstruktion der Problemwahrnehmung des Lehrers kann veränderte Perspektiven auf die Verhaltensprobleme erzeugen. Durch die Möglichkeit, andere Situationsinterpretationen vorzunehmen, können alternative Interventionsstrategien und ein verändertes Lehrerverhalten angeregt werden (vgl. Lambert, Hylander, & Sandoval 2004).

Die *Schüler-zentrierte Konsultation* ist eine Domäne der lernpsychologischen Ansätze: Im Mittelpunkt steht hier das vom Lehrer definierte Problemverhalten eines Schülers, das durch die Anwendung verhaltensmodifikatorischer Techniken verändert werden soll. Zentral sind die von Außen beobachtbaren Verhaltensweisen, die in einer rein-deskriptiven, nicht-interpretierenden verhaltenswissenschaftlichen Terminologie beschrieben werden sollen. Die Operationalisierung erfolgt über eine funktionale Verhaltensanalyse, in der die vorausgehenden Bedingungen (Antezendenzen), das konkrete Problemverhalten und die Verhaltenskonsequenzen ermittelt werden. Die Isolierung einzelner Verhaltensvariablen führt zur Auswahl einer konkreten Verhaltensweise (target behavior), die durch verhaltensmodifikatorische Interventionstechniken verändert werden soll. Das Lehrerverhalten wird in diesen Ansätzen nur insoweit einbezogen, als es für die Umsetzung der Interventionen im Unterricht relevant erscheint.

System-zentrierte Konsultation bezieht sich auf die Beratung der einzelnen Schule in ihrer organisatorischen Gesamtheit, wobei sich unterschiedliche Zielsetzungen ausmachen lassen. So kann Konsultation zum Beispiel den Auftrag zur Beratung bei der Schulprogrammentwicklung, bei Fragen der konzeptionellen Ausgestaltung und Umsetzung schulischer Zielsetzungen, im weitesten Sinne also die Funktion einer Organisationsberatung beinhalten. Diese Form von Beratung in Organisationsentwicklungsprozessen wird etwa auch durch themenbereichsspezifische Fortbildungsveranstaltungen bedient. Der schulischen Konsultation kommt hier unter anderem die Funktion als *change agent* zu, indem sie zur Entwicklung einer kooperativen Schulkultur und integrativer Schulstrukturen beitragen kann. Systemische Ansätze scheinen für diese Ausrichtung geradezu prädestiniert, weil sich ihre theoretischen Grundlagen über eine Bezugnahme auf übergeordnete Strukturzusammenhänge, die Betrachtung von Systemen definieren. So lässt sich beispielsweise die intraschulische Kooperationskultur als ein Regelsystem spezifischer kollegialer Interaktionsstrukturen und Kommunikationsmuster rekonstruieren und wird so zu einem Thema von Organisationsentwicklungsprozessen.

Die divergierenden Zielsetzungen von schulischer Konsultation, die sich als Folge unterschiedlicher theoretischer Grundausrichtungen ergeben, haben direkte Folgen für die Handlungspraxis und zeigen sich zum Beispiel in der Rollenfunktion des Konsultanten und bei der Frage der Steuerung von Konsultationsprozessen (ausführlich: Willmann 2008 a).

Die verhaltensmodifikatorische Konsultation wird als strukturierter Problemlösungsprozess beschrieben, der auf eine technische Lösung zielt. Dabei wird ein Kompetenztransfer notwendig: Der Konsultant ist hier ein Verhaltensspezialist, der dem konsultierenden Lehrer verhaltensmodifikatorische Interventionsstrategien wie etwa Verstärkerprogramme, Tokensysteme, Verhaltensformung, Verkettung von Verhalten, Kontingenzmanagement, Kognitives Modellieren, Selbstinstruktionstraining, Modelllernen als technisches Know-how vermittelt (Überblick: Brown, Pryzwansky & Schulte 2001).

In den psychodynamischen Konsultationsansätzen kommt der Prozesssteuerung und der Ausgestaltung der Beratungsbeziehung eine herausgehobene Bedeutung zu. Konsultation zielt hier weniger auf eine technische Problemlösung als vielmehr auf eine kritische Selbstreflexion eigener Anteile und Reaktionen in schwierigen Interaktionsbeziehungen. Psychodynamisch orientierte Ansätze der Lehrer-zentrierten Konsultation zielen damit auf eine schulische Erziehungsberatung für Lehrkräfte (Willmann 2008 c), die einer supervisorischen Funktion sehr nahe kommt (zur Unterscheidung zwischen Konsultation und Supervision: Willmann 2008 a, 71 ff.). In den lernpsychologischen Ansätzen hingegen steht das Schülerverhalten im Zentrum und die Beratung zielt hier auf eine Internventions- und Unterrichtsberatung (z. B. zu Fragen des *classroom management*).

Auf der Ebene der Theoriekonstruktion nehmen die systemischen Ansätze, gerade in ihrer konstruktivistischen Wendung, eine Sonderstellung ein: Während sich psychodynamische und lernpsychologische Ansätze in ihren anthropologischen Grundannahmen und zentralen Theoremen diametral gegenüberstehen, bietet der konstruktivistische Relativismus eine pragmatische Haltung, die vielfältige Anschlussmöglichkeiten in Richtung anderer theoretischer Orientierungen ermöglicht. Damit bieten systemisch-konstruktivistische Konsultationsansätze ein großes Theorie-integratives Potenzial, das hilfreich sein kann, um zwischen den Spezifika der verschiedenen theoretischen Modelle von Beratung zu vermitteln. Diese theoretische Flexibilität ermöglicht somit handlungspraktische Perspektiven für die Beratung auf allen drei genannten Ebenen (Lehrer-, Schüler- und System-zentrierte Konsultation).

Systemische Verfahren finden inhaltliche Anknüpfungspunkte zu den psychodynamischen Ansätzen in der Hinterfragung der Problemwahrnehmung des Lehrers (wobei es den systemischen Ansätzen hierbei an einen theoretischen Begriffsinventar fehlt, um die psychischen und emotionalen Dimensionen eingehend zu berücksichtigen); die Kompatibilität zu lernpsychologischen Ansätzen zeigt sich unter anderem durch die hohe Dichte von spezifischen Interventionsmethodiken, wobei einzelne verhaltensmodifikatorische Techniken sogar explizit aufgegriffen werden, wie etwa bei Lee und Eagle (2009).

Möglichkeiten und Grenzen sonderpädagogischer Schulkonsultation

Die schulische Konsultation bietet ein reichhaltiges Potenzial, um zur Prävention von Verhaltensstörungen beizutragen und der Eskalation von schulischen Erziehungskonflikten vorzubeugen, indem frühzeitig prophylaktische Unterstützungsangebote für die Regelschule und die Lehrkräfte bereitgestellt werden. Durch die Stärkung vorhandener schulischer Ressourcen und eine gezielte Erweiterung der erzieherisch-reflexiven und der unterrichtsmethodischen Kompetenzen von Lehrern sollen schulische Disziplin- und Erziehungsprobleme gelöst und die Chronifizierung von schwierigem Schülerverhalten verhindert werden.

Durch dieses Empowerment von Schule und Lehrern zielt sonderpädagogische Konsultation auf die schulische Integration bei Verhaltensstörungen. Der Delegationsmechanismus der traditionellen Orientierung (Übernahme der Verantwortung für die direkte Förderung der Schüler mit „besonderem Förderbedarf" durch die Sonderpädagogik) wird unterbrochen, denn der sonderpädagogische Konsultant übernimmt in einem Beratungsfall keine Aufgaben der direkten Förderung, sondern bleibt in einer rein beratenden Funktion. Damit wird die beratene Regelschullehrkraft in der Verantwortung für den Schüler und dessen Förderung gehalten.

Neben der präventiven Funktion kann schulische Konsultation auch der Krisenintervention dienen: Die Beratung von Schule und Lehrern bei eskalierenden Erziehungskonflikten schafft Gelegenheiten, in eine Distanz zu akuten Konfliktsituationen zu treten und die Beziehungsdynamik zu reflektieren, um so neue Perspektiven für das pädagogische und schulorganisatorische Handeln zu ermöglichen oder in einem systematischen Problemlösungsprozess gemeinsam Interventionsprogramme zu entwickeln, die der Lehrer dann im Unterricht umsetzen kann.

In der Funktion der Krisenintervention liegt aber zugleich eine deutliche Grenze des Ansatzes, denn dem individuellen Unterstützungsbedarf von Schülern kann nicht in allen Fällen durch Beratung und Konsultation Rechnung getragen werden, beispielsweise dann, wenn ergänzend oder ersetzend direkte Interventionen (etwa temporäre Kleingruppen- oder Einzelförderung) erforderlich werden. In Einzelfällen (und das betrifft die deutlich geringere Zahl der Schüler, die in der Schule als verhaltensauffällig wahrgenommen werden) ist den Schwierigkeiten zudem nicht mehr alleine mit den Bordmitteln der Pädagogik beizukommen: Schwere emotionale Störungen und Verhaltensprobleme verweisen auf gravierende Entwicklungsbeeinträchtigungen, bei denen therapeutische Behandlungen indiziert sind. Damit wird das Hilfsangebot in der Regel aber aus dem Regelschulsystem heraus verlagert in den Bereich spezieller Sondereinrichtungen (z.B. Erziehungshilfeschulen oder Kinder-/Jugendpsychiatrie). Konsultation kann den Weg zu intensiveren Interventionsformen anbahnen, indem die zuständigen psychosozialen Dienste einbezogen werden.

Es besteht aber durchaus die Gefahr, dass Beratung im Einzelfall den Einsatz intensiver direkter Fördermaßnahmen verzögert und somit zu einer Problemchronifizierung beiträgt, wenn dieser Bedarf nicht rechtzeitig erkannt wird. Die ambulante Beratungsarbeit leidet zudem häufig unter dem Problem langer Wartelisten, sodass die Berater mitunter viel zu spät in einem Fall tätig werden (Katzenbach & Olde 2007; vgl. auch den Fallbericht „Alberto" bei von Freyberg & Wolff 2005).

Wie die Praxisberichte aus der ambulanten Beratung durch sonderpädagogische Förder- und Ambulanzzentren zeigen, kommt der klaren Trennung zwischen den ambulanten Beratungsaufgaben und den Bereichen Unterricht und sonderpädagogische Förderung ein großer Stellenwert zu, denn nur durch eine organisatorische und personelle Trennung kann verhindert werden, dass die eigene Schülerschaft für den schulischen Bereich dieser Zentren über die Beratungsarbeit rekrutiert wird. Mit der organisatorischen Abkopplung der Beratung vom Förderschulbereich wird allerdings zugleich ein Umdenken in der Bereitstellung finanzieller Fördermittel notwendig: Ambulante sonderpädagogische Beratung kann nicht mehr nach dem Pro-Kopf-Zuweisungsprinzip für sonderpädagogische „Förderstunden" abgerechnet werden, die eine vorherige Statusklärung des jeweiligen Schülers voraussetzt. Präventive und integrative Sonderpädagogik erfordert veränderte Budgetierungssysteme (z.B. in Form der Kombinierung von throughput- und output-Modellen der Finanzierung sonderpädagogischer Unterstützungsleistungen; vgl. Meijer 1999).

Zuletzt sei auf eine ausbildungstechnische Grenze verwiesen: Auch an den sonderpädagogischen Ausbildungsstätten in Deutschland dominiert vielerorts noch eine Orientierung an den traditionellen Leitbildern von Sonderpädagogen als Sonderschullehrern. Solange aber an den Hochschulen „Unterricht" und „sonderpädagogische Förderung" im Mittelpunkt der Ausbildung stehen, werden die angehenden Sonderpädagogen nur unzureichend vorbereitet auf die Kooperationspraxis, die Voraussetzung ist für die schulische Integration. Sonderpädagogische Beratung und Konsultation stellen hierfür einen theoretischen Rahmen und ein umfangreiches Methodenrepertoire bereit, das in der künftigen Ausbildung in erheblicherem Ausmaß zu berücksichtigen sein wird.

Literatur

Aurin, K., Gaude, P. & Zimmermann, K. (1973): Bildungsberatung. Perspektiven ihrer Entwicklung in der Bundesrepublik Deutschland. Frankfurt a. M.: Diesterweg

Belardi, N. (2005): Beratung: Eine sozialpädagogische Einführung. Weinheim: Juventa

Bittner, G., Ertle, C. & Schmid, V. (1974): Schule und Unterricht bei verhaltensgestörten Kindern. In: Deutscher Bildungsrat (Hrsg.): Gutachten und Studien der Bildungskommission. Stuttgart: Klett, 13–102

Brown, D., Pryzwansky, W. B. & Schulte, A. C. (2001): Psychological Consultation. Introduction to Theory and Practice. Boston: Allyn & Bacon

Caplan, G. (1970): The theory and practice of mental health consultation. London: Tavistock

Dietrich, G. (1983): Allgemeine Beratungspsychologie. Eine Einführung in die psychologische Theorie und Praxis der Beratung. Göttingen: Hogrefe

Diouani-Streek, M. & Ellinger, S. (Hrsg.) (2007): Beratungskonzepte in sonderpädagogischen Handlungsfeldern. Oberhausen: Athena

Ertelt, B.-J. & Schulz, W.E. (2002). Handbuch Beratungskompetenz. Mit Übungen zur Entwicklung von Beratungsfertigkeiten in Bildung und Beruf. Leonberg: Rosenberger

Faulstich-Wieland, H. (1978): Konzept oder Konzeptmangel der Beratung im Schulbereich? In: Psychologie in Erziehung und Unterricht, 25 (Jg.), H. 2, 101–110

Freyberg, T. von & Wolff, A. (2005): Störer und Gestörte. Bd. 1: Konfliktgeschichten nicht beschulbarer Jugendlicher. Frankfurt a.M.: Brandes & Apsel

Hornby, G., Hall, C. & Hall, E. (2003): Counselling Pupils in Schools. Skills and strategies for teachers. London: Routledge

Katzenbach, D. & Olde, V. (2007): Beratungskompetenz im Spannungsfeld von Kooperation und Delegation. In: Diouani-Streek, M. & Ellinger, S. (Hrsg.): Beratungskonzepte in sonderpädagogischen Handlungsfeldern. Oberhausen: Athena, 191–207

Kleber, E.W. (1983): Pädagogische Beratung. Entwicklung eines neuen Konzepts am Beispiel der Kooperation zwischen Sonderschullehrern bzw. Psychologen und Grundschullehrern. Weinheim: Beltz

Körner, W. & Hörmann, G. (1998/2000): Handbuch der Erziehungsberatung (2 Bde). Göttingen: Hogrefe

Lambert, N.M., Hylander, I. & Sandoval, J.H. (Hrsg.). Consultee-centered consultation: Improving the Quality of Professional Services in Schools and Community Organizations. Mahwah: Earlbaum

Lee, S.W. & Eagle, J.W. (2009) (im Druck): Ecobehavioral Consultation in Schools. Theory and Practice for School Psychologists, Special Educators, and School Counselors. New York: Routledge

Meijer, C.J. (Hrsg.) (1999): Finanzierung der sonderpädagogischen Förderung: Eine Studie über den Zusammenhang zwischen Finanzierung und sonderpädagogischer bzw. integrativer Förderung in 17 europäischen Ländern. Middelfart: European Agency for Development in Special Needs Education

Meyers, J., Parsons, R.D. & Martin, R. (1979): Mental Health Consultation in the Schools. San Francisco: Jossey-Bass

Reiser, H., Willmann, M. & Urban, M. (2007): Sonderpädagogische Unterstützungssysteme bei Verhaltensproblemen in der Schule – Innovationen im Förderschwerpunkt Emotionale und Soziale Entwicklung. Bad Heilbrunn: Klinkhardt

Schnoor, H. (Hrsg.) (2006): Psychosoziale Beratung in der Sozial- und Rehabilitationspädagogik. Stuttgart: Kohlhammer

Willmann, M. (2008a): Sonderpädagogische Beratung und Kooperation als Konsultation. Hamburg: Kovač

Willmann, M. (2008b): Sonderpädagogik als indirektes Unterstützungsmodell: Zur notwendigen Erweiterung des Begriffs der „sonderpädagogischen Förderung". In: Sonderpädagogische Förderung, 53 (Jg.), H. 1, 82–87

Willmann, M. (2008c): Erziehungsberatung in der Schule – Wem oder was nützt die Beratung bei schulischen Verhaltensproblemen? In: Reiser, H., Dlugosch, A. & Willmann, M. (Hrsg.): Professionelle Kooperation bei Gefühls- und Verhaltensstörungen. Hamburg: Kovač, 259–279

Willmann, M. & Hüper, L. (2004): Möglichkeiten und Grenzen schulinterner Beratung. Berlin: uni-edition

7.5 Förderung und Therapie

Herbert Goetze

Zum Stellenwert pädagogisch-therapeutischer Verfahren in der schulischen Erziehungshilfe

Mit dem Haupttitel dieses Beitrags, Förderung und Therapie, ist ein bisher ungelöstes Dilemma angesprochen, das schulische Bildung und Erziehung ganz allgemein und die schulische Erziehungshilfe im Besonderen betrifft: Einerseits dem zentralen Bildungsauftrag zu entsprechen und andererseits der deutlich zu Tage tretenden Erziehungsnot der Schülerschaft mit Hilfe von pädagogisch-therapeutischen Interventionen zu begegnen. Deutlich wird das angesprochene Dilemma bei so zentralen Fragen wie der didaktischen Auswahl einzusetzender therapeutischer Verfahren, der therapeutischen Kompetenz von Pädagogen oder der ökonomischen Ressourcenzuteilung. Fachlich zu Recht wird zudem der Anspruch erhoben, nur gut evaluierte Interventionen einzubeziehen.

Die Pädagogik bei Verhaltensstörungen sieht sich entsprechend genötigt, einen Spagat zwischen den an sie herangetragenen Anforderungen zu vollziehen, der konzeptionell eigentlich zum Scheitern verurteilt ist. Eine schulische Institution bietet nicht die vergleichsweise luxuriösen Bedingungen einer klinisch-psychologischen Ambulanz, in der auf dem Hintergrund aktueller diagnostischer Daten therapeutische Interventionen zugeordnet werden können. Die schulische Erziehungshilfe bekommt es dagegen mit einer Schülerklientel zu tun, die weder nach Bildungsstand noch nach klinischer Symptomatik besonders ausgelesen ist. Die Lehrkraft sieht sich so unterschiedlichen Störungsbildern ausgesetzt wie Delinquenz, Phobien, Magersucht, Bindungsproblemen. Fragen der Indikation und Gegenindikation von therapeutischen Maßnahmen stellen sich deshalb mit besonderer Brisanz.

Zu Beginn der noch jungen Geschichte der schulischen Verhaltensgestörtenpädagogik ist man der Logik der Arbeitsteilung gefolgt und propagierte eine personelle Trennung der pädagogischen und therapeutischen Aufgabenfelder. Man übersah dabei, dass beim „Facharzt-Überweisungsprinzip" das Kernproblem von Kindern mit Verhaltensstörungen, die Bindungsproblematik, nicht gelöst wird, weshalb therapeutische Ansätze in unterschiedlichen Formen zunehmend Eingang in die sonderpädagogischen Bemühungen fanden. Damit wurden diese zum Aufgabenbereich der Lehrkräfte, denen nun abverlangt wird, auch die notwendigen therapeutischen Kompetenzen zu erwerben, um diese Verfahren auch konzeptgerecht durchzuführen. Das wiederum erfordert in der Regel Zusatzqualifikationen, die nur unter erheblichem eigenem zeitökonomischem und finanziellem Aufwand zu erlangen sind. Gegenwärtig wird neben Förderung und Therapie mit der Beratung ein dritter Aufgabenschwerpunkt von Erziehungshilfepädagogen erkennbar, wobei sich in diesem Zusammenhang ganz eigene Paradoxien der schu-

lischen und sonderpädagogischen Beratung zeigen, wie Willmann (2008) herausgearbeitet hat.

Angesichts der zum Himmel schreienden psychischen Not großer Teile der
erziehungshilfebedürftigen Kinder und Jugendlichen, die von Seiten der Bildungspolitik nur allzu oft „schön" geredet wird, würde man sich als Pädagoge natürlich
wünschen, dass sich auf fachlich sicherem Terrain klare Veränderungshorizonte
ausmachen lassen und Konturen abzeichnen, wie man in reflektierter Weise Förderziele mit pädagogisch-therapeutischen Verfahren erreichen kann. Leider gleicht
das Terrain gegenwärtig eher einem sumpfigen Gelände, in dem man auf unsicherem theoretischen Untergrund zu versinken und mangels klarer Orientierungen
die Richtung zu verlieren droht.

Ein vorläufiges Resümee zum Stellenwert pädagogisch-therapeutischer Verfahren in der schulischen Erziehungshilfe führt zu der ernüchternden Feststellung,
dass einerseits das Spannungsfeld keine Lösungen bereit hält und andererseits
pädagogisch-therapeutische Maßnahmen als Ergänzungen für die schulische Erzie-
hungshilfearbeit dringend geboten erscheinen. Denn wenn die psychische Belastung von Erziehungshilfeschülern nicht berücksichtigt wird, kann auch der schulische Bildungsauftrag kaum erfüllt werden. Umgangssprachlich bleibt entweder
der Lehrplan oder der Schüler „auf der Strecke". Den Unterricht mit therapeutischen Inhalten und Zielen zu untersetzen und zu ergänzen, lautet also die konsequente Schlussfolgerung. Pädagogisch-therapeutische Verfahren sind allerdings
nur unter mühevollen Arrangements in den Alltag der schulischen Erziehungshilfe
einzubringen. Die Frage, welchen Stellenwert diese Verfahren in der konkreten
schulischen Situation einnehmen sollten, kann nach allem nicht theoretisch entschieden werden und ist konstellationsbezogen immer wieder neu zu klären.

Vorüberlegungen zum Einsatz pädagogisch-therapeutischer Verfahren

Die Konzepte bewegen sich auf unterschiedlichen theoretischen Ebenen mit unterschiedlichen Anspruchsniveaus. Jeder Ansatz ist für sich stehend gut legitimiert,
jedoch im Vergleich teilweise theoretisch unverträglich. So sind etwa die Menschenbilder von Verhaltenstherapien und Tiefenpsychologien diametral entgegen-
gesetzt. Was mancher in der Praxis Stehende sich wünschen würde, ist leider nicht
leistbar: die große Synthese herzustellen, die sämtliche Ansätze in einen bündigen
Zusammenhang bringt. So sehr diese Synthese zu wünschen wäre, aus sach- und
wissenschaftsmethodischen Gründen ist sie nicht möglich. Um eine Analogie zu
bemühen: Ein Koch würde auch nicht sämtliche schmackhaften Zutaten in einer
Mahlzeit unterbringen, denn er hat die ganze Mahlzeit im Blick und nicht nur
einzelne Ingredienzien. Letztlich hat bei ihm der Gast zu entscheiden, welche
Speise er auswählen und zu sich nehmen möchte – und diese Entscheidung
wird dem Pädagogen ebenfalls nicht abgenommen.

Im Folgenden werden bewährte Methoden der schulischen Erziehungshilfe aufgeführt, was nicht unbedingt mit der Häufigkeit ihrer Umsetzung gleich zu setzen ist. Dabei stehen verbale und non-verbale Formen pädagogisch-therapeutischer Hilfe zur Verfügung. Jene Verfahren werden auf größere Akzeptanz stoßen, die sich mehr im aktionalen Raum bewegen und den sprachlichen Ausdruck nicht zur Voraussetzung haben. Diese Verfahren, wie Kunst-, Entspannungs- und Spieltherapie, bieten in der Tat einige Vorteile, wenn mit ihnen an erster Stelle non-verbal kommuniziert wird, also auf einer Kommunikationsebene, die vielen jüngeren Kindern und Kindern mit Verhaltensstörungen entgegenkommt, weil ihre kognitiven und sprachlichen Kompetenzen noch nicht weit genug entwickelt sind, um sich auf die verbale Ebene beispielsweise in Form eines Konfliktgespräches einzulassen. Ein Vorteil dieser Verfahren besteht darin, dass mit ihrer Hilfe ein symbolischer Ausdruck ermöglicht wird, der jeder verbalen Erklärung vorausgeht und auf diesem Wege auch extrem verschüchterte, ängstliche, in sich zurückgezogene, aber auch Kinder mit tiefgreifenden Entwicklungsstörungen, zum Beispiel auch jene mit autistischen Zügen, zu erreichen sind.

Wenn auf dieser aktionalen Ebene in der therapeutischen Arbeit begonnen wird, dann wird dadurch auch der verbale Ausdruck angeregt, der sich in der Regel im späteren Verlauf spontan einstellt. Von Vorteil ist hier auch, dass Kinder in aller Regel gern mit kreativen Medien umgehen. Kinder suchen spontan im Alltag Möglichkeiten auf, zu malen, zu träumen, sich zu bewegen oder zu spielen.

Pädagogisch-therapeutische Verfahren werden häufig in der Gruppe durchgeführt. Damit kommt ihr Einsatz dem natürlichen Setting einer Schule nahe. Kinder sind es zudem gewohnt, sich in Gruppen aufzuhalten. Ihre Freizeit besteht aus kleinen, spontanen Gruppenprojekten, so dass an diese, ihnen wohlbekannte Sozialform angeknüpft werden kann. Pädagogisch-therapeutische Verfahren haben störungsabhängig unterschiedliche Ziele: Sie können sowohl zur Anregung von Aktivitäten, Verhaltensweisen und Gedanken eingesetzt werden, aber auch zur Deaktivierung und Entspannung. Entspannungsverfahren sind immer dann angezeigt, wenn eine zu starke Erregung, Ängstlichkeit, Überaktivität vorliegt oder wenn es schwierig ist, ein Kind überhaupt zu einer Aktivität zu motivieren.

Pädagogisch-therapeutische Verfahren im Überblick: Schulrichtungen und Ansätze

Im Folgenden seien jene Verfahren und Ansätze zusammengestellt, die international zum Mainstream gezählt werden. Dazu gehören die den Lerntheorien zugeordneten Ansätze der klassischen Verhaltensmodifikation, kognitive Verhaltenstherapie als kognitives Modellieren und kognitive Umstrukturierung und die Rational-Emotive Therapie. Den psychodynamischen Ansätzen sind die Life Space Crisis Intervention, das Szenische Verstehen und der Fördernde Dialog zuzuordnen. Zu den humanistischen Ansätzen zählen Rollenspiel und Psychodrama, gesprächstherapeutische Interventionen im Rahmen der so genannten Lehrer-Schüler-Konferenz und gestaltpädagogische Interventionen (Überblick: Gasteiger-Klicpera, Julius & Klicpera 2008; Goetze [im Druck]).

In weiten Teilen haben die genannten Ansätze gemeinsam, dass dem Medium Sprache eine zentrale Bedeutung zukommt. Der uns interessierenden Schülerklientel ist aus unterschiedlichen Gründen – Motivation, Sprachmängel, Entwicklungsstand oder nicht-deutscher Familienstatus – auf der sprachlichen Kommunikationsebene nur unter großen Schwierigkeiten zu begegnen. Deshalb erscheint der Einsatz jener Verfahren, die weniger sprachliche und mehr aktionale Ausdrucksmöglichkeiten fokussieren, als besonders indiziert. Von diesen eher aktionalen Verfahren werden daher im Folgenden Ansätze der Kunsttherapie, Entspannungstherapie und Spieltherapie vorgestellt.

Perspektiven aktionaler Verfahren zur pädagogisch-therapeutischen Förderung

Kunsttherapie

Die Kunsttherapie basiert auf der Annahme, dass jeder Mensch dazu in der Lage ist, das eigene Selbst mit seinen gefühlsmäßigen Anteilen in eine visuelle Form zu projizieren, ohne dabei zwangsläufig gesprochene Sprache einsetzen zu müssen, ein Aspekt, der gerade auch für Kinder mit nicht-deutschem familiären Hintergrund bedeutsam ist.

In der kunsttherapeutischen Arbeit mit Kindern werden viele expressive, kreativ-ästhetische Techniken eingesetzt, wie zum Beispiel Collagen, Tonarbeiten, Puppenspiele, Sandkasten, kreatives Theaterspielen oder Musizieren. Mit dem Einsatz dieser Techniken wird den Kindern geholfen, versteckte und verschlossene Emotionen auszudrücken, verlorengegangene Gefühle und Teile ihres Selbst wieder erfahren zu können. Solche Erfahrungen verhelfen Kindern zur personalen Integration, zum Aufbau ihrer Persönlichkeit und zur Verbesserung ihrer Kontaktfähigkeiten (Kramer & Günther 2004).

Beim Einsatz kunsttherapeutischer Mittel ist der Entwicklungsstand der Kinder zu berücksichtigen, denn künstlerisches Malen und Zeichnen verändert sich im Laufe der Entwicklung, Gestalten und Produkte werden immer komplexer. Kinder neigen dazu, jene Aspekte in ihren Produkten zu übertreiben, die für sie von besonderer Wichtigkeit sind. Das Malen dient ihnen dazu, Phantasien und Gefühle zum Ausdruck zu bringen, während das Zeichnen von ihnen mehr dazu genutzt wird, eine Idee zum Ausdruck zu bringen. Form und Farbe werden in einer Weise gebraucht, wie es den Gewohnheiten entspricht. Schulkinder neigen dazu, Menschen zu malen bzw. zu zeichnen, während Vorschulkinder mehr zu Landschafts- und Hausbildern neigen. In der Pubertät scheint die Kompetenz des Malens und Zeichnens zu einem gewissen Stillstand zu kommen, weil Jugendliche befürchten, sich mit den Produkten vor den anderen zu blamieren.

Im schulischen Bereich steht die Kunsttherapie in einem deutlichen Gegensatz zur Kunstpädagogik, bei der es weniger auf den Selbstausdruck, sondern mehr auf die Erfüllung des Lehrplans des Faches Kunst ankommt; hier wird eher der künstlerische Prozess hin zu einem Endprodukt angezielt, der mit gestalterischen Mitteln zu erreichen versucht wird. Einem kunsttherapeutischen Anliegen widerspräche es jedoch, ein Kunstprodukt mit hoher Qualität erreichen zu wollen; es kommt also nicht auf das – mitunter erstaunlich differenzierte – Resultat, vielmehr auf die Kommunikation des Selbst an, auch wenn diese Botschaft verschlüsselt und unintendiert sein sollte.

Die entsprechenden Sitzungen werden in Förderstunden platziert, die optimale Gruppengröße variiert zwischen zwei und zehn Kindern. Eine reguläre Grundschulklasse ist also für die Umsetzung pädagogisch-therapeutischer Verfahren zu groß, nicht dagegen eine Erziehungshilfe-Förderklasse.

Die Rolle der Förderlehrkraft ist nicht die einer Kunsttherapeutin, der es auf das Aufdecken unbewusster Motive ankommt. Wer im Förderunterricht kunsttherapeutische Medien und Methoden einsetzt, der wird mit Akzeptanz und Non-Direktivität, also ohne Interpretationen, die zum Ausdruck gekommenen Gefühle in den entstandenen Produkten reflektieren, denn ihm kommt es primär darauf an, die Selbstwertschätzung des Kindes zu steigern und nicht etwa innerseelische Probleme zu lösen. Die Lehrkraft muss keine besonders begabte Künstlerin sein, sollte aber in den Techniken, die sie anregt und anwendet, fachlich ausgewiesen sein. Sie darf Vorschläge unterbreiten, um Prozesse der Kinder anzuregen und zu erleichtern. Letztlich ist es jedoch Aufgabe der Kinder, von diesen Vorschlägen auch Gebrauch zu machen. Zur Durchführung sollte eine konkurrenzfreie, kooperative, sozial förderliche Atmosphäre gewährleistet sein.

Auch dieser Förderunterricht benötigt Verhaltensregeln, die den Kindern vorher bekannt zu machen sind. So könnte als Regel eingeführt werden, dass die persönlichen Mitteilungen aller Beteiligten vertraulich zu behandeln sind, dass abwertende Urteile zu unterbleiben haben und wie der Abschluss der Förderstunde zu gestalten ist.

Lehrkräfte können das zu bearbeitende Material auf die Verhaltensstörung des Kindes hin auswählen. So hat es sich als sinnvoll erwiesen, hyperaktiven Kindern nicht Papier und Bleistift, sondern Tonmaterialien anzubieten. Ängstlich-zurückgezogene Kinder sollen gut auf das Anmalen von Handpuppen ansprechen.

Neben den „reinen" kunsttherapeutischen Ansätzen können Mischformen verwendet werden, wie etwa in der gestalttherapeutischen Arbeit von Oaklander (2007). Myschker (2009) schlägt zum Beispiel kunsttherapeutische Spiele, Interaktionsspiele, Kritzeln und Projizieren, Beidhandzeichnen, Farbenpusten, Fingermalen und Musikmalen dazu.

Allenthalben wird beklagt, dass die fachwissenschaftliche Erforschung der Kunsttherapie noch immer in den Anfängen steht. Im empirisch orientierten Handbuch von Gasteiger-Klicpera, Julius und Klicpera (2008) taucht sie nicht einmal als Stichwort im Verzeichnis auf. Letztlich ist noch immer nicht geklärt, bei welcher Symptomatik unter Einsatz welcher künstlerischen Medien welche

Erfolge zu erzielen sind. Es gibt jedoch vielversprechende Ansätze, diesen für empirische Forschung etwas sperrigen Gegenstand wissenschaftlich aufzuklären.

Insgesamt lässt sich festhalten: Kunsttherapeutische Ansätze für den Förderschulbetrieb zu propagieren bringt uns in eine paradoxe Situation. Einerseits ist die fachwissenschaftliche Evidenz für die Effektivität der Verfahren so gut wie noch nicht gegeben, auch wenn etwa Myschker (2009, 286 und 293) hierzu eine eher optimistische Sichtweise formuliert, ohne allerdings empirische Quellen zu nennen. Andererseits gehört es zu den Wachstumsbedürfnissen eines jeden Menschen, einen künstlerischen Ausdruck für innerseelische Vorgänge zu finden. Schließlich berichten kunsttherapeutisch arbeitende Lehrkräfte von der Wirksamkeit ihrer Arbeit in überzeugender Weise (vgl. Myschker 2009). Der vorläufige Schluss aus derlei Überlegungen kann deshalb nur sein, sich den kunsttherapeutisch orientierten Ansätzen eher mit Vorsicht zu nähern und unabdingbar eine entsprechende Vorbildung für die Arbeit einzubringen.

Entspannungstherapeutische Verfahren

Den Entspannungsübungen und -praktiken liegt ein breites Spektrum an theoretischen Konzepten zugrunde.

Die progressive Muskelentspannung hat zur Grundidee, dem Kind die eigene aktive Herstellung von An- und Entspannungsgefühlen über den Muskelapparat bewusst zu machen, indem aktive Spannungs- und Entspannungserfahrungen ermöglicht werden. Das Kind lernt dabei, schnell von Anspannungszuständen auf Entspannung umzuschalten, indem bestimmte Entspannungsformeln oder Schlüsselwörter eingesetzt werden, um die gewünschten An- bzw. Entspannungszustände in verschiedenen Körperregionen hervorzurufen. Wenn man diese Methode mit Kindern durchführen möchte, sollten die eher nüchternen, beschreibenden Anweisungen für Erwachsene in eine für Kinder verständliche sprachliche Form gebracht werden, wobei Bilder und Metaphern von großer Hilfe sein können. Nach einiger Übung bieten diese Techniken den Vorteil, schnell abrufbar und einsetzbar zu sein. Das progressive Muskelentspannungstraining ist vor allem deshalb für Förderschüler, insbesondere mit ADS-Problemen, indiziert, weil es sich um eine aktive Entspannungsmethode handelt, die ihrem starken Bewegungsbedürfnis entgegenkommt (vgl. Petermann 2008).

Das *Autogene Training* ist ein äußerlich passiver Weg, sich zu entspannen, denn es bezieht simultan Körperwahrnehmungen und mentale Vorgänge ohne die Aktivierung von Muskelaktivitäten ein. Autogenes Training basiert auf der Annahme, dass autonome, parasympathische Systeme des Körpers wie auch Herzschlag und Atmung unter willentliche Kontrolle gebracht werden können. Man konzentriert sich auf suggestive Selbstinstruktionen, auf „autogene" Formulierungen, die sich auf Unter- und Oberstufenübungen beziehen (Biermann 1996).

Das *geleitete Bilderleben* (englisch: guided imageries, umgangssprachlich: Traumreise, Vorstellungsbilder) basiert auf der Tatsache, dass die rechte Hirnhälfte (mit metaphorischen/bildlichen Prozessen) für angeleitete Vorstellungen empfänglicher ist als die linke, wo logisch-lineares Denken und verbale Prozesse lokalisiert sind. Bildvorstellungen sind also mehr mit der rechten Hirnhälfte verbunden. Das geleitete Bilderleben kann physiologische und experientelle Prozesse des Klienten durch verbale, hypnotische Induktionen einer anleitenden Person bewusst machen und verändern. Eine psychoanalytische Anwendung von geleitetem Bilderleben (Imaginieren) ist das so genannte katathyme Bilderleben, erstmals von Leuner eingeführt (vgl. Leuner, Horn & Klessmann 1997). Dabei wird ein Grundmotiv induziert, zum Beispiel eine Wiese, auf dem ein Klient spontane innere Bilder entstehen lassen und mitteilen soll und die der Therapeut für die weitere Arbeit nutzt. Humanistisch orientierte Therapien wie die Gestalttherapie nutzen das geleitete Bilderleben als zentrale Technik („Heiße-Stuhl"-Technik), um den Klienten belastende Vergangenheitserlebnisse im Hier-und-Jetzt erfahren zu lassen, die er normalerweise verdrängt. Der Klient kann auf diese Weise Teile seiner Persönlichkeit, die sonst ausgeblendet und zensiert werden, bewusst werden lassen und bildhaft verlebendigen. Je nach Problemlage wird ein Therapeut Bildassoziationen zu den Eltern des Klienten, zu sexuellen oder körperlichen Erfahrungen, zu frühkindlichen oder aktuellen Konflikten anregen und den Klienten auf fragende Weise bei seiner „Bilderreise" begleiten. „Traumreisen" haben in unteren Jahrgangsstufen vermehrt Einzug in die Unterrichtsarbeit gefunden. Im Vergleich zur therapeutischen Arbeit mit Erwachsenen sind Traumreisen hier bescheidener als Beruhigungs- oder als Wohlfühlstrategie definiert, wobei in aller Regel die Übungen mit der ganzen Klasse oder mit Kleingruppen durchgeführt werden.

Meditation und Yoga zählen zu den in den fernöstlichen Kulturen beheimateten, spirituell fundierten Techniken, sich zu entspannen, das Bewusstsein zu erweitern und zu erhöhen, und vor allem, die eigenen mentalen Prozesse unter Kontrolle zu bringen, Ziele, die auch mit Verfahren der kognitiven Verhaltenstherapie verfolgt werden. Meditation im fernöstlichen Sinn geht in ihrer Zielsetzung jedoch weit darüber hinaus; sie soll den Schüler dazu führen, mit seinem „höheren Selbst" in Kontakt zu kommen. Als Meditationspraktiken gibt es Übungen des Bewusstseins (den Moment bewusst erfahren) zur Konzentrationssteigerung (sich auf ein Objekt oder einen Prozess konzentrieren wie z. B. eine Kerze oder den eigenen Atem). Auf Kinder müssen diese Praktiken allerdings besonders zugeschnitten werden. Zuerst werden sie üben, die Signale des eigenen Körpers bewusst wahrzunehmen und auf sie zu hören; erst anschließend werden bestimmte Fokussierungen für meditative Übungen (wie z. B. Kerzenlicht) vorgenommen. Die entsprechenden Methoden, die man bei Schülern anwenden kann, sind inzwischen in eigenen Meditationsprogrammen beschrieben worden (z. B. Gruber & Rieger 2008). Entspannungsverfahren zeigen in ihrer Wirkung generell die erwünschten Erfolge, wie dem Sammelband von Vaitl und Petermann (2004) zu entnehmen ist.

Spieltherapie

Spieltherapeutische Maßnahmen werden in der Regel auf dem Hintergrund des klientenzentrierten Ansatzes durchgeführt; entsprechend ist die Spieltherapie als ein kindertherapeutisches Verfahren definiert, das Kindern unter Einbeziehung des kindlichen Spiels zu vermehrter Selbstanpassung oder -findung verhelfen soll. Das Ziel der Spieltherapie ist es, den äußeren und inneren psychischen Fehlanpassungen des Kindes entgegenzuwirken, sie zu mildern bzw. diese zugunsten einer optimalen Entwicklungsförderung durch definierbare Bedingungen zu ersetzen, zu denen die Basismerkmale Echtheit (Unverfälschtheit, Transparenz), Akzeptanz (Anteilnahme, Wertschätzung) und empathisches, einfühlendes Verstehen gehören, aber auch die Bereitschaft zum Mitspielen, die Herstellung eines dem Kind angemessenen Angebotes in Form von Material, das Sich-Einbringen des Helfers und weitere, auf das Kind zugeschnittene Hilfen. Nach wie vor sind jene Therapieprinzipien maßgeblich, die bereits 1947 von der Rogers-Schülerin Axline (2002) zusammengestellt worden sind, und zwar: (1) die Gestaltung der Beziehung, (2) die vollständige Annahme des Kindes, (3) das Herstellen eines Klimas des Gewährenlassens, (4) das Erkennen und Reflektieren von Gefühlen, (5) die Achtung vor dem Kind, (6) die Wegweisung durch das Kind, (7) die Nicht-Beschleunigung und (8) das Grenzsetzungsprinzip.

Generell lässt sich der Interventionsansatz so beschreiben, dass eine personenbezogene Beziehung aufgebaut werden soll, die durch Partnerschaftlichkeit, gegenseitige Achtung, soziale Reversibilität im Sprechen und Handeln, wechselseitige Hilfe und Anteilnahme, Offenheit und Aufrichtigkeit gekennzeichnet ist.

Spielgruppen an Grundschulen einzurichten, ist kein neues Konzept. Ideen gingen bereits von den Psychoanalytikern Slavson (1956) und Schiffer (1971) aus und wurden anschließend auch in Deutschland von tiefenpsychologisch orientierten Sonderpädagogen weitergeführt (vgl. z.B. Bittner, Schäfer & Strobel 1973; Reiser 1976). Neuere personenzentrierte Spielkonzepte sind bei Goetze (2002) beschrieben.

Allerdings trifft man auch auf kritische Distanz, wenn Therapiekonzepte in die Schule eingebracht werden. So schreibt Ahrbeck (1999, 287): „Psychotherapie in der Schule wird nur von sehr wenigen Autoren befürwortet, zum Beispiel von Goetze (1993)." Zwischenzeitlich haben sich spieltherapeutische Konzepte in schulischen Settings weiter etabliert, wie sich etwa an dem Sammelband zur „School-Based Play Therapy" von Drewes, Carey und Schaefer (2001) zeigt, in dem nicht weniger als 27 Autoren über schulische Spieltherapiekonzepte berichten. Die dort und an anderen Stellen beschriebenen Projektberichte lassen erkennen: Spielgruppenprojekte sind in ihrer ergänzenden Förderfunktion als pädagogisch sinnvoll einzuschätzen. Die während der Spielstunden entstandenen Beziehungserfahrungen sind auf die tägliche Unterrichtsarbeit übertragen worden, wodurch sich eine produktive Arbeitsatmosphäre entwickelt. Förderpädagogen, die die Spielstunden umsetzen, erfahren in ihrer Einschätzung einen Perspektivenwechsel, sie entdecken bisher unbekannte, neue Seiten bei ihren Kindern, begegnen ihnen personnaher und fördern sie dann auch anders.

Während Spielgruppenprogramme für den schulischen Bereich bisher kaum evaluiert wurden, gibt es jedoch eine breitere Evaluationsliteratur zur Spieltherapie. Ray et al. (2001) haben die bisher umfänglichste Metaanalyse vorgelegt, in die

Tausende von durchgeführten Spieltherapien aus sechs Jahrzehnten eingegangen sind. Das bedeutsamste Ergebnis dieser Metaanalyse ist, dass die Spieltherapie eine wirksame Behandlungsmethode zur Bearbeitung von psychischen Problemen bei Kindern zu sein scheint.

Der Einsatz therapeutisch orientierter Spielgruppen ist auch nach unseren Erfahrungen (Goetze 1981, 2002) eine der effektivsten Möglichkeiten, die dem Förderlehrer zur Verfügung stehen, signifikante persönliche Lernerfahrungen bei risikobelasteten Kindern anzuregen. Unterprivilegierte, in ihrem „So-sein" von der sozialen Umwelt missverstandene Kinder lernen hier eine Instanz kennen, in der sie zunächst einmal – trotz ihrer extremen Störungen und Verstörungen – als achtenswerte Personen angenommen werden; sie lernen darüber hinaus, dass es ihnen unter diesen nicht-bedrohlichen Bedingungen ermöglicht wird, bisher abgewehrte, nicht bewusste oder nicht zugängliche Bereiche ihres Wesens zunehmend mehr zuzulassen; schließlich lernen sie, selbsterhöhende und -erweiternde Erfahrungen zu integrieren.

Die Erfahrungen zeigen also, dass therapeutisch-orientierte Spielgruppen an Schulen prinzipiell durchführbar sind. Durchgängig wurden Veränderungen im Verhalten, im Bereich sozialer Kontakte der Schüler, aber auch im Schulleistungsbereich berichtet.

Resümee

Einleitend waren die Dilemmata angesprochen worden, die das Aufgabenfeld der pädagogisch-therapeutischen Maßnahmen kennzeichnet. Das Spannungsfeld bietet derzeit noch keine Lösungen für so zentrale Fragen wie die Rolle der Förderlehrkraft, ihre Kompetenz und Ohnmacht angesichts der psychischen Not der ihr anvertrauten Schülerklientel, die mangelnde theoretische wie empirische Absicherung, die Indikation und Gegenindikation für unausgelesene Zielgruppen. Mit allem Nachdruck muss jedoch betont werden: Wenn die psychische Belastung von Erziehungshilfeschülern nicht berücksichtigt wird, wird auch der schulische Bildungsauftrag nicht erfüllt werden können. Den Unterricht mit therapeutischen Inhalten und Zielen zu untersetzen und zu ergänzen, lautet also die konsequente Schlussfolgerung.

Literatur

Ahrbeck, B. (1999): Klientzentrierte Therapien. In: Antor, G. & Bleidick, U. (Hrsg.): Handlexikon der Behindertenpädagogik. Stuttgart: Kohlhammer, 285–287

Axline, V.M. (2002): Kinder-Spieltherapie im nicht-direktiven Verfahren. München: Reinhardt

Biermann, G. (1996). Autogenes Training für Kinder und Jugendliche. München: Reinhardt

Bittner, G., Schäfer, G. & Strobel, H. (1973): Spielgruppen als soziale Lernfelder: pädagogische und therapeutische Aspekte. München: Juventa

Drewes, A.A., Carey, L.J. & Schaefer, C.E. (2001): School-Based Play Therapy. New York: Wiley & Sons

Gasteiger-Klicpera, B., Julius, H. & Klicpera, C. (Hrsg.) (2008): Sonderpädagogik der sozialen und emotionalen Entwicklung. Handbuch Sonderpädagogik, Bd. 3. Göttingen: Hogrefe

Goetze, H. (1981): Personenzentrierte Spieltherapie. Grundlagen, Erfahrungen und Perspektiven einer Kindertherapie nach Carl Rogers. Göttingen: Hogrefe

Goetze, H. (1993). Spieltherapie bei Kindern mit Verhaltensstörungen. In: Goetze, H. & Neukäter, H. (Hrsg.): Pädagogik bei Verhaltensstörungen – Handbuch der Sonderpädagogik, Bd. 6. Berlin: Marhold, 871–883

Goetze, H. (2002): Handbuch der personenzentrierten Spieltherapie. Göttingen: Hogrefe

Goetze, H. (2010) (im Druck): Schülerverhalten ändern: Bewährte Methoden der schulischen Erziehungshilfe. Stuttgart: Kohlhammer

Gruber, C. & Rieger, C. (2008): Entspannung und Konzentration: Meditieren mit Kindern. München: Kösel

Kramer, E. & Günther, H. (2004): Kunst als Therapie mit Kindern. München: Reinhardt

Leuner, H., Horn, G. & Klessmann, E. (1997): Katathymes Bilderleben mit Kindern und Jugendlichen. München: Reinhardt

Myschker, N. (2009): Verhaltensstörungen bei Kindern und Jugendlichen. Stuttgart: Kohlhammer

Oaklander, V. (2007): Gestalttherapie mit Kindern und Jugendlichen. Stuttgart: Klett-Cotta

Petermann, U. (2008). Entspannungsverfahren. In: Gasteiger-Klicpera, B., Julius, H. & Klicpera, C. (Hrsg.): Sonderpädagogik der sozialen und emotionalen Entwicklung. Handbuch Sonderpädagogik, Bd. 3. Göttingen: Hogrefe, 585–593

Ray, D., Bratton, S., Rhine, T. & Jones, L. (2001): The effectiveness of play therapy: Responding to the critics. In: International Journal of Play Therapy, 10 (Jg.), H. 1, 85–108

Reiser, H. (1976). Heilpädagogische Spielgruppen. In: Grundschule: Magazin für Aus- und Weiterbildung, 8 (Jg.), H. 1, 20–27

Schiffer, M. (1971): Die therapeutische Spielgruppe. Stuttgart: Hippokrates

Slavson, S. R. (1965): Einführung in die Gruppentherapie. Göttingen: Verlag für medizinische Psychologie

Vaitl, D. & Petermann, F. (Hrsg.) (2004): Entspannungsverfahren. Das Praxishandbuch. Weinheim: Beltz

Willmann, M. (2008): Sonderpädagogische Beratung und Kooperation als Konsultation. Hamburg: Kovač.

7.6 Trainingsverfahren

Uwe Tänzer

Einleitung

Die Anzahl der neu erstellten oder überarbeiteten Auflagen publizierter Trainingsverfahren nimmt seit Jahrzehnten immer weiter zu. Diese Entwicklung spricht für eine große Nachfrage nach standardisierten Programmen, die die Handlungsmöglichkeiten von pädagogisch-therapeutischen Fachkräften erweitern können.

Die Forderung, dies solle speziell in der Sonderpädagogik geschehen, wird unter anderem von Klauer (2000) erhoben. Klauer hält die vorliegenden Programme zur kognitiven Förderung sowie Trainingsverfahren aus dem Bereich der emotionalen und sozialen Entwicklung für erprobt, vielversprechend und mit Nutzen einsetzbar. „Eine Ausbildung ohne diese Komponenten, wie sie heute noch vorherrscht, ist nicht mehr zeitgemäß" (Klauer 2000, 52).

Allerdings ist die Frage nach den Anforderungen bzw. dem möglichen Nutzen solcher Trainingsverfahren genau zu beantworten. Denn nur kohärent dargestellte und effektive Verfahren können die Hoffnungen nach einer Erweiterung der Handlungsmöglichkeiten erfüllen (Tänzer 2002). Die Grundlage für die Konzeption und den adäquaten Umgang mit Trainingsprogrammen muss eine in sich präzise Beschreibung und Erklärung des Gegenstandes, zum Beispiel von Aggressionen oder Hyperaktivität bilden. Auf der Basis einer solchen präzisen und kohärenten Beschreibung und Erklärung des Gegenstandes sind Handlungsempfehlungen mit erklärten Zielen und geeigneten Methoden logisch, stimmig und widerspruchsfrei zu formulieren.

Übersicht verschiedener Trainingsverfahren zu einzelnen Störungsschwerpunkten

Um eine Vorstellung davon zu vermitteln, zu welchen unterschiedlichen Inhalten bisher Trainingsprogramme konzipiert wurden, werden im Folgenden exemplarisch einige Programme benannt. Es wurden insbesondere solche Verfahren berücksichtigt, die für den Bereich der Pädagogik zur Förderung der emotionalen und sozialen Entwicklung bedeutsam sind. Die Zusammenstellung erhebt keinen Anspruch auf Vollständigkeit.

Zu dem Bereich aggressiver Verhaltensweisen sind das Training mit aggressiven Kindern (Petermann & Petermann 2005), das Training mit Jugendlichen (Petermann & Petermann 2007) sowie das Konstanzer Trainingsmodell (Tennstädt et al. 1990) publiziert. Das Therapieprogramm für Kinder mit hyperkinetischem und oppositionellem Problemverhalten nach Döpfner, Schürmann und Frölich (2007) sowie das Training mit aufmerksamkeitsgestörten Kindern (Lauth & Schlottke

2002) eignen sich für den Bereich der Aufmerksamkeits- und Hyperaktivitäts-störung. Gegen Angststörungen richtet sich das Training mit sozial unsicheren Kindern (Petermann & Petermann 2006). Zur Unterstützung von leistungsschwa-chen Schülerinnen und Schülern hat Klauer (1989; 1991; 1993 a) die Programme Denktraining für Kinder I und II sowie für Jugendliche konzipiert.

Diese Beispiele zeigen, dass zu der von Klauer geforderten Erweiterung in der Ausbildung von Sonderpädagogen unterschiedliche pädagogisch-therapeutische Trainingsprogramme vorliegen. Allerdings ist der bereits formulierte generelle Anspruch der Kohärenz von Beschreibung, Erklärung und Handlungsempfehlun-gen weiter zu spezifizieren, damit die Programme auch mit Nutzen für die trai-nierte Person einzusetzen sind. Im Folgenden werden daher Aspekte beschrieben, die bei einer Beurteilung des möglichen Nutzens von Trainingsprogrammen berücksichtigt werden sollten.

Anforderungen an die Konzeption von Trainingsverfahren

Bee-Göttsche (1995) fordert unter Berücksichtigung praktischer Gesichtspunkte von Trainingsprogrammen, dass diese den Kriterien der theoretischen und prak-tischen Plausibilität, der Transparenz sowie der Kooperation genügen müssen. Das heißt: Die Art und der Inhalt eines Trainings sollen theoretisch fundiert sein und die Kosten-Nutzen-Bilanz, insbesondere für die Kinder und Eltern, günstig aus-fallen. Die (fundierende) Theorie, die erklärten Ziele, eine für die Ziele geeignete Vorgehensweise sowie die Ergebnisse einer Evaluation müssen präzise expliziert (Transparenz) und eine Kooperation mit den Eltern sowie weiteren mittelbar am Training beteiligten Berufsgruppen angestrebt werden.

Bezogen auf die Gestaltung von Trainingsprogrammen führen Hager und Hasselhorn (1995) im Hinblick auf praktische Handlungsempfehlungen aus, dass bei der Formulierung von Empfehlungen häufig auf private und/oder pro-fessionelle Erfahrungen zurückgegriffen wird. Es werden also Vorgehensweisen formuliert, die (zunächst nur) auf Kenntnissen basieren, die im konkreten Umgang mit anderen Menschen gewonnen wurden. Dieses Vorgehen ist ihrer Ansicht nach akzeptabel, wenn „das intuitive Wissen in erster Linie bei der Ver-bindung von grundlagenwissenschaftlichen Theorien mit praktischen Bedürfnis-sen eingesetzt wird und nicht an Stelle dieser Theorien tritt" (Hager & Hasselhorn 1995, 43). Es sei annehmbar, von der (subjektiv) erfahrenen Wirkung einer per-sönlichen Handlung auszugehen, um im Weiteren den Zusammenhang zu einem explizierten Gegenstandsverständnis herzustellen. Generell vertreten Hager und Hasselhorn (1995) die Auffassung, dass die Konzeption und Gestaltung von (kog-nitiven) Trainingsprogrammen wissenschaftlich fundiert erfolgen sollte. Idealer-weise wäre es möglich, auf geeignete und überprüfte (so genannte) technologische Theorien zurückzugreifen und diese in Trainingsmaßnahmen umzusetzen. Da jedoch nur selten derartige Theorien zur Verfügung stehen, müsse in der Regel auf grundlagenwissenschaftliche Theorien zurückgegriffen werden. Die Anforderung der Präzision und Kohärenz an das theoretische Gegenstandsverständnis eines Trainingsverfahrens kann durch drei Aspekte, die von Hager und Hasselhorn (1995) im Zusammenhang für die Konzeption von Trainingsprogrammen genannt wurden, weiter spezifiziert und verdeutlicht werden: der zu trainierende Bereich, (spezifische) Trainingsziele und eine geeignete Vermittlungsstrategie, um die erklärten Ziele zu erreichen. Außerdem haben Hager und Hasselhorn (1995) an jedes Training die eigentlich selbstverständliche Erwartung, dass es sich hinsichtlich der angestrebten Trainingsziele als wirksam erweist (vgl. Scriven 1991). Dies wird im folgenden Abschnitt genauer betrachtet.

Die unzureichende Evaluation von Trainingsverfahren

Durch eine wissenschaftliche Evaluation soll die Effektivität eines Trainings nachgewiesen, das heißt erzielte Wirkungen festgestellt und die Hypothese überprüft werden, worauf sich diese Effekte zurückführen lassen. Auch Hany (1988, 241) betont die Bedeutung der „wissenschaftlichen Überprüfung von theoretischen Förderkonzepten und konkreten Förderprogrammen". Um so mehr verwundert es, dass Callahan (1993, 606) in Bezug auf die Evaluation von Förderprogrammen (bei Hochbegabung) feststellt: „The paucity of program evaluation international is striking." Ebenso führen Hager und Hasselhorn (1995, 52) aus, dass im deutschsprachigen Raum viele Trainingsprogramme auf den Markt gebracht wurden, „ohne daß auch nur der Versuch einer Evaluation erkennbar ist. Bei anderen Programmen fehlt es an überzeugenden Evaluationen, die über die eher informelle Erprobung in der Praxis und/oder eine Vortest-Nachtest-Erhebung hinausgehen". Daher drängt sich im Zusammenhang mit diesen Feststellungen zur Evaluation von Trainingsverfahren zunächst die Frage auf, ob ein Training generell dem Anspruch von Klauer gerecht werden kann, die Handlungsmöglichkeiten der potentiellen Anwender (d.h. Sonderpädagogen) zu erweitern. Diese Frage muss mit „Nein" beantwortet werden.

Leider finden sich in der Literatur nur wenige Evaluationsstudien, die nicht von den Autoren der Trainingsverfahren selbst, sondern durch andere Personen aus dem Bereich der Wissenschaft oder von Anwendern der Programme bewertet wurden. Vergleichende Einschätzungen werden noch seltener vorgenommen.

Daher sollen im Folgenden zur Verdeutlichung der unterschiedlichen Bewertungen der Wirksamkeit von Trainingsprogrammen exemplarisch nur die Arbeiten zu den Trainings von Klauer (1989; 1991; 1993a) aufgegriffen werden. Diese wurden in über 40 empirischen Arbeiten durch den Urheber untersucht. Klauer (1993b) beurteilt als Autor der Programme die Evaluation der von ihm entwickelten Trainingsverfahren zusammenfassend derart, dass durch die Trainings deutliche Verbesserungen im Lösen von Aufgaben des induktiven Denkens festgestellt werden konnten, diese jedoch bereichsspezifisch seien. Generell schätzen auch Hager und Hasselhorn (1995) die Wirksamkeit der Trainingsprogramme von Klauer positiv ein. Dagegen vermerken sie kritisch, dass die weitergehenden Fragen nach der oder den Ursache(n) dieser Wirkung sowie den Transfereffekten bisher ungeklärt blieben. Ihrer Meinung nach wurden die Evaluationen offensichtlich nicht umfassend oder differenziert genug durchgeführt. So kritisiert auch Beck (1990), dass noch kein Nachweis über die Stabilität der erzielten Ergebnisse geführt werden konnte. Ebenfalls als unzureichend beurteilt Merz (1992) die Evaluation der Effektdauer. Als weitere Kritikpunkte benennt er, dass die Untersuchungen ohne „echte Kontrollgruppen" durchgeführt wurden und „unbekannt bleibt", ob die Effekte verallgemeinerbar sind. Insgesamt kommt Merz (1992, 152 ff.) zu dem Schluss: „Die Belege für die Wirksamkeit der speziellen Trainings [von Klauer] sind also nicht sehr überzeugend." Derart unterschiedliche Einschätzungen lassen den Schluss zu, dass auch durch (positive) Evaluationsergebnisse von Trainingsverfahren nicht zwangsläufig eine generelle Wirksamkeit des jeweiligen Verfahrens vorliegt. Vielmehr ist es für jedes Trainingskonzept sinnvoll und notwendig, die Evaluation des Verfahrens genau zu analysieren, damit die Wirksamkeit der Trainingsmaßnahme angemessen beurteilt werden kann.

Resümee

Die vielfältigen Störungsbilder im Bereich der Pädagogik zur Förderung der emotionalen und sozialen Entwicklung führen auf der einen Seite zu dem Wunsch, auf ebenso vielfältige Handlungsanweisungen in Form von Trainingsverfahren zurückgreifen zu können. Auf der anderen Seite ist in diesem Zusammenhang die Forderung von Klauer (2000) nach der Vermittlung von Fähigkeiten in der Anwendung von Trainingsverfahren leicht nachvollziehbar. Um den so mannigfachen Anforderungen ebenso bei externalisierenden wie internalisierenden Verhaltensweisen gerecht werden zu können, bedarf es neben fundierten Erfahrungen auch immer wieder neuer Anregungen von außen. Zum Teil können hierzu Trainingsverfahren beitragen, sofern die Konzeption bestimmte Voraussetzungen erfüllt (ausführlich siehe Tänzer 2002): Als notwendige Grundlage muss die Darstellung des behandelten Gegenstandes (Beschreibung und Erklärung von bspw. Aggressionen) und der Handlungsempfehlungen (das eigentliche Training) absolut kohärent erfolgen, damit bei gleichem oder zumindest ähnlichem Verständnis des Gegenstandes die notwendigen und richtigen Vorgehensweisen überhaupt korrekt umgesetzt werden können. Weiterhin sind diverse Anforderungen zu berücksichtigen, wie z. B. eine günstige Kosten-Nutzen-Bilanz. Und letztlich muss ein besonderes Augenmerk auf die Evaluation der Trainingsverfahren gerichtet werden. Denn „auf ein Training, das nichts bewirkt, könnte man getrost verzichten" (Hasselhorn 1995, 24).

Literatur

Beck, M. (1990): Besprechung: Denktraining für Kinder I. Ein Programm zur intellektuellen Förderung von K. J. Klauer. In: Sprache & Kognition, 9 (Jg.), H. 4, 238–240

Bee-Göttsche, P. (1995): Konzeption und Erprobung von Förderprogrammen: praktische Erwägungen. In: Hager, W. (Hrsg.): Programme zur Förderung des Denkens bei Kindern. Göttingen: Hogrefe, 88–97

Callahan, C. M. (1993): Evaluation programs and procedures for gifted education: International problems and solutions. In: Heller, K. A., Mönks, F. J. & Passow, A. H. (Hrsg.): International handbook of research and development of giftedness and talent. Oxford: Pergamon, 605–618

Döpfner, M., Schürmann, S. & Frölich, J. (2007): Therapieprogramm für Kinder mit hyperkinetischem und oppositionellem Problemverhalten THOP: Materialien für die klinische Praxis. Weinheim: Beltz

Hager, W. & Hasselhorn, M. (1995): Konzeption und Evaluation von Programmen zur kognitiven Förderung: theoretische Überlegungen. In: Hager, W. (Hrsg.): Programme zur Förderung des Denkens bei Kindern. Göttingen: Hogrefe, 41–85

Hany, E. A. (1988): Programmevaluation in der Hochbegabtenförderung. Psychologie in Erziehung und Unterricht, 35 (Jg.), H. 4, 241–255

Hasselhorn, M. (1995): Kognitive Trainings: Grundlagen, Begrifflichkeiten, Desiderate. In: Hager, W. (Hrsg.): Programme zur Förderung des Denkens bei Kindern. Göttingen: Hogrefe, 14–40

Klauer, K. J. (1989): Denktraining für Kinder I. Göttingen: Hogrefe

Klauer, K. J. (1991): Denktraining für Kinder II. Göttingen: Hogrefe

Klauer, K. J. (1993 a): Denktraining für Jugendliche. Göttingen: Hogrefe

Klauer, K. J. (1993 b): Trainingsforschung: Ansätze, Theorien, Ergebnisse. In: Klauer, K. J. (Hrsg.): Kognitives Training. Göttingen: Hogrefe, 15–63

Klauer, K. J. (2000): Zur Neuordnung der Ausbildung der Sonderschullehrer. In: Terhard, E. (Hrsg.): Perspektiven der Lehrerbildung in Deutschland (Materialband). Weinheim: Beltz, 45–54

Lauth, G. W. & Schlottke, P. F. (2002): Training mit aufmerksamkeitsgestörten Kindern. Weinheim: Beltz

Merz, F. (1992): Denktraining für Kinder I. Ein Programm zur intellektuellen Förderung von K. J. Klauer. In: Zeitschrift für Pädagogische Psychologie, 6 (Jg.), H. 4, 152–156

Petermann, F. & Petermann, U. (2005): Training mit aggressiven Kindern. Weinheim: Beltz

Petermann, F. & Petermann, U. (2006): Training mit sozial unsicheren Kindern. Weinheim: Beltz

Petermann, F. & Petermann, U. (2007): Training mit Jugendlichen. Aufbau von Arbeits- und Sozialverhalten. Göttingen: Hogrefe

Scriven, M. (1991): Evaluation thesaurus. Newbury Park: Sage

Tänzer, U. (2002): Zur Illusion von Trainingsverfahren. Oldenburg: BIS-Verlag

Tennstädt, K.-C., Krause, F., Humpert, W. & Dann, H. D. (1990): Das Konstanzer Trainingsmodell (KTM). Bern: Huber

8 Verhaltensstörungen als gesellschaftliches Problem

8.1 Bildungsexklusion: Verhaltensstörung als Exklusionsprozess und Exklusionserfahrung

Erich Otto Graf & Jan Weisser

Einleitung

Jedes Verhalten ist grundlegend sozial in dem Sinne, als Menschen das Verhalten von Lebewesen nur wahrnehmen und beobachten können einerseits als Verhalten von Lebewesen im Kontext anderer Lebewesen auf der Objektseite und andererseits als auf andere Lebewesen bezogene Lebewesen auf der Objekte konstituierenden Subjektseite. Unter sozialem Verhalten im engeren Sinne versteht man die Art und Weise, wie Lebewesen zu anderen Lebewesen in der Regel derselben Gattung zu-, mit- oder gegeneinander in Kontakt treten, Kontakt aufrechterhalten und auflösen. Als Störung des sozialen Verhaltens gilt unter menschlichen Lebewesen jede Artikulationsform, die implizite oder explizite soziale Verhaltenserwartungen verletzt. Wenn es gelingt, Verletzungen von Verhaltenserwartungen kollektiv zu problematisieren, dann werden aus verletzten Verhaltenserwartungen umschreibbare Verhaltensstörungen, die als gesellschaftliches Problem wahrgenommen und einigen menschlichen Lebewesen (nachfolgend: Akteure) basierend auf Merkmalskatalogen oder Dispositionskonstrukten mehr zugeschrieben werden als anderen (Epidemiologie von Verhaltensstörungen, vgl. exempl. Schneider 2003). Der unmittelbare Effekt davon ist die Einführung und Etablierung eines dichotomen Teilungskriteriums von Verhaltensstörung als „vorhanden/nicht vorhanden" durch Akteure in Bezug auf Akteure. Einmal eingeführt, kann das Teilungskriterium bei positivem Befund kategorial vielfach gespalten und qualitativ wie quantitativ abgebildet werden – als ADS, ADHS, Impulskontrollverlust, Oppositionelles Trotzverhalten etc. –, wobei jeder Inhalt die Teilung reproduziert. Als Teilungseffekte sind Umschreibungen von Verhaltensstörungen fundamental im Prozess der Teilung im Sinne einer kollektiven Problematisierung verletzter Verhaltenserwartung aufgehoben. Die Aufgabe einer gesellschaftstheoretischen Analyse von Verhaltensstörungen besteht demnach darin, Teilungsprozesse, d. h. die kollektive Problematisierung, Durchsetzung von Diagnostiken, Gruppenbildung und Konstituierung von (Nicht-)Zugehörigkeiten von Akteuren und Geteiltes konsequent aufeinander zu beziehen und sich nicht nur auf die Kartierung so genannter „Umweltfaktoren" zu beschränken. In der sozialwissenschaftlichen Literatur werden in diesem Zusammenhang zwei Schlüsselthemen diskutiert: Exklusion und Inklusion sowie Dominanzverhältnisse. Diese werden nachfolgend dargestellt, zu Positionen und Ergebnissen der empirischen Bildungsforschung, Schultheorie und *Disability Studies* in Beziehung gesetzt und in den Kontext einer Pädagogik bei Verhaltensstörungen gestellt.

Exklusion und Inklusion

In den Jahren 1998 bis 2004 hat die Zeitschrift *Mittelweg 36* des Hamburger Instituts für Sozialforschung eine breite, internationale Debatte über Theorien, Phänomene und politische Implikationen von Exklusion im „Neuen Kapitalismus" nach 1989 geführt. Bude und Willisch (2008) haben die Texte zusammengestellt und zu einer Debatte über die „Überflüssigen" zugespitzt (kritisch dazu Hark 2005), an der sich Autorinnen und Autoren mit unterschiedlichen wissenschaftlichen Sozialisationshintergründen beteiligten. Das Stichwort der „Überflüssigen" macht deutlich, dass generalisierte Bezeichnungen von Akteurgruppen Teil von gesellschaftlichen Teilungsprozessen sind, in denen spezifische (Nicht-)Zugehörigkeiten geschaffen werden – die Debatte über die „Überflüssigen" ist selbst Moment eines Teilungsprozesses, in welchem „Überflüssige" von anderen Menschen unterschieden werden. Für die analytische Reichweite der Exklusionsforschung und ihre Enttautologisierung ist es entscheidend zwischen Exklusionsprozess einerseits und davon Betroffenen andererseits zu unterscheiden: So kommen die Produktionsregeln von Vorgängen in den Blick, in denen bestimmte Menschen eher ausgeschlossen werden als andere. Der Vorgang *und* seine Analyse erweist sich insofern als eine spezifisch moderne Problemstellung, als sie nur innerhalb von formalisierten, rechtlich codierten Prinzipien (Menschenrechte) und bezogen auf nationalstaatlich begrenzte Räume formulierbar ist. In diesen sind zwar alle Menschen gemäß Art. 1 der UNO-Menschenrechtsdeklaration gleich an Würde und Rechten geboren – aber sie werden nicht so behandelt. Dieser Widerspruch stellt sich in der zweiten Hälfte des 20. Jahrhunderts als Folge der Kriegskatastrophen in aller Deutlichkeit, und er bildet so etwas wie einen roten Faden in der Thematisierung von Exklusionsprozessen (für den historischen Zusammenhang vgl. Habermas 1973; Marshall 1992). Eine der bekanntesten und wohl auch scharfsinnigsten Studien in diesem Zusammenhang haben Elias und Scotson (1990) zwischen 1958 und 1960 durchgeführt. Sie untersuchten die Beziehungen zwischen „Etablierten und Außenseitern", die sich im Prozess der Zuwanderung in einer kleinen Vorortssiedlung in England herstellten. Sie hielten konvergierend mit vergleichbaren Studien fest: „So heißt es oft, dass Menschen als einer anderen Gruppe zugehörig betrachtet werden, weil sie eine andere Hautfarbe haben. Aber die zentrale Frage ist eher, wie es denn geschah, dass man sich in unserer Welt daran gewöhnt hat, Menschen mit einer anderen Hautfarbe als einer anderen Gruppe zugehörig wahrzunehmen. Wenn man sie stellt, gerät sogleich der universale Prozess in den Blick, in dessen Verlauf sich Menschengruppen in verschiedenen Regionen der Erde entwickelten, sich an verschiedene physikalische Gegebenheiten anpassten und dann, nach langen Phasen der Isolierung, in Berührung miteinander kamen, und zwar vielfach als Sieger und Besiegte in Eroberungskämpfen und so in ein und derselben Gesellschaft als Etablierte und Außenseiter. Erst aufgrund dieses langen Verflechtungsprozesses, in dem Gruppen mit verschiedenen Körpermerkmalen als Herren und Sklaven oder in anderen Positionen mit großen Machtdifferentialen interdependent wurden, gewannen Unterschiede der physischen Erscheinung den Charakter von Signalen der Zugehörigkeit zu Gruppen mit verschiedenen Machtraten, einem verschiedenen Status und verschiedenen Normen. Einmal mehr wird man hier daran gemahnt, wie wichtig es ist, Gruppen und ihre Beziehungen als Prozesse in der Abfolge der Zeit zu sehen, wenn man verstehen möchte, was es bedeutet, dass Menschen eine Gruppe, zu der sie ‚Wir' sagen, von anderen abgrenzen, auf die sie als ‚Sie' verweisen" (Elias & Scotson 1990, 50).

Exklusion ist *erstens* kein stabiler Zustand, sondern ein Prozess, in welchem Zuschreibungen und Zugehörigkeiten auf Basis kontingenter Merkmale in einem normalistisch konzipierten Referenzrahmen generiert werden (vgl. Link 1999). Im Prozessverlauf übernehmen erfolgreiche Zuschreibungen im Sinne einer Leitidee eine tragende Rolle und dienen als Rechtfertigungsmuster für die Durchsetzung exkludierender Praxen (Castel 2008). Namentlich Analysen zu Rassismus (Terkessidis 1998) haben gezeigt, dass es empirisch sinnvoll ist, die Unterscheidung von Exklusion und Inklusion nicht dichotom als Gesellschaftsgrenze, sondern als innergesellschaftliche Unterscheidung zu konzipieren. Das heißt: Exklusion ist immer Exklusion innerhalb der Gesellschaft. Diese Theoriekonstruktion hat den Vorteil, dass sie einerseits empirisch untersuchbare Zonen oder Milieus (Lapeyronnie 2008) in den Blick nehmen kann und den Zynismus vermeidet, wonach beispielsweise Orte wie das Gefängnis, eine Sonderschule oder eine Berentung Formen der Inklusion darstellen würden und mit Exklusion nur noch der mit dem Tod identische „Extremfall" bezeichnet werden könne (vgl. Nassehi 2008, 124). Sie hat andererseits den Vorteil, dass mit ihr die strukturelle Ambivalenz einer gezielten Bildungs- und Wohlfahrtspolitik deutlich wird. Diese staatlichen Interventionen sind eine Errungenschaft der zweiten Hälfte des 20. Jahrhunderts, mit der Rassismus und Diskriminierung von Bevölkerungsgruppen in modernen Gesellschaften bekämpft werden sollen. Und zugleich haben die entsprechenden Programme die Spaltung der Gesellschaft in Klassen und damit verbunden in Geschlechter, Herkunftsdifferenzen und Behinderung zur Voraussetzung; dies erklärt die permanente Gefährdung des sozialstaatlichen Kompromisses im Bildungssystem, aber auch im Bereich Gesundheit, Familie und Alter u. a. (Röttger 2004).

Zweitens handelt es sich bei Exklusionsprozessen nicht um quasi natürliche Verläufe, sondern um eine Auseinandersetzung unterschiedlich dominanter Akteurgruppen in einem gemeinsamen Referenzraum (z. B. innerhalb eines Nationalstaates, in der territorialen Beziehung von Nationalstaaten, innerhalb von Einrichtungen des Nationalstaates wie der Schule etc.), der die materiellen und immateriellen Güter definiert, die Akteure für ihren Lebensunterhalt benötigen (z. B.

Schulabschlüsse, Geld, Nahrung, Kleider). Zuschreibungsleistungen, welche den Exklusionsprozess durchziehen und in Gang halten, erfolgen folglich dort, wo definierbare Interessen im Spiel sind: Im Kontext Schule sind Verhaltensstörungen von grundlegenderer Bedeutung als musikalische Kompetenzprofile – und *diese* Differenz hat etwas mit der Schule zu tun, nicht mit dem Verhalten oder der Musik. Dieser Umstand bringt eine Doppelung mit sich, weil einerseits insofern ein reales Problem vorliegt, als Akteure eine mitunter heftige Auseinandersetzung austragen, aber andererseits die Zuschreibung beispielsweise einer Verhaltensstörung den Gehalt der Auseinandersetzung nur aus der Position der Definitionsmacht sichtbar macht, die wiederum diese Position für selbstverständlich hält (Steinert 2008).

Dominanzverhältnisse

Das Entdecken, Definieren und Behandeln von Verhaltensstörungen ist – wie oben beschrieben – mit gesellschaftlichen Teilungsprozessen verbunden. Damit stellt sich die Frage, wer in welchen Kontexten über die entsprechenden Mittel verfügt, um solche Teilungen durchzusetzen. Das Thema sind die Dominanzverhältnisse in einem sozialen System, in dem sich Teilungsprozesse ereignen oder vollzogen werden. Grundlegend für die Beschreibung und Analyse von Dominanzverhältnissen ist die Vorstellung, dass soziales Verhalten Ausdruck und Ergebnis der Begegnung von Akteuren ist. Akteure stehen in mehreren Verhältnissen zueinander, wobei die Anzahl der Verhältnisse unmittelbar eine Funktion der Interaktionsdichte unter einer gegebenen Anzahl N von Akteuren ist. In solchen Netzwerken von Verhältnissen nehmen Akteure *Positionen* ein. Unter einer Position versteht man den Platz oder die Stelle, welche ein Akteur in einem Gefüge sozialer Beziehungen einnimmt. Der Begriff lehnt sich an eine sozialräumliche Metaphorik an, was allerdings nicht darüber hinwegtäuschen sollte, dass er keine örtliche Stabilität impliziert (wie z.B. der Bundesplatz in Bern); er ist ausschließlich relational zu bestimmen im Verhältnis zu anderen Positionen, für die dasselbe gilt.

Positionen von Akteuren sind historischen Dominanzverhältnissen eingeschrieben, respektive sie konstituieren diese. Analytisch können Akteurpositionen in Bezug auf die Dimensionen Macht, Status, Prestige und Rolle unterschieden werden. *Macht* bezeichnet die Fähigkeit von Akteuren, auf andere einzuwirken – Akteurpositionen können in dieser Dimension stärker oder schwächer sein. Der Begriff des *Status* wird bisweilen synonym mit jenem der Position verwendet. Unterscheidet man die beiden voneinander, wie wir das hier tun, so bezeichnet der Status vor dem Hintergrund von Klassen- und Schichtungstheorien den gesellschaftlichen Rang, der einer Akteurposition zukommt, wobei es vordere und hintere Rangplätze in einem sozialen Bezugssystem gibt. Mit *Prestige* wird die Anerkennung oder der Ruf bezeichnet, der einer Akteurposition zu Teil wird – diese kann mehr oder weniger prestigeträchtig sein, einen mehr oder weniger guten Ruf haben. Der Begriff der *Rolle* schließlich bezeichnet das Insgesamt der Erwartungen, die an Inhabende einer bestimmten Position und an ihr Verhalten gerichtet werden. Rollen unterscheiden sich nach Konfigurationen wie beispielsweise die Vater- und Mutterrolle, die Schülerrolle, die Rolle des Kunden etc.

Die empirische Beschreibung relationaler Akteurpositionen und ihrer analytischen Dimensionen orientiert sich wiederum an einer sozialräumlichen Metaphorik und unterscheidet *vertikale von horizontalen Dimensionen*. Vertikale Dimensionen wie Einkommen und Reichtum sind grundsätzlich erwerbbar und beschreiben quantifizierbare Ungleichheiten, wohingegen horizontale Dimensionen wie Geschlecht und Herkunft grundsätzlich zugeschrieben sind und qualifizierbare Ungleichheiten (Verschiedenheit) beschreiben. In der Soziologie sozialer Ungleichheiten können Dominanzverhältnisse entsprechend komplex beschrieben werden (vgl. Abb. 1), wobei die empirischen Resultate durchweg große positionale Unterschiede und entsprechend erheblich ungleich verteilte Chancen ausweisen, eine attraktive Position einnehmen zu können (beispielsweise für Kinder mit Migrationshintergrund in der Schweiz, verteilt auf Geschlecht und Herkunftsland). Je größer die Unterschiede und je ungleicher die Chancen verteilt sind, desto größer ist der Spannungsgehalt in einem sozialen System. Das Maß zur Beschreibung des Spannungsgehaltes ist die Statuskonsistenz, reskeptive -inkonsistenz: Soweit ein Akteur auf allen Dimensionen sozialer Ungleichheit einen vergleichbar hohen Status besitzt, spricht man von Statuskonsistenz. Statusinkonsistenz ist in modernen Gesellschaften vor allem in mittleren Lagen sehr häufig zu finden. Von Statusinkonsistenz spricht man beispielsweise, wenn jemand über einen hohen formalen Bildungsabschluss verfügt, aber trotzdem einem Beruf mit einem geringen Einkommen nachgeht.

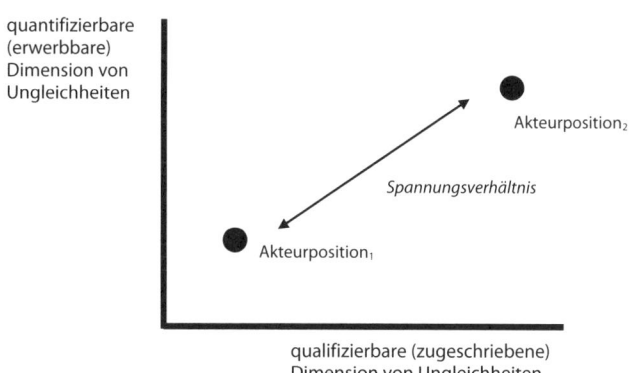

Abb. 1: Analyse von Dominanzverhältnissen und Empirie sozialer Ungleichheiten

In Abbildung 1 werden die Relationalen Akteurpositionen in einem empirischen Datenraum auf quantifizierbare und qualifizierbare Dimensionen sozialer Ungleichheiten bezogen und in den Dimensionen von Macht, Status, Prestige und Rolle analysiert. Verhaltensstörung gilt als zugeschriebene Dimension sozialer

Ungleichheit, welche auf diesem Hintergrund in der psychologischen Diagnostik als quantifizierbare Eigenschaft erscheint.

Wird nun ein Akteur in einer sozialen Position X auf der qualitativen Dimension als „verhaltensgestört" im Unterschied zu „nicht verhaltensgestört" beschrieben, so artikulieren sich in diesem Vorgang Teilungspraktiken und Dominanzverhältnisse, die sichtbar werden, wenn danach gefragt wird, wer sie in welchen Kontexten und mit welchen Mitteln vollzieht und wen sie betreffen (vgl. beispielhaft Davis, Davis & Dowler 2004; allgemein Weisser 2005). Die Zuschreibung einer Verhaltensstörung ist nur möglich auf Basis einer meist implizit bleibenden generalisierten Verhaltenserwartung, deren Verletzung den in den Regeln einer spezifischen sozialen Praxis (z. B. Arbeit, Bildung, Familie) eingelagerten Wert betrifft und schützt. Für das Verstehen und Erklären von Verhaltensstörungen eröffnen sich so zwei Anschlussmöglichkeiten, erstens eine empirische Soziologie sozialer Verhaltensstörungen und zweitens eine Ethnomethodologie Verhaltensstörungen produzierender Gesellschaften.

(1) Akteure, welche Verhaltensstörungen zeigen, können folglich in Bezug auf Macht, Status, Prestige und Rolle ihrer aktuellen sozialen Position im Vergleich zu anderen Akteuren ohne Verhaltensstörungen thematisiert werden, einschließlich der empirisch zu ermittelnden Beschreibung ausgewählter vertikaler und horizontaler Dimensionen. Auf diese Weise vermeidet man den Reduktionismus epidemiologischer Studien von Akteuren und ihren Positionen auf Merkmale und Dispositionen.

(2) Akteure, welche Verhaltensstörungen feststellen und an Akteuren problematisieren, können gleichermaßen thematisiert werden wie die unter (1) bezeichneten Akteure. Darüber hinaus können attributionale Identifikationen von Akteuren mit und ohne Verhaltensstörungen selbst als Prozess und Handwerk untersucht und zur Beschreibung einer Gesellschaft verwendet werden, die mit sich (auf wessen Kosten?) klar zu kommen versucht.

Verhaltensstörungen im Bildungssystem

Die Bildungssysteme moderner, nationalstaatlich organisierter Gesellschaften sind im Verlauf des 20. Jahrhunderts für die gesamte jeweilige Bevölkerung zum zentralen Ort der Vermittlung von Sozialisations- und Lernerfahrungen und der Verteilung unterschiedlicher, sowohl rangierbarer wie nicht rangierbarer formaler Qualifikationen geworden. Kreckel bilanziert unisono mit den bildungssoziologischen Studien der letzten Jahrzehnte: „Das Bildungssystem ist [...] *die* zentrale Rechtfertigungsfabrik sozialer Ungleichheit in der modernen Gesellschaft" (Kreckel 2004, 98, i. O. kursiv). Bildungssysteme bringen also Unterscheidungen hervor – und zugleich sind sie *die* öffentliche Institution demokratischer Gesellschaften, welche für die universalistisch orientierte Sozialisation und Enkulturation der nachwachsenden Generation wie auch ihrer Eltern und Erziehungsberechtigten eine zentrale Rolle spielt. Beides zusammen bewirkt ein Spannungsverhältnis, das unterschiedliche Akteure und Akteurgruppen im bildungspolitischen Interessenstreit mit den Polen „soziales Lernen, Chancengerechtigkeit" und „Leistungsförderung und Leistungsdistinktion" zum Ausdruck bringen. Empirisch gesehen findet beides zugleich statt (Fend 2008; Graf & Graf 2008).

Wenn es schwierig sein dürfte, für Lernprozesse von Akteuren günstige Verhaltensweisen zu beschreiben, weil man davon ausgehen muss, dass Akteure in Begegnung mit Akteuren immer in Funktion der Begegnung lernen, so gilt das für schulische Lernprozesse nicht in demselben Maße. Lernen in der Schule wird durch das Setting der Schule überdeterminiert, wobei „über" meint, dass ein Dominanzverhältnis vorliegt, das angebotsseitig stärker kontrolliert wird als nutzungsseitig. Die Grundvorstellung des Angebot-Nutzungsmodells von Bildungssystemen (vgl. Fend 2008, 22) ist es, dass im Sinne des akteurzentrierten Institutionalismus Bildungswirklichkeit ebenso systemisch wie interaktionistisch konstituiert wird, also über Regularitäten und Bedingungen einerseits, über Interpretationsweisen und Performanzen andererseits. Dafür gibt es günstigere und weniger günstige Verhaltensweisen, wobei die weniger günstigen von den dominierenden Akteuren als „Störungen" identifiziert werden, *weil* sie gegen die Regularitäten verstoßen. Trotz der Kenntnisse über ökosystemische Bedingungen der Entwicklung von Verhaltensmustern bilden sich innerhalb der institutionellen Praxis externalisierende Diskursmuster der Erklärung und Bewältigung störenden Verhaltens aus, welche die in der Dominanzkultur verfügbaren Deutungsangebote nutzen (vgl. Hänsel 2003; Gomolla 2006; Mecheril 2006). Auf diese Weise sichern individualisierende („Hans kann nie stillsitzen"), kollektivierende („diese Jungs sind einfach schwer zu erziehen"; „Kinder nicht-deutscher Sprache sind schlecht integriert") oder naturalisierende („bei Verhaltensstörungen kann den Betroffenen medikamentös geholfen werden") und kulturalisierende („Kinder und ihre Familien aus der islamischen Kultur") Diskursweisen die Beharrlichkeit dominierender Bildungspraxen und zugleich schränken sie den Problemlöseraum durch eine Vorzugsbehandlung externalisierender Programme massiv ein. Castel (2008, 76) hat die damit implizierte Weichenstellung gegen anspruchsvolle Transformationsprozesse als Präferenz für technologisch einfache Problemlösung mit hohen und wiederum ungleich verteilten Folgeschäden beschrieben: „Indem man Problemgruppen kategorisiert und isoliert, gibt man sich Mittel an die Hand, sie spezifisch und gezielt zu betreuen, während man sich gleichzeitig ehrgeizigere, aber auch kostspieligere Aktionen erspart, für die man außerdem nicht über geeignete professionelle Techniken verfügt" (lerntheoretisch vgl. Bateson 1985, 219 ff.).

Das ist das genaue Gegenteil dessen, was Bourdieu und Passeron in *Die Illusion der Chancengleichheit* (1971) in der ersten weltweiten Bildungsreformphase der ausgehenden 1960er Jahre forderten. Sie monierten das Fehlen einer „rationalen Pädagogik" (Bourdieu & Passeron 1971, 82 ff.), welche eine wirkliche Demokratisierung des Bildungswesens bewirken könnte. Diese hätte die reale Schule als zentrale Voraussetzung: „Jede wirkliche Demokratisierung setzt voraus, dass man sie dort lehrt, wo die Unterprivilegierten sie erwerben können: in der Schule"

(Bourdieu & Passeron 1971, 88). Und sie hätte zur Aufgabe, die Lern- und Verhaltensstörungen des Systems und seiner Unterrichtsformen zu analysieren mit dem Ziel, sie zu verringern. Der handlungstheoretische Schlüsselbegriff für eine entsprechende Pädagogik und Soziale Arbeit ist jener der *Zugänglichkeit gesellschaftlicher Güter*, hier des schulischen Lernens (vgl. Becker 2008). In ihm lassen sich Zugangswahrscheinlichkeit basierend auf einer Analyse von Exklusionsprozessen und Dominanzverhältnissen ebenso abbilden wie sich nicht-reduktive Perspektiven der Veränderung und der Implikationen von Veränderungen gewinnen lassen.

Pädagogik bei Verhaltensstörungen

Jede Pädagogik bei Verhaltensstörungen existiert in einer spezifischen Dominanzkultur und sie reproduziert sie in dem Maße, wie es ihr nicht gelingt, die Mechanismen und Erfahrungsweisen, welche Akteure unter ihrem Label zusammenführen, reflexiv verfügbar zu halten und auf die eigenen Praxen anzuwenden (vgl. praktisch Weiss 2003; Lanwer 2008). In Anlehnung an die methodologischen Überlegungen über verhaltenswissenschaftliche Probleme bei Devereux (1998, 28) lassen sich die folgenden Maximen für eine Pädagogik bei Verhaltensstörungen formulieren:

(1) Pädagogische Prozesse bei Verhaltensstörungen beginnen mit der Untersuchung aller Äußerungen und subjektiven Erfahrungen aller in die Definition der Verhaltensstörung einbezogener Akteure und stellen das diskursive Geflecht dar.

(2) Akteure, welche in pädagogischen Prozessen bei Verhaltensstörungen eine professionelle Position einnehmen, studieren ihre persönliche Verstrickung mit eigenen und durch die Profession festgelegten Deutungspräferenzen.

(3) Das diskursive Geflecht wird in Bezug auf die Teilungslinien und deren Einbettung in Dominanzverhältnisse untersucht, so dass die überdeterminierenden Kräfte sichtbar werden.

(4) Schließlich wird die Gestaltung der unmittelbar anstehenden pädagogischen Praxis bei Verhaltensstörungen als durch die Singularität der gestaltenden Akteure bestimmt verstanden. Die Analyse hat keine legitimierende Funktion, auf die man sich berufen könnte – was zu einer Überdetermination durch den Analytiker, durch die Analytikerin führen würde. Sie versammelt ausschließlich die Sichtweisen und gibt jeder Akteurposition die Möglichkeit der Fort- und oder Umschreibung relationaler Verhältnisse.

Literatur

Bateson, G. (1985): Ökologie des Geistes. Anthropologische, psychologische, biologische und epistemologische Perspektiven. Frankfurt a. M.: Suhrkamp

Becker, U. (2008): Lernzugänge. Integrative Pädagogik mit benachteiligten Schülern. Wiesbaden: VS

Bourdieu, P. & Passeron, J.-C. (1971): Die Illusion der Chancengleichheit. Untersuchungen zur Soziologie des Bildungswesens am Beispiel Frankreichs. Stuttgart: Klett

Bude, H. & Willisch, A. (Hrsg.) (2008): Exklusion. Die Debatte über die „Überflüssigen". Frankfurt a. M.: Suhrkamp

Castel, R. (2008): Die Fallstricke des Exklusionsbegriffs. In: Bude, H. & Willisch, A. (Hrsg.): Exklusion. Die Debatte über die „Überflüssigen". Frankfurt a. M.: Suhrkamp, 69–86

Davis, K. K., Davis, J. S. & Dowler, L. (2004): In motion, out of place: the public space(s) of Tourette Syndrome. In: Social Science & Medicine, 59 (Jg.), H. 1, 103–112

Devereux, G. (1998): Angst und Methode in den Verhaltenswissenschaften. Frankfurt a. M.: Suhrkamp

Elias, N. & Scotson, J. L. (1990): Etablierte und Außenseiter. Frankfurt a. M.: Suhrkamp

Fend, H. (2008): Schule gestalten. Systemsteuerung, Schulentwicklung und Unterrichtsqualität. Wiesbaden: VS

Gomolla, M. (2006): Institutionelle Diskriminierung im Bildungs- und Erziehungssystem. In: Leiprecht, R. & Kerber, A. (Hrsg.): Schule in der Einwanderungsgesellschaft. Ein Handbuch. Schwalbach: Wochenschau Verlag, 97–109

Graf, M. A. & Graf, E. O. (2008): Schulreform als Wiederholungszwang. Zur Analyse der Bildungsinstitution. Zürich: Seismo

Habermas, J. (1973): Legitimationsprobleme im Spätkapitalismus. Frankfurt a. M.: Suhrkamp.

Hänsel, D. (2003): Die Sonderschule – ein blinder Fleck in der Schulsystemforschung. In: Zeitschrift für Pädagogik, 49 (Jg.), H. 4, 591–609

Hark, S. (2005): Überflüssig. Deutungsbegriff für neue gesellschaftliche Gefährdungen? In: Transit – Europäische Revue, 29 (Jg.), o. H.

Kreckel, R. (2004): Politische Soziologie der sozialen Ungleichheit. Frankfurt: Campus

Lanwer, W. (2008): Wi(e)der Gewalt. Erkennen, Erklären und Verstehen aus pädagogischer Perspektive. Baltmannsweiler: Schneider

Lapeyronnie, D. (2008): Die Ordnung des Formlosen. Die soziale und politische Konstruktion von Rassismus in der französischen Gesellschaft. In: Bude, H. & Willisch, A. (Hrsg.): Exklusion. Die Debatte über die „Überflüssigen". Frankfurt a. M.: Suhrkamp, 161–177

Link, J. (1999): Versuch über den Normalismus. Wie Normalität produziert wird. Opladen: Westdeutscher Verlag

Marshall, T. H. (1992): Bürgerrechte und soziale Klassen. Zur Soziologie des Wohlfahrtsstaates. Frankfurt a. M.: Campus

Mecheril, P. (2006): Was Sie schon immer über Rassismuserfahrungen wissen wollten. In: Leiprecht, R. & Kerber, A. (Hrsg.), Schule in der Einwanderungsgesellschaft. Ein Handbuch. Schwalbach: Wochenschau Verlag, 462–471

Nassehi, A. (2008): Exklusion als soziologischer oder sozialpolitischer Begriff? In: Bude, H. & Willisch, A. (Hrsg.): Exklusion. Die Debatte über die „Überflüssigen". Frankfurt a. M.: Suhrkamp, 121–130

Röttger, B. (2004): Staatlichkeit in der fortgeschrittenen Globalisierung. Der korporative Staat als Handlungskorridor polit-ökonomischer Entwicklung. In: Beerhorst, J., Demirovic, A. & Guggemos, M. (Hrsg.): Kritische Theorie im gesellschaftlichen Strukturwandel. Frankfurt a. M.: Suhrkamp, 153–177

Schneider, S. (2003): Psychische Störungen des Kindes- und Jugendalters. In: Margraf, J. (Hrsg.): Lehrbuch der Verhaltenstherapie, Bd. 2. Berlin: Springer, 437–462

Steinert, H. (2008): Die Diagnostik der Überflüssigen. In: Bude, H. & Willisch, A. (Hrsg.): Exklusion. Die Debatte über die „Überflüssigen". Frankfurt a. M.: Suhrkamp, 110–120

Terkessidis, M. (1998): Psychologie des Rassismus. Opladen: Westdeutscher Verlag.

Weiss, W. (2003): Philipp sucht sein Ich. Zum pädagogischen Umgang mit Traumata in den Erziehungshilfen. Weinheim: Beltz
Weisser, J. (2005): Behinderung, Ungleichheit und Bildung. Eine Theorie der Behinderung. Bielefeld: transcript

8.2 Der gesellschaftliche Umgang mit Verhaltensstörungen aus machttheoretischer Perspektive

Achim Volkers

Einleitung

Fragt man nach einer Erklärung für den Begriff der Verhaltensstörung, so lassen sich zwei Arten von Antworten unterscheiden: eine empiristische und eine interpretative. Empiristisch betrachtet ist die Beurteilung „verhaltensgestört" ein kontextabhängiges Phänomen. Zwar lässt sich erheben, wie häufig welche Verhaltensweisen als abweichend beurteilt werden, doch bleiben diese Ergebnisse quantitative Annäherungen, die den jeweiligen Kontext nie vollständig erfassen können. Die Kontextabhängigkeit verschärft sich, wenn kulturelle oder historische Vergleiche unternommen werden. Interpretative Versuche setzen nicht bei den zu beobachtenden Verhaltensweisen, sondern beim beurteilenden Individuum an und stellen entweder fest, dass die Beantwortung der Frage, was normal ist bzw. von der Norm abweicht, von der individuellen Einstellung, letztlich vom Geschmack, abhängt oder, naturalistisch betrachtet, dass ein Individuum als biologisches/neurologisches System hinsichtlich seiner Beurteilungen determiniert ist. In beiden Fällen kommt man zu dem Schluss, dass Normalität nur vage zu bestimmen und deshalb auch die Abweichung von ihr nicht genau abzugrenzen ist. Gegen beide Verfahren könnte der Einwand erhoben werden, dass ihre kontextualistischen Schlussfolgerungen auf unpassenden theoretischen Annahmen beruhen (Volkers 2004, 85 ff.). Ein anderer Einwand wäre, dass beide Ansätze, so verschieden sie sind, den gleichen Fehler begehen: Sie gehen von einer nicht näher bestimmbaren Normalität aus, um die Anormalität davon abzugrenzen. Mit Foucault kann man den Weg umkehren: Um zu wissen, was in einer Gesellschaft unter Normalität verstanden wird, muss man analysieren, wie sie mit Abweichungen umgeht. Foucaults Ansatz soll im Folgenden als möglicher dritter Weg dargestellt werden, der es erlaubt, die Praktiken der Pädagogik bei Verhaltensstörungen kritisch zu betrachten.

Von den fünf historischen Wurzeln der Verhaltensgestörtenpädagogik (Myschker 2009) untersucht Foucault in seinem Werk vor allem die Psychiatrie, den Strafvollzug und am Rande einige Wandlungen im Schulsystem. Daneben untersucht er die Medizin, die Seelsorge und biopolitische Strategien. Obwohl sich keine dieser Untersuchungen auf gegenwärtige gesellschaftliche Abläufe bezieht, erwecken seine Werke beim Leser unweigerlich den Eindruck, dass etwas über die Gegenwart mitgeteilt wird. Dieser Effekt wird von Foucault bewusst eingesetzt. Ziel seiner Texte ist eine Verschiebung und Verfremdung eingespielter Beurteilungsmaßstäbe, um eine kritische „Haltung" zu provozieren (Foucault 2005, 695). Foucault vertritt die These, dass sich die gegenwärtige gesellschaftliche Normalität einer bestimmten

Form der Subjektivierung des Menschen verdankt und dass sich diese Subjektivierungsform als ein Geflecht von Machtbeziehungen analysieren lässt, das sich im Umgang mit Abweichungen zu erkennen gibt. Der gegenwärtige Umgang mit Abweichungen ist laut Foucault kein Produkt zunehmender Erkenntnisse über die Natur des Menschen. Er stellt die historische Entwicklung als kontingente Abfolge verschiedener gesellschaftlicher Praktiken dar.

Die historische Relativität

Der historische Wandel im Umgang mit Abweichungen von der Norm wird von Foucault (1973) in *Wahnsinn und Gesellschaft* untersucht, wo er den Zeitraum vom späten Mittelalter bis zum Beginn des 19. Jahrhunderts analysiert. Am Ausgang des Mittelalters wurde der Wahnsinn noch als „eschatologische Gestalt" betrachtet und mit dem Tod auf eine Stufe gestellt. Der Wahnsinn gehörte wie der unvermeidliche Tod zur menschlichen Ordnung. In der Renaissance wird der Wahnsinn nicht mehr mit dem Tod identifiziert, sondern zum festen Bestandteil des Lebens erklärt. Er besitzt nun eine eigene Weisheit, einen eigenen Zugang zur Wahrheit und zeigt, wie vielfältig das menschliche Leben ist. „Ohne die Irren wäre die Vernunft ihrer Realität beraubt, wäre sie leere Monotonie, Langeweile mit sich selbst [...]" (Foucault 1973, 351). Die Verrückten werden auf Narrenschiffe gesetzt, um sich auf die Suche nach der Vernunft zu begeben. Im Übergang zum 17. Jahrhundert verliert der Wahnsinn langsam seinen eschatologischen Bezug. Die Wahnsinnigen werden nun in Narrenhäuser interniert, was laut Foucault gastfreundlich zu verstehen ist. Ab Mitte des 17. Jahrhunderts, der „Klassik", wie Foucault sagt, kommt es zu einem folgenschweren Einschnitt. Descartes wird von Foucault (1973, 68 ff.) als Kronzeuge für die endgültige Trennung von Vernunft und Wahnsinn zitiert. Mit dieser Trennung beginnt eine Welle der Internierung aller, die nicht gemäß der menschlichen Vernunft leben. Das trifft nicht nur auf Verrückte zu, sondern auch auf Bettler und Kriminelle, die als öffentliches Ärgernis wahrgenommen werden. Ihr Mangel an Vernunft lässt sie den Tieren näher sein als den Menschen und so erfahren sie in der Internierung kein Mitleid. In der Moderne, die für Foucault mit dem 19. Jahrhundert beginnt, kommt es zur „Befreiung" der Wahnsinnigen durch die Wissenschaft. Es entwickeln sich medizinische, psychiatrische und juristische Diskurse über die verschiedensten Arten von Abweichungen, die nun als ein soziales Versagen betrachtet werden, das es wissenschaftlich zu ergründen gilt. Foucault suggeriert, dass die Befreiung in der Moderne rein physischer Natur war. Die physische Gefangenschaft wurde durch eine Gefangenschaft in psychologisch-moralischen Diskursen ersetzt. Mit der Klassik beginnt demnach die Entstehung der modernen Subjektivität. Das Subjekt besitzt nun ein individuelles Innenleben. Dieses ist nicht das Produkt einer progressiven Affektbeherrschung (Elias), nicht das Ergebnis eines neuen rationalen Weltbildes (Weber, Habermas) oder einfach das Produkt sozialer Evolution (Spencer). Die Zunahme an wissenschaftlichen Disziplinen und sozialen Institutionen führt Foucault auch nicht auf Arbeitsteilung (Durkheim) oder funktionale Differenzierung (Luhmann) zurück. Er will zeigen, wie sich neues Wissen über den Menschen vor allem aus einem Zusammenspiel von verschiedenen Diskursen herausbildet, die wiederum Machtbeziehungen konstituieren, denen die Individuen unterworfen sind. Abstrakt gesprochen geht es Foucault um den Nachweis, dass es unterschiedliche Arten gibt, Menschen zu führen. Die moderne Subjektivität mit ihrem Bezug zur Vernunft ist eine solche Möglichkeit. Menschen werden gelenkt, indem sie als zurechnungsfähige und verantwortliche Subjekte behandelt werden.

Das vernünftige Subjekt

Die Ambivalenzen dieser Subjektivität verdeutlicht Foucault an einer ganzen Reihe von Beispielen, in denen er zeigt, dass die Problematisierung von Abweichungen auf psychologischem und moralischem Wege unlösbare Konflikte hervorbringt, in denen es vorgeblich darum geht, die Wahrheit eines Subjekts, d.h. seine individuelle Natur, zu ergründen, um möglichst human zu handeln. Bei genauer Betrachtung ergeben diese widersprüchlichen Diskurse aber nie ein eindeutiges Bild des Individuums, sondern zeigen vielmehr soziale Kämpfe um die Wahrheit (Foucault 1975, 9f.). Die von Foucault herausgegebene Dokumentation des Falls „Pierre Rivière" zeigt diese Problematik sehr deutlich. Im Jahr 1835 ereignet sich in der kleinen Gemeinde Aunay bei Caen ein Verwandtschaftsmord. Pierre Rivière, Anfang zwanzig, erschlägt mit einer Axt seine Mutter, seine Schwester und seinen Bruder. Nach der Tat, bei der er von seiner Großmutter gesehen wurde, verlässt er seelenruhig das Dorf und wandert einen Monat lang unschlüssig durch die Normandie. Er überlegt, auf die englischen Kanalinseln zu flüchten, fordert sein Schicksal teilweise bewusst heraus, indem er sich in Ortschaften aufhält und erwägt, bei seiner Verhaftung Wahnsinn vorzutäuschen. Als er schließlich verhaftet wird, gibt er diese Option schnell auf und überrascht die Staatsanwälte mit einem ausführlichen und sehr sachlich gehaltenen schriftlichen Bericht, in welchem er seine Lebensumstände schildert und sein Motiv nachvollziehbar begründet. Anfang des 21. Jahrhunderts wäre Rivière ein Jugendlicher mit sozial-emotionalem Förderbedarf gewesen. Er wächst in einer zerrütteten Familie auf, in der die Mutter den Vater vor den Kindern ausbeutet und demütigt. Aus dieser Ehe gehen fünf Kinder hervor. Nach der Scheidung, die an der konfliktreichen Beziehung der Eltern nichts ändert, leben ein Bruder und eine Schwester bei der Mutter. Rivière findet die familiäre Situation unerträglich; er bemitleidet seinen Vater. Die Dorfbewohner geben eine Reihe merkwürdiger Verhaltensweisen von Rivière zu Protokoll. Von Kindheit an fällt er durch sinnlose Gewalttätigkeit und Grausamkeit gegenüber Tieren, Nachbarskindern und den eigenen Geschwistern auf. Diese Verhaltensweisen werden von ihm selbst bestätigt und mit einer Reihe individueller Ängste plausibel begründet (Foucault 1975, 110f.).

In der Gerichtsverhandlung stellt sich die zentrale Frage, ob die Lebensgeschichte des Rivière zeigt, dass er wahnsinnig ist und damit unschuldig oder ob er bei Verstand ist und somit im vollen Umfang zu bestrafen. Aus diesem Problem entwickelt sich ein reger Diskurs in den Zeitungen, bei den Dorfbewohnern und den zu Rate gezogenen psychiatrischen Experten, die Gutachten einreichen, in dem keine einheitliche Meinung erkennbar ist. Den einen erscheint die Tatsache, dass Rivière seine Beweggründe aufschreiben konnte, als ein Zeichen für seinen wachen Verstand, die anderen sehen gerade darin ein Indiz für völligen Wahnsinn. Ein Gutachter kann in der Lebensgeschichte nichts weiter Ungewöhnliches finden, ein anderer sieht hier Anzeichen von „Monomanie". Wie unklar diese Situation ist, zeigt sich als Rivière zum Tode verurteilt wird und ein konservativer Kommentator daraus den Schluss zieht, dass damit also eine solche Geisteshaltung als „normal" eingestuft wird, was ihn zu der kulturtheoretischen These führt, dass diese „Normalität" auf die philosophische Aufklärung zurück zu führen sei, die den religiösen Zusammenhalt zerstört habe (Foucault 1975, 160). Später wird Rivières Urteil revidiert und er bekommt lebenslänglich. Nach vier Jahren Haft erhängt er sich.

Foucault beschreibt die Theodizee der Moderne. Wenn alle Menschen vernunftbegabte Subjekte sind, wie können sie dann offenkundig unvernünftige, grausame Taten vollbringen? Um dieses Problem herum entwickeln sich Spezialdiskurse und eine ganze Reihe sozialer Praktiken, die sicherstellen sollen, dass die Menschen zur Vernunft gebracht werden. Dafür wird die vermeintliche Subjektivität des Menschen ontologisiert bzw. objektiviert. Wie Menschen geführt werden sollen, ist nun abhängig von der richtigen (vernünftigen) Erkenntnis. Foucaults Analysen der Psychiatrie, der Medizin, der Sexualität etc. zeigen immer wieder, dass hinter den vermeintlichen wissenschaftlichen Erkenntnissen keine ontologischen Tatsachen stehen. Damit will er nicht behaupten, dass die untersuchten Phänomene nicht existent sind. Abweichungen sind in einem pragmatischen Sinne so real, wie es die Umgangsweisen mit ihnen sind. Er weist den Glauben zurück, für diese Praktiken gäbe es eine Legitimationsgrundlage, wie es die Humanwissenschaften unterstellen.

Normalisierung und Disziplinierung

Die moderne Subjektivität besitzt eine zu erforschende Seele, die durch humanwissenschaftliche Diskurse und institutionalisierte Praktiken produziert wird. Wissenschaftliches Wissen und soziale Praktiken bedingen sich nach Foucault gegenseitig. Das wissenschaftliche Wissen über den Menschen soll der Normalisierung dienen. Was geht im Innern der Menschen vor sich, wie gehen sie mit ihrem Leben um? Was ist normal und wieso weichen einige von der Normalität ab? Im 19. Jahrhundert kommt es zur medizinischen, psychiatrischen und psychologischen Erforschung des Menschen, deren Erkenntnisse wiederum die soziale Praxis beeinflussen; ein historischer Prozess, an dem die Pädagogik im Allgemeinen und die Verhaltensgestörtenpädagogik im Besonderen anknüpft (Stechow 2004, 190).

Die sozialen Institutionen bewirken die am Körper des Menschen ansetzende Disziplinierung. Es wird reglementiert und überwacht, wer, wann, wo und wie lange sein darf oder muss. Diese Rolle übernehmen vor allem Schulen, Fabriken und Gefängnisse, aber auch die Familie (Foucault 1995, 173 ff.; 2003 a, 380 ff.).

Eine entscheidende Rolle in diesen Prozessen nimmt das Wissen ein. Das neu entwickelte psychologische, medizinische und letztlich immer moralische Wissen über den Menschen bringt professionell arbeitende Experten hervor. Deren akademische Ausbildung legitimiert sie, in schwierigen sozialen Situationen Entscheidungen zu treffen. Ärzte, Pädagogen, Psychologen und Sozialarbeiter greifen in Lebensläufe ein und treten als Anwälte der Subjekte auf. Foucault beschreibt die dadurch entstandenen sozialen Gefüge als Machtbeziehungen, denen sich alle Beteiligten unterwerfen müssen. Die Macht ist in diesen Fällen laut Foucault nicht allein negativ zu verstehen. Sie ist produktiv und positiv, weil sie neue, vermeintlich wahre Eigenschaften der Subjekte hervorbringt, um ihnen zu helfen, was von den Betroffenen auch positiv erlebt werden kann. Das Individuum ist so nie nur ein vernünftiges Subjekt, sondern immer ein Subjekt im Sinne einer an ihm zu vollziehenden Handlung. Es gibt zu erziehende oder zu disziplinierende, zu fördernde oder zu bestrafende Subjekte. Für die Pädagogik gilt allgemein, dass sie es mit zu bildenden Subjekten zu tun hat (Ricken 2006). Mit der modernen Subjektivität kommt es zur Erschaffung des Täters hinter der Tat. Foucault spricht vom „psychologisch-ethischen Doppel des Delikts" (Foucault 2003 a, 34). Wenn eine Abweichung auftritt, machen sich die Experten auf die Suche nach Indizien im Leben des Betroffenen, die zur Erklärung dieser Tat herangezogen werden können. Die Indizien sollen ein Bild von der Persönlichkeit bzw. der Psyche liefern. Das Verhältnis zwischen Experten und Klient führt Foucault auf die Beziehungsform Geistlicher-Beichtender in der christlichen Seelenführung zurück. Hier wurde bereits der Grundstein für die Erforschung der Untiefen der Seele gelegt, in dem der Sünder einem Geständniszwang ausgesetzt ist: „Im Abendland ist der Mensch ein Geständnistier geworden" (Foucault 1983, 77).

Die Machtverhältnisse, in denen diese Eigenschaften erforscht und behandelt werden, haben die bemerkenswerte Eigenschaft, dass sie nicht Besitz des humanwissenschaftlichen Experten sind, der selbst nur Teil einer sozialen Machtstrategie ist, die genauso viel Macht über ihn wie über seine Klienten besitzt. Foucault (2003 b, 392) wählt für die Verstrickung von wissenschaftlichen Diskursen, institutionalisierten Praktiken, die auch architektonische Vorkehrungen beinhalten können, den Begriff des „Dispositivs". Er analysiert vor allem psychiatrische Methoden und Gutachten als Dispositive, was sich auf sonderpädagogische Gutachten übertragen lässt (Volkers 2007, 77 ff.). Die sozialen Experten bewegen sich in einer Grauzone, die sich einem Zusammenspiel von Wissen und Justiz verdankt. Eine soziale Institution geht weder in wissenschaftlichem Wissen auf, noch ist sie vollkommen gesetzlich reglementierbar.

Führung der Selbstführung

Gemäß diesen Ausführungen besitzt der moderne Mensch ein augustinisches Selbst, das sich diszipliniert in die Ordnung einfügt und dessen Seele erforscht werden kann. Kommt es zu auffälligem Verhalten, tritt ein Stab von medizinischen, psychologischen, pädagogischen und juristischen Experten auf den Plan (Foucault 1995, 31). Zwar gibt es nach wie vor disziplinierende und normalisierende Maßnahmen, aber diese sind immer mehr im Wandel begriffen. Wie Foucault (2004a; 2004b) in seinen Überlegungen zur „Gouvernementalität" feststellt, werden moderne Gesellschaften geführt, indem sich die Individuen als freie Subjekte in den gesellschaftlichen Prozess einbringen müssen. Geführt wird durch ein Zusammenspiel von Disziplin, Kontrolle und „Regulierung" (Foucault 2004a, 161). Regulierungen greifen, anders als Disziplin und Kontrolle, nicht auf die Individuen direkt zu. Sie beziehen sich auf die Bevölkerung bzw. einen Teil der Bevölkerung, die als Ansammlung freier Individuen verstanden wird. Diese scheinbar zunehmende Befreiung des Menschen von Normalisierung und Disziplinierung erlöst die Individuen aber nicht von Machtbeziehungen, denn nach neuem, neoliberalem Regierungsverständnis muss die individuelle Freiheit nicht respektiert, sondern durchgesetzt werden (Foucault 2004b, 97). Dahinter steht ein neuer Imperativ: Kommuniziere, partizipiere und investiere! (Simons & Masschelein 2005, 217). Die so entstehende Subjektivität ist ein opakes Selbst, dessen psychische Abgründe nur von sekundärem Interesse sind. Um eine Bevölkerung zu regieren, bedarf es keiner allzu genauen Kenntnis aller individuellen Wünsche und Probleme. Es werden vornehmlich Statistiken und Wahrscheinlichkeitsaussagen benötigt, um die gesellschaftlichen Abläufe zu regeln. Für die individuellen Anliegen ist jeder selbst zuständig. Pädagogische Institutionen, Bildungs- und Sozialpolitik sowie jeder persönliche Lebenslauf sind als Unternehmungen zu verstehen, die sich lohnen müssen. Aus dem Menschen wird ein „unternehmerisches Selbst" (Bröckling 2007). Diese neue Form der Subjektivierung als vollständige Individualisierung setzt sich totalitär durch. In der Hinsicht, dass jeder ein eigenständiges Individuum ist und deshalb sein Leben auch nur selbst lenken kann, sind alle gleich. In diesem Sinne gibt es keine Ausgrenzung oder Sonderbehandlung mehr, da jede pädagogische oder therapeutische Zuwendung immer schon als individuelle Betreuung verstanden werden muss.

Damit geht ein Wandel des Selbstverständnisses sozialer Berufe einher. Der ursprünglich humanistische Anspruch, eine pädagogisch-therapeutische Beziehung solle Einfluss auf die existenziellen Probleme des Anderen haben, im Grunde also dessen Probleme lösen, wird aufgegeben zugunsten einer Form der Kundenbetreuung. Aus dem existenziellen Problem wird ein partielles, welches durch partielle Intervention geregelt werden muss. Die Probleme der Klientel werden nicht mehr gelöst, sondern gemanagt; es geht um Empowerment, Coaching, die Freisetzung von Ressourcen und Qualitätsmanagement. Eine sozialpädagogische Einwirkung auf Drogenkonsumenten bleibt erfolglos, eine Kriminalisierung ebenso, also wird ihr Verhalten als Risikogruppe gemanagt. Einige gesellschaftliche

Zugänge werden ihnen verschlossen, dafür andere mit entsprechendem Betreuungspersonal eröffnet (Schmidt-Semisch 2000, 180). In Großbritannien werden Personen mit Lernbeeinträchtigungen zu den Risikogruppen gezählt. Es werden sozialpädagogische Hilfesysteme installiert, die in erster Linie dafür sorgen sollen, dass die Klientel in Fremd- und Selbstwahrnehmung möglichst normal wirkt. Gleichzeitig sollen die Betroffenen ihre individuellen Kompetenzen entfalten (Yates 2005).

Ein weiteres Phänomen dieser Gleichschaltung durch Individualisierung ist die Anwendung gleicher Methoden auf verschiedene Probleme. Im Anti-Aggressions-Training wird eine verschärfte Variante des „heißen Stuhls" zum Abtrainieren einer persönlichen „Macke" angewandt (Krasmann 2000, 204). Was hier als sozial unerwünschtes Verhalten abtrainiert werden soll, wird Managern wiederum in kleinerer Dosierung mit der gleichen Methode zur Stärkung ihrer Durchsetzungskraft im Beruf antrainiert. In variierter Form findet sich diese Methode als 360°-Feedback zur Steigerung der Produktivität in Betrieben wieder (Bröckling 2007, 236 ff.). Das Arbeiten in Projektgruppen wird durch einen reichhaltigen Methodenkanon mit einer ausdrücklichen Betonung der *soft skills* (Kommunikation, Teamfähigkeit) und des damit verknüpften Lerneffekts in Verwaltungen, Betrieben, Bildungseinrichtungen und Schulklassen gleichermaßen angewandt (Bröckling 2007, 267 ff.).

Diese Führungen von Selbstführungen zeigen sich als „Ökonomisierung des Sozialen" (Lemke 1997, 195 ff.) und haben zur Folge, dass sich die Individuen um ihre Probleme selbst kümmern müssen. Abweichungen krimineller, psychologischer oder moralischer Art erscheinen nun als ein Resultat individueller Sorglosigkeit. So weit dies möglich ist, müssen Helfer und Helfersysteme Sorge tragen, dass sich die Individuen um sich selbst sorgen.

Vor dem Hintergrund von Foucaults Theorie müssen einige Entwicklungen in der sonderpädagogischen Praxis wie auch der Theorieentwicklung skeptisch betrachtet werden. Vertreter der Integrationspädagogik äußern die Hoffnung, dass die „Entsubjektivierung als ein Moment der Verdinglichung" (Eberwein 2000, 98) durch Auflösung sonderpädagogischer Institutionen und Kategorien, verknüpft mit einer Hinwendung zu individualistischer Diagnostik und Methodik, erreicht werden kann. Mit Foucault kann man einwenden, dass bereits disziplinierende und normalisierende Maßnahmen eine Form der Subjektivierung darstellen und der moderne Individualismus keine Aufhebung der Verdinglichung bedeutet. Verdinglichung wurde von Lukàcs (1988, 170 ff.) als ein Effekt der Entfremdung der Menschen voneinander beschrieben. Nach marxistischem Verständnis können sich die Menschen ihre soziale Welt nur nach dem ökonomischen Tauschprinzip vorstellen und behandeln ihre Mitmenschen deshalb wie zu manipulierende Objekte. Will man die verdinglichende Praxis überwinden, so müsste man demnach die Praktiker von den falschen Vorstellungen befreien, damit sich Pädagoge und Kind/Jugendlicher wieder wie Subjekte begegnen können. Foucault kritisiert dagegen die Subjektivierung und nicht die Objektivierung. Jemanden zum Subjekt zu machen bedeutet, eine Machtbeziehung zu etablieren, in der man gezwungen wird, sich auf sich selbst zu beziehen. Solche Machtbeziehungen sind für Foucault nicht auf falsche Vorstellungen zurück zu führen, sondern müssen als das betrachtet werden, was sie sind: zwischenmenschliche Praktiken, denen man sich unterwerfen muss. Die Macht solcher Beziehungen kann nicht gebrochen, nur variiert werden. Jede neue Praxis bringt diesen Machteffekt unweigerlich hervor. Aus diesem Grund hat Foucault seine skeptische Position nicht verlassen, mit Ausnahme einer bildungsphilosophischen Idee, die hier nicht ausgeführt werden kann (Volkers 2007, 101 ff.). Seine Theorie soll eine kritische Haltung provozieren, gibt mit der so gewonnenen Distanz aber kein politisches oder pädagogisches Programm mehr vor (Lemke 1997, 358).

Literatur

Bröckling, U. (2007): Das unternehmerische Selbst. Frankfurt a.M.: Suhrkamp

Eberwein, H. (2000): Verzicht auf Kategoriensysteme in der Integrationspädagogik. In: Albrecht, F., Hinz, A. & Moser V. (Hrsg.): Perspektiven der Sonderpädagogik. Neuwied: Luchterhand, 95–106

Foucault, M. (1973): Wahnsinn und Gesellschaft. Frankfurt a.M.: Suhrkamp

Foucault, M. (Hrsg.) (1975): Der Fall Rivière. Frankfurt a.M.: Suhrkamp

Foucault, M. (1983): Der Wille zum Wissen – Sexualität und Wahrheit 1. Frankfurt a.M.: Suhrkamp

Foucault, M. (1995): Überwachen und Strafen. Frankfurt a.M.: Suhrkamp

Foucault, M. (2003a): Die Anormalen. Frankfurt a.M.: Suhrkamp

Foucault, M. (2003b): Das Spiel des Michel Foucault (Gespräch). In: Foucault, M.: Schriften 3. Frankfurt a.M.: Suhrkamp, 391–429

Foucault, M. (2004a): Geschichte der Gouvernementalität I. Sicherheit, Territorium, Bevölkerung. Frankfurt a.M.: Suhrkamp

Foucault, M. (2004b): Geschichte der Gouvernementalität II. Die Geburt der Biopolitik. Frankfurt a.M.: Suhrkamp

Foucault, M. (2005): Was ist Aufklärung? In: Foucault, M.: Schriften 4. Frankfurt a.M.: Suhrkamp, 687–707

Krasmann, S. (2000): Gouvernementalität der Oberfläche. Aggressivität (ab-)trainieren beispielsweise. In: Bröckling, U., Krasmann, S. & Lemke, T. (Hrsg.): Gouvernementalität der Gegenwart. Frankfurt a.M.: Suhrkamp, 194–226

Lemke, T. (1997): Eine Kritik der politischen Vernunft. Hamburg: Argument Verlag

Lukàcs, G. (1988): Geschichte und Klassenbewusstsein. Darmstadt: Luchterhand

Myschker, N. (2009): Verhaltensstörungen bei Kindern und Jugendlichen. Erscheinungsformen – Ursachen – Hilfreiche Maßnahmen. Stuttgart: Kohlhammer

Ricken, N. (2006): Die Ordnung der Bildung. Wiesbaden: VS-Verlag

Schmidt-Semisch, H. (2000): Selber schuld. Skizzen versicherungsmathematischer Gerechtigkeit. In: Bröckling, U., Krasmann, S. & Lemke, T. (Hrsg.): Gouvernementalität der Gegenwart. Frankfurt a.M.: Suhrkamp, 168–193

Simons, M. & Masschelein J. (2005): Inclusive Education for Exclusive Pupils: A Critical Analysis of the Government of the Exceptional. In: Tremain, S. (Hrsg.): Foucault and the Government of Disability. Michigan: University of Michigan Press, 208–228

Stechow, E. von (2004): Erziehung zur Normalität: Eine Geschichte der Ordnung und Normalisierung der Kindheit. Wiesbaden: VS-Verlag

Volkers, A. (2004): Normabweichung und kommunikative Rationalität. Berlin: Verlag für Wissenschaft und Forschung

Volkers, A. (2007): Wissen und Bildung bei Foucault. Wiesbaden: VS-Verlag

Yates, S. (2005): Truth, Power and Ethics in Care Services for People with Learning Difficulties. In: Tremain, S. (Hrsg.) (2005): Foucault and the Government of Disability. Michigan: University of Michigan Press, 65–77

8.3 Sozialer Wandel und veränderte Lebenswelten

Michael Winkler

Einleitung

Wer Auswirkungen des sozialen und kulturellen Wandels auf die Entwicklung von Menschen analysiert, entwirft zuweilen kulturkritisch düstere Szenarien. Darin schlagen sich nicht nur generationenspezifische Wahrnehmungsmuster nieder: Erwachsene nehmen gesellschaftliche Veränderungen als Verluste wahr, während die junge Generation Gestaltungsräume erkennt. Vielmehr verarbeitet die pädagogische Reflexion sozialen Wandel in zwei Zugängen: Auf der einen Seite bestimmen vermeintlich realistische Pädagogen Erziehung und Bildung nach den Herausforderungen, welche Gesellschaften und Kulturen aktuell an junge Menschen richten; mit instrumenteller Vernunft gehorchen sie medialen wie politischen Diskursen, die etwa den an Employability-Vorstellungen ausgerichteten Untersuchungen empirischer Bildungsforschung folgen (Tenorth 2005). Demgegenüber tendieren hermeneutisch-kritische Erziehungswissenschaftler zu einer Heuristik des Schreckens. Wie die Soziologie „der schlimmstmöglichen Wendung" nachgeht (Beck 2007, 235), prüft eine pädagogische Gegenwartsdiagnose, ob und wie weit soziale Verwerfungen gute Möglichkeiten gelingender Entwicklung vorenthalten oder jungen Menschen Identitätsbildung und Autonomie ermöglichen.

Soziale und kulturelle Bedingungen des Aufwachsens stehen in Spannungen und Widersprüchen zueinander und zeichnen sich durch historisch unterschiedlich entstandene Ebenen aus; hochtraditionelle Muster formen als Mentalitäten den Habitus der Akteure und regeln das Verhalten (oder auch Abweichungen): Religionszugehörigkeit bestimmt Bildungsaspirationen, weit zurückreichende Erbfolgeregeln im ländlichen Raum wirken sich auf die Bereitschaft zu selbständigem Handeln aus (vgl. Bohler & Engelstädter 2008, 116 f.). Eine gelingende Entwicklung wie die Genese von Verhaltensstörungen hängt von materiellen Faktoren ab. Herrschaft und Machtausübung klingen nach, „weiche" kulturelle Strukturen und die „feinen Unterschiede" (Bourdieu) formen Lebenswelten und Erfahrungsräume sowie gemeinschaftliche und individuelle Lebensformen und Praktiken, ohne diese kausal zu determinieren. So werden Wahrnehmungen und Empfindungen, Kognitionen und Emotionen, endlich Denk- und Handlungsmöglichkeiten strukturiert. Doch all diese Bedingungen bestehen nicht bloß als soziale Tatbestände mit dinglicher Qualität, sondern begründen praktische Grammatiken, die einer subjektiv sinnlichen, für die Akteure bedeutungsvollen Praxis zugrunde liegen. Aversive Bedingungen führen dabei nicht notwendig in eine Belastungssituation oder zu irritierendem Verhalten. In der Ätiologie der Abweichung hat möglicherweise größeres Gewicht, wie Eltern ihre Lebenswelt und sich selbst gegenüber ihren Kindern präsentieren, Resilienz bestimmt, wie Betroffene mit Belastungen oder Stigmatisierungen umgehen (können). Verhaltensstörungen stellen mithin Versuche dar, Lebensbedingungen, also Verhältnisse, Beschädigungen und Verletzungen subjektiv mit Mitteln zu bewältigen, die sozial und kulturell zur Verfügung stehen. Gewicht kommt allerdings dem sozialen Druck zu, den Situationen auf die Einzelnen ausüben (vgl. Welzer 2007). Endlich schreibt sich Natur in menschliches Verhalten ein, weil sich neurophysiologische Entwicklungsprozesse epigenetisch in Interdependenz zu sozialen und kulturellen Bedingungen vollziehen (vgl. Bauer 2008).

Theorien zur sozialen Genese von Verhaltensstörungen müssen komplexe Prozesse der Selbstkonstruktion und Selbstkonstitution beachten. Dabei verlaufen Entwicklungen weniger kontinuierlich, sondern mehr als Abfolge von strukturell hoch differenten Entwicklungsniveaus. Insofern erweisen sich Annahmen etwa von einer ungebrochenen Wirkung frühkindlich erlebter Traumata wie von ungebrochenen Delinquenzkarrieren als fragwürdig. Gesellschaften und Kulturen konfigurieren allerdings Rahmungen, in welchen das Aufwachsen gestaltet wird. Sie legen fest, ob und wie Erziehung realisiert werden kann. Erziehung bildet nämlich einen Tatbestand eigener Art, der zwar organisiert werden muss, gleichwohl einer Logik unterliegt, die sich aus dem Zusammentreffen von biologischen und sozialen wie kulturellen Momenten in personalen Systemen ergibt, welche einen hohen Eigenanteil an den Veränderungsprozessen selbst haben. *Verhaltensstörung als gesellschaftliches Problem* meint daher zwei Sachverhalte: Störungen werden einerseits sozial ermöglicht (aber nicht „mit Notwendigkeit", also kausal ausgelöst oder determiniert); zum anderen reagieren Gesellschaften auf Störungen und demarkieren oder verstetigen gar das Verhalten als abweichend. So sind die objektiven Bedingungen zu prüfen, welche eine Gesellschaft für den Nachwuchs schafft. Dann sind die Reaktionen zu untersuchen, mit welchen sie selbst die Probleme zu bearbeiten sucht, die sie ihren heranwachsenden Mitgliedern bereitet. Endlich wirken die Betroffenen stets als Akteure; sie sind Opfer und Täter. Alle drei Dimensionen ergeben den sozialen und pädagogischen Sinn des Geschehens.

Gesellschaftliche Entwicklungstendenzen in der (Post-)Moderne

Gesellschaften der Gegenwart und ihre Kultur konfrontieren mit einer irritierenden Ambiguität und Ambivalenz: Zwar liegt dem Geschehen eine kapitalistische Ökonomie zugrunde, ein simples, ordinär gewordenes Prinzip der Profitmehrung, das mehr denn je auf (sozial-)staatliche Absicherung angewiesen ist, dennoch die Lebenswelt von Menschen belastet (vgl. Lessenich 2008). Der – umstrittene – Begriff der „Postmoderne" benennt, wie die Gesellschaften der Gegenwart die Rationalität und institutionellen wie technischen Ordnungsmuster der Moderne hinter sich lassen; an deren Stelle treten neue Offenheiten, manchmal Beliebigkeit, die mit zuweilen grausamer Härte einhergeht. Je liberaler sich die Gesellschaften geben, je mehr Möglichkeiten des Handelns sie einerseits zulassen, umso stärker beginnen sie die Akteure zu kontrollieren und zu disziplinieren (vgl. Wacquant 2000). Die Kontrolle erfolgt durch ein wachsendes Netz von Überwachungseinrichtungen, welche längst die Lebenswelten bestimmen und tief in die alltäglichen Handlungsvollzüge hineinreichen. Der öffentliche Raum wird kontrolliert, Bewegungen in diesem wie zugleich jegliche private Aktivität werden aufgezeichnet: „Every breath you take, Every move you make, Every bond you break, Every step you take, Ill be watching you." Sting und „Police" (sic!) meinen noch Stalking, das aber längst zur staatlichen Aktivität geworden ist, obwohl Ordnungsmuster eben nicht mehr verbindlich sind. Menschen sind hingegen darauf angewiesen, im Experiment mit möglichen Handlungsweisen die offenen Räume zu nutzen. Sie stehen gleichwohl in Gefahr, gegen Normen zu verstoßen. Darin liegt der Erfahrungskern dessen, was als „Risikogesellschaft" bezeichnet wird, wobei die Dramatik des Geschehens vor allem im Kindes- und Jugendalter zu beobachten ist: Junge Menschen erleben kaum klare und eindeutige Leitlinien des Handelns; nicht zuletzt die Massenmedien zeigen Möglichkeiten extremen Verhaltens (z.B. „jack ass" auf mtv) oder Formen eines nur schwer erträglichen, menschenverachtenden Umgangs miteinander, wie in Datingshows (z.B. „next", ebenfalls auf mtv). Eingebunden in Unterhaltungsprogramme werden solche Programme reflexionsentlastet präsentiert, obwohl sie zugleich Verhaltenspatterns demonstrieren.

Doch der flexibel gewordene Kapitalismus beschränkt sich nicht auf die Spannung von Liberalismus und Überwachung, sondern ruft noch einen Mechanismus hervor, der die bislang verfügbaren Theorien provoziert: Bislang konnte die Soziologie davon ausgehen, dass Gesellschaften zur Integration tendieren; selbst der von ihnen produzierte menschliche Bodensatz taugte demnach zu irgendetwas und weiter: Verhaltensstörungen erfüllten eine soziale und kulturelle Funktion, indem sich an ihnen Normalitätsmuster verdeutlichen ließen. Der Normalismus stellte ein universal wirkendes Grundprinzip dar (vgl. Link 1998). Irritierenderweise tritt nun systematisch ein, dass Menschen ausgegrenzt, nicht nur als überflüssig erklärt, sondern schlicht ignoriert werden (vgl. Luhmann 1996); sie existieren nicht bloß als ökonomisch „wertlos", wie Georg Simmel (1992) sie noch beschreiben konnte, sondern sind ontologisch irrelevant. So gehört zu den erschreckenden Phänomenen in Deutschland, dass aufgrund der als Hartz-Gesetze bekannten Neuregelungen junge Menschen, welche als nicht arbeitsmarktfähig gelten, nicht nur aus den Sicherungssystemen fallen, sondern statistisch gar nicht mehr erfasst werden. Sie verlieren ihre soziale Existenz.

Der zwischen Liberalismus und Kontrolle eingespannte Kapitalismus bewältigt allerdings seine inneren Spannungen durch fünf Mechanismen, die schon erwachsene Menschen hochgradig belasten, junge Menschen in Entwicklungsprozessen aber unvermeidlich überfordern (vgl. Winkler 2006):

- Dominant wird – *erstens* – eine Beschleunigung, welche die Moderne zwar immer schon als Fortschritts- und Übersteigerungsdynamik ausgezeichnet hat, nun aber zu einem sozialen Grundprinzip wird, das sich in extremen Geschwindigkeiten und ohne jeglichen Widerstand durchsetzt; als rückständig erweist sich, wer ortsgebunden bleibt und auf Dauer vertraut (vgl. Rosa 2005, 339 ff.). Gesellschaftliche Dynamik und individuelle Lebenszeit entkoppeln sich, die sozialen und kulturellen Veränderungen vollziehen sich schneller als die Zeit des Aufwachsens. Zwar wird gerne der Spruch zitiert, nach welchem Hans nimmer mehr lerne, was Hänschen nicht gelernt habe. Das Problem besteht aber längst darin, dass Hänschen schon im Aufwachsen erfahren muss, wie das von ihm Erlernte zu vergessen ist. In einem paradoxen Vorgang wird die Lernzeit selbst schon beschleunigt und verkürzt, frühkindlich soll erworben werden, was bislang der Jugend vorbehalten wurde, das Leben wird auf Lernen und dauernde Veränderung umgestellt. Kinder werden damit gleichsam unmittelbar an die Welt angeschlossen, auf die sie nur noch in knappen Curricula vorbereitet werden, um sie dann selbst bewältigen zu müssen. Zugleich aber vollzieht sich ihr Leben auf einer „long winding road to adulthood" (Arnett 2004), die nie mehr endet. Den Erwachsenenstatus erreicht man nicht mehr; dieser wird vorenthalten, weil der Gesellschaft ein seiner selbst sicheres Subjekt gefährlich erscheint. So sind Aufwachsen und Identitätsbildung nicht mehr an sichere, als dauerhaft erfahrene Bindungen zwischen Personen und an Räume gebunden, welche sich im Gedächtnis als Landkarten in neuronalen Strukturen speichern, die Orientierung geben. Eine Kultur der Auflösung, der Diskontinuität und des Vergessens entsteht (Bauman 2007, 199): „Vergiss es doch" lautet die symptomatische Antwort Jugendlicher, wenn man sie nach Gründen ihres Tuns fragt, erstaunlicherweise sogar dann, wenn man ihnen solidarisch zur Seite stehen möchte. Tatsächlich werden lange Geschichten nicht mehr zugänglich gemacht oder tradiert, wenngleich sie sich subkutan und sublim auswirken, ohne bewusst zu werden oder einer Kontrolle unterworfen zu sein.

In all dem wird die Vorstellung personaler Identität prekär: das Selbst gewinnt Züge des Transitorischen (Rosa 2005, 364), Verzeitlichung und Dynamik von Gesellschaft und Kultur müssen in das innere Leben hereingenommen werden und führen zu innerer Instabilität. Das Leben darf nur mehr als Projekt geführt werden (Boltanski o. J.), das sich sowohl der Selbstvergewisserung und der Fremdfeststellung entziehen muss. Menschen werden für andere wie für sich selbst flüchtig, während Stabilität, Konsistenz als eine Art Abweichung erscheinen müssen. Die Logik des Aufwachsens und die Logik der Erziehung lassen sich in eine solche Dynamik nicht einbinden: Menschliche Entwicklungsprozesse vollziehen sich als Reifung, die sich nicht beliebig beschleunigen lässt, sondern sind auf „Entschleunigungsinseln" (Rosa 2005, 143) angewiesen, die die individuelle Eigenzeit beachten.

- Solche Räume und Zeiten gehen zunehmend verloren; Gesellschaften und ihre Kulturen geraten ins Rutschen, werden – *zweitens* – flüssig und flüchtig. Als „runaway world" (Giddens 2002) entziehen sie sich den Menschen. Institutionen lösen sich auf, die bislang Gesellschaftlichkeit und Gemeinschaft garantierten: Ehe, dauerhafte Partnerschaft, das Lebensmodell der Familie stehen zur Disposition, obwohl (oder gerade weil sie) als Ideal geträumt werden; in einer spezifischen Dialektik werden Lebensformen überidealisiert und lassen sich deshalb nicht mehr pragmatisch realisieren. Gesellschaftliche Institutionen schwinden, die Gemeinde verliert ihre bindende Qualität, je mehr „citizenship" beschworen wird. Staatliche Regelungen zerbröseln, um als Dienstleistung zu begegnen, die dem Qualitätsmanagement unterliegen, ohne noch Verbindlichkeit zu besitzen. Menschen verlieren so ihre Einbettung, in welcher sie Bezugspunkte und Stabilität gefunden hatten. So verschwinden sozial und kulturell die Grenzen, welche – in aller Ambivalenz – Klassen, Schichten, Milieus, Institutionen, endlich die pragmatischen Rahmungen der Lebenswelten sowohl getrennt wie in ihrer Zusammengehörigkeit sichtbar gemacht haben. Denn manifeste Differenzen und Distinktionen drücken die Objektivität von Gesellschaft aus, welche zwar als Sachzwang erlebt und empfunden wird, zugleich jedoch die Möglichkeit der Auseinandersetzung und Aneignung eröffnet. Einbettungen regulieren nämlich aktuell und situativ das Handeln, weil sie als Räume Perspektiven eröffnen und so Zukunft als wahrscheinlich erscheinen lassen. Sie rahmen somit Lebensentwürfe. Die in die unmittelbaren Lebenswelten hineinreichende Unsicherheit lässt aber solche Lebensentwürfe nicht mehr zu. Sie konfrontiert mit Unsicherheit, rückt die gefahrvolle Dimension des Risikos nach vorne und macht Angst zum Normalzustand. In der „Liquid Modernity" (Bauman 2000) bricht das lebensweltliche und alltagszeitliche Gefüge auseinander, das die äußere und – notabene – innere Koordination von Menschen erlaubt. Zugleich jedoch wird realistisch, dass man außerhalb der Gesellschaft lebt, als „wasted lives" (Bauman 2005), für welche kein Verhaltenscodex mehr gilt.

• Obwohl diese Entwicklungen als soziale Lagen Kollektive treffen, werden sie höchstens in vorübergehenden Gemeinschaften kommentiert. Bewältigt werden müssen sie allein. Entsolidarisierung entsteht nicht absichtsvoll, aber der zentrale soziale Mechanismus selbst liegt – *drittens* – in der Individualisierung: Wo raum-zeitliche Rahmungen, Institutionen und gemeinschaftliche Zusammenhänge schwinden, sehen sich die Individuen auf sich selbst verwiesen, auf eine paradoxe Weise erfolgt Sozialisation als De-Sozialisation. Entbettung schwächt nämlich biographische Muster, löst „Normallebensläufe" auf. Lebensgeschichten werden fragmentiert, die individuelle Lebensbewältigung vollzieht sich in unterschiedlichen Räumen und Milieus, die im Individuum unvermittelt bleiben. Schon bei Kindern lässt sich eine „sektorale Unverbindlichkeit" (Rauschenberger 1988) als Ergebnis brüchiger Lebensverhältnisse beobachten. Subjekte sehen sich zunehmend weniger als Zentrum ihrer Lebensbewältigung, auch nicht als Opfer von Verhältnissen, sondern als ein „Sieb-Ich", das Zumutungen hinnimmt, weil es keine Widerständigkeit mehr aufzubringen vermag. Diese Situation belastet, führt zu einer „Fatigue d'être soi" (Ehrenberg 2008), weil eine neue Art von Freiheit entsteht, die substanziell auf Stabilität, Bindung und Identität angewiesen ist. Menschen folgen dem Imperativ, zu machen, was sie wollen, dürfen diesen aber nur im Konsum realisieren (Bauman 2007, 109 ff.); soziale Zusammenhänge verschwinden in der Kontingenz des zufällig entstandenen Schwarmes und bleiben auf Ereignisse beschränkt: Zwar entstehen kollektive Muster des Konsums. Doch sie werden nur noch synoptisch organisiert, als Hinwendung vieler, oft konkurrierender Einzelner auf ein Konsumangebot und führen zu tiefgehenden Frustrationen und wachsenden Depressionen. Das Konsumangebot ist flüchtig, wird rasch überholt und entwertet; der Einzelne erfährt sich als unwichtig, peripher und von nur vorübergehender Bedeutung. In all dem entsteht ein tiefgehendes Gefühl der Fremdheit, das sich zuweilen in geradezu exzessiven Aversionen gegenüber anderen entlädt. Keiner begreift die eigene Freiheit, weil diese als ein soziales Faktum von vornherein gegeben ist, das weder erkämpft werden muss, noch aber einen institutionellen Rahmen hat. Im innerfamiliären Raum zeigt sich diese gleichsam apriorisch gegebene Freiheitssituation (Winkler 1993) als eine Gleichheit, die angenehm von jenen Konflikten entlastet, in welchen und an welchen ein Über-Ich reifen und ein Ich sich entwickeln könnte (vgl. Funk 2005). Erneut zeigt sich ein Vorgang der Entobjektivierung des Sozialen und der Kultur; sie verlieren ihre Verbindlichkeit, was Anspannung nimmt, sich aber für den Aufbau der Psyche und der Entwicklung von Verhaltenssicherheit sowie der Fähigkeit zwischen Handlungsmöglichkeiten zu entscheiden, fast katastrophal auswirkt.

• Das Dilemma einer Freiheit ohne Institutionen verschärft sich, weil – *viertens* – „Informalisierung" die bislang distinkten Muster und Regeln sozialen und kulturellen Verhaltens ihre Schärfe und Sichtbarkeit verlieren lässt. Soziale Positionen und Zugehörigkeiten lassen sich nicht mehr klar erkennen, obwohl sie eingefordert werden: Im Ärger über die im E-Mail-Verkehr populär gewordene informelle Anrede „Hallo" schlägt sich diese Diffusität des Verhaltens nieder. Die Subjekte finden also keine sozialen und kulturellen Guidelines vor, sondern müssen Verhaltensstandards und Muster selbst aufbauen und mit hoher Reflexivität jeweils situationsangemessen und insofern flexibel generieren oder aktualisieren. Dies kann gelingen, wenn sie auf ein umfassendes, reiches kulturelles und Bildungskapital zurückgreifen können, das die kulturellen Währungseinheiten einer Gesellschaft aufgreift. Sie müssen also in der Lage sein, soziale Distinktionen zu erkennen, mit ihnen moralisch und emotional reflektiert umgehen, sich angepasst und so souverän zeigen, dass ihre Persönlichkeit zu erkennen ist. Gefordert ist die Fähigkeit, mit sozialen und kulturellen Mustern zu spielen, die Regeln zu beherrschen, aber diesen doch eine eigene Färbung zu geben. Allerdings hängen diese Fähigkeiten von der Zugehörigkeit zu sozialen Schichten und von der Erfahrung mit Milieus ab, sie sind bestimmt durch familiäre Kontexte wie durch Migrationshintergründe: Kulturen definieren auf unterschiedliche Weise die körperliche Nähe im Gespräch; die Modulation des Sprechens steht in Verbindung mit der Lautartikulation von Sprachen wie mit den kleinen Ritualen der Beziehungsaufnahme (vgl. Berger 2008). In einer informal gewordenen Gesellschaft müssen Kinder und Jugendliche daher lernen, viel feiner ihr Verhalten zu modulieren, als dies angesichts der Komplexität des Sozialen in der Moderne ohnedies unverzichtbar ist. Überspitzt: Sie müssen den Zustand multipler Persönlichkeiten erreichen, ehe sie auf Souveränität und Autonomie hoffen dürfen – die sie aber doch schon immer beweisen müssen, weil die Schutzzonen des Lernens verschwinden.

- Die Entwicklung sozialer und kultureller Fähigkeiten und Fertigkeiten wird – *fünftens* – durch die Medialisierung der Kommunikation beschädigt. Insbesondere aus neurowissenschaftlicher und kognitionspsychologischer Sicht zeichnet sich dabei ab, dass schon früher, regelmäßiger und ausgedehnter Konsum von Bildschirmmedien sich verheerend auf die Entwicklung des Gehirns auswirkt, zudem verhindert, dass sich Aktivitätspotentiale bei jungen Menschen entwickeln; Befunde aus Langzeitstudien bedrücken. Kaum beachtet wird jedoch, wie sich die Einführung der automatisierten elektronischen Kommunikation auf die Erfahrung von Regelhaftigkeit im Alltag auswirkt. Wenn sich Kommunikation und Interaktion über technische Geräte, also durch Vermittlung von elektronischen Medien vollziehen, werden die in alltägliche lebensweltliche Begegnung eingebauten sozialen Regeln nicht mehr mittransportiert und erfahrbar: Wer seine Fahrkarte an einem Automaten erwirbt, muss keines der Rituale des verständlichen Sprechens oder der Höflichkeit beachten, erlebt nicht die subtile Zurechtweisung bei Normverletzungen. Mediale Kommunikation zerstört also das Gewebe an sozialen Beziehungen, durch das sich der Zusammenhang von Gesellschaften erst herstellt und weitergibt. Einiges spricht dafür, dass die Modernisierung von Kommunikationsmedien vor allem jene Mikrostrukturen subtiler Rituale angreift, die ihrerseits regeln, wie sich Akteure differenziert in Gemeinschaften und Gesellschaften einfügen können. Es verschwinden offensichtlich die sozial und alltagskulturell bestimmten, an personale Aktivität und Begegnung gebundenen Vergesellschaftungsformen, die gestützt auf jenes Netz an moralischen Einstellungen aufbauen, welche für gelingendes Verhalten nötig sind. Möglicherweise sind davon besonders Formen der Verhaltenskontrolle und des Verzichts auf unmittelbare Reaktionen betroffen, wie sie in den kleinen Gesten des Alltags angelegt sind. Zugleich allerdings transportieren die elektronischen Medien, also Fernsehen wie Computeraktivitäten (und nicht bloß: Spiele), Verhaltensmodelle, die sozusagen notorisch erfolgreich sind – ohne jedoch in personal unmittelbarer Begegnung erprobt zu werden. Insofern bieten sie zwar Handlungsmuster an, doch darf man nicht von einer Sozialisation im strengen Sinne reden. Insbesondere die Entdeckung der so genannten Spiegel-Neuronen lässt nämlich vermuten, dass die Fähigkeiten zu sozialem Handeln nur im Kontext tatsächlicher personaler Interaktion und Kommunikation entwickelt werden (Bauer 2006).

Pädagogik in der (Post-)Moderne

Allerdings reagieren die (post-)modernen Gesellschaften auf die skizzierte Situation: Nicht nur, dass sie selbst zunehmend Freiheit durch Kontrolle und Disziplinierung einschränken, vielmehr entdecken Politik und Medien das pädagogische Feld als einen Bereich, der – anders als die Ökonomie – Gestaltung und Einflussnahme zuzulassen scheint; es lässt sich im Modell des modernen Denkens beherrschen. Die Gesellschaften handeln dabei allerdings eigentümlich blind gegen die

Macht des Sozialen und gegenüber den selbst erzeugten Nebenfolgen. Die Macht des Sozialen schlägt sich beispielsweise darin nieder, dass Gesellschaften auf Nachwuchs verzichten; Ökonomien benötigen diesen nicht mehr. Damit werden fertilitätsfördernde Aktivitäten eher dysfunktional, weil sie letztlich desintegrierte, hoch auffällige, arbeitslose Jugendliche produzieren (vgl. Hondrich 2007).

Eine Antwort moderner Gesellschaften besteht jedenfalls in einer Form von Verdichtung und Intensivierung des Lernens: Die „large scale Assessments", wie sie unter dem Akronym PISA bekannt wurden, lenken die Aufmerksamkeit auf formale Lernprozesse, so dass diese systematisiert und gesteigert werden. Sie setzen lebensgeschichtlich früher, schon in der Vorschulphase ein und erhöhen die Ansprüche an Kinder; zwar werden die Phasen der formalen Bildung verkürzt (zum Beispiel durch die flächendeckende Einführung des achtjährigen Gymnasiums und das Modell des Bachelor-Studiums). Gleichzeitig dehnt sich jedoch die Unterrichtszeit auf den ganzen Tag aus. Zwar sollen pädagogisch institutionelle Settings die im Entbettungsvorgang entstandenen lebensweltlichen Unsicherheiten kompensieren, zugleich sozialpolitisch die sozial bedingte Ungleichheit von Bildungschancen korrigieren. Doch: nicht nur, dass der Lernprozess nun unter das letztlich ökonomisch motivierte Diktat der Nützlichkeit und Verwertung der künftigen Generation gestellt wird, konfligiert diese Systematisierung des Lernens mit zwei grundlegenden Bedingungen: Es steht im Widerspruch zu dem Gewicht, das dem als „informell" bezeichneten Lernen in Lebenswelten und Peerzusammenhängen zukommt, welches „Bildungskapital" im Sinne Bourdieus geradezu erst begründet (vgl. Wahler, Tully & Preiß 2004). Noch gravierender könnte sich auswirken, dass solche curricular strukturierten, institutionalisierten und methodisierten Lernwelten die Selbststeuerung, Selbstkonstruktion und Selbstwirksamkeit von jungen Menschen beschränken, welche nicht zuletzt für den Aufbau der neuronalen Grundlagen von Subjektivität entscheidend sind. In geradezu perverser Weise hat beispielsweise der Erziehungswissenschaftler Dieter Lenzen gefordert, dass das Spiel dem angeleiteten Lernen zu weichen habe – obwohl kein Zweifel daran bestehen kann, dass gerade das kindliche Spiel die fundamentale und konstruktive Handlungsform des lernenden Kindes darstellt.

So verschärfen die Reaktionen auf den sozialen und kulturellen Wandel die Probleme, welche sie zu lösen vorgeben. In Unkenntnis insbesondere der Eigenlogik pädagogischer Prozesse beschädigen sie die psycho-physischen Grundlagen menschlicher Entwicklung. Sie führen zu fatalen Überforderungen, weil sie die offensichtlich notwendigen Prozesse der Selbststeuerung fremd bestimmen, dabei geradezu unvermeidlich inkonsistent werden. Die pädagogischen Operationalisierungen aktueller Anforderungen übersehen nicht nur deren Zeitgebundenheit, sondern verlieren die Gesamtheit menschlicher Entwicklungsprozesse aus den Augen. So wird Lernen auf Kognition reduziert, werden Gefühle und Emotionen wie die körperliche Entwicklung auf die Seite gestellt, um dann doch zum Thema von Fitness-Kampagnen zu werden. Überaktualisiert und dynamisiert verlieren die Aufgaben jegliche Erdung, die Kindern zugemutet werden. Alles bedarf dann einer pädagogischen Organisation, die Kollateralschäden der Moderne steigern sich ins

Unendliche (vgl. Winkler 2007) – und lassen sich auf Kinder abwälzen, weil diese als selbststeuernde Maschinen zwar kein perpetuum mobile der Pädagogik wohl aber gelehrige Körper und Geister sind. Ein klassisches Beispiel für den Widersinn des Geschehens bieten erneut die elektronischen Medien. Gefordert werden sie schon für den Kindergarten, obwohl die neurowissenschaftliche Forschung belegt, dass sie möglicherweise sogar katastrophale Folgen für den Aufbau der Gehirnstrukturen nach sich ziehen (vgl. Spitzer 2006). Nüchtern betrachtet zeigen sich solche Widersprüche in nahezu allen Versuchen, methodisiert Kinder möglichst frühzeitig mit den vorgeblich objektiven Herausforderungen der späten Moderne zu konfrontieren. Unklar bleibt regelmäßig, ob diese nicht bloß einen aktuellen und vorübergehenden Bedarf spiegeln, den aufgeregte, instrumentell denkende Pädagogen zu ihrer Sache machen. Historisch betrachtet räumen Gesellschaften demgegenüber ihrem Nachwuchs nahezu regelmäßig eine moratoriumsähnliche Situation bis etwa zum sechsten Lebensjahr ein, ehe sie zu Instruktionsprozessen übergehen; darin könnte eine anthropologische Weisheit liegen, die auf menschliche Selbstorganisation vertraut.

Die modernen Gesellschaften verstärken die selbst erzeugte Komplexität im pädagogischen Feld, indem sie mehr Erwartungen und Anforderungen normieren und standardisieren. Faktisch gibt es für diese keine Begrenzungen, so dass sowohl für die pädagogischen Professionellen wie für ihre Adressaten eine nach oben offene Liste von Überforderungen entsteht: Es gibt keinen Bereich mehr, der nicht der pädagogischen Aufmerksamkeit bedürfe und insofern von den Subjekten als Aufgabe ihrer dauernden Selbstentwicklung wahrgenommen werden soll. Politik und Medien definieren in ihren Programmen, dass vorgebliche Missstände überwunden werden sollen und wo sich die Gesellschaft künftighin selbst sehen will: Man will zur führenden Bildungsnation mit schlanken Menschen werden – so die Agenda für das nächste Jahrzehnt. Zwar sollen institutionelle und pragmatische Unterstützung die Bewältigung dieser Anforderungen erleichtern, doch fehlen dafür nicht nur die Ressourcen, sondern sie werden zurückgenommen.

Darin enthüllt sich nun der pädagogische Grundmechanismus, den der flexible Kapitalismus mit einem hoch geladenen, in seiner Bedeutung aber pervertierten Begriff der Bildung bezeichnet: Gesellschaftlich und kulturell, durch Politik, Medien und Experten werden Programme und ihre Ziele festgesetzt, welchen die Gesellschaft zu genügen habe. Exekutieren sollen sie aber die individuellen Subjekte, die zugleich für sich und für das Ganze verantwortlich gemacht werden – um ihre Angelegenheit handle es sich doch, man müsse sie fordern, damit sie gefördert werden dürfen (vgl. Lessenich 2008). Zunehmend abstraktere Leistungserwartungen bringen die Subjekte in eine Dauerbewegung: gezwungen, selbst die Gegenwart zu überschreiten, gehen sie der Dynamik des Sozialen voran. So verlangt die (post-)moderne Gesellschaft als Antwort auf ihre eigenen Flüchtigkeit den Subjekten ab, selbstgesteuert in Bewegung zu kommen, sich zu verändern, selbst erziehen, selbst zu bilden, am Ende aufmerksam dafür zu werden, dass sie sich noch selbst die Zumutungen anderer auferlegen und sich zurichten; sie selbst zerstören ihren Charakter (Crowther 2004). Das Spiel ist klar: Wie der gehetzte

Hase rennen die Subjekte hinter den Igeln her, welche nur verkünden: ich bin schon da. Wenn der Hase so zu Tode kommt, darf er sich das selbst zuschreiben; wenn er in der Hetze verblödet, dann legen ihm die Rating-Agenturen das zur Last. Du musst dich mehr anstrengen!

Die Gesellschaften reagieren also durchaus widersprüchlich: Sozial und kulturell verlangen sie auf der einen Seite die Fähigkeit des Übersteigens; die Eventgesellschaft zeichnet eine Überbietungslogik aus, die von den Subjekten als Maximierungs- und Optimierungsanspruch verinnerlicht werden soll. Ein Beispiel bieten Extremsportarten, doch finden sich Belege in den oftmals informellen Formen der Leistungserwartung in Schule, Hochschule und Beruf; zunehmend dienen medizinisch-pharmazeutische Mittel ihrer Bewältigung. Während so die Entgrenzung Erwartung und Erfahrungsinhalt wird, zeichnen sich auf der anderen Seite zunehmend mehr Grenzen ab, welche dem kindlichen und jugendlichen Verhalten zu setzen seien. Von aller Problematik der Grenzmetapher abgesehen (vgl. Behnisch 2006), müssen junge Menschen die Fähigkeit entwickeln, Anforderungen und Situationen prozedural zu bewältigen oder aus einer Metasicht zu beurteilen. Dies schlägt sich in den Lehrplänen der Schulen nieder, welche auf Kompetenzen und metakognitive Strategien verweisen. Bei diesen geht es – formal gesehen – weniger um spezifische Fähigkeiten und Fertigkeiten, sondern um unspezifische Bündel von Reflexions- und Handlungsformen, die bedarfsgerecht zu aktualisieren sind, Gewicht liegt auf „performance". Freilich fehlen bislang Beschreibungen von Kompetenz, allzumal der transformatorischen, Kompetenz in Performanz überführenden Fähigkeiten; solche Kompetenzen lassen sich nur in der Auseinandersetzung mit bestimmten Regeln (oder inhaltlichen Wissensbeständen) aneignen, welche in eine souveräne Steuerung durch reflexions- und handlungsfähige Subjekte überführt werden müssen. Seit Piaget und Kohlberg ist jedoch bekannt, dass es sich dabei um langfristige Lern- und Entwicklungsprozesse handelt, die auf Übungsmöglichkeiten und fehlertolerante Umgebungen angewiesen sind.

Transformationen und Deformationen der Pädagogik

Selbststeuerung des Aufwachsens, Selbstbildung und Selbsterziehung werden also zu Leitmotiven einer Pädagogik, in der die Entwicklungsarbeit den Subjekten selbst auferlegt wird. Als Zeugen für diese Transformation des Pädagogischen werden die konstruktivistisch denkenden Neurowissenschaften zitiert, dann die Reformpädagogik, welche ihrerseits das Kind als Subjekt in den Mittelpunkt gestellt und den Erzieher wie Lehrer zur randständigen Person erklärte. Damit fällt jedoch der für Erziehung unabdingbare Filter zwischen Welt und Aufwachsen (vgl. Mollenhauer 2008). Kinder und Jugendliche werden vielmehr unmittelbar an eine höchst fragile, brüchige und flüchtige Welt angeschlossen, die ihnen Entscheidungen abverlangt und sie mit Wohlbefinden in der Gegenwart belohnt. Der exzessiven Überschreitung von Gegenwart korrespondiert dabei das Erlebnis. Das Ereignis, das Event, lässt als ein soziales und biographisches Grundmuster keine Dauer mehr zu. So geraten Entwicklungsprozesse, die Stufen des kognitiven, moralischen, des seelischen Aufbaus menschlichen Lebens aus dem Blick, während zugleich eine Entgrenzung im Verhalten wahrscheinlich wird. Man kann dem drakonisch entgegnen, erzeugt dabei aber zu Recht ein Missverständnis: Dem Kind oder Jugendlichen kann sich nicht erschließen, was der Erwachsene will, weil dieser aktuell nur nervt – ein anderes Gefühl ist gar nicht denkbar.

Die Moderne der Gegenwart manövriert sich also in eine pädagogisch schwierige Situation: In ihrer Dynamik und Komplexität, in ihrer Undeutlichkeit und Unsicherheit, in ihrer Tendenz zu einer Sozialisation jenseits sozialer Zusammenhänge verlangt sie den Subjekten mehr individuelle Subjektivität und Reflexionsfähigkeit ab, als dies je der Fall war. Wer erfolgreich sein will, die Welt und sich selbst beherrschen möchte, muss auf dem denkbar höchsten Niveau des Wissens und des Könnens diese und sich selbst beobachten, beurteilen und gestalten. Zugleich entzieht Gesellschaft jedoch die Ressourcen, die man benötigt, um eben diese Kompetenzen zu entwickeln: Die nötige Dauer der biographischen Entwicklung, die räumlichen Sicherheiten, welche eine orientierende Landkarte im eigenen Kopf auffalten, die Gegenstände und die sachlich erscheinenden Verhältnisse, an welchen man sich abarbeiten muss, um sie anzueignen, werden entzogen, flüssig und flüchtig. Statt Instabilität zu kompensieren, werden Anforderungen formuliert, auf die man nicht vorbereitet sein kann. Die (post-)moderne Gesellschaft benötigt Kompetenzen, deren Entwicklung sie in ihrer Ungeduld strukturell nicht zulässt.

Mehr noch: In ihr tritt der Verlust von bislang sozial und kulturell selbstverständlich erbrachten Leistungen mit pädagogischer Bedeutung ein. Zwar handelt es sich um einen säkularen Vorgang, der Modernisierung konstitutiv kennzeichnet und bislang als Fortschritt bewertet worden ist. Traditionell lebensweltliche Grundlagen von sozialen und kulturellen Praktiken werden rationaler Gestaltung überantwortet, Zufall und Willkür verschwinden und werden durch Rationalität, Systematik sowie institutionalisierte Praktiken ersetzt; zugleich lassen sich Gewinne an Freiheit und Autonomie verbuchen. Ein klassisches Beispiel bildet die Lehrsituation. Sie findet ursprünglich als ein zufälliges, informelles, aber umfassendes Beibringen neben den alltäglichen Lebensvollzügen statt; noch das Lehrverhältnis im großen Haus folgte dem und galt der beruflichen Bildung lange als Grundmuster. Dennoch ist es im Kern abgelöst worden von einem spezialisierten Unterricht im Setting einer Schule, die für alle verpflichtend gemacht wurde. Dieser Vorgang trifft nun heute auf den gesamten Bereich der Erziehung zu, gilt also für pädagogische Verhältnisse schlechthin. Sie finden nicht mehr als soziales Ereignis statt, sondern müssen professionell gestaltet werden.

Doch entkommt man damit den Problemstrukturen nicht, die im pädagogischen Feld gegenwärtig entstehen: Zum einen gehen bislang stillschweigend unterstellte und vorausgesetzte Mechanismen der Sozialisation verloren, welche die Erziehbarkeit von Kindern sichergestellt haben. Die Gesellschaften bereiten offensichtlich in ihren Lebenswelten Kinder nicht mehr darauf vor, sich auf ein kompliziertes und anspruchsvolles Erziehungsgeschehen mit einer durchaus eigenen

Logik einlassen zu können – einer Logik, zu der auch gehört, dass soziale Positionen verteilt werden. Die *Erziehung vor der Erziehung* findet nicht mehr statt – übrigens mit dem düsteren Effekt, dass Kinder gleichsam ungebremst an soziale und kulturelle Anforderungen angeschlossen werden (vgl. Winkler 2006). Sie sind von früh an ungeschützt einer Konsumwelt wie den Vorstellungen und Lebensweisen ausgesetzt, die bislang exklusiv für Erwachsene gegolten haben. Darin bestätigt sich allerdings der Verlust einer für die Moderne doch notwendigen Kindheit, selbst wenn – wie der Einwand lauten mag – auch frühere Gesellschaften den Nachwuchs mit sozialer Realität konfrontiert haben. Zum anderen gehen im Modernisierungsprozess spezifische Merkmale des Erziehungsgeschehens verloren, welche bislang durch Relikte ständischer Ordnungen gesichert wurden. Ein Beispiel bietet die in Deutschland übliche innerfamiliäre Rollenteilung auf Kosten der Berufstätigkeit und Selbständigkeit von Frauen. Sie löst sich heute mit der Folge auf, dass die allerdings für die soziale und emotionale Kompetenz der Kinder entscheidenden Elemente der Erfahrung von Mütterlichkeit sowie die für Bindung wichtigen Beziehungen und persönliche, unverwechselbare Anwesenheit professionell gestaltet werden müssen. Unklar ist, ob die damit verbundene Erfahrung von Familie tatsächlich durch Fachkräfte substituiert werden kann (vgl. Gehres & Hildenbrand 2008).

Freilich kann man Modernisierung als einem sozialen Prozess nur schwer entgegnen. Dennoch zeichnet die Moderne eine kaum erträgliche Zerstörung von allzumal im Generationenverhältnis eingelagerten Strukturen der Sorge aus, wie sie für das Aufwachsen und die Identitätsbildung junger Menschen unentbehrlich sind. Marktvermittelte, individuelle Daseinsgestaltung erzwingende Verhältnisse verbieten offensichtlich ein altruistisches, unbedingt auf den anderen gerichtetes Handeln, wie es für die Organisation des Aufwachsens gefordert und als pädagogische Haltung verwirklicht wird (vgl. Honig 2006). Medien, Konsumangebote und Werbung tragen zu einer Zerstörung der elementaren sozialen Voraussetzungen von Erziehung bei (Stiegler 2008). Gute Bedingungen für das Aufwachsen von Kindern gehen mit Zumutungen einher, die dem selbst sozial geformten, politisch gepflegten und vielleicht berechtigtem Selbstverständnis moderner, freiheitlich ausgerichteter Bürger widersprechen. Die Dilemmata lassen sich kaum auflösen: Dass Kinder und Jugendliche Sicherheiten benötigen, kann in der Tat als Freiheitsentzug kritisiert werden; sie vor Einflüssen zu schützen, welche etwa von Medien ausgehen, trägt den Vorwurf der Bewahrpädagogik ein. Dass junge Menschen seelische Gerüste aufbauen und innere Ordnungsmuster entwickeln müssen, lässt sich als Entwicklung von Disziplin bezeichnen – und gerät damit in Gefahr, mit einem Disziplinbegriff in Verbindung gebracht zu werden, der selbst Kontrolle und Unterordnung in Anspruch nehmen will, in bloß politischer Bewertung aber ebenfalls den Ansprüchen nicht gerecht wird, die sich pädagogisch stellen (vgl. Brumlik 2007; Bueb 2007).

All dies macht auf die Aporien aufmerksam, welche dann entstehen, wenn ein eigener Begriff von Pädagogik, die Idee einer Logik der Erziehung und der Bildung zu Gunsten einer sozialwissenschaftlichen Sicht aufgegeben werden. Die Idee der

Autonomie und Eigenständigkeit von Pädagogik mag möglicherweise irrational und ideologisch gewesen, hinter einem soziologischen Denken zurückgeblieben sein. Allerdings hat sie auf eben dieses Problem aufmerksam gemacht, dass pädagogische Aufgaben noch gegenüber den Mechanismen zu verteidigen sind, welche Gesellschaften praktizieren. Weil Erziehung eben mit einem Naturmoment zu tun hat, kann sie eben nicht bloß als soziales Phänomen dechiffriert werden. Sie ist different – darin liegt vielleicht eine Chance.

Literatur

Arnett, J.J. (2004): Emerging Adulthood. The Winding Road from Late Teens through the Twenties. Oxford: Oxford University Press

Bauer, J. (2006): Warum ich fühle, was du fühlst. Intuitive Kommunikation und das Geheimnis der Spiegelneurone. München: Heyne

Bauer, J. (2008): Prinzip Menschlichkeit. Warum wir von Natur aus kooperieren. München: Heyne

Bauman, Z. (2000): Liquid Modernity. Cambridge: Polity Press

Bauman, Z. (2005): Verworfenes Leben. Die Ausgegrenzten der Moderne. Hamburg: Hamburger Edition

Bauman, Z. (2007): Leben in der flüchtigen Moderne. Frankfurt a.M.: Suhrkamp

Bauman, Z. & Tester, K. (2001): Conversations with Zygmunt Bauman. Cambridge: Rowman & Littelfield

Beck, U. (2007): Weltrisikogesellschaft. Frankfurt a.M.: Suhrkamp

Behnisch, M. (2006): „Kinder brauchen Grenzen". Sieben Einwände gegen eine öffentliche Erziehungsmetapher. Ein Essay. In: Pädagogische Rundschau, 60 (Jg.), H. 3, 249–254

Berger, R. (2008): Warum der Mensch spricht. Eine Naturgeschichte der Sprache. Frankfurt a.M.: Eichborn

Bohler, K.F. & Engelstädter, A. (2008): Die soziale Konstruktion der Wirklichkeit in der Jugendhilfe. Zur Typisierung von Fällen und ihren Folgen. In: Zeitschrift für Sozialpädagogik, 6 (Jg.), H. 2, 114–143

Boltanski, L. (o.J.): Leben als Projekt. Prekarität in der schönen neuen Netzwerkwelt. In: Das Online-Magazin zur Zeitschrift polar: http://www.s173721806.online.de/frontend/position.php?id=110 (24.10.2008)

Brumlik, M. (Hrsg.) (2007): Vom Missbrauch der Disziplin. Antworten der Wissenschaft auf Bernhard Bueb. Weinheim: Beltz

Bueb, B. (2007): Lob der Disziplin. Eine Streitschrift. Berlin: Ullstein

Crowther, J. (2004): „In and against" lifelong learning: flexibility and the corrosion of character. In: International Journal of Lifelong Education, 23 (Jg.), H. 2, 125–136

Ehrenberg, A. (2008): La Fatigue d'être soi. Dépression et société. Paris: Odile Jacob

Funk, R. (2005): Ich und Wir. Psychoanalyse des postmodernen Menschen. München: dtv

Gehres, W. & Hildenbrand, B. (2008): Identitätsbildung und Lebensverläufe bei Pflegekindern. Wiesbaden: VS

Giddens, A. (2002): Runaway World. How Globalisation is Reshaping our Lifes. London: Routledge

Hondrich, K.-O. (2007): Weniger sind mehr. Warum der Geburtenrückgang ein Glücksfall für unsere Gesellschaft ist. Frankfurt a.M.: Campus

Honig. M. S. (2006): An den Grenzen der Individualisierung. Die Vereinbarkeit von Familie und Beruf als sozialpädagogisches Thema. In: Neue Praxis, 36 (Jg.), H. 1, 25–36

Lessenich, S. (2008): Die Neuerfindung des Sozialen. Der Sozialstaat im flexiblen Kapitalismus. Bielefeld: Transcript

Link, J. (1998): Versuch über den Normalismus. Wie Normalität produziert wird. Göttingen: Vandenhoeck & Ruprecht

Luhmann, N. (1996): Jenseits von Barbarei. In: Miller, M. & Soeffner, H.-G. (Hrsg.): Modernität und Barbarei. Soziologische Zeitdiagnose am Ende des 20. Jahrhunderts. Frankfurt/Main: Suhrkamp, 219–230

Mollenhauer, K. (2008): Vergessene Zusammenhänge. Über Kultur und Erziehung. München: Juventa

Rauschenberger, H. (1988): „Durch die Kinder lernt man erst die Zeit begreifen". Über den Wandel von Erziehungsvorstellungen im 20. Jahrhundert. Frankfurt a. M.: Athenaeum

Rosa, H. (2005): Beschleunigung. Die Veränderung der Zeitstrukturen in der Moderne. Frankfurt a. M.: Suhrkamp

Simmel, G. (1992): Soziologie. Untersuchungen über die Formen der Vergesellschaftung. In: Rammstedt, O. von (Hrsg.): G. Simmel: Gesamtausgabe. Bd. 11. Frankfurt a. M.: Suhrkamp

Spitzer, M. (2006): Vorsicht Bildschirm! Elektronische Medien, Gehirnentwicklung, Gesundheit und Gesellschaft. München: dtv

Stiegler, B. (2008): Die Logik der Sorge. Verlust der Aufklärung durch Technik und Medien. Frankfurt a. M.: Suhrkamp

Tenorth, H.-E. (2005): Milchmädchenrechnung In: DIE ZEIT, Nr. 41, vom 06. 10. 2005

Wacquant, L. (2000): Elend hinter Gittern. Konstanz: Universitäts-Verlag

Wahler, P., Tully, C. J. & Preiß, C. (2004): Jugendliche in neuen Lernwelten. Selbstorganisierte Bildung jenseits institutioneller Qualifizierung. Wiesbaden: VS

Welzer, H. (2007): Täter. Wie aus ganz normalen Menschen Massenmörder werden. Frankfurt a. M.: Fischer

Winkler, M. (1993): Das Allgemeine und das Besondere. Über sozialwissenschaftliche Zeitdiagnose und pädagogische Theorie aus Anlaß von Gerhard Schulzes „Erlebnisgesellschaft". In: Sozialwissenschaftliche Literatur Rundschau, 17 (Jg), H. 27, 42–51

Winkler, M. (2006): Kritik der Pädagogik. Der Sinn der Erziehung. Stuttgart: Kohlhammer

Winkler, M. (2007): Pädagogik und die Kollateralschäden der Moderne. In: Der pädagogische Blick, 15 (Jg.), H. 2, 68–81

8.4 Migration und kulturelle Gegensätze

Stephan Ellinger

Einleitung

Migrantenkinder sind im deutschen Schulsystem auffallend benachteiligt. Die überwiegende Anzahl der Schülerinnen und Schüler mit Migrationshintergrund kommt aus jenen Staaten, mit denen die Bundesrepublik Deutschland zeitweilig Regierungsvereinbarungen zur Anwerbung und Vermittlung von Arbeitskräften abgeschlossen hatte: Dies sind die Türkei, das ehemalige Jugoslawien, Italien, Griechenland, Portugal, Spanien, aber auch Marokko und Tunesien sowie Südkorea und die Philippinen. Im Jahr 2000 besaßen 74 % aller ausländischen Schülerinnen und Schüler einen Pass dieser Länder, darunter 43 % einen türkischen (KMK 2003, 12). In verschiedenen kulturvergleichenden Studien werden diese Länder als Schamkulturen beschrieben, während Deutschland als Schuldkultur gilt. Kultur, familiäre Umwelt und Herkunft dienen als Rahmen für Zuschreibungen von Eigenschaften und Wertprägungen.

Dabei erweist sich der Begriff der Kultur aus erziehungswissenschaftlicher Sicht als problematisch. Grundsätzlich steht in Frage, „was eigentlich beobachtet wird, wenn von ‚Kultur' die Rede ist" (Diehm & Radtke 1999, 62). In ihrer Fallstudie eines lokalen Schulsystems zeigen Gomolla & Radtke (2002, 54 ff.) nicht nur, dass die Ergebnisse interkultureller Studien zur Verbreitung eindimensionaler und stereotyper Einschätzungen von Kindern mit Migrationshintergrund beitragen können, sondern auch, wie durch bildungspolitische Rahmenbedingungen, lokale organisatorische Strukturen und etablierte pädagogische Praktiken institutionelle Diskriminierung zum schulischen Misserfolg von Migrantenkindern führt. Bei der Auswertung ihrer Fallstudie stehen insbesondere Mechanismen der Gleichbehandlung von Ungleichen und Ungleichbehandlung von Gleichen im Fokus der Betrachtung.

Problemfeldsichtung Migrationsforschung

Der vorliegende Beitrag greift die Diskussion um die Erforschung kultureller Unterschiede auf und stellt sie in einen erweiterten Interpretationsrahmen. Verschiedene Studien haben gezeigt, dass Jugendliche, die in dritter oder vierter Generation von Gastarbeitern abstammen, das Leben zwischen den Kulturen als fortwährende Spannung erleben und dabei beginnen, nach den Logiken von verschiedenen kulturellen Heimaten zu handeln (vgl. z. B. Tietze 2001). Beck-Gernsheim führt in ihrer Reflexion der Identitätsforschung aus, dass es im Blick auf Ethnizität nicht mehr um „qua Geburt, qua Vorfahren, qua Blut" vorgegebene und feststehende Eigenschaften, sondern um „multiple Identitäten oder Identitätsschichten" geht (Beck-Gernsheim 2004, 103). Sie beschreibt eine offene, situationsabhängige und dynamische ethnische Identität. In der Erziehungswissenschaft kann als konsensfähig angesehen werden, dass Prägung durch die kulturelle Herkunft nicht im Sinne einer charakterlichen Festlegung, eines determinierten Handlungsmusters oder sogar einer vorgegebenen Andersartigkeit verstanden werden darf, die gleichsam Auffälligkeit, Scheitern und Anderssein vorprägt. Die Bedeutung der Herkunftskultur eines Kindes und Jugendlichen lässt sich vielmehr auf der Ebene einer tradierten Handlungsoption bzw. auf deren Einfluss auf die Ausbildung der individuellen Plausibilitätsstruktur (Ellinger 2002) in Auseinandersetzung mit den verschiedenen Kulturen und Traditionen beschreiben. Von einem Reinimport einer anderen Kultur in persona, zum Beispiel nach Deutschland, ist nicht auszugehen. Die Übertragung kulturvergleichender Studien auf die Situation von Menschen mit Migrationshintergrund ist demnach nicht ohne weiteres möglich. Treibel (2003, 193) weist darauf hin, dass sich für die Kinder der Einwanderer, also für die heute als „Schülerin und Schüler mit Migrationshintergrund" bezeichneten Jugendlichen, die Funktion der „ethnic communities" veränderte: Die Herkunftsgesellschaft verblasst und die Einwanderer- und Einwanderungsgesellschaft dominieren. Migranten sind also nicht in festen Traditionen und stabilen kulturbedingten Strukturen beschreibbar.

Den kulturvergleichenden Untersuchungen, so genannten cross-cultural-studies, ist gemeinsam, dass sie Kultur im Rahmen behüteter Gesellschaften untersuchen. Die in empirischen Studien zu Scham- und Schuldkulturen in den 1960er bis 1980er Jahren abgeleiteten Ehr- und Gewissenskonzepte lassen sich auf motivationaler Ebene heute dennoch in den verschiedenen Schulformen multikultureller Gesellschaften nachzeichnen. Sie bilden sich in Konzepten ab, die einerseits eindeutig mit Herkunftskulturen assoziiert werden können (Rodriguez Mosquera 1999), andererseits aber auch als Scham- oder Schuldorientierung ohne konkrete Kulturzuweisung ermittelt werden (Ellinger 2007). Ehrkonzept und Gewissenskonzept als handlungsleitende Größen bleiben dabei auch unabhängig vom Herkunftsstatus beschreibbar, zumal dieser häufig nur schwerlich nachverfolgt werden kann (vgl. Beck-Gernsheim 2004, 122).

Scham- und Schuldkulturen

Eine erste Abhandlung zu Scham- und Schuldkulturen findet sich bei Mead (1937, 493 ff.). Zwischen dem Ende der 1950er und Mitte der 1980er Jahre genossen ethnographische Untersuchungen zu den Schamkulturen im Mittelmeerraum große Popularität. In dieser Zeit ist über eine ganze Reihe empirischer Untersuchungsergebnisse zu berichten (ausführlich: Ellinger 2006). Zunehmend sind systematisch vergleichende Studien auch zwischen unterschiedlichen Nationen (und Kulturprägungen) angestellt worden, wie zum Beispiel Türkei, Libanon und Deutschland (Bierbrauer 1992) oder gar 37 Ländern im Vergleich (Wallbott

& Scherer 1995). Diese Studien ermöglichen eine differenzierte Darstellung der Scham- und Schuldkulturen hinsichtlich verschiedener Merkmalsbereiche.

In *Schamkulturen* (auch *Ehrkulturen* genannt), vorwiegend beschrieben in nicht-westlichen, asiatischen, südamerikanischen, afrikanischen, russischen und mediterranen Gesellschaften, sind „Ehre" und „Schande" die wichtigsten Werte, nach denen das soziale Leben der Gesellschaft geordnet und bewertet wird. Dies gilt insbesondere als gemeinsames Merkmal für die Kulturen des Mittelmeerraums. Als normregulierend werden Schamgefühle beschrieben, die Folge individueller oder kollektiver Verletzung von allgemein anerkannten Normen und Sitten sind. Dabei spielen die Anwesenheit und die Meinung „der Anderen" eine große Rolle. Eine Bestrafung für das nicht angemessene Verhalten findet vor allem durch Verachtung durch die Anderen statt. Hier spielt die Gemeinschaft als festgefügte Gruppe eine entscheidende Rolle im Leben des Einzelnen, der auf die Einbindung in seine Gruppe angewiesen ist. Nach Fehlverhalten wird der betreffenden Person das Wissen um Zugehörigkeit und Angenommensein entzogen, wodurch es zum Gefühl kommt, eine unehrenhafte und verwerfliche Person zu sein. Das Bedürfnis des Beschämten ist nicht, sein Versagen wieder gutzumachen, sondern im Zweifel, sich selbst und seine Tat zu verstecken. Dabei hat die Lüge in einer solchen Kultur eine geradezu lebenswichtige Funktion. Sie soll den Einzelnen vor dem Verlust seines Selbstwertgefühls und der ihm so bedeutenden sozialen Anerkennung bewahren. Dabei spielt der Aufbau einer konstruktiven Streitkultur in solchen Kulturen wesentlich weniger eine Rolle als in Schuldkulturen. Paz (1998, 32 ff.) beschreibt den Stellenwert der Lüge in seiner eigenen mexikanischen Schamkultur so: „[...] die Lüge [ist] von entscheidender Wichtigkeit für unser Alltagsleben: in Politik wie in Liebe und Freundschaft [...]. Die Sprache des Volkes spiegelt deutlich, wie sehr wir uns vor der Außenwelt schützen [...]. Für uns bedeutet ‚sich öffnen' Schwäche oder Verrat". Hierarchien sind in Schamkulturen ausgeprägt, es ergeben sich für die einzelnen Familienmitglieder klare geschlechtsspezifische Rollendefinitionen (vgl. Blok 1981; Gilmore 1987).

Eine ehrbare Frau in Schamkulturen zeichnet sich durch Scham, Keuschheit und Reinheit aus, durch öffentliche Zurückhaltung, ihre Attraktivität als Frau und ihre Entschlossenheit, für die Ehre ihres Zuständigkeitsbereichs einzutreten, und schließlich durch einen ehrenhaften Ehemann bzw. Verlobten (Pitt-Rivers 1977, 22). Der ehrbare Mann besticht durch den Willen und die Fähigkeit, die eigene Reputation zu garantieren und wenn nötig zu verteidigen, durch Entschlossenheit, für die Ehre seines Zuständigkeitsbereichs einzutreten, weiter durch Kraft, Mut, Tapferkeit, Großzügigkeit, Gastfreundschaft, Sanftmut, Schlagfertigkeit und Geistesgegenwart sowie Selbstbewusstsein. In kollektivistischen Gesellschaften identifiziert sich jeder einzelne Mensch vor allem als Teil seiner Familie und der Gruppe, der er zugehört.

In *Schuldkulturen* (auch *Gewissenskulturen* genannt) wird das Gewissen im Allgemeinen durch die Erziehung so geprägt, dass es auf Verstöße gegen die in der Kindheit gelernten Normen mit *Schuld*gefühlen reagiert. Die Regeln sind internalisiert und gelten dann objektiv. Schuld kann als normregulierende Emotion beschrieben werden. Der Mensch fühlt sich schuldig, weiß, dass er eine Strafe verdient hat und hat im Idealfall das Bedürfnis, sein Verfehlen wieder gutzumachen. Das Schuldgefühl bezieht sich ausschließlich auf eigene Verfehlungen, es schließt in der Regel kein Gefühl der Bloßstellung vor anderen oder der Entwertung ein.

Schuldkulturen sind überwiegend individualistisch und pluralistisch geprägt. Als Grundmuster westlicher Kulturen kann die Spannung zwischen egozentrischen Einzelinteressen und gesellschaftlich wertvollen Tätigkeiten gelten. Nach Möglichkeit soll jeder im Einklang mit seinen eigenen Überzeugungen leben, dabei gilt die Unabhängigkeit von der Meinung der anderen als Ideal. Ehrlichkeit und Offenheit nehmen einen hohen, Lügen und Betrügen einen negativen Stellenwert ein. Funktionen und Positionen werden nach persönlicher Begabung und Leistung festgelegt.

Scham- und Schuldorientierung in der Förderschule

Inwiefern spiegeln sich nun kulturspezifische Prägungen in den Interaktionsformen und -strukturen innerhalb der Schule wieder und wie wirken sie sich auf das Verhalten der Lehrkräfte aus? In einer groß angelegten Untersuchung werden seit Beginn des Schuljahres 2002/03 Daten in 5. Klassen gesammelt und ausgewertet. Es handelt sich um Unterrichtsbeobachtungen, transkribierte Gespräche, Dokumente und Interviews aus Förderschulen, Hauptschulen, Realschulen und Gymnasien in Bayern. Die ausführliche Darstellung der Forschungsmethode der Grounded Theory (Glaser & Strauss 2008) sowie der Datenquellen finden sich bei Ellinger (2006). Die Ergebnisse der Studie weisen darauf hin, dass insbesondere in der Förderschule im Wesentlichen zwei Motive das Handeln und Empfinden der Kinder und Jugendlichen strukturieren: Handlungsleitend sind entweder der Erhalt und die Verteidigung der jeweiligen Gruppenehre oder aber das Streben nach individueller Profilierung des Einzelnen. Die Kategorie *Gruppenehre versus individuelle Profilierung* lässt sich anhand verschiedener Konzepte darstellen, die jeweils ähnliche Phänomene (Episoden und Unterrichtssequenzen) zusammenfassen (Ellinger 2006; 2007). Dabei handelt es sich nicht um die Beschreibung von Kulturabstammungen, sondern um Scham- oder Schuldorientierungen, die auch unabhängig von der Herkunftskultur beschreibbar sind.

Konzept I: Schuld oder Scham als Handlungsregulativ

Das Konzept verbindet beobachtete Phänomene, in welchen die beteiligten Personen Interaktionssituationen durch das Empfinden von Schuld und Rechtschaffenheit im einen oder von Scham und Ehre im anderen Fall definieren. Die beteiligten Schüler und Lehrer reagieren in ähnlichen Situationen auf vergleichbare Reize zum Teil sehr unterschiedlich. Dabei wird anhand des Datenmaterials deutlich, dass die betreffenden Personen durchaus kohärent agieren und zum Beispiel aggressiv wirkende Verhaltensweisen keine Affekte, sondern kontrollierte und geplante Aktionen zur Wiederherstellung verletzter Ehre darstellen können. Als Ausgangspunkt einer solchen Handlung ist im Rahmen einer Transkiptionsanalyse häufig eine unter

Umständen länger zurückliegende Ehrverletzung zu identifizieren. Ähnliches trifft etwa auf die subjektiv empfundene Notwendigkeit einer einzelnen oder einer Kette von Lügen zu. Pädagogisch sinnvolle Interventionsbemühungen müssen der Erkenntnis Rechnung tragen, dass „objektives Recht" und „objektive Wahrheit" Diktionen aus kultureller Schuldorientierung sind und der Plausibilitätsstruktur einer Schamorientierung nicht entsprechen müssen. Hier bedarf es hoher Sensibilität und eines bewussten Eintauchens in die Plausibilitätsstruktur der betreffenden Schülerinnen und Schüler mit differierender kultureller Orientierung.

Konzept II: Individualität oder Kollektivität als Leistungsmotiv

Ein wesentlicher Unterschied zwischen einer stark individualistisch geprägt Gewissensorientierung und dem gemeinschaftszentrierten Ehrkonzept liegt in der Einordnung des Individuums als Leistungsträger im Sozialgefüge. Während Schüler mit Schuldorientierung auch im Kontext von Gruppenarbeitsphasen für ihre eigene Profilierung sorgen (und dies auch von derartig geprägten Lehrkräften protegiert wird), werden Wissensbestände und Profilierungsmöglichkeiten von Kindern mit Schamorientierung denjenigen ihrer Bezugsgruppe untergeordnet. Diese Prägungen führen oberflächlich betrachtet zu unterschiedlicher Leistungsbereitschaft, die bis zum Vorwurf einer Leistungsverweigerung durch die Lehrperson an einzelne Gruppenmitglieder etwa in der Präsentation der Gruppenergebnisse führen können. Lehrkräfte, die um pädagogisch sinnnvolle Unterrichtsmethoden bemüht sind, reflektieren das Spannungsverhältnis von Einzelleistungen und Leistungen des Einzelnen in der Gruppe kritisch. Häufig erschwert schülerseits ehrenhaftes Handeln im Sinne der Schamorientierung eine gerechte Beurteilung von Schülerleistungen durch die Lehrperson.

Konzept III: Sinn entnehmendes Lesen zwischen Sprachverständnis und Wertestruktur

Die zum Teil gravierenden Bewertungsunterschiede beeinträchtigen den Lernerfolg von Kindern mit Schamorientierung insbesondere auch im Rahmen der Wahrnehmung und Verarbeitung kognitiver Dissonanzen, wenn Strukturen von Recht und Gewissen die Literatur und die Lernmaterialien dominieren. Textinhalte, Quellentexte und mitunter auch Sachaufgaben sind in der Schule häufig in schuldorientierte Rahmenhandlungen eingebunden und verwehren auf diese Weise schamorientierten Schülerinnen und Schülern den Verständniszugang. Pädagogisch sensible Lehrkräfte sollten Momente des Missverstehens nicht vorschnell auf mangelnde kognitive Leistungsfähigkeit zurückführen, sondern an der Versprachlichung der Plausibilitätsstrukturen arbeiten, indem offene Auseinandersetzungen mit den Werten und Normen der Kinder gepflegt werden.

Konzept IV: Ansehen der Lehrperson zwischen Mann und Unehre

Vorstellungen der idealen Rolle einer Frau und des Mannes nehmen latent mit am Unterricht teil. Die hohe Anzahl weiblicher Lehrkräfte insbesondere an Grund- und Förderschulen stellt insofern ein Problem für den Lernprozess dar, als die Lehrerin im Unterricht potentiell gegen ehrenhaftes Rollenverhalten verstößt (z. B.

durch eine ungewollte Bloßstellung eines männlichen Schülers im Matheunterricht vor der gesamten Klasse) und damit latent beim Schüler ein Verhalten provoziert, das auf die Ablehnung solcher Rollenverletzung abzielen muss. Lehrerinnen sehen sich mitunter mit massiven Beschimpfungen konfrontiert, die gemäß einer Schuldorientierung „objektiv untragbar sind" und dann allzu schnell durch (Straf-)Maßnahmen beantwortet werden, die neuerlich ehrverletzend wirken und einen Teufelskreis in Gang setzen, der bei Lichte betrachtet kulturindiziert ist. Pädagogisch reflektierte Interventionen zielen auf die Unterbrechung gegenseitiger Ehrverletzungen und suchen gemeinsam nach Lösungen für den Umgang mit kulturspezifischen Rollenvorstellungen. Schüler mit Migrationshintergrund werden sonst schnell geschlechtsspezifisch etikettiert – ohne die Kohärenz ihres Verhaltens vor dem Hintergrund ihrer Schamorientierung und ihres entsprechenden Ehrkonzeptes nachvollziehen zu können.

Fazit

Die Befunde der skizzierten Untersuchung zeigen, dass die beschriebenen Konzepte innerhalb der Kategorie *Gruppenehre versus individuelle Profilierung* Schamorientierung und ebenso Schuldorientierung darstellen. Diese Verhaltensweisen sind kompatibel mit den entsprechenden Beschreibungen der Kulturen innerhalb der cross-cultural-studies. Grundsätzlich muss sich der pädagogisch wertvolle Umgang mit kulturellen Gegensätzen an der Frage messen lassen, welche Bedeutung dem individuellen Ehrkodex des Einzelnen, und damit seiner Profilierung, seiner Vorstellung von Recht, seinem abgeleiteten Rollenverständnis, seinen subjektiv erkannten Pflichten und seiner Leistung in der Gruppe und in Einzelarbeit zugeschrieben wird.

Literatur

Beck-Gernsheim, E. (2004): Wir und die Anderen. Frankfurt a. M.: Suhrkamp

Bierbrauer, G. (1992): Reactions to violation of normative standards. A cross-cultural analysis of shame and guilt. In: International Journal of Psychology, 27 (Jg.), H. 2, 181–193

Blok, A. (1981): Rams and billy-goats: A key to the Mediterranean code of honor. In: Man, 16 (Jg.), H. 3, 427–440

Diehm, I. & Radtke, F.-O. (1999): Erziehung und Migration. Eine Einführung. Stuttgart: Kohlhammer

Ellinger, S. (2002): Heterogenität in Jugendhilfe-Kollegien: Zur Bedeutung der Plausibilitätsstrukturen für professionelle Erziehungsarbeit. In: unsere jugend, 54 (Jg.), H. 3, 127–137

Ellinger, S. (2006): Zur Bedeutung von Scham- und Schuldkultur bei Migrationshintergrund in der Schule. Ergebnisse einer empirischen Studie nach der Grounded Theory. In: Sonderpädagogische Förderung, 51 (Jg.), H. 4, 397–421

Ellinger, S. (2007): Kulturabhängige Verhaltensstörungen in der Schule? Empirische Befunde und begriffliche Diskurse. In: Rumpler, F., Wachtel, P. (Hrsg.): Erziehung und Unterricht – Visionen und Wirklichkeiten. Würzburg: vds, 248–261

Gilmore, D. D. (1987): Honor, honesty, shame: Male status in contemporary Andalusia. In: Gilmore, D. D. (Hrsg.): Honor and shame and the unity of the Mediterranean. Washington: American Anthropological Association, 90–103

Glaser, B. G. & Strauss, A. L. (2008): Grounded Theory: Strategien qualitativer Forschung. Bern: Huber

Gomolla, M. & Radtke, F.-O. (2002): Institutionelle Diskriminierung: Die Herstellung ethnischer Differenz in der Schule. Opladen: Westdeutscher Verlag

KMK (2003): Statistische Veröffentlichungen der Kultusministerkonferenz. Dokumentation Nr. 170, Bonn: KMK

Mead, M. (1937): Interpretative Statement. In: Mead, M. (Hrsg.): Cooperation and Competition among Primitive Peoples. New York: McGraw-Hill Book Company, 493–505

Paz, O. (1998): Das Labyrinth der Einsamkeit. Essay. Frankfurt a. M.: Suhrkamp

Pitt-Rivers, J. (1977): The Fate of Schechem or the Politics of Sex. Essays in the Anthropology of the Mediterranean. Cambridge: University press

Rodriguez Mosquera, P. M. (1999): Honor and Emotion. The cultural shaping of pride, shame and anger. Amsterdam: Belle van Zuylen Instituut

Tietze, N. (2001): Islamische Identitäten. Formen muslimischer Religiosität junger Männer in Deutschland und Frankreich. Hamburg: Hamburger Edition

Treibel, A. (2003): Migration in modernen Gesellschaften. Weinheim: Juventa

Wallbott, H. G. & Scherer, K. R. (1995): Cultural determinants in experiencing shame and guilt. In: Tangney, J. P. & Fischer, K. W. (Hrsg.): Self-conscious emotions. The psychology of shame, guilt, embarrassment, and pride. New York: Guilford, 465–487

8.5 Soziale Benachteiligung und Desintegrationsprozesse

Birgit Herz

Einleitung

Soziale Benachteiligung und Desintegrationsprozesse stehen in einem vielfach empirisch belegten Zusammenhang hinsichtlich emotionaler, sozialer und kognitiver Entwicklungsbeeinträchtigungen, gesundheitlichen Risiken, Verhaltensstörungen, aber auch Lern- und Sprachbeeinträchtigungen. Ausgehend von den soziologischen Kategorien der „sozialen Exklusion" und der „sozialen Desintegration" wird hier insbesondere die Armutsentwicklung als sozioökonomischer Belastungsfaktor für soziale Benachteiligung in ihren Auswirkungen für Familien, Kinder und Jugendliche analysiert. Konsequenzen der Lebenslage Armut für Erziehungs- und Bildungsprozesse in schulischen und außerschulischen Einrichtungen können institutionelle, familiäre und soziale Desintegrationsprozesse sein, wie etwa Drop-out-Karrieren, Drogen-Konsum und Rechtsextremismus. Die Medien reagieren auf solche Phänomene: Von der „Supernanny" im Wohnzimmer bis zu „Supercamps" in der Wüste wird die durch soziale Benachteiligung und Desintegration verursachte seelische Not auf den Unterhaltungswert bestimmter Sendeformate reduziert.

Armut: Ein zentraler Indikator für soziale Benachteiligung

Iben hat mit seiner Veröffentlichung „Kinder am Rande der Gesellschaft" bereits 1968 auf die soziale und bildungsbezogene Ausgrenzung sozial benachteiligter Kinder aufmerksam gemacht. Die kritische Auseinandersetzung mit Armut kann in der Sonderpädagogik auf eine lange Forschungstradition zurückblicken. Viele ihrer Fachvertreter haben seit über 40 Jahren auf den Zusammenhang zwischen sozialer Randständigkeit und Lern- und Entwicklungsbeeinträchtigungen hingewiesen. Diese Randgruppenforschung der 1970er Jahre ist heute wieder hochaktuell und muss derzeit aufgrund der massiven Zuspitzung der sozialen Polarisierung in der Gesellschaft wieder aufgegriffen werden (vgl. Herz et al. 2008).

Der sozialwissenschaftliche Forschungsstand und nicht zuletzt die PISA-Ergebnisse zeigen sehr präzise auf, dass die soziale Benachteiligung aufgrund sozioökonomischer Belastungen maßgeblich schulisches Scheitern vieler Kinder und Jugendlicher verantwortet. Vor allem Schülerinnen und Schüler an Förderschulen und Schulen für Erziehungshilfe kommen aus armen Familien. Es ist ein Skandal, dass sich die Klientel der Lernhilfeschulen (Förderschulen) zu 80 bis 90 Prozent aus sozial benachteiligten Milieus rekrutieren. Materielle Verelendungsprozesse bedeuten auch seelische Verelendung, Kinder und Jugendliche unter Armutsbedingungen „hungern" und sind seelisch vernachlässigt. Ein großer Teil der Eltern, die auf der Basis staatlicher Transferleistungen leben, sind nicht mehr in der Lage, ihre Kinder vor Deprivation zu schützen. Verhaltensauffälligkeiten können sich auch durch eine solche Not- und Mangelsozialisation entwickeln.

Merten stellte auf einer Fachtagung des Deutschen Kindeschutzbundes und der Friedrich Ebert Stiftung über „Hungernde Kinder in Sachsen-Anhalt" in Halle 2006 zu Recht fest, dass es der Gesetzgeber entgegen aller öffentlichen Beteuerungen seit Bestehen der Bundesrepublik Deutschland nicht geschafft hat, „das Thema Armut zu einem unbedeutendem Problem werden zu lassen" (Merten 2006, 1). In der öffentlichen und wissenschaftlichen Debatte über Armut sind drei zentrale Entwicklungslinien für die Sozialisation von Kindern und Jugendlichen von Bedeutung:

1. Der neoliberale Umbau des ehemaligen deutschen Sozialstaates;
2. die Infantilisierung von Armut;
3. die massive Bildungsbenachteiligung armer Kinder und Jugendlicher mit Migrationshintergrund.

Der neoliberale Umbau des ehemaligen deutschen Sozialstaats

Der neoliberale Umbau des ehemaligen deutschen Sozialstaats bedeutet zunächst, dass sich der Staat und die Gesellschaft nicht mehr bereit erklären, Lebensrisiken aufzufangen. Mit dem Verweis auf internationale ökonomische Entwicklungen im Kontext der Globalisierung finden Lohn-, aber auch Leistungskürzungen im Sozialbereich statt. Die Qualität des Konsums, des Wohnens, der Ernährung, der Gesundheitsversorgung, die Qualität der öffentlichen Infrastrukturen des Alltagslebens, insbesondere des Verkehrs, der Bildung, des Gesundheitswesens und der Freizeit stehen zur Disposition.

In der Soziologie wird diese Entwicklung als „soziale Exklusion" bzw. „soziale Desintegration" (vgl. Bude & Willich 2006; Heitmeyer 2007) erforscht. Stagnation der Einkommen und steigende Lebenshaltungskosten führen zu sozialer Destabilisierung, prekärem Wohlstand und sozialer Exklusion. Anerkennung und Zugehörigkeit definiert sich immer noch über die aktive Teilhabe am Arbeitsmarkt; er ist der wichtigste Lebensbereich für eine soziale Positionierung. Die Aufrechterhaltung der „Normalerwerbsbiographie" führt zu permanentem Stress, zu Abstiegsängsten und Statuspanik, aber auch zur Verfestigung von geringfügiger Beschäftigung, zu Gelegenheitsarbeiten im Niedriglohnsektor, im Extremfall zur Dauerarbeitslosigkeit. Soziale Exklusion ist ein Sammelbegriff für verschiedene Formen gezielter Ausgrenzung, funktionaler Ausschließung, existentieller Überflüssigkeit (vgl. Bude & Willich 2006).

Exklusion im kommunalen Raum zeigt sich in sozial degradierten Quartieren, wo sich die sozialen (und oft auch ethnischen) Probleme konzentrieren. Diese sozialräumliche Segregation in so genannten „Hyperghettos" (Wacquant 2006) schafft nach Bauman (2005, 115) einen Abladeplatz für diejenigen Menschen, für die die Gesellschaft draußen keine wirtschaftliche oder politische Verwendung hat – Auslöser und Verstärker zugleich für Subgesellschaften, für subkulturelle Milieus, wie sie beispielsweise in aggressiven und gewaltbereiten Jugendgangs zum Ausdruck kommen.

Die Infantilisierung von Armut

Das Armutsrisiko ist besonders hoch für alleinerziehende Mütter, für Familien mit mehr als vier Kindern und für Familien mit Migrationshintergrund. Am Jahresende 2006 lebten ca. 1,9 Mio. Kinder unter 15 Jahren von staatlichen Transferleistungen, das heißt über 16 % eines Jahrgangs. Mehr als jedes siebte Kind unter 15 Jahren gilt als arm, in den alten Bundesländern knapp 25 % und in den neuen knapp 13 %; bei den über 15-Jährigen ist es jeder fünfte Heranwachsende (vgl. AWO 2005).

In der Studie der Arbeiterwohlfahrt „Zukunftschancen für Kinder" zeigen Zehnjährige vor allem Defizite in der Grundversorgung (51,5 %). Kinder und Jugendliche aus sozial benachteiligten Lebenslagen sind weniger gesund als Gleichaltrige aus mittleren und oberen Schichten (vgl. Herz et al. 2008). „Schon in der Grundschule haben die armen Kinder deutlich schlechtere Noten und auch häufig die Erfahrung einer Klassenwiederholung gemacht" (AWO 2005, 5). Dabei stehen zur Kompensation des durch schulisches Versagen hervorgerufenen Stresses kaum angemessene Möglichkeiten zur Verfügung; die für Heranwachsende vorgesehene Regelförderung erlaubt weder musische noch sportliche Aktivitäten oder die Finanzierung von Nachhilfeunterricht. Armut ist ein zentraler Risikofaktor für Beeinträchtigungen der emotionalen, sozialen und kognitiven Entwicklung.

Gleichwohl muss die Lebenslage Armut auch immer differenziert betrachtet werden; ihre Auswirkungen differieren je nach familienspezifischem Lebensmuster, kulturellem Milieu und sozialraumbezogenen Bedingungen. Eine Sozialisation unter den Bedingungen der Lebenslage Armut muss nicht zwangsläufig ausschließlich negative Auswirkungen haben, sofern die primären Bezugspersonen in der Lage sind, ihrer Erziehungsverantwortung gerecht zu werden.

Bildungsbenachteiligung armer Kinder und Jugendlicher

Sozioökonomisch depravierte Kinder und Jugendliche haben bereits bei der Einschulung schlechte Startchancen; ihre Schulprobleme führen oftmals zu einer Rückstellung bzw. Ausschluss aus der Regelschule, was in direktem Zusammenhang mit dem Aufwachsen in sozial benachteiligten Quartieren mit hoher Sozialhilfedichte bzw. staatlichen Transferleistungen steht (Seifert 2002, 121). So kann der Pflichtschulbesuch für viele Kinder und Jugendliche in benachteiligten Lebenslagen zu einem aussichtslosen Kampf um Erfolg und soziale Anerkennung werden. Statt individueller Förderung herrscht Zensurendruck, statt politisch proklamierter Bildungsgerechtigkeit die Aussonderung sozial benachteiligter Schüler/innen, wobei Kinder und Jugendliche mit Migrationshintergrund oft mit einer doppelten Benachteiligung und Stigmatisierung konfrontiert sind.

Schulische Misserfolge und schulisches Versagen bilden sich aber nicht nur nach den so genannten „objektiven Maßstäben", das heißt in Noten und in schlechten Testergebnissen ab. Es entsteht ein hoher Konkurrenzdruck zwischen den Schülerinnen und Schülern. Schulleistungen bilden die zentrale soziale Bezugsnorm in der Klasse, wodurch Leistungsversagen durch die sozialen Beziehungen der Kinder untereinander zusätzlich sanktioniert wird. So entstehen mit Versagensängsten auch Ängste vor Stigmatisierung und sozialer Ausgrenzung im Klassenverband. Interaktive Prozesse der Demütigung, der emotionalen und sozialen Ablehnung führen zu einem Teufelskreis, der sich nicht nur demotivierend auf schulisches Lernen auswirkt, sondern auch die erstrebten schulischen Bildungszertifikate in unerreichbare Ferne rücken lässt. Viele verlassen die Schule ohne Abschluss und werden auf der hierarchischen Bildungsleiter von oben nach unten durchgereicht.

Derzeit kann von einer Ghettobildung im untersten Schulsegment gesprochen werden – eine real zutreffende Beschreibung für Förder- und Sonderschüler, aber auch Hauptschüler. Hier sind Jugendliche mit Migrationshintergrund deutlich überrepräsentiert. Im Kontext der Theorie Sozialer Desintegration (Heitmeyer 2007) sind diese sozial und bildungsbenachteiligten Kinder und Jugendlichen ausgeschlossen von der positionalen Anerkennung als Partizipation an materiellen und kulturellen Gütern der Gesellschaft. Der neoliberale Umbau des Arbeitsmarktes mit seinen flexiblen Beschäftigungsverhältnissen und prekären Arbeitsbedingungen tut das Übrige.

Unter den dramatischen Konkurrenzbedingungen auf dem Ausbildungs- und Arbeitsmarkt sind diese Jugendlichen nicht oder nur sehr schwer zu vermitteln; die Benachteiligungsprogramme der Agentur für Arbeit und der Jugendberufshilfe erreichen diese jungen Menschen oft gar nicht. Unter den gegenwärtigen Bedingungen des Arbeitsmarktes haben sie nicht nur schlechte, sondern zumeist überhaupt keine Erwerbschancen – die einzig legale „Über"lebensperspektive heißt dann „staatliche Transferleistungen" (vgl. Herz et al. 2008).

In englischen Studien werden sie als „NEEDS" etikettiert, das sind junge Menschen: „Not in Education, Employment or Training" (vgl. Rennison et al. 2005). Die englischen Untersuchungen konnten aufzeigen, dass diese jungen Menschen im Alter zwischen 16 und 18 Jahren überproportional in depravierten Stadtteilen und in Familienkonstellationen aufwachsen, die durch Armut und/oder Arbeitslosigkeit gekennzeichnet sind; in ihren Schulbiographien finden sich massive Schulverweigerung, Schulabsentismus oder früher Schulausschluss – oft in Verbindung mit Lernbeeinträchtigung und/oder Verhaltensproblemen.

Armut und familiäre Risikokonstellationen

Die zentralen Fürsorgeleistungen von Eltern bestehen darin, die kindlichen Bedürfnisse nach emotionaler Unterstützung angemessen zu befriedigen; sie gewährleisten Sicherheit und Verlässlichkeit, sorgen für altersgerechte Ernährung, Körperpflege, unterstützen die Umwelterkundung und die kognitive Entwicklung. Risikofaktoren wie Ehe- und Familienkonflikte, Verlust eines Elternteils durch Scheidung oder Tod, fehlende oder eingeschränkte formelle oder informelle Unterstützung, materielle Not durch Armut und/oder Arbeitslosigkeit erschweren und beeinträchtigen solche Erziehungsleistungen. Wo die finanziellen und emotionalen Ressourcen sehr stark eingeschränkt sind, kann sich eine Disposition für Verhaltensauffälligkeiten entwickeln. Nitsch (2001, 159) beschreibt den Erziehungsstil unter Armutsbedingungen als von der Angst vor Katastrophen gekennzeichnet, da unvorhergesehene Kosten ein kaum lösbares Problem darstellen.

Dann wird den entwicklungsentsprechenden Bedürfnissen der Kinder wenig Rechnung getragen; die äußere Armut der primären Bezugspersonen trägt zur seelischen Verarmung der Kinder bei: „Vermehrte emotionale und Verhaltensprobleme der Kinder können in erster Linie als Folge solcher elterlicher Belastungsfaktoren angesehen werden" (Nitsch 2001, 161). Die Eltern laufen Gefahr einer Vergleichgültigung gegenüber ihren Kindern, was zu einer Einschränkung der Zukunftsperspektiven führen kann; Bildungszertifikate verlieren an Bedeutung und die Übereinstimmungen der normativen Orientierungen in Schule und Elternhaus gehen verloren.

Eltern und/oder andere primäre Bezugspersonen stehen im Kampf um die materielle Grundsicherung und Grundversorgung ihrer Familienmitglieder unter den derzeitigen gesellschaftlichen Entwicklungen der Arbeitsmarkt-, Sozial-, Familien- und Bildungspolitik permanent unter Stress. Fehlen formelle und/oder informelle Netzwerke durch die sozialräumliche „Verbannung" in sozial randständige Quartiere, verlieren Orientierungen an normativer Verbindlichkeit, wie etwa regelmäßiger und pünktlicher Schulbesuch der Kinder, an Bedeutung. Aus Orientierungs- und „Sinn"losigkeit können psychische Erkrankungen entstehen: die Gefährdungsrisiken für Kinder und Jugendliche nehmen zu.

Sozial depravierte Lebenslagen sind des Weiteren auch ein hoher Prädiktor für Misshandlung und Vernachlässigung. So müssen manche Kinder bereits vor Schulbesuch die Wohnung verlassen, die sie erst abends wieder betreten dürfen; Kinder werden aber auch das ganze Wochenende über vor die Tür geschickt und abends nicht selten vergessen. Gerade in den von Wacquant (2006) untersuchten „Hyperghettos" leben Kinder, die sich völlig selbst überlassen bleiben oder in sozialen Hilfseinrichtungen, wie beispielsweise „Die Arche" oder „Stiftung Mittagskinder", gleichsam „geparkt" und abgeschoben werden. Insbesondere Eltern bzw. Elternteile mit einer massiven Suchtproblematik sind oft nicht in der Lage, eine rudimentäre Versorgung ihrer Kinder zu gewährleisten. Diesen Kindern wird die emotionale Anerkennung verweigert aufgrund direkter und indirekter Gewalterfahrung; Deprivation wird hier zur Normalität.

Wo die Erziehungsverantwortung der primären Bezugsperson(en) durch familiäre Desintegrationsprozesse faktisch außer Kraft gesetzt ist, entwickeln sich massive Bindungs- und Beziehungsstörungen: Julius (2001) konnte nachweisen, dass gerade Schüler/innen an Schulen für Erziehungshilfe in der Mehrzahl eine unsichere, desorganisierte Bindung aufweisen. In den letzten zehn Jahren ist ein enormer Ausbau dieser Sonderschulform zu verzeichnen; die große Nachfrage nach Schulen für Erziehungshilfe steigt ebenso wie der hohe Bedarf an ambulanten und stationären Hilfen zur Erziehung in der Kinder- und Jugendhilfe (vgl. Willmann 2005).

Trotz der Ausweitung und Differenzierung schulischer und außerschulischer Förderorte und Unterstützungssysteme gibt es eine Gruppe von Heranwachsenden, die sich ihren desolaten Elternhäusern verweigert, deren seelische Verletzungen und deren Desillusionierung bezüglich anerkannter legaler Teilhabe über schulische Zertifikate derart massiv ausgeprägt sind, dass sie von beiden Systemen nicht mehr erreicht werden. Auch die Erziehungswissenschaft spricht mittlerweile von institutionellen und sozialen Desintegrationsprozessen (vgl. Warzecha 2000).

Institutionelle und soziale Desintegrationsprozesse bei schulpflichtigen Heranwachsenden

Jugendliche und junge Erwachsene müssen heute über vielfältige emotionale und kognitive Qualifikationen verfügen, um ein erfolgreiches Selbstmanagement zu betreiben, was eine hohe soziale Organisationskompetenz voraussetzt. Fehlende realistische Zukunftsperspektiven und soziale Netzwerke sowie familiäre Risikofaktoren, wie Arbeitslosigkeit und sozioökonomische Deprivation, sind verantwortlich für hochriskante Lebenslagen, die oft kompensiert werden durch aggressives und/oder autoaggressives Verhalten. Die Stigmatisierung normabweichenden Verhaltens erlaubt gleichsam eine negative Anerkennung und gewährt eine soziale Positionierung; beides kann negative Karrieren verfestigen.

Die emotionalen Reaktionen und individuellen Verarbeitungsformen bei sozialer Benachteiligung, Gewalterfahrungen in der primären Sozialisation und schulischer Segregation und Diskriminierung sind im Jugendalter ausgesprochen heterogen. Sie betreffen nicht nur die im Unterricht bekannten Abweichungen von der erwünschten Verhaltensnorm und unterrichtsbezogenen Verhaltensanforderungen auf emotionaler, kognitiver und sozialer Ebene – mit den entsprechenden Etikettierungen. Darüber hinaus konkretisieren sie sich in spezifischen Kategorien normabweichenden Verhaltens. Auf drei Phänomene soll hier kurz verwiesen werden: Gewalt, Rechtsextremismus und Drogenkonsum.

Vor allem ein Teil der betroffenen Jungen versucht, die erlebten Niederlagen und Demütigungen durch betont „hartes" Auftreten zu überspielen. Insbesondere die Identifikation mit rechtsextremen Idolen und Ideologien ermöglicht scheinbar eine Kompensation der eigenen Verletzungen, Versagungen und Überlebensängsten. Die negative Anerkennungsbilanz führt zur sozialen Gewaltbereitschaft und -verherrlichung (vgl. Heitmeyer 2007).

Drogenkonsum und die Entwicklung von Straßenkarrieren stehen in linearem Zusammenhang mit extremen Deprivationserfahrungen im familiären Umfeld. Drogenkonsum erlaubt die halluzinatorische Wunscherfüllung an nie erlebte sichere Bindungen. Derart institutionell und sozial desintegrierte Heranwachsende werden vielfach von den Medien als Projektionsfläche für diffuse Ängste missbraucht. Diese „dangerisation" entlastet die Medienkonsument/innen vor eigener emotional verdrängter Unsicherheit im gesellschaftlichen Positionierungskampf (vgl. Bauman 2005, 80 ff.).

Auch proklamieren gerade die Medien einen „Erziehungsnotstand" und bieten in fast allen Fernsehsendern entsprechende Beratungsformate an: „Super-Nanny", „We are family", „my baby", „Familiengericht", „Service Familie", „Elternsprechstunde", „Supercamp". Dieses Affektfernsehen verspricht schnelle unkomplizierte Lösungen auf komplexe Problemlagen. Ausgeblendet wird allerdings das Zusammenwirken von gesellschaftlichen Macht- und Marktfaktoren und individuellen biographischen Verletzungen, das Problem wird am jeweils einzelnen jungen Menschen individualisiert – und zunehmend diszipliniert.

Die Botschaft lautet: Nicht das System, sondern die Menschen sind Schuld an ihrer Misere (vgl. Wacquant 2006). In diesem Sinne ist die Bielefelder Erklärung „Pädagogik der Aufklärung statt Disziplinierung der Unterprivilegierten" aus dem Jahre 2007 eine kritische erziehungswissenschaftliche Stellungnahme, die die Dialektik zwischen sozioökonomisch geschuldeten gesellschaftlichen Entwicklungen und jeweils individuellen Verarbeitungsformen hervorhebt.

Aktuell setzen sich nur wenige Studien aus Sozial- und Sonderpädagogik mit der Bildungs- und Erziehungswirklichkeit oder den Lebensperspektiven sozial und institutionell desintegrierter Heranwachsender unter erziehungs*wissenschaftlichem* Blick auseinander (vgl. z. B. Henkel, Schnapka & Schrapper 2002; Göppel 2002; Ahrbeck 2004; Herz 2006). Es gilt, hier nachhaltige pädagogische Positionen und Perspektiven zu entwickeln, die statt defizitorientierter Interventionen (etwa als kompensatorische Erziehung) die Stärken und Ressourcen von Kindern und Jugendlichen (und deren Eltern) in Armutslagen in den Mittelpunkt ihrer Theorie- und Praxismodelle rückt.

Ausblick

Die Erziehungswissenschaft – und ihre Teildisziplinen Sozialpädagogik und Sonderpädagogik – verfügen derzeit weder über empirisch gesicherte Studien noch über erfolgversprechende Konzepte, um jenen institutionell und sozial desintegrierten Jugendlichen eine glaubhafte Alternative zu ihrem selbst- und fremdgefährdenden Inszenierungen anbieten zu können. Dieses Terrain ist vor allem in den Medien durch einen populär- und pseudowissenschaftlichen Diskurs aus unterschiedlichen Interessen präsent.

Es fehlen derzeit pädagogische Handlungsansätze, wie etwa niedrigschwellige Angebote, um die primären Bezugspersonen in ihrer Erziehungsverantwortung zu unterstützen und zu stabilisieren – und um damit den generationsübergreifenden Kreislauf von Deprivation zu beenden. Vermehrte Bildungsanstrengungen in den schulischen und außerschulischen Einrichtungen sind allein keine ausreichenden Steuerungsinstrumente gegen soziale Benachteiligung und Desintegration.

Es besteht ferner ein ausgesprochen hoher Forschungsbedarf, den Gehalt der bisherigen Instrumentarien zu überprüfen, gegebenenfalls zu modifizieren und auch der Kinder- und Jugend-, Familien-, Sozial- und Bildungspolitik zu vermitteln. Soziale Benachteiligung sowie institutionelle und soziale Desintegrationsprozesse bei schulpflichtigen Heranwachsenden verhindern die Verwirklichung demokratischer Rechte auf Inklusion, wie sie in zahlreichen internationalen Dokumenten gefordert werden, wie etwa in der „Salamanca-Erklärung" von 1994, in der „Internationalen Konvention der Vereinten Nationen für die Rechte von Menschen mit Behinderungen" von 2006 und in der „Erklärung von Lissabon" von 2007.

Literatur

AWO (Hrsg.) (2005): Zukunftschancen für Kinder?" Bonn: AWO Bundesverband e. V.
Ahrbeck, B. (2004): Kinder brauchen Erziehung. Stuttgart: Kohlhammer
Bielefelder Erklärung (2007): Pädagogik der Aufklärung statt Disziplinierung der Unterprivilegierten. Bielefeld: Universität. Im Internet verfügbar unter www.uni-bielefeld.de/paedagogik/agn/ag8/BielefelderErklaerungErstunterzeichner-innen.pdf (21.03.2008)
Bauman, Z. (2005): Verworfenes Leben. Die Ausgegrenzten der Moderne. Hamburg: Hamburger Edition
Bude, H. & Willich, A. (Hrsg.) (2006): Das Problem der Exklusion. Ausgegrenzte, Entbehrliche, Überflüssige. Hamburg: Hamburger Edition
Göppel, R. (2002): „Wenn ich hasse, habe ich keine Angst mehr . . .". Psychoanalytische Beiträge zum Verständnis problematischer Entwicklungsverläufe und schwieriger Erziehungssituationen. Donauwörth: Auer
Heitmeyer, W. (2007): Deutsche Zustände. Folge 7. Frankfurt a.M.: Suhrkamp
Henkel, J., Schnapka, M. & Schrapper, C. (Hrsg.) (2002): Was tun mit schwierigen Kindern? Sozialpädagogisches Verstehen und Handeln in der Jugendhilfe. Münster: Votum
Herz, B. (2006): „Du kannst nicht immer gewinnen!" Das Projekt Jugend mit Perspektive: Ein Hamburger Modell zur Integration bildungsbenachteiligter junger Menschen in die Arbeitswelt. Münster: Waxmann
Herz, B., Becher, U., Kurz, I., Mettlau, C., Treeß, H. & Werdermann, M. (Hrsg.) (2008): Kinderarmut und Bildung. Armutslagen in Hamburg. Wiesbaden: VS
Iben, G. (1968): Kinder am Rande der Gesellschaft. Weinheim: Juventa
Julius, H. (2001): Die Bindungsorganisation von Kindern, die an Erziehungshilfeschulen unterrichtet werden. In: Sonderpädagogik, 31 (Jg.), H. 2, 74–93
Merten, R. (2006): Kindheit und Jugend in Armut. Unveröffentlichter Vortrag am 21.02.2006 in Halle. Veranstaltung des Deutschen Kinderschutzbundes und der Friedrich Ebert Stiftung: „Hungernde Kinder in Sachsen-Anhalt". Im Internet verfügbar unter www.fes.de/Magdeburg/pdf/21_2_6_3.pdf (21.03.2008)
Nitsch, R. (2001): Armut und Erziehungsberatung. In: Menne, K. & Hundsalz, A. (Hrsg.): Jahrbuch für Erziehungsberatung, Bd. 4. Weinheim: Juventa, 155–174
Rennison, J., Maguire, S., Middleton, S. & Ashworth, K. (Hrsg.) (2005): Young People not in Education. Employment or Training: Evidence from the Education Maintenance Allowance

Pilots Database. DfES Publications, Nottingham: Loughborougth University. Im Internet verfügbar unter http://www.dcsf.gov.uk/research/data/uploadfiles/RR628.pdf (21. 03. 2008)

Seifert, B. (2002): Gesundheit und seelisches Wohlbefinden von Kindern und Jugendlichen und Auswirkungen sozialer Benachteiligung. In: Sachverständigenkommission 11. Kinder- und Jugendbericht (Hrsg.): Gesundheit und Behinderung im Leben von Kindern. Opladen: VS, 89–173

Wacquant, L. (2006): Das Janusgesicht des Ghettos und andere Essays. Basel: Birkhäuser

Warzecha, B. (Hrsg.) (2000): Institutionelle und soziale Desintegrationsprozesse bei schulpflichtigen Heranwachsenden. Münster: LIT

Willmann, M. (2005): Schulen für Erziehungshilfe – Survey 2004/05. Eine bundesweite Totalerhebung der Schule für Erziehungshilfe in Deutschland: Vergleich von Bundes- und Länderergebnissen. Zeitschrift für Heilpädagogik, 56 (Jg.), H. 11, 442–455

Autorenverzeichnis

Ahrbeck, Bernd, Prof. Dr., Humboldt-Universität zu Berlin, Institut für Rehabilitationswissenschaften

Bernzen, Christian, Prof. Dr., Katholische Hochschule für Sozialwesen Berlin, Rechtliche Grundlagen der Sozialen Arbeit und der Heilpädagogik

Breitenbach, Erwin, Prof. Dr., Humboldt-Universität zu Berlin, Institut für Rehabilitationswissenschaften

Budnik, Ines, Dr., Martin-Luther-Universität Halle-Wittenberg, Institut für Rehabilitationspädagogik

Datler, Wilfried, Prof. Dr., Universität Wien, Institut für Bildungswissenschaft

Dlugosch, Andrea, Dr., Leibniz Universität Hannover, Institut für Sonderpädagogik

Ellinger, Stephan, Prof. Dr., Johann Wolfgang Goethe-Universität Frankfurt am Main, Institut für Sonderpädagogik

Fingerle, Michael, Prof. Dr., Johann Wolfgang Goethe-Universität Frankfurt am Main, Institut für Sonderpädagogik

Fröhlich-Gildhoff, Klaus, Prof. Dr., Evangelische Fachhochschule Freiburg, Zentrum für Kinder- und Jugendforschung

Goetze, Herbert, Prof. Dr., Universität Potsdam, Institut für Sonderpädagogik

Göppel, Rolf, Prof. Dr., Pädagogische Hochschule Heidelberg, Institut für Pädagogik

Graf, Erich Otto, Dr., Universität Zürich, Institut für Sonderpädagogik

Günter, Michael, Prof. Dr., Universitätsklinikum Tübingen, Abteilung für Psychiatrie und Psychotherapie im Kindes- und Jugendalter

Herz, Birgit, Prof. Dr., Universität Hamburg, Institut für Behindertenpädagogik

Hoanzl, Martina, Dr., Pädagogische Hochschule Ludwigsburg, Institut für sonderpädagogische Förderschwerpunkte

Hüther, Gerald, Prof. Dr., Georg-August-Universität Göttingen, Klinik für Psychiatrie und Psychotherapie

Kardorff, Ernst von, Prof. Dr., Humboldt-Universität zu Berlin, Institut für Rehabilitationswissenschaften

Kretschmann, Rudolf, Prof. Dr., Universität Bremen, Fachbereich Bildungs- und Erziehungswissenschaften

Lindmeier, Bettina, Prof. Dr., Leibniz Universität Hannover, Institut für Sonderpädagogik

Moser, Vera, Prof. Dr., Justus-Liebig-Universität Gießen, Institut für Heil- und Sonderpädagogik

Opp, Günther, Prof. Dr., Martin-Luther-Universität Halle-Wittenberg, Institut für Rehabilitationspädagogik

Rauh, Bernhard, Dr., Pädagogische Hochschule Ludwigsburg, Institut für sonderpädagogische Förderschwerpunkte

Stein, Roland, Prof. Dr., Julius-Maximilians-Universität Würzburg, Institut für Sonderpädagogik

Tänzer, Uwe, Dr., Carl von Ossietzky Universität Oldenburg, Institut für Sonder- und Rehabilitationspädagogik

Volkers, Achim, Dr., Universität Bielefeld, Institut für Allgemeine Erziehungswissenschaft

Weisser, Jan, Prof. Dr., Fachhochschule Nordwestschweiz/Pädagogische Hochschule Basel, Institut für Spezielle Pädagogik

Weiß, Hans, Prof. Dr., Pädagogische Hochschule Ludwigsburg, Institut für sonderpädagogische Förderschwerpunkte

Willmann, Marc, Dr., Humboldt-Universität zu Berlin, Institut für Rehabilitationswissenschaften

Winkler, Michael, Prof. Dr., Friedrich-Schiller-Universität Jena, Institut für Bildung und Kultur

Wininger, Michael, Universität Wien, Institut für Bildungswissenschaft

Personenregister

Sachregister

Bernd Ahrbeck (Hrsg.)

Hyperaktivität

Kulturtheorie, Pädagogik, Therapie

156 Seiten. Kart. € 19,80
ISBN 978-3-17-019213-3

Die Hyperaktivität von Kindern ist für Eltern, Lehrer und Erzieher zu einem zentralen Gegenwartsproblem geworden, das keine befriedigende medizinische Erklärung erfährt. Ihre explosionsartige Vermehrung verweist auf einen schnellen kulturellen Wandel, dem immer mehr Kinder in unguter Weise ausgesetzt sind. Zeitverknappung, Reizüberflutung und die zunehmende Flüchtigkeit persönlicher Beziehungen stellen dazu wesentliche Stichworte dar. Es scheint, als würden bestimmte Kinder auf diese Zeitumstände mit besonderer Sensibilität reagieren – teil so intensiv, dass ihr übersteigertes Verhalten am Ende eine pathologische Ausprägung annimmt.

Der Band enthält kulturtheoretische Überlegungen, die sich mit den gesellschaftlichen Voraussetzungen von Hyperaktivität und Aufmerksamkeitsstörungen beschäftigen. Anhand zahlreicher pädagogischer und therapeutischer Praxisbeispiele wird analysiert, wie sich diese Bedingungen auf den Einzelfall auswirken können, und gezeigt, welche pädagogischen und therapeutischen Konsequenzen sich daraus ziehen lassen.

W. Kohlhammer GmbH · 70549 Stuttgart
Tel. 0711/7863 - 7280 · Fax 0711/7863 - 8430 · www.kohlhammer.de